Ivan Cloulas
Die Borgias

IVAN CLOULAS

DIE BORGIAS

BIOGRAPHIE
EINER FAMILIENDYNASTIE

Aus dem Französischen
von Enrico Heinemann

BENZIGER

«Es ist zu beachten, daß ein Fürst, zumal ein neuer, nicht alle Tugenden befolgen kann, die den guten Ruf der Menschen begründen, da er oft genötigt ist, um seine Herrschaft zu behaupten, gegen Treue, Barmherzigkeit, Menschlichkeit und Religion zu verstoßen.
Deshalb muß er es verstehen, sich zu drehen und zu wenden nach dem Winde und den Wechselfällen des Glückes, und am Guten festhalten, soweit es möglich ist, aber im Notfall vor dem Schlechten nicht zurückschrecken.»

MACHIAVELLI, *Der Fürst, Kapitel XVIII*

INHALT

Die Aktualität der Borgias

Die Borgias . . . kaum ausgesprochen, rufen diese drei Silben unwillkürlich eine Welt von Luxus und Ausschweifungen, von Eros und Tod vor Augen, in der Dolch und Gift herrschen.

Figuren treten auf, deren Name wie ein Fanfarenstoß ertönt: Gekleidet in Seide und Gold stehen Cesare und Lucrezia Borgia vor uns. Blutschande und Mordtat besudeln den Vatikan. Die Mächte des Bösen ziehen das Oberhaupt der Kirche Gottes bis tief in den Höllenschlund hinab . . .

Dies ist die karikierte Zusammenfassung einer umfangreichen, den Borgias feindlich gesinnten Literatur, die paradoxerweise noch bestärkt wird durch unbeholfene Versuche der Rehabilitierung. Doch alle diese Versuche wurden von eifrigen Forschern widerlegt, die bewiesen, daß die Exzesse sehr wohl stattgefunden haben, und die mildernde Umstände kaum gelten lassen wollten. Das Verfahren einer historischen Bewertung der Borgias scheint also abgeschlossen.

Betrachtet man jedoch die umfangreichen Prozeßakten, die sich im Laufe der Jahrhunderte angesammelt haben, dann stellt man fest, daß die zitierten Quellen, wenn sie eingehender Kritik unterzogen werden, ihren skandalösen Charakter verlieren. In ihren Zusammenhang zurückgestellt, finden sogenannte Untaten ihre natürliche Erklärung. Es zeigt sich offenkundig, daß in der Gesamtsicht der langen Familiengeschichte der Borgias neue erhellende Momente zu entdecken bleiben.

Tatsächlich ist die Größe der Borgias das Ergebnis geduldiger kollektiver Anstrengungen über mehrere Jahrhunderte hinweg. Im Augenblick des großen Schismas, das die abendländische Kirche am Ende des 14. Jahrhunderts spaltet, spielt der Zufall den bescheidenen spanischen Landjunkern unversehens eine Chance in die Hände.

Alonso Borja, einfacher Prälat im Königreich Valencia, wird zu einer der Hauptfiguren des Dramas. Er wird ins oberste Pontifikat erhoben. Auf dem Stuhl des heiligen Petrus ruft er seine Verwandten zusammen und gründet eine Dynastie von Priestern.

Ein halbes Jahrhundert später hält diese Familie die Macht in Rom und an mehreren Orten in Italien, Frankreich und Spanien in Händen. Papst Alexander VI. und seine Kinder Cesare, Juan, Lucrezia und Jofrè unterscheiden sich in nichts von den Potentaten der Epoche: den Riario, Medici, Sforza, Este und Gonzaga. Aber sie bleiben Fremde, widersetzen sich der Heuchelei, und ihr Genie wird Machiavelli inspirieren: Es sind gerade jene Züge, die ihre Feinde anprangern, wenn sie den Borgias Ruchlosigkeit vorwerfen.

Dennoch geht die Vorsehung mit Bedacht ans Werk: Ein weiteres Jahrhundert, und die Sünden des skandalumwitterten Papstes werden durch die Verdienste eines wahrhaftigen Heiligen, seines Nachkömmlings, wieder getilgt.

In ihren Einzelheiten erzählt, ist die Geschichte der Borgias ein außerordentliches Abenteuer mit vielfältigen Überraschungen. Eng verbunden mit den Krisen und Umbrüchen, die das Abendland durchläuft, zeigt uns das Schicksal dieser Familie die andere, menschliche Seite der Geschichte. Sie führt uns das Brauchtum, die Denkgewohnheiten, die Künste und Techniken der Zeit vor Augen, die das Leben im Umkreis der Höfe bestimmen oder jenes in den Feldlagern der hervorragendsten Heerführer der Renaissance.

Aber unser Interesse gilt nicht nur dem pittoresken Element und den farbenprächtigen Schilderungen. Es wurzelt in den tiefsten Schichten unseres Seins. Wir fühlen uns von dieser Zeit auf seltsame Weise betroffen. Die Freizügigkeit der Sitten, die kalte Grausamkeit und die rohe Gewalt sind heute genauso alltäglich wie zur Zeit der Borgias: Und der Spiegel, in dem wir die Borgias erblicken, zeigt zugleich auch unser Gesicht . . .

1. TEIL

DER AUFSTIEG
DER BORGIA-FAMILIE

Kapitel I

Valencia und Aragón: Die spanischen Wurzeln der Borgias

Die Söhne der Eroberer

Das Glück der Borgias nahm seinen Anfang in dem Städtchen Játiva, das am äußersten Südende der *Huerta* von Valencia, an den Hängen der *Sierra de las Agujas*, auch Nadelgebirge genannt, gelegen ist. Nach der Rückeroberung von Valencia 1238 von den Mauren hatte der aragonesische König Jakob I., «der Eroberer», seine Soldaten zum Sturm auf diese Stadt gedrängt, die erhöht unter schroffen Felsen lag und von langen Wällen und einer massiven Festung geschützt wurde. *Medina Xatibea* war die zweite Stadt im Königreich Valencia. Erbaut worden war sie auf den Resten des alten *Saetabis*. Handel und Gewerbe blühten dort: Man stellte Papier her. Aber vor allem war sie ein exklusiver Ferienort für maurische Edelleute. Eingefaßte Quellen und Bäche murmelten in dreihundert Becken um einen König der Brunnen mit fünfundzwanzig rauschenden Fontänen. Weiter unten in der reich bewässerten, durch den Monte Bernisa vor dem Wind geschützten Ebene gediehen Palmen und Orangenbäume, deren grüne Tupfer sich mit den hellen Flecken der Reisfelder abwechselten und zur Schroffheit der Sierra einen wohltuenden Kontrast bildeten.

Nach der Einnahme von Valencia war die Eroberung einfach gewesen. König Jakob hatte die Ländereien unter seinen Rittern aufgeteilt. Unter ihnen waren Estebán de Borja und acht seiner Verwandten, die aus einem kleinen Marktflecken stammten, der weit im Norden am Rande des Ebrotals sechzig Kilometer vor Saragossa lag: Dort hatte seine Familie gelebt, seitdem das Dorf nach der Rückeroberung 1120 von den Mauren ihrem Ahn, dem Grafen Pedro de Atarés, einem natürlichen Sohn des aragonesischen Königs Don Ramiro Sanchez, zum Lehen gegeben worden war. Auf ihrem Wappen trugen sie einen Stier, dessen heraldische Farbe «die einer Schnauze», das heißt rot, war: das Tier, ein Symbol ihrer Ursprünge als

Hirten, war Bild für die Streitbarkeit und Tapferkeit ihrer kriegerischen Sippe. Im 14. Jahrhundert war der ältere Zweig der Borja aus den eroberten Ländereien ausgewandert und bis in das Königreich Neapel vorgedrungen. Die jüngeren Zweige dagegen waren in Spanien geblieben. Durch Eheschließungen hatten sie sich einander angenähert, was den Zusammenhalt ihrer Besitzungen gewährleistete, auf denen kundige maurische Arbeiter und Handwerker tätig waren. Dem Islam war der mozarabische Kult gefolgt, ausgeübt vor allem in der wundervollen gotischen Kapelle von San Feliu, die sich mitten auf der Anhöhe über dem Schloß zwischen Zypressen und dicht belaubten Johannisbrotbäumen erhob.

DIE GEBURT VON ALONSO DE BORJA
DIE WEISSAGUNG DES HEILIGEN VINCENTE FERRER

Die Jahre vergehen. Játiva hat sich inzwischen mit ansehnlichen Herrenhäusern oder *Solares* geschmückt. An der Ecke der *Calle de Ventres* beherbergt ein stattliches Haus Rodrigo Gil de Borja und seine Gemahlin Sibilla d'Oms (dt. Schreibweise: Doms; A.d.Ü.), die aus einer der bedeutendsten Familien Aragóns stammt. In der *Calle de la Triaca* bewohnen andere Borja den *Palau*, ein ehemaliges muselmanisches Kloster, in dem einst jene *Alfaquies* oder Fakire untergebracht waren, die in der alten Moschee von Játiva ihren Sakraldienst versahen. Etwas weiter zur Stiftskirche hin, in einer von Edelleuten bewohnten Straße, in der *Calle de Moncada*, führt ein Rundportal mit langen, schmalen Wölbsteinen, auf dem das Wappenschild der Familie prangt, in einen blühenden Patio, in dem Palmen ihre Schatten auf einen Brunnen mit Quellwasser werfen. Angeblich gehört der Wohnsitz dem aus Canals stammenden Domingo de Borja, dem Gatten von Doña Francisca Martín oder Martinez de Borja aus Valencia. Das Ehepaar besitzt im Dorf Canals zudem einen befestigten Landsitz, die Torreda. Dort kommt am 31. Dezember 1378 ihr Sohn Alonso zur Welt. Er wächst zusammen mit mehreren Schwestern auf, die im lokalen Kleinadel ein Geschlecht begründen werden. Die älteste, Catalina, wird durch ihre Heirat mit Don Juan de Mila, dem Baron von Mazalanes, in den Adelsstand aufsteigen. Isabel wird ihren Vetter Jofré de Borja y Oms heiraten, den Sohn von Rodrigo Gil de Borja und Sibilla d'Oms. Zwei weiteren Schwestern, Juana und Francisca, wird ein ähnliches Schicksal zuteil werden.

Am Ende des 14. Jahrhunderts hallt der Aufruhr der Weltgeschichte bis nach Játiva. Die Geburt des jungen Alonso fällt mit dem Ausbruch des großen abendländischen Schismas zusammen. Das Schisma war für die Gläubigen eine Katastrophe von unabsehbarer Tragweite. Am 20. September

1378 wählten die Kardinäle in Auflehnung gegen Papst Urban VI. Robert von Genf zum Gegenpapst: Dieser nahm den Namen Klemens VII. an und legte erneut den Sitz seines Pontifikates in die Stadt Avignon, die kurz zuvor nach über siebzig Jahren von den Päpsten als Residenz aufgegeben worden war. Nun ist die Christenheit gespalten. Rom und Avignon machen sich gegenseitig die Gefolgschaft der Länder und Königreiche streitig. Die Empörung ist gewaltig. Die besten Geister zweifeln an der Rechtmäßigkeit der beiden Pontifizes. Die aktive Stadt Valencia bemüht sich durch die Stimme ihrer «Geschworenen», die Neutralität durchzusetzen, für die sich ihr Herrscher, der aragonesische König Peter IV., der Zeremoniöse, entschieden hat. Der grausame Fürst weiß sich Autorität zu verschaffen, was er anläßlich der gewaltsamen Niederschlagung einer Adelsrevolte beweist. Der Papst von Avignon hat allerdings, anders als sein Widersacher, überzeugte Anhänger an seiner Seite, die mühelos die Bevölkerung für ihn mobilisieren.

Der tüchtigste dieser Herolde ist ein Fünfzigjähriger mit jugendlichem Eifer, der Kardinal Pedro Martinez de Luna. Er ist mit der königlichen Familie verbunden: Eine seiner Cousinen ist mit dem Infanten Don Martin verheiratet. Der Kardinal bedient sich bei seiner Aufgabe seiner profunden juristischen Kenntnisse. Lange Zeit war er Richter im Domkapitel von Valencia und gleichzeitig Archidiakon in Saragossa. Der Avignoneser Papst Klemens VII. berief ihn zum Legaten in den spanischen Gebieten. Unterstützt wird er von einem ungefähr dreißigjährigen Dominikaner, Vincente Ferrer, dem Prior des Klosters von Valencia, der als heiliger Vincente Ferrer in die Geschichte eingehen wird. Der junge Geistliche bringt in der Auseinandersetzung jenen Scharfsinn zum Einsatz, den er einst als Lehrer der Logik in seinem Ordenskloster in Lérida, dem Sitz der Universität von Aragón, unter Beweis gestellt hat. Von Pedro de Luna erhielt er 1378 die Priesterweihe. Dieser erkannte sogleich seine Begabung. Vincente besitzt außerordentliche rhetorische Fähigkeiten. In zehn Jahren wird er in allen Gemeinden des Königreichs Valencia seine Predigten halten. Er rührt seine Zuhörerschaft zu Tränen, wenn er sie schonungslos auf die Betrachtung der letzten Dinge des Menschseins stößt. Er ist überzeugt davon, daß sich der rechtmäßige Oberhirte der Kirche in Avignon befinde. Er begibt sich nach Játiva und bemerkt dort den Glaubenseifer des jungen Alonso de Borja. «Mein Sohn», ruft er, von prophetischem Geist ergriffen, aus, «ich beglückwünsche dich. Bedenke, daß du dazu berufen bist, eines Tages die Zierde deines Landes und deiner Familie zu werden. Du wirst zu den höchsten Würden aufsteigen, die einem Sterblichen vergönnt sind. Ich selbst werde nach meinem Tod der Gegenstand einer ganz besonderen Verehrung deinerseits werden. Bemühe dich, in der Tugend standhaft zu bleiben.» Dieses Kompliment in der Form einer Weissagung, das Alonso niemals vergessen wird, ermutigt seine Eltern, ihn zum Studium nach Lérida zu schicken, wo auch Vincente Ferrer einst seine Laufbahn begann.

DER JURIST VON LÉRIDA UND DER ARAGONESISCHE PAPST

Vierhundert Kilometer nördlich von Játiva liegt Lérida, auf halbem Weg zwischen Saragossa, der Hauptstadt von Aragón – hundertvierzig Kilometer nach Westen gelegen –, und Barcelona, dem großen Hafen und politischen Zentrum Kataloniens, das sich hundertsechzig Kilometer östlich befindet. Als wichtiger Verkehrsknotenpunkt hat sich die Stadt noch grandiose Zeugnisse aus jener Epoche erhalten, in der die Vorfahren von Alonso de Borja bei der *Reconquista* gegen die Mauren kämpften. Die Kirche S. Lorenzo ist eine ehemalige Moschee, die auf den Grundmauern eines römischen Tempels erbaut wurde. Das arabische Schloß wurde im 12. Jahrhundert zum Palast der Grafen von Barcelona; die «alte Kathedrale» ist ein eindrucksvolles Gebäude mit äußerst schönen romanischen Ornamenten, und die *Casas consistoriales* wurden wieder aufgebaut und dabei mit gotischen Doppelfenstern ausgestattet: In diesem Sammelsurium von Monumenten treten von Zeit zu Zeit die *Cortes* zusammen, die gemeinsamen Generalstände von Barcelona und Aragón. Man kann sich keinen besseren Ort für die Ausbildung eines jungen Mannes vorstellen als die im Herzen einer solchen Stadt gelegene Universität. Er lebt dort inmitten der glanzvollen Zeugnisse aragonesischer Geschichte.

Alonso widmet sich mit Leidenschaft dem Studium der Jurisprudenz. Während er sich auf den Grad eines «Doktors beider Rechte» vorbereitet und diesen dann erlangt, führen Kardinal Pedro de Luna und Vincente Ferrer auf der Iberischen Halbinsel ihren unermüdlichen Feldzug für den Papst in Avignon. Der König von Aragón, Peter IV. der Zeremoniöse, läßt sich dennoch nicht zur Aufgabe der bequemen Neutralität bewegen, für die er sich im Hinblick auf die beiden Päpste entschieden hat. Nach seinem Tod 1387 leistet jedoch sein Sohn Johann I. dem Papst in Avignon vorbehaltlos Gehorsam. Zu dieser Zeit wird der Architekt dieser Verbindung, Kardinal de Luna, von den avignonesischen Kardinälen am 20. September 1394 zum Nachfolger Klemens' VII. gewählt: Er wird Papst Benedikt XIII. In Aragón ist die Freude grenzenlos. Magister und Studenten von Lérida schicken ihrem illustren Landsmann ein Glückwunschschreiben.

Zu Beginn der Herrschaft von Benedikt XIII. regnet es Gnadenerlasse auf die Aragonesen herab. Alonso de Borja erhält eine Pfründe. Er wird Stiftsherr der altehrwürdigen Hauptkirche von Lérida. Doch die Zukunft

Benedikts XIII. ist ungewiß: Er hat versprochen, sich mit seinem Gegner in Rom zu verständigen, um das Schisma zu beenden. Tatsächlich werden die Verhandlungen mit den Nachfolgern Urbans VI. – Bonifaz IX., Innozenz VII. und Gregor XII. – erfolglos bleiben. Außerdem läßt sich die Stimmengleichheit der Gegner auch nicht mit Gewalt ausräumen. Der Verfechter des avignonesischen Papsttums, Ludwig I. von Anjou, der Onkel König Karls VI. von Frankreich, wird von Klemens VII. zum König von Neapel gekrönt. Er unterliegt jedoch seinem Gegner Karl von Durazzo, dem Anhänger des römischen Papstes, wie nach ihm sein Sohn Ludwig II. gegen Ladislaus, den Sohn Karls von Durazzo, unterliegen wird, gegen jenen starken Mann, der sich zuletzt in Rom und in Neapel durchsetzt.

BENEDIKT XIII. IN BEDRÄNGNIS

1398 erreicht den neuen König von Aragón, Martin I., die schlimme Botschaft, daß Benedikt XIII. in seinem Palast in Avignon vom französischen König belagert wird. Der König verweigert dem Papst den Gehorsam. Martin bittet seine Untertanen zur Rettung ihres Papstes um Hilfe. Um die Kosten einer Expedition in die Provence aufzubringen, leisten die Händler von Barcelona ebenso ihren Beitrag wie die Gesamtheit der Geistlichen, die sich zu einem Konzil in Tarragona versammelt haben. Aber die Flotte, auf der die Truppen übersetzen, wird von den Franzosen in alle Winde zerstreut.

Alonso de Borja steht an der Seite des feurigen Vincente Ferrer und seines Bruders Bonifazius, des Priors der Großen Kartause, die beide die Sache des gefangenen Pontifex unterstützen. Mit Genugtuung erfahren sie, daß der Papst im März 1404 verkleidet aus seinem Palast geflohen ist und in der befreundeten Provence Zuflucht gefunden hat. Während der folgenden fünf Jahre erstarkt Benedikt erneut in seiner Stellung und gewinnt sogar die Obedienz Frankreichs zurück. Jedermann ist sich der Notwendigkeit bewußt, mehr als je zuvor auf die Einheit der Kirche hinzuwirken, da man bereits von zwei Gruppen von Häretikern bedroht wird. In England sammelt John Wiclif Anhänger für seine Neuerungen: Er vertritt eine Theorie der unumschränkten Vorherbestimmung, verfemt den Papst als Antichristen und lehnt die meisten Sakramente ab. Andere Häretiker, für die Wiclifs Gedanken bedeutsam waren, finden in Böhmen zahlreiche Anhänger. Ihr geistiger Führer ist Jan Hus. Er verwirft ebenfalls Sakramente und kirchliche Hierarchien und fordert für seine meist armen Anhänger das Recht auf Landbesitz und den Zugang zu allen Ämtern: Eine Revolution des Glaubens scheint auf dem Vormarsch.

Aber die Gefahr vermag die Gegner dennoch nicht zu einen. Die zahlreichen Geheimverhandlungen zwischen dem römischen und dem avignonesischen Hof scheitern. Gleichwohl bemühen sich Mönche, Geistliche und Gelehrte beider Lager um eine Lösung des Konflikts. Zahllose Universitäten, darunter auch die Universität von Lérida, werden um Stellungnahmen gebeten, aber die Konsultationen bleiben ergebnislos.

Noch einmal soll das Schisma mit Gewalt beendet werden. Wieder ergreift Frankreich die Initiative. Ein Konzil, das auf königliche Anordnung in Paris zusammentritt, stellt fest, daß Benedikt XIII. das gegebene Versprechen gebrochen hat, sich mit seinem römischen Konkurrenten zu einigen. Folglich verurteilt ihn das Konzil als Schismatiker und Ketzer. Aber dieses Urteil zeitigt keinerlei Wirkung: Benedikt unterstellt sich der direkten Protektion des Königs Martin von Aragón, der ihm Zuflucht im Schloß der Könige von Mallorca in Perpignan anbietet. In seiner verzweifelten Lage ruft der Papst ein anderes Konzil zusammen, an dem die Doktoren der Universität von Lérida teilnehmen. Dort läßt er seine Rechtmäßigkeit verkünden. Im Juni 1409 versammelt sich ein neues Konzil in Pisa mit Kardinälen beider Lager. Sie setzen Benedikt XIII. und den römischen Papst Gregor XII. ab und wählen einen dritten Heiligen Vater: Alexander V., der bald darauf stirbt und sogleich durch Baldassare Cossa unter dem Namen Johannes XXIII. ersetzt wird. Der Gipfel der Verwirrung ist erreicht. Selbst ein brillanter Jurist wie Alonso de Borja sieht sich außerstande festzustellen, auf welcher Seite die Gerechtigkeit zu suchen ist. Die Hälfte seines vierzigjährigen Lebens hat er damit zugebracht, vergeblich an der unmöglichen Aussöhnung zwischen den rivalisierenden Päpsten zu arbeiten.

König Martin kommt auf den Gedanken, erneut zugunsten seines Papstes zu intervenieren. Er saß auf dem Thron Siziliens, bevor er König von Aragón wurde. Die Insel könnte als Basis für einen Angriff auf Ladislaus dienen, der in Neapel herrscht und den römischen Papst unterstützt. Der König von Aragón entschließt sich zu einem Bündnis mit Ludwig II. von Anjou, dem Widersacher Ladislaus'. Aber sein Tod am 31. Mai 1410 setzt dem gemeinsamen Unternehmen ein Ende. Zudem wird die Flotte Ludwigs II. im gleichen Monat zerschlagen und der König von Anjou selber bei der Durchquerung des Garigliano besiegt.

Doch all diese Schicksalsschläge entmutigen Benedikt XIII. nicht. Als er seinen Sitz in den königlichen Palast von Barcelona verlegt, leisten ihm noch zahlreiche Länder den Gehorsamseid. König Martin ist kinderlos gestorben, und nun muß er sich mit der Regelung der Erbfolge in Aragón beschäftigen. Für ihn ist in erster Linie von Bedeutung, daß ein Fürst gewählt wird, der ihm wohlgesinnt ist und ihm das Asyl gewährt, dessen er bedarf. Die Parlamente von Katalonien, Valencia und Aragón ernennen eine Kommission von neun Weisen, die den neuen König wählen sollen. Unter ihnen sitzt Vincente Ferrer nebst seinem Bruder, dem Kartäuser Bonifazius, beide treue Anhänger Benedikts XIII. Die Kommission tritt in der Festung von Caspe zusammen. Am Ende einer langen Debatte wird am 25. Juni 1412 der von Benedikt XIII. unterstützte Anwärter, der Infant von Kastilien und Enkel König Peters III. von Aragón, Fernando de Antequera (dt. von Trastamara; A.d.Ü.), gewählt. Nachdem er unter dem Namen Ferdinand I. gekrönt worden ist, leistet er dem Papst im Exil Unterstützung und festigt seinen Einfluß auf jene Geistlichen und Juristen, dank deren er gewählt wurde: Alonso hat fortan Zutritt zum Hof. Mit Unterstützung des neuen Königs kann Benedikt die Vorladung durch Kaiser Sigismund ablehnen. Sigismund hat ihn aufgefordert, vor dem ökumenischen Konzil in Konstanz zu erscheinen. Er hält sich auf dem Papstthron, während seine Rivalen Johannes XXIII. und Gregor XII. im Mai und Juli 1415 zum Abdanken gezwungen werden. Sigismund begibt sich im September persönlich nach Perpignan und versucht Benedikt umzustimmen, erreicht jedoch nichts und muß nach dreimonatigen Verhandlungen unverrichteter Dinge abziehen.

Trotz seiner Zuversicht hält es der aragonesische Papst für klug, an einem sichereren Ort Zuflucht zu suchen. Mit den vier ihm verbleibenden Kardinälen schließt er sich im befestigten Schlupfwinkel Peñiscola ein: Nach und nach erfährt er dort vom Abfall Aragóns im Januar 1416, von seiner Verdammung durch das Konstanzer Konzil im Juli 1417 und schließlich, am 11. November, von der Wahl Martins V. zum neuen Papst. Alfons IV., der König von Aragón und Nachfolger seines Vaters Ferdinand I., hat den Greis gebeten zurückzutreten. Voller Hochmut gegenüber solcher irdischer Nichtigkeit hat Benedikt XIII. jedoch Martin V. und diejenigen seiner Kardinäle exkommuniziert, die sich dem neuen Papst angeschlossen haben! Sechs Jahre lang wird er der Welt von seinem Felsen herab die Stirn bieten.

Peñiscola ist eine unzugängliche Festung an der Küste, die dem gestürzten Papst Schutz vor eventuellen Handstreichen seiner Feinde bietet. Um von Süden her dorthin zu gelangen, muß man ab Castellón de la Plana eine weite, mit Orangenbäumen bepflanzte und zwischen dem Meer und den Sierras eingeschlossene Ebene durchqueren. Dann folgt eine schroffe Bergregion, das Lehen des Ritterordens von Montesa, des *Maeztrazgo*, dessen felsige Bergspitzen mit Wachtürmen übersät sind. Keine größere Armee kann diese gefährliche Wegstrecke unangefochten überwinden. Am Ende von circa hundert Kilometern weist die Festung von Chivert den Weg zum Meer. Man steigt nach Peñiscola hinab. Das Inselchen ist mit der Küste nur durch eine lange, bei Sturm vom Wasser überspülte Sandbank verbunden. Die Häuser kleben an den felsigen Abhängen bis zum Schloß hinauf, das die Templer auf den Ruinen phönizischer und griechischer Bauten errichteten. In dieser Zufluchtsstätte, deren Befestigungen er stark ausgebaut hat, lebt Benedikt XIII. Zwischen seinen Visiten in den Kirchen des Eilands überprüft er den Zustand der Umwallungen, die er verstärken ließ: Er ist entschlossen, weiterhin seine Rolle als Führer der Christenheit gegen alles und alle zu verteidigen. Dennoch hat er seine treuesten Stützen verloren: den Dominikaner Vincente Ferrer, der sich nach Vannes in die Bretagne zurückgezogen hat, wo er am 5. April 1519 stirbt. Mit dem Klerus von Aragón hat er sich überworfen. Das einzige christliche Territorium, das ihm die Treue hält, ist Armagnac im Süden Frankreichs. Als Legaten schickt er Jean Carrier dorthin. Immer noch darum besorgt, mit Franzosen und Aragonesen schonend umzugehen, ernennt er am 27. November 1422 neue Kardinäle: zwei Franzosen – darunter Jean Carrier – und zwei Aragonesen, die er den Eid leisten läßt, sich nach seinem Tod um einen Nachfolger zu bemühen.

Offiziell bittet Alfons V. von Aragón noch immer um die Abdankung des greisen Pontifex. Aber er spielt ein doppeltes Spiel. Er hat ein Interesse daran, das schismatische Papsttum aufrechtzuerhalten. Es ist ihm bei der Verwirklichung eines Planes dienlich, der ihm am Herzen liegt: die Eroberung Neapels. 1421 hat Königin Johanna II. von Neapel Alfons zum Thronerben auserwählt, um ihn dann jedoch zugunsten Ludwigs III. von Anjou beiseite zu schieben. Da dieser von Martin V. – dem römischen Papst – unterstützt wird, unternimmt Alfons von Aragón nichts, was den alten rebellischen Pontifex beunruhigen könnte.

ALONSO DE BORJA, DER ÜBERWINDER DES GROSSEN SCHISMAS

Am 23. Mai 1423 scheidet der widerspenstige Greis Benedikt XIII. in seinem Festungspalast aus dem Leben. Sogleich versammeln sich drei der neuernannten Kardinäle zum Konklave und wählen am 10. Juni 1423 Gil Sanchez Muñoz, den Probst des Domkapitels von Valencia, zum Papst, der den Namen Klemens VIII. annimmt. König Alfons ist zu dieser Zeit mit dem Krieg gegen Kastilien beschäftigt. Seine Gattin, die Königin Maria, ordnet die Konfiskation der Güter von Sanchez Muños an und verhängt über die Insel Peñiscola eine regelrechte Blockade. Als er davon erfährt, hebt Alfons V. die Maßnahmen seiner Frau wieder auf. Diese Reaktion wird auf die Streitigkeiten zurückgeführt, die zwischen der Königin und dem König entstanden sind. Zu dieser Zeit unterhält Alfons V. in aller Öffentlichkeit eine Beziehung zur schönen Marguerite de Hijar. Die Königin wird Marguerite später erdrosseln lassen. Möglicherweise diese Mätresse, vermutlich jedoch Carlina Villardone, eine unbekannte Kastilianerin, gebiert ihm im gleichen Jahr einen natürlichen Sohn, der nach seinem Vater Ferdinand – oder Ferrante – getauft wird. Aber stärker noch als durch private Angelegenheiten wird die Haltung des Königs von außenpolitischen Erwägungen bestimmt: Er will den neuen Gegenpapst benutzen, um Druck auf Martin V. auszuüben, der seinen Widersacher im Königreich Neapel unterstützt. Als die aragonesischen Kräfte im Juni 1424 vor den Toren von L'Aquila besiegt werden, verliert König Alfons daher auch das Interesse, dem Marionettenpapst zur Seite zu stehen. Er beauftragt nun seinen neuernannten Privatsekretär Alonso de Borja, einen ehrenvollen Ausweg aus der prekären Lage zu finden. Denn in der Tat gleitet die Situation inzwischen ins Lächerliche ab: Jean Carrier, der vierte Kardinal von Benedikt XIII., der während des Scheinkonklaves im Rouergue zurückgehalten worden war, ist nach Peñiscola zurückgekehrt und hat *vollkommen allein* am 12. November 1425 Bernard Garnier, den Sakristan von Rodez, zum neuen Gegenpapst gewählt. Bernard nahm den Namen Benedikt XIV. an! Nach der Niederlage von L'Aquila kommen Verhandlungen mit Rom in Gang. Alfons V. lehnt es ab, den Legaten Pierre de Foix zu empfangen, solange er keine Gewißheit bekommt, daß Martin V. ihn unterstützen wird. Bis dahin läßt er es zu, daß Klemens VIII. wie im Theater ein päpstliches Leben in Miniaturform auf den Felsen von Peñiscola führt, einen Prozeß gegen Jean Carrier eröffnet und sich am 19. Mai 1426 inmitten eines Hofes von zweiundzwanzig Würdenträgern zum Papst krönen läßt. Kaum hat sich Alfons jedoch mit Rom verständigt, macht er dem Spektakel ein Ende. Er schickt Alonso de Borja nach Peñiscola, um die Abdankung des Scheinpapstes zu verlangen.

Klemens VIII. widersetzt sich der Forderung nicht. Sehr würdevoll gestaltet er die Zeremonie, die am 26. Juli 1429 vollzogen wird. Auf seinem Thron sitzend, in vollem päpstlichem Ornat, widerruft der Gegenpapst feierlich den Kirchenbann, den er selbst und sein Vorgänger gegen den Pontifex in Rom ausgesprochen haben. Dann läßt er die Bulle – *Incomprehensibilia Dei judicia,* «die göttlichen Entscheidungen sind unergründlich» – verlesen, in der er erklärt, päpstliche Würde und Amt aus freien Stücken niederzulegen. Er zieht die Papstgewänder aus und kleidet sich in die eines weltlichen Doktors. Auf seine Aufforderung hin versammeln sich seine letzten Anhänger dann zum Konklave und wählen den Kardinal Ottone Colonna – also den römischen Papst Martin V., der bereits seit zwölf Jahren im Amt ist ... Zwei Wochen später begibt sich der Gegenpapst als einfacher Privatmann in den Großmeisterpalast des Ordens von Montesa: Dem Legaten Pierre de Foix legt er den Treueeid ab. Mit der Kirche ausgesöhnt, erhält er das Bistum von Mallorca zur Belohnung. Der glückliche Unterhändler Alonso de Borja, der das Ende des Schismas herbeigeführt hat, erhält seinerseits am 20. August 1429 ein prachtvolles Lehen: Papst Martin V. verleiht ihm im Einvernehmen mit König Alfons V. das Bistum Valencia, das seit zwei Jahren verwaist ist.

DER BISCHOF VON VALENCIA UND DIE EROBERUNG NEAPELS DURCH ARAGÓN

Mit fünfzig Jahren wird Alonso die Genugtuung zuteil, als Seelsorger in die Diözese zurückzukehren, in der er geboren wurde. Seine neue Würde hält ihn nicht vom König fern: Über seine Aufgabe als Privatsekretär hinaus vertraut ihm der König die Erziehung seines unehelichen Sohnes Ferrante an. Beständig greift er auf ihn als Ratgeber bei den Zwistigkeiten zurück, die zwischen den beiden Königreichen Aragón und Kastilien entstehen. Zwischen seinen einzelnen Aufenthalten bei Hof begibt er sich nach Játiva, wo er miterlebt, wie seine Familie wächst. Am 1. Januar 1432 kommt sein Neffe Rodrigo, der Sohn seiner Schwester Isabella und Jofré de Borja y Oms, in der *Calle de Ventres* zur Welt. Der Bischof von Valencia hängt ungemein an dieser kleinen, später mindestens fünf Kinder zählenden Familie, die in der Welt von sich reden machen wird. Abgesehen von Rodrigo – dem zukünftigen Papst Alexander VI. – steigt der Älteste, Pedro de Luis, zum Herzog von Spoleto und Präfekten von Rom auf, während die Mädchen Verbindungen mit Mitgliedern aus dem Adel eingehen werden: Juana wird Pedro Guillen Lanzol de Romani heiraten, Tecla einen Vidal de Vilanova und Beatrice Jimén Perez de Arenas.

Ein weiterer Nachkömmling, der zehn Jahre nach Rodrigo geborene Francisco de Borja, wird in der Umgebung von Valencia erzogen. Man nennt ihn den «Bastard von Borja». Er steht lange Zeit im Schatten und wird erst sehr spät zu Ehren gelangen: 1495 zum Bischof ernannt, werden ihm 1500 die Kardinalswürden verliehen. Der Historiker Alonso Chacon (oder Ciacconius) behauptet, er sei ein natürlicher Sohn des Bischofs von Valencia: Der Nachweis hierzu ließ sich allerdings nicht erbringen, obwohl eine solche Vermutung in Anbetracht der Sitten des Zeitalters durchaus nicht abwegig ist.

Alonso beschränkt sich nicht auf die inneren Angelegenheiten Spaniens. Sein Dienstherr läßt ihn an der Wiederaufnahme seiner neapolitanischen Pläne teilhaben. Als Ludwig III. von Anjou im November 1434 gestorben

Secondement a cause quil doit tousiours tendre a
sauuer et deliurer de mort vng poure prisonnier ou
prisoniere, mais pource que cest euesque a faict /
tout lopposite. Cesta ssauoir, que a la simple rustiq
et innocente pucelle laquelle ne congnoissoit rien
en proces. Il a propose et demande questions difficil,
les subtilles et captieuses. Pour la prendre et condāner
par ses parolles, mettre a confusion et fraudulente
deception. Je dvz et concludz que faulcement et ini
quement elle fut condānee

Alonso de Borgia, der Bischof von Valence
und spätere Papst Kalixt III.
*(Manuskript von Diane de Poitiers, d'Armagnac genannt, frühes
16. Jahrhundert; Privatsammlung, Bild: Giraudon)*

war, verblieb Königin Johanna vor ihrem eigenen Tod am 2. Februar 1435 gerade noch die Zeit, René, den Bruder des Anjou-Anwärters, als Thronerben zu designieren. Da René selbst Gefangener des Herzogs von Burgund ist, bietet seine Frau Isabella von Lothringen mit Hilfe von Filippo Maria Visconti, dem Herzog von Mailand, Alfons V. unerschrocken die Stirn. Sie geht siegreich aus der Auseinandersetzung hervor. Am 5. August 1435 erleidet Alfons V. bei der Insel Ponza in einem Seegefecht eine vernichtende Niederlage. Er wird gefangengesetzt und in Mailand eingekerkert. In seinem Gefängnis gelingt es ihm jedoch, die Freundschaft seines Gefängniswärters zu gewinnen und ihn völlig für sich einzunehmen. Der Mann verhilft ihm zur Flucht, und Alfons setzt seine Offensive gegen das Königreich Neapel fort.

Der Bischof von Valencia schlägt sein Leben in die Schanze und hilft seinem König vor Ort. Das große aragonesische Unternehmen gegen Neapel nimmt die Ausmaße eines Kolonialkrieges an, der von einem ganzen Volk geführt wird. In den aufeinanderfolgenden Feldzügen schickt Alfons seine Edelleute zum Gefecht ins Königreich Neapel und verspricht ihnen ausgedehnte Ländereien. Er stützt sich jedoch auch auf die örtlichen Standesherren, die Feinde des Anjou-Anwärters – wie den Fürsten von Tarent, Giovanni Antonio del Balzo Orsini –, und ebenfalls auf die Abkömmlinge katalanischer Familien, die sich im vorigen Jahrhundert dort niedergelassen haben wie der ältere Zweig der Borja. Er muß seine Kräfte mit Giacomo Vitelleschi messen, einem Prälaten und Heerführer, den Papst Eugen IV. zur Unterstützung Isabellas, der Frau Renés von Anjou, entsandt hat, aber auch der Condotiere des Anjou-Prinzen, Giacomo Caldora, führt Truppen gegen ihn ins Feld. Die schwere Niederlage Vitelleschis und der Tod Caldoras machen jede Aussicht auf die Erfüllung der Ansprüche der Anjous zunichte. Am 12. Juni 1442 fällt schließlich die Hauptstadt in Alfons' Hände. Im folgenden Jahr hält er feierlichen Einzug in einem vergoldeten, von vier Pferden gezogenen Prunkwagen. Er durchfährt die mit Blumen übersäten Straßen inmitten einer allegorischen Szenerie, in der Fortuna, die Tugenden und Cäsar über das Antlitz der Welt hinwegwandeln.

Von nun an nimmt Alfons die Neuordnung seines Königreiches in Angriff. In Süditalien herrscht große Verwirrung. Anstatt die alten Freiheiten wiederherzustellen, zentralisiert der König die Macht, nachdem er seine Juristen zu Rate gezogen hat. Die sieben großen Ämter des Königreiches, die Räte, und der Magistrat werden in die Hände katalanischer und aragonesischer Familien gelegt, in die der Avalos, Guevara, Centelles, Cardona und Mila. Der Bischof von Valencia ist die ausführende Hand jener Neuordnung, die in der Einrichtung des *Sacro Consiglio* gipfelt, einem obersten Gerichtshof, an den sich alle Gerichtshöfe der Länder unter Alfons' Herrschaft zu wenden haben, also die Länder Aragón und Katalonien, die Inseln der Balearen, Sardinien, Sizilien und natürlich das Königreich Neapel.

ALONSO, DER ERSTE BORGIA-KARDINAL

Der König von Aragón und Neapel könnte nun Rache an Papst Eugen IV., dem aktiven Parteigänger Renés von Anjou, nehmen. Der Pontifex sieht sich ohnehin einem feindseligen Konzil gegenüber, das in Basel zusammengetreten ist: Am 25. Juni 1439 hat ihn die Versammlung abgesetzt und an seiner Stelle am 5. November den ehemaligen Herzog von Savoyen, Amadeus VIII., gewählt, der sich Felix V. nennt. Wie zu Zeiten der Gegenpäpste hat sich Alfons bisher auf keinen der beiden Pontifizes festgelegt. Nach seinem neapolitanischen Triumph zögert er jedoch nicht mehr. Die Allianz mit Rom scheint ihm günstiger, da sie den ständigen kriegerischen Auseinandersetzungen zwischen Neapel und dem Nachbarstaat ein Ende setzen wird. Zum Überbringer seiner Vorschläge für einen Friedensvertrag an Eugen IV. wählt er Alonso de Borja.

Am 14. Juni 1443 verbucht der Bischof von Valencia einen vollen Erfolg. In einer Urkunde, die er mit Kardinal Scarampo unterzeichnet hat, verpflichtet er sich im Namen seines Dienstherrn, Eugen VI. als einzig rechtmäßigen Papst anzuerkennen und die Freiheiten der Kirche nicht anzutasten. Darüber hinaus muß er Schiffe für den Krieg gegen die Türken ausrüsten, die im Osten die Christenheit bedrohen, und schließlich eine Armee aufstellen, um den Condottiere Francesco Sforza aus der Mark Ancona zu vertreiben, die der Sforza gegen den päpstlichen Herrschaftsanspruch besetzt hält.

Im Gegenzug anerkennt der Heilige Vater die Rechtmäßigkeit der Adoption Alfons' durch Königin Johanna II. Er sichert ihm die Investitur im Königreich Neapel zu und den Besitz von Benevent und Terracina, die dem Heiligen Stuhl als Lehen unterstehen. Im folgenden Jahr, am 2. Mai 1444, erhält der geschickte Unterhändler Alonso de Borja den purpurnen Kardinalshut und am folgenden 12. Juli den Titel des Kardinalpriesters in der Kirche der «vier gekrönten Heiligen». Der Papst erlaubt ihm, sein Bistum in Valencia zu behalten. Kurz darauf, am 15. Juli 1444, gewährt Eugen VI. Ferrante, dem unehelichen Sohn von Alfons, das Erbfolgerecht im Königreich Neapel. Der neue Kardinal zeigt sich ob dieser Maßnahme geschmeichelt, macht sie doch dem jungen Prinzen Ehre, an dessen Erziehung er maßgeblich beteiligt war.

Während sich das heikle Problem Neapel erledigt, bricht das jüngste Schisma zusammen. Der in der Schweiz residierende Gegenpapst kann sich nur in den germanischen Ländern halten. Mit sechsundsechzig Jahren eröffnet sich dem Kardinalbischof eine neue glanzvolle Laufbahn. Er verabschiedet sich von seinem Dienstherrn in Neapel. Er verfügt jetzt über eine ungemein reichhaltige menschliche und politische Erfahrung, die er in den Dienst des Heiligen Stuhls stellen und zum Ruhm seiner Familie nutzen wird.

KAPITEL II

DER RÖMISCHE AUFSCHWUNG
DAS PONTIFIKAT KALIXTS III.

DIE VIER GEKRÖNTEN HEILIGEN

Die Ernennung des Bischofs von Valencia zum Kardinal ist nicht nur als Entlohnung seiner Dienste gedacht, sondern soll auch seinen Dienstherrn König Alfons zufriedenstellen. Tatsächlich verfügt der Herrscher in der Person seines ehemaligen, zum Kardinal ernannten Sekretärs über einen aufmerksamen und tatkräftigen Vertreter am Heiligen Stuhl. Der neue Kirchenfürst verläßt Neapel und begibt sich nach Rom, wohin Eugen IV. nach neun Jahren erzwungener Abwesenheit zurückgekehrt ist. Während der Unruhen, die von den Kardinälen Vitelleschi und Scarampo unerbittlich niedergeschlagen wurden, hat die Stadt mehrfach unter Plünderungen gelitten. Um die Wiederholung solcher Unruhen zu verhindern und die weltliche Macht des Papsttums zu festigen, ist es notwendig, die mächtigen Laienherren aus den Sippen der Orsini und der Colonna in Schach zu halten. Jeder der Kardinäle kann dazu mit seinem Einzug in die Besitzungen der Kirche beitragen, die ihm innerhalb des weiten, halbverödeten Gebietes zugefallen sind, das sich um das antike Rom herum erstreckt. Neben jeder seiner Hochaltarstätten verfügt der Titular über einen Palast, der häufig einer Festung gleicht.

Die Basilika, nach der der Bischof von Valencia den Titel Kardinalpriester trägt, ist den «vier gekrönten Heiligen» geweiht, wenig bekannten Märtyrern und Opfern von Verfolgungen im Pannonien des 4. Jahrhunderts. Die Kirche erhebt sich auf einem nördlichen Bergrücken des Coelio, einem der sieben Hügel Roms. Der Kardinalspalast, der sie flankiert, bildet einen ausgezeichneten Beobachtungs- und Verteidigungsposten über dem Terrain des alten Forums mit seinen nicht klar umrissenen Grenzen. Gegenüber liegen das Kolosseum, das als Burg ausgebaut wurde, und die Festungstürme der streitbaren römischen Barone. Unterhalb seiner felsigen

27

Stützmauer verläuft die *Via Labicana*, die nach S. Giovanni in Laterano, zur Kathedrale von Rom, führt. Ein schmaler Weg zweigt von ihr ab und steigt steil bergan zu der zinnenbewehrten, von einem Glockenturm überragten Mauer, in der sich eine Ausfallpforte öffnet. Man tritt in einen ersten Hof, in dem eine uralte Kapelle steht. Sie ist dem heiligen Silvester, dem päpstlichen Benefiziaten der legendären Konstantinischen Schenkung, geweiht. Ein zweiter Hof führt zur Kirche, die mit bemerkenswerten Marmormosaiken ausgeschmückt ist, und von dort aus in ein herrliches Kloster. Doppelsäulen mit Kapitellen, in die Blatt- und Seerosenornamente eingehauen sind, säumen seinen Wandelgang. An diesem Ort der Einkehr arbeitet Kardinal Borgia – so lautet nun sein neuer, italienisierter Name – zurückgezogen an einem Ausgleich zwischen den Interessen der Kirche und den Interessen des machthungrigen Alfons V.

DIE FAMILIENPOLITIK DES KARDINALS BORGIA

Die große Politik nimmt wohl die meiste Zeit des Kardinals in Anspruch, aber er vergißt sein kleines Vaterland nicht. Játiva liegt ihm noch immer sehr am Herzen: Nachdem er den Purpur erhalten hatte, bestand eine seiner ersten Amtshandlungen in der Bestellung eines Gemäldes für die Stiftskirche, in der er getauft worden war. Jacomart Baço, ein Aragonese, der mit König Alfons nach Neapel kam, ist der Schöpfer dieses Triptychons. Auf dem Mittelbild sind die heilige Anna, die Jungfrau Maria und das Jesuskind dargestellt. Auf den Seitenflügeln sind der heilige Augustinus und der heilige Ildefons abgebildet. Zu dessen Füßen kniet Alonso, mit der *cappa magna* bekleidet und mit dem Kardinalshut auf dem Haupt. Seine Züge sind ernst, wie es sich auf einem Gemälde gebührt, das für eine Grabkapelle konzipiert wurde. Der Kardinal beschränkt sich jedoch keineswegs auf fromme Werke. Er widmet sich ebenso der irdischen Zukunft seiner Angehörigen, insbesondere der seiner Neffen, die rechtmäßige Erben der Borgia-Familie sind. Unauffällig wacht er dabei jedoch auch über die Erziehung von Francisco, jenem geheimnisvollen Bastard, von dem zuweilen behauptet wird, Alonso sei sein Vater. Catalina, seine ältere Schwester, hat mit Pedro und Luis de Mila zwei Kinder. Nachdem der jüngere Sohn die Weihen empfangen hat, erklimmt er dank seines Onkels rasch die Stufen der geistlichen Laufbahn: Vom Vorsteheramt in Valencia wird er 1453 ins Bistum Segorbe im Königreich Valencia berufen.

Die zweite Schwester des Kardinals, die Gattin von Jofré de Borja y Oms, hatte zwei Kinder, Pedro Luis und Rodrigo. Beim Tod ihres Vaters 1441 wurde Alonso ihr Vormund. Der jüngere Sohn, Rodrigo, ist ein schöner Knabe mit regem Geist, der das Leben und die Vergnügungen liebt. Man sagt ihm einen Hang zu Gewalttätigkeit und ein aufbrausendes Wesen nach: Später wird das Gerücht umgehen, er habe mit zwölf Jahren ein Kind seines Alters «aus niederem Stande» mit Messerstichen getötet. Sein bischöflicher Onkel gibt auf die boshaften Gerüchte nichts und bestimmt ihn wie seinen Vetter Mila für die geistliche Laufbahn, und er verschafft ihm den Genuß einträglicher Ämter: 1445, im Alter von vierzehn Jahren, läßt er ihm die Würde des Vorsängers in der Kathedrale von Valencia verleihen, etwas später dann die des Sakristans, was bedeutet, daß er zum Aufseher über das Domkapitel und zum Hüter des kostbaren Zierates und der geweihten Gefäße ernannt wird.

DIE MACHT DER RÖMISCHEN HUMANISTEN

Nach Auffassung des Bischofs von Valencia sind die kirchlichen Würden ein Mittel, in der Gesellschaft aufzusteigen und die Aufmerksamkeit der Granden auf sich zu ziehen. Aber sie sollen jungen Leuten auch die notwendigen Mittel bereitstellen, um die Kosten einer soliden Ausbildung zu decken: Ein Mann ohne Bildung hat in dieser Epoche keinen Zugang zum engen Kreis derer, die die Herren der Welt beraten und damit die Politik bestimmen.

Die päpstliche Kurie bietet zahlreiche Beispiele für die Richtigkeit dieser Auffassung. Sie ist bevölkert mit Gebildeten und Gelehrten, die alle gleichermaßen Geschmack an der Antike finden: Man nennt sie «Humanisten». König Alfons von Aragón glaubt an die Macht, die sie darstellen, und hat sich zu einem ihrer Schutzherren gemacht. Der Kardinal von Valencia hat sie nach Neapel strömen sehen. Während seiner kriegerischen Exkursionen, beispielsweise während der Belagerung von Gaeta im Jahre 1435, nimmt sich Alfons Zeit, sich Passagen aus Titus Livius von Antonio Beccadelli vorlesen und auslegen zu lassen. Beccadelli ist in Palermo geboren und trägt deshalb den Beinamen «der Palermitaner» (Panormita).

Seit Papst Martin besteht die Beamtenschaft in der römischen Kurie aus Humanisten: Antonio Loschi, Poggio Bracciolini, Cencio de Rustici und viele andere mehr. Diese würdevollen Verfasser von Bullen und Breven sind überwiegend Freigeister und haben lockere Sitten: ihr Lebensstil wird in den Erzählungen oder *Facetien* von Poggio geschildert. Sie sind eine Fundgrube in bezug auf die Verhältnisse im Rom dieser Epoche.

Ein Freund von Poggio sieht, daß ihm für eine Stellung, die seinen Titeln entspricht, zahlreiche andere Männer vorgezogen werden, die nach ihren Kenntnissen und Fähigkeiten weit unter ihm stehen. Nichts Erstaunliches, bemerkt Poggio: «In der römischen Kurie behält immer der Zufall die Oberhand, und äußerst selten bleibt Raum für das Talent oder die Tugend. Man erhält alles durch Intrigen oder durch das Glück, ganz zu schweigen vom Geld, das wahrhaftig die Welt beherrscht.» Enttäuscht und verbittert erlaubt sich dieser qualifizierte Mann eines Tages, einen Kardinal an die Mühsal zu erinnern, der er sich unterzog, um Gelehrter zu werden. Er erhält folgende Antwort: «Wissen und Verdienst nützen hier gar nichts. Aber verliere nicht den Mut. Wenn du die Wertschätzung des Papstes erlangen willst, dann arbeite einige Zeit daran, zu vergessen, was du weißt, und eigne dir die Laster an, die dir noch fremd sind.»

Das Sittengemälde Roms zur Zeit der Renaissance ist keineswegs erbaulich. In äußerst anschaulichen kleinen Szenen zeigt Poggio das Umfeld des Papstpalastes und der heiligen Stadt. Er schildert lüsterne Geistliche, frivole Lebemänner, eine blühende Prostitution und natürlich die Kundschaft der Dirnen sowie Poggios Kollegen aus der Kurie, Prahler und fidele Haudegen, die sich gegenseitig schamlos betrügen.

Das Papsttum schließt angesichts dieser Sittenlosigkeit die Augen. Die päpstliche Diplomatie zieht Nutzen aus dem Können dieser Wüstlinge, die immerhin fähig sind, ein absolut klares und reines Latein zu schreiben: In ihrer geschliffenen Sprache tritt der Heilige Stuhl vor die Welt.

Die Verwirrungen im Umfeld des Konklaves von 1447

Der Papst ist von nun an wieder einziger Wortführer der Christenheit. Er steht immer noch unter dem Zwang, die Gefahren abzuwehren, die ihm aus der Widerspenstigkeit der Konzilien oder weiterem Aufruhr der Römer erwachsen, aber er muß auch noch anderen, ebenso schrecklichen Gefahren die Stirn bieten. Die größte Gefahr droht der Zukunft der Christenheit aus dem Osten. Fünfzehn Jahre zuvor wurde bereits Alarm geschlagen. Der byzantinische König Johannes VIII. aus der Paläologen-Dynastie kam 1439 in Begleitung der wichtigsten bürgerlichen und geistlichen Würdenträger nach Florenz, um die Hilfe des Papstes und der abendländischen Staaten gegen die wachsende Bedrängnis durch die osmanische Macht zu erbitten. Wohl erklärten sich die Griechen einverstanden, die Union der beiden Kirchen, der orthodoxen und der katholischen, zu besiegeln. Bei ihrer Rückkehr nach Byzanz wurde der Vertrag jedoch von ihren Landsleuten abgelehnt. Das Konzil in Florenz konnte den Christen im Osten somit keinerlei wirksame Hilfe bringen. Die Türken haben sich inzwischen auf beiden Seiten des Bosporus festgesetzt und den Druck gegen die letzten Bastionen des byzantinischen Kaiserreichs unaufhaltsam verstärkt.

In Italien taucht plötzlich eine Gefahr auf, welche die weltliche Herrschaft des Papsttums bedroht. Der Condottiere Francesco Sforza, der Schwager des mailändischen Herzogs Filippo Maria Visconti, hat im Norden und in der Mitte des Landes damit begonnen, ein selbständiges Fürstentum zu schaffen. Ein Passus des Vertrages, den Alonso Borgia 1443 mit dem Heiligen Stuhl abschließt, legt fest, die Verwirklichung dieses Unternehmens gemeinsam zu verhindern: Der Kardinal von Valencia ist beauftragt, über alle diese Vorgänge zu wachen. Zu seiner Genugtuung sieht er, wie die zwischen Eugen IV. und Neapel geschlossene Liga weitere Mitglieder gewinnt, darunter Sigismondo Malatesta, den Stadtherrn von Rimini. Aber gegen die römisch-neapolitanische Liga bringt Francesco Sforza Florenz und Venedig, Federigo di Montefeltre, den Herrn von Urbino, und Galeazzo Malatesta zusammen. Das Bündnis zum Kampf gegen Sforza droht auseinanderzufallen. Zudem werden Anfang 1447 vier bis fünftausend Soldaten des Königs von Neapel nach Rom geschickt. Sie sind dazu ausersehen, im Frühling gegen Florenz, den Verbündeten von Francesco Sforza, zu ziehen; aber sie sind noch nicht aufgebrochen, als am 23. Februar 1447 Papst Eugen IV. stirbt. Dank dieser Armee könnte der Papst Druck auf das Konklave ausüben, um den Kandidaten seiner Wahl küren zu lassen. Er ist jedoch nicht daran interessiert, die anderen Mächte zu verärgern, und fraglos hat ihm der Kardinal von Valencia geraten, strikte Neutralität zu wahren. Die Versammlung läuft daher in größter Regelmäßigkeit ab. Die Rivalität zwischen den Orsini und Colonna kommt einem Neutralen zustatten. Am 6. März 1447 wird ein Mann mit Bildung gewählt, der über beiden Parteien steht: Tommaso Parentucelli aus Sarazana wird Papst Nikolaus V.

NIKOLAUS V., DER WIEDERHERSTELLER DER PÄPSTLICHEN MACHT

Der neue Pontifex ist ein Gönner der Humanisten und begünstigt sie im Vatikan mit allen Mitteln. Die Bibliothek des Apostolischen Palastes wird zu einer der besten Bibliotheken der Welt ausgebaut. Die Anzahl der Bücher, die vom neuen Papst zusammengetragen werden, ist nicht genau bekannt. Die Kataloge der lateinischen Handschriften verzeichnen achthundertzweiundvierzig, ebensoviele wie die beste Sammlung in Florenz und etwas weniger als die große Bibliothek im Schloß von Pavia. Die griechischen Manuskripte sind ebenso zahlreich wie die volkssprachlichen Werke. In gleichem Maße wie die geistliche ist auch die weltliche Literatur vertreten. Nikolaus V. läßt diese Bücher kostbar binden. Gehütet werden sie von Giovanni Tortelli, einem Freund Seiner Heiligkeit. Der Bibliothe-kar und Gelehrte Vespasiano da Bisticci und der Humanist Gianozzo Manetti sind Vertraute Nikolaus' V. Poggio, Valla, Alberti, Aurispa und zahlreiche andere Gelehrte werden eher zu ihm vorgelassen als jene Präla-ten, die die politischen Interessen der großen Mächte vertreten.

Nikolaus V. unternimmt den Wiederaufbau des alten Palastes, den sein früher regierender Namensvetter Nikolaus III. im 13. Jahrhundert an der Nordseite der Papstbasilika hatte errichten lassen. Er führt einen neuen Bau auf, der an den Papageienhof grenzt. Der Gesamtkomplex wird von einer massiven Mauer geschützt, über der zinnenbewehrte Türme auf-ragen. Der Papst beauftragt Fra Angelico mit der Ausschmückung des neuen Palastes. Sein Arbeitskabinett – heute unter dem Namen *Capella Niccolo V.* bekannt – zieren prächtige Fresken: das Leben der Jungfrau Maria, des heiligen Laurentius und des heiligen Stephan. Nikolaus erstellt des weiteren den Plan, die alte Basilika Sankt Peter, die vom Zerfall bedroht ist, wiederherstellen zu lassen. 1452 beauftragt er Bernardo Rosse-lini mit dem Entwurf einer Kirche mit einem lateinischen Kreuz als Grund-riß.

Während die päpstliche Stadt ihr Gesicht verändert, wächst auch das Ansehen des Papsttums. Bedeutende Ereignisse kennzeichnen das Pontifi-kat dieses Papstes: die Abdankung des Gegenpapstes Felix V. 1452, das Jubeljahr 1450, das eine Masse Gläubige in die heilige Stadt zieht, die Kanonisierung des heiligen Bernhard von Siena, der vor allem in L'Aquila im Königreich Neapel verehrt wird, die Eröffnung des Rehabilitierungs-prozesses von Jeanne d'Arc 1452, die Wiederherstellung von Ruhe und Ordnung und die Wiederaufnahme kirchlicher Reformen, die im Kaiser-reich von Nikolaus von Kues und Johannes von Capestrano vorangetrieben werden. In einigen Jahren hat das Erscheinungsbild des Papsttums vor der Welt den Glanz zurückgewonnen, mit dem es vor dem Großen Schisma umgeben war.

Doch im politischen Bereich gibt es auch Mißerfolge. Francesco Sforza ist gegen den Widerstand Alfons' von Neapel 1450 durch den Tod seines Schwiegervaters Visconti Herzog von Mailand geworden. Der König der Römer und von den deutschen Fürsten gewählte Kaiser des Heiligen Römischen Reiches, Friedrich III., ist 1452 nach Italien gereist, um aus den Händen des Papstes die Kaiserkrone zu empfangen. Zugleich erhält er den päpstlichen Segen zu seiner Heirat mit Eleonora, der Tochter des Königs von Portugal. Der Kardinal nimmt mit dem Heiligen Kollegium an einem ungewöhnlichen Festakt teil: Der Kaiser präsentiert dem Pontifex sein Pferd und reicht ihm den Steigbügel. Durch diese symbolische Geste, die seit Jahrhunderten nicht mehr geübt worden war, wird der Vorrang der geistlichen Gewalt über die weltliche bestätigt. Aber die tatsächliche Macht des Kaisers in Italien hängt von seinen guten Beziehungen zu den Fürsten und namentlich zum mächtigen König Alfons von Aragón ab. Als er Rom verläßt, begibt sich Friedrich III. nach Neapel, wo ihm der König märchenhafte Feste darbietet. Theateraufführungen, Jagden, Bankette und Bälle folgen in rauschendem Wirbel aufeinander. Der Bischof von Valencia hat an diesem neapolitanischen Erfolg teil, der gleichsam die Krönung eines Werkes bildet, dem er sich seit langer Zeit gewidmet hat. Zutiefst betrübt wird Alonso de Borgia jedoch auch Zeuge der unheilvollen Ereignisse, die im Jahre 1453 als aufeinanderfolgende Schicksalsschläge über den Heiligen Stuhl und die Christenheit hereinbrechen: die gerade noch rechtzeitig vereitelte Verschwörung von Stefano Porcaro, der die weltliche Macht des Papstes stürzen wollte, und die Eroberung Konstantinopels durch Mehmed II.

EINE GEWALTIGE KATASTROPHE:
DIE EROBERUNG VON BYZANZ DURCH DIE TÜRKEN

Das Ende des christlichen Kaiserreiches im Osten war seit langem absehbar. Die Hoffnung der Westmächte, daß die türkische Expansion eingedämmt werden könnte, war mit der Niederlage des Ungarnkönigs Wladislaw V. im bulgarischen Warna am 10. November 1444 bereits geschwunden. Auf diese Niederlage der Christen folgte vier Jahre später ein noch größerer Sieg Mehmets II. Er vernichtete ein riesiges christliches Heer von Ungarn, Böhmen, Deutschen und Walachen auf dem Amselfeld im serbischen Kossowo. Geführt wurde das Heer vom ungarischen Helden Johann Hunyadi. Papst Nikolaus V. hatte Hunyadi geholfen, in Belgrad den Vergeltungsschlag auszuführen. Ebenso hatte er den albanischen Helden Skanderbeg unterstützt und war den Inseln Zypern und Rhodos zu Hilfe geeilt, die von der türkischen Flotte eingeschlossen worden waren. In Byzanz selbst hatte sich der 1448 auf den Thron gestiegene Kaiser Konstantin XII. jedoch als unfähig erwiesen, die Verteidigung seines Reiches zu organisieren. Sultan Mehmed II. hatte die Stadt mit dem Bau der stattlichen Festung Rumeli Hissar am Bosporus blockiert. Die im letzten Moment erfolgte Unterstützung durch Genuesen und Venezianer und die Entsendung von päpstlichen Galeeren erwiesen sich als nutzlos: Der gewaltigen türkischen Armee von 160 000 Mann stand eine Garnison von nur 7000 Männern gegenüber. Am 29. Mai 1453 hatte Mehmet den Sturm befohlen. Der Kaiser war im Kampf getötet worden, unzählige Einwohner niedergemetzelt und die Überlebenden zu Tausenden in die Sklaverei verschleppt worden.

Als Nikolaus V. Ende Juni von der Katastrophe Nachricht erhalten hatte, versuchte er noch einmal, die abendländische Christenheit zu mobilisieren, doch es gelang ihm nicht. Venedig hatte im April 1454 einen separaten Vertrag mit dem Sultan abgeschlossen, um seine Besitzungen zu erhalten. Genua hatte dasselbe getan: Die Bank des heiligen Georg, die finanzielle Angelegenheiten mit dem oströmischen Reich regelte, war dem Sultan tributpflichtig geworden. Und der König von Neapel wollte von einem Frieden mit den anderen Staaten der italienischen Halbinsel nichts wissen . . .

Dieser Friede, dessen Schaffung dem Papst nicht gelungen war, sollte jedoch in der Folge eines Vertrages zustande kommen, den Mailand und Venedig am 9. April 1454 in Lodi unterzeichneten. Von der Schließung des Vertrages unterrichtet, traten der Heilige Stuhl, Neapel und Florenz dem Bündnis bei: Am 2. März 1455 ließ Nikolaus V. in Rom feierlich die Liga verkünden. Für fünfundzwanzig Jahre hatten die italienischen Staaten ein Bündnis geschlossen, um «den Frieden und die Ruhe Italiens und die Verteidigung des christlichen Glaubens» zu sichern. Diese Amtshandlung sollte die letzte des Pontifex sein.

DAS KONKLAVE VON 1455
DER HERRSCHAFTSANTRITT VON KALIXT III.

Die Ereignisse im byzantinischen Reich hatten die Gesundheit des Papstes stark angegriffen. Nach langer Krankheit stirbt Nikolaus V. in der Nacht vom 24. zum 25. März 1455. Das Konklave versammelt sich am 4. April, um seinen Nachfolger zu bestimmen.

Das Heilige Kollegium zählt damals zwanzig Mitglieder, jedoch sind fünf von ihnen abwesend: zwei Franzosen – Jean Rolin, der Bischof von Autun, und Guillaume d'Estouville –, zwei Deutsche und ein Ungar. Fünfzehn Kardinäle geben folglich ihre Stimme ab. Sieben sind Italiener: die Kardinäle Fieschi, Scarampo, Capranica, Calandrini, Barbo und zwei Mitglieder der großen römischen Familien, Prospero Colonna und Latino Orsini. Zwei sind aus dem Osten: Bessarion und Isidor. Zwei gehören der «französischen Nation» an: Alain de Coëtivy, der Kardinal von Avignon, und Guillaume d'Estaing. Vier sind Spanier: Torquemada, Carvajal, Antonio de la Cereda und Alonso Borgia.

Wie gewöhnlich stehen sich die Parteigänger der Colonna und Orsini gegenüber. Kardinal Orsini kann auf die Stimmen der Spanier zählen, da König Alfons sie aufgefordert hat, ihn zu wählen. Aber diese Rückendekkung scheint schon vor Eröffnung des Konklaves unzureichend. Man munkelt in Rom, daß der Venetianer Pietro Barbo, der Enkel Eugens IV., bereits der designierte künftige Papst sei. Dann gehen Gerüchte um, daß sich die Waage zugunsten von Domenico Capranica neige, doch er ist Römer und ein Freund der Colonna. Es muß also ein parteiloser Kandidat gewählt werden. Der Grieche Bessarion scheint gut im Rennen zu liegen: Acht Kardinäle sprechen sich für ihn aus. Man fürchtet indessen, die öffentliche Meinung vor den Kopf zu stoßen, wenn man an die Spitze der römischen Kirche einen byzantinischen Kleriker setzt, der soeben erst dem Schisma zwischen weströmischer und oströmischer Kirche abgeschworen hat. Einige Zeit wird erörtert, ob der jüngere, nicht zum Heiligen Kollegium zählende Ordensbruder Antonio di Montefalcone der rechte Mann sei, doch dann beschließt die Mehrheit, des Haders müde – nach einem Winkelkonzil, das laut Aeneas Silvius Piccolomini bei Nacht in den Latrinen stattgefunden haben soll! –, einen «Übergangspapst» zu wählen.

Am Morgen des 8. April 1455 schließen sich die Kardinäle dem von ihren Kollegen Scarampo und Alain de Coëtivy eingebrachten Vorschlag an. Sie wählen Alonso Borgia durch den «accesso», das heißt durch ein sukzessives Sich-Anschließen. Es gibt keinen Zweifel, daß sie sich seines Alters wegen für ihn als «Übergangspapst» entschieden haben: er ist schon siebenundsiebzig. Der Kardinal von Valencia nimmt die Wahl an und wählt den Papstnamen Kalixt III.

Von allen Teilnehmern des Konklaves war ein einziger nicht vom Ausgang der Wahl überrascht: Alonso selbst. In seinem Innersten war er stets davon überzeugt, daß sich die Weissagung von Vincente Ferrer eines Tages erfüllen werde. Er sprach oft mit seinen Freunden darüber: Einen Widerhall fand dies 1449 mit der Kanonisierung des Johannes von Capestrano. Um dem berühmten Dominikaner zu danken und seine Prophezeiung vollständig in Erfüllung gehen zu lassen, beeilte sich Kalixt, Johannes von Capestrano am 29. Juni 1455 heiligsprechen zu lassen. In Wirklichkeit war das Verfahren der Kanonisierung jedoch bereits vor der Wahl Kalixts III. eingeleitet worden. Sein Abschluß stand indes noch aus und wurde so rasch vorangetrieben, daß die Bulle der Heiligsprechung nicht ordnungsgemäß ins Register eingetragen wurde, so daß man sie später unter Pius II. erneut abfassen mußte!

Kurz vor der Heiligsprechung von Vincente Ferrer hatte Kalixt die Wiederaufnahme des Verfahrens von Jeanne d'Arc angeordnet, womit er eine weitere, von seinem Vorgänger begonnene Revision zum Abschluß brachte. Am 11. Juni 1455 hatte er die Sorge darüber dem Erzbischof von Reims übertragen, der von den Erzbischöfen von Paris und Coutance und vom Dominikaner-Großinquisitor Jean Bréhal unterstützt wurde. Im Verlauf eines Jahres sollten Einvernahmen, Untersuchungen und Konsultationen zu dem Urteil führen, das am 7. Juli 1456 gesprochen wurde. Es hob die Verurteilung von Johanna von Orléans auf und rehabilitierte sie feierlich.

Die Ehrungen, die diesen beiden heldenhaften Menschen zuteil wurden, unterstrichen, wie sehr der Borgia-Papst an die Existenz eines göttlichen Planes glaubte, der sich an den Geschöpfen erfüllte, obwohl sie sich zu Lebzeiten für einen Gegenpapst beziehungsweise für einen König von zweifelhafter Legitimität entschieden hatten. Auch der Papst selbst glaubte fest, er sei zur Verwirklichung eines göttlichen Planes ausersehen.

Der Name des neuen Papstes Kalixt (oder Calixtus) beschwor die Leistungen des Kardinals Borgia in der Vergangenheit herauf. Er spielte an auf seine Tätigkeit als geschickter Unterhändler zwischen dem Heiligen Stuhl in Rom und den Gegenpäpsten. Der erste Papst dieses Namens hatte von 217 bis 222 regiert und war durch seinen Kampf gegen den Gegenpapst Hippolyt berühmt geworden. Obwohl dieser aus der offiziellen Liste der Päpste gestrichen worden war, hatte man ihn in Anerkennung seiner Tugenden und moralischen Strenge heiliggesprochen: Die Persönlichkeit, deren Andenken in Rom geehrt wurde, rief Benedikt XIII. in Erinnerung, dem Alonso Borgia viel verdankte. Kalixt II. (1119-1124) hatte im Investiturstreit gleichfalls mit einem Gegenpapst, Mauritius Burinus, kämpfen müssen, den damals der Kaiser unterstützte. Er hatte sich ebenso um die Geschicke des Heiligen Landes bemüht. Er hatte versucht, die westliche und östliche Kirche miteinander zu versöhnen, und hatte mit der Christianisierung Polens begonnen. Diese großen Unternehmungen hatten ihn jedoch nicht von Spanien abgelenkt, in dem sein Bruder Raimund von Burgund eine neue Dynastie in Kastilien begründet hatte: Er hatte dabei eine wichtige Rolle gespielt. Er unterstützte gegen die Intrigen seiner Schwägerin, der Königin Urraca, seinen jungen Neffen, den König Alfonso Ramón, dessen Vormund er war. Alonso Borgia wählte den Namen Kalixt, um an seine engen Bindungen mit Spanien zu erinnern. Darüber hinaus löschte er das Andenken des Gegenpapstes Johannes von Struma aus, der 1159 den Namen Kalixt III. angenommen hatte.

URTEILE ÜBER DEN NEUEN PAPST

Die Papstwahl war durch das Ansehen und das politische Gewicht Alfons', des Königs von Aragón und Neapel, einfacher geworden. Der Ruhm des Herrschers hatte seinen Gipfelpunkt erreicht. Ganz Italien beugte sich seiner Macht. Um die Erinnerung an seine Vorgänger aus Anjou auszulöschen, hatte er vor der braunen Fassade des schmucklosen Castel Nuovo einen prächtigen Triumphbogen errichten lassen. Das Monument stellte in

Marmor und Bronze feierlich die Episoden der Eroberung des Königreichs und den königlichen Triumph von 1443 dar.

Hinter dem neuen Pontifex stand offenbar die Macht des aragonesischen Königs, und viele Zeitgenossen waren darüber besorgt. Ein Nachklang ihrer Befürchtungen findet sich in einer Schrift des heiligen Antonius, des Erzbischofs von Florenz: «Vom ersten Augenblick an war die Wahl von Kalixt III. den Italienern wenig angenehm, und dies aus zwei Gründen. Da er aus Valencia oder aus Katalonien stammt, befürchten sie einerseits, daß er eines Tages an die Verlegung des päpstlichen Hofes ins Ausland denken könnte. Zweitens fürchten sie, daß er die befestigten Orte des Kirchenstaates Katalanen anvertraut und daß es später gegebenenfalls schwierig sein wird, ihnen diese wieder zu entreißen.» Aber dennoch anerkennt Antonius den Ruf der Güte, der Weisheit, der Aufrichtigkeit und der unparteiischen Gesinnung des neuen Papstes. Er ist tief beeindruckt von der feierlichen Erklärung, die Kalixt III. kurz nach seiner Wahl abgibt. Das Manifest wird in Tausenden von Exemplaren in allen Ländern der Christenheit verteilt: «Ich, Papst Kalixt III., erkläre und schwöre, müßte ich auch mein eigenes Blut vergießen, nach Maßgabe meiner Kräfte und im Wettstreit mit meinen verehrungswürdigen Glaubensbrüdern, mein möglichstes zu tun, um Konstantinopel zurückzuerobern, das zur Strafe der Sünden der Menschheit eingenommen und zerstört wurde vom Feind unseres gekreuzigten Herrn, von dem Teufelssohn Mehmet, dem Fürsten der Türken; mein möglichstes zu tun, um die Christen zu befreien, die in der Sklaverei schmachten, um wieder den rechten Glauben aufzurichten und um im Orient die teuflische Sekte des ruchlosen und niederträchtigen Mehmet zu vernichten ... Werde ich dein je vergessen, Jerusalem, so soll mir die rechte Hand erlahmen. So soll die Lähmung über die Zunge im meinem Munde kommen, wenn ich mich deiner nicht mehr erinnere, Jerusalem, wenn du nicht mehr Anbeginn meines Jubels bist. Gott stehe mir hilfreich zur Seite und sein Heiliges Evangelium! Amen.»

In dieser leidenschaftlichen Willensbekundung, den Kreuzzug zum Guten zu wenden, findet man jenen feurigen Glaubenseifer wieder, mit dem die Vorfahren des greisen Papstes einst gegen die Mauren kämpften. Kalixt behält zeitlebens das Land seiner Geburt in Erinnerung, in dem der Islam in Játiva, Valencia und Lérida deutliche Spuren hinterlassen hat. Er fühlt sich als Auserwählter der Vorsehung, der das glanzvolle Werk, das vormals die Herrscher Aragóns begonnen haben, weiterführen soll. Der Sitz des Papsttums ist allerdings auch von Soldaten und Waffen geprägt, wie es sich für die Hauptstadt eines heiligen Krieges ziemt.

Der Vatikanspalast, von Schutzwällen umgeben und durch die vorgelagerte Festung der Engelsburg geschützt, bildet mit dem Marktflecken, der ihn umgibt, eine Art befestigtes Lager. Dies ist der «leonische Stadtkern», benannt nach Papst Leo IV., der ihn Mitte des 11. Jahrhunderts erbauen ließ. Der von Papst Nikolaus wieder aufgebaute Flügel des Palastes bietet nach außen hin einen strengen Anblick. Im Inneren gemahnt er jedoch an jene Orte der Ruhe, die Könige und große Fürsten sich fast überall in Europa hinter den Mauern feudaler Schlösser schufen. An ihn grenzen die päpstlichen Amtsgebäude und der Audienzsaal – eine große Kapelle, die an der Stelle der heutigen Sixtinischen Kapelle stand. Ein innerer Gang führt ins Atrium der Sankt-Peters-Basilika, einen großflächigen Kreuzgang, den ein Springbrunnen ziert und in dessen Rundgang die Grabmäler ehemaliger Päpste untergebracht sind. Eine seiner Seiten grenzt an die Fassade der Basilika. Auf der gegenüberliegenden Seite steht ein hoher Glockenturm neben dem Segnungspavillon. Über ihm erhebt sich die Loggia, deren elegante Arkaden von außen sichtbar sind. Diesem Pavillon zur Seite gewährt ein monumentaler Portikus den Pilgern Einlaß: Eugen IV. hat ihn mit herrlichen Bronzetafeln schmücken lassen. Filarete hat in ihnen Christus, die gekrönte Jungfrau, die Heiligen Peter und Paul sowie die markanten Ereignisse der päpstlichen Herrschaft verewigt, unter anderem das Konzil von Florenz und die Vereinigung der griechischen und der römischen Kirche, die den Kreuzzug einleitete.

Am 20. April begibt sich Kalixt durch den inneren Gang von seinem Palast zur Basilika Sankt Peter. Als er in die Kirche tritt, entzündet ein Stiftsherr vor ihm ein Büschel Werg, ein Symbol der vergänglichen Größe des Papsttums: «Heiliger Vater, so vergeht die Herrlichkeit der Welt!» Der Papst steigt vor den Hauptaltar und zelebriert die Messe, assistiert von den Kardinälen Barbo und Colonna. Anschließend wird er in einer Prozession auf den Platz im Vorhof geleitet, wo sogleich die Krönung stattfindet. Vor der Menge der Gläubigen setzt der Kardinaldekan Prospero Colonna Kalixt die Tiara aufs Haupt, ein konisches, aus weißen Pfauenfedern geflochtenes Barett, das drei übereinanderliegende goldene Reife umgeben: «Nehmt die dreifach gekrönte Tiara und seid Euch bewußt, daß Ihr der Vater der Fürsten und der Könige seid, der Lenker der Welt und der irdische Statthalter unseres Heilandes Jesus Christus, dem Ruhm und Ehre sei in Ewigkeit. Amen.»

Nach der Zeremonie besteigen der Papst und die Kardinäle ihre Pferde. An der folgenden Prozession nehmen vierundzwanzig Bischöfe im weißen Priesterornat, die römischen Barone und das städtische Korps der Konservatoren teil. Kalixt nimmt seinen Bischofssitz in der Kathedrale S. Giovanni in Laterano in Besitz. Alle Straßen sind mit den päpstlichen Fahnen geschmückt. Auf der Piazza Monte Giordano präsentieren ihm die Juden, dem Brauch folgend, das Buch des Gesetzes, das sie aus ihrer Synagoge hergebracht haben. Der Papst antwortet ihnen: «Wir anerkennen das Gesetz, aber wir verdammen eure Auslegung, da derjenige, von dem ihr sagt, er müsse kommen, gekommen ist, und das ist unser Herr Jesus Christus, wie es uns die Kirche lehrt und predigt.» Das Buch des Gesetzes fordert die Raubgier des Pöbels heraus. Der Papst wird angerempelt. Den Juden gelingt es, zu entkommen. Später bemächtigt sich der Pöbel jedoch des päpstlichen Baldachins, reißt ihn in Stücke und raubt die kostbaren Verzierungen.

Dem Aufruhr des Volks folgt ein heftiger Streit um die Grafschaft von Tagliacozzo zwischen dem Grafen Everso d'Anguillara und Napoleone Orsini. Ein Diener Orsinis wird dabei getötet. In der Stadt entsteht eine Atmosphäre des Bürgerkrieges. Orsini plündert die Residenz des Grafen am Campo de' Fiori. Auf den Ruf: «Auf, zum Beistand für Orsini!» versammeln sich 3000 Bewaffnete auf dem Monte Giordano. Sie wollen gegen Colonna marschieren, den Beschützer des Grafen Everso. Unter großer Mühe gelingt es den Abgesandten des Papstes, dem Kardinal Orsini und Francesco Orsini, dem Präfekten von Rom, Blutvergießen zu verhindern. Nur mit Mühe gelingt es ihnen, die Ruhe wiederherzustellen.

POLITISCHER NEPOTISMUS

Nach dem leidvollen Tag seiner Investitur beauftragt Kalixt Kardinal Barbo, einen Waffenstillstand zwischen den Parteien auszuhandeln. Um jedoch neue Unruhen zu verhindern, beschließt er wie seine Vorgänger, wichtige öffentliche Ämter vorwiegend seinen Verwandten anzuvertrauen. Er läßt seine Neffen benachrichtigen, daß er sie in Rom erwartet. Kurz nach ihrer Ankunft gewährt er ihnen einen Fürstentitel, erhebt sie jedoch nicht sofort in den Adelsstand. Er hat sich bei den Mitgliedern des Heiligen Kollegiums sogar darum bemüht, seinen Angehörigen nicht sofort höhere Würden zukommen zu lassen. Er begnügt sich damit, Rodrigo am 10. Mai 1455, acht Tage nach seinem Einzug in Rom, das Amt eines apostolischen Notars zu übertragen. Am 3. Juni fügt er diesem Amt das Dekanat der Kirche Sa. Maria in Játiva hinzu, zusammen mit beträchtlichen Einkünften aus Pfarreien in der Diözese von Valencia. Luis Juan de Mila, dem Bischof von Segorbe, verleiht er am 13. Juni 1455 die Regierungsgewalt über Bologna, die wichtigste Stadt im Kirchenstaat.

Die beiden jungen Männer reisen nach Bologna. Begleitet von dem Humanisten Gaspare da Verona, begibt sich Rodrigo in die Stadt, um den Grad eines Doktors beider Rechte zu erwerben. Er wird dort zwischen Studien und Vergnügungen sechzehn Monate zubringen und im Oktober 1456 den Doktortitel erlangen. Normalerweise beträgt die Frist bis zur Verleihung des Doktorgrades fünf Jahre. Während der willkommenen Abwesenheit Rodrigos gelingt es dem Pontifex, die Gegner des Heiligen Kollegiums zu entwaffnen. Im Geheimen Konsistorium ernennt er seine beiden Neffen am 20. Februar 1456 zu Kardinälen, zusammen mit einem dritten Auserwählten, dem Infanten Jakob von Portugal.

Im stillen hoffen die Kardinäle, daß den greisen Papst vor der öffentlichen Verkündung der Kardinalspromotionen der Tod ereilen wird. Aber Kalixt enttäuscht ihre Hoffnungen. Er nutzt die Gelegenheit, als die Kardinäle Rom fluchtartig verlassen haben, um der Hitze und der grassierenden Seuche im Sommer 1456 zu entgehen, und veröffentlicht am 17. September die Ernennungen.

Einen Monat später halten seine Neffen in der Stadt als Kardinäle feierlichen Einzug. Am 17. November übergibt ihnen ihr Onkel den roten Hut, und am 26. schreitet er zur symbolischen Öffnung ihrer Münder, eine Zeremonie, die sie in jeder Lebenslage zu treuen Fürsprechern des Heiligen Stuhls machen soll. Kardinal Luis Juan de Mila erhält jenen Titel, den sein Onkel abgelegt hatte, den Titel der Basilika der vier gekrönten Heiligen. Rodrigo wird Kardinaldiakon in der Kirche S. Nicola *in Carcere Tulliano*. Die Wahl dieser kleinen Kirche ist keineswegs belanglos: Sie erhebt sich in zentraler Lage vor dem Kapitol gegenüber dem Marcellus-Theater, das die Orsini als Burg ausgebaut haben. Dem altehrwürdigen Sanktuarium, das auf den drei Tempeln des antiken Kräutermarktes errichtet wurde, unterstehen juristisch alle städtischen Gefängnisse, was dem jungen Kardinal eine Art Polizeigewalt verleiht.

Die Festung, mit deren Hilfe der Heilige Stuhl Rom beherrscht, ist jedoch der Vatikan und seine Bastion, die Engelsburg. Ab 1455 erhält der um sieben Jahre ältere Bruder von Rodrigo Borgia, Pedro Luis de Mila, den Titel des Generalkapitäns der Kirche und wird Gouverneur der Engelsburg. Das alte Grabmal des Kaisers Hadrian, das mit der Rückkehr des Papsttums in die heilige Stadt befestigt wurde, deckt die päpstliche, Rom gegenüberliegende Stadt, bietet dem Papst jedoch auch einen bequem erreichbaren Zufluchtsort: Man gelangt vom Vatikan aus über einen Rundweg zu ihr, der über die Stadtmauer führt. Kalixt übergeht die Proteste der römischen Barone und übergibt die Festung am 15. März 1456 seinem Neffen. Im Herbst ernennt er diesen zum Gouverneur von Terni, Narni, Todi, Rieti, Orvieto, Spoleto, Foligno, Nocera, Assisi, Amelia, Cività-Castellana und Nepi. Kurz darauf verleiht er ihm den Gouverneurstitel über das Patrimonium Petri.

Diese Gnadenbeweise könnten den Heiligen Stuhl bei den christlichen Fürsten in Verruf bringen. Deshalb schreitet Kalixt einige Monate nach der Kardinalspromotion am 17. Dezember zur Ernennung sechs weiterer Kardinäle; diesmal sind es Vertreter der wichtigsten Mächte Europas. Zu den Ernannten gehören Aeneas Silvius Piccolomini, der lange Zeit am kaiserlichen Hof in Amt und Würden war, Juan de Mella, Bischof von Zamora in Spanien, Rinaldo di Piscicelli, Erzbischof von Neapel, Jacopo Tebaldo, Bischof von Montefeltre, Giovanni di Castiglione, Bischof von Pavia, und Richard Olivier de Longueil, Bischof von Coutances in der Normandie.

Kalixt umgibt sich mit einer Kardinalsversammlung, die für die Eintracht der Völker steht. Dadurch kann er sich erlauben, seine Familienpolitik unangefochten weiterzutreiben. Im Dezember 1456 wird der junge Kardinal Rodrigo zum Legaten der Mark Ancona ernannt. Um das Amt anzutreten, reist er am 19. Januar ab. Kardinal Luis, der bereits Gouverneur von Bologna ist, erhält nun auch die Gesandtschaft in dieser Stadt. Der Papst versorgt seine beiden Neffen mit einträglichen Pfründen, die ihnen eine angemessene gesellschaftliche Stellung ermöglichen. Das bedeutendste und einträglichste Amt in der Kurie ist jedoch das des Vizekanzlers, der die Gnaden verteilt und enorme Steuergelder für die päpstlichen Kassen eintreibt. Seit dem Tod des Kardinals Condulmaro, des Neffen Eugens IV., am 30. Oktober 1453, ist dieser Posten unbesetzt. Kardinal d'Estouteville bewirbt sich eifrig um ihn. 1457 wird das Amt jedoch Rodrigo übertragen. Darüber hinaus erhält Rodrigo im Dezember desselben Jahres zusätzlich das Amt des kommandierenden Generals und Kommissars aller päpstlichen Truppen in Italien.

ROM IM GRIFF DER KATALANEN

Die Beförderung Rodrigos ist so unerhört, daß Kardinal Domenico Capranica, der einstige große Pönitentiar von Nikolaus V., öffentlich protestiert. Seine beherzte Haltung trägt ihm den Haß der Borgia-Sippe ein. Es gelingt den Borgias jedoch nicht, ihn aus Rom zu entfernen. Politisch ist selbst die Gegnerschaft eines hohen kirchlichen Würdenträgers von geringer Bedeutung. Die Borgias haben andere, wichtigere Verbündete. Sie stehen in bestem Einvernehmen mit den Colonna. Im Sommer 1457 geht das Gerücht von einer bevorstehenden Hochzeit zwischen Pedro Luis und einer Colonna. Die Kehrseite ihrer Freundschaft mit den Colonna ist die Feindschaft mit den Orsini. Nachdem der Papst Don Pedro Luis beauftragt hat, den Orsini wieder einige Schlösser abzunehmen, führt der Parteienhaß im Juni 1457 zum offenen Krieg. Kardinal Orsini verläßt Rom. Mit der Colonna-Partei verbündet, stimmt die Mehrheit der Kardinäle der Beförderung von Don Pedro Luis zum Präfekten von Rom zu, der höchsten Würde, die ein Laie im Kirchenstaat erlangen kann. Die Ernennung findet am 19. August 1457 statt; der Papstnepote tritt die Nachfolge von Gian Antonio Orsini an, der kürzlich verstorben ist. Am Abend des gleichen Tages begeben sich die Konservatoren und die wichtigsten Bürger der Stadt zum Vatikan, um dem Papst ihre Glückwünsche zu seiner Wahl zu überbringen. Kalixt III. betont bei dieser Gelegenheit mit scharfen Worten, daß Don Pedro Luis seinem Denken und seinen Sitten nach Italiener sei. Er möchte, so versichert er, als römischer Bürger leben und sterben. Einer der Aufseher schmeichelt ihm unverfroren und behauptet, er hege die Hoffnung, den neuen Präfekten bald als König von Rom zu sehen, worauf er den Papst inständig bittet, Pedro Luis die Schlösser zum Lehen zu geben, über die der Präfekt seit jeher zu gebieten hatte. Dann erweisen die Deputierten Don Pedro Luis die ihm zukommenden Ehren: Er zeigt sich ihnen wohlgesinnt, aber er täuscht sich nicht über ihre wahren Gefühle. Er weiß in der Tat sehr wohl, daß die Italiener ihn ebensowenig lieben wie er sie. Gegenüber den Italienern bezeugen die Neffen des Papstes beispiellose Arroganz. Ihre Haltung ruft den Haß der Römer hervor. Sie verabscheuen jene zahllosen Verwandten und Freunde der Borgias, die aus allen Teilen Spaniens stammen: In den Straßen der Stadt und im Kirchenstaat hört man an allen Ecken nur noch Spanisch. Um Don Pedro Luis bilden sie eine Truppe von Abenteurern aller Art. Obwohl einige aus Neapel, andere aus Aragón kommen, werden sie alle einfach «die Katalanen» genannt. Ebenso werden unterschiedslos alle seine Verwandten als «Borgias» bezeichnet, wie auch immer der Name ihres Vaters lautet. In kürzester Zeit scheinen Rom und die Kirche von dieser ausländischen Macht kolonisiert.

Die Neuankömmlinge fallen auf eine Weise in die Kurie ein, daß viele Deutsche und Franzosen an einer Fortsetzung ihrer Laufbahn verzweifeln und ihre Ämter niederlegen: Selbstverständlich werden diese sofort an Katalanen vergeben. Das Volk ist ebenso aufgebracht wie die Barone und Prälaten, denn die Neuankömmlinge verfügen nicht nur über die Macht von Militär und Polizei, sie gebrauchen diese Macht auch nach ihrem Gutdünken. Gewalttaten und Morde sind mehr und mehr an der Tagesordnung. Die Ausschreitungen werden vom wiederholten Auftreten von Seuchen begünstigt. Im Juni 1458 wütet die Pest in Rom. Alle, die dazu in der Lage sind, fliehen aus der Stadt. Während die Kardinäle die Stadt verlassen, bleibt der Papst mit stoischer Gelassenheit auf seinem Posten. Er kümmert sich um das Schicksal der unglücklichen Kranken: Er verwandelt ein

Gebäude seines einstigen Kardinalspalastes der vier gekrönten Heiligen in ein Hospital, macht ihm ein Geschenk von 5 000 Dukaten und überschüttet das Hospital S. Spirito gleichfalls mit Wohltaten.

DIE VERSCHLEUDERUNG LITERARISCHER
UND ARCHÄOLOGISCHER SCHÄTZE
DIE FINANZIERUNG DES KREUZZUGES

Aber Kalixt vergißt über seiner barmherzigen und aufopferungsvollen Hilfe für die Pestkranken nicht seine drückendste Sorge: die islamische Gefahr von der Christenheit abzuwenden. Er hat geschworen, dafür einzutreten. Jetzt geht ihm diese Aufgabe nicht aus dem Sinn. Während er noch vor seiner Krönung die reich bestückte Bibliothek des Vatikans besichtigt, ordnet er an, die goldenen und silbernen Einbände einiger Handschriften zu entfernen, um den Erlös für den Heiligen Krieg zu verwenden. Humanisten in der Kurie wie Filelfo und Vespasiano da Bisticci protestieren empört und behaupten, Kalixt verschleudere und zerstreue die von seinen Vorgängern so mühsam zusammengetragenen Werke. Sie prangern die vom Papst vorgenommene Verteilung von Büchern an den Bischof von Vich, seinen Datarius, an katalanische Adelige und an den alten kleinrussischen Kardinal Isidor an. Hier liegt jedoch offenkundig eine Übertreibung vor. Allem Anschein nach hat der Papst lediglich vier Bücher verschenkt, zwei davon an König Alfons von Neapel. Schenkungen dieser Art waren an italienischen Höfen in der Renaissance durchaus üblich. Außerdem stehen andere Humanisten wie Lorenzo Valla mit dem Papst in ausgezeichnetem Verhältnis und hüten sich vor jeder Kritik. Tatsächlich lag Kalixt an den Überbleibseln aus der Antike weniger als seinen Vorgängern. Den Beweis hierzu liefert er im Juni 1458 anläßlich einer archäologischen Entdeckung in der Kirche Sa. Petronilla, die in der Nähe der Basilika Sankt Peter gelegen ist. Man hatte dort einen riesigen Marmorsarkophag ans Tageslicht gebracht, der zwei Zypressensärge enthielt. Einer von ihnen war für einen Erwachsenen, der andere für ein Kind bestimmt. Beide hatten ein solches Gewicht, daß sie sechs Männer kaum zu tragen vermochten. Die Leichname in ihrem Inneren zerfielen zu Staub, sobald sie mit der Luft in Berührung kamen; sie waren in prachtvolle golddurchwirkte Totentücher gehüllt. Die Särge waren mit Blattsilber belegt, und die gesamte prunkvolle Ausstattung des Grabes ließ auf bedeutende Persönlichkeiten schließen, vielleicht sogar auf Kaiser Konstantin und seinen Sohn. Obwohl es sich um eine sehr kostbare Reliquie handelte, ließ Kalixt sich nicht beeindrucken. Er gab Anweisung, das Gold und Silber, das man in den Särgen gefunden hatte, einzuschmelzen. Die Verzierungen brachten tausend Dukaten ein, die in die Kasse für den Krieg gegen die Türken flossen.

In seinen Reden vor den Botschaftern, die gekommen sind, um den Gehorsamseid zu schwören, spricht der Papst stets vom Kreuzzug: vor den Florentinern Ende Mai, vor den Venezianern Ende Juli und im August vor den Kaiserlichen, die von dem italienischen Bischof Aeneas Silvius Piccolomini angeführt werden. Schon am 15. Mai 1455 veröffentlicht er die Kreuzzugsbulle, die den Auszug zum Heiligen Krieg auf den 1. März des folgenden Jahres festsetzt. Der Erlaß der Kirchenstrafen und der Ablaß, von Nikolaus V. im vorigen Jahr verkündet, werden bestätigt. Für die Vorbereitungen zum Krieg gegen die Türken werden in der gesamten Christenheit zusätzliche Steuern, der sogenannte Türkenzehnt, erhoben. Im September läßt Kalixt in ganz Europa den Kreuzzug predigen. Die Kardinäle gehen den Gläubigen mit gutem Beispiel voran: Alain de Coëtivy in Frankreich, Dionys Szécsi in Ungarn, Juan Carvajal in Deutschland, zusammen mit Nikolaus von Kues, der anschließend nach England gehen wird. Der Erzbischof Urrea von Tarragona bereist ganz Spanien. Unterstützt werden diese hochgestellten Prälaten von wortgewaltigen Geistlichen: Johannes von Capestrano, Jacques de la Marche, Roberto di Lecce und Antonio di Montefalcone, die unter den geringeren Ordensbrüdern ausgewählt wurden, darunter auch der Dominikaner Heinrich Kalteisen, der unter Nikolaus V. zum Erzbischof ernannt wurde. Die Ordensgeneräle und Provinzialen der Augustiner erhalten Weisung, unter Androhung des Kirchenbanns alle ihre Geistlichen zu diesen Predigten anzuhalten.

Die Operation wird auf beispielhafte Weise durchgeführt. Nach der Stadtchronik von Viterbo «eröffnet am 8. September ein Franziskanermönch die Kreuzzugspredigt auf dem großen Platz in der Nähe des Brunnens. Er läßt eine Abteilung Soldaten die Trommeln schlagen, begleitet von Pfeifenklängen; dann läßt er ein vergoldetes Kruzifix in den Boden rammen. Er zieht die päpstliche Bulle aus seinem Wams und gibt genaue Erklärungen zu ihrem Inhalt ab.» In den Städten des Kirchenstaats registrieren Steuereintreiber alle Bewohner und verzeichnen die Höhe der zu zahlenden Summen. Die päpstlichen Abgesandten sprechen gegen Widerspenstige die schwersten Kirchenstrafen aus und können auch auf den Arm der weltlichen Gewalt zurückgreifen. Die Gelder werden in der Sakristei der Hauptkirche in Verwahrung genommen. Die Namen der Steuerpflichtigen und die Höhe ihrer Beiträge verzeichnet ein Notar, damit jedermann die Gewißheit hat, daß sein Geld ausschließlich für den Kreuzzug verwendet wird. Zu den Summen, die von den Untertanen des Papstes bereitgestellt werden, kommt der Erlös aus dem Verkauf päpstlicher Kleinodien hinzu. Kalixt verkauft dem König von Neapel zahlreiche Goldschmiedearbeiten.

Die Liste ist erhalten: sie umfaßt Gefäße aus feuervergoldetem Silber, ein Tabernakel mit einer Darstellung des Heilands und des heiligen Thomas, Kelche, Friedensmedaillen und, was eher prosaisch anmutet, einen Bottich zum Kühlen von Wein sowie ein Konfekttablett, beide Gebrauchsgegenstände aus getriebenem Silber. Kalixt verkauft zusätzlich Ländereien und Schlösser, die sich im Besitz des Heiligen Stuhls befinden, darunter die Lehen von Giulianello, Vullerano und Carbognano, die 12 000 Goldflorin einbringen.

DIE BEFRIEDUNG ITALIENS

Kalixt häuft die dringend benötigten Gelder für den Kreuzzug an und bemüht sich zugleich um eine Befriedung der christlichen Völker, denn alle mächtigen Nationen sollen sich an dem heiligen Unternehmen beteiligen. So bestätigt er im Juli 1455 den zwischen Frankreich und Burgund geschlossenen Frieden. In Italien jedoch erweist sich die Verwirklichung seiner Pläne als schwierig: Der ungestüme Condottiere Jacomo Piccinino, der im Frühjahr 1455 von Mailand zurückgedrängt wurde, ist in das Gebiet der Republik Siena eingefallen. Der Papst schickt Truppen gegen ihn, die er zum Feldzug gegen die Türken ausgehoben hat. Der Sizilianer Giovanni da Ventimiglia erhält den Oberbefehl. Ihm unterstellt sind Stefano Colonna, Napoleone Orsini und die beiden Söhne seines einstigen Feindes, Everso d'Anguillara. Venedig, Florenz und Mailand sagen ihre Unterstützung zu. Damit ist gegen Piccinino ein Bündnis zustande gekommen. Nur Alfons lehnt es ab, sich gegen den Condottiere zu stellen, was die Vermutung eines Geheimvertrags zwischen beiden nahelegt. In der Nähe des Trasimenischen Sees kommt es zu einem Gefecht. Nur König Alfons läßt die Maske fallen und unterstützt den Condottiere. Piccinino versucht die von Kalixt III. im Hafen von Civitavecchia zusammengezogenen Schiffe in Brand zu setzen. Dann bemächtigt er sich des senesischen Hafens Orbitello und plündert die Stadt: Die Beute reicht aus, um seine Truppen zu bezahlen. Die Senesen schicken in höchster Verzweiflung einen Gesandten an den Hof des Königs von Neapel und bitten ihn, gegen Piccinino einzuschreiten. Sie erreichen nichts. Im April 1456 macht sich eine weitere senesische Abordnung, der Aeneas Silvius Piccolomini angehört, auf den Weg nach Neapel. Während die Gesandten unterwegs sind, verkündet Kalixt am Gründonnerstag die Bulle *in coena Domini*, die all jene mit dem Kirchenbann belegt, die Hand an Kirchengüter legen und sich den Absichten des Papstes widersetzen. Piccinino und Alfons sind *a fortiori* betroffen. Der König von Neapel droht, alle Verwandten des Papstes aus seinen Ländern auszuweisen. Lange Zeit schweigen die widerstreitenden Parteien. Doch dann erzwingt Alfons als Zeichen seines guten Willens den Rückzug von Piccinino. Der Condottiere räumt gegen eine hohe Entschädigung das senesische Territorium. Der König von Neapel wird den Zwischenfall jedoch nicht vergessen, der seinen einstigen Protégé zu seinem Gegner machte, was bald darauf offenkundig werden sollte.

DIE OPERATIONEN DER PÄPSTLICHEN FLOTTE IM OSTEN

Nachdem der Frieden in Italien einmal hergestellt ist, gibt Kalixt das Signal zur vorbereitenden Operation für den Kreuzzug. Pedro Urrea, der Erzbischof von Tarragona, hat mit dem Geld, das er in seiner Eigenschaft als Legat in Katalonien und in den Königreichen Aragón und Valencia eingezogen hatte, Schiffe gerüstet. Der Papst vertraut ihm den Oberbefehl über dieselben an, die die griechischen Inseln von der türkischen Blockade befreien sollen. Anstatt nach Griechenland zu segeln, stößt der Erzbischof bedauerlicherweise jedoch zur Flotte des Königs von Neapel, der mit ihnen bald darauf die Küste von Genua heimsuchen wird. Kalixt bemerkt, daß er wieder einmal von seinem einstigen Schutzherrn betrogen wurde. Urrea und seine Helfershelfer setzt er sogleich ab. Am 17. Dezember 1455 wird Kardinal Luigi Scarampo zum kommandierenden Kapitän und Admiral der Flotte ernannt. Ein Dekret verleiht ihm Befugnisse als Legat in Sizilien, Dalmatien, Makedonien, Griechenland und ebenso auf allen Inseln und in allen Provinzen Asiens. Den Regierungen all dieser Länder wird er versichern, daß er den Sieg davontragen wird. Unterstützt von einer Kardinalskommission, stellt er erneut die Flotte auf einer Schiffswerft in Ripa Grande zusammen, die Zugang zum Tiber hat.

Aus einem Rechnungsbuch sind die im Herbst 1455 und im folgenden Sommer getätigten Käufe bekannt: Eisen, Pech, Bauholz, Stein- und Bleikugeln, Armbrüste, Pfeile, Helme, Harnische, Lanzen, Schwerter, Spieße, Ketten, Seile, Anker, Standarten, Fahnen und Zelte.

Am 31. Mai 1456 schließlich, am Festtag der heiligen Petronella, befestigt der Papst eigenhändig das Kreuz auf dem Rücken des Kardinaladmirals, der mit den auf der römischen Werft gebauten Schiffen den Tiber hinab nach Ostia fährt. Drei Wochen vergehen, bevor die 25 Schiffe, mit dreihundert Kanonen bestückt, die offene See erreichen. An Bord befinden sich tausend Seeleute und fünfhundert Soldaten, die hauptsächlich aus dem Kirchenstaat stammen. Kardinal Scarampo verfügt über einen internationalen Generalstab: Der Portugiese Velusco Furinha ist Vizeadmiral, und der Aragonese Alonso de Calatambiso Profos. Die Flotte setzt die Segel in

Richtung Neapel, dessen König fünfzehn Galeeren versprochen hat, um sich mit dem Papst auszusöhnen.

Den Sommer über wird die päpstliche Flotte den griechischen Inseln tatsächlich Hilfe bringen, indem sie die dortigen türkischen Garnisonen verjagt. Es ist fraglich, ob der Papst das Unternehmen alleine weiterführen kann. Keine der europäischen Mächte hat seine Versprechen eingelöst. So der König von Frankreich Karl VII., der wohl dreißig Schiffe versprochen und sie gut ausgerüstet hatte, jedoch nur, um sie dann gegen England und gegen Neapel einzusetzen! Die Herrscher und Mächte Europas haben in gleicher Weise gehandelt, mit Ausnahme einiger kleiner Staaten wie die Markgrafschaft Mantua. Auch das unerschütterlichste Gemüt hätte allen Grund gehabt, den Mut verlieren. Aber Kalixt III. läßt sich nicht entmutigen. Er verkauft weiterhin Kunstgegenstände und Kleinodien aus der Sammlung seiner Vorgänger. Eines Tages, so berichtet Pater Gabriele da Verona seinem Freund Johannes von Capestrano, sieht der Papst auf seinem Tisch Salzfäßchen aus vergoldetem Silber und andere kostbare Gegenstände stehen, worauf er ausruft: «Nehmt das, nehmt mir das fort für die Türken. Irdenes Geschirr tut es mir genauso!» Um zur Verteidigung des Heiligen Evangeliums und des wahren Glaubens beizutragen, ist er bereit, sich mit einer Mitra aus Leinen zu begnügen. Weder die Schwierigkeiten noch selbst sein Alter konnten seinen Eifer abkühlen. «Überall Feiglinge, die die Gefahren fürchten», erklärt er. «Die Palme des Ruhmes erlangt man allein auf dem Schlachtfeld!»

Der Kreuzzug in Zentraleuropa
Das Heldentum Skanderbegs

Osteuropa bietet den Christen vielfältige Möglichkeiten, sich im Dienst am Glauben auszuzeichnen. Seit Juni 1456 hatte Mehmet II. Belgrad mit einem Heer von hundertfünfzigtausend Mann eingeschlossen, unterstützt von einer Artillerie von dreihundert Kanonen. Ihm gegenüber standen drei Johannes: Johannes Hunyadi, der tapfere Heerführer der Ungarn, und die beiden Gesandten Kalixts III., Johannes von Capestrano sowie der Kardinal Juan Carvajal, der päpstliche Legat. Am 14. Juli gelang es Hunyadi, die Blockade zu durchbrechen und in die Stadt einzudringen; sieben Tage später zwang er Sultan Mehmet II., die Belagerung aufzuheben. Diesem herrlichen Sieg folgte jedoch unglücklicherweise der Tod von Hunyadi und Capestrano, die von einer Krankheit am 11. August beziehungsweise am 23. Oktober hinweggerafft wurden.

König Ladislaus von Ungarn bereitete auf den Herbst die Wiederaufnahme des Feldzugs vor. Ein deutsches Kontingent, befehligt vom Grafen Ulrich von Cilli, stieß in Belgrad zu dessen Heer. Die Deutschen Cillis und die Ungarn von Ladislaus Corvinus, dem Sohn Hunyadis, gerieten in einem Streit jedoch aneinander. König Ladislaus rächte den Tod Cillis, indem er Ladislaus Corvinus enthaupten ließ. Die sich anschließende Krise und Unordnung setzten dem Kreuzzug ein Ende. Kardinal Juan Carvajal schickte die Kreuzfahrer nach Hause zurück.

Die Teilnahme der Deutschen an dem heiligen Unternehmen hatte von jeher Schwierigkeiten bereitet. Der von der Bevölkerung geforderte Beitrag hatte eine tiefgreifende Verärgerung hervorgerufen, die in den Reichstagen in Nürnberg und dann in Frankfurt am Main 1456 zum Ausdruck gekommen war: Im Gegenzug zu den päpstlichen Forderungen hatten die Deutschen die Wiederherstellung der auf den Konzilen von Konstanz und Basel versprochenen Freiheiten verlangt. Die Wahl kirchlicher Würdenträger sollte nicht mehr vom römischen Hof widerrufen werden dürfen. Kardinal Piccolomini war ohne nennenswertes Ergebnis ins Feld gezogen, um die Position des Papstes gegen Martin Mayr, den Kanzler des Fürsterzbischofs von Mainz, zu verteidigen.

Während die Angelegenheiten des Kreuzzuges in Deutschland eine üble Wendung nehmen, erringt die Christenheit zum Glück auf anderen Gebieten beträchtliche Vorteile. Der albanische Nationalheld Georg Kastriotis, Skanderbeg genannt und von Kalixt III. mit dem Beinamen «Athlet Christi» versehen, vernichtete im Juli 1457 in Tomornitza die Armee des türkischen Heerführers Isa Bey. Einen Monat später fordert die von Scarampo kommandierte päpstliche Flotte bei Midilli (das heutige Lesbos) heraus und bringt 25 Schiffe auf. In Ungarn beendet im November 1457 ein Vertrag den Streit zwischen König Friedrich und dem jungen König Ladislaus um das Erbe Cillis. Indessen stirbt Ladislaus am 23. desselben Monats. Mit Matthias Hunyadi Corvinus besteigt daraufhin ein Kind den ungarischen Thron. Der andere Thron, jener von Böhmen, der seit dem Tod von Ladislaus verwaist war, wurde am 2. März 1458 durch eine Wahl neubesetzt. König wurde der Gouverneur Georg Podiebrad. Es handelt sich um einen Häretiker aus der Sekte der Utraquisten, die im Widerspruch zur katholischen Praxis die Kommunion unter beiderlei Gestalt abhalten. Es gelingt Kardinal Carvajal, den gewählten König zum Abschwören zu bewegen: Am 6. Mai 1458 gelobt Podiebrad der katholischen Kirche und Papst Kalixt III. Treue und Gehorsam. Er verspricht, seine Untertanen von ihrer Irrlehre abzubringen und gegen die Türken ins Feld zu ziehen, sobald er in seinem Königreich Ordnung geschaffen hat.

Im Hinblick auf seinen einstigen Gönner Alfons von Aragón ist Kalixt nicht
das gleiche Glück beschieden. Seit dem Zwischenfall mit der Bulle *in coena
Domini* verschlechtern sich ihre Beziehungen ständig. Im Sommer 1457
flammt der Konflikt anläßlich von Bischofsernennungen wieder auf. Der
Pontifex droht dem König mit Kirchenbann und Absetzung. Aber die neapolitanische Macht ist für die Führung des Kreuzzugs unabdingbar. Der
Papst versucht sich folglich an einem Ausgleich. Als im Oktober 1457 die
schöne Lucrezia von Alagno, Alfons' Mätresse, nach Rom kommt, empfängt der Papst, vermutlich unter dem Einfluß von Kardinal Rodrigo, der
an einer Annäherung der beiden Höfe arbeitet, die schöne Dame mit allen
Ehren. Der König widersetzt sich indes jeder Aussöhnung. Aufgebracht
brandmarkt ihn Kalixt öffentlich: «Seit dem Tage, an dem Alfons Besitz
von Neapel ergriff, kam die Kirche nicht mehr zur Ruhe. Ohne Unterlaß
hat er meinen Vorgängern Martin und Eugen ebenso wie mir Sorgen bereitet. Sollte er sterben, so bin ich entschlossen, meine Nachfolger aus dieser
Knechtschaft zu befreien. Ich werde mein möglichstes tun, um seinen
unehelichen Sohn Ferrante an der Erbschaft seiner Krone zu hindern.»
Zu Beginn des folgenden Sommers erkrankt gleichzeitig mit dem Papst
auch Alfons ernsthaft. Er stirbt am 27. Juni. Sobald Kalixt von seinem Ableben erfährt, regelt er sofort alle Fragen, die zwischen Rom und Neapel in
der Schwebe geblieben waren. Als Papst hatte er das Bistum Valencia
behalten, dessen Einnahmen sich auf 18 000 Dukaten beliefen. Er übergibt
dessen Verwaltung seinem Neffen, dem Kardinal Rodrigo, und erhebt den
Sitz zum Erzbistum. Das Bistum Gerona verleiht er seinem Datarius
Cosimo von Monserato. Andere aragonesische Benefizien werden unter
dem Kardinal Luis Juan und den Mitgliedern der Familie Borgia aufgeteilt.
Das Königreich Neapel erklärt der Papst zum Kirchenlehen. Alfons'
unehelicher Sohn Ferrante kann damit auf keinen Fall den Thron beste-
gen. Sollte sich erweisen, daß das Königreich rechtens René von Anjou
zusteht, wird der Papst es ihm zurückerstatten, wenn nicht, wird er es dem-
jenigen zum Lehen geben, der am geschicktesten erscheint, es zu regieren.
Das Gerücht geht um, er wolle die Krone von Neapel seinem Neffen Don
Pedro, dem Kapitän der Kirche, aufsetzen, bevor er ihn, den Diplomaten
zufolge, zum Kaiser im Osten oder zumindest zum König von Zypern
ernennt! Wie dem auch sei, der Papst verkündet in einer am 14. Juli veröffentlichten Bulle, daß das Königreich Neapel keinen Erben habe. Den Neapolitanern wird untersagt, irgend jemandem den Treueeid zu leisten.
Die gesamte Christenheit ist über die Bulle bestürzt. In Rom führt sie zu
einer Verteuerung der Getreidepreise. Einer der Konservatoren erklärt, die

Römer hätten sich nun zwischen dem Papst und König Ferrante zu entscheiden. Aber Kalixt III. bleibt gelassen. Er weist Don Pedro an, eine militärische Operation gegen Ferrante vorzubereiten, den er als «kleinen Bastard, den Sohn eines Unbekannten» bezeichnet. «Dieser Emporkömmling ist ein Niemand», sagt er dem Gesandten aus Mailand. «Er maßt sich ohne unsere Erlaubnis den Königstitel an. Neapel gehört der Kirche; es ist Petri Eigentum. Alfons wollte den Königstitel ohne das Einverständnis des Heiligen Stuhls nicht annehmen. Und Wir, die Wir damals seine Ratgeber waren, Wir haben ihn in dieser Sehweise der Dinge bestärkt... Ferrante soll auf den Titel, den er sich anmaßt, verzichten. Er soll sich Unseren Entscheidungen unterwerfen, dann werden Wir ihn wie Unseren eigenen Neffen behandeln.»

Selbstverständlich lehnt es Ferrante ab, auf eine solche Forderung einzugehen. Er ruft das Parlament in Capua zusammen und verlangt von den Baronen Beistand gegen die widerrechtlichen Ansprüche des Papstes. Er läßt den Boten verprügeln, der damit beauftragt ist, die Bulle vom 14. Juli ins Königreich Neapel zu bringen. Gleichzeitig legt er Berufung gegen die päpstliche Erklärung ein. Der Bruch ist vollzogen. In diesem Augenblick wird der greise Papst von einem außergewöhnlich heftigen Gichtanfall niedergeworfen. Sobald er wieder einigermaßen zu Kräften gelangt ist, macht er sich erneut an die Verteilung neapolitanischer Benefizien an seine Verwandten. Am 31. Juli verleiht er Terracina und Benevent seinem Neffen Pedro Luis, am 1. August erhält der Kardinal Tebaldo den Erzbischofssitz von Neapel. Tebaldo ist der Bruder seines Leibarztes. Seinem Neffen Luis Juan vertraut er das einträgliche Bistum Lérida an und Rodrigo die Vizekanzlerschaft der römischen Kirche. Anschließend ernennt er neue katalanische und römische Kardinäle.

KRANKHEIT UND TOD VON KALIXT III.
DIE WAHL VON PIUS II.

Den Sommer über ist der Papst abermals krank. Die Opposition in der Kurie begehrt auf. In der Stadt kommt es zu Unruhen. Eine Kommission des Heiligen Kollegiums läßt das Kapitol durch eine Truppe von zweihundert Mann unter dem Kommando des Erzbischofs von Ragusa besetzen. Seiner Befugnisse enthoben, begreift Pedro Luis, daß ein weiterer Aufenthalt in Rom für ihn gefährlich ist. Zweifellos werden die Orsini versuchen, sich an ihm zu rächen, wenn er in der Stadt bleibt. Er übergibt den Kardinälen alle befestigten Orte, über die er Regierungsgewalt hatte, darunter auch die Engelsburg. Als Abfindung erhält er die Summe von 22 000 Dukaten. Diesen Betrag hat Kalixt III. in seinem Vermächtnis für ihn vorgesehen. Er überantwortet den Kardinälen auch den Kirchenschatz, zu diesem Zeitpunkt etwa 120 000 Dukaten. Am 6. August verläßt er in Begleitung seines verkleideten Bruders Rodrigo und des Kardinals Pietro Barbo bei Tagesanbruch die Engelsburg. Barbo hat ihm eine Eskorte von 300 Reitern und 200 Mann Fußvolk verschafft. Der Trupp erreicht die Porta S. Paolo. Kaum stehen sie außerhalb der Stadtmauern, verabschieden sich Rodrigo und Barbo von Don Pedro, nachdem sie den Soldaten befohlen haben, ihn nach Ostia zu geleiten. Die angekündigte Galeere liegt jedoch nicht im Hafen. Pedro Luis ist gezwungen, einen Kahn zu besteigen, die ihn nach Civitavecchia bringt, wo er kurz darauf, am 26. September, unter ungeklärten Umständen stirbt.

Als Kardinal Rodrigo nach Rom zurückkehrt, muß er mit ansehen, wie sein Palast von einem rasenden Mob geplündert wird. Er steht seinem Onkel bei, der nach langem Todeskampf am 6. August stirbt, am Tag der Verklärung Christi, jenem Festtag, den er selbst eingeführt hatte. Sobald das Ableben des Papstes bekannt wird, gibt es mehr Unruhen in Rom. Die Feinde der Borgias, vor allem die Orsini, jubeln und feiern. Die meisten Katalanen haben wie Pedro Luis bereits die Flucht ergriffen. Wer ihnen noch nicht gefolgt ist, muß sich versteckt halten, um bei den Ausschreitungen nicht getötet zu werden. Die Städte des Kirchenstaates lehnen sich auf. Piccinino bringt mehrere Orte in seine Gewalt, darunter auch Assisi. Im Einvernehmen mit Ferrante von Aragón belagert er Foligno.

Nun gilt es, die päpstliche Nachfolge zu sichern. Am 16. August ziehen sich die Kardinäle zum Konklave zurück. Es zählt acht Italiener, fünf Spanier, zwei Franzosen, zwei Griechen und einen Portugiesen. Die Mehrheit lehnt einen ausländischen Kandidaten von vornherein ab. In dieser Situation bringen Francesco Sforza, der Herzog von Mailand, und Ferrante von Aragón, der König von Neapel, dem Kardinal von Siena, Aeneas Silvius Piccolomini, willkommene Unterstützung. Am dritten Wahltag wird er im Verfahren des sogenannten «accesso» gewählt. Kurz zuvor hatte er neun Stimmen erhalten, der Franzose d'Estouteville dagegen lediglich sechs. In der nach dem heiligen Nikolaus benannten Halle sind die Kardinäle zum Konklave versammelt. Tiefe Stille breitet sich aus. Endlich erhebt Rodrigo Borgia die Stimme: «Ich schließe mich der Wahl des Kardinals von Siena an.» Nach einigem Zögern sprechen sich nacheinander alle Kardinäle für Piccolomini aus. Der Humanist, kaiserliche Sekretär und feinsinnige Diplomat wird Papst Pius II. Für die Borgias geht es nun darum, Macht und Reichtum, die sie unter dem vorigen Papst errungen haben, unter dem neuen zu erhalten.

KAPITEL III

DIE GLÜCKLICHE LAUFBAHN
DES KARDINALS BORGIA

VIZEKANZLER RODRIGO BORGIA IN NEUER GUNST

Rodrigo Borgia feiert Triumphe an der Seite des Papstes, dem er soeben zur Wahl verhalf. In früheren Zeiten war Pius II. ein epikureischer Prälat, ein gewandter Diplomat, ein bekannter Autor erotischer Dichtungen und Held zahlreicher Liebesabenteuer. In seiner Jugend war er lebhaft und von robuster Gesundheit, doch nach dem fünfzigsten Lebensjahr verfiel er rasch. Er wirkte bereits wie ein Greis. Seine Begeisterungsfähigkeit ist ungebrochen, doch heftige Gichtanfälle werfen ihn in periodischen Abständen aufs Krankenlager. Seine Laufbahn als kaiserlicher Sekretär, als Bischof von Siena und als Kardinal hat ihm reichhaltige Erfahrungen und hervorragende Kenntnisse in Politik und Theologie vermittelt. Er kann mit Menschen umgehen und stützt sich mit Vorliebe auf ehrgeizige junge Männer, wie er selbst einst einer war: Kardinal Borgia ist kühn und voller Elan. Er wird alsbald in diesen Kreis aufgenommen. Mit vierundzwanzig Jahren strebt er danach, eine bedeutende Rolle in der Welt zu spielen, und er verfügt über die notwendigen Geldmittel dazu.

Als Verwalter der Diözese von Valencia fließen Rodrigo beträchtliche Einnahmen aus Spanien zu: 18 000 Dukaten. Die päpstliche Kanzlei, die der päpstlichen Schatzkammer jährlich 70 000 Dukaten einbringt, gewährt ihm eine Rente von 8000 Dukaten. Aber dies ist nur der Grundstock eines Vermögens, das bald auf unvergleichliche Weise anwachsen wird. Sein Amt verleiht dem Kardinal eine vorrangige Stellung, um die er in der Kurie beneidet wird. Gregor VIII. hatte 1187 den Titel des Kanzlers abgeschafft, um damit deutlich zu machen, daß es dem Papst allein zukam, die Urkunden des Heiligen Stuhls zu signieren. Aber der Vizekanzler, das Oberhaupt der Kanzlei, hatte im Verlauf der Jahre dessen Vorrechte, wenn nicht gar das ursprüngliche Amt wieder an sich gerissen, und damit war er der zweite

Mann im Kirchenstaat. Eine Hundertschaft päpstlicher Beamter unterstand seiner Autorität. Die Siegelbewahrer oder «Abbreviatoren des großen Parketts» bestimmten über die Gnadenanträge. Nach ihnen faßten die «Abbreviatoren des kleinen Parketts» die Urkunden ab, die vom Kanzleivorsteher oder vom Vizekanzler beglaubigt wurden. Das Bleisiegel, die Bulle, verlieh der Urkunde anschließend ihre Rechtskraft. Ein aufs feinste ausgefeiltes Besteuerungssystem ermöglichte es, gleichzeitig die päpstliche Kasse zu füllen und die Mitglieder des Kanzleidienstes aufs üppigste zu entlohnen. Mit diesem System wurde ebenso aus den Bullen der Heiligsprechung wie aus den Dispensen oder Gnadenakten bei den verschiedensten kirchenrechtlichen Sonderregelungen Geld gemacht: Ehen mit zu engem Verwandtschaftsgrad, Ehelichkeitserklärungen, Bigamie, Inzest, Verbrechen «wider die Natur» oder einfach ein liederlicher Lebenswandel, all das regelte das Steuersystem des Vatikans mit Hilfe von klingender Münze.

Pius II. beläßt Kardinal Borgia in dem ebenso einflußreichen wie einträglichen Amt, das jener von seinem Onkel erhalten hatte. In anderen Bereichen bezieht er jedoch eine Gegenposition zu der des einstigen Papstes. Er gewährt den katalanischen Gouverneuren, die Kalixt im gesamten Kirchenstaat eingesetzt hatte, eine finanzielle Abfindung und entläßt sie. Pedro Luis, der Bruder von Rodrigo Borgia, war zur rechten Zeit gestorben: Er wird von Antonio Piccolomini, dem Neffen Pius' II., ersetzt. Mit Antonio Colonna wird ein Freund des Papstes Präfekt von Rom. Ein aufsehenerregender Umschwung in den Beziehungen zwischen dem Papsttum und Neapel ist die Folge. Am 17. Oktober 1458 wird ein Vertrag mit Ferrante ausgearbeitet. Darin erkennt Neapel die päpstliche Lehensherrschaft an und erklärt sich zur Zahlung eines Tributes bereit. Im Gegenzug veröffentlicht Pius II. am 10. November eine Bulle, die Ferrante die Investitur zubilligt.

Dieser politische Wandel kommt nicht von ungefähr. Der Papst braucht Frieden in Italien, um den Kreuzzug gegen die Türken wieder in Gang zu bringen. Im Juni 1459 berief er alle Fürsten der christlichen Länder nach Mantua, um die Wiederaufnahme des Heiligen Krieges voranzutreiben. Er selbst begibt sich im Januar 1459 nach Norditalien. Die elf in Rom residierenden Kardinäle zwingt er, ihn zu begleiten: Unter ihnen befinden sich Rodrigo Borgia und sein Cousin Luis Juan de Mila. Der prächtige Reiterzug findet nacheinander in den verschiedenen Staaten, die unter päpstlicher Herrschaft stehen, Aufnahme.

EIN PORTRÄT
RODRIGO BORGIAS

Unter allen römischen Prälaten zeichnet sich der Vizekanzler durch sein prunkvolles Gefolge und durch seine ungewöhnliche Erscheinung aus. Rodrigo ist in der Tat ein besonders schöner Mann. Er ist groß, dunkelhaarig, aufgeweckt, ungezwungen und stets heiter. Jedermann ist von ihm beeindruckt. Die Männer sind eifersüchtig auf ihn, doch sie bewundern und beneiden ihn auch. Die Frauen erliegen seinem Charme. Bereits seinem Hauslehrer Gaspare da Verona war sein ungemein einnehmendes Wesen aufgefallen. «In seiner Stimme», so schrieb er, «liegt ein besonderer Zauber. Er spricht mit Feuer und Weichheit zugleich. Seine schwarzen Augen sind herrlich. Auf seinem Gesicht liegt immer der vergnügte Ausdruck von Heiterkeit und Glück. Im Gespräch berührt er das schwache Geschlecht auf seltsame Weise. Seine Reize üben stärkere Wirkung auf die Damen aus als der Magnet auf das Eisen. Er verheimlicht seine Eroberungen jedoch auf geschickte Weise, so daß einem verborgen bleibt, wie viele ihm erlegen sind.»

Jason Naimus aus Mailand, ein weiterer Zeuge, lobt «die elegante Haltung und den unvergleichlichen Wuchs des Vizekanzlers». Er bewundert an ihm «die heitere Stirn, die königlichen Augenbrauen und das Gesicht, das den majestätischen Ausdruck der Freigebigkeit trägt, das Genie sowie die regelmäßigen und klassischen Proportionen aller seiner Glieder».

Der Kardinal verheimlicht seine Erfolge bei den Damen keineswegs. In einer Zeit, in der am päpstlichen Hof das Zölibat tagtäglich mißachtet wird, denkt kein Mensch daran, an den Sitten Rodrigos Anstoß zu nehmen. Papst Piccolomini hatte das Ordensgelöbnis abgelegt und zeugte dennoch mehrere uneheliche Kinder. Gelegentlich zweifelte er im kleinen Kreis am Wert des Zölibates für Priester. Doch als Papst bemüht er sich darum, der Sittenlosigkeit Einhalt zu gebieten, und er ist seinen Geistlichen dankbar, wenn sie sich um des Ansehens der Kirche willen mäßigen.

DER SKANDAL VON SIENA

Um den jugendlichen, energischen Prälaten an sich zu binden, beauftragt ihn Pius II. mit einer vertraulichen Mission während seines langen Aufenthaltes in Siena vom 28. Februar bis zum 23. April 1459. Er hat beschlossen, seinen Geburtsort Corsignano unter dem Namen Pienza zum Bistum zu erheben: Er wird Rodrigo als Aufseher mit der Überwachung der beiden Baustellen im Herzen der neuangelegten Stadt betrauen, auf denen eine

Kathedrale und ein Piccolomini-Palast im Entstehen begriffen sind. Tatsächlich beansprucht die Aufgabe nicht die gesamte Tatkraft des kraftvollen Vizekanzlers. Gleich den Damen Roms erliegen auch die Schönen von Siena seinem Charme. Die Stadtneuigkeiten dringen bis zu Pius II., der sich zur Behandlung seines Gichtleidens in die Bäder von Petriolo begeben hat. Am 11. Juni ruft der Papst den allzu lebenslustigen Prälaten zur Ordnung:

«Uns ist zu Ohren gekommen, daß sich vor drei Tagen mehrere Damen aus Siena in den Gärten von Giovanni Bichi versammelt haben, daß du, ungeachtet deiner Würde, mit ihnen den Nachmittag zwischen ein und sechs Uhr verbracht hast und daß du in Begleitung eines Kardinals warst, dem wenigstens sein Alter, wenn er es schon an Respekt gegenüber dem päpstlichen Stuhl ermangeln ließ, seine Pflichten hätte in Erinnerung rufen müssen. Man hat Uns berichtet, daß auf höchst unziemliche Weise getanzt wurde: kein amouröses Spiel wurde ausgelassen, und du hast dich benommen wie ein Jüngling aus der Laienwelt. Der Anstand gebietet Uns, nicht genauer zu benennen, was vorfiel; allein schon der Name dieser Handlungen ist mit deiner Würde unvereinbar; den Gatten, Vätern, Brüdern und anderen Verwandten wurde der Zutritt versagt, damit ihr euch ungestörter jenen Vergnügungen hingeben konntet. Ihr allein wart mit einigen Vertrauten verantwortlich, weil ihr zum Tanze aufrieft und an ihm teilnahmt. Man sagt, dies sei in Siena das Gesprächsthema der ganzen Stadt und man lache über deinen Leichtsinn ... Wir stellen es deinem Urteil anheim, ob es ohne Verletzung deiner Würde möglich ist, Frauen den Hof zu machen und den bevorzugten unter ihnen Früchte und erlesene Weine zu schicken, dich den ganzen Tag zum Zuschauer von allerlei Lustbarkeiten zu machen und zuletzt die Gatten der Damen fernzuhalten, damit du dir alle Freiheiten herausnehmen kannst. Deinetwegen sind nicht nur Wir bloßgestellt, sondern ist auch das Andenken deines Onkels Kalixt besudelt, weil er dir zahlreiche Ämter anvertraute und Ehren zuteil werden ließ ... Besinne dich auf deine Würde, anstatt nach einem galanten Ruf unter der Jugend zu trachten ... Hier, inmitten der vielen Geistlichen und Laien, hast du dich dem allgemeinen Gespött preisgegeben.

Solltest du nicht bessere Sitten annehmen, sind Wir gezwungen, öffentlich zu erklären, daß du dich ohne Unser Einverständnis oder richtiger zu unserer schärfsten Mißbilligung so beträgst; und eine Rüge von Uns wird dir gewiß nicht zur Ehre gereichen. Wir zeigten Uns dir stets wohlgesinnt; und da Wir dich für ein Vorbild an Ernsthaftigkeit und Bescheidenheit hielten, erachteten Wir dich Unserer Protektion für würdig.»

Pius hatte soeben eine Siena betreffende und sehr schwierige innenpolitische Angelegenheit geregelt. Er hatte erreicht, daß der Staat dem Adel erneut Zugang zu Ämtern und Würden gewährte. Auf diese Weise hoffte er, einen wichtigen Anlaß für Unruhen unter seinen Einwohnern zu beseitigen.

Das Benehmen Kardinal Borgias störte die Absichten des Papstes. Der Aufruhr, den er verursacht hatte, beschwor die Gefahr erneuter Spannungen herauf. Neue Unruhen in Siena hätten jedoch den Schiedsspruch des Heiligen Stuhls und das mit so viel Mühe Erreichte wieder in Frage stellen können. Diese Überlegung erklärt die heftige Reaktion des Heiligen Vaters weit eher als das vergleichsweise geringfügige Ärgernis.

Trotz aller Maßnahmen, die eine weitere Verbreitung der Skandalgeschichte verhindern sollten, unterrichten die Diplomaten ihre Höfe darüber. Ein im Juli 1460 verfaßter Brief von Bartolomeo Bonatto an seinen Dienstherrn, den Markgrafen von Mantua, enthält weitere Einzelheiten über die amouröse Festivität: «Ich weiß Eurer Herrlichkeit von nichts anderem schriftlich zu berichten als von der heutigen Taufe, die hier auf Einladung eines Edelmannes aus der Stadt gefeiert wurde und bei der Monseigneur de Rouen [der vierzigjährige und liederliche Guillaume d'Estouteville] sowie der Vizekanzler die Patenschaft übernahmen. Auf Einladung des Paten begab man sich in dessen Garten, wohin man auch das Mädchen mitnahm, das getauft werden sollte. Alles, was die Erde an Vortrefflichem hervorbringt, wurde aufgetragen, und man feierte ein herrliches Fest, zu dem jedoch niemand zugelassen wurde, der nicht dem geistlichen Stande angehörte... Ein Sienese, der wie andere vor ihm erfahren mußte, daß er nicht daran teilnehmen durfte, spottete: ‹Bei Gott, wenn diejenigen, die innerhalb eines Jahres geboren werden, in den Kleidern ihrer Väter zur Welt kämen, so wären alle Priester und Kardinäle!›» Rodrigo ist geschickt genug, um den Papst davon zu überzeugen, daß man die Wahrheit boshaft entstellt hat. Er weist nach, daß er nur eine läßliche Sünde begangen hat, und Pius vergibt ihm in einem Brief: «Dein Handeln war gewiß nicht frei von Schuld, aber vielleicht war es weniger schändlich, als man mir berichtet hat.» Er legt ihm nahe, sich in Zukunft vorsichtiger zu benehmen.

Pius II. ist von grenzenloser Nachsicht gegenüber seinem Vizekanzler. Früher schon erfuhr er, daß Giovanni da Volterra, ein Abbreviator aus der Kanzlei, noch unter der Herrschaft von Kalixt III. für 24 000 Golddukaten eine Bulle verkauft hatte, in der dem französischen Grafen Jean d'Armagnac die Erlaubnis erteilt wurde, sich mit seiner eigenen Schwester zum fleischlichen Bund zusammenzutun. Der Abbreviatior hatte auf der Bulle einfach den regelmäßigen Vermerk «vierter Grad» entfernt und ihn durch den eines «ersten Grades» auf dem Dispenserlaß ersetzt. Ebenso wie der Abbreviator hatte auch der Vizekanzler nebenbei einen beträchtlichen Prozentsatz der Summe erhalten. Giovanni da Volterra war habgierig und forderte vom Grafen hartnäckig einen zusätzlichen Betrag von 4000 Dukaten.

Jean d'Armagnac beschwerte sich beim Papst, worauf dieser den Betrug entdeckte. Im Konsistorium hatte er den schweren Amtsmißbrauch in der Kanzlei angezeigt, dabei jedoch Kardinal Rodrigo entlastet: Die Untersuchung habe erwiesen, daß dieser von der Veruntreuung nichts gewußt habe, obwohl er einen hohen Betrag bekommen hatte.

Die Skandale von Siena und um den erschlichenen Dispens geraten durch die tätige Freundschaft des Papstes bald in Vergessenheit; dennoch gereichen sie dem jungen Kardinal zur heilsamen Lehre. Bartolomeo Bonatto berichtete, daß es Rodrigo künftig gelingt, den Versuchungen zu widerstehen. Weil er sich nicht mehr mit den Patrizierinnen Sienas vergnügen kann, durchstreift er das Land. Er stürzt sich in wilde Hetzjagden mit Hunden und kauft Sperber für die Beizjagd, die ihm sein Freund, der Markgraf von Mantua, Ludovico Gonzaga, beschafft.

Der Papst und die Kardinäle verlassen schließlich das Territorium Sienas. Ihre Durchreise zählt zu den pompösen Denkwürdigkeiten in der Geschichte des Stadtstaates und wird später auf einem Fresko Pinturicchios in der *Libreria* der Kathedrale dargestellt. Am 25. April empfängt Florenz den päpstlichen Zug mit einer Ehrenparade, aus der zwei junge Fürsten glanzvoll herausragen: Galeazzo Maria, der Sohn des mailändischen Herzogs Francesco Sforza, und der achtzehnjährige Lorenzo de' Medici, der Erbe des bedeutenden, in der Stadt regierenden Kaufmanns Cosimo.

Die Festlichkeiten in Florenz sind prachtvoll. Mit Wettrennen, Turnieren, Tierkämpfen, Theateraufführungen, Banketten und Tanzdarbietungen huldigen die Florentiner dem Papst, aber auch dem Aufstieg der Kaufmannsdynastie der Medici. Der Zwischenaufenthalt ist von großer Bedeutung: Bei der Abreise weiß Pius II., daß er auf den Kredit einer der mächtigsten Banken des Abendlandes zählen kann.

Nach kurzer Zwischenstation in Bologna, wo Kardinal Borgia auf den Spuren seiner glücklichen Studienzeit wandelt, folgt am 17. Mai der triumphale Einzug in Ferrara. Der Papst wird auf seinem Sessel unter einem goldbestickten Baldachin getragen. Entlang der blumenübersäten Straßen sind die Paläste und Häuser mit prächtigen Wandbehängen und Blumengirlanden geschmückt. In jedem Stadtviertel wird der Zug von harmonischen Gesängen begleitet. Borso d'Este, der Herzog von Modena, möchte unter allen Umständen beim Papst und den Kardinälen einen bleibenden Eindruck hinterlassen, und dies gelingt ihm vollkommen.

Kurz darauf, am 27. Mai, trifft Pius II. in Mantua ein. Dem Markgrafen Ludovico Gonzaga gelingt es, die Prachtentfaltung von Ferrara noch zu überbieten. Er überreicht dem Papst die Schlüssel der Stadt. Die Straßen sind mit kostbaren Teppichen belegt, die Fassaden verschwinden unter üppigen Blütenarrangements, Damen in festlichen Gewändern und junges Volk zieren Fenster und Dächer. Der Markgraf bringt den Heiligen Vater und die Kardinäle in seinem Palast unter. Alles steht für den Auftritt der Fürsten der Welt bereit ... Leider vergeht die Zeit, ohne daß einer von ihnen in Erscheinung tritt! Mantua bot das Bild eines irdischen Paradieses, doch bald sind die Straßen wieder verlassen. Der Alltag geht seinen gewohnten Gang, und die Stadt erstarrt in der drückenden Hitze des kontinentalen Sommers, während der Mincio seine Krankheitsmiasmen aushaucht. Die ältesten unter den Kardinälen wie Scarampo und Tebaldo beklagen sich über die Leichtfertigkeit des Papstes, weil er sich in der eitlen Hoffnung, das Abendland gegen die unüberwindliche türkische Macht zu mobilisieren, an einen Ort begeben hat, wo das Fieber grassiert. Rodrigo Borgia hingegen beschließt, sich mit allerlei Vergnügungen über die Gefahr hinwegzutrösten. Er organisiert Bootsfahrten mit galanten Damen und lädt seine Freunde, die Kardinäle Coëtivy und Colonna, dazu ein. In ihren Briefen an die Herzogin von Mailand mokiert sich die Markgräfin über diese exquisiten Vergnügungen, die in krassem Gegensatz zur kalten Feierlichkeit der päpstlichen Zeremonien stehen.

Monate vergehen. Mitte August wird der Gesandte des Herzogs von Burgund vorstellig, Mitte September der Herzog von Mailand, dann erscheinen nach und nach die anderen Vertreter der italienischen Mächte und im Oktober und November schließlich die Abgesandten aus Deutschland und Frankreich. Aber die Begeisterung wird gedämpft. Die Gesandten von Karl VII. und von René von Anjou sind lediglich gekommen, um Forderungen das Königreich Neapel betreffend zu stellen: Gleichzeitig hat Renés Sohn, der Herzog Johann von Kalabrien, gegen Ferrante die Galeeren ausgeschickt, die mit den Geldern für den Kreuzzug bezahlt wurden!

Das politische Theater übertrifft noch das gesellschaftliche, mit dem Kardinal Borgia sich die Tage und Nächte verkürzt. Der Kongreß von Mantua bietet ihm Gelegenheit, am wirklichen Leben die Triebfedern menschlichen Handelns mit all seinen Leidenschaften zu erforschen. Pius II. ist über den Verlauf verzweifelt. Am 14. Januar 1460 muß er sich damit begnügen, eine Kreuzzugsbulle zu veröffentlichen, in der er alle Christen aufruft, drei Jahre lang gegen die Türken zu kämpfen. Er dekretiert Abgaben, die den Krieg der Christenheit finanzieren sollen: Die Geistlichen, einschließlich der Kardinäle, sollen den zehnten Teil ihrer Einnahmen beisteuern, die Laien den dreißigsten, die Juden den zwanzigsten. Nach Verkündung dieser Anordnungen am 19. Januar fährt Pius II. an der Spitze des Zuges päpstlicher Würdenträger wieder ab.

Im Kirchenstaat gerät er sogleich in große Bedrängnis. Während seiner Abwesenheit sind Unruhen ausgebrochen. Die Barone Savelli, Anguillara und Colonna haben sich mit dem gefürchteten Condottiere Piccinino verbündet. Zweieinhalb Jahre dauert es, bis wenigstens der Anschein von Ruhe wiederhergestellt ist. Endlich, im August 1462, werden der Condottiere und sein stiller Teilhaber Johann von Kalabrien, der Sohn Renés von Anjou, von Ferrante von Neapel geschlagen. Ein weiterer Aufrührer, Sigismondo Malatesta, wird von Federigo di Montefeltre besiegt: Endlich sind die Unruhestifter aus dem Weg geräumt, die den Papst daran hinderten, das Zeichen zum Kreuzzug gegen die Heiden zu geben.

MONDÄNE EMPFÄNGE ÖSTLICHER FÜRSTEN

Bei der Rückkehr von Mantua nehmen die weltlichen Zeremonien Kardinal Rodrigo Borgia vollkommen in Beschlag. Mit der Prachtentfaltung eines Standesherrn richtet er die glanzvollen Empfänge aus, die der Papst jenen griechischen Fürsten zuteil werden läßt, die vor der türkischen Herrschaft geflohen sind. Bereits auf seinem Rückweg im April 1460 hatte Pius in Siena einen sogenannten Archidiakonus aus Antiochia empfangen, der im Namen der griechischen Patriarchen von Jerusalem, Antiochia, Alexandria, von Ibrahim Bey, dem Fürsten von Karaman, und anderen orientalischen Herrschern als Bittsteller zum Papst gekommen war. Im Dezember desselben Jahres erlebt Rom den eigenartigen Einzug der Gesandten Davids, des Kaisers von Trapezunt, des Königs von Persien, des Fürsten von Georgien und anderer orientalischer Herrscher. Die Gesandten aus Persien und Mesopotamien erregen durch ihre Aufmachung großes Aufsehen. Der Kopf des letzteren ist nach Art der Mönche kahlgeschoren bis auf einen schmalen Haarkranz und einen Haarbusch in der Mitte seiner Glatze. Am 7. März 1461 trifft Thomas, der Despot von Morea, ein, ein Nachfahre der Paläologenkaiser. Er ist ein ansehnlicher Mann von sechsundfünfzig Jahren mit ernstem Gesicht. Er erscheint im Vatikan mit einem langen schwarzen Gewand bekleidet und trägt auf dem Kopf einen sammetartigen weißen Hut. Seine Eskorte zählt siebzig Pferde, von denen nur drei ihm selbst gehören. Dieser prunkvolle Zug, hinter dem sich in Wahrheit das Elend verbirgt, ist bezeichnend für den letzten pathetischen Bittruf des christlichen Orients. Der Fürst ist in Begleitung seiner Familie. Seine

Tochter, die schöne Zoë, wird der Papst mit Iwan III., dem Großherzog des Moskowiterreiches, verheiraten. Auf der Durchreise läßt er eine bedeutende Reliquie, das Haupt des heiligen Andreas, in der Festung von Narni zurück. Der Papst beauftragt Kardinal Borgia, seinen Gast im Palast der vier gekrönten Heiligen einzuquartieren, der seit der Abreise des Kardinals Luis Juan de Mila nach Lérida unbewohnt ist. Das Heilige Kollegium legt Geld zusammen, um dem Despoten eine jährliche Pension von 6000 Dukaten auszusetzen.

Am 15. Oktober 1461 flieht eine weitere Angehörige der Paläologen nach Rom. Es ist die junge Königin von Zypern, Charlotte von Lusignan. Sie ist vierundzwanzig Jahre alt und hat nach den Worten des Papstes «einen sanften Blick, einen dunklen, glanzlosen Teint und eine verführerische Sprache. Wie es den Griechen zu eigen ist, sprudeln die Worte aus ihrem Munde wie ein Wildbach. Gekleidet ist sie nach französischer Art, und ihre Haltung ist majestätisch.» In Rom ist sie nur auf der Durchreise auf ihrem Weg nach Savoyen, wo sie um die Hilfe ihres herzoglichen Schwiegervaters bitten wird.

DIE RELIQUIE DES HEILIGEN ANDREAS UND DAS WUNDER DES ALAUNS

Kardinal Rodrigo gesellt sich gern zum Empfang dieser exotischen Fürsten; doch bald findet er eine noch bessere Gelegenheit, seiner Freude an der Prachtentfaltung Ausdruck zu verleihen. Im April 1462 nimmt Pius II. in Rom die Reliquie des heiligen Andreas entgegen. Sie wird am 13. April in den Vatikan überführt. Zwischen den Standesherren und Kardinälen entsteht eine regelrechte Rivalität, wer am meisten dazu beiträgt, diese Zeremonie zu einem Triumph zu machen. Eine riesige Menschenmenge, in der dreißigtausend Kerzen leuchten, empfängt die Reliquie. Entlang aller Straßen, durch welche die Prozession führt, wurden Altäre errichtet, von denen Weihrauch aufsteigt. An den Fenstern der prachtvoll geschmückten Häuser drängen sich Frauen im festlichsten Putz. Auch die am schönsten geschmückten Häuser, selbst jene der stolzen römischen Barone, werden vom Prunk, mit dem der Palast des Vizekanzlers ausgestattet ist, überstrahlt. Seinen Wohnsitz im Herzen der Altstadt in der Nähe der Zecca – der Münzprägestätte – hat er mit wertvollen Stoffen behängen lassen. Auf seine Anweisung hin überspannen kostbare Teppiche die Straße, und prunkvolle Dekorationen zieren die Nebenhäuser. Das Viertel gleicht einem Theater, das von Gesängen und lieblicher Musik erfüllt ist. Wird der Himmel diese Gebete erhören? Die Kriegskasse für den Kreuzzug füllt sich allzu langsam, und die europäischen Mächte stehlen sich davon. Doch dann geschieht das Wunder, das dem Papst zur unverhofften Seelenspeise gereicht.

Giovanni di Castro, Sohn eines Rechtsgelehrten aus Padua, ist vor den Türken aus Konstantinopel geflohen. Dort hatte er eine große Färberei betrieben, in der als natürliches Beizmittel Alaun Verwendung fand. Dieses wurde in allen Industriezweigen der damaligen Zeit eingesetzt: in der Gewebeverfeinerung, der Färberei, bei der Glasverarbeitung und beim Schmieden von Waffen. Nach der Eroberung Konstantinopels durch die Türken verfügte das Abendland nicht mehr über den Rohstoff aus den byzantinischen Minen, und die Christenheit war in eine bedenkliche Abhängigkeit von den Ungläubigen geraten. Durch einen wundersamen Zufall entdeckt Castro auf dem päpstlichen Territorium in La Tolfa in der Umgebung von Civitavecchia sieben Berge mit reinstem Alaun. Im Mai 1462 setzt er den Papst darüber stolz in Kenntnis: «Ich bringe Euch den Sieg über den Türken, denn er preßt jährlich für seine Alaunlieferungen mehr als 300 000 Dukaten aus der Christenheit heraus.» Dies ist in der Tat ein Glücksfall. Pius II. veranlaßt sofort den Abbau des Alauns. 1463 gehen in La Tolfa tausend Arbeiter ans Werk. Die päpstliche Schatzkammer hat mit einem Schlag einen Anstieg ihrer jährlichen Einnahmen um 100 000 Dukaten zu verbuchen.

Zur Führung des heiligen Krieges bedarf es jedoch erheblich höherer Summen. Der Papst sinnt auf Auswege aller Art. So setzt er im November 1463 die Zahl der Abbreviatoren der Kanzlei auf siebzig herauf. Von dieser Anzahl werden nur zwölf der Ernennung durch den Vizekanzler unterstellt. Die anderen sind zum Kauf ihres Amtes gezwungen. Im Mai 1464 muß der Vizekanzler die vollständige Neubildung seines Arbeitsstabes hinnehmen: Die einstigen Titulare werden entlassen, und neue Männer, Sienesen in der Mehrzahl, halten Einzug in der Kanzlei.

DER TOD VON PIUS II.
DIE WAHL VON PAUL II.

Nach Jahren vergeblichen Wartens entschließt sich Pius II., den Aufbruch zum Kreuzzug nicht länger hinauszuzögern; er mußte mit ansehen, wie sich die großen europäischen Staaten, allen voran Frankreich und Burgund, zurückzogen. Nach einer erneuten Badekur in Petriolo bereitet er sich auf seine für das Frühjahr anstehende Reise nach Ancona vor. Venedig hat versprochen, Schiffe in den Hafen zu schicken, die zusammen mit den päpstlichen Galeeren 5000 Kreuzfahrer befördern können. Den Plänen zufolge soll die Flotte das Adriatische Meer überqueren, um in Ragusa dann auf die Streitkräfte des ungarischen Königs Matthias Corvinus und die des albanischen Heerführers Skanderbeg zu stoßen. Lediglich die kranken und alten Kardinäle sind der Pflicht entbunden, dem Papst zu folgen.

Kardinal Borgia trifft in Terni auf den Zug Pius' II., der sich, vor Schmerz kaum zu einer Bewegung fähig, auf dem Weg nach Ancona befindet. In Süditalien wütet die Pest. Als das päpstliche Gefolge am 19. Juli in Ancona eintrifft, hat sich die Krankheit dort bereits eingeschlichen. Rodrigo Borgia bleibt wie immer ungerührt. «Der Vizekanzler schläft nicht allein in seinem Bett», schreibt der Gesandte aus Mantua. «Er ist ebenfalls erkrankt, wobei man die Krankheit bei ihm auf seine Ausschweifungen zurückführt.»

Auf der anderen Seite des Meeres wird Ragusa inzwischen von einer gewaltigen türkischen Armee belagert. Pius II. befiehlt, daß sich die Truppen einschiffen. Allerdings sind die venezianischen Schiffe noch nicht zu den päpstlichen Galeeren gestoßen, und als sie am 11. August endlich ankommen, ist der Großteil der Soldaten bereits desertiert. Die Operation ist in höchstem Maße gefährdet. Kardinal Ammanati meint, dieses Desaster habe dem Heiligen Vater den «Todesstoß» versetzt. Bettlägerig und unter furchtbaren Schmerzen erhält Pius II. die Sakramente. Er stirbt am 15. August 1464. Die Totenglocken, die für ihn geläutet werden, läuten auch dem heiligen Krieg. Die Truppen sind in Auflösung begriffen. Die Kardinäle kehren nach Rom zurück, wo sich am 28. August das Konklave versammelt. Zwei Tage später ist die Wahl vollzogen: Rodrigos treuer Freund, der venezianische Kardinal Pietro Barbo, wird Papst Paul II.

Das Pontifikat Pauls II. hätte mit einer Amtshandlung des Kardinals Borgia beginnen müssen, da ihm in seiner Eigenschaft als Dekan der Kardinaldiakone das Vorrecht zukommt, dem neuen Pontifex die Krone aufzusetzen. Seine Krankheit hindert ihn daran, doch kaum wiederhergestellt, wird er zu einem der meistgesehenen Gäste im Vatikan. Mit dem Heiligen Vater verbindet ihn derselbe Hang zu Luxus und Verschwendung: Mit Staunen hat er beim Bau von Kardinal Pietro Barbos prunkvoller Residenz nahe bei dessen Titularkirche S. Marco zugesehen. Am Fuße des Kapitols unter dem Schutze der Colonna angelegt, ist der Palazzo Venezia, wie man ihn für gewöhnlich nennt, heute eines der imposantesten Bauwerke Roms. Er bezeichnet den Übergang vom mittelalterlichen Schloß zur großen Renaissanceresidenz. Prachtvoll ist sein unvollendeter Hof mit den zweigeschossigen Arkaden. Durch einen majestätischen Säulengang ist der Palast mit der Kirche S. Marco verbunden. Seine weiten Säle sind angefüllt mit Kunstgegenständen. Paul II. empfängt seine Freunde lieber in dieser Residenz als im Vatikan, den er wegen seines Mangels an Komfort und seiner gesundheitsgefährdenden Nähe zum Tiber verläßt. Auch der apostolische Schatz wird in die neue Residenz gebracht. Bald ist sie ein lebendiger Mittelpunkt der Stadt, wo während des Karnevals Feste gefeiert werden. Der neue Papst verlegt den Vergnügungsort Roms von der Piazza Navona oder vom Monte Testaccio in jene lange Verkehrsschlagader, welche die alten Viertel der Ewigen Stadt durchzieht und am Palazzo Venezia endet: Corso wird die Straße genannt, da sie nach päpstlichem Willen außer Eseln, Büffeln und abgezäumten Pferden – die man nach dem Namen des Papstes *Barberi* nennt – auch allerlei Volk als Rennbahn dient. Mit hochdotierten Preisen spornt er nicht nur junge Athleten zur Teilnahme an diesen Wettläufen an, sondern auch Greise oder gar Juden, die schwere, bis zum Hals mit Kuchen vollgestopfte Leinengewänder tragen müssen! Auf der Piazza S. Marco finden für die Magistrate und die Bevölkerung große Bankette statt. Der Papst wohnt ihnen von einem Fenster seines Palastes aus bei und wirft Geld in die rasende Menge. Von Zeit zu Zeit werden andere öffentliche Kundgebungen und Feste in den verschiedenen Vierteln der Stadt veranstaltet: eine Art Nachstellungen antiker Siegeszüge. Der Papst verschmäht persönliche Auftritte dort keineswegs, wobei er sich auf seiner vergoldeten *Sedia* im Wert eines Schlosses tragen läßt. Seinen Kopf ziert eine neue, mit funkelnden Saphiren besetzte Tiara, die er sich für 200 000 Goldflorin anfertigen ließ. Umgeben ist er vom Kardinalskollegium. Er zwingt die Würdenträger, im Purpur und mit dem roten Barett zu erscheinen oder mit einer großen, perlenbestickten Mitra aus Seidendamast, einem Schmuck, der bislang alleiniges Privileg des Pontifex gewesen war.

EIN PRUNKVOLLER HOF

Die aufwendige Hofhaltung des venezianischen Papstes erregt das Wohlgefallen von Rodrigo Borgia. Er selbst lebt nach Art der Fürsten seiner Zeit umgeben von Höflingen und Mätressen. Eine von ihnen bringt 1467 oder 1468 den Sohn Pedro Luis zur Welt. Er erkennt sofort die Vaterschaft an, und am 5. November 1481 wird der Bastard durch eine Bulle von Sixtus IV. legitimiert. Darauf werden gegen 1469 Jeronima oder Girolama und dann Isabella geboren. Letztere erblickt um 1470 das Licht der Welt: Ihre Eheverträge weisen sie als Töchter des Kardinals Borgia und einer ledigen Mutter aus.

In der Kurie erhalten Rodrigos Ämter ihre einstige Bedeutung zurück. Paul II. hebt die von seinem Vorgänger getroffenen Maßnahmen bezüglich der Ernennungen in der Kanzlei wieder auf: Er entläßt die damals ins Amt eingeführten Sienesen, erstattet ihnen allerdings das Geld zurück, das sie für den Kauf ihrer Ämter zahlen mußten. Dieses Vorgehen ruft unter den verabschiedeten Abbreviatoren sogleich einen Aufstand hervor. Einer von ihnen, Bartolomeo Sacchi de Piadena mit dem Beinamen Platina, verfaßt ein rachsüchtiges, gegen den Papst gerichtetes Pamphlet. Er droht ihm mit Entschädigungsforderungen bei den Fürsten der Christenheit. Ein Konzil soll einberufen werden, vor dem sich der Heilige Vater zu verantworten haben wird. Der unvorsichtige Platina wird allerdings das Opfer einer Denunziation. Er wird der Folter unterzogen und in der Engelsburg eingekerkert. Doch der Aufstand greift wie ein Flächenbrand um sich: An seine Spitze setzt sich Pomponius Laetus, Professor an der Universität von Rom. In der römischen Akademie hat er die Freidenker in der heiligen Stadt, die Feinde der päpstlichen Zentralgewalt, um sich versammelt. So entsteht ein Komplott der Unzufriedenen, die sich zum Ziel setzen, den Papst mitsamt seinen Vertrauten niederzumetzeln. Der Anschlag wird im Februar 1468 im letzten Augenblick vereitelt. Damit wächst das Mißtrauen von seiten des Papstes und des Borgia-Kardinals gegenüber den Humanisten in der Kurie. Ihr strenges Vorgehen richtet sich gegen Abweichler und Häretiker. Bullen, die den Kirchenbann verhängen, werden ebenso gegen die «Fraticelli» von Assisi geschleudert, die die Prunksucht des Papstes und der Kardinäle anprangern, wie gegen die Utraquisten aus Böhmen, denen sich König Podiebrad angeschlossen hat.

Die Bilanz dieser unbeugsamen Härte ist durchaus positiv. Zusammen mit dem weltlichen Glanz, der den Thron des heiligen Petrus umgibt, verleiht die repressive Politik dem christlichen Abendland und seinem Oberhaupt den Nimbus eindrucksvoller Macht. In der ganzen Welt rühmt man den prunkvollen Empfang, den Paul II. im Dezember 1466 für den albanischen Volkshelden Skanderbeg und dann für Kaiser Friedrich III. in Szene setzt, der Weihnachten 1468 zur Pilgerfahrt nach Rom kommt. Alle beide sind als Fürsten dazu ausersehen, in der vordersten Front gegen die Türken zu marschieren. Wie der Pomp von Zeremonien und Prunkbauten zeigt, verfügt das Papsttum auch über die notwendige weltliche Macht, um den neuen Kreuzzug zu führen. Rodrigo Borgia und die anderen mondänen Kardinäle bieten durch ihren großen Reichtum und ihre Lebensführung den besten Beweis dafür. Pompöse Zurschaustellungen dieser Art sind beim Zustandekommen östlicher Allianzen üblich. Sie tragen dazu bei, mit Usun Hasan, dem Fürsten der Turkmenen, gute Beziehungen anzuknüpfen und dadurch eine Einkreisung des türkischen Sultans vorzubereiten. Ein Vertrag soll im Juli 1471 gerade unterzeichnet werden. Aber das Schicksal entscheidet anders: Am 26. Juli erliegt der Papst plötzlich einem Schlaganfall.

Ein weiteres Mal zieht Rodrigo Borgia ins Konklave. Ein weiteres Mal führen seine Geschicklichkeit und sein Weitblick dazu, daß er unverzüglich den Kandidaten mit den besten Wahlchancen erkennt, ihm im geeigneten Augenblick seine Stimme gibt und die seiner Freunde verschafft.

DIE WAHL VON SIXTUS IV.
RODRIGO BORGIA ALS LEGAT IN SPANIEN

Am 9. August 1471 wird der Franziskanerkardinal Francesco della Rovere Papst und nimmt den Namen Sixtus IV. an. Er belohnt die Kardinäle, die seine Wahl unterstützt haben. Gonzaga erhält die römische Abtei S. Gregorio. Außerdem wird ihm das Bistum Albano versprochen. Orsini wird zum päpstlichen Kardinalcamerlengo ernannt, was bedeutet, daß er die weltlichen Obliegenheiten des Heiligen Stuhls verwalten soll. Borgia wird mit der reichen Benediktinerabtei Subiaco belohnt, die ihm als Kommende verliehen wird.

Am 22. August krönt Rodrigo Borgia in seiner Eigenschaft als Dekan der Kardinaldiakone den neuen Pontifex. Es ist seine letzte Amtshandlung als Kardinaldiakon. Am 30. August avanciert er zum Titularkardinalbischof von Albano, einem der sieben Suffraganbistümer Roms. Bevor er jedoch diese Würde erhält, muß er sich zum Priester weihen lassen: Er fügt sich und legt sehr zögernd das Keuschheits- und Zölibatsgelöbnis ab, was ihn keineswegs daran hindert, eine langfristige Liebesbeziehung mit Vannozza Cattanei zu beginnen, einer reichen Römerin und Besitzerin einer Herberge.

Nachdem Papst Sixtus die Kurie umbesetzt hat, stürzt er sich mit Ungestüm in das große Vorhaben, dem sich seine Vorgänger verschrieben hatten: den Krieg gegen die Türken. In einem Jahr gibt er 144 000 Golddukaten aus, die aus den Einkünften des Patrimoniums Petri und dem Verkauf des Alauns aus den Minen von La Tolfa (mehr als 1500 Tonnen pro Jahr) stammen. Er rüstet eine Flotte von 24 Galeeren und ein Expeditionskorps von 4000 Soldaten. Venedig und Neapel verpflichten sich, noch bedeutendere Streitkräfte aufzubieten. Am 23. Dezember 1471 werden fünf Legaten *a latere* dazu bestimmt, die übrigen christlichen Mächte zum Anschluß an die Expedition aufzurufen. Rodrigo Borgia gehört der Gruppe an. Er soll sich nach Aragón und Kastilien begeben. Die Aufgabe ist heikel und zugleich eine Ehre für ihn. Tatsächlich geht es darum, die Herrscher dieser Königreiche zur Beendigung des Bürgerkrieges in ihren Territorien zu bewegen, damit sie sich ausschließlich dem Kreuzzug widmen können. Dagegen halten es Spanien und insbesondere Kastilien für angebrachter, im eigenen Land gegen die Ungläubigen zu kämpfen und das Königreich Granada, das letzte Überbleibsel der islamischen Herrschaft, zurückzuerobern.

Rodrigo ist im Osten Spaniens geboren, in dem die Nachfahren der Mauren besonders zahlreich sind. Er verfügt mehr als jeder andere über schlagkräftige Argumente, daß der Kreuzzug nicht als Einzelunternehmen geführt werden kann und daß die Spanier sich zumindest finanziell am Krieg gegen die Türken beteiligen müssen.

Der Kardinal hat unmittelbar zuvor einen neuen Titel erhalten: Am 8. Januar 1472 hat ihn der Papst zum Kämmerer des Heiligen Kollegiums ernannt und damit zum Schatzmeister des Kardinalkollegiums. Am 15. Mai, am Tag seiner Abreise, vertraut Rodrigo das Kämmerersiegel dem Kardinal d'Estouteville an, der ihn während seiner Abwesenheit vertreten wird. Ein Gefolge von Kardinälen begleitet ihn bis zu den Stadttoren Roms. Nachdem er auf dem Weinberg d'Estoutevilles ein üppiges Mahl zu sich genommen hat, schlägt der Legat seinen Weg nach Ostia ein. Beim Vorbeifahren grüßt er die Schiffe der Kreuzzugsflotte, die sich unter Führung des Kardinals Carafa auf dem Tiber gesammelt haben: Sie werden kurz darauf in Richtung türkische Küste nach Karaman auslaufen, wo sie die Truppen an Land setzen sollen.

Für Rodrigo Borgia ist die Überfahrt kurz. Im Juni 1472 erreicht er Valencia, seinen Bischofssitz. Johann II. von Aragón, der Bruder des verstorbenen Alfons von Neapel, hat die notwendigen Anweisungen für einen königlichen Empfang erteilt. Auf seinem prächtig gezäumten Pferd wird der Kardinal von Würdenträgern am Stadttor Torres de Serranos in Empfang genommen. Das Tor ist mit Seidenatlas behängt. Die Straßen durchquert er unter einem Baldachin. Trommeln und Trompeten, Musik und Jubelrufe begrüßen das Landeskind. In Játiva, seiner Geburtsstadt, schlägt Rodrigo noch größere Begeisterung des Volkes entgegen. Der Aufenthalt des Kadinals in Aragón trägt tatsächlich dazu bei, das Land durch einen Ausgleich zwischen dem König und seinen Untertanen in Barcelona zu befrieden.

Anschließend begibt sich Rodrigo nach Kastilien. König Heinrich IV., der den Beinamen der Ohnmächtige trägt und mit Johanna von Portugal verheiratet ist, hat mit der 1462 geborenen Juana eine Tochter zur Erbin. Im Volk kursieren böswillige Gerüchte über die physische Schwäche des Herrschers. Die Vaterschaft wird dem Favoriten am königlichen Hof, Beltrán de la Cueva, zugeschrieben. Häufig wird der diffamierende Beiname *Beltraneja* an den Vornamen der unglücklichen Juana angehängt. Die angeblich außereheliche Zeugung der Prinzessin dient den aufständischen Adeligen als Vorwand gegen den König. Sie machen sich für Isabella, die Schwester Heinrichs IV., als legitime Erbin der Krone stark. Um ihre Position zu stärken, hat Isabella 1469 in Valladolid ihren Vetter Ferdinand, den Thronanwärter des Hauses Aragón, geheiratet. Beide waren minderjährig.

Heinrich IV. erkannte die ohne sein Einverständnis geschlossene Ehe nicht an. Er bezeichnete sie öffentlich als blutschänderisch, da ohne päpstlichen Dispens eine Verbindung von Personen verbotenen Verwandtschaftsgrades geschlossen worden sei. Als Kardinal Borgia in Kastilien eintrifft, schwelt der Bürgerkrieg. Er knüpft langwierige und verwickelte Verhandlungen an. Der Erzbischof von Toledo, Alonso Carrillo, eine sonderbare Person, die sich der Magie, der Verschwendungssucht und der Schlemmerei hingibt, leistet ebenso tatkräftige Unterstützung wie der intrigante politische Prälat Gonzalez de Mendoza. In sämtlichen Städten Kastiliens finden Empfänge und mondäne Festlichkeiten statt, und der galante Kardinal erlangt hie und da die Gunst der recht willfährigen Schönen.

In Madrid verschafft sich König Heinrich Gehör, um für die Rechte seiner Tochter einzutreten. Zuvor hat sich Rodrigo jedoch mit Isabella und Ferdinand getroffen und sich mit beiden ehrgeizigen Menschen verständigt. Sixtus IV. empfiehlt er, ihre Ehe zu legitimieren, und bietet sich selbst als Paten für das Erstgeborene des Fürstenpaares an. Damit unterstützt er auf entscheidende Weise Isabella gegen die «Baltraneja». Er erhofft sich von dem jungen Paar reichen Lohn, den sie ihm nicht versagen werden. Im Königreich Valencia reizt ihn ein benachbartes Lehensgut von Játiva: Gandia, eine kleine Stadt, die sich auf der anderen Seite der *Sierra de las Agujas* in geringer Entfernung vom Meer erhebt. Sie ist in einer fruchtbaren *Huerta* gelegen und bildet die Hauptstadt jenes Königreichs, das 1399 von König Martin zugunsten seines Neffen Alfons von Aragón geschaffen wurde. Das Schloß altmaurischen Ursprungs bietet mit seinen Mauerverzierungen, in denen sich die Wappen von Aragón und Sizilien mit Monogrammen in kufischer Schrift abwechseln, ein stattliches Erscheinungsbild. Dieses Lehen würde auf passende Weise die Gebiete des Kardinals von Valencia abrunden. Für seinen ältesten Sohn Pedro Luis würde es ein ideales Fürstentum im Lande seiner Vorfahren bilden. Es ist wahrscheinlich, daß Rodrigo vom ersten Augenblick seiner Gesandtschaft an einen Blick auf das Herzogtum geworfen hat. Es wird 1485 in seinen Besitz gelangen; nach der Ernennung von Ferdinand zum König von Aragonien. Pedro Luis wird anschließend den Titel des Herzogs von Gandia erhalten.

Es gelingt dem Kardinal Borgia, Heinrich IV. von Kastilien einzureden, seine Schwester erkenne die Rechte der Baltraneja an. Der König belohnt ihn mit Pfründen und Pensionen der spanischen Kirche, während Rodrigo seinerseits aus Rom für seinen Verbündeten Mendoza einen Kardinalshut erwirkt. Nach Abreise des Legaten wird König Heinrich für Ferdinand und Isabella in Segovia einen Empfang veranstalten, dessen Versöhnungsbankett ihm selbst jedoch zum Verhängnis werden wird. Gerüchten zufolge soll er dort von Ferdinand vergiftet worden sein. Die arme Beltraneja muß sich nach dem Tod ihres Vaters 1474 in ein Kloster zurückziehen und ihren Platz Isabella überlassen. Die Verantwortung für dieses Desaster werden die treuen Kastilianer dem aragonesischen Legaten anlasten, dem verruchten Borgia, den sie öffentlich als Miststück beschimpfen werden.

Aber der Betroffene hat zu diesem Zeitpunkt Spanien bereits verlassen. Sein Auftrag als Legat wurde in Rom als Erfolg gewürdigt: Man rühmte ihn, Kastilien und Aragón befriedet und die Gelder beigebracht zu haben, die jene Königreiche auf sein Betreiben hin für den Kreuzzug gegen die Türken geleistet hatten.

Bei seiner Rückkehr geschah ein Unglück. Im September 1473 schiffte er seine wohlgefüllten Kassen und sein zahlreiches Gefolge auf zwei venezianischen Galeeren ein. Diese gerieten bei der Durchquerung des Golfs vor Savona jedoch in einen schrecklichen Sturm. Eine Galeere kenterte. 192 Menschen fanden den Tod, darunter drei Bischöfe. Zur Fracht, die mit dem Schiff sank, gehörten Schatztruhen, in denen sich 30 000 Golddukaten befanden. Kardinal Borgia zeigte angesichts dieses Unglücks allerdings stoische Gelassenheit. Am 24. Oktober bereiteten ihm die in Rom anwesenden Mitglieder des Heiligen Kollegiums einen Empfang an der Porta del Popolo. Am folgenden Tag empfing ihn der Papst in einem öffentlichen Konsistorium und beglückwünschte ihn zu seinem Mut und zum Ergebnis seiner Mission.

Dank Rodrigo hat der Heilige Stuhl an Prestige gewonnen und beträchtliche Finanzmittel erhalten. Doch die ungünstige Entwicklung der Lage im Orient erlaubt es nicht, die Hoffnungen des Papstes in die Tat umzusetzen. Nach einem vielversprechenden Auftakt hat die Operation zu Schiff an der Küste der Türkei nur mittelmäßige Resultate erbracht. Usun Hasan, das Oberhaupt der Turkmenen, wurde vom Sultan geschlagen. Die Niederlage beraubt das Abendland der notwendigen Streitkräfte für einen Überraschungsangriff. Entmutigt wendet sich der Papst vom Kreuzzug ab, um sich den weltlichen Angelegenheiten Italiens zu widmen, vor allem aber der Fortüne seiner Familie.

Der manische Nepotismus von Papst Sixtus

Die beiden Neffen Sixtus' IV., Pietro Riario und Giuliano della Rovere, erhielten am 16. Dezember 1471 im Alter von 24 beziehungsweise 28 Jahren die Kardinalswürden. Der erstere bekommt den Titel von S. Sisto, der zweite von S. Pietro in Vincoli, jenen Titel, den der Pontifex vor seiner Papstwahl selbst innehatte. Der Papst überhäuft sie mit zahllosen Gnadenbeweisen. Giuliano herrscht über die Erzbistümer Avignon und Bologna, die Bistümer Lausanne, Coutances, Viviers, Mendes, Ostia und Velletri sowie die Abteien Nonantola und Grottaferrata. Sein Vetter Pietro Riario wird noch großzügiger bedacht: Als Erzbischof von Florenz, Patriarch von Konstantinopel und Abt von S. Ambrogio in Mailand ist er Titular einer ganzen Reihe von Bistümern. Seine jährlichen Einnahmen übersteigen 60 000 Dukaten, reichen jedoch kaum aus, um seine Ausgaben zu decken. Seine Verschwendungssucht stellt er anläßlich jener Festlichkeiten zu Schau, die er im Juni 1473 für Eleonore von Neapel veranstaltet, als diese Rom besucht, um sich mit ihrem Gatten Ercole d'Este in Ferrara zu treffen. Vor seiner Residenz in der Nähe der Basilika S. S. Apostoli läßt er einen hölzernen Palast errichten. Das Gebäude ist über und über mit golddurchwirkten Stoffen und Teppichen behängt. Kostbarste Möbel und Gebrauchsgegenstände zieren sein Inneres. Gefäße für den profansten Gebrauch sind aus vergoldetem Silber. Von diesen extravaganten Festlichkeiten spricht man selbst noch im September, als Rodrigo nach Rom zurückkehrt.

Die Papstnepoten im Laienstand werden gleichfalls mit Gunstbezeugungen überhäuft. Sixtus IV. hat Leonardo della Rovere, den Präfekten von Rom, bereits mit einer unehelichen Tochter von Ferrante von Neapel verheiratet. Für Giovanni della Rovere hat er eine Verbindung mit Giovanna di Montefeltre angeknüpft, wodurch das Herzogtum Urbino in dessen Erbe übergeht. Girolamo di Riario, der Bruder des Kardinals Pietro, ist mit Caterina Sforza, der Großnichte des Herzogs von Mailand, verheiratet. Er wird mit dem Lehen Bosco versehen, das der Papst für 14 000 Dukaten kauft. Sixtus IV. möchte diesen Ländereien noch die Güter von Imola hinzufügen, die im Besitz von Galeazzo Maria Sforza sind. Um sie zugunsten seines Neffen freizubekommen, muß der Papst eine Entschädigung von 40 000 Dukaten aufbringen. Das Vorhaben erregt das Mißfallen von Lorenzo il Magnifico, der mit Recht die Schaffung einer mächtigen Signoria an den Grenzen der Toskana befürchtet. Die Medici-Bank, die die päpstlichen Finanzen verwaltet, lehnt es deshalb ab, die Summe vorzustrekken, aber ihre Konkurrenten, die Bankiersdynastie der Pazzi, stellt das Geld zur Verfügung.

Der Ansturm der päpstlichen Verwandtschaft auf Auszeichnungen und Privilegien verstärkt sich nach dem Ableben des Kardinals Pietro Riario noch, den seine Ausschweifungen am 5. Januar 1474 im Alter von achtundzwanzig Jahren plötzlich hinwegraffen. Sein Bruder Girolamo Riario folgt ihm in der päpstlichen Gunst. Ihm steht der Sinn ausschließlich nach Vergrößerung seines Fürstentums, wobei er sich am Beispiel von Pedro Luis, dem verstorbenen Bruder des Kardinals Borgia, orientiert. Um seinem Neffen zu Gefallen zu sein, verbündet er sich mit Venedig, um den Herzog von Ferrara auszuplündern. Aber noch einmal stellt sich Lorenzo de' Medici dem Manöver in den Weg. Girolamo beschließt wutentbrannt, Riario Lorenzo und seinen Bruder Giuliano von ihren Helfershelfern, den Bankiers Pazzi, beseitigen zu lassen. Die Verschwörung vom Mai 1478 kostet Giuliano das Leben, vermag in Florenz jedoch nicht den Aufstand herbeizuführen. Der mißglückte Versuch verstärkt nur die Macht von Lorenzo il Magnifico. Über die Niederlage seines Neffen verdrossen, wird sich der Papst mit Ferrante von Neapel verbünden und zwei Jahre lang ergebnislos versuchen, Florenz in die Knie zu zwingen.

Vor allem die Interessen der Christenheit werden in dieser bewegten historischen Situation anscheinend geopfert. Der Kirchenstaat wird den anderen Fürstentümern immer ähnlicher, deren Kampf einzig materiellen Interessen gilt. Der alleinige Unterschied zu den italienischen Kleintyrannen liegt in der Art der Weitergabe von Macht, die nicht durch Erbschaft, sondern durch eine Wahl geschieht. Dabei glauben die Kardinalsnepoten jedoch, daß vornehmlich ihnen das Recht auf die Nachfolge zukomme. Pietro Riario war wie ein Erbfürst aufgetreten, und Giuliano della Rovere verhält sich nicht anders. Indessen trifft er auf seinem ehrgeizigen Lebensweg auf den Vizekanzler Rodrigo Borgia. In einer erbitterten Rivalität, die der Pomp der Zeremonien kaum zu verschleiern vermag, stehen sich die beiden Männer gegenüber, wobei jeder von ihnen über die Unterstützung einer beachtlichen Klientel verfügt.

DAS PRUNKVOLLE LEBEN RODRIGO BORGIAS

Rodrigo spinnt unter diesem Pontifikat wie unter den anderen zuvor zielstrebig politische und galante Intrigen, was ihm im November 1476 die Rüge eines Neffen von Papst Pius II. einträgt. Kardinal Ammanati von Pavia möchte den Borgia gerne zu einer strengen Lebensführung bewegen: «Du mußt dein einstiges Leben abstreifen: Dies ist nicht nur für die Kardinalswürde von Wichtigkeit, sondern auch für die Christenheit. Jene, die unsere Fehler gerne beobachten, werden ihr Hohngelächter einstellen, und jene, welche uns voll Haß oder Neid gegenüberstehen, werden keinen Grund zur Belustigung mehr finden. Mögest du deine Vortrefflichkeit mit deiner Frömmigkeit in Einklang bringen, um die Vergangenheit vergessen zu machen und dein Leben zu verändern. Ich vertraue auf deine Weisheit und deine Güte, um diesen Wandel zu vollbringen. Bewahre diesen Brief gut auf, und lege ihn dir ans Bett, damit du ihn noch oft lesen kannst.»

Die Ermahnung ist vergeblich und nicht weniger der Rat! Rodrigo ändert weder seinen Lebenswandel, noch übt er sich in Demut. Sein Leben spielt sich in prunkvoller Umgebung ab. Seit 1470 steht sein Palast auf halbem Wege zwischen der Engelsbrücke und dem Campo de' Fiori: Beim Durchbrechen des Corso Vittorio Emmanuele im 19. Jahrhundert wurde nur ein Teil abgerissen, der Rest besteht heute noch als Palazzo Sforza-Cesarini. Die imposante Fassade trägt zu jener Zeit das Wappen des Kardinals, das sich je zur Hälfte aus dem der Borgias und der Oms, dem seiner Vorfahren mütterlicherseits, zusammensetzt: auf einer Seite der Borgia-Stier; auf der anderen, auf goldenem Hintergrund, drei himmelblaue Streifen, die mit goldenen Palmetten geschmückt sind.

Selbst Kardinal Ascanio Sforza, der an den Prunk der herzoglichen Gemächer Mailands gewöhnt ist, zeigt sich vom Reichtum der Ausstattung dieses Palastes zutiefst beeindruckt. Der Vizekanzler führt ihn mit Giuliano dalla Rovere und zwei weiteren Kardinälen, die er zum Essen geladen hat, durch die Gemächer. Das Vestibül am Eingang zieren Wandteppiche mit historischen Motiven. In der Mitte der Empfangshalle, die mit sechs Wandteppichen bespannt ist, thront ein karmesinroter Seidendiwan, über dem sich ein Baldachin aus blauem Samt erhebt. Auf einer Kredenz ziehen herrliche Goldschmiedearbeiten den Blick an. In einem weiteren, noch prunkvolleren Gemach steht ein mit Goldbrokat bezogener Diwan, über ihm ein schwarz gestreifter, golddurchwirkter Baldachin mit goldenen Fransen; einen Tisch unter blauem Sammet umgeben Schemel mit feinster Schnitzarbeit.

Auch Jacopo da Volterra rühmt die Erlesenheit dieser Wohnstatt. «Der Kardinal», so schreibt er, «besitzt einen ebenso prächtigen wie bequem eingerichteten Palast. Er kommt in den Genuß unerschöpflicher Geldmittel, die aus zahlreichen Kirchenbenefizien, einer großen Zahl italienischer und spanischer Abteien und aus den drei Bistümern Valencia (18 000 Dukaten), Porto (12 000 Dukaten) und Cartagena (7000 Dukaten) stammen. Allein seine Stellung als Vizekanzler trägt ihm jährlich 8000 Golddukaten ein. Er besitzt eine große Menge an silberner Gerätschaft, an Perlen, Kirchenschmuck und Wandteppichen, die mit Gold und Seide bestickt sind, Bücher über jedwede Wissenschaft, und all dies in einer Pracht, die eines Königs oder Papstes würdig ist; ganz zu schweigen von jenen zahllosen Kleinodien, die seine Betten zieren, von seinen Pferden oder von all den Dingen aus Gold, Silber und Seide, die sich in seinem Besitz befinden; oder von seiner Garderobe, die ebenso umfangreich wie kostbar ist; oder von den Mengen Goldes, die sich in seiner Schatzkammer häufen.»

Rodrigos Einkünfte als Kardinal übersteigen 80 000 Dukaten, und sein Wohlstand wächst ohne Unterlaß im Laufe jener Jahre, die zwischen der Rückkehr von seiner Gesandtschaft in Spanien (1473) und dem Tod von Papst Sixtus IV. (1484) vergehen.

Das gleiche Glück, das ihm als Kirchenfürst zuteil wird, hat Rodrigo auch im Privatleben: Die Periode fällt mit jener seines intimen Glückes mit Vannozza Cattanei zusammen, jener Geliebten, der er am längsten die Treue hält. 1442 geboren, ist die junge Frau um etwa ein Jahrzehnt jünger als er: Gewisse Historiker sehen in ihr die Mutter der drei ersten Kinder des Kardinals, von Pedro Luis, Jeronima und Isabella, deren Mutter oder Mütter nicht in den Anerkennungsurkunden erwähnt werden. Da ihre Namen nicht auf der römischen Grabinschrift Vannozzas in S. Maria del Popolo vermerkt sind, gehen die Historiker davon aus, daß diese Kinder beim Ableben ihrer Mutter 1518 bereits tot waren oder keine Nachkommenschaft hatten. Publik geworden war die Liaison zwischen Rodrigo und Vannozza jedenfalls, als der Kardinal das vierzigste und Vannozza das dreißigste Lebensjahr erreicht hatten.

Schenkt man einem Porträt Glauben, das in der Congregatio Caritatis in Rom erhalten ist, so war die Geliebte des Kardinals eine schöne Frau mit blondem Haar, hellen Augen und einem starken Körperbau. Ihre gerade gezogenen Brauen und die eigenwilligen Lippen künden von gesundem Menschenverstand und Tatkraft. Ihre Tochter Lucrezia wird von ihr die hellgrünen Augen und das blonde Haar erben, das bei ihren Knaben ins Kastanienbraune oder Rötliche spielt, während ihr Vater Rodrigo ihnen den Charme seiner schwarzen, ebenso lebhaften wie melancholischen Augen vermachen wird. Bei seiner Rückkehr von der ungemein erfolgreichen Gesandtschaft in Spanien 1474 kauft der Kardinalvizekanzler Vannozza ein Haus an der Piazza Pizzo di Merlo nahe bei seinem eigenen Palast. Im selben Jahr gibt er ihr Domenico d'Arignano, einen Kirchenbeamten und Mann von respektablem Alter, zum Gatten. Diese Heirat zur Wahrung der Konventionen erleichtert die Treffen zwischen dem Kardinal und Vannozza. Tatsächlich folgt die junge Frau ihrem Gemahl in die Dienste, die dieser beim Vizekanzler versieht. Zu Beginn des Sommers nehmen der Kardinal und seine Vertrauten den Weg nach Subiaco. Das Doppelkloster, dessen Pfründe Rodrigo bezieht, steht im Apennin, achtzig Kilometer östlich von Rom: Der Bau ist ein angenehmer Aufenthaltsort, der wegen seiner reinen Luft und der Sicherheit seiner starken Mauern berühmt ist.

Den ganzen Tag herrscht nun ungewohntes Leben an diesem Ort christlicher Askese. Damen und Herren lassen sich in dem geräumigen, erst kürzlich eingerichteten Palast der Abtei nieder. Die Klostergänge, malerisch geschmückt mit Sarkophagen und Skulpturen der Antike aus der nahegelegenen Villa Nero, die mit Fresken und Marmormosaiken verzierten Wandelhallen, die mit Quellwasser bewässerten Gärten, die sich übereinander erhebenden Kapellen und Kirchen und die in den Fels gehauenen Grotten hallen wider von Gelächter, Gesängen und profaner Musik. Wer geistigere Genüsse sucht, findet in der bemerkenswerten Bibliothek illustrierte Handschriften und eine bedeutende Inkunabelnsammlung. Zehn Jahre zuvor wurden sie hier in Subiaco von den Deutschen Arnold Pannartz und Conrad Schweinheim gedruckt, die Kardinal Torquemada, der Vorgänger des Kardinals Borgia, herbeigerufen hatte.

DIE KINDER DES KARDINALS BORGIA

In dieser herrschaftlichen und zugleich ländlichen Umgebung bringt Vannozza 1475 Cesare zur Welt. Zwar gilt das Kind als in rechtmäßiger Ehe geboren, dennoch erkennt Rodrigo Borgia sogleich seine Vaterschaft an. Im folgenden Jahr kommt während der Witwenschaft der Mutter ein weiterer Sohn zur Welt. Er wird auf den Namen Juan getauft. Im April 1480 erblickt schließlich Lucrezia in der Burg der Abtei von Subiaco das Licht der Welt. Kardinal Borgia beschließt zu dieser Zeit, seine Geliebte ein weiteres Mal vor der Gesellschaft zu legitimieren. 1480 gibt er ihr mit Giorgio di Croce, dem Sekretär von Sixtus IV., einen Mailänder zum Gatten. Der Mann ist steinreich und verfügt über ein Besitztum auf dem Esquilin-Hügel. Es handelt sich um ein Landhaus inmitten eines Weingutes und eines Obstgartens nahe bei S. Pietro in Vincoli. Die Kinder werden ihre Zeit gerne im Kreise der Familie auf diesem Besitztum zubringen, das ihre Mutter von ihrem zweiten Ehemann erben wird. Später wird man das Gut den Weinberg Borgia nennen. Vannozza und ihr Mann wohnen die meiste Zeit direkt in Rom, in einem Haus an der Piazza Branchi, das von einem hübschen Garten umgeben ist. Es ist Vannozzas eigener Besitz.

1482 erkennt der Kardinal einen letzten von ihm gezeugten Sohn an: Gioffré – oder Jofré. Dann lockert sich die Beziehung zu seiner Mätresse. Mit Ottavio schenkt Vannozza einem weiteren, legitimen Sohn das Leben, den sie jedoch bald darauf verliert. Ihr zweiter Mann stirbt ebenfalls 1486. Sie verheiratet sich sodann wieder mit dem Mantuaner Carlo Canale, wobei sie eine Mitgift von tausend Florin mit in die Ehe bringt. Der Auserwählte ist ein literarisch gebildeter Mann von Ruf: Der junge florentinische Dichter Poliziano legt ihm gar seinen *Orfeo* vor. Er war Kämmerer des Kardinals Gonzaga gewesen. Äußerst stolz auf seine Verbindung mit der Geliebten des Kardinalvizekanzlers versieht er sein Wappenschild mit dem Namenssymbol der Borgias sowie mit seinem eigenen und tut sich wichtig vor dem Markgrafen von Mantua, dem Familienoberhaupt seines einstigen Gönners.

In seinem strahlenden fünfzigsten Lebensjahr wacht Rodrigo sorgsam über seine Kinder. 1482 verheiratet er seine älteste Tochter Jeronima mit dem römischen Adeligen Gian Andrea Cesarini. Sie wird im folgenden Jahr sterben. Im Jahre 1483 erlebt er die Hochzeit von Isabella mit Pier Giovanni Matuzzi mit, der seinerseits adeliger Bewohner des Parione-Viertels ist. Pedro Luis begibt sich nach Spanien, wo er an den Feldzügen gegen das muselmanische Königreich Granada teilnimmt. Im Mai 1485 schlägt er sich tapfer bei der Belagerung von Ronda und erhält von Ferdinand von Aragón anschließend den Herzogstitel von Granada und das Versprechen für die Hand der Königsnichte Doña Maria Enriquez. Bald darauf, im August 1488, stirbt er jedoch in Civitavecchia. Rodrigo schenkt den Kindern Vannozzas seine Zuneigung. Seine Knaben erzieht er zu Fürsten. Seine Tochter Lucrezia vertraut er seiner Base Adriana di Mila an, der Witwe von Ludovico Orsini und Mutter des jungen Orso (von dem böse Zungen behaupten, er sei ebenfalls ein Sohn des Kardinals Borgia). Der Vizekanzler wird zum ständigen Besucher im Palast Orsini am Monte Giordano. Seine Stellung in der Kurie, seine Aussichten auf die Macht und sein besonderer Charme machen ihn zu einem hochverehrten Gast. Wie gewöhnlich schlägt er die Damen des Ortes in seinen Bann, und namentlich das junge Mädchen Giulia Farnese, die Tochter von Provinzbaronen und Verlobte Orso Orsinis, den sie 1489 heiraten wird. Giulia steht Adriana di Mila, ihrer zukünftigen Schwiegermutter, in ihrer Rolle als Hausherrin zur Seite. In dieser Eigenschaft umgibt sie die junge Lucrezia von ihren ersten Lebensjahren an mit Aufmerksamkeiten. Als Adriana das Töchterchen zur Vollendung ihrer Erziehung ins Kloster S. Sisto an der Via Appia führen wird, verkehrt der Kardinal noch immer beharrlich im Palast Orsini, bei seiner Base und der schönen Giulia Farnese.

Als er am 24. Juli 1476 die Würde des Kardinalbischofs von Porto erhalten hat, ist Rodrigo auch Dekan des Heiligen Kollegiums geworden. Am 25. Juni 1477 wird er noch einmal zum Legaten *a latere* ernannt, um in Neapel die neue Gemahlin des Königs Ferrante zu krönen, Juana von Aragón, die Tochter von König Johann II. und Schwester Ferdinands, jenes Prinzen, den er in Spanien kennen und schätzen gelernt hatte. Das Heilige Kollegium gibt seinem Dekan bei seinem Auszug aus Rom das Ehrengeleit und wird ihn bei seiner Rückkehr am 4. Oktober wieder empfangen. Unter den anwesenden Kardinälen fallen die zuletzt ernannten Kirchenfürsten auf. Diese Popularität von Rodrigo ist von günstiger Vorbedeutung. Sie steigt unablässig während der unruhigen Jahre, in denen Sixtus IV. im Hader mit Florenz liegt.

Der Tod Sixtus' IV.
Die Wahl Innozenz' VIII.

Als Sixtus IV. am 12. August 1484 stirbt, erheben sich die Römer gegen die Nepoten des toten Papstes und deren Klientel von Schmarotzern. Die Colonna führen den Aufstand an. Virginio Orsini, der Stadtherr von Bracciano, stellt ihnen seine Soldaten entgegen. Als Freund der Orsini und der Aragonesen von Neapel könnte Rodrigo Borgia der ideale Anwärter sein. Nur er ist in der Lage, die Ordnung wiederherzustellen und dabei zugleich gegen das Übergewicht des Riario-della-Rovere-Klans vorzugehen.

Im Konklave verurteilen die Kardinäle eben einstimmig den Nepotismus des letzten Pontifikats. Jedermann verpflichtet sich im Falle seiner Wahl, «keinen Kardinal zu ernennen, der nicht das dreißigste Lebensjahr überschritten hat und nicht Doktor entweder der Theologie oder eines der beiden Rechte ist oder der, sei er Sohn oder Neffe eines Königs, nicht über eine angemessene Ausbildung verfügt. Aus seiner Familie wird er höchstens einen ernennen, und dieser muß die angegebenen Bedingungen erfüllen. Er wird außerhalb seiner Rechtsgewalt keinen Krieg gegen einen König, Herzog, Fürsten, Stadtherrn oder gegen eine Gemeinschaft führen, wird keiner Liga zur Kriegführung gegen eine andere beitreten ohne das Einverständnis von zwei Dritteln der hochwürdigsten Kardinäle.

Er wird die Obhut über die Engelsburg, über Civitavecchia, Tibur, Spoleto, Fano und Cesena niemandem aus seiner Familie übertragen, sei er Geistlicher oder Laie. Die Gouverneure werden nur zwei Jahre im Amt bleiben. Jeder Verstoß gegen diese Bestimmungen wird der Zustimmung von zwei Dritteln der Kardinäle bedürfen. Die Gouverneure der Ortschaften von größerer Bedeutung wie Spoleto werden unter den Prälaten ausgewählt werden. Der Papst wird weder einen Neffen noch ein Mitglied seiner Familie zum Generalkapitän der Kirche ernennen . . .»

Wie die anderen Mitglieder des Konklaves leistet auch Rodrigo den Eid. Was würde er nicht alles tun, um die Wahl zu gewinnen! Mit seinen fünfzig Jahren fühlt er sich durchaus befähigt, Papst zu werden. Auch geizt er weder mit Überredenskünsten noch mit Versprechungen, um seine Kollegen zu gewinnen. Dem Kardinal Juan von Aragón bietet er sein Amt als Vizekanzler und seinen Palast an; dem Kardinal Colonna 25 000 Dukaten und die Abtei von Subiaco; dem Kardinal Savelli reiche Benefizien. Des weiteren bindet er Ascanio Sforza und den Kämmerer Raffaele Riario Sansoni, den Neffen des verstorbenen Papstes, an sich. Dennoch gelingt es ihm nicht, die Mehrheit der Stimmen zu erringen oder gar die notwendigen zwei Drittel, um die Wahl für sich zu entscheiden. Kardinal della Rovere, der sich in der gleichen Situation befindet, überrumpelt seinen Rivalen. Er bedient sich abermals jener Taktik, die Rodrigo bei der Wahl von Pius II. angewandt hatte: Er schließt sich mit den Kardinälen seiner Partei der Kandidatur des genuesischen Kardinals Giovanni Battista Cibo an, der einen beträchtlichen Vorsprung vor seinen Konkurrenten hat. Notgedrungen beugt sich Rodrigo und kündigt gleichfalls seine Unterstützung an. Der neue Papst, Innozenz VIII., hat mit dem Kardinal Borgia einige Gemeinsamkeiten: er ist im gleichen Alter – fünfzig Jahre – und wie Rodrigo von einer Schar unehelicher Kinder umgeben. Gerüchten zufolge soll er ungefähr ein Dutzend haben. Er hat jedoch nur zwei, Teodorina und Francesco, anerkannt. Es liegt nahe, daß er sie kaum aus seiner Nähe entfernen oder ihnen keinerlei Gunstbezeigungen erweisen kann. Aber der im Konklave geleistete Eid ist noch zu frisch, als daß man ihn brechen könnte. Die zu Anfang jeder Herrschaft verteilten Ämter können also von jedem erlangt werden, der es wagt, um sie zu bitten. Da sein Einschreiten von entscheidender Bedeutung für die Wahl des Pontifex war, wagt es Giuliano della Rovere. So fügt es sich, daß die Neffen Sixtus' IV., die der Della-Rovere-Linie angehören, wieder an die Macht gelangen. Giovanni, der mit dem Herzog von Urbino verbündete Bruder des Kardinals, wird Generalkapitän der Kirche. Bartolomeo wird als weiterer Bruder zum Gouverneur der Engelsburg ernannt, also zum Beschützer des Vatikans und des Papstes. Giuliano richtet sich im Apostolischen Palast ein. In der Nähe des schwachen Innozenz VIII. verfügt er von nun an über größeren Einfluß, als er zu Lebzeiten seines Onkels Sixtus IV. jemals hatte. «Er ist Papst und sogar mehr als Papst», schreibt der florentinische Gesandte an Lorenzo il Magnifico.

Traditionsgemäß werden zu Beginn des Pontifikats größere Festlichkeiten veranstaltet. Rom erlebt nacheinander die Krönung und den Einzug des Papstes in den Lateran mit. Anschließend folgen die Obedienzbotschaften. Ein Bericht darüber findet sich im Tagebuch des elsässischen Zeremonienmeisters Johann Burchard. Er verfaßte eine minutiöse Chronik der Jahre 1483 bis 1506, seinem Todesjahr. Unter vier Pontifikaten vernachlässigt dieser privilegierte Zeuge keines der großen und kleinen Ereignisse, die sich vor seinen Augen abspielen. Er verschweigt keinen Skandal und berichtet über sie sogar mit bitterem Hohn und unverhohlener Schadenfreude.

Im Mittelpunkt des aktuellen Geschehens steht der Konflikt zwischen Ferrante von Neapel und dem Heiligen Stuhl. Der aragonesische König befindet sich zu jener Zeit auf dem Gipfel seiner Macht. Charles du Maine, der letzte seiner Anjou-Widersacher, hat seine Rechte der französischen Krone vermacht, aber der junge Karl VIII., der unter der Vormundschaft seiner älteren Schwester Anne de Beaujeu steht, ist nicht in der Lage, die neapolitanischen Erbansprüche geltend zu machen. Ferrante benutzt den Niedergang der Anjou-Partei, um die Barone, die sich seiner königlichen Vorrechte bemächtigt hatten, zu zwingen, diese Rechte wieder herauszugeben. Sie müssen auf ihre Wegzölle und auf die Abgaben, die sie auf Waren im voraus erheben, verzichten. Der Hochadel des gesamten Landes empört sich und wendet sich an den Papst, den Lehensherrn des Königreichs.

Innozenz VIII. wird von Ferrante heftig provoziert. Er schickt als Huldigung einen Zelter nach Rom, doch er verweigert den jährlichen Tribut, den er dem Heiligen Stuhl schuldet. Der Papst berät mit den Kardinälen, welche Haltung man gegenüber dem König von Neapel einnehmen solle. Rodrigo Borgia rät zur Mäßigung, während Giuliano della Rovere sich für eine strenge Maßregelung ausspricht. Kardinal Balue, der Vertreter des Königs von Frankreich, stimmt ihm zu. Gemeinsam treiben sie den Papst in einen Krieg gegen Ferrante. Die Streitkräfte des neapolitanischen Königs sind rasch mobilisiert und dringen in den Kirchenstaat ein. Befehligt wird das Heer von Alfons von Kalabrien, dem älteren Bruder Ferrantes. Bei ihm befindet sich Virginio Orsini, der einstige Helfershelfer und Verbündete Girolamo Riarios. Der Papst schickt den Neapolitanern den Condottiere Roberto San Orsini entgegen, den Fürsten von Salerno, einen der Barone, die sich gegen Ferrante erhoben haben. Propagandaaktionen, die den Feind demoralisieren sollen, unterstützen die militärischen Operationen. Virginiano verkündet, er werde an der Spitze der Truppen des Königs von Neapel nach Rom kommen, den Kardinal della Rovere enthaupten lassen, seinen Kopf auf einem Spieß durch die Straßen tragen und den Papst in den Tiber werfen lassen! San Severino antwortet darauf mit einer Untat, wie sie für jene Zeit charakteristisch ist. Er nutzt den Besuch des Kardinals Juan von Aragón, des Sohnes von Ferrante, in der Burg von Salerno, um dessen Eskorte überwältigen und niedermetzeln zu lassen und ihn selbst, wie man behauptet, zum Trinken eines langsam wirkenden Giftes zu zwingen, an dem er bald darauf stirbt.

Auf internationaler Ebene verfügt der neapolitanische Herrscher über vielerlei Unterstützung: Sein Schwager Matthias Corvinus, der König von Ungarn, aber auch Venedig und Florenz sind ihm gewogen. Kardinal Borgia weist nach den ersten enttäuschenden militärischen Unternehmungen darauf hin, daß die päpstlichen Truppen nicht in der Lage sind, die Neapolitaner zu besiegen. Während eines Konsistoriums beschwört er den Papst, auf die Hilfe zu verzichten, die ihm die Franzosen gegen Neapel anbieten. Überrascht von diesem Einwurf protestiert der Kardinal Balue aufs heftigste. Die Gemüter erhitzen sich. Die beiden Kardinäle beginnen, einander zu beschimpfen. Rodrigo Borgia, berühmt für seine Höflichkeit, läßt sich dazu hinreißen, Schmähungen gegen den Franzosen auszustoßen. Er bezeichnet ihn als Wahnsinnigen und Betrunkenen. Außer sich nennt ihn Balue einen «Juden, Mauren, Marranen und Hurensohn». Beide Gegner sind nahe daran, aufeinander loszugehen. Entrüstet erhebt sich Innozenz VIII. und beendet das Konsistorium. Doch die Argumente des Borgia haben ihn beeindruckt. Am 11. August 1486 unterzeichnet er den Frieden mit Neapel. Ferrante verspricht, den Vasallentribut zu entrichten und seinen abtrünnigen Baronen Verzeihung zu gewähren. Den Vertrag hat er jedoch nur abgeschlossen, um die Ankunft der französischen Armee zu verhindern, die der Papst zu Hilfe gerufen hatte. Sobald die Gefahr gebannt scheint, vertreibt er im September die päpstlichen Truppen aus L'Aquila und läßt den Gouverneur töten, den der Heilige Stuhl für diesen Ort ernannt hat. Sodann nimmt er in Neapel schreckliche Rache an seinen Baronen: Er versammelt die aufständischen Fürsten im Castel Nuovo zu einem Bankett und befiehlt ihre Hinrichtung. Um diese Ruhmestat zu verewigen, läßt er ihre Leichen ausstopfen und an den Wänden seines Eßzimmers aufstellen. Er verfolgt die Angehörigen der Verurteilten, kerkert ihre Frauen und Kinder ein und beschlagnahmt ihre Güter. Darüber hinaus lehnt er es ab, den an Rom versprochenen Tribut zu entrichten, und verfügt nach Gutdünken über die kirchlichen Benefizien.

DIE FAMILIENUNION MIT FLORENZ
DER PAPST KAUFT DIE TÜRKISCHE GEISEL ZIZIM

Innozenz VIII. kann diesen Affront nicht unerwidert hinnehmen. Er versichert sich der venezianischen Unterstützung und schließt vorrangig mit Florenz ein Bündnis. Im März 1487 besiegelt er mit der Ehe zwischen seinem Sohn Francesco Cibo, der das vierzigste Lebensjahr bereits überschritten hat, und Maddalena, der kaum vierzehnjährigen zweiten Tochter Lorenzos, sein Einvernehmen mit dem Medici. Innozenz verspricht, den zweiten Medici-Sohn, Giovanni, der damals zwölf Jahre alt ist, zum Kardinal zu erheben, aber er wird die Nominierung geheim halten, um kanonische Hindernisse zu vermeiden. Die Unterzeichnung des Ehevertrages mit

Maddalena findet am 20. Januar 1488 in Rom statt. Die Empörung ist groß: Erstmals schließt ein Papst in aller Offenheit eine Ehe für einen Sohn, den er offiziell anerkannt hat. Dieser Preis für das Bündnis mit den Medici ist durchaus nicht zu hoch, da es dem Papst, abgesehen von der militärischen und finanziellen Unterstützung, auch das Wohlwollen des herrschaftlichen Klans der Orsini sichert: Denn die Schwiegertochter von Lorenzo il Magnifico ist die Schwester von Virginio Orsini, dem Condottiere, der in die Dienste Neapels getreten ist. Diese willkommene Übereinstimmung der Interessen ermöglicht es Innozenz VIII., dem König von Neapel die Stirn zu bieten und die Unruhen niederzuschlagen, die in Forlì, Ancona, Faenza, Perugia und Foligno die päpstliche Romagna erschüttern. Von der neapolitanischen Bedrohung befreit, hofft der Papst, den Kreuzzug gegen die Türken wieder aufnehmen zu können. Niemals schienen die Umstände so günstig; der Bruder und Widersacher des Sultans Bajazet II., Dschem, den die Bewohner des Abendlandes gewöhnlich Zizim nennen, flüchtete sich 1482 zu Pierre d'Aubusson, dem Großmeister des Ritterordens auf Rhodos. Dieser zwang ihn, als Gast bei ihm zu bleiben. Damit er seinen Bruder aus der Türkei fernhält, zahlt der Sultan dem Großmeister eine jährliche Pension von 40 000 Dukaten. Im Jahre 1489 ließ sich Innozenz VIII. nun von dem Großmeister den türkischen Prinzen ausliefern. Am 13. März hielt Zizim vor den Augen der Kardinäle seinen Einzug in die Ewige Stadt. Wie seine Kollegen war auch Rodrigo Borgia von diesem exotischen Fürsten mit seiner hoch gewachsenen Statur und seinen rätselhaften Gesichtszügen beeindruckt, in denen die Zukunft des Kreuzzuges vorgezeichnet zu sein schien. Am 3. Juni 1490 enthüllt Innozenz VIII. dem Heiligen Kollegium seine Pläne: Zizim soll an die Spitze eines Kreuzfahrerheeres gesetzt werden, damit die Bevölkerung und sogar die Truppen, die das türkische Kaiserreich hüten, ihm ihre Unterwerfung anbieten. Die in der Christenheit erhobenen Abgaben werden ein großes Truppenaufgebot finanzieren – 15 000 Reiter und 80 000 Fußsoldaten. Der ungarische König Matthias Corvinus, den man vage in Kenntnis gesetzt hatte, erlag am 6. April 1490 mit 47 Jahren einem Schlaganfall.

RODRIGO BORGIA FEIERT DIE EROBERUNG VON GRANADA
DIE ZUKUNFT DER KARDINALSKINDER IN SPANIEN

Das große Vorhaben des Kreuzzuges kommt nicht voran. Die Anwärter machen sich die Führung des Unternehmens streitig, namentlich Maximilian, der König der Römer, und Karl VIII. von Frankreich. Zum Glück für die Christenheit kapituliert am 2. Januar 1492 Granada, die Hauptstadt des letzten muselmanischen Königreichs in Spanien. Ferdinand von Aragón und Isabella von Kastilien ziehen in der Alhambra ein. Die Neuigkeit erreicht Rom am 31. Januar. Sie erfüllt den Kardinal Borgia, der in dem Gefühl lebt, er habe zu diesem Sieg beigetragen, mit höchstem Jubel. Bei der Belagerung von Ronda zeichnete sich sein ältester Sohn Pedro Luis seinerzeit bravourös im Feldzug gegen Granada aus. Mit seiner Familie beteiligt er sich so auch an den Dankgottesdiensten, die vom Heiligen Stuhl veranstaltet werden.

In seiner Umgebung machen seine beiden Söhne von sich reden, der 16jährige Juan und der 17jährige Cesare, denen ihr Vater jeweils eine sagenhaft glückliche Zukunft auf spanischem Boden vorausgesagt hat. Über die Laufbahn von Juan hat das Ableben des ältesten Bruders entschieden. Er soll seinen Platz im Herzogtum Gandia einnehmen. Cesare ist in der Tat in seiner kirchlichen Laufbahn bereits weit vorangeschritten, und ihm kommt es nach den Plänen seines Vaters zu, den Einfluß seiner Familie auf die Kirche zu vergrößern. Obwohl er «natürlicher Sohn eines Kardinalbischofs und einer verheirateten Frau» ist, hatte ihn im April 1480 eine Bulle des Papstes Sixtus IV. davon entbunden, die Legitimität seiner Geburt nachweisen zu müssen, um in den Genuß kirchlicher Benefizien kommen zu können. Der König von Aragón hatte 1481 seine Legitimität anerkannt und ihm die Eigenschaft eines Untertanen des Königreiches von Aragón und von Valencia zugesprochen. Daraufhin hatte ihm Sixtus IV. am 10. Juli, als Cesare gerade sechs Jahre alt war, eine Pfründe des Domkapitels von Valencia verliehen. Kurz darauf wurde er zum apostolischen Protonotar ernannt und damit zu einem Würdenträger der päpstlichen Kanzlei. Am 5. April 1483 erhielt er ein weiteres Kanonikat in Valencia ebenso wie die Rektorenwürde von Gandia und die des Archidiakonus von Játiva. 1484 wurde er Probst von Albar, dann von Játiva und durch eine weitere Bulle Schatzmeister von Cartagena, als er gerade das neunte Lebensjahr vollendet hatte.

All diese Benefizien, die Cesare von Papst Sixtus IV. verliehen wurden, stammten in Wirklichkeit von seinem Vater Rodrigo, der sie von jenen kirchlichen Gütern abgetrennt hatte, die er im Königreich Valencia besaß. Jedesmal bestätigte der König von Aragón die Nominierung. Neben dem Laienfürstentum von Gandia blieb auf diese Weise auch das Kirchenfürstentum in den Händen der Familie, das die Borgias seit Kalixt III. im Königreich Valencia als Lehen hatten.

Cesare war eine äußerst sorgfältige Erziehung zuteil geworden. Bis zum zwölften Lebensjahr in Rom erzogen, war er 1488 nach Perugia gegangen, zusammen mit seinem Präzeptor Giovanni Vera, einem gebürtigen Venezianer, der später Erzbischof von Salerno und Kardinal werden sollte. Er hatte an der Universität Sapienza Recht studiert, sich im Umfeld gelehrter Spanier jedoch auch humanistisch gebildet. Einer dieser Gelehrten war Francisco Remolines de Ilerda, der spätere Kardinal und Gouverneur von Rom. Paolo Pompilio, ein weiterer Gelehrter, hatte Cesare Borgia, dem Protonotar des Apostolischen Stuhls, sogar eine Abhandlung zur Dichtkunst und Verslehre, die *Syllabica*, gewidmet. Während seines Aufenthaltes in Perugia hatte er einige galante Abenteuer bestanden und einem mystischen Wettstreit beigewohnt. Von dem Dominikanerprior Fra Sebastiano d'Angelo eingeladen, war Cesare Zeuge der Verzückungszustände einer jungen Nonne, der Schwester Colomba, geworden. Der Prior mag die Echtheit dieser göttlichen Offenbarungen angezweifelt haben, jedoch ließ er sie gewähren, denn sie zogen das Volk in seine Kirche. Die Franziskaner gingen zum Gegenangriff über. Sie führten ein junges Mädchen, die Schwester Lucia da Narni, vor, an der Stigmata in Erscheinung traten. Als später, im Jahre 1495, der zum Papst erhobene Rodrigo mit seinem skeptischen Geist die Verdienste der beiden Kandidatinnen für eine Heiligsprechung einer Untersuchung unterzieht, wird Cesare die Glaubwürdigkeit der Schwester Colomba bezeugen.

Von Perugia war der junge Borgia 1491 an die Universität von Pisa gegangen, wo er die theologischen Seminare Filippo Decios besuchte. Er war dort dem jungen Kardinal Giovanni de' Medici begegnet, der gerade seine Studien beendete. Dort hatte er auch erfahren, daß Papst Innozenz VIII. ihm am 12. September 1491 das Bistum von Pamplona anvertraut habe: Sogleich ernannte er Martin Zapata, den Stiftsherrn und Schatzmeister von Toledo, zum Verwalter seiner Diözese.

Wie sein Bruder, der neue Herzog von Gandia, bleibt auch Cesare aufs engste mit der Heimat seiner Familie verbunden. Ihre Schwester Lucrezia widmete sich zur selben Zeit auf väterlichen Wunsch ihrer Eheschließung mit einem Spanier. Am 26. Februar 1491, in ihrem elften Lebensjahr, hatte der römische Notar Camillo Beneimbene ihren Heiratsvertrag mit Don Cherubino Juan de Centelles, dem Herrn von Val d'Agora im Königreich Valencia, ausgefertigt. Lucrezia sollte sich im Verlauf des Jahres nach Valencia begeben, um sich dort innerhalb von sechs Monaten zu verheiraten. Ihre Mitgift bestand in 100 000 valencianischen Sueldos, die zur Hälfte in Ausstattungen und Geschmeide, zur anderen in Bargeld ausbezahlt werden sollten und in denen namentlich jene 11 000 Sueldos einbegriffen waren, die ihr von ihrem Bruder Pedro Luis, dem ersten Herzog von Gandia, vermacht worden waren. Aus unbekannten Gründen wurde der Heiratsvertrag zwei Monate später für nichtig erklärt. Ein neues Verlöbnis wurde mit Don Gaspare geschlossen, einem fünfzehnjährigen jungen Mann, dem Sohn von Juan Francisco de Procida, dem Grafen von Aversa im Königreich von Neapel. Gaspare war ebenfalls Spanier und hatte seinen Wohnsitz in Valencia.

Da sie auf ihre spanische Abstammung besonders stolz waren, betrachteten die Borgias die Eroberung von Granada als ein Ereignis, das sie stark betraf. Am 1. Februar 1492 war Rom hell erleuchtet, und eine Dankesprozession hatte sich, trotz Regen und Wind, zur Kirche S. Giacopo degli Spagnoli an der Piazza Navona begeben. Einige Tage später hatte Kardinal Rodrigo die offiziellen Feierlichkeiten fortgeführt. Er hatte den Römern in einer Arena fünf Stierkämpfe geboten, wobei auf den Tribünen auch die Kardinalsfamilie und namentlich Lucrezia saßen, an deren Seite Adriana de Mila und Giulia Farnese Platz genommen hatten.

FAMILIENFEIERLICHKEITEN UND ARCHÄOLOGISCHE ENTDECKUNGEN IN ROM

Weitere Festlichkeiten folgten den Siegesfeiern anläßlich der Eroberung Granadas. Der Einzug des jungen Kardinals Giovanni de' Medici im März bot reichlich Gelegenheit dazu. Im Mai wird Rom wegen des Besuchs von Ferrandino, dem Fürsten von Capua, mit Fahnen geschmückt. Der Enkel König Ferrantes überbrachte den Vertrag, in dem sich der Herrscher Neapels verpflichtete, den jährlichen Tribut zu entrichten: 36 000 Dukaten oder 2 000 Reiter und fünf Galeeren. Als greifbares Zeichen des Einvernehmens besiegelt eine große, im Vatikan gefeierte Hochzeit die Verbindung zwischen Ferrantes Enkel Ludwig von Aragón und Battistina, der Enkelin von Innozenz VIII., die aus der Verbindung von Teodorina Cibo und Gherardo Usodimare hervorgegangen war. In einem Geheimkonsistorium erklärt der Pontifex am 4. Juni Alfons von Kalabrien zum rechtmäßigen Anwärter auf die Krone von Neapel, eine Erklärung, die König Karl VIII. zutiefst empört. Der Herrscher Frankreichs fürchtete, daß nicht nur die Rückeroberung des neapolitanischen Erbes in Gefahr geriet, sondern auch der Kreuzzug, den er vom Königreich Neapel aus zu führen gedachte. Im übrigen schien der Papst mit dem Türken auf bestem Fuße zu stehen: Hatte der Sultan Bajazet ihm nicht im Mai 1492 die Heilige Lanze geschickt, mit der einst der römische Soldat Longinus den Leib des Heilands am Kreuz durchbohrt hatte?

Niemand wunderte sich mehr über die zweideutigen Beziehungen zwischen dem Papst und dem Sultan, die auf einer Art gegenseitigem Respekt zwischen Rivalen gegründet waren. Darüber hinaus wurde der gleiche Respekt dem Heidentum der Antike gezollt, das zuweilen, gestützt auf Humanismus und archäologische Funde, auf seltsame Weise wieder zum

Leben erwachte. In Porto d'Anzo hatte man eine wunderbare Apollostatue gefunden, und der Papst hatte den heidnischen Gott sogleich im Belvederehof des Vatikans aufgestellt, ohne sich darum zu kümmern, daß er damit einem jener Götzen huldigte, um derentwillen die ersten Christen verfolgt worden waren. Erstaunliche Entdeckungen lösten einander ab: Eines Tages hatten lombardische Maurer, die in der Nähe des Kreuzganges von Sa. Maria Nova nahe der Via Appia arbeiteten, beim Öffnen eines Sarkophages den Leichnam einer jungen Römerin von ungefähr fünfzehn Jahren entdeckt. Er war so gut erhalten, daß das Mädchen noch zu leben schien. Eine Menge Neugieriger konnte ihre gerötete Haut, ihre leicht geöffneten Lippen, die blendend weißen Zähne, ihre wohlgeformten Ohren, die schwarzen Wimpern, ihre dunklen, weit geöffneten Augen und ihr herrliches Haar bewundern, das zu einem Knoten geschlungen war. Der Sarkophag war ins Kapitol überführt worden: Der Zustrom von Besuchern hatte sich verstärkt, die dieses außergewöhnliche Geschöpf betrachten wollten. Es ging das Gerücht, sie sei die Tochter Ciceros gewesen. Innozenz VIII. hatte den Leichnam nachts fortschaffen und beerdigen lassen, um zu verhindern, daß die Tote religiös verehrt wurde. Lediglich den Marmorsarkophag beließ man als Beleg im Innenhof des Konservatorienpalastes.

FÄLSCHER UND SCHACHERER AM PÄPSTLICHEN HOF

Dem päpstlichen Rom, das so leichtfertig feurige Begeisterung für die antiken Kunstwerke der Heiden bekundete, war nichts Menschliches fremd, weder die Unsittlichkeit der Priester noch die Skandale in der Kurie. Ein exemplarischer Vorfall ist durch Chronisten belegt. In der Nacht des 13. September 1489 hatten die päpstlichen Häscher sechs Personen wegen der Ausfertigung und des Verkaufs gefälschter Bullen verhaftet. Der Hehler, Francesco Maldente, war Stiftsherr in Forlì; der Dokumentenfälscher, Domenico Gentile aus Viterbo, war apostolischer Schreiber und Sohn eines päpstlichen Leibarztes. Das Verfahren war einfach: Sie unterzogen gültige Urkunden einer Reinigungsprozedur, bei der die Tinte zum Verschwinden gebracht wurde. Anschließend trugen sie den Namen der «Klienten» und die Summe der jeweiligen Taxe ein. Dieses System war auf vielfältige Weise angewandt worden: Es hatte einem Priester der Diözese Rouen ermöglicht, seine Frau bei sich zu behalten und mit ihr in ehelicher Gemeinschaft zusammenzuleben. Bettelmönche konnten sich bereichern, und Norweger durften die Messe lesen, ohne bei der Eucharistie Wein zu verwenden. Die Fälscher hatten beträchtliche Summen eingenommen, zwischen 100 bis zu 2000 Dukaten. Die beiden Hauptschuldigen wurden zum

Tod verurteilt, gehenkt und auf dem Campo de' Fiori verbrannt. Ihre Komplizen wurden mit empfindlichen Strafen belegt.

Die spektakuläre Missetat war keineswegs ein Einzelfall. Schimpflicher Handel wurde mit allem getrieben, und selbst der stets in Geldnot befindliche Papst verkaufte an seinem Hof immer wieder Ämter. Er hatte seine Sekretäre mit einer Taxe belegt und mit dieser Besteuerung 62 400 Taler eingenommen. Seit Sixtus IV. mußten die Kurtisanen eine jährliche Abgabe von 20 000 Dukaten entrichten; das Dirnenwesen, auf diese Weise durch den Vatikan besteuert und damit sanktioniert, florierte, und die Kleriker nahmen die Dienste der Damen in aller Offenheit in Anspruch. Unter Innozenz VIII. hatte 1499 ein päpstlicher Vikar geglaubt, er müsse anordnen, daß die in Rom lebenden Geistlichen und Laien sich von ihren «öffentlichen oder heimlichen Konkubinen» bei Strafandrohung des Kirchenbanns zu trennen hätten. Der Papst hatte diesen Schritt jedoch mit dem Hinweis zurückgewiesen, das kanonische Recht sehe nichts Derartiges vor. Im übrigen trugen die «ehrbaren Kurtisanen» zur Prachtentfaltung der Kardinalshöfe bei. Sie hielten regelrecht Hof und erhöhten den Glanz kirchlicher Zeremonien durch den Reichtum ihres Putzes.

Der Papst befand sich in denkbar schlechter Position, um moralische Belehrungen zu erteilen. Sein Sohn Francesco Cibo, dessen am 4. Januar 1490 geborene Tochter Rodrigo Borgia getauft hatte, vernachlässigte und betrog seine Gemahlin Maddalena de' Medici mit Frauen von üblem Ruf. Des Nachts sah man ihn in Begleitung von Girolamo Tuttavilla, dem natürlichen Sohn des Kardinals d'Estouteville, durch die verrufenen Viertel ziehen. Sie vergewaltigten Frauen, brachen in Häuser ein und ruinierten sich im Spiel. Francesco hatte auf diese Weise in einer einzigen Nacht 14 000 Dukaten und der Kardinal Balue 8 000 Dukaten durchgebracht. Die Ernennungen der Kardinäle waren stets von Simonie befleckt. Die Römer konnte allmählich nichts mehr in Erstaunen versetzen. Gregorovius, ein Historiker des 19. Jahrhunderts, vergleicht die Kardinäle von damals mit den Senatoren des römischen Kaiserreiches. «Sie gingen oder ritten einher in kriegerischer Kleidung, kostbare Degen an der Seite. Eine dienende Mannschaft von mehreren hundert Personen lebte im Palaste fast jedes Cardinals, und sie konnte durch Bravi (gedungene Mörder; A.d.Ü.) vermehrt werden. Dazu kam der Anhang im Volke, welchem der Ruf des Cardinals Nahrung gab. Fast jeder dieser Kirchenfürsten besaß seine Faction, und sie wetteiferten miteinander, ihren Glanz namentlich bei den Cavalcaden und den Karnevalsspielen zu entfalten, wo sie die Triumwagen mit Masken, Sängerchören und Comödianten auf ihre Kosten ausrüsteten und durch die Stadt ziehen ließen. Die Cardinäle verdunkelten damals die römischen Großen, aber sie nahmen für dieselben Partei.»

Unter den Kirchenfürsten schmückte sich Rodrigo Borgia unbestreitbar mit den buntesten Federn. Jacopo da Volterra zeichnet ihn als «einen Mann von alles vermögendem Geist und von hoher Intelligenz; er bedient sich einer eleganten Sprache und eines guten Stils, obwohl seine literarische Bildung das durchschnittliche Maß nicht übersteigt. Er verfügt über natürlichen Witz und ist wundersam rege im Umgang mit seinen Geschäften. Sein Vermögen ist beträchtlich und sein Ansehen infolge seiner Beziehungen zu den meisten Königen und Fürsten beachtlich.»

DIE PROPHETISCHE STIMME SAVONAROLAS

Rodrigos sittenloses Betragen unterschied sich kaum von jenem der Mehrheit der Mitglieder des Heiligen Kollegiums. Aber eine solche Lebensweise, die von seiten der Kirchenfürsten lange Zeit als normal gebilligt worden war, erschien nun einer stetig wachsenden Anzahl von Gläubigen als schändlich. Der erbittertste Sittenrichter ließ sich damals in Florenz vernehmen: In seinen Predigten und Gedichten prangerte Girolamo Savonarola mit scharfen Worten die kirchliche Korruption an und prophezeite ein schreckliches Strafgericht Gottes. In einer Adventpredigt verkündete er, er habe am Himmel in einer Hand ein Schwert erblickt, das von einer funkensprühenden Schrift umgeben gewesen sei: *Gladius Domini super terram cito et velociter.* «Hier ist das Schwert des Herrn, das bald zur Erde herniederfahren wird.» Die Stimmen, die die Vision begleiteten, prophezeiten den Gerechten Erbarmen und den Bösen ihre Strafe. Sie kündeten vom baldigen Nahen des göttlichen Zorns. Dann habe sich die Spitze des Schwertes plötzlich zur Erde gerichtet, der Himmel sich verdunkelt, und ein Regen von Schwertern, Pfeilen und Feuer sei herniedergegangen. Ein fürchterliches Donnergetöse sei erschallt, und die Geiseln des Krieges, der Hungersnot und der Pest hätten auf der Erde gewütet.

In anderen Teilen Italiens gingen ähnliche Weissagungen von Mund zu Mund. Fast überall tauchten Propheten auf. Einer von ihnen trat 1491 in Rom in Erscheinung. Er war ein ärmlich gekleideter Seher, der in der Hand ein Holzkreuz trug und ebenso beredt wie gebildet war. Auf öffentlichen Plätzen hielt er vor versammelter Menge seine Ansprachen: «Römer, noch vor Ablauf des Jahres werdet ihr bittere Tränen vergießen, und großes Elend wird über euch hereinbrechen. Im folgenden Jahr wird sich das Elend über ganz Italien ausbreiten, aber 1493 wird der engelsgleiche Hirte erscheinen, dessen Trachten bar jeder weltlichen Macht allein dem Seelenheil gilt.»

In dieser Weltuntergangsstimmung fühlt Innozenz VIII. Mitte Juli 1492 seinen Tod nahen. Seine Ärzte hatten alle Heilmittel erprobt und selbst versucht, ihn mit dem Blut dreier Jünglinge zu kurieren, die mit jeweils einem Dukaten bezahlt wurden und in Folge des Experimentes starben. Nach fünftägigem Todeskampf segnet der Pontifex am 2. Juli das Zeitliche. An seinem Sterbebett wird der Ehrgeiz der Kardinäle entfesselt: Am glühendsten ist Rodrigo Borgia von ihm beseelt, entschlossen, alles daran zu setzen, seine Laufbahn mit der höchsten Würde auf Erden zu krönen: mit jener des Statthalters Christi.

2. Teil

Die Herrschaft Alexanders VI.

KAPITEL I

IN GESELLSCHAFT DER GÖTTER

DIE FAVORITEN IM KONKLAVE

Noch vor dem Tod Innozenz' VIII. stellt man sich die Frage, wer seine Nachfolge antreten wird. Stellvertretend für Neapel und Mailand stehen sich Giuliano della Rovere und Ascanio Sforza als Papstanwärter gegenüber. Giuliano hat die Zusage von König Ferrante, daß ihn seine Condottieri Virginio Orsini und Fabrizio und Prospero Colonna unterstützen werden. Auch König Karl VIII. von Frankreich begünstigt ihn und stellt ihm 200 000 Dukaten zur Verfügung. Die Republik Genua bietet ihm zusätzlich 100 000 Dukaten an. Mit diesen Summen ist Giuliano in der Lage, die ihm noch fehlenden Stimmen zu kaufen; er verfügt bereits über neun Stimmen, und sechs fehlen ihm noch zu der für einen Wahlsieg notwendigen Zweidrittelmehrheit.

Die Partei Mailands, die Ascanio Sforza anführt, verfügt anfänglich über sieben Stimmen. Weitere vier kann sie hinzugewinnen. Aber sie stellt keinen einzelnen Kandidaten. Sie unterstützt den Portugiesen Giorgo Costa und den Neapolitaner Oliviero Carafa, den Erzbischof von Neapel, der sich mit Ferrante überworfen hat; außerdem Ardicino della Porta, Francesco Piccolomini, Ascanio Sforza selbst und schließlich Rodrigo Borgia.

Die Wahlmanöver vollziehen sich in aller Stille, während das päpstliche Begräbnis auf prunkvolle Weise begangen wird. Die Sedisvakanz beschwört Ausschreitungen herauf. Dem Kämmerer Raffaele Riario und Jean de Bilhères-Lagraulas, dem Gouverneur von Rom und Abt von Saint-Denis, gelingt es, die Ordnung wiederherzustellen, aber dennoch geschehen in rund zehn Tagen in der Stadt 220 Morde. Am 6. August sind alle Vorbereitungen für den Empfang der Kardinäle im Vatikan getroffen, und sie können sich zum Konklave zurückziehen. Am Morgen dieses Tages schreiten die Wahlberechtigten und die anderen Teilnehmer am Konklave in einer Prozession die Stufen von Sankt Peter empor. Dabei ereignet sich eine seltsame Erscheinung: Die Römer sehen am Osthimmel drei gleiche Sonnen stehen. Die Bürgerschaft der Stadt deutet dieses seltene Phänomen der Strahlenbrechung sofort als Vorzeichen, daß der neue Papst alle drei Mächte des römischen Pontifikates, die weltliche, die geistliche und die himmlische, vollkommen beherrschen wird. Am Abend sehen Spaziergänger, wie sich hoch oben in einem zugesperrten Turm des Palastes von Giuliano della Rovere plötzlich sechzehn Fackeln entzünden und dann nacheinander verlöschen, mit Ausnahme einer einzigen, die die ganze Nacht über brennt. Die Neuigkeit wird von den Parteigängern des Kardinals von S. Pietro in Vincoli geschickt verbreitet. All diese Vorzeichen schaffen Unruhe im Volk, das gespannt alle Nachrichten aufnimmt, die aus dem Vatikan dringen.

RODRIGO BORGIAS ERHEBUNG

In der verschlossenen Sixtinischen Kapelle hören die Kirchenfürsten die Eröffnungspredigt des spanischen Bischofs Bernardino Lopez de Carvajal. Es handelt sich um eine nachdrückliche Aufforderung, den geeignetsten Kandidaten zum Papst zu wählen. Der neue Pontifex soll den Lastern der Kirche wehren und namentlich dem Schacher mit heiligen Gütern ein Ende setzen; die Mahnung zeitigt bei der Zuhörerschaft jedoch keinerlei Wirkung: Den folgenden Wahlgängen – bis zum 10. August geben die Kardinäle dreimal ihre Stimme ab – geht der schamloseste Ämter- und Pfründenschacher voraus. Die Kandidaten werben mit verlockenden Versprechungen um Stimmen. Der Partei Mailands gelingt es, vierzehn Kardinäle bei der Stimmabgabe zu vereinen: Ein letzter fehlt ihr, um die schicksalhafte Zahl für einen Wahlsieg eines ihrer Kandidaten zu erreichen. Auf eine einstimmige Wahl kann ohnehin keiner der Kandidaten hoffen. Der Aussichtsreichste scheint allerdings Rodrigo Borgia. Er tut alles, um die fehlende Stimme zu bekommen. Der junge Kardinal Giovanni de' Medici, die Kardinäle Giambattista Zeno, Lorenzo Cibo, Carafa, Costa und Piccolomini wollen sich auf keinen Handel einlassen. Aber dafür läßt sich der betagte venezianische Patriarch Maffeo Gherardo umgarnen. Gherardo befindet sich mit seinen 95 Jahren nicht mehr auf der Höhe seiner Geisteskraft. Obwohl er feierlich das Gegenteil versprochen hat, stimmt er in der Nacht vom 10. auf den 11. August 1492 ebenfalls für den Borgia. Im Morgengrauen öffnet sich das Fenster des Konklavesaals, das Kreuz erscheint, und eine Stimme verkündet die Wahl von Rodrigo Borgia, der den Namen Alexander VI. angenommen hat. Der neue Papst hat den Namen gewählt, weil er das Andenken an Alexander III. hochhalten möchte, an jenen Papst, der im 12. Jahrhundert mutig Kaiser Friedrich Barbarossa getrotzt hatte. Aber gleichzeitig gemahnt der Name auch an Alexander den Großen, an den sagenhaften Eroberer der antiken Welt. Der neue Papst wolle, so wird gemunkelt, in seinem Pontifikat zu unumschränkter Herrschaft gelangen. Er wolle sich die weltlichen Mächte untertan machen, wie ihm die geistlichen Mächte bereits unterstehen; und dies unter Berufung auf jene Macht, die dem heiligen Petrus verliehen worden war, um im Himmel wie auf Erden zu binden und zu lösen.

Am 12. August erscheinen 800 berittene Römer vor dem neuen Papst und bringen ihm in einem Fackelzug ihre Huldigung dar. Wie es der Brauch gestattet, hat das Volk den Palast des Neugewählten bereits gestürmt und geplündert. Die Thronbesteigung findet am Sonntag, dem 26. August, statt, einen Monat nach dem Tode des vorigen Pontifex. An Prachtentfaltung übersteigt die Zeremonie alles bisher Dagewesene. In der Tagesmitte wird Alexander auf den Stufen der Basilika Sankt Peter vor den Gesandten der italienischen Mächte gekrönt. Die Diplomaten halten die schmeichelhaftesten Lobreden auf den neuen Pontifex. Daraufhin treten die Kardinäle vor den Papst. Zuvor haben sie ihm bereits in der Basilika gehuldigt. Jeder von ihnen befindet sich in Begleitung von zwölf Junkern in Gewändern aus kostbaren Stoffen in den Farben Rosenrot, Silber, Grün, Weiß und Schwarz. Mit weißen Mitren auf den Häuptern steigen die Kardinäle auf ihre mit kostbaren Decken geschmückten Pferde. In einer Prozession zieht der neugewählte Papst zum Lateran. Dreizehn Kompanien Bewaffneter eröffnen den Zug. Ihnen folgen die Vertrauten und die Familie des Papstes, die Oratoren verschiedener Staaten, die Prälaten, die Bischöfe und schließlich die Kardinäle. Herren von Städten und Burgen, die kirchliches Lehen sind; die Baglioni aus Perugia, die Varano aus Camerino und andere umgeben den Grafen Antonio della Mirandola, der das päpstliche Banner erstmals durch Rom trägt: Auf der einen Seite der Fahne ist auf goldenem Grund ein schreitender Stier «von roter Farbe auf einem grünen Erdwall» abgebildet, auf der anderen drei schwarze Streifen auf goldenem Hintergrund; über den Wappenmotiven schwebt die Tiara mit den Schlüsseln Petri. Schließlich folgen die Prälaten. Sie tragen eine Monstranz mit den geweihten Hostien, ihnen voran leuchtet eine Laterne. Eskortiert werden sie von Niccolò Orsini, dem Grafen von Pitigliano und Generalkapitän der Kirche. Orsini ist bewaffnet und trägt seinen Helm. Hinter dem Altarsakrament reitet der Papst auf einem Zelter. Um ihn vor der Sonne zu schützen, hält man einen Goldbaldachin mit roten und gelben Streifen über ihn. Auf dem Kopf trägt er die Tiara. Die Kardinäle Piccolomini und Riario halten ihm die Enden des Mantels. Die Menge der

Kurienprälaten, die Glaubensorden und die Bruderschaften beschließen die Prozession, an der schätzungsweise zehntausend Menschen teilnehmen. Auf Anweisung des Papstes werden Silberkarline unter das Volk geworfen, an einigen Straßenecken sogar Dukaten.

Ausgespannte schillernde Stoffe, Seidentücher und Samtdraperien schmücken die Straßen. Triumphbögen wurden errichtet, von dener einer dem Konstantinsbogen nachgebaut wurde. Junge Mädchen rezitieren Verse zu Ehren Alexanders VI. In figürlichen Darstellungen wird der Ruhm des Papstes versinnbildlicht. Inschriften singen das Lob des Pontifex, vergleichen ihn mit Alexander dem Großen und mit Cäsar. Hochmütig verkündet ein Spruchband: «Rom war groß unter Cäsar. Nun ist es noch größer. Cäsar war Mensch, Alexander ist ein Gott.»

Kardinal Barbo ließ als Anspielung auf den Stier der Borgias ein Stierbildnis errichten, aus dessen Maul und Nüstern Wasser sprudelt. Das Kapitol ist prachtvoll geschmückt, ebenso wie die Engelsburg. Die umlaufende Brustwehr des Rundbaus ist von Soldaten besetzt. Kanonen feuern Ehrensalven. Auf der Spitze des Mittelturms wurde ein Banner von zwölf auf vier Metern gehißt, auf dem das päpstliche Wappen prangt. Neben ihm flattern zwei weitere Banner mit den Insignien der Kirche und des römischen Volkes.

Die Juden erwarten den Pontifex am Fuß der Burg, um ihm die Thora zu präsentieren, die zwischen Kerzenreihen auf einem Pult ruht. Wie es der Brauch vorschreibt, stimmt Alexander dem Gesetz zu, verurteilt jedoch die jüdische Auslegung der Schrift. Der Papst erlaubt den Juden, weiterhin mit Christen in Rom zu leben.

Die Prozession gerät immer wieder ins Stocken und benötigt Stunden, bis sie von Sankt Peter zum Lateran gelangt. Die Teilnehmer sind schließlich erschöpft. Als der Papst am Lateran die Huldigungen des Laterankapitels entgegennehmen will, erleidet er einen Ohnmachtsanfall und sinkt in die Arme des Kardinals Riario. Um ihn wieder zu sich zu bringen, besprengt man ihm das Gesicht mit Wasser. Der Zwischenfall veranlaßt Pietro Delfini, den Ordensgeneral der Kamaldulenser, seinen Aufzeichnungen einen Kommentar über die Hinfälligkeit des menschlichen Daseins hinzuzufügen.

Laut Bernardino Corio, dem Repräsentanten und Redner Ferraras, wird Alexander anschließend jener Prüfung unterzogen, die «man Gerüchten zufolge seit der skandalösen Wahl der Päpstin Johanna an neugewählten Päpsten vorzunehmen pflegt». Der Papst läßt, auf einem flachen Sitz ausgestreckt, sein männliches Geschlecht überprüfen. Die Erwähnung der Prozedur, die einst ein ebenso rühriger Familienvater wie Alexander über sich ergehen lassen mußte, dient tatsächlich nur dazu, den Empfänger des

Gesandtschaftsbriefes, den Herzog von Ferrara, zu erheitern. Bei dem symbolischen Zeremoniell, von dem Corio verschmitzt berichtet, steigt der Papst von dem erwähnten flachen Sitz auf den ruhmreichen Thron des Bischofs von Rom, auf die sogenannte *sedes stercoraria*, ein symbolischer Akt, der die Erhebung zum Pontifex symbolisiert.

Sofort nach dem Einzug in den Lateran werden Boten in alle Himmelsrichtungen ausgeschickt, die die geglückte Thronbesteigung von Alexander VI. verkünden sollen. Jeder Bote erhält als Reisekosten 350 Dukaten. Nach zehn Tagen erreicht einer von ihnen Valencia. Unter den Einwohnern der Stadt bricht begeisterter Jubel über die Nachricht aus. Der Bote wird von ihnen mit einem scharlachroten Gewand belohnt und mit so viel Geld, daß er zwei seiner Töchter verheiraten kann. Überall in der Heimat der Borgias finden große Freudenfeste statt: Man veranstaltet Prozessionen und singt das Te Deum. Jedermann macht der Schwester des Papstes, Doña Beatrice, der Frau von Jimén Perez de Arenas, seine Aufwartung, um ihr die Hand zu küssen. Derselbe Jubel wie in Valencia brandet auch in Játiva los. Die Magistrate von Valencia richten ein Glückwunschschreiben in Latein und Katalanisch an den Papst.

DER PREIS DER WAHL

In Rom löst Alexander seine Versprechen ein. Im Konsistorium am 31. März sieht man ihn dem Zeremonienmeister Burchard zufolge «seine Güter aufteilen und den Armen schenken». Bei diesen «Armen» handelt es sich um niemand anders als um seine Wähler, die alle bereits steinreich, aber unersättlich sind: Das Manna, das unter ihnen aufgeteilt wird, ist besonders üppig. Mehr als 80 000 Dukaten in Form von Bistümern, Abteien, vielerlei kirchlichen Benefizien und eine große Anzahl an Lehen, Städten und Schlössern. Den Vorwurf der Simonie, den Alexanders VI. Feinde später gegen ihn erheben, gründen sie auf die Tatsache, daß er seine Güter vor der Wahl den Kardinälen versprochen hat, wenn sie für ihn stimmen. Allerdings war die Praxis des Stimmenkaufs bereits im Verlaufe früherer Konklave zur Gewohnheit geworden. Daß der steinreiche Pontifex den einstigen Kollegen seine Einkünfte als Kardinal überläßt, erscheint zu Alexanders Zeiten nur selbstverständlich.

Zuerst wird Kardinal Sforza, der wichtigste Parteigänger des Papstes, belohnt und zum Vizekanzler ernannt. Er erhält das Schloß von Nepi, das 10 000 Dukaten abwerfende Bistum von Erlau in Ungarn, das Kloster Ripoll in Spanien, Rodrigos Pensionen aus den Bistümern, Klöstern und Kirchen von Sevilla und Cádiz sowie die Legationen in Bologna, der

Romagna und im Exarchat Ravenna. Vor Alexanders Wahl hatte man vier mit Säcken voller Silber beladene Esel gesehen, die sich vom Palast des Borgia zur Residenz der Sforza auf der Piazza Navona bewegten. Allerdings handelte es sich bei dieser Transaktion wohl eher um eine Sicherheitsmaßnahme, und der Papst verschenkte das Silber nicht, sondern brachte es nur an einen sicheren Ort, da der Pöbel den Palast des erhobenen Kardinals nach der Papstwahl stets plünderte.

Kardinal Orsini erhält die Städte Monticelli und Soriano, die Legation in den Marken und im Bistum Cartagena mit Einkünften von 7000 Dukaten; dazu eine Vergütung von 20 000 Dukaten. Kardinal Colonna fällt die Abtei Subiaco mit ihren zweiundzwanzig abgabenpflichtigen Schlössern zu und ein Einkommen von 2000 Dukaten; der Papst gibt Colonna eine weitere Vergütung von 15 000 Dukaten. Kardinal Savelli kommt seinerseits in den Genuß von Civita Castellana und des Bistums Mallorca mit einem Wert von 6000 Dukaten, zusammen mit einer Vergütung von 30 000 Dukaten.

Kardinal Pallavicini erhält das Bistum Pamplona, das infolge des Überwechselns von Cesare Borgia zum Erzbistum Valencia vakant ist. Des weiteren bekommt er ein Benediktinerkloster in der Diözese Nocera, das Schloß von Cellano und eine üppige Pension.

Dem Kardinal Ardicino della Porta, dem Bischof von Aléria, wird die römische Abtei S. Lorenzo verliehen; Kardinal San Severino die Priorei Sa. Trinità in Modena und zahlreiche Benefizien in den Diözesen von Reggio, Messina und Bourges; Kardinal Conti erhält 3000 Golddukaten und 2200 Silberpfund; der Kardinal Michieli das 1200 Dukaten eintragende Bistum Porto und Benefizien in den Diözesen Florenz, Lucca und Aqui; Kardinal Campofregoso die Legation in der römischen Campagna, die Kommende Petervorodino in Ungarn, zahlreiche andere Benefizien und 4000 Dukaten; der Kardinal Domenico della Rovere das Lehen Acquapendente, Abteien und Pfründen in den Diözesen d'Amelia und Turin; der Kardinalcamerlengo Raffaele Riario Pfründen und Pensionen in Spanien mit Einkünften von jährlich 4000 Dukaten sowie das Haus an der Piazza Navona, das man vor kurzem von den Erben von Girolamo Riario konfisziert hatte; der Kardinal Lorenzo Cibo ein Kloster in Huesca; der alte Kardinal Gherardo, dessen Stimme Rodrigos Wahl erst ermöglichte, wird schließlich mit 6000 Dukaten belohnt.

Von den Kardinälen, die nicht Rodrigos Partei ergriffen, erhält Giovanni de' Medici die Bestätigung für seine Legation im Patrimonium Petri und die Burg von Viterbo. Alexander erhofft sich, mit diesem Gunsterweis den Bruder des Kardinals, den florentinischen Stadtherren Pietro de' Medici, günstig zu stimmen. Was die Kardinäle Costa, Zeno, Piccolomini, Girolamo Basso della Rovere und Carafa betrifft, so werden diese nur spär-

Porträt Alexanders VI.
(Stich, Bibliothèque Nationale, Paris; Bild: Tallandier)

lich bedacht: Sie werden weitgehend vom sogenannten Simoniefrevel frei-gesprochen, den man dem Konklave später anlastet. Ganz unbefleckt blei-ben sie allerdings nicht. Selbst Giuliano della Rovere, der gezwungen war, sich der Mehrheit zu beugen, erhält eine Belohnung: Ihm werden die Lega-tion in Avignon, die Festung von Ostia, der Sitz des Bischofs ist, das Schloß von Ronciglione und verschiedene Benefizien, darunter ein Kanonikat in Florenz, übertragen beziehungsweise auf Dauer verliehen.

Bei dieser gewaltigen Güterverteilung werden auch die Angehörigen des Papstes nicht übergangen. Sein Sohn Cesare erhält das Erzbistum von Valencia und die Zisterzienserabtei Valdigna bei Valencia, die 18 000 und 2000 Dukaten eintragen. Der Neffe des Pontifex Juan, der Ältere genannt, der Erzbischof von Monreale auf Sizilien, wird zum Kardinal der Titular-kirche Sa. Susanna ernannt.

EIN PORTRÄT ALEXANDERS VI.

Die Römer spenden diesen Gnadenerweisen Beifall. Sie bilden die Klientel der Kirchenfürsten und erhoffen sich wesentliche Vorteile von der Berei-cherung ihrer Herren. Zeugnisse aus den ersten Tagen seiner Herrschaft stimmen darin überein, daß der Papst bei seinen neuen Untertanen den besten Eindruck macht. So hebt der Chronist Sigismondo de Conti die Weisheit des Pontifex hervor: «Er hat das sechzigste Lebensjahr vollendet», so bemerkt er, «jenes Alter, in dem, wie Aristoteles sagt, die menschliche Vernunft zur höchsten Reife gelangt.» De Conti zeichnet den Papst als groß und kräftig. Er rühmt seinen lebhaften Blick und hebt seine Liebens-würdigkeit und seine «Beschlagenheit in Fragen des Finanzwesens» hervor. Der Bischof Carvajal unterstreicht das gute Aussehen des neuen Papstes. Hieronimo Porzio erwähnt ebenfalls bewundernd seinen hohen Wuchs, seine gesunde Gesichtsfarbe, seine schwarzen Augen und seine ein wenig wulstigen Lippen. Er verweist auf seine ausgezeichnete Gesundheit, auf seine außergewöhnliche, unerschöpfliche Tatkraft und auf seine bemer-kenswerte Beredsamkeit. Die Papstporträts, Medaillen und das Fresko der Wiederauferstehung, mit dem Pinturicchio das *Appartamento Borgia,* die Privatgemächer Alexanders, ausmalte, geben diese Züge getreu wieder: die breite Stirn unter dem kahlen Haupt, die Hakennase, der lebhafte Blick, der sinnliche Mund und das volle Kinn verraten seine Intelligenz und seine Genußsucht. Insgesamt spiegelt das äußere Erscheinungsbild Alexanders einen ebenso hochmütigen wie schlichten Charakter. Dieser Papst war durch und durch Opportunist und stand mit beiden Beinen im Leben. Er wurde von keinerlei Skrupeln geplagt, zeigte in seinem Verhalten stets den größtmöglichen Sinn für die Realität und war bescheiden, was seine persönlichen Ansprüche betraf. Der monatliche Unterhalt seines Hauses belief sich auf ganze 700 Dukaten, und seine Menüs bestanden gewöhnlich nur aus einem Gang mit Beilagen; diese Genügsamkeit erklärt die geringe Bereitschaft, die sein Freund Ascanio Sforza oder seine eigenen Kinder bekundeten, wenn sie bei Alexander zum Essen bleiben sollten. Andererseits schien dem Papst Schlichtheit unangebracht, sobald er Fürsten oder Botschafter empfing. Der Aufwand, der dann in seinem Haus getrieben wurde, trug ihm den Ruf eines glänzenden Gastgebers von größter Freigebigkeit ein.

Seit langer Zeit war es bei Alexander zu einer Gewohnheit geworden, daß er seiner Umwelt schmeichelte. Bei seiner Thronbesteigung überschüttet er seine Vertrauten mit Gunsterweisen geistlicher Art. Die Hausprälaten – zu denen auch Burchard gehörte, der diesen Charakterzug bestätigt – erhalten von ihm das Privileg, einen Beichtvater wählen zu können, der sie von allen Sünden lossprechen kann, selbst von den frevelhaftesten, für die ihnen üblicherweise alleine der Heilige Vater die Absolution erteilen konnte. Es wäre jedoch eine Täuschung, wollte man darin Anzeichen einer laxen Amtsausübung des Papstes sehen. Über Verbrecher und Übeltäter aus dem gemeinen Volk werden künftig schwerere Strafen verhängt, wie dies die spektakuläre Hinrichtung eines Mörders und seines Bruders auf dem Campo de' Fiori im September 1492 zeigt. Der Papst bemüht sich jedoch eifrig, Verbrechen vorzubeugen, um sie nicht ahnden zu müssen: Er richtet Stellen für vier Friedensrichter ein, die Zwistigkeiten schlichten sollen, bevor Streitereien zu Verbrechen ausarten, die gerichtlich geahndet werden müssen. Das Tragen von Waffen wird der Kontrolle durch die Ordnungskräfte unterworfen, die überprüfen, ob die Klingen von Dolchen und Degen nicht vergiftet sind. Das städtische Korps der Konservatoren, der Aufsichtsbeamten, ist vom Papst angewiesen, allmorgendlich im Kapitol Recht zu sprechen. Alexander selbst hält jeden Dienstag Audienz.

DAS BÜNDNIS MIT MAILAND
UND LUCREZIA BORGIAS ERSTE EHE

Im Herbst 1492 herrscht in Rom Frieden, und die Stadt erlebt mit, wie Paradezüge aus aller Welt einmarschieren, um dem Papst ihren Treueeid abzulegen. Siena, Lucca, Venedig, Mantua und Florenz, die sich während des Konklaves zurückhaltend gezeigt haben, wetteifern nun miteinander, um dem Heiligen Stuhl ihre Verehrung zu zeigen. Die prunkvolle florentinische Abordnung wird von Piero de' Medici angeführt. Die mailändische

Gesandtschaft erscheint in festlichem Gepränge. Fernere Länder zeigen ihren Gehorsam, indem sie dem Papst kostbare Geschenke schicken: Der Regent Schwedens schickt Pelze und Pferde nach Rom.

Aber nicht alle Kräfte sind dem Papst wohlgesinnt. Wenn die Franzosen und Genuesen sich auch mit der Niederlage Giuliano della Roveres, ihres Kandidaten für die Tiara, abfinden, so scheint sich Ferrante von Neapel zur Beunruhigung Alexanders mit der Papstwahl nicht zufriedengeben zu wollen: Die Truppen der neapolitanischen Condottieri liegen noch immer in bedrohlicher Nähe zum Kirchenstaat im Heerlager. Als Vorsichtsmaßnahme bemüht sich der Papst deshalb, seinem Bündnis mit Mailand beim Konklave eine dauerhafte Form zu geben, und beschließt, mit den Sforza eine Familienverbindung einzugehen. Bei seiner Heiratspolitik bedient er sich seiner Tochter Lucrezia, die damals erst zwölf Jahre alt ist. Niccolò Cagnolo, ein Bürger aus Parma, hat das junge Mädchen zu jener Zeit beobachtet, als es in den Vordergrund der politischen Bühne in Italien tritt: «Sie ist», so schreibt er, «von mittlerer Größe und schlank; sie hat eine ovale Gesichtsform, eine feingeschnittene Nase, blondes Haar, helle, ein wenig verschleierte Augen, einen etwas zu großen Mund, blendend weiße Zähne und eine wohlgeformte, hellhäutige Büste.»

Erst im vorigen Jahr wurde Lucrezia zunächst mit Don Juan de Cantelles, dann mit Don Gaspare d'Aversa verlobt. Beide Herren entstammen dem aragonesischen Adel. Aber kaum ist Alexander VI. Papst geworden, widerruft er sein Wort. Kardinal Ascanio Sforza schlägt für das Mädchen einen möglichen Verlobten aus seiner Familie vor: seinen Vetter Giovanni Sforza, den Bastardsohn Costanzo Sforzas. Giovanni ist Graf von Cotignola und Herr von Pesaro, jenes päpstlichen Lehens, das an den Grenzen der Romagna und der Marken gelegen ist. Der Zukünftige ist vierundzwanzig Jahre alt. Er ist gutaussehend und hat eine ausgezeichnete Erziehung genossen, wenn diese sein aufbrausendes Wesen auch nicht zu bändigen vermochte. Giovanni Sforza ist Witwer Maddalena Gonzagas, der Schwester der Herzogin von Urbino. Seine junge Frau starb im Kindbett. Der eitle und eigennützige Giovanni wird nach Rom gerufen. Inkognito erscheint er Mitte Oktober 1492 in der heiligen Stadt. Don Gaspare d'Aversa, über die Ankunft seines gefährlichen Konkurrenten unterrichtet, erscheint gemeinsam mit seinem Vater vor dem Papst, um die Gültigkeit des Ehevertrages einzuklagen, der zwischen ihm und Lucrezia geschlossen wurde. Tatsächlich gelingt es ihm, Alexander eine Entschädigung von 3000 Golddukaten abzuringen. Giovanni kehrt nach seinen ersten Gesprächen in Rom nach Pesaro zurück und läßt den Doktor der Rechte Niccolò da Saiano als Bevollmächtigten zurück. Saiano ist beauftragt, die Klauseln von Giovannis Ehevetrag aufs genaueste auszuarbeiten. Die Stellung des zukünftigen Gatten der Papsttochter verändert sich. Seine Vettern in Mailand erteilen ihm ein einträgliches Kommando in ihrem Heer. Nun muß er nur noch die Feierlichkeiten für seine Hochzeit ausrichten. Lucrezia erhält von ihrem Vater Schmuck und eine märchenhafte Ausstattung, darunter ein Kleid für 15 000 Dukaten. Damit auch er etwas darzustellen vermag, leiht sich der junge Sforza die goldene Halskette des Markgrafen von Mantua, des Bruders seiner verstorbenen Gattin.

Daraufhin findet am 2. Februar seine Vermählung statt, die zuvor durch Prokuration (durch Stellvertreter) geschlossen wurde. Lucrezia verläßt ihre Wohnung äußerst selten, in der sie mit Adriana de Mila und Giulia Farnese zusammenlebt. Giulia lebt augenblicklich nicht mit ihrem Gatten zusammen, da ihr Ehemann Orso Orsini, Adrianas Sohn, in päpstlichem Dienst Rom verlassen mußte. Die drei Frauen bewohnen gemeinsam mit ihrem weiblichen Gefolge und ihren Zofen einen Palast, der an den Vatikan angrenzt und 1484 von Giambattista Zeno, dem Kardinal von Sa. Maria in Portico, errichtet wurde. Das schöne Haus war einst eine Privatkapelle. Es liegt ganz in der Nähe des Eingangs zum Papstpalast und hat einen direkten Zugang zur Petersbasilika. So können die beiden jungen Damen ungesehen in die Sixtinische Kapelle und in die Privatgemächer des Heiligen Vaters gelangen. Alexander kann ihnen seinerseits bequem Besuche abstatten. Mit dem Herannahen der Hochzeit kommt Leben in den Palast von Sa. Maria in Portico. Sorglose und ausgelassene Gespräche beherrschen dort die Atmosphäre, während man hochgestellte Damen und Gesandte empfängt. Um die Glückwünsche des Herzogspaares von Ferrara zu überbringen, macht Andrea Bocciaccio, der Bischof von Modena, Adriana seine Aufwartung. Als Dank verspricht die Cousine des Papstes, dem Heiligen Vater einen Kardinalshut für Ippolito, den zweiten Sohn des Herzogs, abzuringen.

Giovanni Sforza hält am 2. Juni 1493 seinen Einzug in Rom. Sein Schwager Herzog Juan de Gandia und Cesare Borgia nehmen ihn an den Toren der Stadt in Empfang. Der Reiterzug defiliert an der Loggia des Palastes von Sa. Maria in Portico vorbei, in der sich Lucrezia im Sonnenlicht zeigt, prachtvoll herausgeputzt und mit funkelnden Edelsteinen im Haar. Vorläufig darf der zukünftige Gatte seine Dame nur aus einiger Entfernung grüßen. Der Termin für die Hochzeit wurde auf den zehn Tage später liegenden 12. Juni festgesetzt. Der Herzog von Gandia waltet seines Amtes als Leiter des Zeremoniells. Ihm fällt die Ehre zu, seine Schwester in die päpstlichen Gemächer zu führen. Er ist mit einem Gewand nach türkischer Art bekleidet, ähnlich jenem, mit dem er in Pinturicchios Fresko der heiligen Katharina dargestellt ist. Er trägt ein weißes, mit Ornamenten besticktes, golddurchwirktes Untergewand und über den Schultern einen goldkäferfarbigen Umhang. An seinem Hals hängt eine Kette von Perlen und Rubinen, und sein Kopf ist mit einem großen Turban bedeckt, den ein Edelstein ziert. Dieser exotische Aufzug erregt am päpstlichen Hof ein Aufsehen, wie man es seit dem Erscheinen des Prinzen Zizim nicht mehr erlebt hat. Lucrezia wird vor ihren Vater geführt. Der Papst empfängt sie lächelnd, umgeben von zehn Kardinälen, zahlreichen Bischöfen und etlichen anderen Würdenträgern. Hinter der dreizehnjährigen Braut breitet sich eine Schleppe aus, die von einer jungen Schwarzen getragen wird. Hundertfünfzig Hofdamen geben der Braut das Geleit: Ganz vorne schreiten Giulia Farnese und Battistina, die Enkelin des Papstes Innozenz VIII. Der Bräutigam seinerseits zieht in Begleitung zweier Söhne Alexanders in die päpstlichen Gemächer ein. In seiner eleganten Kleidung wetteifert Giovanni mit Juan von Gandia, denn er trägt ebenfalls ein Gewand aus golddurchwirktem Stoff, «nach türkischer Art und der französischen Mode entsprechend». Cesare, in sein bischöfliches Violett gekleidet, wirkt neben der glanzvollen Erscheinung der beiden Standesherren unscheinbar. Der Kontrast, der allen Teilnehmern an der Hochzeitszeremonie ins Auge sticht, mag dem jungen Bischof einige bittere Gedanken eingegeben haben . . .

Inzwischen knien Giovanni und Lucrezia auf dem Goldkissen zu Füßen des Heiligen Vaters. Sie bekunden beide ihren Wunsch zur Eheschließung vor dem Notar Camillo Beneimbene. Unter die Anwesenden mischen sich Verwandte und Freunde der Borgias und der Sforza, und auch der dunkelhäutige und stämmige Alfonso d'Este ist zugegen. Der junge Alfonso ist der Sohn des ferraresischen Herzogs Ercole I. und der Gatte Anna Sforzas. Noch ahnt er nichts davon, daß er später durch eine schicksalshafte Fügung die Ehe mit der jungen Lucrezia schließen wird.

Schließlich steckt der Bischof von Concordia die Ringe an die Finger des Brautpaares, und Niccolò Orsini von Pitigliano hält sein Schwert über ihre Häupter. Nun kann der weltliche Teil des Festes beginnen.

Die Anwesenden nehmen unter dem päpstlichen Thron im ersten Saal des *Appartamento Borgia* Platz. Zusammen mit Studenten, die in Tierhäute gehüllt sind, tragen Vertraute des Kardinals Colonna zunächst ein langes Gedicht über die Liebe vor und führen dann eine Komödie von Plautus, die *Menaechmi*, auf. Bei den Darbietungen handelt es sich um eine neu aufgekommene Lustbarkeit am päpstlichen Hof, die sich allgemein großer Beliebtheit erfreut. Pomponius Laetus, ein humanistischer Gelehrter und Bastard des Fürsten von San Severino, vermutlich einer der Lehrer Lucrezias, hat sich auf die Inszenierung von Plautus-Komödien spezialisiert. Der Pontifex applaudiert zu den Schilderungen antiker Sitten. In den Komödien treten übertölpelte Väter, ausschweifende Lebemänner, unersättliche

Mätressen, Schnorrer und Kuppler auf. Sie erinnern stark an die Zustände im päpstlichen Rom. Dennoch gefällt ihm die vorgetragene Ekloge von Serafino Aquilino besser als die Plautus-Komödie.

Nach der Aufführung der Komödie werden an die Jungvermählten Geschenke verteilt. Lucrezias Brüder, ihr Cousin, der Kardinal von Monreale, die Vertrauten des Heiligen Vaters sowie die Protonotare Cesarini und Lunati überreichen nach und nach Geschmeide, kostbare Tücher und goldene Gerätschaften. Ludovico Moro ließ für das Brautpaar fünf Goldbrokatteppiche und zwei Ringe anfertigen, von denen der eine mit Diamanten, der andere mit Rubinen besetzt ist. Sein Bruder Kardinal Ascanio schenkt Lucrezia und Giovanni ein vollständiges Tafelservice aus reinstem Silber. Der anschließend gereichte Imbiß trägt zur herzlichsten Ausgelassenheit der Hochzeitsgesellschaft bei. Zweihundert Schalen und Tassen aus Silber, gefüllt mit Zuckerwerk, Mandelgebäck, Obst und Weinen machen unter den Anwesenden die Runde. Die Überbleibsel der Naschereien – Burchard schätzt sie auf mehr als hundert Pfund – werden aus den Fenstern auf den Platz unters Volk geworfen. Nach dem Chronisten Infessura, dessen boshaftes Zeugnis mit Vorsicht zu genießen ist, vergnügen sich der Pontifex und die hochgestellten Prälaten zudem damit, die Damen gezielt mit Zuckerwerk zu bewerfen, so daß die Leckereien in den Decolletés der Damen landen. Am Abend wird dem Brautpaar in den päpstlichen Hallen ein Bankett in engerem Kreis gegeben. Der Papst nimmt mit vier Kardinälen an dem Gastmahl teil, bevor er die Vermählten ins Brautgemach im Palast Sa. Maria in Portico geleitet.

CESARE UND DIE VERBINDUNG MIT ARAGÓN

Alexanders Feinde werden sich den Kopf darüber zerbrechen, wie sie Lucrezias Hochzeit verleumderisch als Bacchanal darstellen können, das lediglich die niedersten Instinkte des Papstes und seiner Anhänger befriedigen sollte. Dennoch waren solche Festlichkeiten in der Renaissance durchaus nicht ungewöhnlich. Die Prachtentfaltung, mit der Lucrezias Vermählung gefeiert wurde, schien dem Papst notwendig, um das neuerliche Einvernehmen zwischen Rom und Mailand aller Welt kundzutun. Allerdings wird sich die im Juni 1493 geschlossene Heirat nach und nach als weniger vorteilhaft herausstellen, als der Papst zunächst gehofft hatte. Gleichzeitig mit Lucrezias Eheschließung möchte der Papst eine weitere Verbindung mit einem italienischen Staat herstellen, die den Glanz der Borgias und besonders die Zukunft von Alexanders Sohn sichern soll: Er denkt an eine Verbindung mit dem Hause Aragón.

Auch Cesare Borgia ist an einer Annäherung mit Aragón interessiert. Mit siebzehn Jahren wird er zum Erzbischof ernannt. Der Sohn des Papstes beabsichtigt zu Beginn des Pontifikates, sein hohes Amt als Sprungbrett für eine künftige Karriere zu nutzen, wie es sein Vater und sein Großonkel vor ihm getan hatten. Aber dazu muß er dem König von Aragón, Ferdinand dem Katholischen, dienstbar sein. Und Cesare findet an solchen Plänen nichts Anstößiges.

Andrea Bocciaccio, Geschäftsbeauftragter des Herzogs von Ferrara und Bischof von Modena, schildert den Sohn des Papstes im März 1493 als einen äußerst intelligenten jungen Mann, der seinen Lebensstil und seine Lebensziele bereits gewählt hat. «An jenem Tag suchte ich Cesare in seinem Haus im Trastevere auf. Er wollte gerade zur Jagd aufbrechen und war mit vollkommener Eleganz gekleidet; sein Gewand war aus Seide, die Waffe hing an seiner Seite: Ein kleines Rund in seinem Haar erinnerte kaum daran, daß er sich die Tonsur hatte ausrasieren lassen. Wir ritten gemeinsam zu Pferde und unterhielten uns. Mich behandelte er unter jenen, die bei ihm ein und aus gingen, mit großer Vertrautheit. Er ist eine Persönlichkeit von großem, ja äußerst bemerkenswertem Geistesvermögen mit einem erlesenen Charakter; sein Gebaren ist das eines Potentatensohnes. Er hat ein heiteres Gemüt voller Fröhlichkeit und strahlt größte Lebensfreude aus. Er ist ungemein bescheiden und in seinem Benehmen seinem Bruder, dem Herzog von Gandia, um vieles überlegen. Cesare ist tatkräftiger als sein Bruder, wenn es auch dem Herzog nicht an guten Eigenschaften fehlt. Den Erzbischof von Valencia zog es niemals auch nur im geringsten zur geistlichen Laufbahn, aber schließlich trägt ihm sein Benefizium mehr als sechzehntausend Dukaten ein.»

Cesare macht kein Hehl daraus, daß er nach dem Fürstenstand strebt und mit den Spaniern liebäugelt. Seine Ratgeber und Bediensteten sind ihm alle vollkommen ergeben, und die meisten von ihnen sind aragonesischer oder katalanischer Abstammung. Während seiner Studien war er von einem Kreis von Prälaten umgeben, dem er furchteinflößende Gestalten wie den Valencianer Miguel Corella, Michelotto genannt, hinzuzog, ein handfester Kerl, der bereit ist, seinem Herrn auf jede mögliche Art zu dienen. Wie der Bischof von Modena bemerkte, legt Cesare nur Wert auf die geistliche Würde, weil sie ihm Geld einträgt. Fraglos ist er nicht besonders erfreut darüber, daß er seinem Bruder Juan, der die weltliche Laufbahn einschlagen durfte, den Vortritt lassen muß. Schließlich ist Juan erst 1476 geboren und somit um ein Jahr jünger als sein Bruder. Als Realist erkennt Cesare jedoch, daß seine Familie das Herzogtum Gandia behalten muß. Deshalb soll sein Bruder Juan die Nachfolge seines älteren Bruders Pedro Luis antreten, und dies nicht nur als Herzog. Im Zuge der Heiratspolitik soll er die Prinzessin Maria Enriquez, die Cousine von Ferdinand von Aragón, heiraten.

ALEXANDER UND DIE KATHOLISCHEN KÖNIGE:
DIE AUFTEILUNG AMERIKAS
UND DIE VERTREIBUNG SPANISCHER JUDEN

Der Augenblick ist denkbar günstig, um die dynastische Verbindung zwischen den Borgias und dem spanischen Königshaus zu verwirklichen. Noch vor der Thronbesteigung von Alexander VI. hatte das christliche Spanien Granada erobert und dem Islam damit das letzte seiner Länder auf der Iberischen Halbinsel entrissen. Der Kardinal Borgia hatte diesen Sieg in Rom mit allen Ehren gefeiert, und die spanischen Herrscher waren ihm dafür dankbar gewesen. Mit einer seiner ersten Urkunden rühmt der neue Pontifex nun auch noch die außergewöhnliche Unternehmung Spaniens, das in unbekannte Länder aufbricht und damit zur Verbreitung der christlichen Religion beiträgt. Christoph Kolumbus kam im März 1493 von seiner Entdeckungsfahrt zurück. Die Entdeckung der Neuen Welt ist für die Krone von Kastilien ein unverhofftes Geschenk, und damit auch für die Krone Aragóns, da Ferdinand der Katholische an der Regentschaft seiner Gattin Isabella von Kastilien beteiligt war. Um die Entdeckung allgemein bekannt zu machen und rivalisierende Ansprüche zu vermeiden, veröffentlicht Alexander VI. am 4. Mai 1493 feierlich eine Bulle, in der Spanien und Portugal ein genau umrissenes Gebiet zugeteilt wird – den beiden Ländern, die im Wettstreit miteinander seit Jahren nach einem Seeweg nach Westindien gesucht hatten. «In diesen unbekannten Ländereien», so schreibt der Papst in seiner Bulle, «lebt ein Volk, nackt und sich von Pflanzen ernährend, ein Volk, das an einen einzigen Gott glaubt und nur darum bittet, zum Glauben an Jesus Christus bekehrt zu werden. All diese Inseln und Länder, in denen allerorts Gold, Spezereien sowie zahllose Schätze im Überfluß vorhanden sind und die südwestlich einer Linie liegen, die vom Nordpol zum Südpol verläuft und sich hundert Meilen westlich der Azoreninseln und des Kap Verde befindet, werden den katholischen Königen zugesprochen, sofern sie nicht vor dem vergangenen Weihnachtsfest durch einen anderen christlichen Fürsten entdeckt wurden. Diese Urkunde wird kraft der göttlichen Autorität des Allmächtigen ausgestellt, die dem seligen Petrus und der Stellvertreterschaft Jesu Christi verliehen wurde, die auf Erden der Papst ausfüllt.»

Ein Breve verdeutlicht, daß diese Rechte verliehen wurden, um in den Gebieten den christlichen Glauben zu verbreiten. Ein weiteres Breve erkennt Spanien ähnliche Rechtsansprüche zu, wie sie an Portugal für Afrika vergeben wurden. Übertretungen werden streng geahndet. Sollte ein Herrscher, habe er auch den Rang eines Kaisers oder Königs, seine Untertanen ohne Zustimmung der katholischen Könige in das Land einschleusen, sei es, um dort Handel zu treiben oder aus irgendeinem anderen Grund, so wird er mit dem Kirchenbann belegt.

Auf diese Weise begründen Ferdinand und Isabella dank dem Borgia-Papst ihre Ansprüche auf Amerika. Die einzige Änderung wird erst später getroffen: Am 7. Juni 1494 wird die Demarkationslinie um 270 Meilen nach Westen verschoben, und zwar mit dem Vertrag von Tordesillas.

Der Papst hat den spanischen Königen damit die bestmögliche Garantie für die Zukunft ihrer eroberten Gebiete gegeben. Isabella und Ferdinand sind dennoch nicht gewillt, die Einmischung des Heiligen Stuhls in die inneren Angelegenheiten Spaniens hinzunehmen. Alexander VI. bemerkt dies, als die katholischen Könige die Juden in ihren Reichen zu verfolgen beginnen, ungeachtet des päpstlichen Schutzes und obwohl die Juden in Rom besonderen Schutz genießen. Mit einem Edikt vom 31. März 1492 werden die Vertreter des hebräischen Glaubens, ob sie sich zu ihrem Glauben bekennen oder ihn heimlich ausüben – wie zahlreiche Marranen – gezwungen, zum Christentum überzutreten und den katholischen Glauben auch tatsächlich auszuüben. Juden, die sich dem Edikt nicht beugen, müssen Spanien binnen vier Monaten verlassen und dürfen weder Gold noch Silber ins Exil mitnehmen. In den folgenden Monaten entschließen sich Hunderttausende von Juden, nach Italien, Afrika oder Portugal auszuwandern. Die Mauren sind beunruhigt, und einige fliehen ebenfalls ins Ausland: Obwohl sie durch die bei der Kapitulation von Granada geschlossenen Übereinkünfte geschützt sind, fürchten sie, in absehbarer Zeit ebenfalls verfolgt zu werden wie die Juden.

An dem gewaltigen Exodus nehmen auch Juden und Mauren teil, die in Rom Zuflucht finden. Die Stadt gewährt ihnen aus Tradition Aufnahme. Mit päpstlicher Genehmigung errichten sie entlang der Via Appia bis zur Tomba der Cecilia Metella zahllose Zelte. Das judenfreundliche Verhalten Alexanders VI. empört die katholischen Könige. Die Anerkennung ihrer Herrschaft über die Neue Welt durch den Papst hindert sie keineswegs, scharfen Protest gegen seine allzu barmherzige Haltung den Ungläubigen gegenüber einzulegen. Sie schicken den Gesandten Diego Lopez de Haro nach Rom. Er trifft am 16. Juni 1494 ein und empört sich in einer Audienz am 19. über das verabscheuungswürdige Treiben des Heiligen Stuhls. Aber das ist nicht der einzige Grund seiner Mission. Seine Herren seien sich, wie er sagt, der finanziellen Lasten bewußt geworden, die die Bekehrung der Ungläubigen in Spanien wie in der Neuen Welt bereiteten. So bitten die spanischen Herrscher um die päpstliche Genehmigung, die kirchlichen Güter in ihren Königreichen zu besteuern. Der Papst entdeckt an der Bitte nichts Ungewöhnliches und gibt ihr gerne statt. Den Juden und Marranen seinen persönlichen Schutz zu entziehen, lehnt er allerdings ab. Denn er möchte die liberale Tradition des Heiligen Stuhls aufrechterhalten und das Versprechen an die Juden einlösen, das er ihnen bei seiner Papstkrönung während der Prozession zum Lateran gegeben hat.

Ferdinand und Isabella haben vom Heiligen Stuhl zu viele Gnaden erhalten, als daß sie sich ihm gegenüber als undankbar erweisen könnten: So bestätigt der Gesandte in ihrem Namen auch Juan de Borgia als Lehensherr des Herzogtums Gandia und bekundet das Einverständnis der beiden Herrscher zur Heirat des neuen Herzogs mit der Prinzessin Maria Enriquez.

Der neue Herzog von Gandia: Juan de Borgia

Nach der Gesandtschaft von Lopez de Haro trifft Juan de Borgia eilig Vorbereitungen für seine Abreise nach Spanien. Er verläßt Rom mit zahlreichem Gefolge. Sein päpstlicher Vater hat ihm Jaime Serra, den Erzbischof von Oristano auf Sardinien, den zukünftigen Kardinal, als fürstlichen Berater zur Seite gestellt. Fira Serra, ein Stiftsherr aus Cartagena, wird Juans Sekretär und Jaime de Pertusa sein Schatzmeister. Alle drei sind Untertanen des Königs von Aragón. Darüber hinaus hat Alexander seinem Sohn als großartiges Geschenk an seine zukünftige Schwiegertochter gewaltige Beträge in Münzen und in Form von Wechseln übereignet, die bei der in Katalanien eröffneten Spannochi-Bank deponiert sind. Mit diesen Finanzmitteln soll der Herzog neue Ländereien und Lehen in der Nähe von Gandia und Lombay dazukaufen.

Als Don Juan am 24. August 1493 in Barcelona ankommt, wird ihm ein triumphaler Empfang bereitet: Der Thronerbe, der Infant Don Juan und die gesamte Familie Enriquez empfangen den Sohn des Heiligen Vaters voller Begeisterung. Der Anschein der Eintracht wird jedoch alsbald getrübt. Der gerade achtzehn Jahre junge Borgia steckt noch in den Flegeljahren. Anstatt nach den Feierlichkeiten bei seiner Vermählung eine geregelte Ehe zu führen, gibt er sich niedrigsten Vergnügungen hin. Die Kunde von der unziemlichen Abenteuerlust des jungen Borgia dringt bis nach Rom. Cesare, der soeben am 20. September zum Kardinal erhoben wurde, greift zur Feder, um seinen jüngeren Bruder zur Ordnung zu rufen: «Meine Kardinalspromotion bereitet mir weniger Freude, als mir euer schlechtes Betragen in Barcelona Kummer macht, von dem ich aus einem

Bericht an den Papst erfahren habe: Ihr bringt eure Nächte damit zu, die Straßen zu durchstreifen, Hunde und Katzen zu töten, in Bordellen zu verkehren und um hohe Einsätze zu spielen, anstatt eurem Schwiegervater Don Enriquez Gehorsam zu leisten und Doña Maria die gebührende Achtung entgegenzubringen.»

Die ernsthafte Ermahnung trifft den Jüngeren tief. Don Juan verläßt Barcelona und die Versuchungen dieser Stadt. Er reist nach Valencia, wird dort vom Vizekönig empfangen und nimmt die Huldigungen der Magistrate entgegen. Dann läßt er sich mit der Herzogin in Gandia nieder. Das Paar führt auf seinem Schloß ein verschwenderisches Leben. So werden die Summen, die Juan vom Papst erhaltenen hatte, rasch verschleudert. In einem Bericht an Alexander bezichtigt der Erzbischof von Oristano einen Kassenverwalter der Veruntreuung, worauf dieser auf päpstliche Anordnung hin nach Rom geschickt wird. Aber das Fürstenpaar bleibt durch und durch leichtsinnig. So muß Alexander seinen Sohn sogar daran erinnern, daß er sich noch bei Alfons II. von Neapel für die im April 1494 erfolgten Schenkungen des Fürstentums Tricarico und der Grafschaften Chiaramonte und Lauria bedanken muß! Nach einiger Zeit fühlt sich Juan eher als Spanier denn als Italiener. Als spanischer Lehensherr ist er stärker von König Ferdinand als vom Papst abhängig: 1494 untersagt ihm der Herrscher, nach Italien zurückzukehren, wo Juan auf Bitten seines Vaters in der Romagna eine Kompagnie gegen das Invasionsheer Karls VIII. führen sollte. Die Männer des Herzogs von Gandia werden zwar ins Gefecht ziehen, aber unter dem Kommando von Bartomeu Serra.

STÜRMISCHE BEZIEHUNGEN ZU FERRANTE VON NEAPEL

Mit dem Herzog von Gandia hat der Papst nunmehr eine enge Beziehung zwischen den Borgias und der Königsdynastie von Aragón hergestellt. Es verlockt ihn nun, die Beziehung zu Aragón durch eine weitere Heiratsverbindung mit der aragonesischen Dynastie in Neapel zu sichern. Alexander und sein Sohn Cesare tragen sich bereits seit dem Beginn des Pontifikates mit dem Gedanken an eine solche Heirat. Die kürzlich geschlossene Verbindung mit Mailand steht allerdings jeder Annäherung mit Neapel im Wege. Ludovico Moro versucht sich die Unterstützung des Papstes gegen Ferrante von Neapel zu sichern, der einen Versuch unternehmen könnte, in Mailand die Macht von Gian Galeazzo Sforza, dem rechtmäßigen Herzog, wiederherzustellen. Ludovico, der Onkel und Vormund des jungen Herzogs, hat Gian Galeazzo aus den Staatsgeschäften verdrängt. Ludovico, der den Herzogtitel von Bari trägt, verschafft sich mit seiner jungen Gemahlin

Beatrice d'Este auch bei allen öffentlichen Auftritten den Vorrang vor seinem Neffen und dessen Gattin Isabella von Aragón, der Enkelin des neapolitanischen Königs. So muß Ludovico Moro zu Recht fürchten, von Ferrante gemaßregelt zu werden. In dieser Situation ist der Kirchenstaat für Moro eine unentbehrliche Barriere, die den Vormarsch des neapolitanischen Heeres nach Norden aufhalten oder im schlimmsten Fall hinauszögern soll.

Doch Ferrante findet einen Ausweg, um seine Soldaten geordnet gegen Mailand marschieren zu lassen. Er läßt seinen Condottiere Virginio Orsini, den obersten Heerführer des Königreiches Neapel, im Herbst 1492 für 40 000 Dukaten die päpstlichen Lehen Cerveteri und Anguillara kaufen, die von Francesco Cibo, dem Sohn von Papst Innozenz VIII., veräußert werden. Die beiden Orte stellen die Verbindung zur Toskana her, die mit Neapel verbündet ist, und ermöglichen somit den Vorstoß bis in mailändisches Gebiet. Der Kauf der Lehensgüter, der ohne das Wissen des Papstes abgeschlossen wurde, bringt Rom gegenüber Neapel in eine bedrohliche Lage. Kaum hat Alexander von dem Kauf erfahren, verlangt er die sofortige Annullierung des Vertrags. Er ist um so aufgebrachter, weil er gleichzeitig in einer Privatangelegenheit vom neapolitanischen König bedrängt wird. Ferrantes natürliche Tochter Beatrice, die Witwe des ungarischen Königs Matthias Corvinus, hat in zweiter Ehe den neuen ungarischen König Ladislaus von Böhmen geheiratet. Da die Prinzessin unfruchtbar ist, hat Ladislaus in Rom um eine kanonische Annullierung der Ehe nachgesucht. Ferrante verlangt vom Papst, den Dispens zu verweigern, während Alexander zustimmen möchte.

Um die Meinungsverschiedenheiten zu beseitigen, werden Verhandlungen geführt. Im Dezember 1492 wird Federico d'Altamura, der zweite Sohn Ferrantes, im Vatikan vorstellig. Jedoch ist der Fürst Gast von Alexanders Feind, dem Kardinal Giuliano della Rovere, der Federico zu größter Unnachgiebigkeit dem Papst gegenüber rät. Damit sind die Verhandlungen zum Scheitern verurteilt. Am 10. Januar 1493 zieht sich Ferrantes Sohn Federico nach Ostia zurück. Giuliano della Rovere hatte sich heftig mit Ascanio Sforza gestritten, weil dieser ihm vorwarf, er stehe in heimlichem Einvernehmen mit Neapel. Giuliano hatte daraufhin in Ostia Zuflucht gesucht. Von seiner uneinnehmbaren Burg aus, die von dem berühmten Architekten San Gallo an der Tibermündung erbaut wurde, verschafft sich der Kardinal den Respekt Roms. Da Alexander VI. nun auch im Inneren seines Territoriums bedroht und vom Meer abgeschnitten ist, bekommt er es mit der Angst zu tun. Als er sich eines Tages zur päpstlichen Villa La Magliana begibt, die nicht weit von Ostia entfernt liegt, feuert die Garnison eine Ehrensalve ab. Der Papst vermutet sogleich einen Hinterhalt. Er läßt ein Bankett ausfallen und kehrt mit seinen Höflingen und Prälaten unverzüglich in den Vatikan zurück. Sein Gefolge ist wegen des unvorhergesehenen Fastens erbost. In aller Eile befiehlt er, Civitavecchia zu befestigen. Er beschließt, dem Rat von Ascanio Sforza und Ludovico Moro zu folgen und gemeinsam mit ihnen eine Liga mit Venedig zu bilden. Ferrante erfährt sofort von dem Vorhaben und will das Bündnis hintertreiben, das seinen Interessen unheilvoll im Wege steht. Auf diese Weise entschärft er die politische Lage. Er schickt den Abt Rugio mit der Mission nach Rom, den Konflikt um Cerveteri und Anguillara auf gütlichem Wege zu lösen. Als Zeichen seines guten Willens macht er ein Angebot. Er offeriert die Verbindung einer Prinzessin seiner Familie mit Cesare Borgia für den Fall, daß sein Vater ihn aus dem geistlichen Stand entlassen möchte. Eine weitere Prinzessin aus dem Königshaus wäre für den elfjährigen Jofré bestimmt, den letzten Sohn des Papstes. Aber als der Unterhändler in Rom eintrifft, haben die Verhandlungen des Papstes mit den Nordmächten bereits zu einem Bündnis geführt, und der Vertrag wurde in Rom bereits veröffentlicht. Am 25. April 1493 treten Siena, Ferrara und Mantua mit Mailand und Venedig der Liga bei. Die Stadtstaaten werden Alexander VI. Truppen zur Verfügung stellen, mit denen er Virginio Orsini aus dem Kirchenstaat vertreiben kann. Ein Krieg zwischen Rom und Neapel scheint unausweichlich.

Die neapolitanische Partei lanciert einen Propagandafeldzug gegen den Papst, nachdem bekannt wurde, daß Alexander seine neuen Verbündeten mit der Kardinalspromotion belohnen will. Giuliano della Rovere hält die ihm treu gebliebenen Kardinäle an, sich den Kardinalserhebungen mit aller Entschlossenheit zu widersetzen. Ferrante selbst prangert das Vorhaben des Papstes an den ausländischen Höfen an, namentlich in Spanien, wo sein Gesandter Antonio d'Alessandro empört gegen den Papst wettert: Alexander schicke sich an, Kardinalstitel zu verkaufen, um sich das notwendige Geld für einen Krieg gegen Neapel zu beschaffen! König Ferrante rügt durch seinen Gesandten zudem das unsittliche Benehmen des Papstes. «Alexander», ruft der Neapolitaner Antonio d'Alessandro aus, «führt ein Leben, das Anlaß öffentlichen Abscheus ist. Er nimmt keinerlei Rücksicht auf den Heiligen Stuhl, auf dem er sitzt. Er kümmert sich nur um den Reichtum seiner Kinder, und zu ihrem Nutzen setzt er alle Mittel ein, ob gute oder schlechte. Er bereitet einen Angriff auf das Königreich Neapel vor. Rom quillt über von Soldaten: Es sind ihrer mehr als Priester. Die Ratgeber des Papstes – die Sforza – haben kein anderes Ziel, als das Papsttum zu knechten, um es nach dem Tod seines gegenwärtigen Titulars zu ihrem willfährigen Instrument zu machen. Rom wird dann ein befestigtes Lager der Mailänder werden.»

Am 12. Juni finden inmitten dieses beunruhigenden und angespannten politischen Klimas die Feierlichkeiten zur Vermählung von Lucrezia mit Giovanni Sforza statt. Zur selben Zeit wird auch der Botschafter von Ferdinand von Aragón und Isabella von Kastilien, Diego Lopez de Haro, in einer Audienz beim Papst vorstellig. Der Spanier ist über alle Beschwerden des neapolitanischen Hofs informiert und bringt dem Papst gegenüber sein Bedauern zum Ausdruck, daß Rom Ferrante, dem Vetter seines Königs, eine feindselige Haltung entgegenbringe. Da der Botschafter allerdings in einer anderen Angelegenheit nach Rom gekommen ist, die für seine Dienstherren von wesentlich größerer Bedeutung ist, beschränkt er sich auf eine schlichte öffentliche Unmutsbekundung: Auf eine weitergehende Unterstützung durch das spanische Herrscherpaar kann der König von Neapel also nicht hoffen. Seine Situation verschlechtert sich auf internationaler Ebene mehr und mehr. Beunruhigende Nachrichten kommen aus Frankreich. König Karl VIII. hat soeben zahlreiche Truppen ausgehoben, um gegen Neapel zu ziehen. Neapolitanische Exilbarone haben dem französischen König zu der militärischen Operation geraten. Karl VIII. gibt vor, Neapel als rechtmäßiges Erbe zurückerobern und es dann als Basis für einen künftigen Kreuzzug nutzen zu wollen. Um Frankreich während seiner Abwesenheit vor ausländischer Bedrohung zu schützen, hat Karl mit allen seinen Nachbarn Frieden geschlossen: im Oktober 1492 mit Heinrich VII. von England in Etaples, im Januar 1493 mit Ferdinand und Isabella in Barcelona und im Mai 1493 mit Maximilian von Österreich in Senlis. Er hofft, daß ihm der Papst als Lehensherr das Erbe der alten Anjou-Dynastie im Königreich Neapel gibt. Der Papst soll seine Erbansprüche anerkennen und ihm die Investitur zubilligen. Angesichts der drohenden Gefahr einer französischen Invasion darf Ferrante nicht länger zögern. Er beschließt, sich mit dem Borgia-Papst um jeden Preis auszusöhnen.

Ende Juni 1493 erscheint Federico d'Altamura erneut mit seiner Mission in Rom. Wieder soll er die Streitigkeiten schlichten, die wegen Virginio Orsini und des Kaufs der beiden Lehensgüter entstanden sind, und dabei verlangen, daß der Papst aus der lombardisch-venezianischen Liga austritt. Er droht mit den oppositionellen Kardinälen und mit seinem älteren Bruder Alfons von Kalabrien, der mit seinen an den Grenzen zusammengezogenen Truppen in der Lage wäre, in den Kirchenstaat einzumarschieren. Als er jedoch von der Mission von Perron de Baschi erfährt, den der König von Frankreich ausgesandt hat, um in Italien den Zug nach Neapel anzukündigen, läßt Federico von seiner unnachgiebigen Haltung ab. Innerhalb kürzester Zeit sind die Streitigkeiten beigelegt. Der Papst gibt sich damit zufrieden, daß ihm Virginio Orsini versichert, er habe keine kriegerischen Absichten gegen ihn. Für 35 000 Dukaten will Alexander ihn mit Cerveteri und Anguillara belehnen. Der zwölfjährige Jofré Borgia soll die sechzehnjährige Sancia von Aragón heiraten, die natürliche Tochter Alfons' von Kalabrien. Jofré soll das Fürstentum Squillace und die Grafschaft Cariati erhalten. Mit dieser Übereinkunft, die der Familie Borgia eine weitere Verwandtschaftsbeziehung zu einem Königshaus verschafft, wird das Einvernehmen mit Neapel auf eine solide Grundlage gestellt. Da Jofré noch zu jung ist, um vor den Traualtar zu treten, wird man bis Weihnachten warten, bevor seine Vermählung öffentlich bekanntgegeben werden soll. Eine Klausel des Vertrages sieht vor, daß Giuliano della Rovere sich mit Alexander VI. aussöhnt.

Da alle Unterhandlungen geheim geführt wurden, herrscht allgemeines Erstaunen, als am 24. Juli Virginio Orsini und Kardinal Giuliano in Rom einziehen und an die Tafel des Papstes geladen werden. Federico d'Altamura eröffnet am 1. August seinem Vater, dem König Ferrante, offiziell, daß der Papst die ausgehandelten Artikel unterzeichnet hat. Dieser Vertrag mit dem Hof von Neapel fällt zeitlich mit der Abreise des Herzogs von Gandia nach Spanien zusammen, wo sich der Fürst dem anderen aragonesischen Hof anschließt. Damit ist in der päpstlichen Bündnispolitik eine vollständige Umkehr vollzogen: Entschlossen verläßt Alexander das Lager von Karl VIII. und Ludovico Sforza. Kurz darauf trifft in Rom der französische Gesandte Perron de Baschi ein. Der Papst antwortet ausweichend, als ihn dieser um die Investitur Karls VIII. bittet. Am 9. August reist der Gesandte unverrichteter Dinge wieder ab.

Ferrante frohlockt. Er ist überzeugt, das die Ablehnung der Investitur Karl an der befürchteten Invasion in Süditalien hindern wird. Mit unmißverständlichen Gesten hat der Papst gezeigt, daß er für Ferrantes Sache eintritt. Am Tag der Abreise Baschis tauschen Stellvertreter für Jofré Borgia und Sancia von Aragón das Eheversprechen aus. Am 17. August werden die kanonischen Strafen Virginio Orsinis aufgehoben. Da Alexander mit Ludovico nicht offiziell gebrochen hat, läßt er ihm am 21. den Wortlaut des Kompromisses mitteilen, den er mit Orsini wegen Cerveteri und Anguillara geschlossen hat. Das Ergebnis der Verhandlungen ist für den Papst bemerkenswert: Er hat sich mit all seinen Feinden ausgesöhnt. Ein von Rom nach Mailand geschickter Gesandtschaftsbericht stimmt geradezu eine Lobeshymne auf Alexander an: «Etliche glauben, der Papst habe seit seiner Erhebung den Verstand verloren. Aber ganz im Gegenteil scheint es, als habe er an solchem hinzugewonnen. Er vermochte eine Liga zu schaffen, die dem König von Neapel schmerzliche Seufzer entlockte. Er vermochte seine

Tochter mit dem Haus der Sforza zu verbinden, mit einem Herrn, der abgesehen von der Pension, die ihm der Herzog von Mailand ausgesetzt hat, über ein jährliches Einkommen von 12 000 Dukaten verfügt. Es gelang ihm, Virginio Orsini 35 000 Dukaten abzuringen, und er zwang ihm seinen Willen auf. Er bediente sich der Bedrohung durch die Liga, um den König von Neapel zu nötigen, sich mit ihm zu verschwägern und seinem Sohn ein Territorium und einen angesehenen Stand zu verschaffen. Dies sind keineswegs die Taten eines Menschen ohne Verstand: Die Papstwürde kann er nunmehr in Frieden und Ruhe genießen.»

Der Ausgleich mit Neapel geht auf Kosten der Bedeutung der Sforza in Rom. Dies zeigt sich schon daran, daß Kardinal Ascanio aus dem Vatikan ausziehen muß, wo ihm der Papst eine Unterkunft zur Verfügung gestellt hatte.

GESCHICKTE KARDINALSERNENNUNGEN

Als Alexander am 20. September 1493 neue Kardinäle ernennt, ist er offenkundig bestrebt, im Kardinalskollegium ein Gleichgewicht zwischen Mailand und Neapel herzustellen. Unter den zwölf Neuernannten befindet sich kein Untertan des Königs Ferrante. Der Papstsohn Cesare Borgia erhält den Titel des Kardinaldiakons von Sa. Maria Nuova. Alexandro Farnese, der oberste Schatzmeister des Heiligen Stuhls, wird Kardinaldiakon von SS. Cosma e Damiano. Farnese verdankt seine Ernennung der Zuneigung, die den Papst mit seiner Schwester, der schönen Giulia Farnese, verbindet. Deshalb gibt man ihm den Beinamen «Cardinal Gonella» [sinngemäß: Rockzipfelkardinal; A.d.Ü.] oder mit einem schlüpfrigen Wortspiel, das auf den erotischen Akt anspielt, auch «Cardinal Fregnese». Giuliano Cesarini, ein weiterer *purpurato*, ist Mitglied einer großen, mit Alexander durch seine Tochter Jeronima verbundenen römischen Familie. Die anderen Ernennungen von Kardinälen sollen die Großmächte zufriedenstellen. Für Mailand ernennt der Papst Bernardino Lunati; für Venedig Domenico Grinani; für Ferrara Ippolito d'Este, der mit seinen fünfzehn Jahren eher die Statur und das Benehmen eines Athleten als das eines Prälaten aufweist. John Morton, der Erzbischof von Canterbury, vertritt England. Die Ernennung des Franzosen Raymond Péraud, der bei Maximilian von Österreich residiert, soll Deutschland, und die Erhebung von Jean de Bilhères-Lagraulas, dem Abt von Saint-Denis, soll Frankreich zufriedenstellen; mit Bernardino Lopez de Carvajal wird Spanien, und mit Friedrich Kasimir Jagellon, dem Erzbischof von Krakau, werden Ungarn und Polen bedacht. Die Ernennung von Gian Antonio di San Giorgio, dem Bischof von Alexandrien, würdigt als einzige die persönlichen Verdienste eines hervorragenden Juristen und untadeligen Gottesmannes.

Alexander VI. hat mit dieser Erhebung von Kardinälen seinem ersten Regierungsjahr einen meisterhaften Abschluß gegeben. Er hat alle Bemühungen seiner Feinde zunichte gemacht, die bei den Großmächten eine Annullierung der Papstwahl erreichen wollten. Er hat dafür gesorgt, daß von nun an alle Großmächte im Heiligen Kollegium vertreten sind. Den feindlich gesinnten Kardinälen Giuliano della Rovere, Carafa, Costa, Fregoso, Conti und Piccolomini bleibt nichts anderes übrig, als Rom zu verlassen und in die Defensive zu gehen. Infolge des zwischen Rom und Neapel geschlossenen Vertrages können sie auf König Ferrante nicht mehr zählen. Im übrigen stirbt Ferrante bald darauf, so daß am 25. Januar 1494 sein Sohn Alfons von Kalabrien den Thron besteigt, der Vater von Prinzessin Sancia, die Jofré Borgia heiraten soll. Zur Empörung von Karl VIII. von Frankreich erkennt Alexander Alfons sogleich als rechtmäßigen König an. Nun schreckt Giuliano della Rovere nicht mehr vor dem offenen Wechsel der Fronten zurück: Da der Aragonese von Neapel und der Borgia-Papst Freunde geworden sind, schlägt er sich auf die Seite der Franzosen.

KREUZZUGSPLÄNE
DER PRINZ DSCHEM IN VERTRAUTEM KREIS IM VATIKAN

Alexander ist beunruhigt, als er von der Truppenkonzentration in Frankreich erfährt. Um Karl VIII. mit Schmeicheleien für sich zu gewinnen, zeigt er sich mit dessen Plänen für einen Kreuzzug einverstanden. Erstes Angriffsziel soll Kroatien sein, wo kurz zuvor die Osmanen eingedrungen sind. Um Karls Wohlwollen zu erringen, schickt er ihm am 9. März 1494 eine geweihte goldene Rose. Er erinnert ihn daran, daß er selbst unablässig an den Heiligen Krieg denke. Wegen des heiligen Unternehmens beherberge er im Vatikan den Prinzen Dschem (auch Zizim genannt), den Bruder des Sultans Bajazet II., seit Papst Innozenz VIII. beim Großmeister des Ordens von Rhodos die Auslieferung dieser Geisel erreichte. Damit der Sultan sicher sein kann, daß sein Bruder nicht freigelassen wird, bezahlt er an das Papsttum eine jährliche Pension von 40 000 Dukaten. Die Zahlung soll verhindern, daß die Christen unter dem Vorwand in sein Land einmarschieren, die rechtmäßige Herrschaft des Sultanates wieder herstellen zu wollen. Wenn sich der Heilige Stuhl jedoch zum Kreuzzug entschlösse, heißt es in Rom, dann könne er das Vorhaben ohne Schwierigkeiten in die Tat umsetzen.

Aber das Benehmen Alexanders und seiner Kinder im Hinblick auf den türkischen Prinzen läßt einige Zweifel an ihrer Entschlossenheit zum Heiligen Krieg aufkommen. Am 5. Mai 1493, zu Anfang des Pontifikates, zeigt sich Juan von Gandia zusammen mit Dschem den Römern im festlichen Reiterzug nach S. Giovanni in Laterano; beide sind in türkische Gewänder gekleidet und reiten vor dem Kreuz einher. Beide wandeln durch die Basilika und besichtigen die Denkmäler und Gräber, während der Papst das Dach inspiziert. Später, am 10. Juni, kommt ein Abgesandter von Bajezet II. nach Rom, um die Pension von Dschem zu bezahlen: Der Papst läßt ihn von den Prälaten und Gesandten an der Porta del Popolo mit allen Ehren empfangen und zu seiner Unterkunft geleiten. Der Graf von Pitigliano, der Kapitän der Kirche, und Rodrigo Borgia Lançol, der Kapitän der Palastwachen, geben mit ihren bewaffneten Männern dem Gesandten Bajazets das Geleit. Am 12. Juni wird er im Geheimen Konsistorium dem Papst vorgeführt. Burchard beschreibt das Zeremoniell: Der Dolmetscher Giorgio Buzardo übersetzt die freundlichen Worte des Türken, und der Benefiziat Demetrius liest auf lateinisch die griechisch verfaßten Briefe Bajazets vor. Man erfährt, daß der Sultan über die Erhebung Alexanders VI. auf den Papstthron höchst erfreut ist und ihm zahlreiche Geschenke schickt, namentlich kostbare Tuche, Brokat, Sammet und Taft in verschiedenen Farben. Die guten Beziehungen zum türkischen Kaiserreich sind auch in Frankreich bekannt. Da Karl VIII. vom Papst die goldene Rose erhalten hat, fühlt er sich ermutigt und verlangt, daß ihm die Führung des Kreuzzuges übertragen werde. Nach dem Tod des ungarischen Königs Matthias Corvinus fühlt er sich unter allen christlichen Fürsten, mehr noch als Maximilian von Österreich, dazu geeignet, sich beim Zug gegen den Türken an die Spitze der christlichen Fürsten zu stellen. Nicht zuletzt deshalb beharrt er auf seinem Plan, den Kreuzzug an vorderster Front anzuführen, ebenso wie auf seiner Forderung nach dem Thron von Neapel, der zudem seit dem 13. Jahrhundert mit dem Thron Jerusalems verbunden ist.

DAS BÜNDNIS ZWISCHEN ALEXANDER VI.
UND ALFONS II. VON NEAPEL
DIE VERMÄHLUNG VON JOFRÉ BORGIA
UND SANCIA D'ARAGÓN

Alexander ist nicht gewillt, dem französischen Herrscher den Vorzug zu geben. Am 14. März 1494 leistet eine neapolitanische Gesandtschaft dem Papst im Namen des neuen Königs Alfons II. den Obedienzeid. Durch ihre Zusammensetzung soll die Abordnung zeigen, daß auch die Granden des

Königreiches Alfons als rechtmäßigen aragonesischen Thronfolger anerkennen: Der Abordnung gehören neben dem Erzbischof von Neapel, Alexander Carafa, auch der Markgraf von Gerace, der Graf von Potenza und
der Adelige Antonio d'Alessandro an. Die Zeremonie des Obedienzeides
findet am 20. statt, und zwei Tage später läßt der Papst im Konsistorium
eine Erklärung verlesen, in der die Ansprüche des Hauses Aragón als legitim anerkannt werden. Der Papst bestätigt die Investitur, die Innozenz VIII. seinerzeit Alfons zugesagt hatte, als dieser noch Herzog von
Kalabrien war. Am 18. April wird der Kardinal von Monreale, Juan Borgia,
zum Legaten ernannt. Er soll sich nach Neapel begeben und Alfons krönen.
Am französischen Hof ist die Wut groß, als bekannt wird, daß der Legat
am 2. Mai 1494 Alfons die Krone tatsächlich aufs Haupt gesetzt hat.

Deutlicher noch als die Krönung zeigt die Vermählung von Jofré und
Sancia, daß der Heilige Stuhl mit dem aragonesischen Königshaus von
Neapel verbündet ist. Nachdem das Einverständnis mit der Eheschließung
ausgetauscht worden war, erhielt die aragonesische Prinzessin am 7. Mai
1494 vom Papst ihre Geschenke: Perlenkolliers, Geschmeide, Rubine, Diamanten, Türkise, Kleider aus Goldbrokat, aus Seide und Samt. König
Alfons ließ daraufhin seine Gaben dem Papstsohn überreichen: Jofré erhielt
das Fürstentum Squillace und die Grafschaft Cariati. Sein Bruder Juan, der
Herzog von Gandia, wurde zum Fürsten von Tricarico und zum Grafen
von Chiaramonte und Lauria erhoben. Schließlich wird am 11. Mai die
kirchliche Trauung in der Kapelle des Castel Nuovo durch den Bischof von
Gravina zelebriert.

Der Zeremonienmeister Burchard wohnt allen Feierlichkeiten bei und
kann daher bezeugen, daß alle Formalitäten gebührend beachtet wurden:
«Nach dem Essen wurde die Braut vom Legaten und vom König, ihrem
Vater, in ihren Palast geleitet. Der Bräutigam und die anderen Personen
des Brautgeleites gingen ihr voran. Die Frischvermählten betraten das
Gemach, in dem das Bett bereitstand. Die Brautjungfern und die Zofen
zogen die jungen Eheleute aus und legten sie ins Bett, den Gatten rechts
von seiner Gattin. Als sie nackt unter dem Leinen und der Decke lagen,
traten der Legat und der König ein. In ihrem Beisein wurden die Neuvermählten von den Brautjungfern ungefähr bis zum Nabel entblößt. Und der
Gatte umarmte die Gattin ohne Scham. Der Legat und der König blieben
etwa eine halbe Stunde dort und unterhielten sich miteinander. Nach dieser
Zeit verließen sie die Neuvermählten und entfernten sich.»

Sancia war bereits sieben Jahre zuvor mit dem neapolitanischen Edelmann Onorato Gaetani verlobt gewesen; die Verlobung war jedoch im
September 1493 gelöst worden. Angesichts jenes feurigen Temperamentes,
das die Prinzessin später zur Schau stellen sollte, konnte sie auf diesen mat-

ten Abklatsch eines ehelichen Aktes nur mit Verachtung herabblicken. Doch der Vollzug der Ehe war nach allen Regeln festgestellt und ihre Ehe damit als unauflöslich befunden worden. Auf diese Weise hatte der Papst die Verschmelzung des Hauses Borgia mit beiden Linien der aragonesischen Königsdynastie, mit der spanischen und der neapolitanischen, vollkommen verwirklicht.

DAS EHELEBEN VON LUCREZIA UND GIOVANNI SFORZA

Ein Problem blieb das hinderliche Bündnis mit Mailand, das mit der Heirat von Lucrezia mit Giovanni Sforza ein wenig voreilig geschlossen worden war. Von Tag zu Tag versetzten die vatikanischen Intrigen den Schwiegersohn des Papstes in wachsende Unruhe. Giovanni hatte so getan, als fliehe er vor der in Rom wütenden Pest, und sich auf sein Lehensgut nach Pesaro begeben, wo er den Sommer und den Herbst 1493 verbrachte. Erst im November kehrte er nach Rom zurück, weil man ihm versprochen hatte, Lucrezias Mitgift – 30 000 Dukaten – auszuzahlen. Er hielt sich jedoch nicht gerne in der heiligen Stadt auf. Im April 1494 wagte er es, sich bei Alexander über das Bündnis mit Neapel zu beklagen: «Da ich in den Diensten Eurer Heiligkeit stehe, bin ich gezwungen, den Neapolitanern in ihrem Kampf gegen die Mailänder zu dienen ... Ich bitte Eure Heiligkeit inständig, mich nicht zum Verrat an meinem eigenen Blut zu zwingen und mich der Verpflichtungen zu entheben, die ich sowohl gegenüber Eurer Heiligkeit als auch gegenüber dem mailändischen Staate eingegangen bin.» Auf diese Bitte hatte der Papst geantwortet: «Ihr kümmert Euch allzusehr um meine Angelegenheiten. Bleibt doch im Solde beider!» Giovanni hatte geglaubt, seinem Onkel Ludovico Moro diese beunruhigende Antwort mitteilen zu müssen.

Alexander wollte seinen Schwiegersohn und Lucrezia nicht aus Rom entfernen. Er hatte sich an die stille Gegenwart Lucrezias gewöhnt, die den zwei Schritte vom Vatikan entfernten Palazzo Sa. Maria in Portico mit jenen Damen teilte, denen der Heilige Vater zugetan war: mit seiner Cousine Adriana de Mila und vor allem mit seiner Geliebten Giulia Farnese. Giulias Mann und Adrianas Sohn Orso Orsini hielt er fern, indem er ihn auf sein Lehen in Bassanello schickte, um dort Truppen auszuheben, die zur neapolitanischen Armee stoßen sollten. Giulia hatte erst im Winter 1493 ein Mädchen geboren. Lauras Vater sollte Gerüchten zufolge der Papst sein.

Welche vertrauliche und ungemein herzliche Atmosphäre in dem Palast herrschte, spiegelt der Brief Lorenzo Puccis wider, eines nahen Verwandten Giulias, der auf Besuch nach Rom gekommen war. Der florentinische

Prälat wird am 24. Dezember 1493 von den Damen empfangen. Er findet sie am Feuer sitzend und mit ihrer Toilette beschäftigt vor. Voller Frische und Anmut zeigt die vierzehnjährige Lucrezia ihre aufreizende Schönheit. In einen wattierten Schlafrock gehüllt, wie er in Neapel in Mode ist, steht sie auf, um sich umzuziehen. Als sie zurückkehrt, trägt sie ein langes veilchenblaues Seidenkleid. Während dieser Zeit zeigt Giulia dem Prälaten ihre kleine Laura, die soeben erst geboren wurde: «Oh», ruft Lorenzo aus, «sie ist das Ebenbild des Papstes: Ganz gewiß ist das Kind von ihm!» Der Prälat bemerkt, Giulia habe etwas an Leibesfülle gewonnen, was ihr vortrefflich stehe. Sie hat sich die Haare gewaschen, die ihr nun eine Zofe trocknet und kämmt: Sie fallen ihr einem Gewand gleich in Wellen bis zu den Füßen hinab. «Ich habe niemals etwas Vergleichbares gesehen», bemerkt der Florentiner. Nachdem das Kammermädchen Giulia frisiert hat, bedeckt sie das Mädchen mit einem weißen Tüllschleier und legt über diesen ein goldenes, duftiges Haarnetz mit sonnenhellem Glanz.

DIE UMGESTALTUNG DES VATIKANS
PINTURICCHIO UND DAS APPARTAMENTO BORGIA

Die Privatgemächer des Palazzo Sa. Maria in Portico eignen sich vorzüglich für ein beschauliches Familienleben. Dennoch zieht Alexander ihnen die offizielle Papstresidenz vor, den ganz nahe gelegenen Vatikan, dem er ein grandioses und königliches Erscheinungsbild verleihen möchte. Mit Beginn seines Amtsantrittes ließ er dort neue päpstliche Privatgemächer einrichten. Man gelangt in sie durch ein Vorzimmer, das im ersten Stock des alten Palastes von Nikolaus III. liegt. Drei Empfangssäle sind im Nordflügel des Palastes von Nikolaus V., zwischen dem *Cortile dei Pappagalli* und dem gegenwärtigen *Cortile del Belvedere*, untergebracht. Zwei weitere Säle befinden sich im Borgia-Turm, einem wuchtigen Gebäude, das der Papst an der Nordostecke der Umwallung gegenüber der Sixtinischen Kapelle an einem schmalen Hof erbauen ließ. Zwei Kabinette und Gänge münden in diese beiden Hauptsäle im Borgia-Turm und ermöglichen so einen Zugang zu den auf verschiedenen Stockwerken liegenden Schlaf- und Arbeitsstätten. Seit Sixtus VI. sind im Erdgeschoß die Bibliothek und die Archive untergebracht. Sieht man aus den Fenstern des *Appartamento Borgia*, dann erblickt man im Norden einen mit Obst- und Weingärten bepflanzten Hügel: Innozenz VIII. ließ hier den Belvedere erbauen, eine elegante Loggia, die von Erholungsräumen und einer Kapelle flankiert wird. Von Belvedere aus bietet sich ein beeindruckender Ausblick über Rom und die Campagna bis hin zum Monte Soracte. Der Belvedere wurde von einem Maler aus Perugia dekoriert, der auch mit Arbeiten an der Sixtinischen Kapelle betraut war: Bernardino di Betti, Pinturicchio genannt, war ein Künstler mit lebhafter Einbildungskraft. Alexander schätzte ihn und vertraute ihm die Ausschmückung seiner Privatgemächer an.

Ab November 1492 arbeiten Pinturicchio und seine Gehilfen zwei Jahre lang an einem Werk, das, einem genau festgelegten Programm folgend, in allegorisch verschlüsselter Form die Anschauungen, das Streben und die Hoffnungen der Borgias illustriert. Das geräumige Vorzimmer von zweihundertsechzehn Quadratmetern, erhellt von zwei zum Belvedere hinausgehenden Fenstern, trägt den Namen «Sala papale». Die Deckengemälde dieses Saales verherrlichen die Vorrangstellung des Heiligen Stuhls und rufen dabei zehn bedeutende römische Päpste in Erinnerung. Unter ihnen erblickt man Stephan II., dem der fränkische König Pippin der Kleine huldigte, Leo III., der Karl den Großen krönte, Urban II., den ersten Prediger des Kreuzzuges, Gregor XI., den Erneuerer des römischen Papsttums, und Nikolaus III., den Erbauer des ersten vatikanischen Palastes. Die Gemälde Pinturicchios sind leider nicht erhalten, da die Decke des Saales im Jahre 1500 bei einem Gewitter eingestürzt ist.

Von diesem Vorzimmer aus gelangt man durch eine schmale Marmortür, über der ein Wappen mit den Schlüsseln Petri und den Insignien von Nikolaus V. prangt, in drei aufeinanderfolgende Empfangszimmer. Jedes von ihnen ist mit einem verzierten Fenster versehen, das auf den Belvedere hinausgeht. Die Wände in diesen Räumen stehen nicht parallel zueinander, und die Bodenfliesen sind uneben. Betrachtet man jedoch die Säle genauer, die alle eine Ausdehnung von ungefähr 88 Quadratmetern haben, dann sind die Schönheitsfehler rasch vergessen. Das *Appartamento* erstreckt sich direkt unter den Stanzen, die *di Eliodoro, della Segnatura* und *dell'Incendio del Borgo* genannt werden. In diese Räume im oberen Stock wird Julius II., der Nachfolger Alexanders VI., die päpstliche Wohnstatt aus Haß auf seinen Vorgänger verlegen.

Der Besucher, der den ersten Saal des *Appartamento Borgia* durchschreitet, empfindet lebhaftes Vergnügen. Die vergoldeten Stukkaturen auf ihrem blauen Hintergrund wirken vorzüglich mit den prachtvollen Wandbemalungen zusammen, die erst durch den Kontrast voll zur Geltung gebracht werden. Vergoldete Arabesken heben sich von einem blaßgrünen Untergrund ab und umrahmen Szenen aus dem Neuen Testament sowie Darstellungen beglückender Mysterien: dies ist die *Sala dei Misteri*. Sechs Episoden sind auf den Wänden abgebildet: Mariä Verkündigung, Christi Geburt, die Anbetung der Könige, die Wiederauferstehung, Christi Himmelfahrt und die Ausgießung des Heiligen Geistes.

In der Szene der Wiederauferstehung ist Alexander vor dem Grab Jesu dargestellt, während der Heiland gerade zum Himmel auffährt. In seinen von Edelsteinen übersäten Zeremonienrock gehüllt, hat sich der Papst niedergekniet und seine goldgeschmückte Tiara auf die Erde gesetzt. Er empfängt die Segnung des wiederauferstandenen Christus. Der Pontifex, der durch seinen prachtvollen Schmuck Ruhe ausstrahlt, kontrastiert mit den Soldaten, die in Bewegung oder erstarrt das Grab umstehen. Der Maler war ein guter Beobachter und brachte in den Zügen des Papstes Alexanders ganze Sinnlichkeit zum Ausdruck. Dennoch gibt er auch die von Alexander gewünschte Aussage in ihrem Kern wieder: Der Papst erscheint als Statthalter Christi. Durch das direkte Band, das ihn mit dem lebendigen Gott verbindet, ist er alleine berechtigt, den Menschen vom himmlischen Willen zu künden.

Im gleichen Saal ehrt Alexander unaufdringlich das Andenken seines Onkels Kalixt III. Eine kniende Figur in rotem Gewand, die im Gemälde der Wiederauferstehung erscheint, stellt Kalixts natürlichen Sohn Francesco Borgia dar, der noch einfacher Kämmerer ist, als Alexander Papst wird, später jedoch auch den Purpur erringen wird. Die Familie Borgia ist überall mit den Emblemen präsent, die über den Figuren der Propheten die Decke zieren: Der Stier wechselt sich mit der Krone ab, die drei oder fünf spitze Pfeile wie Strahlen zur Erde herabsendet.

Das folgende Zimmer ist mit Szenen aus dem Leben Heiliger ausgestaltet. Über einem Marmorkarnies, mit Stiermotiven behauen, sind sechs Lünettenfresken ins Gewölbe gemalt. Auf der hinteren Wand wird die heilige Katharina von Alexandrien von Kaiser Maxentius (oder Maximianus) zur Widerlegung des heidnischen Glaubens herausgefordert und führt ein Streitgespräch mit fünfzig Philosophen. Lucrezia hat der Heiligen ihre Züge geliehen: Das jugendliche Gesicht, der schlanke Wuchs und das goldblonde Haar Katharinas entsprechen Beschreibungen, wie wir sie von Lucrezia zum Zeitpunkt ihrer Eheschließung mit Giovanni Sforza haben. Der Kaiser sitzt auf seinem Thron, über dem sich ein goldener Baldachin erhebt. Er wird meist mit Cesare Borgia identifiziert. Bei dem Edelmann, der in einem türkischen Gewand zur Rechten des Thrones steht, handelt es sich vermutlich um den Prinzen Dschem. Sein Untergewand zieren stilisierte Blumen, wie sie im osmanischen Kulturkreis häufig als Symbole verwendet wurden. Der andere Edelmann, der, in einen rosenfarbenen Mantel gehüllt und mit einer roten Mütze bedeckt, rechts neben dem Prinzen steht, ist vielleicht Andreas Paläologos, der Sohn von Thomas, dem Despoten von Morea, und damit ein Nachkomme der alten byzantinischen Kaiser. Der auf byzantinische Art gekleidete Ritter könnte Herzog Juan von Gandia sein, der auf der rechten Seite des Freskos mit seinen Hunden ins Bild tritt. Juan fand nämlich Gefallen daran, den Prinzen Dschem nachzuahmen und sich türkisch zu kleiden. Zusammen mit dem Architekten der päpstlichen Gemächer hat sich Pinturicchio hinter dem Despoten von Morea auch selbst dargestellt.

Dieses «Familiengemälde» strahlt Heiterkeit und Lebensfreude aus: Vom bissig und leidenschaftlich geführten «Streitgespräch» der heiligen Katharina, wie es in der *Goldenen Legende* von Jacobus de Voragine geschildert wird, ist absolut nichts mehr zu spüren. Vielmehr spiegelt die Komposition einen jener glänzenden Empfänge wider, an denen Alexander und seine Kinder Gefallen fanden. Die Atmosphäre ist genau die eines bukolischen Festes, das vor einem Triumphbogen, ähnlich dem Konstantinsbogen, stattfindet. Wie der Stier der Borgias und die Inschrift auf dem Bogen zeigen, wurde der Bogen zum Ruhm des Papstes errichtet: «Dem Friedensstifter» – *pacis cultori*.

Ungezwungenheit und Lebendigkeit beherrschen ebenfalls die folgenden Szenen, die Wände und Decke der *Sala dei Santi* schmücken. Der Besuch des heiligen Antonius als Abt beim heiligen Paulus, dem Eremiten in der Wüste, wird in ein blühendes Paradies verlegt. Der «Besuch der heiligen Elisabeth bei Maria» bildet offenkundig den Vorwand für eine Darstellung spielender Kinder und junger Spinnerinnen und Näherinnen. Das Martyrium der heiligen Barbara, die mit aufgelöstem goldblondem Haar und einem vom Entsetzen gezeichneten Gesicht dargestellt wird, bildet als Heiligendarstellung eines der vorzüglichsten Frauenporträts, das Pinturicchio je schuf. Der Maler hat auf dem Fresko vielleicht die Züge einer der Damen aus dem päpstlichen Kreis verewigt. Die Episode von «Susanna und den Greisen» spielt sich in einem herrlich grünenden Garten ab, umgeben von einer Rosenhecke und bevölkert mit zahlreichen Tieren wie Hirschen, Hindinnen (Hirschkühen), Kaninchen und sogar einem Affen, der mit einer goldenen Kette gefesselt ist. Im Zentrum des Gemäldes steht ein prachtvoll behauener sechseckiger Springbrunnen mit übereinanderliegenden Becken, von denen das untere mit Genien aus Stuck geschmückt ist, das obere mit einem *putto*. Das Martyrium des heiligen Sebastian mit Bogenschützen, Soldaten und Reitern vor einer Landschaft, in deren Hintergrund der Palatin und das Kolosseum erkennbar sind, erinnert schließlich daran, daß die heilige Stadt vom Borgia-Papst mit den Mitteln versehen wurde, sich gegen jeden Angriff zu wehren.

Über der Tür, durch die man in diesen Saal gelangt, prangt ein runder Stuckrahmen, ein *tondo*. Die Jungfrau Maria, umgeben von sechs Seraphim, lehrt das Jesuskind mit Hilfe eines Buches lesen, das sie ihm mit ihrer Linken darreicht. Einige Kunstkritiker sehen in diesem Werk die Replik eines Gemäldes, das Rodrigo als Kardinal für die Stiftskirche in Játiva hatte anfertigen lassen, um der Jungfrau für den besonderen Schutz zu danken, den sie ihm während seiner Kindheit in Spanien gewährt hatte. Andere identifizieren dieses Werk als das Fresko, von dem Vasari in seinen *Lebensgeschichten* spricht: «Pinturicchio bildete über der Tür die Jungfrau Maria mit den Zügen Giulia Farneses ab.» Allerdings fügt Vasari hinzu, im selben Gemälde tauche auch «der Kopf Alexanders VI. auf, der sie anbetet». Und gerade dieses Detail fehlt dem uns heute erhaltenen Tondo.

So einfach eine Deutung dieser Fresken ist, so schwierig lassen sich die Szenen an der Decke deuten. Sie sind nur Eingeweihten verständlich. Sie erzählen die Geschichte von Isis und Osiris und enthüllen damit Alexanders VI. Neigung zur Esoterik: Mit den dargestellten Motiven weist das Oberhaupt der Kirche darauf hin, daß in den antiken Mythen eine Vorwegnahme christlicher Dogmatik enthalten sei. Gleichzeitig feiert er voll Stolz seine Dynastie. Da Osiris, der Bruder und Gatte von Isis, sich nach seinem Tode in ein geheiligtes Tier – in den Apis-Stier – verwandelt hatte, kann mit der Anspielung auf diese Legende das emblematische Tier der Borgia an exponiertester Stelle dargestellt werden. Zwischen dem Papst und dem altägyptischen Gott entspinnt sich eine Art genealogischer, oder genauer totemistischer, Beziehung: Diese Deutung bietet ein neueres kunsthistorisches Werk über die Fresken im Vatikan an. Die Humanisten konnten diese Anspielung verstehen, doch die Darstellung dieser alten Idole erregte an einem Ort, an dem das Oberhaupt der Christenheit residierte, bei der Mehrzahl der Gläubigen heftigen Anstoß.

In fünf achteckigen Rahmen in der großen Arkade des Raumes wird das Vorspiel zum Isis-Mythos dargestellt. In eine Kuh verwandelt, wird Io in Argus' Obhut gebracht. Sein Körper ist mit Augen übersät. Der König der Götter, der Geliebte Ios, sendet Merkur aus, der mit seinem Schalmeienspiel den mißtrauischen Hüter einschläfert. Merkur tötet Argus und überbringt Zeus die Kuh Io. Zeus vertraut sie der Obhut Heras an, führt sie dann nach Ägypten, wo sie, wieder in eine schöne Frau verwandelt, unter dem Namen Isis zur Königin ausgerufen wird.

Die Geschichte wird in den Medaillons weitergesponnen, die ins Gewölbe gemalt sind. Isis heiratet ihren Bruder, den König Osiris, den ältesten Sohn von Himmel und Erde, der die Menschen im Wein- und Obstanbau unterweist. Allerdings reizt dieses wohltätige Werk die Eifersucht seines Bruders Set (oder Typhon), des Herrn der Hölle und des Feuers. Er tötet Osiris und zerstückelt seine Leiche. Schmerzerfüllt sammelt Isis die verstreuten Körperteile ihres Gatten ein und fügt sie wieder zusammen: Osiris lebt für einen Augenblick wieder auf und zeugt mit Isis ihren Sohn Horus, der seinem Vater auf den ägyptischen Thron folgen wird, wenn er das Totenreich erreicht, um dort in Gestalt des Apis-Stiers ewig weiterzuleben und von Generation zu Generation verehrt zu werden.

Auf Veranlassung des Papstes schrieb der Humanist Pomponius Laetus einen Kommentar zu den Fresken, um zu verhindern, daß jemand Anstoß nehmen könnte, und zu zeigen, daß diese Geschichte die Mysterien von Tod und Wiederauferstehung darstellte: der Mensch kann, den Listen des Dämons – des bösen Typhon – entronnen, wie Osiris zum ewigen Leben auferstehen.

Osiris, Isis und Horus nehmen die christliche Dreifaltigkeit vorweg, mit dem geringfügigen Unterschied, daß eine dieser Gestalten, Isis, eine Frau ist, eine Frau jedoch, die nicht nur die Religion achtete, sondern auch die Leidenschaft kannte, woran Papst Alexander Gefallen fand. Im nächsten Raum wechselt die motivische Ausgestaltung vollkommen: Es handelt sich um ein geräumiges Arbeitskabinett, das Fresken mit Darstellungen der freien Künste und Wissenschaften schmücken sollten. Junge Frauen thronen auf Marmorsitzen, umgeben von den wichtigsten Gelehrten aller Disziplinen. Sie verkörpern die Grammatik, die Rhetorik und die Dialektik (die Künste des ersten Unterrichtszyklus oder des *Triviums*), dann die Musik, die Astronomie, die Geometrie und die Arithmetik (die Künste des zweiten Zyklus oder des *Quadriviums*). Verweilt man einige Zeit vor diesen Figuren, dann entdeckt man das Porträt einiger päpstlicher Vertrauter. Auf dem Fresko der Rhetorik, von Pinturicchio signiert, findet man einen Geheimkämmerer, der mit der Bewachung der kleinen Tür beauftragt war, die von der *Sala delle Arti liberali* in die Erholungsgemächer des Heiligen Vaters führte. Im Gewölbe sind Allegorien der Gerechtigkeit zusammen mit biblischen Szenen aus den Geschichten von Lot und Jakob abgebildet. Auch hier findet man die Symbole der Borgia, den Stier und die Krone, von der aus fünf Strahlen zur Erde hinunter weisen.

Von diesem Arbeitszimmer gelangt man in den 1494 erbauten Borgia-Turm, die *Sala del Credo*. Sie diente auf einer Fläche von fünfundneunzig Quadratmetern als Raum für Empfänge. Die Sala wird durch drei Fenster erleuchtet. Auf den zwölf Wandgemälden sind abwechselnd ein Apostel und ein Prophet dargestellt. Jeder Apostel hält ein Buch mit dem Glaubensbekenntnis in der Hand, gemäß der Legende, nach der die Schrift des christlichen Glaubens von den Aposteln vor ihrer Abreise nach Jerusalem erstellt wurde. In der *Sala delle Sibille e Profeti*, von geringerer Ausdehnung (etwas weniger als sechzig Quadratmeter), finden sich schließlich die Darstellungen der zwölf Sibyllen. Jede wird von einem Propheten begleitet. Das Gewölbe erinnert an den Osiris-Mythos und die heidnischen Götterfiguren. Noch einmal möchte diese künstlerische Ausgestaltung die ungebrochene Kontinuität der überströmenden göttlichen Offenbarung von der heidnischen Antike bis zur christlichen Ära aufzeigen.

Von Julius II. geschlossen, später wieder renoviert und 1897 von

Leo XIII. für die Öffentlichkeit freigegeben, stellen die Gemächer des *Appartamento Borgia* einen der künstlerischen Höhepunkte der römischen Renaissance dar. Als sie der britische Historiker Evelyn Marc Phillips bei ihrer Wiedereröffnung besichtigte, hat er voller Begeisterung und auf vollkommene Weise den tiefen Eindruck wiedergegeben, der sich dem Besucher bei einem Rundgang auch heute noch unvergeßlich einprägt: «Es gibt in Rom vermutlich keinen zweiten Ort, an dem man sich so tief ins Innerste des Renaissancelebens versetzt fühlt, wie diese Gemächer. Wenn tagsüber die Stille in der Zimmerflucht nur durch das Rauschen des Wassers, das von dem in der Mitte des Hofs gelegenen Springbrunnen niederplätschert, gebrochen wird, so leben die Menschen, die hier ihr Dasein verbrachten, vor dem geistigen Auge des Besuchers wieder auf. Eben hier umspielte das Licht das blonde Haar Lucrezias, wandelte der berühmte Pontifex in seinen Brokatgewändern umher, stellte Cesare seine goldglänzenden Rüstungen zur Schau . . .»

Die hervorragende künstlerische Ausgestaltung war sehr rasch vorangetrieben und im Beisein des Papstes und seiner Familie ausgeführt worden. Der magische Pinselstrich Pinturicchios erhob die Modelle des Malers gleichsam in die Unsterblichkeit.

LUCREZIAS AUFENTHALT IN PESARO
VERTRAULICHE BRIEFE DES PAPSTES
UND GIULIA FARNESES

Im Frühjahr 1494 muß Lucrezia den römischen Hof verlassen und auf den Glanz und die Ausgelassenheit verzichten, die dort herrschen. Der Pontifex hat seinem Schwiegersohn Giovanni Sforza befohlen, ein Heer zu rüsten, mit dem er in der Romagna gemeinsam mit den Neapolitanern der gefürchteten französischen Invasion entgegentreten soll. In einem prächtigen Reiterzug verläßt Lucrezia mit zahlreichen Rittern und Hofdamen Sa. Maria in Portico. Lucrezia und ihre Ehrendame Giulia Farnese reiten jeweils auf einem prächtigen Zelter. Es folgen die Sänften mit Adriana de Mila und Juana Moncada, den beiden Nichten des Papstes. Der Stiftsherr Francesco Gacet wird dem Trupp als Ratgeber zugewiesen. Er ist beauftragt, mit dem Vatikan in ständiger Verbindung zu bleiben.

Bei der Ankunft des Reiterzugs in Pesaro am 8. Juni 1494 geht ein Wolkenbruch nieder. Die Blumengirlanden werden vom Regen zerstört, und die Triumphbögen, die zu Ehren der hohen Herrschaften errichtet wurden, reißt der Sturm nieder. In den darauffolgenden Tagen besichtigt Lucrezia bei Ausritten ihr Fürstentum: eine von grünen Bäumen gesäumte Ebene, durch die die Foglia fließt, bevor sie ins Meer mündet. Die Stadt ist nach einem genauen Plan angelegt wie ein Schachbrett. An ihren gerade gezogenen Straßen stehen Kirchen und Klöster. Das hochherrschaftliche Schloß von Pesaro ist eine von vier Bastionen flankierte Festung und erhebt sich in einer Ecke der Stadtmauer am Adriatischen Meer. Im Sommer wird die drückende Hitze in dieser Residenz rasch unerträglich. Zum Glück liegt eine halbe Wegstunde von Pesaro entfernt die «kaiserliche Villa», die 1464 errichtet wurde, als Friedrich III. durchs Land zog. Mit ihren geräumigen Sälen und kühlen Gärten ist diese Villa im Sommer ein willkommener Zufluchtsort. Lucrezia führt ein geruhsames Leben zwischen der Campagna und dem Schloß von Pesaro, in das zuweilen bescheidene Festlichkeiten Leben bringen.

Einige vertrauliche Briefe, die glücklicherweise in den Archiven der Engelsburg erhalten geblieben sind, geben Zeugnis von Lucrezias Aufenthalt in Pesaro. Die Briefe sind deshalb besonders wertvoll, weil sie bezeugen, welche Vertrautheit zwischen dem Papst, seiner Tochter und seiner Geliebten herrschte. Lucrezia verheiratet eine der Damen aus ihrem Gefolge, die Tochter des päpstlichen Datarius Lucrezia Lopez, mit Gian Francesco Ardizio, dem Arzt des Herrn von Pesaro. Dann bereitet sich der kleine Hof auf den Empfang einer Nachbarin vor, Caterina Gonzaga, die Gattin des Grafen Ottaviano de Montevecchio. Neben anderen Gesellschaftsspielen, die man sich in Pesaro einfallen ließ, organisiert man auch einen Schönheitswettbewerb zwischen Caterina Gonzaga und Giulia Farnese. Der Papst in Rom wird als Schiedsrichter herangezogen. Adriana de Mila, Juana Moncada, der Stiftsherr Gacet, Giulia selbst und Lucrezia teilen ihm in Briefen ihre Meinungen mit. Lucrezia äußert sich sehr bissig. «Ich werde Eurer Seligkeit ein wenig von der Schönheit Caterina Gonzagas berichten. Gewiß ist Euch deren Ruf nicht verborgen geblieben. Sie ist um sechs Fingerbreit größer als Madonna Giulia, hat eine schöne Figur, eine helle Haut und schöne Hände: Sie ist eine hübsche Person, jedoch mit einem gemeinen Mund, schrecklichen Zähnen, großen farblosen Augen, einer eher häßlichen Nase, einer gewöhnlichen Haarfarbe und einem länglichen, ziemlich männlichen Gesicht.» Für Lucrezia ist die Sache entschieden: Die Geliebte ihres Vaters, ihre Freundin Giulia, ist die schönere.

Caterina Gonzaga beobachtet ihrerseits ihre Rivalinnen, und ein Prälat aus ihrem Gefolge, Giacomo Dragazzo, schreibt Cesare Borgia seine Meinung zur äußeren Erscheinung der Dame. Ihm scheint, daß Giulia mit ihrem dunklen Teint, ihren schwarzen Augen, ihrem runden Gesicht und ihrem sehr temperamentvollen Charakter den Gegenpol zu Caterina bilde, deren helle Haut, blaue Augen und stolze Haltung dem Regelkanon einer himmlischen Schönheit entsprächen.

Diese Vergnügungen, die an den Höfen der Renaissance üblich waren, sind Giulia willkommen. Schon kurz nach ihrer Ankunft in Pesaro klagt sie bei ihrem «einzigen Herrn», wie sie ihn nennt, über Langeweile: «Eure Heiligkeit sind nicht zugegen, und da all mein Wohl und Glück von Euch abhängt, kann ich weder Vergnügen noch Zufriedenheit bei allerlei Lustbarkeiten finden; denn wo mein Schatz ist, ist auch mein Herz.» Im Schönheitswettbewerb mit Caterina Gonzaga ergreift sie aus Koketterie Partei für ihre Widersacherin, wobei sie deren Qualitäten weit über die eigenen hebt. Der 62jährige Pontifex greift sogleich zur Feder und schreibt seiner Geliebten einen leidenschaftlichen Brief: «In dem Wohlgefallen, mit dem du diese Person beschreibst, die nicht würdig wäre, dir auch nur die Bänder deiner Schuhe zu lösen, sehen Wir, daß du dich einer großen Bescheidenheit befleißigt hast; und Wir wissen auch, warum du dies tatest: Du weißt sehr wohl, daß all jene, die Uns geschrieben haben, versichern, sie sei neben dir wie eine Laterne vor der Sonne. Wenn du sie als besonders schön beschreibst, so deshalb, weil Wir um deine eigene Vollkommenheit wissen, die Wir tatsächlich niemals in Zweifel zogen. Ebenso gewiß, wie Wir dies wissen, möchten Wir, daß du vollkommen und ungeteilt an die Person gebunden bleibst, die dich mehr als jeder andere auf der Welt liebt. Wirst du diesen Entschluß fassen, soweit noch nicht geschehen, so halten Wir dich für ebenso klug wie vollkommen.»

In diesem Brief, bei dem es sich zweifellos um keine Fälschung handelt, sehen die meisten Historiker eine feurige Liebeserklärung des Papstes an Giulia Farnese. Andere Historiker wie Giovanni Soranzo, für den der Papst über jeden Zweifel erhaben ist, hat der Brief verunsichert. Sie deuten den Brief auf paradoxe Weise als eine Aufforderung, die eheliche Treue zu wahren. Die Person, von der der Papst schreibt, daß sie Giulia «mehr als jeder andere auf der Welt» liebe, sei kein anderer als ihr Ehemann Orso Orsini, der sich damals weit weg von ihr in der Festung von Bassanello aufhält: Die Hypothese wäre von Bedeutung, wenn aus den anderen Briefen des *carteggio* nicht klar hervorginge, daß Alexander für Giulia Farnese leidenschaftliche Gefühle hegte.

DIE FRANZÖSISCHE INVASION UND DIE GEFANGENNAHME DER PAPSTGELIEBTEN

Zu Beginn des Sommers 1494 verschlechtert sich am Hof von Pesaro die Stimmung. Lucrezia wird ernstlich krank, und Giovanni Sforza ist zunehmend beunruhigt, welche Rolle er spielen wird, wenn die Franzosen in Italien einmarschieren. Giovanni stützt sich noch immer auf seinen Onkel

Ludovico Moro, während Alexander VI. entschlossen Partei für Neapel ergreift und am bewaffneten Widerstand gegen die Franzosen teilnehmen will. In Vicovaro begutachtet der Papst am 14. Juli 1494 den Verteidigungsplan, den Alfons II. erstellt hat. Bei diesem Treffen handelt es sich um eine Zusammenkunft von Heerführern: Der König ist mit tausend Berittenen in Vicovaro erschienen, der Papst mit fünfhundert Berittenen und einer großen Anzahl von Fußsoldaten. Die Verbündeten tauschen Geschenke aus, und Alexander erhält einen goldenen Kelch und kostbare Gegenstände im Wert von 4 000 Dukaten. Zwei Tage lang diskutiert man in allen Einzelheiten die Aufstellung der Truppen, mit denen die Romagna abgeriegelt werden soll. Alexander weiß nichts von den Verhandlungen, die Giovanni Sforza mit seinem Onkel Ludovico führt, und glaubt Lucrezia und Giulia in Pesaro, einem Stützpunkt der neapolitanisch-päpstlichen Liga, in Sicherheit. Er rät ihnen, sich während der bevorstehenden Kämpfe nicht von der Stelle zu rühren. Lucrezia gehorcht, da sie Pesaro ihrer Krankheit wegen ohnehin nicht verlassen kann. Giulia hingegen wird zu ihrer Familie gerufen. Alexander ist besorgt, als er erfährt, daß sie mit Adriana de Mila am 12. Juli die Straße nach Bolsena genommen hat, um sich in Capodimonte ans Bett ihres schwer kranken älteren Bruders Angelo zu begeben. Als Angelo kurz darauf stirbt, beschließt Giulia, einige Tage bei ihrer Mutter und ihrem Bruder, dem Kardinal Alexander, zu bleiben. Zur selben Zeit erhält sie von ihrem Ehemann gebieterische Sendschreiben. Orso Orsini fordert sie auf, zu ihm nach Bassanello zu kommen. Giulia setzt den Papst über die Forderungen ihres Mannes in Kenntnis. Aber Alexander befiehlt ihr, den Wünschen ihres Mannes nicht zu gehorchen und unverzüglich nach Rom zurückzukehren. Um Zeit zu gewinnen, schreibt sie dem Heiligen Vater, sie müsse zunächst das Einverständnis ihres Gatten erwirken, bevor sie Alexander gehorchen und nach Rom zurückkehren könne. Der Papst nimmt ihr diesen Brief sehr übel: «Undankbare und verwerfliche Giulia ... Obwohl Wir deine Seele und die deiner Ratgeberin für schlecht erachteten, konnten Wir doch nicht glauben, daß du mit soviel Niedertracht und Undankbarkeit handeln würdest, während du Uns nur allzu häufig versichert und geschworen hast, dich Uns treu anzuvertrauen und dich von Orsini fernzuhalten. Und nun willst du das Gegenteil tun und dich unter Lebensgefahr nach Bassanello begeben, um dich erneut diesem Zuchthengst hinzugeben. Kurz, Wir hoffen, daß du und die undankbare Adriana euer ungebührliches Verhalten einsieht und angemessene Buße tut. Und Wir verbieten dir hiermit unter Androhung von Kirchenbann und ewiger Verdammnis, Capodimonte oder Marta zu verlassen oder dich gar nach Bassanello zu begeben.»

Tatsächlich ist es im Augenblick nicht ratsam, sich auf italienischen Straßen zu bewegen. Am 2. September ist die Nachricht wie ein Donnerschlag über Italien hereingebrochen, daß Karl VIII. die Alpen überschritten hat. Man hat zugleich erfahren, daß der französische König durch mailändisches Gebiet marschierte und von Ludovico Moro unterstützt wurde. Ende Oktober wird die neapolitanische Armee aus der Romagna zurückgedrängt. Nach und nach muß sie das Gebiet vollständig räumen. Piero de Medici übergibt dem König die befestigten Städte, die die Toskana schützten. Pisa erhebt sich Anfang November und ergreift Partei für die Franzosen. Karl VIII. marschiert in Florenz ein. Die Herrschaft der Medici bricht zusammen. Der dominikanische Bußprediger Girolamo Savonarola verkündet in der Stadt seine Vision vom Schwert Gottes, das auf Florenz niedersaust: Dieses Schwert sei niemand anders als der König von Frankreich, der komme, um die Sünden der Florentiner zu rächen. Das Einvernehmen zwischen dem Mystiker Savonarola und dem Politiker Karl bringt den Borgia-Papst vollkommen aus der Fassung. Zu seinem Ärger bekommt er die Folgen religiöser Bemäntelung von Politik kurz darauf zu spüren. Am 22. November verkündet Karl VIII. in einer feierlichen Bekanntmachung, es sei Ziel seiner Expedition gegen das Königreich Neapel, der türkischen Macht den Untergang zu bereiten und die heiligen Stätten zu befreien. Vom Papst verlangt er daher freien Durchzug durch die Gebiete des Heiligen Stuhls. Alexander VI. kann sich der Forderung nicht gut widersetzen, weil er sich durch einen bedauerlichen Zwischenfall das Mißtrauen und den Haß der Christenheit zugezogen hat. Der päpstliche Gesandte Giorgio Buzardo wurde kurz vor Karls Bekanntmachung in Senigallia gefangengenommen, als er gerade aus Istanbul mit Briefen Bajazets II. nach Italien zurückgekehrt war. In den Briefen sichert der türkische Sultan dem Papst seine Unterstützung gegen die Franzosen zu. Als bekannt wird, daß zwischen dem Stellvertreter Christi und dem Herrscher der Mohammedaner ein Bündnis besteht, beschwört dies einen ungeheuren Skandal herauf. Giovanni della Rovere, der Bruder des Kardinals Giuliano, eignet sich die 40 000 Dukaten der Pension für Dschem an, die der türkische Gesandte, der Buzardo begleitet hatte, nach Rom bringen sollte. Giuliano schickt Buzardo mitsamt den beschlagnahmten Briefen nach Florenz. In einem der Schreiben wird dem Papst ein finanzielles Angebot unterbreitet: 30 000 Dukaten, wenn er den Prinzen Dschem töten läßt! Die Empörung ist um so heftiger, nachdem bekannt wurde, daß türkische Gesandte in Neapel eingetroffen sind. Die Türken sollen ein Bündnis mit König Alfons, dem Freund und Bundesgenossen des Papstes, knüpfen und ihn in seinem Kampf gegen die Franzosen unterstützen.

Der Skandal stellt den Papst moralisch bloß, und bald kommt auch noch eine militärische Schlappe hinzu. Die Orsini, welche die Grenzen des Kirchenstaates bewachen, laufen zum Gegner über: Virginio Orsini, der Condottiere des Königs von Neapel, öffnet den Franzosen seine befestigten Städte Anguillara und Bracciano.

Mittelitalien ist in Feindeshand. Papst Alexander hat nun maßlose Angst um Giulia. Er fürchtet, daß die junge Frau bei einem Ortswechsel Soldaten in die Hände fallen könnte. So schickt er einen Geheimboten zu ihrem Gatten. Der Papst bietet Orso Orsini eine hohe Geldsumme. Am 28. November zieht Orsini seine Forderung zurück, daß seine Gemahlin in Bassanello erscheinen müsse. Er erklärt sich einverstanden, daß Giulia sich in Begleitung von Adriana de Mila und ihrer Schwester Girolama Farnese Pucci auf dem schnellsten Wege nach Rom begibt. Am 29. verlassen die Damen Capodimonte mit einer Reitereskorte von dreißig Mann. Als sie sich Montefiascone nähern, tritt ein, was Alexander befürchtet hatte: Soldaten der französischen Vorhut, die von Yves d'Alègre kommandiert werden, überrumpeln die Reisenden, nehmen sie gefangen und stellen Lösegeldforderungen von 3000 Talern.

Man kann sich die Aufregung des Papstes leicht vorstellen, als er von der Entführung erfährt. Er schickt einen Kammerherrn los, der Giulia die verlangte Summe überbringen soll. Galeazzo San Severino, den Bruder des gleichnamigen Kardinals, schickt er zum französischen König, von dem er die sofortige Freilassung der Gefangenen erwirken soll. Karl VIII. zeigt sich galant und läßt die Damen von einer Ehrenabteilung bis nach Rom eskortieren.

Erleichtert und hocherfreut erscheint Alexander in Rom vor seiner Mätresse im Gewand eines Ritters. Er trägt ein samtenes, goldbesticktes schwarzes Wams, ein spanisches Wehrgehänge, feine valencianische Stiefel und ein Seidenbarett. An seinem Gürtel sind ein Dolch und ein Degen befestigt. Ludovico Moro ist über die Ereignisse im Vatikan noch immer gut informiert und teilt diese Einzelheiten Giacomo Trotti mit, dem Gesandten des Herzogs von Ferrara, der mit Frankreich sympathisiert. Es ist anzunehmen, daß Ludovico die kolportierten Tatsachen jedoch etwas ausschmückt, um den Papst in Mißkredit zu bringen. Denn er betrachtet Alexander ebenso wie den König von Neapel von nun an als seinen Feind. Ludovico teilt dem Gesandten Trotti ebenfalls mit, man habe ihm berichtet, der Papst schlafe im Vatikan mit drei Frauen, mit einer ehemaligen Nonne aus Valencia, einer Frau aus Kastilien und mit einer Jungvermählten von fünfzehn oder sechzehn Jahren! Als Krönung seiner Verleumdungen vertraut Ludovico dem Gesandten Trotti an, er erwarte von Stunde zu Stunde den Befehl, daß der unwürdige Papst gefangengesetzt und enthauptet werde.

Als Giulia in Rom eintrifft, ist sie über den Aufruhr in der Stadt und über die Unruhe des Papstes besorgt. Der Vatikan ist in Alarmbereitschaft. Das Silberzeug und die Teppiche sind bereits verpackt, damit man sie in in die Engelsburg schaffen kann. Alexander will sich ins Königreich Neapel zurückziehen, wo ihm Alfons II. Gaeta als Zufluchtsort zur Verfügung gestellt hat. Aber unter dem Einfluß der jungen Frau, oder vielleicht auch nur, weil er in ihren Augen besonders tapfer erscheinen möchte, faßt Alexander wieder Mut und beschließt, in seiner Hauptstadt zu bleiben. Bei reiflicher Überlegung muß er zudem fürchten, daß seine Feinde, vor allem Kardinal della Rovere, seine Abwesenheit dazu nutzen könnten, ihn abzusetzen und seine Wahl zu annullieren. Nachdem Giulia sich bisher tapfer gezeigt hat, verläßt sie nun plötzlich der Mut. Während ihrer Gefangenschaft hatte sie in Furcht leben müssen. Die Angst befällt sie erneut, als sie erfährt, daß die Orsini, die Verwandten ihres Mannes, den Franzosen ihre Festungen geöffnet haben. Ihr Bruder, Kardinal Farnese, beauftragt Mitte Dezember deshalb Jacobello Silvestri, den Bischof von Alatri, Giulia aus Rom wegzubringen. Dies geschieht ohne Wissen des Papstes, der den Prälaten später zur Strafe in der Engelsburg einkerkern wird. Die junge Frau flieht unter dem Schutz des Condottiere Mariano Savelli, der mit den Baronen ihrer Familie und mit den Colonna für die Franzosen kämpft. Giulia ist damit gewissermaßen zum Feind übergelaufen. Mit der verklärten, leidenschaftlichen Liebesbeziehung ist es für den Papst vorerst vorbei. Seine schöne Mätresse wird erst sehr viel später wieder in den Vatikan zurückkehren. Im November 1505 verheiratet sie ihre Tochter Laura mit Niccolò della Rovere, dem Neffen des dann regierenden Papstes Julius II.

In diesem trübseligen Winter 1494 liegt noch ein weiter Weg vor dem Papst, um vom kleinen, in die Defensive gedrängten Herrscher des Kirchenstaates zum wahrhaften Stellvertreter Christi aufzusteigen, zum Mittler zwischen Himmel und Erde, der sich als Abkömmling der Kriegshelden von Ägypten und Griechenland fühlt und zu einem Mythos werden wird. Aber der Papst hat die Familie der Borgia mühsam mit den Sforza und den Aragonesen verbunden, hat seine ganze diplomatische Kunst angewandt, um den mächtigen Nationen zu schmeicheln, und Geld in die Säckel von Geistlichen und Soldaten geschüttet. All dies bildet für den anstehenden Krieg das beste Rüstzeug, das es nun mit List – und daran wird es Alexander nicht fehlen lassen – einzusetzen gilt, damit sich das Blatt schließlich zu seinen Gunsten wendet.

KAPITEL II

DIE WAFFE DER LIST

KAMPFGESCHREI IN ROM

Alexander VI. hatte die französische Invasion seit langem vorhergesehen und bereits zu Beginn seines Pontifikates die Garnison in der Ewigen Stadt neu geordnet. Im Februar 1493 unterzieht er seine 114 Fußsoldaten und die 80 Mann seiner leichten Reiterei einer genauen Überprüfung. Ihre Anzahl reicht gerade hin, um die Umwallungen der Engelsburg und des Borgo zu verteidigen. Der Papst rekrutiert zusätzlich Söldner, um ein Heer für den Feldzug aufzustellen. Angeführt wird es natürlich vom Generalkapitän der Kirche, Niccolò Orsini, dem Grafen von Pitigliano. Unter Orsinis Befehl führen tüchtige Heerführer wie Giulio Orsini, der Herr von Monterotondo, und Niccolò Baetano, der Herr von Sermonneta, das Kommando. Giovanni Sforza, der Schwiegersohn des Papstes, gehört ebenfalls zu diesem Generalstab. Vor den Toren Roms, nahe der Brücke, über die die Via Salaria führt, werden Soldaten und Geschütze an den Ufern des Tiber zusammengezogen. Aber kaum ist das Lager errichtet, wird es im Juli 1493 durch eine Naturkatastrophe wieder zerstört: Bei einem furchtbaren Gewitter tritt der Fluß über die Ufer und reißt in seinen tosenden Fluten Pferde, Waffen und Munition mit sich. Sobald Pitigliano die Soldaten wieder gesammelt hat, läßt er sie vor dem Vatikan aufmarschieren, damit sich die Gesandten am päpstlichen Hof von ihrer ausgezeichneten Verfassung überzeugen können. Und so bricht das Heer auf, um gemeinsam mit dem des Herzogs von Kalabrien die Franzosen an den Grenzen des Kirchenstaates aufzuhalten. Rom selbst muß jedoch auf Verteidigung nicht verzichten. Während die Truppen gesammelt werden, läßt der Papst die Umwallung des Borgo-Viertels um den Vatikan herum ausbessern, und ebenso die Mauern der Engelsburg. Auf der Krone des wuchtigen runden Mausoleums des römischen Kaisers Hadrian läßt er eine Backsteinmauer errichten, die mit Zinnen und Pechnasen bewehrt wird. In diesem zusätzlichen Stockwerk läßt Alexander eine Zisterne und fünf Öl- und Getreidespeicher anlegen. 3 700 Zentner Korn werden in dem Speicher eingelagert. Mit den Lebensmittelvorräten und der gewaltigen Menge an Munition in den Magazinen glaubt der Papst, auch den längsten Belagerungen widerstehen zu können. Die Festung beherbergt Unterkünfte für die Truppen und Gefängniszellen, darunter fünf lichtlose Kerker, jedoch auch Empfangshallen und bequeme Quartiere für die Würdenträger. Auf dem darüberliegenden Dachgeschoß befindet sich der Borgia- oder Theaterhof, der in eine halbkreisförmige Wandelhalle übergeht und von der zinnenbewehrten Mauer geschützt wird.

Die Umgebung der Engelsburg wurde eingeebnet, die Nachbarhäuser niedergerissen und die Gräben wieder instandgesetzt. Die äußere Umwallung, ein Rechteck mit einer Seitenlänge von hundert Metern, wurde mit Bastionen versehen, und ein wuchtiger Turm versperrt den Zugang zur Engelsbrücke. Die Verbindung zum Vatikan wird durch jenen viaduktartigen Überweg hergestellt, der von der Festung über die Borgo-Mauer zum Papstpalast verläuft. Die Erweiterungs- und Befestigungsarbeiten leitet der Gouverneur Juan di Castro, Bischof von Agrigento, der das volle Vertrauen des Papstes genießt.

Als Alexander erfährt, daß der König von Frankreich Mitte Dezember 1494 Viterbo verlassen hat, läßt er die Schätze des Heiligen Stuhls, goldgeschmückte Tiaren, päpstliche Juwelen und Reliquien, in die schützende Festung bringen. Die Prunksäle um den Borgia-Hof läßt er mit Truhen und Betten, Draperien und kostbaren Teppichen ausstatten. Vorläufig zieht er sich allerdings noch nicht in die Engelsburg zurück. Er hofft, daß der Herzog von Kalabrien mit Hilfe der päpstlichen Truppen die Eindringlinge aufhalten kann. Der rasche Vormarsch der drei französischen Armeen ist jedoch nicht zum Stillstand zu bringen. Das Heer, das aus 7000 Fußsoldaten und 2400 Berittenen besteht – Ludovico Moro hatte sie bereitgestellt –, schlägt das neapolitanisch-päpstliche Heer in der Romagna; das zweite wird direkt vom König befehligt und zählt 6000 Mann Fußvolk und 4000 Reiter. Es rückt direkt auf Rom vor, wo es sich mit dem ersten Heer treffen soll. Eine dritte Armee, bestehend aus 5000 Infanteristen und mehr als 2000 Reitern, folgt ihnen. Die Soldaten sind auf Schiffen unterwegs und sollen in Nettuno landen. Nach den Operationsplänen soll die dritte Armee zu den Baronen Colonna, den Feinden Alexanders VI., stoßen, die im Einvernehmen mit Giuliano della Rovere seit September die Festung von Ostia besetzt halten. Die Strategie der Franzosen zielt darauf ab, die heilige Stadt in einen Würgegriff zu nehmen.

Zum Rückzug gezwungen, hatte sich der Herzog von Kalabrien am

11. Dezember nach Rom begeben, um mit dem Grafen von Pitigliano einen neuen Operationsplan auszuarbeiten. Sie beschließen, die römischen Festungen zu benutzen, um den Einmarsch der Franzosen in die heilige Stadt zu verhindern. Man vermauert die Tore am Nordende der Umwallung, wo die Straße von Viterbo einmündet. Auf der obersten Dachfläche der Engelsburg werden Kanonen aufgestellt. Durch diese Demonstration militärischer Macht fassen der Papst und sein Gefolge wieder neuen Mut. Karl VIII. bekommt das neue Selbstbewußtsein zu spüren, als er seine außerordentlichen Gesandten nach Rom schickt und diese sehr dreist abgefertigt werden. Der Kämmerer Louis de La Trémoille, Präsident des Pariser Parlaments, Jean de Ganay und der Finanzgeneral Denis de Bidault werden vorstellig, um «Zugang und freien Durchmarsch» durch die Gebiete des Heiligen Stuhls zu fordern. Zudem verlangen sie, daß der Papst den Prinzen Dschem für den Kreuzzug herausgibt und Karls Ansprüche auf das Königreich Neapel anerkennt.

Da der Herzog von Kalabrien anwesend ist, lehnt der Papst die Forderungen mutig ab. Er läßt die Kardinäle, die Mailand und Frankreich günstig gesinnt sind, als Geiseln gefangennehmen: Ascanio Sforza, Lunati, Savelli, San Severino; zudem Prospero Colonna und Girolamo Tuttavilla, den Sohn des Kardinals d'Estouteville, die dem Laienstand angehören. Das römische Volk ist jedoch nicht gewillt, die kriegerischen Launen Alexanders zu unterstützen. Seit die Colonna die Festung in Ostia besetzt halten, sind die Versorgungswege abgeschnitten. In der Stadt herrscht Nahrungsmittelknappheit. Versprengte Soldaten und Wegelagerer machen das Umland unsicher. Die wenigen Händler, die sich nach Rom wagen, müssen sich notgedrungen mit bewaffneten Karawanen durch die Campagna schlagen. Angesichts der Untätigkeit seiner Untertanen appelliert der Papst an die Ausländer, die sich in Rom niedergelassen haben, daß sie bei der Verteidigung der Stadt mithelfen sollen. Mit sechs seiner Landsleute ruft Burchard die Vertreter der deutschen Nation zusammen. Ungefähr zwanzig Mann versammeln sich, zum Beispiel die Pächter der beiden Herbergen Campana und Angelo, fünf Schuster, darunter der Stiefelmacher Burchards, ein Chirurg, ein Barbier, ein Schlosser und einige Händler. Diese friedliebenden Handwerker wollen nichts unternehmen, wenn sie nicht von den Führern der Stadtmiliz unterstützt werden. Selbst wenn es gelänge, die Deutschen zu mobilisieren, ist abzusehen, daß sie allein der Anblick der Franzosen in die Flucht schlagen würde.

Mitte Dezember ist der König bis nach Nepi vorgerückt. Die Orsini, die Verbündeten des Papstes, öffnen Karl die Tore der Festung von Bracciano. Alexander wird sich bewußt, daß jeder bewaffnete Widerstand zwecklos ist. Er denkt erneut daran, nach Gaeta zu fliehen. Sein Bündel ist bereits geschnürt, und seine Pferde sind angeschirrt, aber am 18. Dezember beschließt er zu bleiben. Die Gesandten aus Venedig und Spanien haben ihm deutlich gemacht, daß er seine Absetzung riskiert, sollte er den Heiligen Stuhl verlassen. Folglich versucht Alexander sein Glück auf diplomatischem Wege. Er sendet die drei Dipomaten Lionello Chieregato, Bischof von Concordia, Juan Fuentes Salida, Bischof von Terni, und Graziano di Villanova, seinen Beichtvater, zum König; bald folgt ihnen der Kardinal San Severino, der aus dem Kerker entlassen wurde. Alexander beweist mit dieser Geste, daß er gegenüber den Freunden der Franzosen keine Rachegelüste mehr hegt.

Die Prälaten bitten Karl VIII. inständig, den Krieg zu beenden. Sie versichern, daß der Papst beim neapolitanischen König eine Tributzahlung als Anerkennung der französischen Ansprüche erwirken wird. Anschließend werde Alexander die christlichen Fürsten zu einem Kongreß zusammenrufen, damit sie Karl bei seinem Kreuzzug militärisch und finanziell unterstützen. Der König von Frankreich werde so den Kreuzzug vorantreiben können, ohne dabei die Gefahren in Kauf nehmen zu müssen, die mit einer Eroberung Neapels verbunden sind. Aber keines der Argumente macht auf Karl Eindruck. Am 19. Dezember verlangt er lediglich ein weiteres Mal «Zugang und freien Durchmarsch» und die Geisel Dschem. Anstatt auf die Forderungen einzugehen, sinnt Alexander auf eine Kriegslist, mit der er die franzosenfreundlichen Kräfte schwächen und den König vielleicht zum Rückzug zwingen könnte. Er befreit Fabrizio Colonna und macht ihm verlockende Versprechungen, namentlich die einer militärischen Führungsposition, die jährlich 30 000 Dukaten einbringt. Dann schickt er Fabrizio mit dem Auftrag nach Ostia, seinen Bruder Prospero, der mit Hilfe von Schweizern und Franzosen die Stadt in der Hand hat, für den Heiligen Stuhl zu gewinnen. Sobald Prospero sich außerhalb Alexanders Reichweite befindet, kümmert er sich jedoch nicht mehr um die erpresserischen Versprechungen und reiht sich wieder ins Heer seines Bruders ein. Ostia bleibt damit eine Sperre, die Rom den Nachschub an Lebensmitteln abschneidet, und zugleich ein Brückenkopf für die Feinde des Papstes. Inzwischen geht der französische Vormarsch unaufhaltsam weiter. Der bedeutende Ort Monterotondo wird vom Marschall de Rieux besetzt. Seine fünftausend Soldaten überqueren den Tiber und fallen in Latium ein. Die Städte Corneto und Civitavecchia müssen den Franzosen die Tore öffnen. Bald darauf sieht Burchard die Vorhut der Armee Karls VIII. den Monte Mario bis zum Tiber hinabsteigen.

Kardinal Raymond Péraud hat mit Karl VIII. Freundschaft geschlossen und versucht nun, die Porta S. Paolo in seine Gewalt zu bringen. Er appelliert an die Bevölkerung des Kirchenstaates, die Franzosen freundlich zu empfangen. Wie Burchard schreibt, «lobte er die Treue und Gerechtigkeit des Königs und seiner Truppen bis in den Himmel. Ihm zufolge nähmen die Franzosen weder Hühner noch Eier noch sonst irgend etwas, ohne voll dafür zu bezahlen.»

Péraud bemüht sich ganz besonders darum, die deutsche Nation für Karl VIII. zu gewinnen. Er tritt als Freund vor die Landsleute Burchards und erinnert daran, daß er auf kaiserliche Empfehlung ins Kardinalat erhoben wurde. «Ich habe mich beim allerchristlichsten König dafür eingesetzt», so schreibt er, «daß die Soldaten weder den Beamten der Kurie noch irgend jemandem sonst ein Leid zufügen, vorausgesetzt, daß niemand seine Waffen gegen Seine Majestät oder dessen Truppen erhebt.»

Der König bestätigt die Versprechungen des Kardinals. In einem Brief an das städtische Korps von Rom verpflichtet er sich, für die Sicherheit der Stadtbewohner zu sorgen. Die Konservatoren bringen den Brief in den Vatikan. Alexander hat bereits einen Beweis erhalten, daß der König mit friedlichen Absichten nach Rom kommt. Karl hat seinen Heerführern Yves d'Alègre und Louis de Ligny befohlen, jede militärische Auseinandersetzung mit der neapolitanisch-päpstlichen Armee des Herzogs von Kalabrien zu vermeiden: Und sollten die Armeen tatsächlich gegeneinander antreten, dann kann der Herzog von Kalabrien keinesfalls mit der Unterstützung der Römer rechnen. Die Bürger Roms sind tatsächlich hin- und hergerissen zwischen der Hoffung auf die Milde des französischen Königs und einer panischen Angst vor dem Feind. Schließlich hatten sie den Einsturz der Stadtmauer mit ansehen müssen, und dies gerade an jener Seite, an der die Franzosen erwartet wurden. Da sich der Papst über die defätistische Haltung seiner Untertanen im klaren ist, faßt er einen vernünftigen Entschluß. Er läßt den Herzog von Kalabrien abziehen. Am Weihnachtstag empfängt Alexander den Herzog nach der feierlichen Messe im Vatikan. Ferrandino erscheint in seinem Waffenrock mit Harnisch, Degen und Dolch. Der Papst unterhält sich lange mit ihm und verabschiedet und segnet ihn dann. Beide sind übereingekommen, daß der Papst jederzeit ins Königreich Neapel fliehen kann, wo er eine Pension von 50 000 Dukaten und die Burg Gaeta erhalten wird. Weitere 10 000 Dukaten soll er erhalten, damit er für die Sicherheit des Prinzen Dschem sorgen kann.

Ferrandino zieht am selben Tag ab. Er wendet sich nach Tivoli und ver-

wüstet alle Landstriche auf seinem Weg, damit die Franzosen nur verbrannte Erde vorfinden, falls sie ihm folgen sollten. Der Herzog von Kalabrien wurde bis zu den Stadttoren Roms von einer Abordnung von Kardinälen begleitet. Auch Ascanio Sforza, der kurz zuvor aus dem Kerker befreit
worden war, gehörte der Abordnung an. In seiner Eigenschaft als Freund
des Königs von Frankreich überbrachte er die feste Zusicherung, daß
Karl VIII. die Aragonesen wie versprochen nicht verfolgen würde. Als ein
weiteres Mitglied der Abordnung verabschiedet der Kardinal von Monreale, Juan Borgia, den Herzog an der Porta S. Lorenzo, bevor er wieder
nach Bracciano zurückkehrt. Juan soll dort mit Karl VIII. über die Bedingungen für seinen Einzug in Rom verhandeln.

DER SIEGREICHE EINZUG KARLS VIII. IN ROM

Die Ereignisse überschlagen sich. Am Abend des 25. Dezember ernennt
Karl VIII. drei Gesandte, die dem Papst seine Forderungen überbringen
sollen: Pierre de Rohan, den Marschall von Gié, Jean de Ganay und
Etienne de Vesc. Am Morgen des 26. Dezember werden die drei Männer in
die Sixtinische Kapelle geführt, wo sie im Beisein des Papstes der feierlichen Messe zu Ehren des heiligen Stephan beiwohnen sollen. Zur maßlosen
Entrüstung des Zeremonienmeisters Burchard setzen sich die Gefolgsleute
der Gesandten einfach auf die Sitze, die den Prälaten vorbehalten sind:
«Ich wies sie fort ... Aber nachdem mich der Papst zu sich gerufen hatte,
teilte er mir in verärgertem Ton mit, ich durchkreuze seine Pläne. Man
müsse den Franzosen gestatten, sich zu setzen, wohin sie wollten. Ich ant-
wortete Seiner Heiligkeit, Er möge sich um Gotteswillen deshalb nicht
erregen. Da mir Sein Wille nunmehr bekannt sei, würde ich die Franzosen
gewähren und sich hinsetzen lassen, wo immer es ihnen beliebe.»
Der Papst gibt sein Einverständnis, daß 1500 Soldaten der französischen
Armee am linken Tiber-Ufer lagern. Am 30. Dezember läßt Gilbert de
Bourbon, der Graf von Montpensier, Paläste zur Unterbringung der Offiziere requirieren. Am 31. Dezember macht sich früh morgens eine Abordnung römischer Würdenträger auf den Weg zum König. Zu Mitgliedern
der Abordnung hat der Papst seine Sekretäre, den Bischof von Nepi, den
Auditor der Rota Romana, Jeronimo Porcario, den Konsistorialadvokaten
Coronato Planca, der mit allen Einzelheiten der Prozedur bestens vertraut
ist, und den Zeremonienmeister Burchard bestimmt. Die Stadt Rom ist mit
einigen Patriziern vertreten. Qualitativ und quantitativ handelt es sich um
eine äußerst kümmerliche, dem Rang des allerchristlichsten Königs kaum
angemessene Abordnung.

Während die Würdenträger unterwegs sind, bricht der Winter herein. Das Wetter ist scheußlich. Die Wege sind so aufgeweicht und schlammig, daß es die Gesandten aus Rom nicht wagen, von ihren Reittieren zu steigen, als sie beim König in Galera ankommen. Umgeben von den Kardinälen Savelli, Péraud und della Rovere, macht Karl nur eine kurze Rast; gerade lange genug, wie er benötigt, um den Ehrengruß des Bischofs von Nepi, Burchards und Porcarios entgegenzunehmen. Karl weist kurz darauf hin, daß er noch am selben Abend ohne jeden Pomp in Rom einzuziehen gedenkt. In den vorangegangenen Verhandlungen war der Einzug in die Stadt zwar auf den 1. Januar festgesetzt worden, Karl war jedoch dem Rat seiner Astrologen gefolgt und hatte ihn auf den 31. Dezember vorverlegt, auf den Tag des heiligen Silvester. Nach der Legende hatte Papst Silvester Rom von Konstantin zum Geschenk erhalten. Außerdem war der Heilige der Inbegriff dessen, was sich der König unter einem Pontifex vorstellte. Er war versöhnlich und respektvoll gegenüber der weltlichen Macht, wußte aber dennoch seine eigene, geistliche Unabhängigkeit zu wahren. Nachdem Karl seine Absichten dargelegt hat, zeigt er sich der Abordnung gegenüber freundlich und wohlwollend: «Entlang des Weges», schreibt Burchard «ungefähr auf der Länge von vier Meilen sprach er ständig mit mir, wobei er mir Fragen zum Zeremoniell stellte, zum Befinden des Papstes, zu Stellung und Rang des Kardinals von Valencia und zu so vielen anderen Dingen, daß ich Mühe hatte, auf alles eine passende Antwort zu finden.»

Nach Einbruch der Nacht erreicht der Reiterzug, zu dem sich die Gesandten Venedigs und Kardinal Ascanio Sforza gesellt haben, die Porta del Popolo. Der König durchquert die Stadt bis zum Palazzo S. Marco, der ihm als Residenz dienen wird. Trotz Regen und Sturm erleuchten die Römer seine Wegstrecke mit zahllosen Fackeln. Eine gewaltige Menge jubelt dem Herrscher und seinen Verbündeten zu: «*Francia, Francia! Colonna! Colonna! Vincula! Vincula!*» Dieser Jubel anläßlich des improvisierten Einzugs des Königs mutet wie eine antipäpstliche Kundgebung an. Die Vertreter aus dem römischen Volk haben dem Marschall von Gié die schweren Schlüssel der Stadt übergeben. Die Stadttore stehen die ganze Nacht offen. Die verschiedenen Truppenkontingente ziehen in bester Ordnung in Rom ein; die Schweizer mit ihren gefürchteten Piken von über drei Metern Länge, die Deutschen mit ihren Streitäxten und Hellebarden sowie die Gascogner, die mit Armbrüsten und Büchsen bewaffnet sind. Dann naht die Kavallerie. Der leichten Reiterei folgen die schwerbewaffneten Reiter, die mit Streitkolben, Schwertern und Lanzen ausgerüstet sind. Ihren riesigen Schlachtrossen haben sie die Ohren und die Mähne gestutzt, um unter den Gegnern Schrecken zu verbreiten. Hinter ihnen zieht die gefürchtete Artillerie in die Stadt ein: 36 acht Fuß lange Bronzekanonen werden auf schweren Wagen gezogen, gefolgt von einer Menge kleiner Feldschlangen, Falkonetten und sogar mehrläufige Gewehre, den Vorläufern der Maschinengewehre, die von den Soldaten auf dem Rücken getragen werden konnten.

DIE BARBAREN IM ANGESICHT DES PAPSTES

Im Palazzo S. Marco, der in ein schwer bewachtes Militärquartier umgewandelt wurde, empfängt Karl VIII. die Ehrenbezeigungen der meisten Kardinäle: Cesare Borgia erscheint am 1. Januar im Palast, wird jedoch nicht zum König vorgelassen, da dieser die Messe hört. Burchard vermerkt in seinem Tagebuch mit Grauen das flegelhafte und schamlose Benehmen der Besatzer. Die Empfangshallen des Palastes werden mit Stroh ausgelegt, das den Soldaten als Lager dient und niemals gewechselt wird. Auf den Marmorkaminen und über den mit Einlegearbeiten geschmückten Türen werden Kerzen aufgestellt, deren Talg heruntertröpfelt und den Fußboden besudelt. In der Stadt häufen sich Diebstähle und Plünderungen: Die italienischen Soldaten der Colonna nehmen aktiv an Raubzügen teil. «Um sich einzuquartieren, bedienten sich die Franzosen der Methode, sich gewaltsam Zugang zu den Häusern zu verschaffen, sich in ihnen niederzulassen, die Bewohner zu vertreiben, die Pferde und das Vieh aus ihnen zu verjagen, das Holz zu verbrennen und zu essen und zu trinken, was immer sie fanden, ohne dafür zu bezahlen», schreibt Burchard, der zusammen mit anderen bedeutenden Persönlichkeiten wie Kardinal Carafa oder dem Bischof von Cosenza unter der Soldateska zu leiden hatte. In wildem Durcheinander werden die Häuser von Vannozza Cattanei, die mehrerer Würdenträger und das ganze Judenviertel geplündert. Der Venezianer Malipiero schätzt den Wert der geraubten Güter auf 40 000 Dukaten. Der König muß Strenge walten lassen: Am 9. Januar läßt er fünf Plünderer hinrichten, verhängt die Ausgangssperre und schickt Soldaten auf Nachtpatrouille. Die Juden werden unter besonderen Schutz gestellt und aufgefordert, sich durch ein an der Schulter angebrachtes Kreuz kenntlich zu machen. Schließlich gibt Karl den Befehl, das Diebesgut sei den Eigentümern zurückzugeben. Zur lebhaften Verwunderung der Römer erhalten sie tatsächlich einen Großteil ihrer geraubten Habe zurück.

Nur ein völlig abgebrühter Mensch bleibt unbeeindruckt angesichts dieser Plage, von der die Stadt heimgesucht wird. Obwohl Alexander nicht mehr Herr der Lage ist, stellt er eine bemerkenswerte Gelassenheit zur Schau. Er empfängt die französischen Herren, die in den Vatikan eindringen, wann immer sie Lust dazu verspüren. Der Papst erweist ihnen sogar die äußerst seltene Gnade, ihm am 5. Januar zu Epiphanias die Füße küssen zu dürfen. Aber die drei Forderungen, die der König stellt, lehnt er ab: der Papst soll den Franzosen die Engelsburg übergeben, den Prinzen Dschem ausliefern und Karl Cesare Borgia als Geisel überlassen. Im Gegenzug will der König dem Papst Civitavecchia als Pfand übergeben. Alexanders ablehnende Antwort verblüfft ihn einigermaßen. «Meine Barone», meint er, «werden dem Papst meinen Willen schon kundtun!» Alexanders Feinde, die Kardinäle della Rovere, Sforza, Colonna und Svelli, raten dem König, den Papst unter Berufung darauf abzusetzen, daß er sich die Mitra durch Simonie erschlichen habe. Da der Pontifex die Drohung ernst nimmt, flieht er durch den Geheimgang in die Engelsburg, begleitet von sechs Kardinälen, unter denen sich auch Juan Borgia, der Erzbischof von Monreale, und sein Sohn Cesare befinden. Kurz nachdem er sich in die Festung zurückgezogen hat, bricht die Umwallung der Festung auf einer Länge von sieben Zinnen ein, in der Nähe der Stelle, wo der Geheimgang einmündet. Bei dem Einsturz werden drei Soldaten mit in die Tiefe gerissen, die gerade auf Wache waren. Der Zwischenfall, der an den Einsturz der Mauern vor der Ankunft Karls VIII. erinnert, erscheint einigen Römern als ein weiterer Fingerzeig des Himmels, daß der Papst kapitulieren soll. Aber Alexander weigert sich, an Vorzeichen zu glauben. Als Realist läßt er die Bresche zumauern und die Geschütze der Engelsburg auf die Franzosen richten. Der Bischof von Agrigento, Juan di Castro, der Gouverneur der Burg, befiehlt seiner Garnison von vierhundert Spaniern, rings auf den Mauern der Festung Posten zu beziehen. Zur Verteidigung der Engelsburg bedient sich Castro auch der kostbarsten Reliquien Roms, die in ihr aufbewahrt werden. Zweimal läßt er die Schreine mit den Köpfen der Heiligen Peter und Paul und dem Schweißtuch der heiligen Veronika auf der Umwallung aufstellen, als sich die feindlichen Truppen nähern. Erschreckt ziehen sich die Franzosen zurück. Schließlich tauschen der König und der Papst Geheimkuriere aus. Philippe de Bresse, der Onkel Karls VIII., Gilbert de Montpensier und Jean de Ganay treten in Verhandlungen mit einer Delegation, die aus dem Kardinal von Alexandrien, dem Bischof von Nepi (Sekretär des Heiligen Vaters) und dem Bischof von Perugia (dem päpstlichen Datarius) besteht. Der König ist überzeugt davon, daß Alexander nachgeben wird, und während seine Abgesandten Vertragsartikel diskutieren, besichtigt er selbst einstweilen die antiken Monumente und Kirchen der heiligen Stadt.

DIE KAPITULATION
ALEXANDERS VI.

Am 15. Januar ist der Wortlaut des Vertrags zwischen Rom und Frankreich genauestens festgelegt. Der erste Artikel bestimmt, daß «unser besagter Heiliger Vater der gute Vater des Königs bleiben wird; und der König wird der gute und ergebene Sohn unseres besagten Heiligen Vaters bleiben». Der Papst wird dem König den Kardinal von Valencia überantworten, der ihn vier Monate auf seiner Expedition begleiten soll. Ebenso wird er den Prinzen Dschem ausliefern, der in der Festung Terracina unter Aufsicht gestellt wird: «zur Sicherheit des besagten Herrn und um die Türken an einem Eindringen in Italien zu hindern». Dschem soll wieder der Obhut des Papstes übergeben werden, sobald der König Italien verläßt. Für den Prinzen will Karl VIII. dem Papst Barone und Prälaten als Geiseln zurücklassen, die in der apostolischen Kammer 500 000 Dukaten als Pfand hinterlegen. Der Papst soll das Jahrgeld von 40 000 Dukaten behalten, das Sultan Bajazet II. für die Bewachung seines Bruders bezahlt.

Während des Feldzugs gegen Neapel soll der König über die Stadt Civitavecchia verfügen, «um dort Lebensmittel, Menschen und Güter des täglichen Bedarfs zu sammeln», wobei die Franzosen jedoch dort wie auch an anderen Orten des Kirchenstaates für die Freizügigkeit der Händler und den freien Warenaustausch sorgen werden. Lediglich Händler aus Neapel müssen einen Geleitbrief des Heiligen Vaters vorweisen. Der Papst wird der königlichen Armee in allen Städten seines Staates «freies Geleit und Lebensmittel verschaffen, wobei «jedoch für die besagten Güter angemessen bezahlt wird». Die Kardinäle und Standesherren, die dem König ihre befestigten Orte ausgeliefert haben, bleiben vollkommen straffrei. In den Burgen und Legationsbezirken seines Staates soll der Papst als Legaten oder Statthalter Freunde des französischen Königs einsetzen. Kardinal della Rovere soll seine Legation in Avignon und seine Güter zurückerhalten. Kardinal Péraud wird Entschädigungen bekommen, als wäre er ständig im Heiligen Kollegium anwesend gewesen; der Papst wird ihm eine Bestätigung für die Bistümer Metz und Besançon erteilen. Die mit dem König befreundeten Kardinäle dürfen Rom verlassen und ohne päpstliche Genehmigung gehen, wohin es ihnen beliebt.

Im Gegenzug zu diesen wichtigen Zugeständnissen verlangt der Papst von dem Herrscher lediglich formelle Zusicherungen: «Der König wird vor seiner Abreise aus Rom unserem besagten Heiligen Vater persönlich den Obedienzeid leisten ...; der König wird versprechen, unseren besagten Heiligen Vater nicht anzugreifen; und die Kardinäle ... werden seinen Feinden weder Unterstützung noch Begünstigungen zukommen lassen, weder durch Bewaffnete noch durch Geld noch auf irgendeine andere Weise.»

Diese Art der Kapitulation des Borgia-Papstes ruft eine Menge gegensätzlicher Reaktionen hervor. Der König selbst ist zufrieden und erleichtert: Ohne Gewalt anwenden zu müssen, hat er sich vom Heiligen Vater Unterstützung zusichern lassen. Die aufständischen Kardinäle dagegen glauben nicht an einen Gesinnungswandel des Pontifex und halten seine Geste für ein Täuschungsmanöver. Die Römer schließlich sind überglücklich: Sie sehen dem Abzug der Franzosen und der Räumung ihrer Häuser entgegen, und da auch die Tiber-Blockade aufgehoben werden soll, scheint das Ende der Lebensmittelknappheit nahe. Am glücklichsten von allen ist jedoch Alexander VI. Durch geringste Zugeständnisse hat er sich mit dem naiven Karl VIII. ausgesöhnt. Von einer Absetzung kann von nun an keine Rede mehr sein. Damit ihm der König auch weiterhin wohlgesinnt bleibt, beschließt der Papst, ihm das unvergleichliche Gepränge der römischen Liturgie vorzuführen. Am 16. Januar, dem Tag nach der Unterzeichnung des Vertrags, begibt sich Karl in die Peterskirche in Rom, hört dort die Messe in der französischen Kapelle S. Petronilla und speist anschließend im vatikanischen Palast, den ihm der Papst zur Verfügung gestellt hat. Am Nachmittag begibt sich Karl zu einem Empfang bei Alexander. Der Papst hat sich bereits auf seiner *Sedia gestatoria* niedergelassen, nachdem er aus der Engelsburg durch den Gang über die Mauer zum Vatikan gegangen war. Demütig fällt der König zweimal vor ihm auf die Knie, wie es das Ritual vorschreibt, und Alexander hindert ihn nicht daran. Erst als der kleine König einen weiteren Kniefall macht, läßt er sich herab, von Karl Notiz zu nehmen. Er hilft ihm auf, entblößt gleichzeitig mit ihm sein Haupt und umarmt ihn. Als erste Gnade bittet ihn Karl um den Kardinalspurpur für seinen Günstling Guillaume Briçonnet, den Bischof von Saint-Malo: Alexander gewährt ihm die Bitte. Der König fordert daraufhin, daß das Zeremoniell der Kardinalsweihe sofort stattfinden soll. Äußerst verlegen versucht Alexander der Forderung auszuweichen und schützt eine Ohnmacht vor. Karl ist jedoch geduldig und wartet das Ende der Unpäßlichkeit ab. Als Alexander wieder zu sich kommt, bleibt ihm nichts anderes mehr übrig, als zur Tat zu schreiten. Er versammelt in der *Camera del Pappagallo* ein Konsistorium. Saint-Malo wird zum Kardinal erhoben. Der Papst legt ihm den Kardinalsumhang an, den er sich von Cesare Borgia ausgeliehen hat. Dann setzt er Saint-Malo den Hut auf, den Burchard in der Kammer des Kardinals von S. Anastasia aufgetrieben hat. Zufrieden zieht sich der König in die Gemächer zurück, die ihm der Papst zur Verfügung gestellt hat. Zuvor postiert er allerdings die Männer seiner schottischen Wache an allen Toren des Vatikans.

Karl VIII. verlangt vom Papst nun seine Investitur als König von Neapel und will zum Führer des Kreuzzuges ausgerufen werden. Alexander gibt zu verstehen, daß der König zuvor den Obedienzeid leisten müsse. Nach langen Verhandlungen entscheidet man über die Form des Schwurs, den Karl ablegen soll. Der französische König soll Alexander als «wahren Stellvertreter Christi und Nachfolger des heiligen Petrus» bestätigen. Karl möchte den Schwur in dieser Form nur ablegen, wenn ihm der Papst ein Zugeständnis macht: Anstelle der vierzig Adligen, Barone und Prälaten, die Alexander als Bürgen für den Prinzen Dschem erhalten soll, will Karl ihm nur zehn überlassen. Die Diskussion dauert drei Stunden. Der Kompromiß wird schließlich von zwei Notaren in einem Text mit fein säuberlich ausgearbeitetem Wortlaut festgehalten und dann verlesen; in Latein von Stefano da Narni als Vertreter des Papstes und in Französisch von Olivier Yvan, einem Geistlichen aus der Diözese von Mans, als Vertreter des Königs. Nach dieser strapaziösen Sitzung geht man auseinander.

Am folgenden Tag, dem 19. Januar, stellt sich beim König nach den langen Diskussionen am Vortag das unangenehme Gefühl ein, betrogen worden zu sein. Karl will den Papst seine üble Stimmung fühlen lassen. Als Alexander morgens ins Öffentliche Konsistorium geht, ist der König im Saal nicht anwesend. Der Papst schickt sofort den Bischof von Concordia und Burchard zu ihm. Der Zeremonienmeister vermerkt in seinem Tagebuch: «Wir fanden ihn in seinem Zimmer am Feuer vor, in seinem Wams und ohne seine Schuhe angelegt zu haben.» Karl läßt sich von dem Besuch nicht stören und beendet seine Morgentoilette. Dann begibt er sich in die Basilika, hört dort die Messe und kehrt in den Vatikan zurück, wo er frühstücken möchte. Als der König nach einer Stunde noch nicht erschienen ist, zieht sich Alexander zur Beratung mit seinen Kardinälen ins Geheime Konsistorium zurück. Anschließend begibt er sich in die *Camera del Pappagallo*. Dort legt man ihm den päpstlichen Ornat und seinen kostbaren nahtlosen roten Umhang an, der für Innozenz VIII. gewebt worden war, und setzt ihm dann die schwere, goldgeschmückte Mitra Pauls II. aufs Haupt. Der Papst läßt sich nun auf seinem Thron nieder. Doch der König erscheint noch immer nicht. Erschöpft setzt Alexander die schwere Mitra wieder ab und setzt eine leichtere auf. Abermals schickt er den Zeremonienmeister in Begleitung von vier Kardinälen und sechs Bischöfen zum König. Karl unterbricht sein Mahl nicht, läßt die Abordnung eine halbe Stunde warten und unterhält sich dann eine weitere halbe Stunde mit seinen Ratgebern über die Leistung des Obedienzeides. Schließlich macht er sich auf den Weg ins Konsistorium. Als Alexander erfährt, daß der König demnächst zu erscheinen geruht, setzt er erneut die kostbare Mitra auf. Mit Genugtuung sieht der Papst den König die drei rituellen Kniefälle ausführen und ihm dann den Fuß und die linke Hand küssen. Im Namen seines Herrn bittet Jean de Ganay den Papst, Karl drei Gnaden zu erweisen, «wie es Brauch ist bei den Vasallen, bevor sie den Obedienzeid leisten». Bei der ersten handelt es sich darum, alle Privilegien, die dem allerchristlichsten König und seiner Familie traditionell verliehen wurden, zu bestätigen; bei der zweiten, ihm die Investitur für Neapel zu verleihen; bei der dritten, auf die Geiseln zu verzichten, die für die Rückgabe des Sultans Dschem garantieren sollen. Der Papst gewährt die erste Gnade, für die zwei anderen müsse er sich jedoch, so sagt er, mit seinen Kardinälen beraten. Trotz dieser ausweichenden Antwort kann der König den Obedienzeid nun schlecht verweigern. In eine kurze Formel gefaßt, legt er also seinen Schwur ab: «Heiliger Vater, ich bin gekommen, um Eurer Heiligkeit Gehorsam und Verehrung zu erweisen, in gleicher Weise, wie es meine Vorgänger, die Könige von Frankreich, taten.» Der Präsident Jean de Banay führt anschließend die Worte seines Dienstherrn weiter: «Er anerkennt Euch, Heiligster Vater, als den wahrhaften Stellvertreter Christi, als den Nachfolger der Apostel Petrus und Paulus. Er weiht Euch die kindliche und schuldige Verehrung, die seine Vorgänger, die Franzosenkönige, den höchsten Oberpriestern zu erweisen pflegten, und stellt sich und all das Seine Eurer Heiligkeit und diesem Heiligen Stuhle zur Verfügung.» Alexander hat erreicht, was er wollte: Karl hat seine Wahl zum Papst als rechtmäßig anerkannt. Dafür hat er jedoch in nichts nachgegeben. Die neapolitanische Investitur hat er ihm nicht verliehen. Damit hat der ganze Zorn des Königs nichts Nennenswertes eingebracht!

FEIERLICHE MESSE UND ABLASS

Karl hofft zumindest auf den apostolischen Segen für sein Unternehmen, das er als neuen Kreuzzug darstellt. Man war übereingekommen, daß er den Segen während der großen Pontifikalmesse erhalten sollte, die am 20. Januar, am Festtag der Heiligen Fabianus und Sebastian, zelebriert wird. Zwanzig Kardinäle begeben sich an jenem Morgen zum Papst in die *Camera del Pappagallo.* In einer Prozession schreiten sie zum Hauptaltar in der Peterskirche, aber der König befindet sich noch nicht auf dem Ehrenplatz, den man ihm reserviert hat. Er nimmt am anderen Ende der Basilika in der Kapelle S. Petronilla an einer Privatmesse teil. Als der Gottesdienst zu Ende ist, hat er Hunger und möchte in einem benachbarten Domstift ein Mahl zu sich nehmen. Aus dem Vatikan bringt man ihm Teller, Schüsseln, Flaschen und andere Behälter, die, mit Gerichten gefüllt, durch die Basilika getragen werden, vorbei an Alexander VI., der geduldig am Fuß des Hochaltars wartet. Nach einer Viertelstunde schließlich nimmt Karl zur Rechten des Papstes Platz. Der Zeremonienmeister schlägt ihm vor, dem Pontifex das Reinigungswasser bei der Messe zu halten. Er stimmt dem Vorschlag zu, «wenn dies bei den Königen so Brauch ist». Die Epistel und das Evangelium werden in Griechisch und Latein gelesen, die Kommunion in beiderlei Gestalt genommen, das Schweißtuch der heiligen Veronika gezeigt, auf dem die Züge des Herrn Jesu erkennbar sind; die heilige Lanze wird ausgestellt, feierlich wird der Segen erteilt und vollkommener Ablaß gewährt: Die große Inszenierung des päpstlichen Zeremoniells erregt die Neugierde Karls VIII. aufs äußerste, bestätigt ihn jedoch keineswegs als offiziellen Führer des Kreuzzugs. Alexander hütet sich wohlweislich, irgendeine Erklärung zu dieser Angelegenheit abzugeben. Er beschränkt sich darauf, dem König eine Gnade zu erweisen, die ihn nicht teuer zu stehen kommt: die Kardinalswürde für Karls Vetter Philippe de Luxembourg, den Bischof von Mans. Am 21. Januar wird öffentlich verkündet, daß Philippe zum Kardinal ernannt wird. Zur gleichen Zeit verleiht der Papst dem Bischof von Saint-Malo den Kardinaltitel und den Ring und versieht ihn so ebenfalls mit allen Attributen der Kardinalswürde.

Da sich Karls Truppen schon allzu lange in Rom aufhalten, kommt es zu Unruhen in der Stadt. Die Schweizer der französischen Armee und die Katalanen der Garnison der Engelsburg liefern sich regelrechte Straßenschlachten. Auch unter den oppositionellen Kardinälen kommt erneut schlechte Stimmung auf. Kardinal Péraud, der in den Genuß der päpstlichen Amnestie kam, trägt dem Papst sein Verhalten noch immer nach und macht seinem Ärger Luft. «Er warf dem Papst», schreibt Burchard, «seine Verbrechen, seine simonistischen Umtriebe, seine fleischlichen Vergehen, seine Beziehung zum Großtürken und das Einvernehmen vor, das zwischen ihnen beiden herrsche. Wenn es stimmt, was man mir berichtet hat, so erklärte er, der Pontifex sei ein Heuchler, ja ein wahrhafter Schurke.»

Weder die Unruhen in den Straßen noch die Zornesausbrüche in der Kurie ändern etwas an Alexanders Haltung. Er möchte den ehrgeizigen König durch Schmeicheleien im Zaum halten, ohne ihm dabei wesentliche Zugeständnisse zu machen. Am Sonntag, dem 25. Januar, dem Fest der Bekehrung des heiligen Paulus, lädt der Papst Karl ein, sich an seiner Seite im traditionellen Reiterzug zur Basilika S. Paolo fuori le Mura zu begeben. Selbstverständlich bringen die Franzosen wie gewohnt größte Unordnung in das Gotteshaus. Alexander sieht jedoch über ihr Benehmen hinweg. Ohne besonderen Anlaß erweist er dem König sogar eine weitere Gnade: Karl darf gleichzeitig mit dem Papst auf demselben Betstuhl niederknien, während er den Gläubigen auf hundert Jahre vollen Ablaß gewährt. Und schließlich ist es eine größere Gnade, vor dem Fegefeuer errettet als mit einem irdischen Königreich belehnt zu werden.

DER ABZUG KARLS VIII.
CESARE BORGIAS AUSLIEFERUNG

Obwohl der Papst ihn getäuscht hat, erreicht der allerchristlichste König im wesentlichen doch, was er wollte: Cesare Borgia wird ihn bis nach Neapel begleiten. Mit den Befugnissen eines Legaten ausgestattet, soll der Papstsohn Karl VIII. krönen, sobald dieser den aragonesischen König gestürzt hat. Auch das Versprechen, daß der Papst Karl in dem Vertrag gegeben hat, wird eingelöst: Alexander liefert ihm den Prinzen Dschem aus. Die Übergabe findet am 27. Januar statt. Die türkische Geisel wird am selben Abend aus der Engelsburg in den Palast von S. Marco überführt, wo sie vom Herrscher erwartet wird.

Schließlich kommt der Tag des Aufbruchs. Am 28. Januar verabschiedet sich Karl vom Papst, der vor Freude über seine Abreise außer sich ist, ihn umarmt und dabei größte Zuneigung für seinen Widersacher zur Schau stellt. Auf seiner Segnungsloggia sieht der Pontifex dabei zu, wie der Zug vorbeidefiliert, an dessen Spitze der Kardinallegat Cesare Borgia und seine Kollegen, die Kardinäle della Rovere, Savelli und Colonna, reiten. Pinturicchio wird die Szene später mit anderen wichtigen Ereignissen während der Visite Karls VIII. im Vatikan an die Wände in der Engelsburg malen. Die Darstellungen der ruhmreichen Begebenheiten werden davon zeugen, daß der Borgia-Papst dem bedeutendsten König der Christenheit überlegen war.

Kaum haben die Franzosen Rom verlassen, erschallen in der Stadt Spottlieder auf Karl VIII. Die Lieder rühmen die Verdienste des jungen Ferrante, der kurz zuvor in Neapel die Regierung in die Hand genommen hat. «Es lebe Ferrandino, ein Ausbund an Tugend, und Tod dem König von Frankreich, der den Teufel im Leibe hat!» Alexander VI. läßt die Sänger ungestraft ihre Gassenhauer singen und nach Rache schreien. Er gratuliert dem Gouverneur der Engelsburg Juan di Castro für die Unnachgiebigkeit, die er angesichts der Franzosen gezeigt hat, und verspricht ihm den Kardinalspurpur, den er ihm im folgenden Jahr auch verleihen wird. Dann holt er zum Vergeltungsschlag aus. Im ersten Akt dieses Schauspiels wird sein Sohn, der Kardinal Cesare, auftreten.

Am 29. Januar erreicht der Reiterzug Velletri. Cesare bezieht mit dem König den Bischofspalast. In Begleitung von neunzehn prächtig gezäumten und mit Gepäck beladenen Saumtieren hatte er Rom verlassen: Unterwegs hatte er die Truhen von zwei Tieren geöffnet und den Franzosen die kostbaren Kleider und das Gold- und Silbergeschirr gezeigt, das sie enthielten. Unglücklicherweise schienen nun gerade diese beiden Tiere unterwegs entlaufen zu sein. Am 30. Januar sucht man auch den Kardinal im Bischofspalast vergeblich. Mit Hilfe eines seiner Verwandten, der in Velletri wohnt, hat er sich in der Nacht als Stallknecht verkleidet und ist entflohen. Als der König über die Flucht des Legaten unterrichtet wird, läßt er die Truhen der anderen Maulesel öffnen, die Cesare zurückgelassen hat. Man entdeckt, daß sie mit Steinen gefüllt sind. Bald stellt sich heraus, daß der Kardinallegat sich nach Rom in das Haus von Antonio Florès, dem Auditor der Rota, geflüchtet hat, bevor er anschließend in Spoleto Zuflucht suchte. Karl erfährt die Neuigkeit und ist überzeugt, daß Cesares Spiel mit seinem Vater abgekartet war. «Lombardisches Lumpengesindel», schreit er, «und der Papst ist der größte Lump!» Er schickt zwei Herolde aus, die sich bei Alexander und dem römischen Volk über das Verhalten des Kardinals von Valencia beklagen sollen. Er beauftragt den Kardinal von Saint-Denis, die Rückkehr des Flüchtigen zu verlangen. Der Papst spielt jedoch den Überraschten. Am 31. Januar schickt er seinen Sekretär, den Bischof von Nepi, zu Karl und läßt sich bei ihm für die Flucht seines Sohnes entschuldigen. Gleichzeitig flehen die Römer den Herrscher an, die Stadt nicht wegen der Flucht des Kardinals zu bestrafen. Anschließend erscheint der Onkel des Königs, Philippe de Bresse, um die Abordnung eines neuen Legaten zu verlangen. Er erreicht jedoch nichts bei Alexander. Der Papst beweist eine unbeirrbare Ruhe. Wie der florentinische Geschichtsschreiber Guicciardini bemerkt, «wußte er, daß die Franzosen vollendete Tatsachen für gewöhnlich hinnehmen».

Anstatt zurückzukehren und die Borgias zu bestrafen, zieht der König tatsächlich weiter nach Neapel. Mit Terrormethoden erzwingt er die Übergabe von Burgen, die die Grenzen des Königreiches gegen feindliche Angriffe decken. Am 18. Februar marschiert er in Capua ein. In Rom geht das Gerücht – Burchard notiert es in seinem Tagebuch –, des Nachts erhebe sich das königliche Banner mit der Inschrift *Missus a Deo* («der von Gott Gesandte») über einer Truhe, während eine furchtbare Stimme daran erinnere, daß die Mission des Königs so lange fortgeführt werden müsse, bis die heiligen Stätten und das Grab Christi befreit seien. Alexander erfährt von der angeblichen göttlichen Sendung, und kurz darauf bekommt er die bedeutsame Nachricht, daß der Prinz schwer erkrankt sei.

KRANKHEIT UND TOD DES PRINZEN DSCHEM
DAS GIFT DER BORGIAS

Beim Einzug des Königs in Capua reitet der Bruder des Sultans an der Seite des Herrschers. Er vermag sein Pferd kaum zu halten, da er unter heftigen Schmerzen im Kopf und in der Kehle leidet. In den folgenden Tagen klagt er auch über Schmerzen in der Brust. Der Prinz kann nur noch in einer Sänfte nach Aversa und dann nach Neapel gebracht werden, wo Karl VIII. am 22. Februar einzieht. Die Ärzte sind der geheimnisvollen Krankheit gegenüber machtlos. Am 25. Februar stirbt Dschem im Alter von 35 Jahren, vermutlich an einer Lungenentzündung, die sich aus einer Bronchitis entwickelte.

Wie häufig nach dem plötzlichen Tod eines Fürsten behauptet man, der Prinz sei vergiftet worden. Nach dem Zeremonienmeister Burchard habe Dschem «ein Nahrungsmittel oder einen Trank zu sich genommen, die sein Magen nicht vertrug oder die er nicht gewohnt war». Auf diese Weise deutet der Zeremonienmeister bereits behutsam den Verdacht an, daß Dschem vergiftet wurde. Der venezianische Geschichtsschreiber Marino Sanudo glaubt zu wissen, daß der Leichnam eindeutige Anzeichen einer tödlichen Vergiftung trug. Er wiederholt das Gerücht: «Der Papst habe dem König den Prinzen vergiftet ausgeliefert», aber er fügt sogleich hinzu, es handle sich hierbei um eine «Beschuldigung, die keinen Glauben verdiene, da sie vor allem vorgebracht wurde, um dem Papst zu schaden». Dschems Tod sei doch dem Papst Alexander gewiß nicht von Nutzen. Er verliere die 40 000 Dukaten des Jahrgeldes, das Bajazet II. als Pension für seinen Bruder bezahlt habe.

Alexanders Feinde konnten sich jedoch auf die Briefe berufen, die man im Herbst 1494 abgefangen hatte und in denen der Sultan dem Papst 300 000 Dukaten geboten hatte, wenn er seinen Bruder ermorden ließ. Ob die Summe jemals ausbezahlt wurde, ist nicht bekannt. Mißtrauisch macht allerdings zumindest die Tatsache, daß Alexander später von Bajazet Geld dafür verlangt, daß er ihm Dschems Leiche übergibt. So glauben selbst die Türken an einen Giftmord. Der Chronist Seadeddin vermutet, ein Barbier habe dem Opfer die tödliche Dosis mit Hilfe eines vergifteten Rasiermessers verabreicht.

Dies ist der Auftakt zu einer umfassenden Verleumdungskampagne gegen die Borgias. Während die Zeitgenossen die Anschuldigungen noch hinter vorgehaltener Hand äußern, werden sie in der Nachwelt immer häufiger vorgebracht. So redet auch der italienische Geschichtsschreiber Paolo Giovio (dt. Paulus Jovius) der Ansicht das Wort, Dschem sei einem Giftmord zum Opfer gefallen: «Es war gemeinhin verbreitete Ansicht, daß der

Papst aus Haß auf den König von Frankreich und um die versprochene Belohnung vom Sultan zu bekommen, ein tödliches Pulver unter den Zucker mischen ließ, mit dem Dschem alle seine Getränke süßte. Es handelte sich um ein schneeweißes Pulver von nicht unangenehmem Geschmack, das die Lebensgeister nicht wie die heutigen Gifte sofort zum Erliegen bringt, sondern nur langsam in die Blutbahn eindringt und so den Tod erst später herbeiführt.» Guicciardini erhebt die gleiche Anschuldigung und fügt hinzu, daß die verbrecherische Natur des Pontifex eine solche Untat durchaus wahrscheinlich mache. Das verwendete Gift sei entweder Arsen oder Kantharidin gewesen, jenes Pulver, das sich durch Extraktion aus kleinen Käfern gewinnen läßt. In kleinen Dosen hat Kantharidin eine aphrodisische Wirkung, in mittleren Dosen verursacht es innere Verletzungen, denen das Opfer möglicherweise erliegt. Die Legende vom langsam wirkenden Gift der Borgias wird sich aufgrund dieser wenigen Vermutungen hartnäckig in der Literatur halten.

Karl VIII. wollte seine guten Beziehungen zum Heiligen Stuhl nicht gefährden und glaubte deshalb lieber, daß der Prinz eines natürlichen Todes gestorben sei. Er hatte die Leiche einbalsamieren und in der Burg von Gaeta beisetzen lassen. Die sterblichen Überreste der Geisel sollten erst vier Jahre später, im Jahre 1499, nach Bursa in Anatolien in die Nekropole seiner Vorfahren überführt werden.

Unbestreitbar nützte Dschems Tod indirekt dem Papst und all jenen, die dem Feldzug des französischen Königs in Italien mit offener Feindschaft gegenüberstanden. Tatsächlich war dem König Karl damit der Trumpf aus der Hand genommen, den er im Kreuzzug ausspielen wollte, sobald er Neapel erobert hatte. Da der König nun kein religiöses Motiv mehr vorzuweisen hatte, konnte Alexander sich mit Venedig und Mailand verbünden und ihn von seinem hinteren Stützpunkt im Piemont abschneiden, wo der Herzog von Orléans saß. Damit waren auch die Verbindungen nach Frankreich unterbrochen, und Karl saß in der Falle.

DER PAPST LÄSST DIE MASKE FALLEN

Für die Franzosen wird die Situation in Neapel bedrohlich. Sie haben in der Stadt nicht nur mit einigen Aufrührern zu kämpfen, sondern auch mit einer bis dahin unbekannten Krankheit: der Syphilis. Die Schweizer Söldner werden entlassen und dürfen nach Hause zurückkehren. Auf ihrem Rückweg werden fünfzehn von ihnen, darunter eine Frau, in Rom ausgeraubt und ermordet. Der Wert der Beute wird auf 500 bis 600 Taler geschätzt. Man erzählt sich, Kardinal Cesare Borgia habe den Hinterhalt gelegt, um seine Mutter zu rächen, deren Haus nach Karls Einmarsch in Rom von französischen Truppen geplündert worden war. Auch außerhalb der heiligen Stadt kommt es zu Übergriffen auf die Franzosen. Der Sohn des Kardinals von Saint-Malo wird in der Nähe von L'Isola, einige Meilen nördlich von Rom, ermordet. 3000 Taler werden ihm geraubt, die ihm als Boten anvertraut worden waren.

Die Zwischenfälle sind ein Zeichen dafür, daß die Römer ihre Einstellung gegenüber den Franzosen vollkommen geändert haben. Sie scheuen sich nun nicht mehr, die Soldaten offen anzugreifen, die sie noch vor drei Monaten als Sieger in der Ewigen Stadt gefeiert hatten. Mit Ausnahme der Toskana erhebt sich ganz Italien gegen die Eindringlinge. Am 1. April, am selben Tag, als die Schweizer von Römern angegriffen wurden, wird in Venedig eine Liga gebildet, die sich als defensiv bezeichnet und unausgesprochen gegen Frankreich gerichtet ist. Dem Bündnis gehören der Papst, der deutsche Kaiser, der spanische König, Mailand und Venedig an. Die Liga soll «den Frieden in Italien aufrechterhalten, dem Wohle der Christenheit dienen, die Ehren, die dem Heiligen Stuhl gebühren, und die Ansprüche des Papsttums auf das Römische Reich verteidigen.» Alexander VI. verpflichtete sich, 4000 Reiter und 2000 Infanteristen bereitzustellen, die sich den Truppenkontingenten der Verbündeten anschließen und so ein Heer von 36 000 Reitern und 18 000 Mann Fußvolk bilden werden. Der Diplomat Commines, der sich vor Ort in Venedig befindet, und Kardinal von Saint-Malo halten König Karl über alles auf dem laufenden, was die Kehrtwendung des Papstes angeht. Daß er nicht mehr darauf hoffen kann, Alexander VI. werde ihn als Herrscher Neapels anerkennen, weiß Karl bereits. Am 19. März, als Karl das Königreich bereits erobert hatte, schickte er den Grafen von Saint-Pol, François de Luxembourg, nach Rom, um vom Papst einen Legaten zu verlangen, der Karl in Neapel krönen sollte. Alexander hatte geantwortet, daß der König seine Ansprüche auf den Thron zuerst juristisch nachweisen müsse. Die Kardinäle von Saint-Malo und Saint-Denis sowie der Graf de Bresse wurden mit der gleichen Mission betraut und scheiterten ebenfalls. Alexander appellierte an das Mitgefühl des Königs. Sein jüngster Sohn Jofré sei in Sizilien Gefangener der Parteigänger Ferrandinos, und mit Juan von Gandia befinde sich in Spanien ein weiterer Sohn von ihm in den Händen Ferdinands von Aragón. So ließ er dem König mit Bedauern mitteilen, daß er ihm die Investiturbulle nicht ausstellen könne, nicht einmal gegen 100 000 Dukaten und eine jährliche Rente von 50 000 Dukaten. Schließlich war er Venedig und Mailand zu sehr verpflichtet. Und bei alledem hoben die Verbündeten gerade zahlreiche Truppen aus, von denen zu erwarten war, daß sie den Franzosen bei ihrem Rückzug eine vernichtende Niederlage beibringen würden.

Der Rückzug Karls VIII. wird in aller Eile vorbereitet. Acht Tage nach seiner feierlichen Krönung am 12. Mai verläßt der König Neapel mit zehntausend Männern, die mit Beutegut beladen sind und schwere Geschütze mit sich führen. Obwohl die französische Armee zahlenmäßig geschwächt ist, kann sie dem Kirchenstaat noch Schaden zufügen. Denn der Papst hat bisher noch keine Söldner angeworben, obwohl er es Venedig versprochen hatte. So sucht Alexander sein Heil in der Flucht. Als Karl am 30. Mai vor den Toren Roms steht, ist der Papst bereits weit fort. Unter dem Schutz einer mailändisch-venezianischen Eskorte ist er nach Orvieto aufgebrochen. Als er an seinem Zufluchtsort anlangt, verkündet er entschlossen, er werde aus Viterbo und Montefiascone alle verfügbaren Geschütze kommen lassen, um die Franzosen das Fürchten zu lehren. Aber der Papst nimmt den Mund damit etwas zu voll. Den Römern rät er lediglich, den König freundlich zu empfangen, damit er sich nicht an der Stadt räche. Als Karl am selben Tag, dem 1. Juni, in Rom einzieht, wird er höchst liebenswürdig von römischen Würdenträgern und von Kardinal Pallavicini als Vertreter des Heiligen Stuhls begrüßt. Der Kardinal bietet ihm die päpstlichen Gemächer im Vatikan an, aber der König schlägt das Angebot aus und richtet sich beim Kardinal Domenico della Rovere im Borgo ein. Karl mißtraut der übergroßen Höflichkeit des Papstes ebensosehr, wie die Römer ihm mißtrauen. Noch ist die französische Armee gefürchtet. Alle Spanier sind aus der Stadt geflohen. Die Unruhestifter sind damit alle fort, aber dennoch sorgt der König dafür, daß unter seinen Soldaten strenge Disziplin herrscht. «Man hätte sie für Mönche halten können», schreibt der Venezianer Guidiccioni. Die Schweizer sind für ihren rachsüchtigen Charakter bekannt und werden deshalb auf dem Testaccio eingeschlossen, auf dem Berg, der Rom früher als Mülldeponie gedient hat. Der König zeigt seinen guten Willen und schickt seinen Ratgeber Perron de Baschi nach Orvieto, wo er den Papst um eine Zusammenkunft mit seinem Dienstherrn bitten soll. Alexander würde jedoch eher nach Ancona oder sogar nach Venedig fliehen, als noch einmal mit dem König zusammenzutreffen. Karl besteht nicht auf der Zusammenkunft und räumt Rom am 3. Juni.

Als der Herrscher den Apennin an der toskanischen Grenze überquert, kehrt Alexander VI. beruhigt in die Hauptstadt des Kirchenstaates zurück. Obwohl die Franzosen in der Schlacht von Fornovo eine schwere Niederlage erleiden, ziehen sie sich geordnet aus Italien zurück. Das Gefecht wird in Venedig und Rom als die endgültige Vertreibung des Landräubers gefeiert. In Streitschriften werden der König von Frankreich und seine Soldaten lächerlich gemacht. Man beschuldigt die Franzosen aller Übel, die Italien heimsuchen; unter anderem bezichtigt man sie, jene schreckliche Geschlechtskrankheit zu verbreiten, mit denen sich die meisten von ihnen in Neapel angesteckt haben.

Am Ende von Karls abenteuerlichem Unternehmen stellt Alexander beglückt fest, daß nun nicht mehr er, sondern der König von Frankreich als Antichrist bezeichnet wird. Er nutzt die Stimmung gegen Karl aus und stellt sich als Verteidiger der Moral Italiens gegen den feigen Landräuber dar. Da ihm der König inzwischen nichts mehr anhaben kann, läßt der Papst seinem Haß freien Lauf. Am 30. Juni verbietet er den Schweizern unter Androhung des Kirchenbanns, Karl VIII. oder dem Herzog von Orléans Truppen zu stellen, der damals in Novara belagert wird. Auf Veranlassung der Venezianer veröffentlicht Alexander am 5. August ein Mahnschreiben, in dem er dem König von Frankreich mit der Exkommunikation droht. Umsichtig nimmt der Papst wieder Beziehungen zu Ferrandino, dem aragonesischen König von Neapel, auf und schickt ihm den Kardinal von Monreale, der ihn in seiner ganzen Machtfülle als König bestätigen soll. Der Papst bewegt Prospero und Fabrizia Colonna, sich von Frankreich abzuwenden. Er regt Ludovico Moro und seinen Bruder Ascanio dazu an, Ferrandino 500 Bewaffnete und eine Kompanie Fußsoldaten zu schicken, um den französischen Vizekönig Montpensier zu entmachten. Im Oktober schickt er den Legaten Lionello Chieregato zum König Maximilian und läßt ihn bitten, sich persönlich nach Italien zu begeben, um die Halbinsel von den Verbündeten der Franzosen zu säubern. Als er am 9. November erfährt, daß Karl VIII. die Alpen überschritten hat, schickt Alexander Ferrandino seinen Beitrag zur Führung des Krieges: eine Truppe von 500 Infanteristen, 100 leichten Reitern und 100 berittenen Armbrustschützen. Die päpstliche Artillerie wird nach Neapel geschafft und vor dem Castel Nuovo in Stellung gebracht, das schließlich kapituliert; das Castel dell'Ovo muß sich im Februar 1496 ergeben. Aber trotz der enormen Anstrengungen ihrer Feinde gewinnen die Franzosen wieder die Oberhand. Sie halten sich in Kalabrien, in den Abruzzen und auf der Terra di Lavoro. Anfang 1496 bringt ihnen eine Flotte in Gaeta Lebensmittel, Munition und 2000 Mann Verstärkung. Virginio Orsini und seine Verwandten schließen sich den Franzosen aus Haß auf die Colonna an, die der Papst kurz zuvor veranlaßt hatte, sich wieder um Ferrandino zu scharen. Alexander schätzt mit seinem Scharfblick die Lage richtig ein. Er sieht die Partie für die Franzosen trotz ihrer Erfolge verloren und festigt sein Bündnis mit den Alliierten. In Rom empfängt er den Markgrafen von Mantua, Francesco Gonzaga, den Generalkapitän der Liga, der zum Kampf ins Königreich Neapel zieht. Der Empfang wird auf großartige Weise inszeniert. Obwohl es in Strömen regnet, drängen sich die Römer am 26. März 1496 in dichter Menge entlang der Wegstrecke des Reiterzugs. Als der Markgraf die Engelsbrücke überquert, wird mit den Bombarden der Festung Salut geschossen. Der Papst empfängt den Markgrafen im Vatikan in dem seltsamen schwarzen und grünen päpstlichen Ornat Bonifatius' IX., der zu Beginn des Jahrhunderts herrschte. Alexander will mit der Tracht offenbar seinem Besucher die jahrhundertealte Tradition seines päpstlichen Amtes vor Augen führen. Er stellt seine weltliche und geistliche Autorität in den Dienst der geheiligten Sache, die Freiheit Italiens gegen die Barbaren zu verteidigen.

Am nächsten Tag, dem Palmsonntag, sitzt Francesco Gonzaga auf einem Ehrenplatz, während vier Stunden lang das Hochamt zelebriert wird. Als besondere Gnade des Heiligen Stuhls überreicht der Papst Gonzaga die erste geweihte Palme und dann die goldene Rose. Anschließend gewährt Alexander Gonzaga eine Sonderaudienz, in der er sich vom Markgrafen persönlich von der Schlacht bei Fornovo berichten läßt. Gonzaga behauptet übereinstimmend mit der venezianischen Propaganda, er habe Karl VIII. besiegt. Am Montag reist er ins Königreich Neapel ab, wohin ihm Alexanders Sohn Cesare Borgia als Legat vorausgeeilt ist. Seit dem 18. März reitet der Kardinal von Valencia durch die Straßen von Neapel und verkündet das enge Bündnis zwischen dem Hause Borgia und Aragón. Begleitet wird er dabei von seinem Bruder Jofré, dem Fürsten von Squillace, und seinem Schwager Alfons von Aragón, dem natürlichen Sohn von Alfons II. und seiner Geliebten Trusia Gazulla.

Der neue Feldzug gegen die Franzosen verläuft sehr erfolgreich. Die Truppen der Liga von Venedig erhalten Verstärkung durch den Herzog Guidobaldo von Urbino und zwingen den Herzog Montpensier, sich in Atella, einem Ort der Basilicata, zu verschanzen. Montpensier kapituliert am 20. Juli 1496. Sein Verbündeter Virginio Orsini ergibt sich ebenfalls und wird zur Freude des Papstes im Castel dell'Ovo eingekerkert. Am 28. Juli läßt der Erzbischof von Neapel den Erfolg mit Prozessionen feiern, bei denen das Te Deum gesungen wird. In der Nacht ist die Stadt hell erleuchtet. Auf Straßen und Plätzen Neapels tanzt das Volk vor Freude. Und noch größer ist die Freude der Neapolitaner, als sie kurz darauf erfahren, daß die letzten Anhänger der Franzosen, darunter auch Virginio Orsinis Sohn Giangiordano, in den Abruzzen gefangengenommen wurden.

Alexander VI. fordert die europäischen Mächte auf, sich an der Jagd auf die Franzosen zu beteiligen. England war bisher neutral geblieben, doch jetzt tritt es am 18. Juli der Liga von Venedig bei. Im August trifft Maximilian von Österreich an der Spitze von 4000 Mann in der Lombardei ein. Alexander fordert den Dogen auf, sich am Unternehmen des Kaisers zu beteiligen: «Es ist ein Irrtum zu glauben, man müsse die Franzosen nur deshalb nicht bekämpfen, weil sie im Augenblick nicht Krieg gegen uns führen. Sie haben es sich in den Kopf gesetzt, sich im Königreich Neapel zu behaupten, und noch immer halten sie Ostia besetzt. Täglich schicken sie Truppen und Munition für einen Krieg nach Italien. Ohne Unterlaß senden sie bewaffnete Schiffe nach Gaeta. All ihre Maßnahmen dienen doch offensichtlich der Kriegsvorbereitung ...»

Der Pontifex selbst kann den Kaiser finanziell nicht unterstützen. Karl VIII. hat ihm eine wichtige regelmäßige Einnahmequelle entzogen, nämlich das Recht, kirchliche Benefizien in Frankreich zu vergeben und sich dies bezahlen zu lassen. Außerdem hatten Venedig und Mailand Maximilian Subsidien versprochen, die nicht eintreffen. Nachdem der deutsche Kaiser vergeblich versucht hat, Livorno den Florentinern, den Freunden Frankreichs, zu entreißen, tritt er unverrichteter Dinge den Rückzug nach Tirol an. Die mißlungene militärische Unternehmung Maximilians liefert Alexander den eigentlich überflüssigen Beweis, daß er sich nur auf sich selbst verlassen kann, um der Gefahr möglicher französischer Vergeltungsschläge zu begegnen.

Die Lehre von der schlimmen Zeit

Aus dem Feldzug Karls VIII. hat der Papst die Lehre gezogen, daß er unbedingt seine Macht als weltlicher Herrscher festigen muß. Als die Franzosen durch den Kirchenstaat zogen, hat das Land unter zahlreichen Kriegsfolgen gelitten. Die Ernten wurden vernichtet. Die Verknappung und maßlose Verteuerung der Lebensmittel hat besonders die Armen getroffen, während gleichzeitig überall die Syphilis wütete. Katastrophale Überschwemmungen folgten auf die ungewöhnliche Kältewelle im Dezember 1495. Hunderte von Häusern im Tiber-Tal und auch in Rom wurden zerstört. Viele Bewohner der tiefer gelegenen Viertel der Stadt ertranken. Lebensmittel wurden vernichtet und das Vieh von den Fluten mitgerissen. Manche Stadtteile bieten ein Bild der Verwüstung. Man berichtet von Wundern, die vom göttlichen Zorn zu künden scheinen. Nach dem Rückzug des Hochwassers findet man am Tiber-Ufer ein seltsames Ungetüm. Aller Wahrscheinlichkeit nach handelt es sich zwar um einen verwesenden Tierkadaver, aber die venezianischen Gesandten berichten gutgläubig über den Fund, wie er ihnen beschrieben wurde: Man erblickte in der Tierleiche eine Frauengestalt mit einem rechten Arm, der in einen Elefantenrüssel auslief, mit einem behaarten Hinterteil und einer Schlange als Schwanz. Der rechte Fuß sollte keine Klauen haben und der linke einem Rinderhuf gleichen, während die Beine angeblich mit Schuppen versehen waren!

Die Schrecken des furchtbaren Winters werden durch grauenhafte, fantastische Berichte noch schrecklicher und versetzen das gemeine Volk in Angst und Schrecken. Es wurde ohnehin von den Katastrophen am härtesten getroffen. Von den Kanzeln herab schüren Prediger im Volk mystische Ängste. Furchtbar hallen Savonarolas Worte durch Florenz. Der Prophet verkündet, Karl VIII. sei vom Himmel gestraft worden, weil er weder die Kirchenreform verwirklicht noch die unwürdigen Priester in Rom verjagt habe, als er durch die Stadt zog. Zu Weihnachten 1495 läßt er in Florenz öffentlich einen Beschluß des Großen Rates bekanntmachen, nach dem Jesus Christus zum König des florentinischen Volkes erklärt wird. In der Fastenzeit 1496 schildert er seinen Zuhörern in einer feurigen Predigt seine Vision.

«Ich verkünde euch, daß Italien von den niedersten Ständen bis in die höchsten erschüttert werden wird. Die Ersten werden die Letzten sein. Unglückliches Italien! Im Übermaß wird man Krieg über Krieg hereinbrechen sehen ... Das Gesetz der Priester wird außer Kraft gesetzt und diese selbst ihrer Würden entkleidet werden. Die Fürsten werden das Büßerhemd anlegen und die Völker vom Unglück zermalmt werden.»

Zwei Welten prallen aufeinander, eine des Gewinnes und Genusses, die andere der Reinheit, der Vergeistigung und Askese. Savonarola macht sich den Einfall der ausländischen Macht und den gesellschaftlichen Umbruch zunutze und möchte das Kreuz als Sinnbild der Versöhnung aufpflanzen und durch Buße alles Übel ausrotten. Aber der Borgia-Papst und seine Kinder übernehmen seine Sicht der Zukunft nicht. Karl VIII. ist mit seinem Unternehmen gescheitert, und die Borgias besaßen die Ausdauer, auf eben diese Niederlage hinzuarbeiten. In den Ereignissen der Vergangenheit sehen sie keinerlei Wirken der göttlichen Vorsehung. Anders als Savonarola wollen sie in Italien auf den Trümmern, die der Krieg zurückgelassen hat, eine dauerhafte irdische Herrschaft errichten. Die Erschütterung des politischen Systems und der moralische Niedergang der Bevölkerung bieten ihnen die erträumte Gelegenheit, ihre Pläne zu verwirklichen. Von nun an streben sie rastlos nur nach einem Ziel. Der Einfall der Franzosen hatte sie nicht aus dem Sattel werfen können, und deshalb wird es auch dem fanatischen Prediger im Gottesstaat Florenz nicht gelingen, sie auf ihrem Weg lange aufzuhalten.

KAPITEL III

ENFANTS TERRIBLES

FAMILIENTREFFEN IM VATIKAN

Ungeachtet des Elends des Volkes und der apokalyptischen Prophezeiungen, gleicht der Vatikan in den schönen Frühlingstagen des Jahres 1496 einer Oase des Friedens und der Eintracht. Als glücklicher Familienvater versammelt Alexander VI. seine Kinder an diesem Hof.

Lucrezia hatte sich dem Papst in Perugia wieder angeschlossen, nachdem er vor Karl VIII. geflohen war. Im Herbst 1495 richtet sie sich mit ihrem Gatten Giovanni Sforza erneut im Palast von Sa. Maria in Portico ein, wo sie den Winter über rauschende Feste gibt.

Trotz ihrer sechzehn Jahre beherrscht die Gräfin von Pesaro den gesellschaftlichen Umgang am Hof bereits meisterhaft. Im März 1496 empfängt sie in ihrer Wohnstatt vier Prälaten, die ihr Vater kurz zuvor ins Kardinalat erhoben hat: vier Spanier aus Valencia, Vertrauensleute, mit denen sich die Anzahl der Anhänger des Papstes im Heiligen Kollegium beträchtlich erhöht. Bartolomeo Martini ist päpstlicher Haushofmeister, Juan di Castro Gouverneur der Engelsburg, und Juan Lopez ist Datarius. Der vierte ist Juan de Borgia, genannt «der Jüngere», der Großneffe Alexanders VI. Er ist der Enkel Juanas, der Schwester des Papstes, und Pedro Guillen Lanzol de Romanis. Lucrezia empfängt im März ebenfalls Francesco Gonzaga, den kommandierenden General der antifranzösischen Liga von Venedig, einen Mann, der durch seine stattliche Erscheinung und durch den Ruf besticht, den er im Kampf gegen Karl VIII. erworben hat.

Lucrezias Begabung für das gesellschaftliche Leben wird vom Papst genutzt, um seinem Hof noch mehr mondänen Glanz zu verleihen. Alexander läßt seine Tochter den bevorstehenden Empfang ausrichten. Man erwartet den jüngsten Papstsohn Jofré, den Herzog von Squillace und Grafen von Cariati, und seine Frau, die schöne Prinzessin Sancia von Aragón.

153

Die beiden Gatten erscheinen in Rom, nachdem Cesare Borgia als Gesandter nach Neapel gereist war und das Familienbündnis zwischen der aragonesischen Dynastie und den Borgias feierlich erneuert hatte.

Am Freitag, dem 20. Mai 1496, herrscht gegen Mittag reges Leben an den Zufahrten zum Tor des Laterans. Lucrezia begibt sich vor das Stadttor auf einem mit schwarzen Seidendecken geschmückten Maulesel, begleitet von zwanzig prächtig aufgeputzen Damen. Zwei Pagen zu Pferde reiten ihr voran. Eines der Reittiere ist mit Goldbrokat bedeckt, das andere mit karmesinrotem Samt. Lucrezia hält vor den 200 bewaffneten Männern der päpstlichen Garde, die sich auf dem Platz vor dem Tor aufgestellt haben und um die herum Vertraute, Kaplane und Stallmeister der Kardinäle stehen. Die Botschafter des spanischen Königspaares und des Königs von Neapel sind gleichfalls anwesend.

Bald erscheint der Reiterzug des neapolitanischen Fürstenpaares. Eine glänzende Eskorte von Standesherren, Hofdamen und Narren umgibt das Paar. Sancia, eine vollentwickelte junge Frau, ist gerade zwanzig Jahre alt. Sie zieht alle Blicke auf sich. Die blonde Lucrezia betrachtet neugierig und vielleicht auch mit ein wenig Neid die schöne Brünette mit ihren blauen Augen, die ein schwarzes Kleid mit weiten Ärmeln trägt und auf einer mit Samt und schwarzer Seide behangenen Stute aus spanisch-arabischer Zucht reitet. Sechs Ehrenjungfrauen reiten an ihrer Seite. Ihr Schwager, Kardinal Cesare, war der außergewöhnlich charmanten Prinzessin bereits in Neapel nähergekommen, und zweifellos spielt der Gesandte von Mantua als Zeuge der Szene auf ihn an: «Angesichts seiner anmutigen Gesten und seiner Erscheinung könnten im Lamme leicht die Begierden des Wolfes erwachen.» Das weibliche Gefolge Sancias wird von ihm mit folgenden Worten kommentiert: «Sie sind ihrer Herrin nicht unwürdig, und in der Öffentlichkeit sagt man, daß sich hier eine reizende Gruppe ihrer Schülerinnen zusammengefunden habe.»

Vor Sancia reitet Jofré zwischen dem Senator von Rom und dem Botschafter des Königs der Römer. Jofré ist ein junger Bursche von fünfzehn Jahren mit dunklem Teint und lebhaftem Gesichtsausdruck. Er ist ebenfalls schwarz gekleidet. Unter seinem schwarzen Samtbarett dringt schönes, rotglänzendes Haar hervor. Trotz seines stolzen und kecken Auftretens wirkt Jofré im Gegensatz zu seiner Gemahlin eher wie ein Page als wie ein Fürst.

Voller Zuneigung begrüßt Lucrezia die Neuankömmlinge und geleitet sie zur nahegelegenen Laterankirche zu einem kurzen Dankgottesdienst. Nachdem sie wieder ihre Pferde bestiegen haben, reiten sie zum Vatikan. Der Zug führt am Kolosseum und den Ruinen des Forums vorbei und drängt sich bis zur Engelsburg durch die engen Straßen des mittelalterlichen Rom.

154

In seinem Palast erwartet Alexander ungeduldig die Ankunft seiner Kinder. Wie Burchard berichtet, beobachtet der Papst den Reiterzug durch das halbgeöffnete Fenster des zweiten Saales seiner Gemächer. Als die ersten Reiter nahen, eilt er in den Saal der Päpste und setzt sich auf seinen Thron. Um ihn herum haben sich die Kardinäle geschart und tragen ihre scharlachroten Umhänge. Vor den Schemel, auf dem die Füße des Papstes ruhen, hat man karmesinrote Samtkissen gelegt. Die blonde Lucrezia und die brünette Sancia lassen sich auf den Kissen nieder, nachdem sie wie Jofré den rechten Fuß und die rechte Hand des Pontifex geküßt und von ihm ebenso wie die anwesenden Kardinäle einen väterlichen Kuß erhalten haben. Der Papst richtet einige Willkommensworte an seine Kinder und hebt dann den feierlichen Charakter der Audienz auf. Sancia und Lucrezia erzählt er einige Schwänke, worauf die jungen Mädchen zu kichern beginnen. Jofré führt inzwischen ernsthafte Gespräche mit den Kardinälen und seinem Bruder.

Schließlich verabschieden sich die Gäste vom Papst. Die Vertrauten der Kardinäle geleiten das junge Fürstenpaar zum Palast, in dem einst Kardinal Ardicino della Porta wohnte und der nun ihnen als Residenz zugewiesen wird. Zwei Tage lang werden sie von den römischen Damen bewirtet.

Am Sonntag, dem 22. Mai, versammelt sich die päpstliche Familie erneut in der Petersbasilika zur Pfingstmesse. Die Predigt hält ein spanischer Prälat, der Kaplan des Bischofs von Segorbe. Die Predigt ist eindeutig zu lang geraten. Der Prälat langweilt seine Zuhörer merklich, vor allem aber den Papst. Da es Sancia und Lucrezia nicht mehr auf ihren Plätzen hält, kommt es im bedeutendsten Heiligtum der Christenheit zu einer unerhörten Szene. Die jungen Frauen klettern in ihrer festlichen Kleidung über das Chorgestühl der Peterskirche und lassen sich auf der Marmorempore nieder, auf der die Epistel und das Evangelium gesungen werden. Nach ihnen klettern auch ihre Hofdamen nach oben und setzen sich auf die Stühle der Stiftsherren.

Burchard nennt dieses Betragen eine «große Schande, eine Schmach und einen Skandal, der die Geistlichkeit und das Volk empört». Anstatt die Pietätlosigkeit zu ahnden, lacht der Papst jedoch nur und ist offenbar beglückt über diese jugendlich sündige Eintracht, die seine Tochter mit seiner Schwiegertochter verbindet.

Juan von Gandia, der General des Heiligen Stuhls. Der Feldzug gegen die Orsini und die Expedition nach Ostia

Der allzu junge Jofré von Squillace hat noch keine Stellung in der Armee, mit der die antifranzösische Liga die letzten, von den Truppen Karls VIII. besetzten Städte im Königreich Neapel angreifen will. Aber ein anderes Kind der Borgias kann sich am Sturm auf die Städte beteiligen: Juan von Gandia. Sein Vater träumt davon, ihn ruhmreich in die Fußstapfen seines verstorbenen Bruders, des ersten Herzogs von Gandia, treten zu sehen. Während der französischen Invasion in Italien hatte König Ferdinand Juan verboten, Spanien zu verlassen. Aber da Ferdinand den Vertrag von Barcelona mit Karl VIII. wieder aufgekündigt hatte, widersetzt er sich nicht mehr und läßt den zweiten Sohn von Alexander VI. nach Italien reisen.

Ende Juli 1496 verabschiedet sich Don Juan von seiner Gattin, der Herzogin Maria Enriquez Borgia, die zu jener Zeit schwanger ist. Er läßt sie mit seinem Erben, dem kleinen Juan II., in der Festung von Gandia zurück. Nachdem er in Civitavecchia gelandet ist, zieht der Herzog am 10. August in Rom ein. Die Vertrauten der Kardinäle und sein Bruder Cesare selbst nehmen ihn an der Porta Portese in Empfang. Juan reitet einen Braunen, der mit einem goldfarbenen Tuch bedeckt ist und an dessen Zaumzeug silberne Glöckchen angebracht sind. Er selbst ist in ein Gewand von brauner Seide mit aufgestickten Perlen und Edelsteinen gekleidet. Cesare Borgia ist weniger kostspielig gekleidet und wirkt neben dem prächtigen Aufzug seines Bruders geradezu unscheinbar.

Nach den Plänen des Papstes soll der Herzog von Gandia ein Fürstentum erhalten, das aus Gebieten der Barone Orsini gebildet werden soll. Im Februar 1496 hatte Alexander eine Strafmaßnahme gegen die Barone beschlossen. Er beschuldigte sie, vom König von Neapel abgefallen zu sein und die französische Invasion unterstützt zu haben. Virginio, das Oberhaupt der Familie, wurde zwar zum Aufrührer erklärt, aber es gelingt nicht, ihn gefangenzunehmen, solange die Franzosen ihn beschützen. Kaum schwindet die französische Protektion, exkommuniziert der Papst Virginio und seine Familie mit einer Bulle, die am 1. Juni 1496 ausgefertigt wird. Außerdem entbindet Alexander die Vasallen der Orsini von ihrem Treueeid und ordnet die Beschlagnahme ihrer Güter an.

So ist bei der Ankunft Juan von Gandias das Terrain bereits geebnet, um die Gebiete zu erobern. Wenn der Papstsohn gegen die Orsini als Verbündete der Franzosen ins Feld zieht, gehorcht er nicht nur den Befehlen des Heiligen Stuhls, sondern auch denen seines Lehensherrn König Ferdinand.

Und bei all dem wirkt er zu seinen eigenen Gunsten, da die eroberten Ländereien ihm zufallen. Das Unternehmen läßt sich nun um so einfacher durchführen, als Virginio Orsini während der französischen Kapitulation von Atella zusammen mit seinem Sohn Giangiordano gefangengesetzt wurde. Virginio wurde im Castel dell'Ovo eingekerkert, wo er kurz darauf stirbt. Dem Papst kommt dies sehr gelegen; wenig später sind Gerüchte im Umlauf, Alexander habe den Orsini vergiften lassen.

Noch bevor das Oberhaupt der Orsini gestorben war, hat Alexander öffentlich erklärt, welche Absichten er mit seinem Sohn Juan hat. Während der kirchlichen Feierlichkeiten im August nimmt der Herzog Platz auf der obersten Stufe des päpstlichen Thrones – eine Ehre, die nur höchsten Fürsten zuteil wird. Im September erhält Juan die Legation im Patrimonium, das heißt das Amt des Gouverneurs in jenem weiten Gebiet, das sich nordwestlich von Rom erstreckt und in dem sich die bedeutendsten Lehensgüter der Orsini befinden. Der Papst wirbt eine große Anzahl Söldner an und stellt ein Heer für seinen Sohn auf. Als die Armee schließlich bereitsteht, findet am 26. Oktober die Zeremonie statt, bei der Juan die Würde des Gonfaloniere der Kirche verliehen wird. Er erhält mit ihr den Feldherrnstab des Generalkapitäns der päpstlichen Truppen. Jedermann bewundert das stattliche Aussehen Juans, die Pracht seiner Kleidung und den Schmuck, den ihm der Papst als Geschenk überreicht hat. Herzog Guidobaldo von Urbino, päpstlicher Lehensmann, nimmt an der Zeremonie teil. Er erhält ebenfalls einen Feldherrnstab. Der Papst überträgt ihm die eigentliche Leitung der Operationen gegen die Orsini, weil Juan selbst in der Kriegskunst noch vollkommen unerfahren ist. Alexander übergibt den beiden Heerführern die Banner der Armee. Auf einem prangt das Wappen der Kirche, auf den beiden anderen der Stier der Borgias. Kardinal Lunati, der mit dem Amt eines Legaten betraut ist, wird für die Dauer des Feldzugs mit päpstlichen Befugnissen ausgestattet. Namentlich kann er gegen die Anhänger der Aufrührer den Kirchenbann und das Interdikt verhängen.

Die Truppen Juans und Guidobaldos greifen Burgen der Orsini an und nehmen rasch zehn Städte ein. Nacheinander ergeben sich Scrofano, Galera, Formello und Campagnano; Anguillara öffnet seine Tore ohne Gegenwehr. Schließlich rücken die Truppen vor das Schloß von Bracciano, die wichtigste Festung der Orsini. Die Burg wird von einer gefürchteten Umwallung mit fünf wuchtigen Türmen geschützt. Sie erhebt sich über dem Bracciano-See in einer fast uneinnehmbaren Stellung. Ihre Verteidigung hat Bartolomeo Alviano, der unansehnliche und verwachsene Schwager Virginios, vorbereitet, ein junger Condottiere, der einer der tapfersten Soldaten Italiens ist. Er ließ in der Burg Munition anhäufen und über ihren Türmen stolz die französische Fahne hissen. Mit dem Schlachtruf *Francia!*

läßt er die päpstliche Armee verhöhnen. Bracciano wird gleichzeitig mit Trevigno und Isola auf der anderen Seite des Sees eingeschlossen.

Der Herzog von Urbino wird bei einem Scharmützel verwundet und zieht sich vom Schlachtfeld zurück. Der Herzog von Gandia findet sich in der neuen Situation als alleiniger Befehlshaber nicht sofort zurecht. Zögernd bittet er seinen Vater schließlich, die Belagerungsgeschütze des Königs von Neapel nach Bracciano kommen zu lassen. Da der Weg weit ist, kommt die geeignete Artillerie allerdings erst im November 1496 an. Trevignano und Isola kapitulieren zwar, aber Bracciano leistet weiterhin Widerstand. Die Belagerer verschanzen sich fröstelnd in ihren Quartieren, während die Belagerten immer häufiger Ausfälle machen, die so manches Mal bis vor die Tore Roms führen. Cesare Borgia, der in der Nähe der Tre Fontane zur Jagd geht, stößt auf ein Expeditionskorps, dem er nur mit knapper Not entkommt. Die Erfolglosigkeit seines Sohnes verärgert den Papst. Er erkrankt aus Verdruß und kann deshalb die Weihnachtsmessen nicht zelebrieren. Alexander hat den Belagerungsring um Bracciano schließen lassen und hofft, daß der Hunger die Stadt in die Knie zwingen wird. Aber Alviano ist mit Lebensmitteln bestens versorgt und kann lange standhalten. Am 15. Januar 1497 schlägt er die päpstlichen Soldaten zurück, die in die Stadt eingedrungen sind, nachdem eine Bombarde in die Mauer eine Bresche geschossen hatte. Alviano jagt einen Esel aus Bracciano, dem man ein Schild umgehängt hat: «Laßt mich passieren, denn ich soll als Gesandter zum Herzog von Gandia.» Das Tier überbringt tatsächlich einen Brief Alvianos, der an seinem Schwanz befestigt ist. Der General fordert seine übergelaufenen Soldaten zur Rückkehr nach Bracciano auf und bietet ihnen den doppelten Sold, den ihnen der Herzog von Gandia bezahlt hat.

In der Tat fehlt es der Streitmacht der Orsini nicht an finanziellen Ressourcen. Carlo Orsini und sein Vetter Giulio, der Bruder des Kardinals Giambattista, verfügen über die Unterstützung Vitellozzo Vitellis, des Herrn der Stadt Castello. Vitellozzo war aus Frankreich zurückgekehrt, wo ihn Karl VIII. reichlich mit Geldmitteln versehen hatte, mit denen er neue Truppen anwerben sollte. Giovanni della Rovere, der Präfekt von Rom, ließ in Senigallia Berittene ausheben. Das neue Heer wird auf Soriano im Osten von Viterbo konzentriert. Um es von Bracciano abzulenken, ziehen ihm die Päpstlichen entgegen. Am 25. Januar kommt es zur Schlacht. Die 500 Schweizer des Papstes werden von Vitellozzos Heer über den Haufen geworfen, weil seine Soldaten mit längeren Piken ausgerüstet sind als die Helvetier. Der Herzog von Urbino wird gefangengenommen, Gandia erleidet eine leichte Verletzung, und Kardinal Lunati ist vor Schreck dem Tode nah. Die Barone, die sich gegen den Papst erhoben haben, sind erneut Herren der römischen Campagna.

Alexander beeilt sich, Frieden zu schließen. Am 5. Februar erhalten die Orsini mit Ausnahme von Anguillara und Cerveteri ihre Güter zurück. Sie sind zwar gezwungen, 50 000 Golddukaten an die päpstliche Schatzkammer zu zahlen, sie erhalten die Summe jedoch wieder zurück, weil sie für ihren Gefangenen, den Herzog von Urbino, ein Lösegeld von gleicher Höhe fordern. Die Orsini sind in diesem Feldzug glimpflich davongekommen: Sie haben die Anerkennung ihrer Besitztümer durch die päpstliche Macht erhalten, die Freilassung ihrer Verwandten, die noch in Neapel in Gefangenschaft saßen, und die Erlaubnis, in den Diensten des Königs von Frankreich zu bleiben. Der verdrossene Papst macht nicht etwa seinen Sohn Juan für diese Niederlage verantwortlich, sondern den unglücklichen Herzog von Urbino. Er läßt die Verwandten Guidobaldos das Lösegeld für diesen alleine bezahlen; da ein direkter Erbe nicht vorhanden ist, beabsichtigt er, dem Herzog zur Strafe einen seiner eigenen Söhne als Nachfolger aufzuzwingen, unter Umständen sogar Cesare Borgia.

Zum Glück bietet sich die Gelegenheit, die Schmach des Herzogs von Gandia auszulöschen. Der Papst stellt ihn an die Seite Gonsalvo de Córdobas, des Generals, den die katholischen Könige von Spanien nach Italien geschickt haben, um die Franzosen aus dem Königreich Neapel zu vertreiben. Nachdem Gonsalvo mit sechshundert Bewaffneten und tausend Fußsoldaten aus Rom aufgebrochen ist, beginnt er am 21. Februar mit der Belagerung von Ostia, das Kardinal della Rovere den Franzosen ausgeliefert hatte. Der Feldzug ist von kurzer Dauer. Gonsalvo zwingt ihn zur Kapitulation und kehrt am 15. März nach Rom zurück. Den Garnisonskommandeur von Ostia schleppt er hinter sich her. Bei der Parade der siegreichen Truppen durch die heilige Stadt reiten der Herzog von Gandia und sein Schwager, Giovanni von Pesaro, an ihrer Spitze. Juan verschafft sich Vorrang vor Gonsalvo de Córdoba, und der Papst ist damit einverstanden. Am Palmsonntag weigert sich der stolze Spanier deshalb, sich auf den Platz zu setzen, der ihm auf den Stufen des Papstthrones unterhalb jenem des Herzogs von Gandia zugewiesen wird. Er möchte die geweihte Palme nicht erst nach Juan in Empfang nehmen. Der Papst muß Diplomatie walten lassen, um den Zwist zu schlichten. Er überreicht Gonsalvo die goldene Rose, die höchste Auszeichnung für einen christlichen Fürsten.

Skandale im Vatikan
Giovanni Sforzas Flucht
Cesares Eifersucht

Eine bedrückende Atmosphäre lastet auf Rom. Nach dem Ende der Feldzüge gegen die Orsini und della Rovere wird die Stadt von einer Masse zuchtloser Soldaten überschwemmt. Verbrechen und Veruntreuungen öffentlicher Gelder häufen sich. Am Gründonnerstag, dem 24. März 1497, versammelt sich das Volk auf dem Campo de' Fiori. Die Menge fordert schreiend die Steinigung der Spanier. Mit wachsender Verärgerung macht Gonsalvo de Córdoba die Borgias für diesen offenen Haß verantwortlich. Er richtet scharfe Ermahnungen an den Papst. Er wirft ihm ein ausschweifendes Leben vor. In der Tat geht das Gerücht, eine verheiratete Frau habe Alexander ein Kind geboren; ihr Ehemann habe sich gerächt und den Schwiegervater erdolcht, der als Kuppler fungiert habe. Von anderer Seite erzählt man, Jofrés Frau Sancia führe hinter den Mauern des Vatikans ein liederliches Leben. Der Heilige Stuhl scheine weder die eigene Ehre zu achten noch die Ehre anderer. Lucrezias Gatte Giovanni ist sich im unklaren darüber, was er von einem Hof zu erwarten hat, an dem er nichts mehr zu sagen hat. Die Borgias bedürfen der Sforza nicht mehr, und so dünkelhaft, wie sich die Söhne des Papstes gegenüber ihrem Schwager benehmen, kränken sie ihn jeden Tag mehr. Außer sich verläßt Giovanni am Ostermorgen Rom. Er gibt vor, eine Pilgerfahrt zur Kirche Sant'Onofrio fuori le Mura machen zu wollen. Dort besteigt er einen Araber, den er heimlich satteln ließ. Giovanni läßt seinem Pferd die Zügel schießen und galoppiert davon. In nur vierundzwanzig Stunden legt er die Entfernung bis nach Pesaro zurück. Als er die Stadttore passiert, bricht das Pferd tot unter ihm zusammen. Der Papst und seine Söhne zeigen sich überrascht über Giovannis Flucht, insgeheim sind sie jedoch sehr erleichtert. Lucrezia selbst war ihres Gatten überdrüssig und beklagte sich, daß er sie vernachlässigt habe.

Nach vertraulichen Mitteilungen eines Kammerdieners von Giovanni hatte Cesare kurz zuvor seine Schwester aufgesucht. Lucrezia bat den Kammerdiener, sich hinter einer Tapetentür zu verbergen. Aus seinem Versteck hatte der Bedienstete mit angehört, wie Cesare Lucrezia mitgeteilt hat, daß man die Ermordung ihres Ehemanns befohlen habe. Nachdem ihr Bruder gegangen war, beauftragte Lucrezia den Lakaien, seinem Dienstherrn rasch mitzuteilen, was er gehört hatte. Als Giovanni davon erfuhr, machte er sich klammheimlich aus dem Staube. Es bleibt unklar, ob Lucrezia die Mitverschworene Cesares war und eine Komödie gespielt hat, um ihren unerwünschten Ehemann in die Flucht zu treiben, oder ob sie ihn im Gegenteil aus einem Rest von Zuneigung gewarnt hatte, um ihm das Leben zu retten. Jedenfalls wünschte sie nicht, daß Giovanni der Eifersucht ihrer beiden Brüder Juan und Cesare zum Opfer fallen sollte. Wie behauptet wurde, buhlten die beiden Männer nicht nur um die Gunst Sancias, der jungen Frau Jofrés, sondern brachten auch beide ihrer Schwester eine überschwengliche Zuneigung entgegen. Vielleicht hat sich die Tochter des Papstes im Apostolischen Palast bedrängt gefühlt, weil sie sich jenem Brauch beugen mußte, der einer verheirateten Frau vorschrieb, sich vom gesellschaftlichen Leben zurückzuziehen, sobald ihr Mann nicht mehr zugegen war. Am 4. Juni 1497 begab sich Lucrezia in das Kloster S. Sisto in der Nähe der Via Appia.

Lucrezias Verschwinden aus dem Vatikan steigert den Haß Cesares auf Juan von Gandia ins Maßlose. Der Kardinal glaubt, der Herzog habe Lucrezia vertrieben. Dieser neue Vorwurf verstärkt nur noch die Verachtung, die er seit Juans militärischen Niederlagen seinem Bruder ohnehin entgegenbringt. Er hatte gehofft, daß Juan von seinem Vater nach den lächerlichen Siegesfeiern, die Gonsalvo de Córdoba so sehr verärgert hatten, nach Spanien zurückgeschickt würde. Schließlich hatte sich der Herzog als Heerführer vollkommen unfähig gezeigt. Cesare hätte dann seinen Platz und die fürstliche Stellung einnehmen können, die zu bekleiden Juan sich als unfähig erwiesen hatte. Aber Cesare hatte die Rechnung ohne die väterliche Liebe des Papstes zum Herzog von Gandia gemacht. Alexander hält an seinen Plänen fest und gedenkt sie nun zu verwirklichen. Er wandelt die im Königreich Neapel eingeschlossenen Lehensgüter des Heiligen Stuhls in ein Fürstentum für Juan um.

Am 7. Juni 1497 wird im Geheimen Konsistorium die Stadt Benevent zum Herzogtum erhoben, und die Städte Terracina und Pontecorvo mit ihren Grafschaften werden ihm angegliedert. Das neugeschaffene Herzogtum wird Juan von Gandia verliehen, und zwar als erbliches Lehen für alle seine Nachkommen aus legitimer Ehe. Lediglich Kardinal Piccolomini von Siena – der künftige Papst Pius III. – wagt es, sich dieser Preisgabe kirchlicher Rechte zu widersetzen. Für Alexander bedeutet die Maßnahme einen ersten Schritt, seinen Sohn zum König von Neapel zu erheben. Denn König Federico ist der uneingeschränkten ausländischen Bevormundung durch Venedig und Spanien ausgeliefert und wird nach Einschätzung des Papstes nicht die Kraft haben, sich der Machenschaften Juans zu erwehren. So werde sich der neue Herzog mühelos als sein Nachfolger durchsetzen können. Um den empfindlichen Monarchen nicht vor den Kopf zu stoßen, schlägt Alexander im gleichen Konsistorium die Annullierung des Tributes vor, den die Krone von Neapel dem Heiligen Stuhl bislang zahlen mußte. Cesare nimmt an dem Konsistorium teil und hört mit an, wie die unerhörten Vorschläge vorgebracht werden. Aber er hüllt sich in Schweigen. Mit der Mehrheit der Kardinäle stimmt auch er ihnen zu. Dennoch kann man sich Cesares Empörung leicht vorstellen, als er seinen Bruder auf so außergewöhnliche Weise belohnt sah, obwohl dieser über keinerlei Begabungen verfügt und sich seine Taten in Rom auf Alkovenabenteuer beschränken. Als Gipfel des Hohnes wird Cesare am 8. Juni zum Legaten ernannt und soll mit seinem Bruder nach Neapel reisen, um dort Federico zum König zu krönen. Juan soll nach den Feierlichkeiten zur Krönung in sein neues Fürstentum einziehen.

DER MORD AN JUAN VON GANDIA

Stolz auf die besondere Ehre, die der Heilige Vater ihren beiden Söhnen soeben erwiesen hatte, lädt Vannozza Cattanei Juan von Gandia und Cesare am Abend des 14. Juni in ihren Weingarten bei S. Pietro in Vincoli ein. Unter den Lauben hatte Vannozza die Festtafeln für ein Bankett aufstellen lassen. Alle Freunde der Borgias sind anwesend. Kardinal Cesare ist mit seinem Vetter Juan dem Älteren, dem Erzbischof von Monreale, erschienen. Vannozza, nach wie vor eine sehr schöne Frau, ist prachtvoll zurechtgemacht und mit Schmuck behangen. Schwungvoll leitet sie das nächtliche Fest. Bis zum Ende des Abends hofft sie ihre beiden Söhne vollkommen miteinander ausgesöhnt zu haben. Im Verlaufe des Festes fällt ein Maskierter auf, der Juan von Gandia einige Worte ins Ohr flüstert und dann verschwindet. Dies erregt jedoch kein allzu großes Aufsehen, hatte man die geheimnisvolle Gestalt doch bereits in Begleitung des Herzogs gesehen, wenn er sich zu galanten Verabredungen begab.

Es ist bereits spät in der Nacht. Beide Brüder und der Kardinal Juan de Borgia schlagen auf ihren Mauleseln den Rückweg zum Vatikan ein. Sie trennen sich in der Nähe jenes Palastes, den der Papst bewohnte, als er noch Vizekanzler war. Die Kardinäle Cesare und Juan reiten weiter in Richtung Engelsbrücke. Juan von Gandia möchte, wie er sagt, zu seiner Zerstreuung alleine einen Spazierritt machen. Von einem einzigen Reitknecht begleitet, biegt er in ein enges Gäßchen ein, das zum Judenplatz führt. Dort wird Juan von dem Maskierten erwartet, der bereits in den Weingarten Vannozzas gekommen war und nun hinter ihm auf sein Reittier steigt. Juan läßt den Reitknecht auf dem Platz zurück, damit er dort auf ihn warte. Sollte sein Herr nach einer Stunde nicht zurückgekehrt sein, dann soll er alleine in den Palast gehen.

Am nächsten Tag, dem 15. Juni, bemerken die Diener, daß der Herzog in der Nacht nicht nach Hause gekommen ist. Sie setzen den Papst über sein Ausbleiben in Kenntnis. Wie die Diener vermutet auch Alexander, der

Herzog sei bei irgendeiner Schönen aufgehalten worden und habe es nicht gewagt, am hellichten Tage das Haus zu verlassen, in dem er die Nacht verbrachte, da sein unziemliches Benehmen auf seinen Vater zurückfallen könnte. Indes verstreicht die Zeit. Die Nacht bricht herein, ohne daß der Herzog erscheint. Der Papst macht sich ernsthafte Sorgen. «Bis ins Mark erschüttert», wie Burchard schreibt, schickt Alexander Männer der Palastwache aus, die unter der Leitung des römischen Senators die ganze Stadt durchsuchen. Die Neuigkeit des mysteriösen Verschwindens von Juan von Gandia verbreitet sich rasch in Rom. Die Bürger verbarrikadieren ihre Türen. Es kursieren Gerüchte von einem Attentat der Borgia-Feinde. Die spanischen Truppen durchstreifen mit blanken Schwertern die Straßen. Die Orsini und Colonna greifen zu den Waffen. Inzwischen finden die Wachen den Reitknecht des Herzogs. Er ist schwer verwundet und kann keine Auskünfte geben. Später wird Don Juans Maulesel ausfindig gemacht. Die Steigbügel des Tieres sind verbogen, als habe man seinen Reiter gewaltsam aus dem Sattel gezerrt. Am Nachmittag schließlich meldet sich ein wichtiger Zeuge bei der Wache. Es handelt sich um einen gewissen Giorgio Schiavino. Um eine Ladung Holz zu bewachen, hatte er die Nacht in einem Kahn am Ufer des Tiber in der Nähe des Hospitals S. Girolamo dei Schiavoni verbracht.

Am 16. Juni gegen fünf Uhr früh beobachtete er, wie zwei Männer vorsichtig aus der Straße traten, die am Hospital entlangführt, sich umsahen und dann verschwanden. Kurz darauf seien zwei weitere Männer erschienen; nachdem sie ebenfalls das Terrain sondiert hatten, hätten sie ein Zeichen gegeben. Ein Reiter auf einem Schimmel sei auf das Zeichen hin aus einer Gasse geritten gekommen, über dem Sattel einen leblosen Körper. Am Tiber-Ufer, nahe der Entladestelle für die Müllkarren, hätten die beiden Männer den Leblosen vom Pferd genommen und ihn mit ganzer Kraft in den Strom geschleudert. Auf die Frage des Reiters, ob die Leiche auch tatsächlich versunken sei, hätten sie «Ja, Herr» geantwortet. Dann habe sich der Reiter genähert. Als er den Mantel des Toten bemerkt habe, der auf dem Wasser trieb, habe er mit Steinen nach ihm geworfen, um ihn zu versenken. Dann hätten sich alle entfernt, einschließlich der beiden Männer, die bei der Versenkung der Leiche Wache gestanden hätten.

Die Aussage wird zu Protokoll gebracht, und der Mann wird gefragt, warum er sich nicht eher gemeldet habe. Er antwortet, er habe des Nachts dort mindestens hundertmal gesehen, wie Leichen ins Wasser geworfen wurden, doch das habe nie jemanden beunruhigt. So habe er auch dem letzten Vorkommnis nicht mehr Bedeutung beigemessen als den vorigen.

Die ungewöhnlich genauen Angaben legen die Vermutung nahe, daß man sich nun auf einer ernstzunehmenden Spur befindet. Um den Toten aus dem Wasser zu fischen, rufen Fanfaren die Fischer und Schiffer der Stadt zusammen. Dem Finder des Leichnams werden zehn Dukaten Belohnung versprochen. 300 Männer beteiligen sich an der Suche. Einige tauchen im Fluß, andere ziehen Schleppnetze über den Grund. Zur Stunde der Vesper wird die Leiche aus dem Wasser gezogen. Es ist zweifelsfrei der Herzog. Er trägt noch seinen Samtmantel, seine Beinkleider und sein Wams. Seine Sporen sitzen noch fest an seinen Schuhen, sein Dolch und seine Handschuhe stecken in seinem Gürtel. Seine Geldbörse enthält dreißig Dukaten. Es handelt sich offensichtlich nicht um einen Raubmord. Mehrere Mörder haben zugestochen. Man zählt zehn Stiche, die dem Opfer mit einem Langdolch beigebracht wurden; acht in den Oberkörper sowie in die Beine und einen einzigen, den tödlichen, in die Kehle. Der Leichnam wird in einen Kahn gelegt und in die Engelsburg gebracht, wo ihn Burchards Kollege, der Zeremonialkleriker Bernardino Guttieri, wäscht und in die Gewänder des Generalkapitäns der Kirche kleidet. Der Papst eilt herbei, um Juan zu sehen. Er schluchzt laut auf. Seine Klagerufe sind bis zur Engelsbrücke zu hören. Wie Burchard schreibt, jammert er um so lauter, weil sein geliebter Sohn gerade an jenem Ort in den Tiber geworfen wurde, an dem der Unrat der Stadt beseitigt wird. Als er in den Vatikan zurückkehrt, schließt er sich in seinem Zimmer ein, empfängt niemanden und weigert sich drei Tage lang, zu essen. Während der Vater der Christenheit um seinen Sohn trauert, jubeln die Feinde der Borgias. In gebildeten Kreisen machen die grausamen Verse Sannazaros die Runde:

> «Daß du ein Menschenfischer bist, o Sixtus,
> dies glauben wir dir gern
> hast du mit deinen Netzen doch deinen Sohn gefischt!»

Obwohl der Papst tief erschüttert ist, gibt er Anweisung, Don Juan feierlich beizusetzen. Noch am selben Abend, an dem Juans Leichnam gefunden wurde, legt man ihn auf eine Bahre und trägt ihn mit unbedecktem Gesicht am Tiber entlang bis zur Kirche Sa. Maria del Popolo. Die Prozession wird von 200 Fackeln erleuchtet; ein völlig ungewöhnliches Ehrengeleit, da bei Totenzeremoniellen in Rom zu dieser Zeit im allgemeinen nur zwanzig Fackeln üblich waren. Alle Prälaten des Palastes, die Kammerherren und die Stallmeister des Papstes begleiten ihn. Sie jammern und klagen und marschieren ohne Ordnung. Das Volk nähert sich neugierig, um das Gesicht des jungen Fürsten zu betrachten, der im flackernden Schein der Fackeln eher wie ein Schlafender als wie ein Toter aussieht. Mit gezogenen Schwertern stehen die spanischen Soldaten entlang dem Überweg Spalier. Zum Zeichen ihrer Trauer oder aus Furcht haben die Ladenbesitzer entlang der Straßen, durch die die Prozession führt, ihre Geschäfte geschlossen. Der Leichnam wird in der Kapelle Sa. Lucia beigesetzt, die Vannozza, die Mutter des Herzogs, als ihre eigene Ruhestätte mit Fresken Pinturicchios ausschmücken ließ.

Eine peinliche Untersuchung

Während der Papst trauert, laufen in der Stadt die Ermittlungen, um den Mörder des Herzogs zu ergreifen. Der Barigello, der Anführer der Sbirren, läßt sämtliche Häuser durchsuchen, in denen der Herzog öfter verkehrt hatte. Aber man findet dort keinerlei Hinweis auf eventuelle Täter.

Jeder bringt einen anderen Verdacht vor. Einige beschuldigen die Orsini. Der Mord wurde tatsächlich in einem Viertel begangen, das von ihren Parteigängern bewohnt wird. Außerdem fand man in dem Viertel auch den Maulesel des Opfers. Und die Orsini hatten ein Motiv: Rache für den Tod von Virginio, dem Oberhaupt ihres Hauses. Auch Guidobaldo von Urbino könnte in den Mord verstrickt sein, denn er war unzufrieden wegen seines letzten Feldzuges, den er mit dem Herzog Juan geführt hatte. Selbst Kardinäle werden verdächtigt: Federico San Severino und vor allem Ascanio Sforza. Ascanio war während eines Abendessens in heftigen Streit mit Juan geraten, und Sforzas Kämmerer war dabei getötet worden. Möglicherweise hatte der mailändische Kardinal diesen Totschlag und gleichzeitig die Beleidigung an seinem Sohn Giovanni von Pesaro rächen wollen. Weitere Fährten ergeben sich aus den galanten Abenteuern des jungen Herzogs. Juan hat etliche Väter und Ehemänner brüskiert. So verdächtigt man den Grafen Antonio Maria della Mirandola, dessen Tochter ein Verhältnis mit Juan gehabt haben soll. Jofré von Squillace soll von seiner Frau Sancia ebenfalls mit Juan betrogen worden sein und auch Giovanni von Pesaro von Lucrezia. Niemand wagt im Zusammenhang mit der Tat Cesares Namen zu nennen, obwohl seine rasende Eifersucht auf seinen Bruder ein offenes Geheimnis war.

Als sich der Papst von dem schweren Schlag einigermaßen erholt hat, versammelt er am 19. Juni die Kardinäle und Botschafter im Vatikan. Mit Pathos bringt er seinen Schmerz vor den Anwesenden zum Ausdruck. Wie er sagt, habe er seinen Sohn so sehr geliebt, daß er niemals tiefere Trauer empfinden könne als über den Verlust von Juan. Er lege von nun an keinerlei Wert mehr auf das Pontifikat oder auf irgend etwas anderes auf der Welt. Stünden ihm sieben päpstliche Reiche zur Verfügung, um seinem Sohn das Leben wiederzugeben, er opferte sie alle! Er wisse nicht, wer der Mörder sei, aber er halte den Herzog von Urbino, Jofré von Squillace und

Giovanni von Pesaro für unschuldig. Er wisse, daß er sich wegen seines schlechten Rufs und dem seiner Familie den Zorn des Himmels zugezogen habe. Wie der Papst erklärt, wolle er eine Kirchenreform anstrengen und so für seine Sünden büßen.

Der Papst hat mit seiner Rede Haltung bewiesen. Der spanische Botschafter Garcilasso de la Vega spricht ihm sein Beileid aus. Garcilasso entschuldigt Kardinal Ascanio Sforza, der es nicht wagte, zum Konsistorium zu erscheinen. Der Botschafter verbürgt sich dafür, daß Ascanio weder an dem Verbrechen beteiligt noch mit den Orsini verschworen gewesen sei. Nacheinander kondolieren auch die anderen Botschafter. Unter Tränen beschließen die Anwesenden das Konsistorium.

Am selben Tag schreibt der Papst den Fürsten der Christenheit und teilt ihnen sein Unglück mit. Alexander setzt die Fürsten darüber in Kenntnis, daß er den Mord an seinem Sohn Juan als grausame Warnung der Vorsehung betrachte und deshalb die Kirche und den Vatikan zu reformieren gedenke. Der fromme Entschluß scheint selbst seine Feinde zu überzeugen. Kardinal Giuliano della Rovere, der nach Carpentras in eine Legation Avignons geflohen war, schreibt dem Papst, Juans Tod betrübe ihn so sehr, als habe er den eigenen Bruder verloren. Eine rührende Eintracht kehrt am Heiligen Stuhl ein. Selbst Savonarola, der seit sieben Monaten exkommuniziert ist, schickt dem Papst einen Kondolenzbrief. Savonarola knüpft mit seinem Brief erneut Beziehungen zum römischen Hof an, mit dem er sich vollkommen überworfen hatte. So führt der Tod von Juan von Gandia scheinbar zu einer Aussöhnung zwischen dem Bußprediger und dem Papst, was niemand für möglich gehalten hätte. Denn das Verhältnis zwischen den Mönchen in Florenz und Papst Alexander war eben noch vollkommen vergiftet gewesen.

ALEXANDER VI. UND SAVONAROLA
AUSSÖHNUNG DURCH EINE KIRCHENREFORM

Am Ende des Jahres 1496 hatten die scharfen Angriffe der römischen Kurie auf den Prior von S. Marco begonnen. Als die kaiserlichen Truppen Maximilians von Österreich auf Florenz vorrückten, ließen die besorgten Räte der Stadt in ihrem Eifer nach, Savonarola gegen die Angriffe von seiten des Papsttums zu verteidigen. Der Mönch schloß sich der lombardischen, vom Heiligen Stuhl unabhängigen Kongregation an und sicherte dadurch seinen Einfluß auf die Dominikanerklöster in Florenz. Wenn der Papst Savonarola wieder auf seinen Platz verweisen wollte, bestand das einfachste Mittel für ihn darin, seinen Anschluß an die lombardische Kongregation rückgängig zu machen und eine neue Kongregation für die florentinischen Klöster zu schaffen. Dadurch unterstand Savonarola wieder direkt der römischen Obedienz. Dem Prediger sollte mit diesem Schritt seine Stellung als Vikar der Kongregation entzogen werden, was einer Rückversetzung in den Stand eines gewöhnlichen Mönchs gleichkam. Die neue «römisch-toskanische Kongregation» wurde durch ein Breve vom 7. November 1496 tatsächlich eingerichtet. Savonarola erkannte die Kongregation allerdings nicht an. Er fiel unter den Kirchenbann, predigte jedoch weiter. Sein Einfluß auf die Florentiner war noch so stark, daß er am 7. Februar 1497 auf dem Platz der Signoria den berühmten Scheiterhaufen der Eitelkeiten errichten lassen konnte. Anstößige Gemälde, obszöne Bücher, Lauten, Schminktiegel, Parfümflacons, Spiegel, Puppen, Spielkarten und -tische, kurz: alle Dinge des Komforts und Vergnügens, die man in Florenz hatte auftreiben können, wurden auf dem Scheiterhaufen ein Raub der Flammen. Während der Fastenpredigt beschimpfte Savonarola die römische Kirche als Hure und prangerte die Ausschweifungen des Papstes heftiger denn je an. In Rom forderte Fra Mariano, ein erbitterter Gegner Savonarolas, den Papst auf, streng gegen jenen vorzugehen: «Vernichtet ihn, Allerheiligster Vater, vernichtet dieses Ungeheuer in Gottes Kirche!» Kardinal Carafa, Savonarolas einstiger Beschützer, hatte ihm seine Unterstützung entzogen.

Nach diesem kompromißlosen Kampf schienen sich nun der Papst und Savonarola nach dem Tod Juan von Gandias wieder verständigen zu wollen. Der Bußprediger fordert Alexander auf, weiterhin seine guten Absichten zu verfolgen und die Kirchenreform ins Werk zu setzen. Gleichzeitig bittet er den Pontifex, einen wohlwollenden Blick auf seine Taten zu werfen und den über ihn verhängten Kirchenbann aufzuheben. Der Papst hat sich tatsächlich gewandelt. Er empört sich nicht über die Worte des exkommunizierten Mönchs. Jeden Tag führt er im Vatikan den Vorsitz in der Reformkommission, die er am 19. Juni aus den sechs Kardinälen Carafa, Costa, Pallavicini, San Giorgio, Piccolomini und Riario gebildet hat. Die Kommission konsultiert die Reformpläne vorangegangener Päpste und erarbeitet den Text einer Bulle, die eine Umordnung in der Liturgie vornimmt, der Simonie und der Veräußerung kirchlicher Güter Einhalt gebietet und die Übertragung von Bistümern reglementiert.

Nach der Bulle soll der Besitz eines Kardinals auf ein einziges Bistum beschränkt werden, und seine Benefizien sollen nicht mehr als 6000 Dukaten eintragen dürfen. Niemand soll länger als zwei Jahre das Amt eines Legaten ausüben. Die Kirchenfürsten sollen keinen weltlichen Vergnügungen wie Theateraufführungen, Turnieren oder Karnevalsspielen nachgehen. Die Anzahl ihrer Dienerschaft darf achtzig, die ihrer Pferde dreißig nicht übersteigen. Die Kardinäle dürfen weder Gaukler noch Narren oder

Musikanten empfangen. Sie dürfen keine jungen Knaben oder Heranwachsende als Kammerdiener beschäftigen. Sie sollen in der Kurie wohnen. Für ihre Trauerfeierlichkeiten und ihr Begräbnis sollen die Kardinäle nicht mehr als 1500 Dukaten ausgeben.

Auch der Ämterkauf in der Kurie soll abgeschafft werden. Die Geistlichen, gleich welchen Ranges, müssen sich innerhalb von zehn Tagen nach Veröffentlichung der Bulle von ihren Konkubinen trennen; geschieht dies nicht, so gehen die Schuldigen nach einem Monat ihrer Benefizien verlustig. Die zugunsten ihrer Kinder abgelegten Gelübde werden für nichtig erklärt. Allen Mißbräuchen bei der Zession kirchlicher Güter und der überhöhten Besteuerung von Kanzleiurkunden wird strikt Einhalt geboten.

Beim Wortlaut dieser bemerkenswerten Bulle hatte der Papst seine persönlichen Erfahrungen als langjähriger Vizekanzler verarbeitet und wollte mit ihr nun alle Verfehlungen ausmerzen, für die er einst bereitwillig Dispense erteilt hatte. Zum Leidwesen frommer Seelen wird die Bulle jedoch nie veröffentlicht. Schon einen Monat nachdem die Kommission gebildet wurde, läßt sie Alexander nicht mehr zusammentreten. Anstatt die vorbereitete Bulle zu verabschieden, gibt sich der Papst wieder seinem gewohnten Lebenswandel hin.

EIN SCHRECKLICHER VERDACHT

Die Ursache für seine Kehrtwendung liegt im Naturell des Papstes, der von jeher eher nach vergnüglichem Lebensgenuß gestrebt hatte, statt die Mühsal des Daseins auf sich zu nehmen. Da die Trauerzeit vorüber war, vergaß Alexander sein Vorhaben. Und vergessen wollte er um so schneller, als ihm eine Vermutung täglich stärker zur schrecklichen Gewißheit wurde: Alexander war inzwischen fast vollständig davon überzeugt, daß sein Sohn Cesare seinen Bruder Juan ermordet hatte. Obwohl man es sorgsam vermied, seinen Namen zu nennen, gehörte der Kardinal von Valencia sehr bald zum Kreis der Verdächtigen. Am 23. Juni schrieb der florentinische Gesandte Bracci an die Signoria, der Papst besitze alle erdenklichen Informationen zum Mord an Juan von Gandia, er wolle den Rechtsgang jedoch nicht beschleunigen, «da es sich bei den Schuldigen um Personen von Bedeutung handle». Am 25. Juli, zwanzig Tage nach dem Verbrechen, beendet er alle Nachforschungen.

Alexander behauptete, den Mörder zu kennen, aber er hütete sich, seinen Namen preiszugeben. Man schloß daraus, daß der Papst den Täter nicht bestrafte, um einen entsetzlichen Skandal zu vermeiden. Der Schuldige konnte weder ein römischer Baron noch ein eifersüchtiger Ehemann sein, weil der Papst sie unverzüglich der Justiz übergeben hätte. So mußte man den Mörder Juans im allerengsten Umkreis des Papstes suchen. Und ihn dort auszumachen war nicht schwierig. Wer sich in der Kurie auskannte, wußte von der Eifersucht und dem Neid des Kardinals von Valencia gegenüber seinem Bruder. Obwohl Cesare der Ältere war, wurden ihm nicht die Ehren zuteil, mit denen Juan überhäuft worden war. Und da er die geistliche Laufbahn hatte einschlagen müssen, konnte er auch nicht auf weltliche Ehren hoffen. Mit Juans Tod war der Papst gezwungen, Cesare in den Laienstand zurückzuversetzen. Cesare konnte sich dann um ein Fürstentum bemühen. Und dieses Fürstentum sollte sogar bedeutender sein als jenes, das seinem jüngeren Bruder von seinem Vater verliehen worden war. Um Cesares Zukunft willen mußte der Herzog von Gandia von der Bildfläche verschwinden. Niemand konnte größeres Interesse an Juans Tod haben als der Herzog von Valencia.

Später werden die Zeitgenossen gesprächiger. «Ich habe erneut sagen hören, daß der Tod des Herzogs von Gandia seinem Bruder, dem Kardinal, anzulasten sei», schreibt am 22. Februar 1498 Giovanni Alberto della Pigna dem Herzog von Ferrara aus Venedig. Auch die Historiker Sanudo und Guicciardini sind von Cesares Schuld überzeugt. Je nachdem, ob man das Papsttum schonend behandeln möchte oder nicht, wird man in der Nachwelt Cesare freisprechen oder verurteilen. Der Mörder von Juan von Gandia hatte dafür gesorgt, daß niemals Beweise gegen ihn erbracht werden konnten, und gerade in seinem umsichtigen Vorgehen zeigte sich der Verbrecher als ein Mann von ungewöhnlichem Charakter. Es handelte sich um einen Menschen von Genie. Und abgesehen von Cesare gab es am römischen Hof fast niemanden von solchem Format.

DIE NEAPOLITANISCHE LEGATION CESARES

Offenkundig verdächtigt der Papst seinen Sohn sehr bald, denn er bemüht sich bis zu Cesares Abreise nach Neapel nicht darum, ihn noch einmal wiederzusehen. Als Legat verläßt Cesare am 22. Juli Rom und begibt sich nach Capua, wo er König Federico krönen soll. Am 7. August werden Jofré und Sancia von Alexander VI. ins Königreich geschickt, da auch sie am Festakt teilnehmen sollen. Nachdem Sancia in Capua eingetroffen ist, pflegt sie Cesare, der vorübergehend erkrankt ist. Dennoch findet am 10. August wie vorgesehen die Krönung statt. Außer den Baronen San Severino, die den Aragonesen feindlich gesinnt sind, nehmen die meisten Standesherren im Königreich Neapel an der Prozession teil. Der König zieht unter seinem goldenen Baldachin zum Dom, in dem Cesare anschließend die Messe liest.

Federico verteilt sodann Titel und Gnaden an seine Parteigänger, namentlich an Prospero und Fabrizio Colonna.

Das Krönungszeremoniell in Capua kam dem Papst äußerst gelegen, um Jofré und Sancia aus Rom zu entfernen. Denn beide hatten zu Alexanders Verdruß eine Vorladung erhalten, um zum Mord an Juan von Gandia auszusagen. Lucrezia hält sich noch immer im Kloster S. Sisto auf. Dem Papst ist es auch aus einem anderen Grund willkommen, daß sich seine Kinder nicht in Rom aufhalten; er muß so nicht mit ansehen, wie sie sich gegenseitig zerfleischen. In der Kurie herrscht unterdessen eine seltsame Stimmung. Der Chronist Sanudo erzählt, im Vatikan und in der Engelsburg seien Gespenster erschienen. Trügerische Lichterscheinungen und Stimmen aus dem Jenseits hätten die Umgebung des Papstes in Angst und Schrecken versetzt.

Fern von Rom stellt Cesare stolz Gelassenheit zur Schau. Nachdem er den König Federico in Capua gekrönt hat, begibt er sich am 14. August gemeinsam mit ihm nach Neapel und hält sich in der Königsresidenz Castel Capuano auf. Am neapolitanischen Hof teilt er mit, daß aus den päpstlichen Enklaven im Königreich Neapel das Herzogtum Benevent gebildet wurde und daß dieses Herzogtum nun nach dem Tod des Herzogs von Gandia an den älteren Bruder übergehe. Cesare macht sich so zum Testamentsvollstrecker seines ermordeten Bruders, und Juans Witwe Maria Enriquez ist heftig empört darüber, weil sie Cesare für den Mörder ihres Gatten hält. Als Repräsentant des Papstes, des Lehensherrn des Königs, stolziert Cesare an der Seite von Sancia und Alfons von Aragón, ihrem Bruder, an der Spitze von dreihundert Männern durch die Straßen Neapels. Die Parade bildet den Abschluß einer äußerst erfolgreichen Gesandtschaft. Als Cesare am 6. September nach Rom zurückkehrt, zieht ihm das Heilige Kollegium entgegen und bringt ihm ebenfalls eine Huldigung dar. Die Kardinäle geben ihrem jungen Kollegen von der Kirche Sa. Maria Nuova bis zum Vatikan das Geleit. Alexander VI. versammelt im Apostolischen Palast das Konsistorium, um seinen Sohn zu empfangen. Er gibt Cesare zwar den traditionellen Kuß, spricht jedoch kein Wort mit ihm. Der ungewöhnlich kühle Empfang verrät, daß auch der Papst von der Schuld Cesares vollkommen überzeugt ist. Alexander befällt angesichts dieser Überzeugung ein Unwohlsein, und als er sich aus dem Vatikan zurückzieht, scheint es, als ergreife er vor seinem Sohn die Flucht.

Am 28. Oktober zog sich Alexander in die Engelsburg zurück. Durch einen
merkwürdigen Zufall kerkerten die päpstlichen Wachen am selben Tag den
ehemaligen Privatsekretär des Pontifex, Bartolomeo Florès, ein. Der Sekretär, der ehemals Erzbischof von Cosenza war, wird in ein unterirdisches
Verlies gesperrt, nachdem er zuvor in den Laienstand zurückversetzt worden war. Der Prälat war am 14. September verhaftet und am 13. Oktober
zu lebenslänglicher Haft verurteilt worden. Er hatte gestanden, mit drei
seiner Amtsgehilfen mehr als 3000 gefälschte Bullen ausgefertigt zu haben.
Eine dieser Urkunden berechtigte eine Nonne von königlichem Geblüt aus
Portugal, den Schleier abzulegen und eine Ehe mit dem natürlichen Sohn
des verstorbenen Königs einzugehen. Eine andere erlaubte einem Geistlichen, sich zu verheiraten und dabei alle seine Ämter zu behalten. Die meisten der gefälschten Bullen erteilten Dispense und Anwartschaften, damit
sich ihre Käufer unrechtmäßig einträgliche Benefizien verschaffen konnten.
Derartige Betrügereien waren in der päpstlichen Kanzlei nur allzu verbreitet. Da Florès den Schacher jedoch im Übermaß getrieben hatte, mußte er
seine Schuld hinter den Mauern der einstigen Grabstätte Kaiser Hadrians
büßen, im furchtbaren Gewölbe San Marocco. Bekleidet mit einem
Gewand aus weißem, sehr grobem Leinen und einem Mantel aus grünem
Stoff, wird der bischöfliche Fälscher dort den Rest seiner Tage verbringen.
   Ein Stockwerk über ihm lebte der Papst in seinen prunkvollen Gemächern. Alexander ließ dem gefangenen Bischof alle drei Tage ein wenig
Brot und Wasser vorsetzen und Öl für seine Lampe geben, damit er über
die Bibel, die Briefe des heiligen Paulus und das Brevier nachdenken
könne, die man ihm nach seiner Verhaftung ausgehändigt hatte. Alexander
mußte seinen ehemaligen Sekretär noch einige Zeit am Leben lassen. Er
führte etwas im Schilde. Der Papst schickte Jean Maradès, den Wahl-
bischof von Toul, Petrus de Solis, den Erzdiakon de Bavia in der Diözese
Oviedo und einige andere seiner Vertrauten zum Bischof und ließ sie mit
ihm Schach spielen. Seine Spielpartner entlockten Florès das Geständnis,
daß er noch zahlreiche weitere Breven ohne das Wissen des Pontifex abgeschickt hatte, darunter auch solche, in denen Benefizien in Spanien verliehen wurden. Mit diesem Geständnis konnte Alexander VI. Isabella und
Ferdinand einen Gefallen erweisen, denn nun war es ihm möglich, echte
Bullen als falsche zu annullieren, die für Personen ausgestellt worden
waren, denen das Herrscherpaar nicht wohlgesinnt war. Florès war das
Versprechen gegeben worden, auf freien Fuß gesetzt und mit neuen
Ämtern betraut zu werden, falls er das gewünschte Geständnis ablegte.

Sobald er getan hatte, was man von ihm verlangte, sah er seine Besucher nie wieder und vegetierte bis zu seinem Tod am 23. Juni 1498 im Kerker.

Derartige Episoden spielten sich hinter den Kulissen der päpstlichen Residenz ab. Als über der Engelsburg ein schreckliches Gewitter tobte, glaubte man daher auch, der göttliche Zorn entlade sich. Ein Blitz schlug in die Pulverkammer ein und brachte die Munition zur Explosion. Die Steinblöcke aus der Engelsburg wurden bis über den Tiber geschleudert. Bei der Explosion wurden mindestens fünfzehn Personen verletzt. Von der Statue des Erzengels Michael auf der Spitze der Engelsburg blieb nichts übrig. Eben der Engel hatte den Blitz mit seiner gen Himmel gerichteten Schwertspitze angezogen. Das Volk war überzeugt, die Statue habe sich in die Lüfte erhoben und sei davongeschwebt.

Römische Prälaten und Bürger führten das lasterhafteste Leben. Nach der kurzen Zeit, in der der Papst Bußfertigkeit gezeigt hatte, gab man sich in der Ewigen Stadt erneut Ausschweifungen hin. Dirnen und Prälatenmätressen saßen, wie Burchard berichtet, in der ersten Reihe der Kirche SS. Eremiti di Sant'Agostino, als man dort am 23. August, dem Festtag des Heiligen, im Beisein von sieben Kardinälen die feierliche Messe zelebrierte. Die Syphilis breitete sich in allen Gesellschaftsschichten aus. Zwei Tage vor der Einkerkerung von Florès war der Wächter der Engelsburg, Bartolomeo de Luna, an der «Franzosenkrankheit» gestorben. Bartolomeo war Erzbischof von Nicastro. Auch Cesare litt an der Syphilis. Zum Glück hatte sein Leibarzt Gaspare Torrella eine Behandlungmethode gefunden, dank deren der Kranke rasch wieder zu Kräften kam. Er wurde von Sancia gepflegt. Torrella sollte zu großer Berühmtheit gelangen, indem er seine Rezeptur in der Abhandlung *De Pudendagra* veröffentlichte. Von diesem Heilmittel geschützt, konnte der Kardinal von Valencia seit seiner Rückkehr aus Neapel die Reize der römischen Kurtisanen genießen. Eine seiner Mätressen war die berühmte Fiammetta. Cesare wußte jedoch Diskretion zu wahren. Die illegitimen Kinder des Kardinals und ihre Mütter sind nie bekannt geworden. Es wird allerdings vermutet, daß eine von Lucrezias Hofdamen ein Kind von ihm hatte.

Die Zügellosigkeit der Römer kennt keine Grenzen mehr, weil hochgestellte Persönlichkeiten im Vatikan sie mit ihrem Beispiel bestärken. Burchard vermerkt die spektakulärsten Fälle im Heiligen Kollegium. Dem Kardinal von Segorbe wird es zum Osterfest 1499 erlassen, sich vor dem Papst zu verbeugen, weil ihm die Syphilis allzusehr zusetzt. Der Kardinal von Monreale muß aus dem gleichen Grund zwei Jahre nicht an den Zeremonien teilnehmen. Schließlich gesundet er wieder und erscheint im Dezember 1499 erneut bei der Messe. Auch der Papstfeind Giuliano della Rovere, der zukünftige Papst Julius II., steckt sich mit Syphilis an. Die

Krankheit erst macht sichtbar, wie sehr sich die Prälaten der Fleischeslust ergeben und wie tief ihr Glaube erschüttert ist. Die Abkehr des Papstes von der Glaubensmoral ist spürbarer als je zuvor. Alexander läßt die Verteilung von Pamphleten zu, die das Leben nach dem Tode leugnen. Die einzigen Beschränkungen bei den Ausschweifungen werden durch die Imperative der öffentlichen Gesundheitsvorsorge diktiert. Im April 1498 werden die Römer Zeugen einer seltsamen Prozession. Sechs Landbewohner defilieren mit Papiermitren auf dem Haupt durch die Straßen, vorwärtsgepeitscht von den Sbirren. Syphilitiker hatten den Bauern Geld gegeben, damit sie in ihren Ölfässern baden durften, um ihre Schmerzen zu lindern. Nachdem die Kranken das Bad beendet hatten, zogen die Bauern in die Stadt und verkauften das Öl als genießbar.

Verbrechen werden nicht nur aus Geldgier begangen, sondern ebenso häufig, um lasterhafte Triebe zu befriedigen. Die Homosexualität ist unter den Prälaten stark verbreitet. In der Umgebung des Papstes und der Kardinäle hält man sich Lustknaben. Savonarola prangert in Florenz die Sodomie als das frevelhafteste Verbrechen überhaupt an, aber in Rom wird sie geduldet. Lediglich während des kurzen Zeitraumes nach dem Mord an Gandia, als der Papst sich bußfertig zeigte, wollte er die jungen Männer aus der Umgebung der Prälaten verbannen. Grausam werden in Rom dagegen Transvestiten verfolgt, wenn sie Anlaß zu öffentlichem Ärgernis bieten. Ebenfalls Anfang April 1498 bietet sich den Römern ein ebenso merkwürdiges Spektakel wie zuvor die Bestrafung der Ölhändler. Eine Prostituierte namens Cursetta wird in Begleitung eines Mauren durch die Stadt getrieben, der seinen Männerbesuch als Frau verkleidet empfing. Der Maure, dessen Arme hinter dem Rücken zusammengebunden sind, ist mit einem Frauengewand bekleidet, das über dem Nabel zusammengeschürzt ist, damit jedermann seine Geschlechtsorgane sehen kann. Nachdem sie in der Stadt die Runde gemacht haben, wird die Dirne freigelassen, der Maure jedoch ins Gefängnis geworfen. Eine Woche später wird er aus dem Gefängnis Torre di Nona geführt. Er ist an zwei Straßenräuber gefesselt. Vor ihnen reitet ein Sbirre auf einem Esel. An der Spitze eines Stockes trägt der Sbirre die abgeschnittenen Hoden eines Juden, der angeblich sexuelle Beziehungen mit einer Christin gehabt hatte. Auf dem Campo Marzio werden die drei Gefangenen hingerichtet; die beiden Straßenräuber werden gehängt, der Maure wird erdrosselt und sein Körper verbrannt. Da es, wie Burchard berichtet, regnete, «verbrannte die Leiche nicht, und lediglich die Beine, die sich näher am Feuer befanden, verkohlten».

Wegen der Heuchelei am römischen Hof, bei der man wohl das öffentliche Laster bestrafte, vor den privaten Ausschweifungen jedoch die Augen verschloß, sahen sich die Würdenträger kaum bemüßigt, pünktlich ihre

Gottesdienste abzuhalten. Vor allem die Kardinäle kümmerten sich lieber um ihre materiellen Interessen. So waren sie Meister der Finanzkunst geworden. Wie die anderen Kardinäle verstand sich auch Cesare aufs Geschäft. Cesare sollte die Güter seines Bruders Juan von Gandia verkaufen. Das Mobiliar und der Schmuck des Herzogs in Italien wurden auf 30 000 Dukaten geschätzt, aber seine Witwe Maria Enriquez verlangte für die Liquidation 50 000 Dukaten. Sie erhielt tatsächlich die verlangte Summe, die ihr am 19. Dezember in einer entsprechenden Urkunde zuerkannt wurde. Cesare wurde von seinem Vater im selben Monat belohnt. Für die Abwicklung der Angelegenheit erhielt er die Benefizien des verstorbenen Kardinals Sclafenati, die auf immerhin 12 000 Dukaten geschätzt wurden.

DIE SCHEIDUNG VON LUCREZIA UND GIOVANNI SFORZA

Neben der Mehrung ihrer Einkünfte kümmern sich der Papst und Cesare auch stets um den Einfluß ihrer Familie. Beide erhoffen sich großen Gewinn für die Borgias, wenn Lucrezia sich mit einem anderen Mann verheiratet. Zuvor müssen sie jedoch Lucrezias Verbindung mit Giovanni von Pesaro auflösen. Eifrig treiben sie die Auflösung der Ehe voran. Die Ermordung des Herzogs von Gandia bietet ihnen die Möglichkeit, zunächst einmal Verhandlungen mit der Familie Sforza zu führen. Am 21. Juni, fünf Tage nach der Bluttat, empfängt Alexander VI. Kardinal Ascanio und macht ihm klar, daß er ihn für vollkommen unschuldig an Juans Tod halte. Bei dem Zusammentreffen bittet er Ascanio dann, seinen Einfluß auf Giovanni Sforza geltend zu machen, damit er der Auflösung der Ehe mit Lucrezia zustimmt.

Giovanni ist nicht bereit, darüber auch nur zu diskutieren. Er wendet sich an das Oberhaupt seiner Familie, Ludovico Moro, und bittet ihn nachdrücklich um Unterstützung. Aber Ludovico möchte sich nicht mit dem Papst überwerfen, denn er benötigt Alexanders Hilfe gegen König Karl VIII. Ludovico befürchtet, sein Herzogtum an Ludwig von Orléans zu verlieren, falls die Franzosen erneut in Italien einfallen sollten. So heuchelt Ludovico dem Grafen von Pesaro vor, er unterstütze ihn, und fordert ihn auf, das Scheinargument zu entkräften, mit dem man in Rom die Annullierung der Ehe herbeiführen will – die Impotenz des Ehemannes und den Nichtvollzug der Ehe. Ludovico schlägt Giovanni vor, Lucrezia in Nepi, dem Besitztum des Kardinals Ascanio, aufzusuchen und ihr dort in Anwesenheit der Borgias und der Sforza beizuwohnen. Giovanni ist über den gerissenen Einfall erbittert und weist ihn zurück. Da er von Natur aus nervös ist, fürchtet er zu versagen, wenn er seine Potenz öffentlich unter Beweis stellen muß. Ludovico Moro schlägt Giovanni daraufhin vor, er solle seine Manneskraft in Mailand mit einer anderen Frau und nur im Beisein des Kardinals Juan Borgia beweisen. Auch dies lehnt Giovanni ab und weist darauf hin, daß er seine Potenz bereits unter Beweis gestellt habe. Schließlich sei jedermann wohl bekannt, daß seine erste Frau Maddalena Gonzaga im Kindbett gestorben sei. Die Gonzaga sind Giovanni im übrigen nach wie vor gewogen. Als sie erfahren, daß man Druck auf den Grafen von Pesaro ausübt, bieten sie ihm die Hand einer Fürstin ihres Hauses an, falls seine «päpstliche Ehe» tatsächlich aufgelöst werden sollte. Da sich Giovanni keinen Illusionen mehr hingibt, daß ihn seine mailändischen Verwandten unterstützen werden, kehrt er nach Pesaro zurück. Er besteht weiterhin darauf, daß die Ehe vollzogen worden sei, bestreitet alle Behauptungen der Borgias und geht zum Gegenangriff über: Er behauptet, der Papst wolle die Ehe seiner Tochter nur auflösen, weil er Lucrezia für sich selbst begehre. Bereits gegenüber Ludovico Moro in Mailand hatte der Graf von Pesaro den Papst des Inzestes bezichtigt, jedoch keinen Glauben gefunden, weil sein Schwiegervater zu jeder Zeit über eine Unzahl von Mätressen verfügte. Dennoch war Giovannis Vorwurf möglicherweise nicht ganz aus der Luft gegriffen. Vielleicht hatte der Graf Alexander in Rom dabei ertappt, wie er mit Lucrezia Zärtlichkeiten austauschte, die auf mehr hindeuteten als auf reine Vaterliebe. Ebenso könnte er Lucrezias Brüder beobachtet haben, die mit ihrer Schwester ebenso zärtlich waren wie ihr Vater. In seiner Empörung über die Demütigung, die ihm die Borgias nun bereitet hatten, könnte sich Giovanni an alle Vorkommnisse im Vatikan erinnert haben, die ihm Gelegenheit boten, die Borgias seinerseits verachtenswert zu machen.

Anstatt sich über eine solche Beschuldigung zu empören, schreibt Alexander VI. seinem entflohenen Schwiegersohn versöhnliche Briefe. Er bietet ihm Gelegenheit, seine Ehebande ohne jede Ehrenrührigkeit aufzulösen: Giovanni brauche sich nur darauf zu berufen, daß er verhext worden sei und deshalb an einer vorübergehenden körperlichen Schwäche gelitten habe. Des weiteren schlägt der Papst ihm vor, Lucrezias Verlobung mit Gaspare d'Aversa als Grund für die Ungültigkeit seiner Ehe anzuführen. Des Streites müde, willigt Giovanni ein, dieses Argument von der Kommission prüfen zu lassen, die zur Eröffnung des Scheidungsverfahrens gebildet wurde: Kardinal San Giorgio, Kardinal Pallavicini und der Auditor des Tribunals der Rota, Felino Sandeo, gehören ihr an. Aber San Giorgio, ein exzellenter Kenner des Kirchenrechtes, erklärt, das frühere Verlöbnis Lucrezias tue ihrer Ehe mit Giovanni keinen Abbruch, denn es sei vor ihrer Heirat aufgelöst worden. Um die Ehe aufzulösen, bleibt so nichts weiter übrig, als sich darauf zu berufen, daß sie nicht vollzogen worden sei. Der Papst ist erbost. Man ist keinen Schritt vorangekommen, während man in Neapel bereits Vorbereitungen für die Wiedervermählung Lucrezias trifft. Damit Giovanni Sforza seinen Widerstand aufgibt, verpflichtet sich Alexander, ihm die beachtliche Mitgift seiner Tochter zur Verfügung zu stellen. Ludovico Moro gebietet seinem Vetter Gehorsam: Sollte Giovanni in die Vorschläge des Papstes nicht einwilligen, so werde er ihm seine Protektion entziehen. Giovanni ist nun endgültig zum Nachgeben gezwungen. Am 18. November 1497 unterzeichnet er im Palast von Pesaro im Beisein zahlreicher Kardinäle eine Erklärung über den Nichtvollzug der Ehe und schickt Ascanio Sforza mit den erforderlichen Vollmachten nach Rom, damit die Ehe aufgelöst werden kann.

DIE LIEBESINTRIGE VON PEROTTO

Lucrezia verging hinter den Mauern des Klosters S. Sisto vor Ungeduld, während sie den Abschluß des Scheidungsverfahrens erwartete. Einige Zeit nach dem Mord an Juan hatte sich der Papst scheinbar zu einem bußfertigen Dasein bekehrt und seiner Tochter keine zärtlichen Briefe mehr geschickt, wie er es sonst getan hatte. Kaum war er jedoch zu seinem einstigen Lebenswandel zurückgekehrt, zeigte er sich sofort wieder an allem interessiert, was auch nur im entferntesten mit Lucrezia zu tun hatte. Während er mit Giovanni Sforza verhandelte, mußte er laufend in Verbindung mit dem Kloster S. Sisto bleiben. Der junge spanische Kammerdiener Pedro Caldès – oder Calderon –, der auch den Beinamen Perotto trug und dem Alexander völlig vertraute, diente als Bote zwischen Lucrezia und ihm. Weil er fast täglich bei ihr erschien, gewann er bald die innige Freundschaft der jungen Frau, die mit ihren siebzehn Jahren darunter litt, daß sie jeder männlichen Gesellschaft beraubt war. Die Freundschaft der beiden jungen Menschen endete in einem Drama, über das wir heute recht genau Bescheid wissen.

Im blühenden Garten und im Empfangssaal des Klosters kann sich Lucrezia freier bewegen denn je. Abseits der maßregelnden Bevormundungen ihres Vaters kann sie dort den Eingebungen ihrer Natur folgen, die wie bei allen Borgias von Lebenslust und Sinnenfreude geprägt ist. Der junge Perotto macht sich dies zunutze. Durch sein einnehmendes Wesen gelingt es ihm, Lucrezia die gefährliche Situation vergessen zu machen, in der sie sich eigentlich befindet. Sie ist nichts anderes als eine Gefangene und Geisel und einzig dazu bestimmt, dem Ehrgeiz ihrer Familie zu dienen. Perotto überredet die junge Frau, ihre vorübergehende Freiheit zu nutzen. Dummerweise sind die beiden jungen Leute unvorsichtig, und Lucrezia wird schwanger. Dank der Fülle ihrer Kleider vermag sie ihren Zustand zu verbergen. Ihre Gefolgsdame Pentasilea steht ihr bei. Sie ist eine junge Frau, die ihr der Papst zugesellt hat und die, wie vermutet wird, eine seiner Mätressen war. Lucrezia muß allerdings im sechsten Monat ihrer Schwangerschaft eine bedrohliche Prüfung bestehen. Am 22. Dezember 1497 soll sie an der Zeremonie zur Auflösung ihrer Ehe mit dem Grafen von Pesaro teilnehmen.

An diesem Tag ist der Vatikan von einer Menge Schaulustiger erfüllt. Botschafter und Prälaten spähen mit größter Neugierde auf die Tochter Alexanders VI., die vor den kanonischen Richtern erscheint, um dem Abschluß des Prozesses beizuwohnen. Dort wird ihr jener Spruch verlesen, der sie als «intakt», das heißt als jungfräulich, erklärt, entsprechend der glaubhaften Versicherung Giovanni Sforzas, die sie ihrerseits bestätigt hat. Lucrezia lächelt und bedankt sich auf Latein, was ihr von allen Seiten Bewunderung einträgt. Stefano Taverno, der römische Redner, findet, daß sie sich «mit solcher Eleganz und Liebenswürdigkeit ausdrückt, daß sie, wäre sie auch Tullius – Cicero –, sich nicht mit mehr Feinsinnigkeit und Anmut hätte ausdrücken können». Vielleicht war ihr der Text von ihrem Bruder Cesare diktiert worden, der von nun an die Geschicke seiner Schwester in die Hand nimmt.

Kaum ist die Scheidung ausgesprochen, werden die Heiratsanwärter vorstellig. Francesco Orsini, der Herzog von Gravina, hält um ihre Hand an. Er ist bestrebt, seine Sippe an die der Borgias anzunähern. Auch Ottaviano Riario erscheint. Ottaviano ist ein Abkömmling des Papstes Sixtus IV. Durch seine Mutter Caterina, die Gräfin von Forlì, ist Riario auch ein Nachkomme der Sforza. Auch Antonello San Severino, der Sohn des Fürsten von Salerno, bittet um Lucrezias Hand. San Severino ist ein neapolitanischer Baron, der dem König von Frankreich wohlgesinnt ist.

Eine Ehe Lucrezias mit einem Neapolitaner wäre dem Kardinal von Valencia mehr als jede andere nützlich. Es ist für niemanden ein Geheimnis, daß er auch für sich eine Verbindung mit dem Königreich von Neapel anstrebt. Bekanntlich möchte er auf sein Kardinalat verzichten und eine neapolitanische Prinzessin heiraten. Es ist die Rede davon, er wolle sich mit Sancia von Aragón vermählen, die Jofré für einen Kardinalshut preisgäbe. Aber Sancia ist nur ein uneheliches Kind, und wahrscheinlich gibt Cesare Carlotta den Vorzug, der legitimen Tochter von König Federico, die in Frankreich am Hof der Königin Anna von Bretagne erzogen wurde. Die Hochzeit ihres Bruders käme leichter zustande, wenn Lucrezia selbst einen Prinzen vom neapolitanischen Hof zum Gatten hätte. Während seiner Reisen nach Neapel hat Cesare Sancias Bruder Alfons von Aragón kennen und schätzen gelernt. Alfons von Aragón ist einer der bestaussehenden Prinzen der Epoche, und er wird allerorts seines liebenswürdigen Benehmens und sanften Charakters wegen gerühmt. Deshalb wählt Cesare ihn als Gatten seiner Schwester. Die Verhandlungen kommen gut voran. Der König von Neapel schlägt vor, Alfons den Titel des Herzogs von Bisceglie mit einem beträchtlichen Einkommen zu verleihen. Lucrezia würde eine Mitgift von 40 000 Dukaten mitbringen, mehr als die Summe, die man in den Händen ihres einstigen Ehemannes hatte lassen müssen. Als Wohnstatt würde dem jungen Paar der römische Palast S. Maria in Portico zur Verfügung stehen.

Während die Verhandlungen laufen, entdeckt Cesare nun, daß seine Schwester eine Liebschaft mit Perotto unterhält und schwanger ist. Cesares rasende Empörung angesichts dieser Entdeckung ist leicht vorstellbar. Der venezianische Botschafter Capello berichtet von der Szene, die sich bald darauf im Vatikan abgespielt hat. Einen Monat nach der Annullierung von Lucrezias Ehe stürzt sich Cesare mit gezücktem Degen auf Perotto und verfolgt ihn bis zum päpstlichen Thron, auf dem der Pontifex sitzt. Alexander breitet schützend seinen Umhang über seinen Kammerdiener, als der Kardinal von Valencia mit seiner Waffe mit solcher Heftigkeit auf den jungen Spanier einschlägt, daß «dem Papst das Blut ins Gesicht spritzt». Perottos Verletzungen sind nicht tödlich. Er wird in den Kerker gebracht. Doch Perotto muß nicht lange auf seinem Strohlager dahinsiechen. Am 8. Februar, schreibt Burchard, «stürzte er gegen seinen Willen in den Tiber». Sechs Tage später, am 14. Februar, fischt man seine Leiche wieder heraus und gleichzeitig auch die Pentasileas, der Gefolgsdame Lucrezias, wie der Venezianer Sanudo hinzufügt. In Rom geht das Gerücht, Cesare habe die beiden Morde verübt, und ein Skandal war nun doch unvermeidlich. Die Neuigkeit von Lucrezias Schwangerschaft macht die Runde an Italiens Höfen. Cristoforo Poggio, der Sekretär von Bentivoglio, dem Tyrannen von Bologna, teilt dem Markgrafen von Mantua in einem Brief vom 22. März 1498 mit, daß Perotto eingekerkert worden sei, «weil er die Tochter Seiner Heiligkeit, Madonna Lucrezia, geschwängert hat».

In Venedig, wo Gerüchte aus aller Welt besonders willkommen sind, schickt kurz darauf ein Beamter des Herzogs d'Este eine Depesche ab und meldet, daß Lucrezia ein uneheliches Kind geboren hat. Eine anonyme Mitteilung, die aus Rom kommt, bestätigt die Meldung am 18. März: «Man versichert, daß die Tochter des Papstes niedergekommen ist.» Aus dem Apostolischen Palast hingegen, in dem Lucrezia Zuflucht gefunden hat, sickern die Neuigkeiten nur spärlich durch. Mit ihrem Oberhaupt im Mittelpunkt bildet die Borgia-Familie eine Mauer des Schweigens und zeigt keinerlei Gefühlsregung. Nach Entdeckung der Leiche Perottos im Tiber verlassen die Kardinäle Borgia in Jagdkostümen von französischem Schnitt Rom und verbringen vom 21. bis zum 24. Februar einige erholsame Tage in Ostia. Die Kardinäle bieten dem Volk ein Schauspiel tiefster Seelenruhe und zeigen sich auch nicht beeindruckt, als zuvor ein mysteriöser Racheakt Rom erschütterte: Am 18. Februar fand ein Überfall auf die Klosterkirche S. Maria sopra Minerva statt, bei dem mehrere Personen getötet wurden. Um weitere Ausschreitungen zu verhindern, verbot der Papst vorsichtshalber die diesjährigen Karnevalsmaskeraden.

INZEST IM VATIKAN
DAS GEHEIMNIS DES «INFANS ROMANUS»

Ganz im stillen lernte Lucrezia zunächst im Vatikan, dann im Palast S. Maria in Portico die Freuden der Mutterschaft kennen. Von dem geheimnisvollen Neugeborenen sollte man erst drei Jahre später etwas erfahren, als Alexander VI. das Kind kurz vor Lucrezias Abreise nach Ferrara am 1. September 1501 legitimierte. Um dem Kind darüber hinaus auch Einkünfte zu sichern, waren zwei Bullen notwendig gewesen. Die erste der beiden Bullen wurde im Gegensatz zur anderen veröffentlicht. Der Papst erkannte darin das Kind, das Giovanni oder «Infans Romanus» genannt wurde, als legitim an und behauptete, es sei ein Sohn Cesares mit einer unbekannten Frau. Alexander mußte auf Cesare zurückgreifen, um das kanonische Recht zu umgehen, denn er durfte keinen eigenen Bastard anerkennen, der während seines Pontifikates geboren wurde. Damit war Giovanni das Herzogtum Nepi jedoch noch nicht gesichert, das er vom Papst erhalten hatte. In der zweiten Bulle, die vorerst geheim bleiben sollte, erkannte Alexander den «Infans Romanus» dann als seinen eigenen Sohn an. Für Giovanni war sein Herzogtum damit zu einem ebenso unanfechtbaren Besitztum geworden wie jene, die der Papst Cesare und Lucrezia geschenkt hatte, oder wie dasjenige, das Lucrezias legitimer Sohn Rodrigo erhalten würde, der erst einige Jahre später aus ihrer Ehe mit dem Herzog von Bisceglie hervorging. Wenn der Papst Giovanni als seinen eigenen Sohn legitimierte, wollte er zudem verhindern, daß Cesare sich die Territorien des Kindes aneignete, was Alexander tatsächlich befürchtete. In beiden Bullen stellte der Papst die Herkunft des Kindes falsch dar, da es ihm aus heiratspolitischen Erwägungen unmöglich schien, Giovanni als Lucrezias Bastard zu legitimieren. Der Papst, seine Tochter und Cesare sollten selbst Opfer dieser übertriebenen Vorsichtsmaßnahmen werden. Als beide Bullen bekannt wurden, schloß man aus ihnen, daß der «Infans Romanus» entweder der Sohn Cesares und Lucrezias oder der Sohn Lucrezias und des Papstes sei, obwohl nichts darauf hindeutete, daß Lucrezia seine wirkliche Mutter war.

Von nun an erhielten Giovanni Sforzas Anschuldigungen, nach denen der Papst inzestuöse Beziehungen mit seiner Tochter unterhalten haben sollte, neuen Auftrieb. Und zudem wurde nun auch Cesare des Inzestes mit seiner Schwester beschuldigt.

Der Humanist Sannazaro verfaßte in Form einer lateinischen Grabschrift ein perfides Spottgedicht auf Lucrezia:

> Hoc tumulo dormit Lucrezia nomine, sed re
> Thais Alexandri filia, sponsa, nurus.

> «In diesem Grabe ruht Lucrezia,
> die besser den Namen Thais trüge,
> war sie doch Tochter, Gemahlin
> und Schwiegertochter Alexanders.»

Die Beschuldigung des zweifachen Inzestes, sensationslüstern von Borgia-feindlichen Dichtern und Chronisten in der Renaissance vorgebracht, wurde im 20. Jahrhundert von dem Schriftsteller Giuseppe Portigliotti wieder aufgegriffen. Portigliotti vermutete, die junge Frau habe die Ausfertigung der beiden Bullen verlangt, weil sie nicht wußte, wer von ihren beiden Liebhabern, ihr Vater oder ihr Bruder, das Kind gezeugt hatte!

Andere Historiker bestreiten dagegen, daß Lucrezia die leibliche Mutter Giovannis ist, die *mulier soluta*, die «unverheiratete Frau», die in der Bulle genannt wird. Sie weisen darauf hin, daß Alfonso d'Este den jungen Giovanni Borgia zur selben Zeit wie Lucrezia am Hof von Ferrara aufnahm und ihn als Bruder seiner Gattin, als wirklichen Sohn des Papstes von einer unbekannten Frau behandelte. Aber Alfonsos Verhalten bewies lediglich, daß er klug genug und willens war, den äußeren Schein zu wahren. In der ferraresischen Fürstenfamilie war es durchaus üblich, legitime Kinder mit Bastarden aufwachsen zu lassen, und da der «Infans Romanus» mit einer päpstlichen Bulle legitimiert worden war, durfte niemand daran Anstoß nehmen. So konnte Lucrezia das Kind ohne Schwierigkeiten als ihren Bruder bei sich behalten.

Die geheimnisvolle Geburt des «Infans Romanus» hatte die Verhandlungen des Papstes und Cesares mit dem neapolitanischen Hof keineswegs verzögert. Lucrezia sollte so rasch wie möglich mit dem Prinzen Alfons verheiratet werden. König Federico hatte gegen die Heirat um so weniger einzuwenden, als ihm der Papst soeben geholfen hatte, seine Feinde, die Barone San Severino, auszurotten. So konnte er am 13. Februar 1498 seinen Sieg mit einem Triumphzug in seiner Hauptstadt feiern. Die Stärkung des Bündnisses mit den Aragonesen lag näher denn je. Die Politik Alexanders VI. zielte darauf ab, einen neuen Einfall der Franzosen in Italien zu vereiteln. Auch aus diesem Grund wollte er Savonarola in Florenz beseitigen lassen. Denn der Prediger war einer der standhaftesten Parteigänger des französischen Königs in der toskanischen Republik.

Die letzte Etappe des Kampfes gegen Savonarola
Die Hinrichtung des Propheten

Mit seinem Kondolenzbrief hatte der Prior von S. Marco nach dem Mord an Gandia Alexanders Zorn nur vorläufig zu besänftigen vermocht. Kaum war jedoch die Zeit der Bußfertigkeit vorüber, hatte Alexander VI. am 19. Juli 1497 die Aufhebung der Exkommunikation Savonarolas erneut an extrem harte Bedingungen für die florentinische Signoria geknüpft: Fra Girolamo müsse sich in Rom verantworten, sollte er sich nicht als einfacher Mönch der toskanisch-römischen Kongregation anschließen und sich damit wieder direkt der päpstlichen Autorität unterstellen. Das Ultimatum erreicht Florenz, als im Sommer gerade eine Pestepidemie wütet und zahllose Menschen hinwegrafft. Die schreckliche Seuche in der Stadt wird von Unruhen begleitet. Die Parteigänger der Medici machen sich die Stimmung zunutze und zetteln eine Verschwörung an, die im letzten Augenblick scheitert. Man statuiert ein Exempel und verurteilt fünf der Verschwörer zum Tode. Angesichts des öffentlichen Aufruhrs beschließt Savonarola, das Unglück seiner Mitbürger durch seine Unnachgiebigkeit nicht noch zu verschlimmern. Er fügt sich und bittet am 13. Oktober 1497 den Pontifex Maximus um Verzeihung.

«Wie ein Kind, das betrübt ist, seinen Vater zornig zu sehen, und das alle Wege beschreitet, nach allen Mitteln sucht, Ihn zu beruhigen, und nicht daran verzweifelt, Ihn sich erbarmen zu sehen, schlimmer gekränkt dadurch, daß Seine Heiligkeit mir Seine Gnade versagt haben, als durch jedes andere Unglück, verbeuge ich mich ein weiteres Mal zu Seinen Füßen, wobei ich flehe, daß Er meinen Schmerzensschrei erhören möge und es nicht zulasse, daß ich noch länger dem Inneren der Kirche entrissen sei.»

Savonarolas Unterwerfung genügt dem Papst nicht, da er aus ihr politisches Kapital schlagen möchte. Bevor er Savonarola die Absolution für die Sünde des Aufbegehrens erteilt, verlangt er den Beitritt von Florenz zur antifranzösischen Liga, die Venedig mit Rom verbindet. Damit möchte er die Bedrohung einer neuen militärischen Unternehmung in Italien beseitigen, die von seiten Karls VIII. anscheinend unmittelbar bevorsteht.

Savonarola hat dem französischen König die Treue gehalten, und als er sich bewußt wird, daß der Handel mit Rom auf Karls Kosten stattfinden soll, wird der Mönch wieder rebellisch. Ungeachtet der kanonischen Strafen, besteigt er am 11. Februar 1498 die Kanzel zur rhetorischen Entscheidungsschlacht. Unter dem Gewölbe des Doms beschwört er feierlich Jesus Christus, zwischen ihm und dem Pontifex die Wahl zu treffen. Die Mitglieder der florentinischen Signoria unterstützen mehrheitlich ihren Prediger und lehnen die von Rom aufgezwungenen Bedingungen ab. Savonarola ermutigt seine Mitbürger: «Die Breven aus Rom nennen mich ‹Sohn der Verdammnis›! O Herren, antwortet dies: ‹Derjenige, den Ihr so nennt, hält sich weder Lustknaben noch Konkubinen, sondern kümmert sich im Gegenteil nur darum, die Lehre Christi zu predigen, während Ihr daran arbeitet, sie zu korrumpieren!›» Von seiner Kanzel in S. Marco herab führt Savonarola weiterhin stürmische Angriffe vor einer zahlreichen Menge. Unter ihr befindet sich auch Niccolò Machiavelli. Ihn hat die Neugierde in den Dom geführt, und im Augenblick ist er noch skeptisch, wie dieser Kampf gegen den Borgia-Papst ausgehen wird. Tatsächlich läßt Alexander den Prediger Mariano da Genazzano vor dem Konsistorium in Rom strenge Anklage gegen Savonarola erheben, den dieser als «großen betrunkenen Juden» beschimpft. Er diktiert ein Breve, in dem er über Florenz das Interdikt verhängt. Savonarola schreibt daraufhin an alle Fürsten in Europa und fordert sie auf, ein Konzil zur Absetzung des unwürdigen Pontifex einzuberufen. Die Antwort läßt nicht auf sich warten. Alexander verleiht seinem Breve unverzüglich Rechtskraft. Am 17. März promulgiert er feierlich das Interdikt. Dann läßt er die Händler verhaften, die sich in Rom aufhalten, und ihre Waren beschlagnahmen. Diese Maßnahmen erweisen sich als taktisch klug. Sie führen zu einem Stimmungsumschwung unter den Geschäftsleuten. In der Signoria stellen die Gegner des Mönchs bald die größere Fraktion. Die Franziskaner ergreifen Partei für den Papst und streiten sich heftig mit den Dominikanern. Am 25. März erklärt Fra Francesco di Puglia, sich der Feuerprobe unterziehen zu wollen und damit zu beweisen, daß Gott die puritanische und repressive Lehre Savonarolas mißbillige. Der Dominikaner de Pescia nimmt die Herausforderung an. Die Feinde Fra Girolamos, die *Arrabbiati*, begreifen sofort, daß ihnen die Streitigkeiten der Mönche eine unverhoffte Gelegenheit bieten, sich Savonarola vom Halse zu schaffen.

Die Mehrheit in der Signoria ist dem Prior von S. Marco nun feindlich gesinnt und willigt in ein Ordal, in ein Gottesurteil, durch das Feuer ein. Die Feuerprobe soll am 7. April stattfinden. Fra Domenico vertritt Savonarola, Fra Giuliano Rondinelli die Franziskaner. Beide Streiter sollen auf der Piazza della Signoria ein Gerüst besteigen, das fünfzig Ellen lang und zehn breit ist. Trockene Reisigbündel, getränkt mit Öl und Harz, die zusätzlich mit Schießpulver bestäubt werden, säumen einen schmalen Mittelgang, der nur eine Elle breit ist. Beide Mönche müssen auf den gegenüberliegenden Seiten gleichzeitig in den Gang hineingehen, nachdem man das Reisig angezündet hat. Die Vorbereitungen der Prozedur und die Verhandlungen verzögern den Beginn der Feuerprobe. Als das Feuer schließlich entzündet werden soll, verhindert ärgerlicherweise ein Regenguß den Ablauf der barbarischen Zeremonie. Savonarola zieht sich mit seinen Mönchen nach S. Marco zurück. Am nächsten Tag, dem Palmsonntag, am 8. April, stürmen die *Arrabbiati* das Kloster. Die Signoria schreitet nicht ein. Sie läßt Savonarola verhaften, weil er Unruhe in der Stadt gestiftet habe. Auch Fra Domenico wird mit Fra Silvestro, dem engen Vertrauten Savonarolas, eingekerkert, verhört und gefoltert. Savonarola wird am Wippgalgen gequält und muß fürchterliche Schmerzen ertragen. Der linke Arm wird ihm dabei gebrochen. Er unterschreibt, was man von ihm verlangt. Der Papst widersetzt sich der Folterung des Priors nicht, obwohl es das kanonische Recht verbietet, ohne päpstliche Einwilligung gegen Geistliche vorzugehen. Statt dessen richtet der Heilige Vater eine Glückwunschbulle an die Florentiner und erteilt ihnen vollen Ablaß. Kurz zuvor erfuhr Alexander, daß Karl VIII. gestorben war, unter dessen Schutz der Mönch bis zuletzt gestanden war. Von nun an hat der Papst freie Hand, persönliche Rache an dem Dominikaner zu nehmen. Er verlangt, daß Savonarola nach einem weltlichen Prozeß auch einem kanonischen Verfahren unterzogen wird, und entsendet als Vertretung des Heiligen Stuhls den Dominikanergeneral Giovacchino Turiano zusammen mit dem Gouverneur von Rom, dem Spanier Francisco Remolines, der in juristischen Spitzfindigkeiten sehr beschlagen ist.

Am 20. Mai beginnen die Kommissäre mit ihren Verhören und unterziehen den Mönch auf Anweisung des Papstes weiteren Folterungen. Savonarola soll ihnen die Namen der Kardinäle und Würdenträger preisgeben, die ihn ermutigten, die christlichen Fürsten zu einer Absetzung Alexanders VI. aufzufordern. Die päpstlichen Kommissäre erfahren nichts und zwingen Savonarola, seine Prophezeiungen zu widerrufen. Dann trifft den Mönch dasselbe Urteil wie seine Gefährten. Die Priesterweihe soll ihnen aberkannt werden. Anschließend sollen sie als Ketzer und Schismatiker der weltlichen Obrigkeit überantwortet werden, von der sie bereits zum Tode verurteilt sind.

Zum Entsetzen ihrer Anhänger werden sie zum Richtplatz geführt. Ihre letzten Augenblicke sind ergreifend. Vor dem Palast der Signoria nimmt Benedetto Pagnotti, der Bischof von Vaison, einstiger Mönch in S. Marco, die «Degradation» Savonarolas vor: «Ich schließe dich aus der streitenden

Kirche und aus der triumphierenden Kirche aus.» Und sanft stellt der Bruder richtig: «Nur aus der streitenden Kirche. Zum anderen bist du nicht befugt.» Daraufhin werden am 23. Mai, einen Tag vor Himmelfahrt, um 10 Uhr morgens die drei Mönche am Galgen aufgehängt. Der große, schreckliche Prophet stellt sich dem Papst Borgia nun nicht mehr in den Weg, und Karl VIII. von Frankreich war tot. Jetzt ist die Zeit gekommen, in der die Borgias ihre Macht ungehindert entfalten können. Alexander zögert nicht und bringt die grandiose Familienunion mit der Königsdynastie von Neapel zum Abschluß. Er verheiratet Lucrezia mit Alfons von Aragón.

Lucrezias Hochzeit mit Alfons von Aragón

Um jeden Formfehler bei der neuen Eheschließung von Lucrezia zu vermeiden, annulliert der Papst das früher geschlossene Verlöbnis mit Gaspare von Procida. Obwohl Lucrezia Giovanni Sforza geheiratet hatte, war ihre frühere Verlobung nicht aufgelöst worden. Der Pontifex erklärt feierlich, daß seine Tochter das Verlöbnis «leichtsinnig eingegangen und durch einen Irrtum zu ihm verführt worden» sei. Er entbindet Lucrezia von ihrem Eheversprechen und erteilt ihr die Absolution für ihren Meineid. Am 10. Juni 1498 sind diese Formalitäten erledigt.

Am 29. Juni wird die Verbindung von Lucrezia mit Alfons von Aragón durch Prokuration geschlossen. Im Juli erscheint er in Rom. Um dem schönen jungen Mann von siebzehn Jahren einen gebührenden Empfang zu bereiten, veranstaltet man in der Ewigen Stadt aufwendige Feste. Am 21. Juli wird im Vatikan Hochzeit gefeiert. Trauzeugen sind die Kardinäle Ascanio Sforza, Juan Borgia der Jüngere und Juan Lopez. Der spanische Kapitän der päpstlichen Garde, Juan Cervillon, hält während der Zeremonie seinen blanken Degen über die Häupter des Brautpaares.

Am Tag nach der Hochzeit findet im Papstpalast ein ausgelassenes Familientreffen statt. Alexander gehört zu den Fröhlichsten. Das Bankett ist ebenso prachtvoll wie seinerzeit bei der ersten Hochzeit Lucrezias und dauert bis zum frühen Morgen. Als die Festlichkeiten beginnen, geraten Männer aus Cesares Gefolge mit dem Sancias, der Fürstin von Squillace, aneinander. Zwei Bischöfe werden angerempelt, und im Nu steht der Papst zwischen gezückten Degen. Nachdem die Zwistigkeiten beigelegt sind, werden die Vergnügungen fortgesetzt. Auf die Komödien folgt eine Maskerade. Cesare erscheint als Einhorn verkleidet, das Sinnbild der Reinheit und Treue.

Die Jungvermählten zeigen sich höchst zufrieden. Abgesehen von ihrer Toilette und ihrem Schmuck hat Lucrezia die versprochene Mitgift von

40 000 Dukaten erhalten. Der anmutige Alfons bringt das Fürstentum Bisceglie und die Stadt Quadrata, das heutige Corato, mit in die Ehe. Das verliebte Paar zieht sich in seinen Palast von S. Maria in Portico zurück, während Cesare vor Ungeduld brennt: Sein Vater hat ihm versprochen, ihm den Rang eines bedeutenden Fürsten zu verschaffen. Obwohl sein Sohn noch Kardinal ist, beabsichtigt Alexander, ihn mit Carlotta, der legitimen Tochter des Königs von Neapel, zu verheiraten. Zu Carlottas Mitgift gehört bekanntlich die steinreiche Stadt Tarent. Um die Verhandlungen über eine Ehe zu erleichtern, ist Cesare gerne bereit, sein Priestergewand abzulegen.

Cesare Borgias Eintritt in den Laienstand

Am 17. August 1498, einen Tag nach Lucrezias Hochzeitsfeier, ruft der Papst die Kardinäle nach Rom zurück, die aus Angst vor der seuchenschwangeren Hitze die Stadt verlassen haben. Alexander versammelt ein Konsistorium und fordert seinen Sohn vor der Versammlung auf, sich zu erklären. Der Kardinal von Valencia legt seinen Kollegen dar, daß er niemals die Berufung zum Priester in sich gespürt habe. Er sei von seinem Vater gezwungen worden, die geistliche Laufbahn einzuschlagen. Nun wünsche er jedoch, seine Würden abzulegen und sich zu vermählen, wozu er sich tatsächlich berufen fühle. Die Kardinäle geben sogleich ihr Einverständnis. Da Cesare lediglich die niederen Weihen empfangen hat, kann man ihn ohne Schwierigkeiten in den Laienstand zurückversetzen.

Der spanische Botschafter Garcilasso de la Vega ist bei der Versammlung zugegen und protestiert aufs heftigste. Er beklagt sich über die strittige Maßnahme, nach der der Kardinal in Frankreich in den Fürstenstand treten könne. Denn er habe erfahren, daß Cesare sich dem Dienst des neuen Königs Ludwig XII. verschrieben habe, des potentiellen Feindes seiner spanischen Herrscher. Alexander bleibt jedoch unbeirrt. Er antwortet, es diene Cesares Seelenheil, wenn er die geistliche Laufbahn aufgebe. Da der Kardinal von Valencia ein leidenschaftliches Temperament besitze und Geschmack an allen weltlichen Freuden habe, könne er leicht in einen Skandal verwickelt werden. Seine Rückversetzung in den Laienstand erlaube es ihm hingegen, das Leben eines Laien zu führen, ohne dabei Gefahr zu laufen, seine Gelübde zu brechen. So könne er seine Seele retten. Darüber hinaus weist der Papst den spanischen Botschafter darauf hin, daß Cesares Verzicht auch den spanischen Herrschern nutze: Habe der Kardinal erst einmal seine Würden abgelegt, würden mehrere Benefizien in Spanien vakant, die mehr als 35 000 Dukaten einträgen. Sie könnten dann von den katholischen Königen an ihre Klientel verteilt werden. Das Argument zieht und läßt den Botschafter mit seinen Einwänden sogleich verstummen.

Dann findet die Zeremonie der Rückkehr in den Laienstand statt. Der Papst entbindet seinen Sohn von den Gelübden und erlaubt ihm, eine Ehe zu schließen. Cesare legt seinen großen Kardinalsumhang vor dem Konsistorium nieder. Mit hoch erhobenem Kopf schreitet Cesare stolz aus dem Saal und zeigt bereits die Haltung eines eroberungslustigen weltlichen Fürsten. Noch am selben Tag reitet er einem bedeutenden Herrn entgegen, der mit Pomp durch die Porta Portese in Rom einzieht: Der königliche Kämmerer Louis de Villeneuve, Baron von Trans, erscheint, um im Namen seines Dienstherrn Ludwig XII. Cesare nach Frankreich einzuladen. Als Willkommensgeschenk verleiht der Diplomat dem einstigen Kardinal stellvertretend für das spanische Valencia die französischen Grafschaften Valence und Die sowie die Herrschaft über Issoudun. Da Cesare nun mit reichen Einkünften versehen ist, kann er auch nach dem Verlust seiner kirchlichen Benefizien weiterhin ein aufwendiges Leben führen. Da er mit Valence belehnt wurde, kann er zudem den Namen jenes Gebietes behalten, aus dem sein Vater und sein Großonkel stammen und der beiden Glück gebracht hatte.

Die Zeit der Berechnungen und Racheakte scheint nun Früchte zu tragen. Nachdem die Borgias alle Hindernisse überwunden, die Welt in Aufruhr versetzt und unter ihr gelitten haben, sind sie nunmehr gut gewappnet, um auf ihrem Weg zu einer künftigen Herrscherdynastie allen Widrigkeiten des Schicksals die Stirn zu bieten.

KAPITEL IV

CESARE BORGIAS AUFSTIEG

SCHWIERIGKEITEN BEI CESARES BRAUTSCHAU

Roms Allianz mit den Aragonesen von Neapel, angeknüpft durch die Heirat von Jofré mit Sancia und verstärkt durch Lucrezias Ehe mit Alfons, ist das Fundament der Politik Alexanders VI. Der Papst möchte das Bündnis mit Neapel nun krönen, indem er Cesare mit Carlotta – oder Charlotte –, der Prinzessin von Tarent, verheiratet. König Federico hat allerdings andere Absichten mit seiner Tochter. Denn Carlotta ist im Gegensatz zu Sancia und Alfons nicht unehelich geboren und hat zudem eine Fürstin von Savoyen zur Mutter. Carlotta wurde am französischen Hof unter den Hoffräulein Königin Annas erzogen. Als sie vom Vorschlag des Papstes erfährt, sie mit seinem Bastard zu vermählen, zeigt sich Carlotta ebensowenig erfreut wie ihr Vater: Sie möchte nicht *La Cardinala*, Frau Kardinal, genannt werden.

Auf die ersten Avancen von römischer Seite hatte König Federico geantwortet, daß der Papst, wolle man den Vorschlag in die Tat umsetzen, zunächst die kanonischen Vorschriften ändern und dem Kardinal erlauben müsse, in den Ehestand zu treten. Auf diese Art wich er dem unterbreiteten Angebot höflich aus. Aber Alexander VI. konnte sich nicht damit abfinden, daß man ihm eine Abfuhr erteilte. So ließ er die Sforza, die seine besten Freunde geworden waren, bei Federico als Vermittler antichambrieren. Anfang Sommer 1498 unternahm Kardinal Ascanio eine Reise nach Neapel und kündigte an, daß der Papst seinen Sohn in den Laienstand zurückzuversetzen gedenke. Der König war jedoch nach wie vor nicht bereit, Alexanders Heiratsplänen zuzustimmen. Im Juli vertraute der König dem berühmten Kapitän Gonsalvo de Córdoba an, er verliere lieber sein Königreich und sein Leben, als seine Tochter Cesare zu geben.

Da im Kirchenstaat Unruhen herrschten, wurde König Federico in seiner

Haltung noch bestärkt. Seit mehreren Monaten war die römische Campagna der Schauplatz gewalttätiger Ausschreitungen. Die Barone Orsini und ihre Verbündeten, die Conti, lagen mit der Familie Colonna in Fehde um das Besitztum Tagliacozzo. Am 12. April 1498 wurden die Orsini bei Palombara geschlagen. Die Colonna eröffneten daraufhin den Sturm auf die feindlichen Burgen und nahmen sie ein. Der Papst und Cesare hüteten sich, zur Wiederherstellung des Friedens einzuschreiten. Die Schwächung der Lehnsherren kam ihren Interessen entgegen. Jedoch bot sich König Federico als Schlichter an.

Auf Federicos Vermittlung hin wurden die Auseinandersetzungen beendet, und die Orsini und Colonna söhnten sich miteinander aus. Kurz danach schlugen Unbekannte am Eingang der vatikanischen Bibliothek ein Pamphlet an. Die einstigen Gegner wurden darin aufgerufen, «den Stier zu erlegen, der in Ausonien sein Unwesen trieb», und während er zur Hölle fahre, seine Kälber in den Fluten des Tiber zu ertränken! Der Papst hatte den Verdacht, daß Federico irgendwie hinter diesem Aufruf stecken könnte. Anstatt mit ihm zu brechen, bedrängte Alexander jedoch den König, seine Tochter mit Cesare Borgia zu verheiraten. Da die neapolitanische Prinzessin am französischen Hof erzogen worden war, wählte der Papst für die Eheverhandlungen als Verbündeten den neuen französischen König Ludwig XII.

DIE ALLIANZ MIT LUDWIG XII. VON FRANKREICH
DIE ANNULLIERUNG DER EHE DES KÖNIGS

Der französische Herrscher hatte nach dem Tod Karls VIII. am 7. April den Thron bestiegen und den Papst sogleich von seinem Regierungsantritt in Kenntnis gesetzt. Ludwig hatte Alexander wissen lassen, daß er Mailand, das Lehen seiner Vorfahren, der Visconti, beanspruche und mit ihm auch das Königreich Neapel, das ihm von seinem Vorgänger als Erbe zugefallen sei. Um seine Besitzungen in Italien wieder zurückzuerhalten, bedürfe er der Unterstützung des Papstes; außerdem brauchte Ludwig einen päpstlichen Dispens, um seine Ehe mit Johanna von Frankreich aufzulösen, mit der verwachsenen Tochter Ludwigs XI., um Anna von Bretagne, die Witwe Karls VIII., heiraten zu können. Als Belohnung für seine Unterstützung versprach er Alexander, Cesare mit einer Fürstin zu vermählen.

Der Pontifex zeigt sich äußerst interessiert an Ludwigs Angebot und schickt am 4. Juni eine Abordnung nach Frankreich, deren Mitglieder sein volles Vertrauen genießen: den Erzbischof Giovanni da Ragusa, den Sekretär Antonio Florès und den Schatzmeister von Perugia, Ramón Centelles. Offiziell sollen die Prälaten den Herrscher an die Pflichten eines allerchristlichsten Königs erinnern. Er soll den Kreuzzug gegen den Türken führen und der Christenheit den Frieden bringen oder bewahren. Als der König der Abordnung eine Geheimaudienz gewährt, werden ihm jedoch die eigentlichen Absichten des Papstes eröffnet. Der König erfährt, daß Alexander der antifranzösischen Liga nicht beitreten wollte, die Maximilian von Österreich im Mai 1498 mit Neapel und Mailand als wichtigsten Partnern hatte bilden wollen. Alexander wolle im Gegenteil einen Bündnisvertrag mit Ludwig XII. schließen, ähnlich jenen Verträgen, die Frankreich derzeit mit dem König von England und dem Erzherzog Philippe dem Schönen, dem Erben der Franche-Comté, aushandelt. Das Bündnis zwischen Frankreich und Rom soll durch die Auflösung der Ehe Ludwigs XII. mit Johanna von Frankreich und durch die versprochene Ehe Cesares mit einer Fürstin besiegelt werden. Damit deutet sich eine neue Politik an. Alexander VI. vertraut fest darauf, den König von Frankreich bei seiner Politik als ergebenes Werkzeug zu benutzen.

Am 4. Juli bricht ein geschickter Unterhändler aus Rom auf, um den Vereinbarungen feste Gestalt zu verleihen: Fernando de Almeida, ein Portugiese, der im afrikanischen Ceuta Bischof ist. Unterstützt von einem Mitglied der französischen Botschaft in Rom, dem apostolischen Protonotar Guillaume, Erzdiakon in Châlons, arbeitet der Bischof einen Vertragsentwurf aus. Ludwig XII. verspricht, Cesare, den Herrn von Valence, mit der ältesten Tochter König Federicos von Neapel zu verheiraten. Um den Papstsohn würdig auszustatten, wird Ludwig Cesares Grafschaften in Valence und in der Dauphiné weitere Lehen hinzufügen, wenn eine Untersuchung ergeben sollte, daß er mit den erstgenannten nicht mindestens über Einkünfte von 20 000 Pfund verfügt. Die Grafschaft von Valence soll zum Herzogtum erhoben werden, so daß Cesare über gleichwertige Titel verfügt wie sein Bruder und seine Schwester. Darüber hinaus soll der neue Herzog den Befehl über eine Kompanie von 100 Lanzenreitern erhalten. Seine Armee soll auf 200 oder sogar 300 Mann aufgestockt werden, sobald der König nach Italien zieht. Cesare soll mit dem St.-Michaels-Orden ausgezeichnet werden. Wenn der König Mailand erobert hat, wird er ihm die Grafschaft Asti zum Geschenk machen. Da der Papst während Cesares Aufenthalt beim König in Frankreich ohne Beschützer zurückgelassen wird, erhält Alexander jeden Monat eine Pension von 4000 Dukaten, damit er zu seiner Sicherheit eine besondere Garde aufstellen lassen kann.

Der Heilige Vater ist mit dem vorgeschlagenen Wortlaut des Vertrages vollkommen zufrieden und stimmt zu. Der König schickt den Baron de Trans von der Provence aus nach Italien. Mit sechs Galeeren und anderen Schiffen soll Trans Cesare abholen. Gleichzeitig erhebt der König Cesares

neue Gebiete zu Fürstentümern. Im August werden in Etampes die Patentbriefe ausgefertigt, mit denen der König Cesare die Grafschaften Valentinois und Diois zum Lehen gibt. Der König fügt den Ländereien die
Lehensherrschaft und die Burgvogtei von Issoudun in Berry mit seinen
Salzlagern hinzu, so daß Cesare mit all diesen Gütern über 20 000 Pfund
Einkommen verfügt. Da der König sich so freigebig zeigt, sind die italienischen Fürsten sicher, daß zwischen der französischen Krone und den Borgias ein Geheimvertrag besteht. Ludovico Sforza macht sich darauf gefaßt,
das Opfer dieser geheimen Abmachungen zu werden. Auch der König von
Neapel ist über diese Politik besorgt. Zum Glück für beide wird Ludwig XII. noch in Frankreich aufgehalten, wo er zuerst seine prekären Ehe-
angelegenheiten in Ordnung bringen muß.

Der zwischen Karl VIII. und Anna von Bretagne geschlossene Ehevertrag sieht vor, daß die Herzogin und Königin im Falle ihrer Witwenschaft
den Nachfolger ihres Gatten auf dem Thron von Frankreich heiraten soll.
Aber bevor Ludwig Anna heiraten kann, muß er seine Ehe mit Johanna von
Frankreich auflösen. Nach kanonischem Recht bildet der Papst am 29. Juli
ein Tribunal, das die Ehe annullieren soll. Beide Parteien müssen dazu
angehört werden. Als Richter sieht der Papst den Bischof von Ceuta und
den Bischof von Albi, Louis d'Amboise, vor. Louis ist der Bruder von
Georges d'Amboise, dem Erzbischof von Rouen, dem Günstling und wichtigsten Minister Ludwigs XII. Im September stellt Alexander den beiden
Richtern noch den Kardinal Philippe de Luxembourg, den Erzbischof von
Mans, zur Seite. Das Tribunal tagt zuerst längere Zeit in Tours, dann in
Amboise. Als Grund für eine Auflösung der Ehe läßt das Tribunal weder
die viertgradige Blutsverwandtschaft zwischen Ludwig und Johanna noch
die geistliche Verwandtschaft der beiden gelten. Geistlich verwandt waren
sie, weil Johannas Vater, Ludwig XI., Pate Ludwigs XII. gewesen war.
Beide Einwände gegen die Ehe weist das Tribunal zurück, weil sie schon
Sixtus IV. formell aufgehoben hatte. Das Tribunal interessiert sich auch
nicht dafür, daß Ludwig XI. moralischen Druck auf den damaligen Ludwig
von Orléans ausgeübt hatte, damit er Johanna heiratete. Deshalb wird ins
Feld geführt, daß die Ehe nicht vollzogen worden sei, damit sich Ludwig
von Johanna trennen kann. Der Vertreter des Königs beruft sich darauf,
daß die Ehe wegen der physischen Mißbildung Johannas niemals vollzogen
worden sei. Auf Anraten des Papstes schwört Ludwig am 5. Dezember, er
habe seine Frau niemals berührt. Um weiteres Aufsehen zu vermeiden,
schließt sich Johanna Ludwigs Worten an. Der Abschluß des Verfahrens ist
damit in greifbare Nähe gerückt. Die Ehe wird am Montag, dem
17. Dezember, in der Kirche Saint-Denis in Amboise aufgelöst. Johanna
erhält den Titel Herzogin von Berry. Sie zieht sich in ein Kloster zurück

und gründet dort später den Annunziatenorden. Ludwig XII. treibt die Vorbereitungen für seine neue Verbindung mit Anna von Bretagne rasch voran. Um diese Zeit betritt Cesare in Frankreich die Bühne des Geschehens und bringt dem König die gewünschte Bulle, die ihm die Heirat mit Anna von Bretagne erlaubt.

CESARES REISE

Bereits seit drei Monaten lebt der Sohn des Papstes im Königreich Frankreich mit der größten Prachtentfaltung. Cesare bezahlt seine aufwendige Lebensführung mit dem Geld, das ihm sein Vater mitgegeben hat. Um Cesares Reise und Ausstattung zu bezahlen, hatte Alexander aus verschiedensten Quellen schöpfen müssen. Wenn am römischen Hof Prälaten starben, konnte der Papst über ihre Güter verfügen. Nach dem Tod von Kardinal Campofregoso im Mai 1498 ließ Alexander so die silbernen Gerätschaften des Geistlichen und sein Mobiliar inventarisieren und sofort veräußern. Schneller noch beschafft sich Alexander Geld von Lebenden. Vor allem die jüdischen Wucherer sollen es ihm liefern.

Der alte Bischof von Calahorra, ein bekehrter Jude, der früher Alfonso Solares hieß, erhielt nach seiner Taufe den Namen Pedro de Aranda. Er wurde von Alexander VI. zum päpstlichen Kammerherrn ernannt. Seine Würde vermag ihn keineswegs vor Willkür zu schützen. Im April 1498 wird de Aranda zusammen mit seinem natürlichen Sohn im Vatikan verhaftet. Beide werden des Marranentums beschuldigt. Ihnen wird vorgeworfen, heimlich den jüdischen Glauben zu praktizieren. De Arandas beträchtliches Vermögen von 20 000 Dukaten wird bei dieser Gelegenheit restlos beschlagnahmt, er selbst wird abgesetzt, aus dem geistlichen Stand entfernt und am 14. Dezember in der Engelsburg eingekerkert. Kurz darauf stürzt die Decke seiner Zelle ein, und er findet den Tod.

Aus Spanien vertriebene Juden haben sich bei dem Grabmal der Cecilia Metella an den Stadttoren Roms niedergelassen. Sie werden mit einer Sondersteuer belegt. Nach Denunziationen und Hausdurchsuchungen werden 230 Personen verhaftet, die wegen ihrer spanischen Abstammung als Marranen verdächtigt werden. Sie werden gezwungen, in den Kirchen Roms Buße zu tun. Am 29. Juli bilden sie eine Prozession mit brennenden Kerzen, gekleidet in rotviolette Gewänder mit aufgenähten Kreuzen. Vergeben wird ihnen jedoch erst, nachdem sie hohe Geldstrafen bezahlt haben.

Im Sommer treibt der Papst Handel mit allen möglichen Waren, sowohl mit eingelagertem Getreide als auch mit kirchlichen Benefizien, die er gegen Bezahlung verleiht. Als Cesare wieder in den Laienstand getreten war, mußte er seine Benefizien aufgeben, und der Papst kann nun über sie verfügen. Alexander verkauft sie allesamt, außer dem Erzbistum Valencia, das er seinem Neffen Juan de Borgia Lançol verleiht. Zwei Abteien mit einem Einkommen von 4000 Dukaten bietet er dem Kardinal Ascanio Sforza gegen Barzahlung von 10 000 Dukaten an.

Mit diesen Praktiken gelingt es dem Papst schließlich, die horrende Summe von 200 000 Dukaten anzuhäufen, die Cesare zusammen mit einem umfangreichen Korpus an Bullen nach Frankreich mitnimmt. Eine der Bullen entbindet den König und Anna von Bretagne vom kanonischen Ehehindernis ihrer Verwandtschaftsbeziehung. Zwei weitere Breven empfehlen den Papstsohn an die beiden zukünftigen Gatten. Alexander bezeichnet Cesare in den Breven als «Unseren lieben Sohn, den Herzog von Valence, das Wesen, das Uns auf Erden am liebsten ist, das kostbarste Unterpfand für die ewigen Bande der Liebe, die Uns mit Euch verbindet». Eine weitere Bulle erhebt den Königsgünstling Georges d'Amboise in die Kardinalswürde mit dem Presbytertitel von Santo Sisto. In einem weiteren an den König gerichteten Breve verzichtet Alexander VI. allerdings darauf, Georges d'Amboise auch zum Legaten zu ernennen.

Cesares Reise nach Frankreich beschäftigt die Gemüter der Zeitgenossen ebenso wie das Verfahren zur Auflösung der Ehe des Königs. Am 1. Oktober reist Cesare, den man von nun an den Valentinus nennt, aus Rom ab. Dreißig junge römische Edelleute, unter ihnen auch Giangiordano Orsini, geben Cesare das Geleit. Der Held des Tages sieht in der männlichen Schönheit seiner vierundzwanzig Jahre sehr majestätisch aus. Der mantuanische Gesandte Cattaneo beschreibt seine prachtvolle Erscheinung: ein weißes, goldbesticktes Damastwams, einen schwarzen Samtmantel «à la française», ein schwarzes Samtbarett, geschmückt von einem Federbusch und mit märchenhaften Rubinen besetzt. Der Kontrast von Schwarz und Weiß hebt die vornehme Blässe seines Gesichtes hervor, das von einem schmalen Bart und seinem Haar von kupfernem Glanze eingerahmt wird. Wie die Pferde seiner Begleiter stammt auch das von Cesare aus den berühmten Ställen der Gonzaga von Mantua. Der Rücken des Pferdes ist mit roter Seide und Goldbrokat bedeckt. Die Kandare, die Ringe an seinem Geschirr, seine Steigbügel und selbst seine Hufeisen, so sagt man, sind aus reinstem Silber. Hundert Diener, Pagen, Stallburschen, Waffenträger und ferraresische Violaspieler bilden Cesares Gefolge.

Unter seinen Vertrauten befinden sich der Kammerherr Ramiro de Lorca, sein Arzt Gaspare Torrella, Bischof von Santa Giusta auf Sardinien, und sein treuer Sekretär Agapito Gherardi da Amelia. Zwölf Karren und fünfzig Maulesel tragen Cesares Gepäck. Er und seine Männer besteigen die Schiffe, auf die auch die Reittiere verladen werden. Die Flotte läuft am

3. Oktober aus Civitavecchia aus und landet neun Tage später in Marseille. Der Erzbischof von Aix und die wichtigsten Standesherren der Provence stehen mit 400 Rittern am Hafen zu Cesares Empfang bereit. Sie sollen dem Valentinus auf Befehl Ludwigs XII. königliche Ehren zuteil werden lassen.

Der Reiterzug erreicht am 28. Oktober Avignon. Cesare wird vom Kardinallegaten Giuliano della Rovere empfangen. Giuliano hatte sich bereits ein Jahr zuvor mit Alexander VI. ausgesöhnt. Beide waren damals übereingekommen, daß der Papst dem Kardinal seine Güter und selbst die Stadt Ostia zurückgeben würde, wenn Giuliano nach Italien zurückkäme. Allerdings hatte Alexander für die Befestigung von Ostia 12 000 Dukaten ausgegeben und verlangte die Summe von Giuliano zurück. Giulianos Bruder Giovanni della Rovere sollte wieder in den Genuß seiner Vorrechte als Gouverneur von Rom kommen und sogar die 40 000 Dukaten der Pension Dschems behalten können, die er sich drei Jahre zuvor widerrechtlich angeeignet hatte.

So zeigt sich Giuliano von seiner besten Seite, als der Sohn des Papstes in Begleitung des Kardinals Péraud und Clemente della Rovere, dem Bischof von Mende, in Avignon einzieht. Giuliano schickt kurz darauf einen Brief nach Rom und überschüttet Cesare mit Komplimenten: «Ich möchte Eurer Heiligkeit nicht verschweigen, daß der Herzog von Valence über so viel Bescheidenheit, Klugheit und Geschick verfügt, über so viele körperliche und sittliche Vorzüge, daß alle Welt von ihm hingerissen ist. Er steht bei Hof und beim König in hoher Gunst. Alle lieben und schätzen ihn, und dies sage ich mit wahrem Wohlgefallen.» Giuliano schont jedenfalls weder Mühe noch Geld, um dem Valentinus den Aufenthalt angenehm zu gestalten. Während Cesares kurzem Besuch gibt er 7000 Dukaten für goldene Geschenke, Festlichkeiten, Paraden und repräsentative Darbietungen aus. Cesare will trotz aller Feierlichkeiten nur kurz in Avignon bleiben. Unmittelbar zuvor wurden ihm die königlichen Patentbriefe ausgehändigt, mit denen aus seinen Grafschaften das Herzogtum Valentinois gebildet worden war. Um sein Lehen zu besuchen, begibt er sich nach Valence, obwohl er sich im Augenblick kaum sehen lassen kann: Die «Franzosenkrankheit», die auch «die Krankheit des heiligen Lazarus» genannt wird, hat Cesares Gesicht verwüstet. Durch einen pusteligen Ausschlag ist er vollkommen entstellt. In der Hauptstadt seines Herzogtums wollen seine Untertanen im Königsschloß die Honneurs machen. Mißtrauisch lehnt Cesare den Empfang unter dem Vorwand ab, seine Patentbriefe seien vom Parlament in Grenoble noch nicht registriert worden. In der Tat wird dies erst am 15. November geschehen. Hochmütig weigert er sich, das Ehrenband des St.-Michaels-Ordens aus den Händen von M. de Clarins entgegenzunehmen, den Ludwig XII. eigens zu diesem Zweck zu ihm geschickt hatte. Cesare will sich das Band nur vom König persönlich aushändigen lassen. Mit seiner Haltung hat der Valentinus den Gesandten beleidigt. Von nun an begleitet ihn auf seiner gesamten Reise der Ruf, hochmütig und anmaßend zu sein.

Cesare verläßt das Herzogtum Valentinois und begibt sich nach Lyon. Die Stadt bietet ihm ein Schlemmerbankett mit traumhaften Gerichten. In Überfülle werden verschiedene Sorten Rind-, Kalb- und Hammelfleisch aufgetragen, darunter auch die besonders geschätzten Zungen, eine Menge Geflügel wie Rebhühner, Enten, Wachteln, Drosseln, Lerchen, Pfauen und Fasanen. Nach Pasteten aller Art wird dann in schönster Vielfalt Zuckerwerk gereicht, namentlich Torten und leichtes Gebäck, die sogenannten *Dariolles d'Angleterre*, Orangenkuchen, Konfekt mit den erlesensten Spezereien und exotische Früchte wie Korinthen, Datteln und Granatäpfel. Die Empfänge wechseln mit Darbietungen von Mysterienspielen, Farcen und maskierten Tanzvorführungen ab. Die Maurinnen, die «mit Schellen tanzen», rufen allgemeine Bewunderung hervor.

Von der lionesischen Metropole aus zieht Cesare langsam in Richtung Loire-Tal weiter. Der königliche Hof hält sich gerade im Schloß von Chinon auf. König Ludwig residiert dort so lange, bis die Arbeiten an seinem Familiensitz in Blois vollendet sind. Der Familiensitz wird augenblicklich zum standesgemäßen Königspalast ausgebaut. Der Valentinus hat es nicht eilig, nach Chinon zu kommen. Noch hat Ludwig XII. keine Gattin für ihn gefunden, und zudem ist das kanonische Verfahren noch in der Schwebe, mit dem der König seine Ehe auflösen lassen will. Es wäre sinnlos, Ludwig schon vor dem Urteil die Dispens auszuhändigen, die ihm die Heirat mit der Witwe seines Vetters ermöglicht. Aber kaum ist das Verfahren abgeschlossen, beeilt sich Cesare, zum König zu gelangen. Am 17. Dezember, am gleichen Tag, an dem der Urteilsspruch in Amboise verkündet wird, erreicht er die Stadttore von Chinon.

EMPFANG AM HOF VON CHINON

Die königlichen Ratgeber in Chinon sind sich nicht darüber im klaren, welchen Rang der einstige Kardinal und päpstliche Bastard eigentlich hat. Deshalb haben sie sich ein Szenario ausgedacht, das Probleme der Etikette lösen hilft: Cesare soll Ludwig wie zufällig auf einer Jagdpartie treffen. Ludwig kann ihn dann begrüßen und ihm vertraulich begegnen. Cesare soll dann weiterreiten und alleine in Chinon einziehen. Die Zusammenkunft findet wie geplant statt. Nach der kurzen Tuchfühlung zieht Cesare weiter seines Weges zur Stadt. In einem reizenden Gedicht zitiert Brantôme einen Augenzeugen, der anschaulich von der Begebenheit erzählt. Das Schauspiel ist prachtvoll, indes vielleicht mit etwas zuviel aufgesetztem Glanz, weshalb es an eine Zirkusparade erinnert.

Am Ende der Brücke von Chinon steht Georges d'Amboise zu Cesares Empfang bereit, der Kardinal von Rouen, der bald darauf aus den Händen des Papstsohnes den Kardinalshut erhalten wird. Georges ist in Begleitung Philippe de Clèves, des Herrn von Ravenstein, der Cesare bereits in Marseille empfangen hat. Mehrere andere Standesherren sind ebenfalls zugegen: der königliche Kämmerer François de Rochechouart, Vizeadmiral von Frankreich und Seneschall von Toulouse, und René de Clermont. Der Zug des Herzogs Valentinus zieht über die Brücke. Die Bewohner Chinons zählen 70 mit Gepäck beladene Saumtiere. 24 besonders schöne Maultiere tragen Truhen und Kisten, auf denen Cesares Wappen prangt; 24 weitere Maultiere sind mit den Farben Rot und Gelb des Königs geschmückt; 12 Maultiere sind mit gelbgestreifter Seide behangen, 10 weitere mit golddurchwirkten Tüchern bedeckt. Sie erklimmen die Steigung der Straße, die zum Schloß führt, während 10 herrliche Streitrosse, mit goldenen, roten und gelben Tüchern behangen, über die Brücke geführt werden. 18 reitende Pagen folgen ihnen, 16 mit karmesinrotem Samt bekleidet, zwei mit aufgerauhtem golddurchwirktem Tuche: Wie Brantôme berichtet, behaupten böse Zungen, die Pagen seien die «Bettschätzchen» des Herzogs. Lakaien führen sechs schöne Maultiere, die mit karmesinrotem Samt bedeckt sind. Ihnen folgen zwei weitere unter golddurchwirktem Stoff, die mit Kisten beladen sind. «Sicherlich», sagte man im Volk, «trugen diese etwas Erleseneres als die anderen; entweder wundervolle, kostbare Edelsteine für seine Geliebte und für andere oder einige Bullen aus Rom, die schönsten Ablaß spenden, oder irgendwelche heiligen Reliquien». Es folgen die dreißig Edelleute des Herzogs, in Gold- und Silbertuch gekleidet. Dann die Spielmänner: zwei Trommler und ein Rebecspieler, gekleidet in Goldtuch, und vier Bläser mit ihren silbernen Trompeten; vor den Musikanten schreiten 24 Lakaien, gekeidet in *Mi-partis* aus karmesinrotem Samt und gelber Seide.

Schließlich tritt der Herzog in Erscheinung, auf einem stattlichen Apfelschimmel reitend, der halb mit rotem Samt, halb mit golddurchwirktem Tuch behangen ist. An seiner Seite reitet Kardinal d'Amboise. Jedermann bewundert Cesares stattliche Erscheinung. Man gerät angesichts der herrlichen Rubine an seinem Barett in Verzückung, angesichts der Stickereien, der Edelsteine an seinen Gewändern und seiner schön gearbeiteten Stiefel, die mit Goldlitzen verbrämt und mit Perlen besetzt sind. Allein seine Halskette wird auf 30 000 Dukaten geschätzt. Mit Goldschmuck und Perlen verziert, ist das Zaumzeug von Cesares Pferd ebenfalls ein Vermögen wert. Hinter Cesares Paradepferd trottet ein kleiner Maulesel. Er dient dem Herzog für Ausritte in der Stadt. Das Geschirr des Maulesels ist mit kleinen, feingearbeiteten Rosen aus Gold versehen. Am Ende des Aufmarschs befördert ein Zug von achtundzwanzig Mauleseln und zwölf Karren das kostbare Eßgeschirr und die bewegliche Habe des Herzogs.

Der König betrachtet das Schauspiel aus einem Fenster seines Schlosses. «Zweifellos macht er sich darüber lustig, ebenso wie seine Höflinge», schreibt Brantôme, «die bemerken, daß dies für einen kleinen Herzog von Valence übertrieben scheint.»

Aber Ludwig XII. möchte den Überbringer seiner so dringend benötigten päpstlichen Dispens keinesfalls verstimmen. Er erwartet Cesare im großen Saal, umgeben von den wichtigsten Würdenträgern des Hofs, zu denen sich der Kardinal della Rovere gesellt hat. Der Herzog beugt sich vor seinem neuen Lehensherrn tief zur Erde. Als der Herzog bis zur Mitte des Saals gelangt ist, führt er einen weiteren Kniefall aus. Der König beantwortet Cesares Geste und zieht seinen Hut. Nachdem Cesare sich schließlich noch einmal direkt vor dem Herrscher verbeugt hat, möchte er ihm, entsprechend dem üblichen Zeremoniell im Vatikan, den Fuß küssen. Ludwig hält ihn jedoch zurück. Er erlaubt ihm lediglich einen Handkuß und erspart ihm damit den Spott der französischen Standesherren, die den Herzog von Valence ohnehin allzu gerne wegen seines «eitlen Glanzes und törichten Pomps» aufziehen würden. Cesares Audienz beim König ist kurz. Der Kardinal von Amboise geleitet den Sohn des Papstes in seine Gemächer, und der König kommt ihm ungeduldig nach, um die begehrte Dispens für seine Heirat mit Anna von Bretagne in Empfang zu nehmen. Kurz darauf findet am 21. Dezember in der Stiftskirche Saint-Maximin die Zeremonie statt, mit der Georges d'Amboise der Kardinalshut verliehen wird. Der König eilt bald darauf nach Nantes, wo er am 6. Januar Hochzeit feiert.

EINE GUTE PARTIE: CHARLOTTE D'ALBRET

Alexander VI. hat sich an die Abmachungen gehalten und getan, was er versprochen hatte. Ludwig XII. muß nun das Seine tun und Cesare eine Gattin verschaffen. Bei einem Bankett am 2. März 1499 setzt der König dem Herzog Valentinus Charlotte von Aragón gegenüber: vergebliche Liebesmüh. Die Tochter des Königs von Neapel hat ihr Herz an einen anderen verschenkt und würdigt den Werbenden kaum eines Blickes. Ludwig XII. bittet seine eigene Nichte, die Tochter von Jean de Foix, Cesare zum Gatten nehmen. Aber das junge Mädchen lehnt ab. Der Papst gerät bei dem Gedanken in Verzweiflung, daß sein Sohn dem Gelächter von ganz Europa preisgegeben ist. Zum Glück eröffnet sich Cesare eine andere Partie. Alain d'Albret, der Große genannt, bietet ihm die Hand seiner Tochter Charlotte. D'Albret ist Herzog von Guyenne, Graf von Gaure und von Castres. Seine Gemahlin Françoise de Bretagne ist mit Königin Anna verwandt und eine Gräfin von Périgord, Vicomtesse von Limoges und Herrin von Avesnes. Sie haben acht Kinder, und Jean, ihr Ältester, ist seit 1494 König Johann von Navarra. Als Schwester von König Johann ist Charlotte d'Albret durchaus eine gute Partie für Cesare. Die schöne und intelligente junge Frau ist zudem Ehrenfräulein Annas von Bretagne und wurde an ihrem Hof erzogen.

Ludwig XII. beauftragt den «Sieur» de La Romagère, mit Alain d'Albret den Ehevertrag auszuhandeln. Im März trifft sich La Romagère mit den bevollmächtigten Vertretern der Familie d'Albret in Casteljaloux: mit Gabriel d'Albret, dem Bruder Charlottes, mit Regnault de Saint-Chamans, dem Herrn von Lissac und Seneschall von Agenais, und mit dem Lizentiaten der Rechte Jean de Calvimont, dem Herrn von Tinsac. Die Verhandlungen sind langwierig und schwierig. Alain d'Albret stellt aus Geldgier überzogene Forderungen. Am 19. April werden in Nérac die Bedingungen der Heirat schließlich schriftlich niedergelegt. Zehn Tage später teilt der Vater der Braut die Bedingungen König Ludwig mit. Vor der Eheschließung will d'Albret allerdings die Dispens, die Cesare von seinem Gelübde entbindet, «sehen und berühren». Wie der König von Neapel schreckt auch d'Albret davor zurück, seine Tochter einem Geistlichen, der zudem Sohn eines Priesters ist, zu geben.

Alain d'Albret versorgt Charlotte mit einer Mitgift von 30 000 Dukaten. 6000 will er bei der Hochzeitsfeier auszahlen, anschließend jährlich 1500, bis die Mitgift ganz bezahlt ist. Charlotte muß allerdings auf alle Erbansprüche väterlicher- und mütterlicherseits verzichten. Über die häusliche Ausstattung und die erworbenen Güter soll sie mit ihrem Gatten gemeinsam bestimmen können. Sollte Cesare sterben, so erhält Charlotte auf Lebenszeit eine jährliche Rente von 4000 Pfund. Cesare soll bestimmen, in welchem seiner Schlösser Charlotte zu wohnen hat. Der König hatte versprochen, dem Herzog von Valence 100 000 Pfund als zusätzliche Mitgift für Charlotte zu zahlen, und Alain d'Albret verlangt nun die gleiche Summe in Dukaten. Außerdem sollen sich seine Bevollmächtigten davon überzeugen können, daß Cesares bewegliche Güter in Frankreich tatsächlich 120 000 Dukaten wert sind, wie der Papst behauptet.

Die Forderung, die Mitgift in Dukaten umzuwandeln, wird als überzogen zurückgewiesen. Da der König den Ehevertrag jedoch bald unterzeichnet sehen möchte, läßt er für die 100 000 Pfund zusätzlicher Mitgift den obersten Schatzmeister Frankreichs persönlich bürgen. Der König verspricht, daß die gesamte Summe innerhalb von achtzehn Monaten an Alain d'Albret ausgezahlt wird. Cesare streckt die Hälfte vor: 50 000 Pfund. Im April 1499 wird in Montil-sous-Blois eine Ordonnanz ausgefertigt. Ludwig bestätigt in dem Erlaß, daß ihm der Sohn des Papstes 50 000 Pfund in Geld und Schmuck ausgelegt hat, «für eine Ehe, die Wir in diesem Unserem Königreich zwischen ihm und einer Unserer Verwandten zu schließen beabsichtigten und noch beabsichtigen». Die Summe soll Cesare aus den Einkünften der Königsresidenz Issoudun zurückerhalten – also aus den Erträgen durch Geldbußen – und aus dem Ämterverkauf beim Salzabbau am gleichen Ort. Cesare erhält damit zwei Vorrechte, die sich der König bisher selbst vorbehalten hatte. Beide Rechte kommen noch zu jenen Herrschaftsrechten hinzu, die Cesare vom König bereits verliehen worden waren. Damit es dem Brautvater leichter fällt, in die Ehe einzuwilligen, erklärt sich Cesare einverstanden, daß sein Herzogtum auch an seine Frau verliehen wird. Cesare wird beim Papst zudem für Charlottes Bruder Amanieu d'Albret einen Kardinalshut beschaffen.

Am 10. Mai unterschreiben beide Parteien in Blois den Ehevertrag. Der König, die Königin Anna, der Kardinal d'Amboise und die wichtigsten Würdenträger der Krone sind anwesend. Cesares getreue Diener Agapito Gherardi und Ramiro de Lorca sind seine Zeugen. Der König hatte die Ehe nicht zuletzt deshalb angebahnt, damit ihn der Heilige Stuhl in einem künftigen Krieg unterstützt. Um sich dessen zu versichern, läßt Ludwig XII. eine Klausel in den Vertrag einfügen, nach der der Herzog ebenso wie seine Verwandten, Freunde und Verbündeten ihm bei der Wiedereroberung des Königreichs Neapel und des Herzogtums Mailand Dienste leisten müssen. Im Gegenzug stellt Ludwig seine eigenen Truppen in den Dienst des Papstes, falls er in Bedrängnis geraten sollte.

Die Hochzeit von Cesare und Charlotte wird am 12. Mai gefeiert und die Ehe vollzogen. Cesare berichtet seinem Vater von seiner Hochzeitsnacht in einem Brief in Spanisch. Er rühmt sich, «acht Fahrten» unternommen zu haben. In seinem Brief hatte Cesare in seiner Eitelkeit vielleicht etwas übertrieben, wenn man dem höfischen Echo, den *Mémoires* von Robert de La Marck, glauben möchte. Nach de La Marck, dem «Sieur» de Fleuranges, hat Cesare einen Apotheker um aphrodisische Pillen gebeten, der ihm jedoch irrtümlich oder aus Bosheit ein Abführmittel verabreicht hat, «so daß er die ganze Nacht unaufhörlich den Ort aufsuchen mußte, wie die Hofdamen am folgenden Morgen zu berichten wußten».

Wie dem auch sei, die Jungvermählte ist glücklich und schreibt ihrem Schwiegervater am folgenden Tag ein ehrerbietiges und reizendes Briefchen. Wie sie sagt, sei es ihr größter Wunsch, dem Papst im Vatikan einen Besuch abzustatten. Im übrigen sei sie bezaubert von seinem Sohn. Ludwig XII., vollauf zufrieden über die zustande gekommene Verbindung, schreibt dem Papst ebenfalls und versucht ihn zu erheitern. Sein Sohn Cesare habe in der Hochzeitsnacht zweimal soviel heldenhafte Liebestaten vollbracht wie er selbst. Mit Anna von Bretagne habe Ludwig «vier Lanzen gebrochen», während Cesare acht gebrochen habe, zwei vor dem Mittagessen und sechs in der Nacht. Da eine solche Tapferkeit eine Belohnung verdient, hatte Anna von Bretagne Cesare ein Pferd und einen Ring im Wert von 400 Dukaten geschenkt und ihn gebeten, den Ring «um ihrer Liebe willen» zu tragen. Der König seinerseits schreibt dem Papst in seinem Vatikanspalast, daß er ihm hundert Fässer Burgunder übersenden wird. Schließlich zeichnet Ludwig Cesare zu Pfingsten am 19. Mai mit dem St.-Michaels-Orden aus.

ERNEUTER EINMARSCH DER FRANZOSEN IN ITALIEN

Um den Vollzug der Ehe zu feiern, läßt Alexander VI. am 23. Mai Freudenfeuer entzünden; sehr zum Bedauern Burchards, da das Ereignis lediglich «schlechte Sitten und Schande für Seine Heiligkeit und den Heiligen Stuhl» bedeute. Aber die öffentlichen Lustbarkeiten drücken eine politische Wende aus, die der Papst gerne vor der ganzen Welt kundtun möchte. Mit dem Freudenfest in Rom feiert der Heilige Stuhl seinen Beitritt zu einer Allianz, die zwei Monate zuvor von Frankreich und Venedig gegen Ludovico Sforza gebildet wurde. Cesare ist der bevorzugte Verbündete des französischen Herrschers. Während der Valentinus darauf wartet, gemeinsam mit dem Heer Ludwigs XII. nach Italien zurückzukehren, führt er ein verschwenderisches Leben. Innerhalb eines Monats bringt Cesare das gesamte Geld durch, das er aus Rom mitgebracht hat. Alexander VI. muß ihm nochmals unter die Arme greifen. Er läßt ihm nacheinander 18 000, dann 22 000 und schließlich noch einmal 10 000 Dukaten aushändigen. Cesare begibt sich zur Beschaffung weiterer Geldmittel in seine Herrschaft Issoudun und erkrankt dort. Kaum ist er wiederhergestellt, muß er dem Hof nach Romorantin nachreisen. König Ludwig hatte sich dorthin begeben, um sich von seiner Gattin Königin Anna zu verabschieden. Der Sohn des Papstes trifft dort seine Gemahlin wieder und verbringt zum letzten Mal einige Tage bei Charlotte d'Albret. Er verläßt seine junge, schwangere Frau bald darauf, wird sie nie wiedersehen und seine kleine Tochter Louise, sein einziges legitimes Kind, niemals kennenlernen.

Inzwischen hat Ludovico Sforza die Kuriere abgefangen, die zwischen

Rom und Frankreich ausgetauscht wurden. So ist Ludovico über alles im Bilde, was sich gegen ihn zusammenbraut. Der Papst hat sein wahres Gesicht gezeigt. Auch in öffentlichen Reden stößt Alexander von nun an wilde Drohungen gegenüber Ludovico aus. Als der Papst erfährt, daß Moros kleiner Sohn Francesco an einer Augenkrankheit leidet, macht sich der Heilige Vater darüber lustig und erklärt, es sei gut so, wenn das gesamte Haus Sforza ruiniert und zerstört werde. Kardinal Ascanio verträgt solche Provokationen nicht. In der Nacht vom 13. auf den 14. Mai flieht er aus Rom, erreicht die Burg von Nepi und begibt sich von dort aus am 21. nach Nettuno, um sich mit neapolitanischen Galeeren nach Norditalien einzuschiffen. Er landet in Porto Ercole und kommt wenige Tage später in Mailand an. Beim Angriff der Franzosen und der Venezianer möchte er seinem Bruder zur Seite stehen.

Daß sich Alexander VI. auf die Seite Frankreichs geschlagen hat, empört alle Mächte, die Ludwig feindlich gesinnt sind. Spanien und Portugal schicken Gesandte nach Rom, die den Gesinnungswandel des Papstes rügen und sich darüber beschweren, daß der Heilige Vater sich mehr um das Fortkommen seiner Kinder sorgt als um das Schicksal der Kirche. Daran soll es nicht liegen! Alexanders Antwort zeugt von Humor. Er entzieht Benevent seinem spanischen Enkel, dem Waisen von Juan von Gandia, und gliedert das Lehen wieder dem Heiligen Stuhl an. Der Papst verhehlt seine Genugtuung nicht mehr, als die Nachricht von der baldigen französischen Invasion in Rom eintrifft. Zwischen Mai und Juli 1499 wird das französische Heer bei Asti zusammengezogen. Es umfaßt zwischen 13 000 und 14 000 Berittene, 17 000 französische und Schweizer Fußsoldaten und ein furchterregendes Kontingent von Geschützen. Vortreffliche Kriegsleute wie Trivulce, Ligny, d'Aubigny und Chaumont d'Amboise bilden den Generalstab des Heeres. Der militärisch noch unerfahrene Cesare tritt ihm bei. Venedig hat versprochen, mit seiner schweren Reiterei und einem Söldnerheer von 4000 Schweizern, Italienern und Spaniern einzugreifen. Ludovico Moro verfügt über keine geschlossene Armee, um diesen verbündeten Streitkräften entgegenzutreten. Um Söldner auszuheben, fehlt es ihm an Geld. Ludwig XII schätzt, daß sich der Feldzug gegen Mailand einfach gestalten und nicht länger als zwei bis drei Monate dauern wird.

DIE NEAPOLITANER IN UNGNADE AM RÖMISCHEN HOF
ALFONS VON ARAGÓNS FLUCHT

Lucrezias Gatte Alfons von Aragón, der Fürst von Bisceglie, ist Neapolitaner und ein Freund der Sforza. In der neu entstandenen politischen Situation macht sich Alfons nun besondere Sorgen um sein Schicksal. Alexander ist jedoch bemüht, seinem Schwiegersohn das Leben angenehm zu machen. Er lädt ihn zusammen mit Lucrezia zu allen Feierlichkeiten im Vatikan ein. Er bittet ihn ebenfalls mit den Kardinälen Lopez und Juan Borgia zu einer großen Treibjagd in die Campagna um Ostia. Die Jäger kehren am 1. Februar, inmitten ihrer Meute und mit Hirschen und Rehen beladen, in den Vatikan zurück. Am 9. Februar begleitet Lucrezia ihren Ehemann Alfons zur Landpartie auf das Weingut des Kardinals Lopez. Die junge Frau schlägt ihren Hofdamen ein vergnügliches Fangspiel zwischen den Weinreben vor. Das Gelände ist jedoch abschüssig und rutschig. Die Herzogin stolpert und reißt in ihrer Talfahrt ein junges Mädchen mit. Beide Frauen stoßen dabei heftig aneinander. Lucrezia verliert das Bewußtsein. Man bringt sie in ihren Palast zurück, wo sie, wie der Gesandte Cattaneo berichtet, «abends um neun Uhr ein Kind verlor, ein Mädchen oder einen Jungen, man weiß es nicht». Lucrezia war in der Tat im dritten Monat schwanger. Zum Glück ist sie zwei Monate später erneut guter Hoffnung, so daß sie das Unglück bald vergessen hat.

Als Lucrezia die Neuigkeit von Cesares Heirat erfährt, freut sie sich ganz besonders. Sie hat nicht vergessen, daß sie ihr Eheglück mit Alfons von Bisceglie ihrem Bruder verdankt. Alfons und seine Schwester Sancia vermögen Lucrezias Freude allerdings nicht zu teilen, da Cesare und sein Vater von nun an ihre Gegner sind: Als er seine Ehe einging, mußte der Herzog Valentinus versprechen, sich an der Rückeroberung von Neapel und Mailand zu beteiligen. Sancia findet Gelegenheit, um sich beim Papst, ihrem Schwiegervater, heftig zu beschweren. Ihr Ehemann Jofré war auf der Engelsbrücke nachts vom Kommandanten der päpstlichen Garde angegriffen und verletzt worden. Die junge Frau macht die feindselige Haltung des Papstes gegenüber den Aragonesen für den Zwischenfall verantwortlich. Sancias Bruder Alfons ist derselben Meinung. Seit der Flucht des Kardinals Sforza im Juli ist er in Panikstimmung. Auch Lucrezias Zuneigung vermag ihn nicht zu beruhigen. Am 2. August 1499 flieht Alfons am frühen Morgen aus Rom. Von den Sbirren des Papstes verfolgt, flüchtet er sich nach Genazzano, auf das Lehen der Colonna. Die Colonna sind mit dem König von Neapel befreundet.

Von Genazzano aus bittet Alfons seine Frau in etlichen Briefen, sie möge ihm doch nachfolgen. Weil sie im sechsten Monat schwanger ist, will

Lucrezia sich jedoch nicht auf das Abenteuer einlassen. Ohnehin läßt der Papst den Palast Sa. Maria in Portico streng bewachen. Als Alexander von Alfons' Flucht erfuhr, erging er sich in Schmähreden auf König Federico und seine Familie. Aus Rache befahl er der noch immer anmaßenden und rebellischen Sancia, augenblicklich nach Neapel abzureisen. Da sich Sancia weigerte zu gehen, drohte er ihr, sie «hinauswerfen» zu lassen. Zornentbrannt macht sich Sancia schließlich am 7. August auf den Weg nach Neapel. Jofré bleibt mit Lucrezia allein zurück.

LUCREZIA ALS REGENTIN VON SPOLETO

Um seine Kinder vor der Versuchung zu bewahren, ihren Ehegatten nachzufolgen, denkt sich Alexander eine bemerkenswerte Kriegslist aus: Am 8. August ernennt er die kaum neunzehnjährige Lucrezia zur Regentin von Spoleto und Foligno. Er überträgt Lucrezia damit ein hohes Amt, das zuvor Kardinälen und Prälaten vorbehalten gewesen war. Alexander stellt Lucrezia Jofré zur Seite, der mit seinen siebzehn Jahren politisch noch vollkommen unerfahren ist.

Am Tag ihrer Ernennung finden sich Lucrezia, ihr Bruder Jofré und ihr Wahlvetter Fabio Orsini aufbruchbereit auf dem Vorhof der Basilika Sankt Peter ein. Ohne von ihren Mauleseln abzusteigen, verbeugen sich alle drei vor dem Pontifex, der ihnen von seiner Loggia herunter den Segen spendet. Gefolgt von einer großen Anzahl bepackter Saumtiere, setzt sich der Reiterzug in Bewegung. Lucrezia hat auf ihrem Reitsitz Platz genommen, auf den sie über einen mit Seide bespannten Schemel aufzusteigen pflegt. Da sie bereits hochschwanger ist und der Papst unbedingt eine weitere Fehlgeburt verhüten möchte, hat er zusätzlich eine gepolsterte Sänfte mit karmesinroten, blumenbestickten Decken und zwei weißen Damastkissen bereitstellen lassen. Die Sänfte wird ebenfalls von einem Maulesel getragen. Ein prächtiger Baldachin darüber soll Lucrezia vor der sengenden Sonne schützen. So setzt sich die werdende Mutter in der prachtvollen Sänfte keinerlei Gefahr aus.

Der Kapitän der Palastgarde, der Gouverneur von Rom und der Botschafter des Königs von Neapel begleiten die Papstkinder vom Vatikan bis zur Engelsbrücke. In Zweierreihen schreiten Geistliche in einer langen Prozession einher. Zusammen mit einer riesigen Menschenmenge begleiten die Geistlichen Lucrezia und Jofré bis zur Porta del Popolo. Der Papst hat den Auszug Lucrezias absichtlich so aufwendig gestaltet, um der Mission seiner Tochter die rechte Würde zu verleihen. Spoleto ist die bedeutendste päpstliche Festung im Norden von Rom. Alexander VI. schickt seine Kinder in diese Festung, um seine entschlossene Parteinahme für den französischen König öffentlich zu zeigen. Im selben Augenblick dringt das französische Heer unter aktiver Beteiligung von Cesare Borgia in mailändisches Gebiet vor. Lucrezia und ihr Bruder waren gerade durch Cesare mit der neapolitanischen Königsdynastie verheiratet worden. Nun sollen sie wieder Cesare zu Gefallen die Interessen der Familie, in die sie sich eingeheiratet haben, preisgeben und von Spoleto aus alle Truppen aus Neapel daran hindern, dem Herzog von Mailand zu Hilfe zu kommen.

Unter der brennenden Augustsonne kommt der Reiterzug langsam voran und gelangt am 14. schließlich nach Spoleto. Die Einwohner haben ihre Stadt mit von Blumen umwundenen Triumphbögen geschmückt. Lucrezia nimmt die Höflichkeitsbezeigungen entgegen, durchquert dann Spoleto und steigt zur Zitadelle hinauf, die durch eine Schlucht vom Monteluco getrennt ist, einem mit dichtem Eichenwald bewachsenen Berg. Die Festung ist eine spartanische Residenz, die einst von den Lombarden erbaut und im 14. Jahrhundert von Kardinal Albornoz erneuert worden war. Sie erhebt sich über der Stadt, bietet ihr Schutz, vermag sie jedoch im Falle von Aufständen auch zu bändigen. Die Prioren begrüßen die Tochter des Papstes. Lucrezia läßt zwei Bestallungsbreven verlesen, in denen ihr die Amtsgewalt erteilt wird. Der Papst hat Anweisung gegeben, seiner Tochter für das Amt der Regentin 1260 Florin auszuzahlen. Lucrezia soll ihr Amt voraussichtlich fünf Monate lang bekleiden, vom 13. August bis zum 31. Januar. Gemeinsam mit ihr war auch Cesare zum Gouverneur von Spoleto ernannt worden. Lucrezia ist damit Stellvertreterin ihres Bruders. Da Cesare Vorrang vor seiner Schwester hat, müssen ihm die Spoleter 1440 Florin entrichten. Mit der Ernennung der Geschwister wird die Stadt also mit einer Sonderabgabe von 2700 Florin belastet. Lucrezia beschränkt sich in ihrem Amt nicht auf bloße Repräsentation und bemüht sich um eine sorgsame Verwaltung der Stadt. Auf Kosten der Kommune ruft sie eine Art berittener Polizei ins Leben, die für Ordnung sorgen soll. Sie setzt einen dreimonatigen Waffenstillstand zwischen Spoleto und der rivalisierenden Stadt Terni durch. Ihren ordentlichen Richter, den «Auditor» Antonio degli Umioli da Gualdo, beauftragt sie mit der Führung von Zivilprozessen. Während sich ihr jüngerer Bruder auf der Jagd vergnügt und im Galopp die Wälder durchstreift, geht sie vollständig in ihrer Aufgabe als Regentin auf. Einen Monat nach ihrer Ankunft wird sie dafür mit dem beglückenden Besuch ihres Ehemannes, Alfons von Bisceglie, belohnt. Der Papst wußte Alfons mit großzügigen Gaben zu beschwichtigen. Alexander hat ihm und Lucrezia die Stadt, die Burg und das Gebiet von Nepi geschenkt. Zuvor hatte das Gebiet Kardinal Ascanio Sforza gehört, und der Papst hatte es nach seiner Flucht beschlagnahmt.

Am 4. September nimmt Francesco Borgia, der Sohn von Kalixt III., als Schatzmeister des Heiligen Stuhls in Lucrezias Namen Nepi in Besitz. Daraufhin begibt sich Alexander VI. selbst nach Nepi. Er trifft sich dort mit Alfons und Lucrezia und bewegt seine Tochter, zur Niederkunft nach Rom zurückzukehren.

Als Ersatz für Kardinal Juan Borgia hat der Papst den französischen Kardinal Péraud, einen Freund Ludwigs XII., zum Legaten in der Region ernannt. Lucrezia kann nun ihren Posten als Regentin von Spoleto verlassen.

LUCREZIAS UND ALFONS' RÜCKKEHR NACH ROM
CESARES ERFOLGE IN MAILAND
GEBURT UND TAUFE DES KNABEN RODRIGO

Am 14. Oktober kehrt Lucrezia zusammen mit ihrem Gatten und ihrem Bruder Jofré wieder nach Rom zurück. Die Pantomimen und Gaukler des Papstes kommen ihnen an den Stadttoren entgegen.

Die Rückkehr der Borgia-Kinder ist ein glanzvoller Augenblick. Ohne sich irgendeiner Gefahr auszusetzen, hat sich Cesare inzwischen bei der Eroberung der Lombardei durch die Franzosen einen Ruf als Kriegsmann erworben. Am 12. August stieß die französische Armee nach ihrem Auszug aus Asti in mailändisches Gebiet vor. Die Angreifer waren wegen ihrer Blutrünstigkeit gefürchtet, und so war es ihnen ein leichtes, die lombardischen Zitadellen einzunehmen. Ludovico Moro hatte die Franzosen vor Alessandria aufhalten wollen, bevor er sich gegebenenfalls nach Pavia zurückzog. Aber die Aufstellung seiner Soldaten ging in größter Unordnung vonstatten. Zudem waren die vom König von Neapel und der Republik Genua versprochenen Hilfstruppen Ende August noch immer nicht eingetroffen. Ludovico hatte sich fast ruiniert, als er Schweizer und deutsche Söldner anwarb. Er mußte Angriffen von zwei Seiten, von Franzosen und von Venezianern, standhalten. Von Osten her wurde Ludovico von Venedig bedroht, das mit einem starken Heer Chiara d'Adda und Cremona bedrängte.

Der Belagerung durch 40 000 Mann hält Alessandria nicht lange stand. In der Nacht vom 28. auf den 29. August verläßt Moros Garnison, von Galeazzo San Severino befehligt, die Stadt. Mit dem Ereignis ist eingetroffen, was Ludovico von seinen Astrologen vorhergesagt worden war. Entmutigt schickt er seine beiden Söhne und seinen Bruder, den Kardinal Ascanio Sforza, nach Deutschland. Pavia kapituliert, Mailand öffnet am 2. September den Franzosen seine Tore. Am 17. September übergibt ihnen

Bernardino da Corte das Schloß. Ludovico flieht nach Tirol zu Maximilian, dem Gatten seiner Nichte Bianca Maria. Nichts steht dem König und seinem Generalstab nun noch im Wege. Feierlich zieht er mit seinen Truppen in Mailand ein.

Nachdem König Ludwig XII. am 5. Oktober bis in die Umgebung der Stadt gelangt war, hält er am Morgen des 6. seinen Einzug in Mailand. Ludwig zieht unter seinem vergoldeten Baldachin in die Stadt ein. Er trägt ein mit Bienenkörben und goldenen Bienen besticktes Gewand und auf dem Kopf den Herzogshut. Begleitet wird er von den wichtigsten Würdenträgern Frankreichs und von befreundeten italienischen Standesherren. Unter seinem Gefolge befinden sich Kardinal Amboise und der Herzog von Savoyen, die Kardinäle Giuliano della Rovere und Juan Borgia. Juan wurde eigens zum Legaten ernannt, um den französischen König in Italien zu begleiten. Hinter den Kardinälen ziehen die Vertreter Venedigs ein. Dann folgt der Herzog von Ferrara, Ercole I. d'Este, der Vater der verstorbenen Gattin Ludovico Moros. Ercole zieht an der Seite des Herzogs von Valence ein, noch vor den beiden Markgrafen von Mantua und Montferrat. Auch diesmal, wie seinerzeit bei seinem Einzug in Chinon, wird Cesares Gepäck bewundert. Es wird von Reittieren getragen, die mit Samt und Goldbrokat bedeckt sind und auf denen das Wappen Cesare Borgias von Frankreich prangt: Neben dem Stier der Borgias und den Streifen der Familie d'Oms ist auf dem Wappen auch die französische Lilie abgebildet. Der Diplomat Baldassare Castiglione wird später erfreut bemerken, daß der *molto galante* Herzog Valentinus so freigebig war und mit so viel Gepränge auftrat, daß er die Stadt für die Besetzung durch die französischen Truppen entschädigte. Denn die Franzosen werden die Adelshäuser und selbst das Schloß in übelriechende Ställe verwandeln.

Die Neuigkeit vom Triumph in Mailand, an dem sein Sohn teilhat, erfüllt das Herz des Pontifex mit Zufriedenheit. Kurz darauf wird ihm eine ebenso große Freude zuteil, als Lucrezia in der Nacht vom 31. Oktober zum 1. November einen Knaben zur Welt bringt. Alexander ist über die Geburt so glücklich, daß er noch vor Tagesanbruch das frohe Ereignis den Kardinälen, Botschaftern und befreundeten Standesherren mitteilen läßt. Jeder der Benachrichtigten gibt dem Boten zwei Dukaten, wie Burchard voll Neid bemerkt. Der Zeremonienmeister hätte auch gerne einen Anteil bekommen. Burchard geht vollständig in den Vorbereitungen für die Taufe auf, die besonders prächtig begangen werden soll. Denn mit dem Kind wird der erste legitime Enkel des Papstes getauft, und Alexander möchte ihn nach sich selbst Rodrigo nennen.

Der Palast Sa. Maria in Portico wird prachtvoll ausgeschmückt, damit man die römischen Damen empfangen kann, die der jungen Mutter ihre

Besuche abstatten. Prälaten und Botschafter versammeln sich im Audienzsaal, der mit Wandteppichen bespannt wurde. Lucrezia empfängt die Höf-
lichkeitsbesuche auf dem Bett sitzend in Laken aus roter, golddurchwirkter
Seide. Ihr Bett steht in einem Zimmer, das mit Samttapeten im Farbton
blauer Anemonen bespannt ist. Der gesamte Palast, seine Mauern, sein
Innenhof und seine Treppe sind mit kostbaren Wandbehängen und Seiden-
stoffen ausgeschmückt. Durch eine vergoldete Flügeltür der Residenz
gelangt man direkt in die Basilika Sankt Peter, in die Kapelle Sa. Maria in
Portico. In der Kapelle versammeln sich am Tag der Taufe sechzehn Kardinäle. Anstandshalber liest der Papst die Messe nicht selbst, sondern überläßt dies Oliviero Carafa, dem Kardinalerzbischof von Neapel. In einer
Prozession ziehen die Kardinäle und Botschafter in die Kapelle ein, in der
sich das Standbild und das Grab Sixtus' IV. befinden. Juan Cervillon, ein
katalanischer Edelmann und einstiger Kapitän der päpstlichen Garden,
trägt das Kind auf dem rechten Arm. Der Arm ist mit einer goldbestickten
Seidenschärpe bedeckt. Der Täufling ist in ein hermelingefüttertes Tauf-
kleid aus Goldbrokat gehüllt. Rechts von Cervillon schreitet der Stadtgou-
verneur und links von ihm der Gesandte Maximilians von Österreich, des
Königs der Römer. Der Täufling ängstigt sich bei den Klängen der Flöten
und Trommeln und beginnt zu schreien, als Cervillon mit ihm vor der
Kapelle ankommt. Vor ihm sind bereits die päpstlichen Schildknappen und
Kämmerer «in rosigen Gewändern wie an Fronleichnam» in die Kapelle
eingezogen.

Am Eingang der Kapelle wird das Kind Francesco Borgia, dem Erzbischof von Cosenza, übergeben. Der Prälat geht auf eine vergoldete Silber-
schale zu, die zwischen dem Altar und dem Papstgrab steht. Der Taufakt
wird von Kardinal Carafa mit den beiden Bischöfen ausgeführt, die für den
kleinen Rodrigo die Patenschaft übernommen haben: dem Zyprioten
Ludovico Podocatharo, Bischof von Capaccio im Königreich Neapel,
einem päpstlichen Sekretär, und Gambattista Ferrari, dem Bischof von
Modena und päpstlichen Datarius. Nach dem Taufakt wird die goldbe-
stickte Seidenschärpe dem Herrn Paolo Orsini überreicht. Orsini trägt den
kleinen Rodrigo in den Palast Sa. Maria in Portico zurück. Als Abschluß
der Feierlichkeiten läßt das Kardinalskollegium Lucrezia am folgenden
Tag, dem 12. November, ein Geschenk überbringen, nämlich «zwei Silber-
bonbonnieren, die anstelle des Naschwerks 200 Dukaten enthalten».

Am Morgen des 29. November begibt sich die Papsttochter, gestützt auf
einen Bischof, zu Fuß nach Sankt Peter zur ersten Messe der Wöchnerin.
Den folgenden Abend verbringt sie in Gesellschaft ihres Vaters im Vatikan.
Aller Wahrscheinlichkeit nach spricht sie mit Alexander hauptsächlich über
die brennenden Neuigkeiten, über die außergewöhnlichen Erfolge Cesare

Borgias. Der Herzog Valentinus ist inzwischen Nutznießer der politischen Lage. Da die Franzosen die mailändischen Gebiete besetzt und auch ihre venezianischen Verbündeten gesiegt haben, verfügt Cesare über einen Teil der Truppen seines Gönners Ludwig XII. Als Alexander mit Lucrezia und ihrem Gatten in Nepi zusammentraf, unterbreitete der Papst ihnen Cesares Pläne. Der Valentinus wollte das Herzogtum Ferrara erobern. Cesares Vetter Kardinal Juan Borgia der Jüngere, der Ludwig XII. als Legat bei seinem Einzug in Mailand begleitete, bat Florenz und Venedig um Unterstützung für sein Vorhaben. Allerdings stimmte keine der beiden Mächte zu, auch nur das Geringste gegen Ercole d'Este zu unternehmen. Für eine militärische Intervention gab es keinen Vorwand, da der Herzog seinen Vasallentribut stets pünktlich an den Heiligen Stuhl zahlte. Ercole erfuhr von den vereitelten Plänen und zog eine Lehre daraus. Zu seiner Sicherheit knüpfte er ein enges Bündnis mit der Krone von Frankreich an. Daher sah man Ercole im Triumphzug König Ludwigs XII. auch an einem guten Platz neben Cesare Borgia in Mailand einziehen.

DER UNTERGANG DER CAETANI

Für die Borgias war es schwierig geworden, ihr Gebiet um Rom auf Kosten der großen Barone auszudehnen. Ebensowenig konnten sie ihr Gebiet in der Romagna vergrößern, in der turbulenten Provinz des Kirchenstaates, in der die Kleintyrannen die Herrschaft an sich gerissen hatten, die einst der Heilige Stuhl ausgeübt hatte. Während Cesare an der Seite des französischen Königs kämpfte, führte Alexander VI. einen mustergültigen Feldzug gegen die Caetani (oder Gaetani). Die Caetani machten den Orsini, den Colonna und Savelli die Vorherrschaft in der römischen Campagna streitig. Ihr Familienoberhaupt Onorato II., der 1490 gestorben war, hatte die drei Söhne Niccolò, Giacomo und Guglielmo hinterlassen. Mittelpunkt der Caetani-Herrschaft war die Festung Sermoneta in den gebirgigen Ausläufern des Volskergebietes. Vom Herzogtum Sermoneta dehnten die Caetani ihre Macht bis in die Maremma vor den Pontinischen Inseln aus. Sie hatten die Via Appia unter Kontrolle. Im Königreich Neapel besaßen sie große Lehensgüter: das Herzogtum Traetto, die Grafschaften Fondi und Caserta sowie zwanzig weitere bedeutende Herrschaften.

Im September 1499 gelingt es Alexander, den apostolischen Protonotar Giacomo Caetani nach Rom zu locken. Er läßt ihn sogleich in der Engelsburg einkerkern. Ein Tribunal, das aus dem Senator und dem Gouverneur gebildet wird, erklärt ihn der Majestätsbeleidigung für schuldig. Giacomo stirbt ein Jahr nach seiner Einkerkerung, am 4. Juli 1500. Seine Mutter

Caterina Orsini beschuldigt darauf den Papst, er habe Giacomo Caetani ermordet, und fordert, ein baldiges Konzil solle Gerechtigkeit schaffen. Alle Güter der Caetani werden eingezogen. Giacomos Brüder können fliehen. Jedoch wird der Sohn Niccolò in Sermonta später gefangengenommen und erdrosselt. Guglielmo Caetani flüchtet nach Mantua und wartet auf die Stunde der Vergeltung. Der Ruin der Caetani ist für Lucrezia ein Glück. Am 1. Oktober 1500 zahlt sie bare 80 000 Dukaten in die apostolische Kammer ein und kauft damit die beschlagnahmten Güter der Caetani auf. Dem «Infans Romanus» Giovanni Borgia fällt mit Lucrezias Kauf das Herzogtum Nepi zu, das um verschiedene Ländereien weniger bedeutender Barone wie Palestrina erweitert wurde. Der kleine Rodrigo, Sohn Lucrezias mit Alfons von Bisceglie, wird im Alter von zwei Jahren mit dem Herzogtum Sermoneta belehnt. Sermoneta wurde dazu um 21 Städte vergrößert, die man den römischen Baronen entrissen hatte. Die Herrschaft der kleinen Borgias ist allerdings unbeständig, da Julius II. ihr ein Ende setzen und den Caetani im Januar 1504 mit einem Breve alle ihre Güter wieder zurückerstatten wird.

DER STURZ DER TYRANNEN IN DER ROMAGNA
CESARE BESETZT IMOLA UND FORLÌ

Während der Operationen gegen die Caetani hatte Alexander VI. eine groß angelegte Unternehmung vorbereitet. Da das Herzogtum Ferrara nicht zu erobern war, sollte Cesare einen anderen militärischen Schlag führen. Es ging darum, in der Romagna die päpstliche Herrschaft wiederherzustellen. Den Herren von Rimini, Pesaro, Imola, Faenza, Forlì, Urbino und Camerino war bereits mit Bullen der Bann angedroht worden, und der Papst hatte sie ihrer Lehen enthoben, weil sie den jährlichen Pachtzins an die apostolische Kammer nicht entrichtet hatten.

Cesare bereitete in Mailand eifrig seine Teilnahme am Krieg vor. Er lieh sich 45 000 Dukaten von der mailändischen Kommune und hob mit dem Geld italienische Söldner aus. Zum Führer für das neue Heer nahm sich der Valentinus Ercole Bentivoglio und Achille Tiberti da Cesena. Ludwig XII. stellte Cesare Yves d'Alègre mit 1800 Berittenen – 100 dieser Lanzenreiter unterstanden Cesare bereits – zur Verfügung, und Antoine de Baissey, den Bailli von Dijon, mit seinen 4000 Schweizern und gascognischen Fußsoldaten. Insgesamt bestanden Cesares Streitkräfte damit aus 16 000 bestens ausgebildeten Männern, die vom Heiligen Stuhl reichlich mit Sold und Waffen versehen worden waren.

Im September rückt die Armee durch Reggio und Modena auf die

Romagna vor. Sie lagert unter den Mauern Bolognas, wo Cesare von der Familie der dortigen Herrscher, den Bentivoglio, empfangen wird. Man bereitet ihm ein glänzendes Bankett, und er überreicht seinen Gastgebern zum Dank ein Pferd, einen Helm und eine Menge Waffen. Cesares Ziel ist in greifbare Nähe gerückt: Imola, das ungefähr 40 Kilometer westlich gelegen ist. Aber bevor er die Stadt belagert, beratschlagt er sich mit dem Papst in Rom. Er benutzt die Poststationen des Johanniterordens und reist in nur vier Tagen, vom 18. bis zum 21. November, von Bologna nach Rom und wieder zurück. In dieser kurzen Zeit legte er eine Entfernung von 800 Kilometern zurück. Die Gewalttour dient vermutlich dazu, mit seinem Vater die Pläne für die Operationen in der Romagna durchzusprechen.

Imola gehört zu den Besitzungen von Caterina Sforza. Caterina ist eine streitbare, vom Glorienschein ruhmreicher Taten umgebene Frau und wird von den Italienern als der Inbegriff einer *Virago* gefeiert. Sie ist die Kriegsheldin der Renaissance schlechthin. Dreifach verwitwet, mußte Caterina jedesmal nach dem Tod ihres Gatten darum kämpfen, ihren Kindern das Erbe zu sichern. Sie hatte grausame Rache an den Mördern ihres ersten Ehemannes Girolamo Riario, des Herrn von Forlì und Sohnes von Papst Sixtus IV., genommen, dann an den Mördern ihres zweiten Gatten, ihres Geliebten Feo Giacomo, den sie heimlich geheiratet hatte. Caterinas dritter Mann, Giovanni de' Medici, starb kurz vor Cesares Feldzug und hinterließ ihr einen Sohn, der später zu einem ruhmreichen Condottiere und einem Vorfahren der toskanischen Großherzöge wurde. Als Caterina Sforza von Cesares Absichten erfährt, bereitet sie anstelle ihres Sohnes Ottaviano Riario den Widerstand vor. Für die Borgias wäre die Situation schwieriger, wenn sie die Skrupel hätten, die sie eigentlich haben müßten. Während seiner Kardinalszeit hatte Alexander VI. mit Caterina und Girolamo Riario äußerst freundliche Beziehungen gepflegt. Zudem war Alexander Pate ihres Sohnes Ottaviano. Nach seiner Papstwahl, als sich Lucrezia und Giovanni Sforza getrennt hatten, trug sich Alexander sogar mit der Absicht, seine Tochter mit Ottaviano zu verheiraten. Aber der Papst will seine familiären Interessen durchsetzen und nimmt dabei auf Freundschaft keine Rücksicht. Cesare soll Caterina züchtigen: Sie soll als erste der aufrührerischen Vasallen ihre Strafe vom Heiligen Stuhl empfangen.

Sobald er nach Bologna zurückgekehrt ist, schickt der Herzog von Valence am 25. November seinen Kapitän Tiberti nach Imola. Tiberti gilt als ehemaliger Liebhaber Caterinas. Die Stadt ergibt sich zwar kampflos, aber die Burg leistet Widerstand. Sie wird von dem bekannten Condottiere Dionigi di Naldo verteidigt. Naldo will nach heftigem Artilleriebeschuß der Festung sich jedoch binnen dreier Tage zurückziehen, falls er bis dahin keinen Entsatz bekommen sollte. Naldo steht nicht zu Unrecht im Verdacht, sich heimlich mit Cesare verständigt zu haben, denn er wird später einer der Lieblingskapitäne des Valentinus. Am 17. Dezember trifft Cesares Vetter Kardinal Giovanni Borgia in Imola ein. Giovanni war Cesare in sein einstiges Erzbistum Valencia gefolgt, und Alexander VI. hatte ihn zum Legaten in der Romagna ernannt. Ihm muß die Stadt nun den Treueeid leisten. Da Imola so rasch erobert wurde, sind die Einwohner von Forlì, der zweiten Stadt von Caterina Sforza, aufgeschreckt und bieten Cesare zwei Tage später die kampflose Übergabe an. Cesare willigt ein und macht sich auf den Weg. Er zieht durch Faenza, wo ihn der junge Astorre Manfredi, ein Günstling Venedigs, mit allen Ehren empfängt.

Die Truppen des Valentinus richten mancherlei Schäden an. Die Soldaten, allen voran die Gascogner, gebärden sich wie auf erobertem Gebiet. Zudem rächt sich Caterina an ihren Untertanen, weil sie sich kampflos dem Feind ergeben haben, und läßt von der Zitadelle herab mit Kartätschen auf die Bürgerschaft von Forlì schießen. Cesare zeigt in dieser Situation einen jener genialen Züge, die von Machiavelli gerühmt wurden: Er bestraft die undisziplinierten Soldaten und erringt damit die Sympathie der Bewohner Forlìs. Gleichzeitig schlägt er Caterina eine Zusammenkunft vor, da er mit der Belagerung der Festung keine Zeit vergeuden möchte, wenn es andere Möglichkeiten gibt. Am 26. Dezember legt er seine Rüstung an, setzt sich sein legendäres, schwarzsamtenes und federgeschmücktes Barett aufs Haupt und verläßt die Stadt hinter einem Herold und einem Trompeter. Vor dem Eingang der *Rocca* trifft er auf Caterina. Sie verwickelt ihn in ein Gespräch und lädt ihn voller Tücke ins Innere der Festung. Hinter Cesare sollte sofort die Zugbrücke hochgezogen werden, um ihn gefangenzunehmen. Die List verfehlt knapp ihr Ziel, da Caterinas Männer die Brücke bereits emporzuziehen beginnen, noch bevor der Herzog sie betreten hat.

Cesare bleibt nichts anderes übrig, als Breschen in die Festungsmauern zu schießen. Am 12. Januar läßt er die *Rocca* schließlich stürmen. In ihrer Rüstung, den Degen in der Hand, kämpft Caterina in der ersten Reihe. Da sie die Schlacht schon verloren sieht, läßt sie Waffen und Munition in die Luft sprengen, was unglücklicherweise unter ihren eigenen Soldaten Verwirrung stiftet. Einer ihrer Männer hißt die weiße Fahne. Niemand leistet mehr Widerstand. Cesares Truppen bemächtigen sich der *Rocca* und metzeln jeden nieder, den sie auf ihrem Weg finden. Bis zum Abend werden mehr als 400 Menschen getötet. Caterina wird von einem der Männer des Bailli von Dijon gefangengenommen. Der Soldat erhält für sie eine Belohnung von 5000 Dukaten. Cesare bringt Caterina als seine Gefangene nach Forlì und quartiert sie dort im gleichen Haus ein, in dem er selbst wohnt. Er behandelt die Virago barbarisch, und es wird sogar behauptet, er vergewaltige sie. Die Franzosen sind darüber zutiefst empört, denn sie halten sich an ihren Ehrenkodex und wollen Damen mit Anstand behandelt wissen. Der Bailli von Dijon fordert Caterinas Auslieferung. Er bringt ihr größten Respekt entgegen, wie es einer Gefangenen des Königs von Frankreich zukommt. Cesare zeigt sich geduldig, solange die Übermacht nicht auf seiner Seite ist. Er stellt seine Geduld auch unter Beweis, als die Schweizer Söldner meutern, weil sie höheren Sold wollen: Sie werden unverzüglich zufriedengestellt, denn Cesare ist vor allem daran gelegen, den Feldzug in der Romagna fortzusetzen.

Nachdem der Valentinus Imola und Forlì eingenommen hat, bereitet er den Angriff auf Pesaro vor, auf die Hauptstadt seines einstigen Schwagers Giovanni Sforza. Zur gleichen Zeit stirbt sein Vetter, der Kardinallegat Juan Borgia. Der Prälat hielt sich zuletzt in Urbino auf. Er traf gerade Vorbereitungen für seine Abreise nach Forlì, wo er die Huldigungen der wieder eroberten Stadt entgegennehmen sollte. Dann bekam er plötzlich Fieber und schied nach einigen Tagen Krankheit aus dem Leben. Durch seinen Tod konnte der Heilige Stuhl Forlì nicht direkt in Besitz nehmen und mußte die Stadt somit dem Valentinus überlassen. Sofort verbreitet sich das Gerücht, der Kardinal sei vergiftet worden. Wie behauptet wird, sei Juan eine Dosis des langsam wirkenden Giftes verabreicht worden, dessen geheimes Rezept sich im Besitz der Borgias befinde. Ohnehin sollten die Borgias während des Feldzugs von Karl VIII. nach Neapel auch den Prinzen Dschem vergiftet haben. Aber der Verdacht, der Kardinallegat Juan Borgia sei durch Gift beseitigt worden, ist schwach begründet, denn Cesare hatte mit seinem Vetter Juan stets in ausgezeichnetem Einvernehmen gestanden.

Da Cesare nun selbst für alles Notwendige sorgen muß, um seine Herrschaft in Forlì zu sichern, ernennt er seinen Haushofmeister Don Ramiro de Lorca zum Vizegouverneur der Stadt und bestimmt die Magistrate des städtischen Korps. Am 23. Januar 1500 verläßt er neben Yves d'Alegre, dem Oberbefehlshaber des französischen Truppenkontingentes, die Stadt wieder. Caterina Sforza reitet zwischen beiden Männern auf einer grauen Genette. Sie trägt ein schwarzes Seidenkleid «nach türkischer Mode». Ein schwarzer Schleier bedeckt ihr Gesicht. Als sie durch das Tor von Forlì, das Tor ihrer Stadt, die sie nicht verteidigen konnte, reitet, vergießt sie in ihrer Demütigung bittere Tränen. Doch sie hat einen Racheakt vorbereitet. Ein Anhänger Caterinas schickt dem Papst wenig später einen mit Gift imprägnierten Brief. Aber der Anschlag wird aufgedeckt und der Attentäter verhaftet. Wie er gesteht, habe er Alexander töten wollen, um seine Heimatstadt und seine Fürstin zu retten. Sein eigenes Leben sei ihm gleichgültig gewesen.

Für Cesare ist die Partie noch keineswegs gewonnen. Er muß in den eroberten Territorien die Ruhe wiederherstellen und gleichzeitig seinen

Feldzug fortsetzen. Drei Tage nach seinem Abzug aus Forlì erreichen ihn zudem unangenehme Nachrichten aus Mailand. Ludovico Moro ist mit 500 Bewaffneten und 8000 Schweizern von Tirol aus in die Lombardei eingefallen. Die Truppen hatte er mit Kaiser Maximilians Hilfe ausgehoben. Um Moro aufzuhalten, ist Marschall Trivulce gezwungen, das von Yves d'Alègre kommandierte Regiment aus der Romagna abzuziehen. Cesare befindet sich augenblicklich in Cesena und muß seinen Feldzug nun unterbrechen. Die ihm verbleibenden Truppen schickt er als Garnison in die kürzlich eroberten Städte und kehrt nach Rom zurück. Dort beschafft er sich Geld und Soldaten und ersetzt damit die französischen Truppen, die nun in der Lombardei gebraucht werden.

DAS HEILIGE JAHR DES NEUEN JAHRHUNDERTS

Zu Beginn des Jahres 1500 herrscht in der heiligen Stadt ungewöhnlich lebendiges Treiben. Am Heiligabend des vorigen Weihnachtsfestes hat Papst Alexander bereits die Heilige Pforte von Sankt Peter geöffnet. Durch die goldene Pforte werden im Verlaufe des Heiligen Jahres zahllose Pilger in die Basilika strömen, um den vollkommenen Ablaß des Heiligen Jahrs zu bekommen. Zwischen der Engelsburg und dem Vatikan wurde eine neue Straße gebaut, die Via Alessandrina, der jetzige *Borgo novo*. Die Straße soll dem Pilgerstrom leichter Zugang zu Sankt Peter verschaffen. Burchard schätzt die Zahl der Gläubigen, die das ganze Jahr über vor der Loggia von Sankt Peter niederknien, um dort den päpstlichen Segen *urbi et orbi* zu erhalten, auf 200 000 – eine für die Epoche gewaltige Menge.

Trotz der Pestepidemie, der Gefahren auf den Straßen, den Unannehmlichkeiten der Reise und den Gefahren in der Stadt, in der die Borgias herrschen, kommen täglich immer mehr Gläubige nach Rom. Die Vasallen im Kirchenstaat trotzen jeder Gefahr und begeben sich, mag ihnen der Heilige Stuhl auch den Bann angedroht haben, in die Stadt. Inkognito erscheint selbst Elisabetta Gonzaga, die Herzogin von Urbino. Einige Fürsten lassen sich vertreten. Pompös empfängt der Papst eine Gesandtschaft des Königs Johann von Navarra, Jean d'Albret, des Schwagers von Cesare Borgia. Viele der Pilger kommen aus fernen Ländern: aus Flandern, Ungarn oder Portugal. Der 91 Jahre alte Herzog von Sagan eilt aus Schlesien herbei. Der berühmte Kopernikus, der sich als «polnischer Student» an der Universität Bologna aufgehalten hat, kommt gerade rechtzeitig, um an der Sapienza, der päpstlichen Universität, den verhinderten Professor für Astronomie zu ersetzen: Der 27jährige Kopernikus verbringt seine Zeit allerdings weniger mit Andachtsübungen als mit der Beobachtung des

Himmels. Am 6. November 1500 beobachtet er eine Mondfinsternis und zeichnet sie sorgfältig auf.

Leichtsinn ist für die Gläubigen im Augenblick höchst gefährlich: Diebe und Verbrecher aller Art treiben sich in Rom herum. Am 27. März 1500 werden 18 Verbrecher auf der Engelsbrücke gehenkt, aber die Galgen sind so schlecht verankert, daß sie umstürzen und die Hinrichtung am folgenden Tag wiederholt werden muß. Später henkt man auf den Zinnen der Engelsburg einen Arzt aus dem Lateranhospital. Er erstach mit einer Lanzette reiche kranke Pilger und raubte sie anschließend aus. Der Beichtvater im Hospital hatte dem Arzt die Hinweise auf seine Opfer gegeben. Da Wegelagerer alle Straßen im Kirchenstaat unsicher machen, verfügt der Papst am 25. Februar 1500 mit einer Bulle, daß die jeweiligen Lehensherren für Anschläge auf ihren Gebieten zur Rechenschaft gezogen werden. Der französische Gesandte René d'Agrimont wird von einer Bande von Korsen zwischen Viterbo und Montefiascone ausgeplündert. Alexander VI. greift daraufhin zu weiteren drakonischen Maßnahmen und weist alle Korsen aus dem Kirchenstaat aus.

Obwohl die Pilger solchen Gefahren ausgesetzt sind, schlägt die Zahl der Besucher in den Basiliken alle Rekorde. Da die Gotteshäuser vollkommen überfüllt sind, müssen die knienden Gläubigen ihren päpstlichen Jubiläumsablaß zum Teil auf den Kirchenstufen empfangen. In dauerndem Wechsel finden Prozessionen und liturgische Feierlichkeiten statt. Die Schauspiele, die den Rom-Pilgern geboten werden, sind ebenso mondän wie erbaulich. Am 1. Januar 1500 ziehen unter dem Papst auf der Engelsburg Lucrezia und ihr Gatte Alfons von Aragón zu Pferd vorüber, gefolgt von einer prächtigen Eskorte von Damen und Herren, unter denen sich auch Orso Orsini, der Gemahl von Giulia Farnese, befindet. Die päpstliche Garde, kommandiert von Rodrigo de Borgia Lanzol, dem Großneffen des Papstes, begleitet den Reiterzug. Bald darauf erreicht die Prozession zu Pferde die Basilika S. Giovanni in Laterano, wo der Bischof von Rom den höheren Ablaß verkündet.

DER TRIUMPH CESARE BORGIAS
ERNENNUNG ZUM GONFALONIERE DER KIRCHE

Die Festlichkeiten zur Eröffnung des Jubeljahres werden von der Pracht übertroffen, die anläßlich Cesare Borgias Rückkehr nach Rom entfaltet wird. Am 26. Februar bereiten Kardinäle, Botschafter, Kuriensekretäre und Beamte der Stadt dem Herzog Valentinus an der Porta del Popolo den Empfang. Hundert mit schwarzem Tuch behangene Saumtiere kündigen

Cesares Einzug an. Weitere fünfzig Maulesel folgen dem Valentinus nach. Wie gewöhnlich trägt er sein Wams aus schwarzem Samt, geschmückt mit dem Ehrenband des St.-Michaels-Ordens. Allen, die ihn noch als Kardinal kannten, möchte er deutlich machen, daß sie nunmehr einen französischen Fürsten vor sich haben, Monseigneur Cesare Borgia von Frankreich, den Herzog von Valence, einen Verwandten, Freund und Günstling des allerchristlichsten Königs. Vor Cesare reiten sein Bruder Jofré von Squillace und sein Schwager Alfons von Aragón, der Herzog von Bisceglie. Der Papst ist mit fünf Kardinälen in die Loggia von Sankt Peter hinaufgestiegen, um der Ankunft des Reiterzugs durch die Via Alessandrina zuzusehen. Als die Reiter durch das Palasttor ins Innere des Vatikans einziehen, begibt sich der Papst in die *Camera del Pappagallo* und läßt sich dort auf seinem Thron nieder. So möchte er dem anschließenden Empfang seines Sohnes mehr Feierlichkeit verleihen. Der Herzog von Valence fällt vor seinem Vater auf die Knie. Er küßt seine beiden Füße, dann seine rechte Hand. Alexander hilft ihm auf, nimmt ihn in seine Arme und küßt ihn dann innig auf den Mund. Beide tauschen einige Worte auf spanisch miteinander aus. Burchard hört sie mit an, versteht sie jedoch zu seinem Verdruß nicht.

Auf den Familienempfang folgt am nächsten Tag, dem 27. Februar, eine außerordentliche Zeremonie zu Ehren Cesares: die Siegesfeier für den Herzog von Valence.

Elf Prachtwagen, mit allegorischen Kriegsdarstellungen geschmückt, werden durch Rom gezogen. Der gaffenden Menge werden die Taten Julius Cäsars vor Augen geführt. So stellt der Siegesmarsch einen antiken Triumphzug nach, vermutlich geschaffen nach dem Vorbild von Mantegnas berühmten Malereien in Mantua. Der Zug defiliert an der Piazza Navona vorbei zum Vatikan. Der Papst ist über das Schauspiel so entzückt, daß er die Prachtwagen zweimal an sich vorbeifahren läßt. Die unglückliche Caterina Sforza in Ketten zur Schau zu stellen, muß sich Cesare jedoch versagen, denn sie ist nun Gefangene König Ludwigs XII. Der Valentinus muß sich damit begnügen, sie in den Vatikan zu überführen, wo sie im Belvedere in Gewahrsam genommen und von zwanzig Soldaten bewacht wird. Caterina unternimmt später einen Fluchtversuch und wird daraufhin unter erschwerten Haftbedingungen in der Engelsburg eingekerkert.

Die Kavalkade mit ihren Prachtwagen ist der Auftakt zu den traditionellen Karnevalsfestlichkeiten in Rom. Vier Tage lang, bis zum 2. März, sieht eine riesige Menge burlesken Wettstreiten zu. Der Papst selbst wohnt den aufeinanderfolgenden Rennen auf seiner Loggia in Sankt Peter bei. Juden und Greise kämpfen gegeneinander, Reiter versuchen sich ohne Sattel auf Zuchthengsten, andere reiten dreijährige Stutenfüllen, Esel oder gar Büffel. Auf dem Testaccio finden Stierkämpfe statt. Zwei der Kampfstiere durch-

Cesare Borgia
(Meloni, Bergamo, Accademia Carrara;
Bild: Giraudon)

brechen während des Spektakels ihre Bretterverschläge. Unter den Zuschauern entsteht eine Panik. Erst nachdem die Stiere den Tiber durchschwommen haben, fängt man sie mühsam wieder ein.

Als der Karneval vorüber ist, wendet man sich in Rom wieder ernsthaften Angelegenheiten zu. Cesare stattet seinen einstigen Kollegen, den Kardinälen, offizielle Besuche ab. Alexander verleiht seinem Sohn das Amt des Pontifikalvikars in den einstigen Lehen von Girolamo Riario. Cesare bestätigt sofort die Freiheiten der Stadt Imola und verspricht, seine neuen Untertanen zu beschützen und gerecht zu regieren. Der militärische Schlag gegen Caterina Sforza war nur der Auftakt eines größeren Unternehmens. Um alle aufrührerischen Vasallen wieder zum Gehorsam zu zwingen, benötigt Cesare nun freie Hand, wie einst der Herzog von Gandia. Am Sonntag, dem 29. März, ernennt ihn der Papst zum Generalkapitän und Gonfaloniere der Kirche. «Segne», so ruft er aus, «Herr, diesen Unseren Bannerträger, der gewißlich von dir Uns und Unserem Volke geschenkt worden ist!» Nach dieser Anrufung Gottes zählt Alexander die großen Feldherren aus der Bibel auf, mit denen Cesare nun wetteifern soll. Dann läßt er seinen Sohn mit den Attributen seiner neuen Macht versehen. Der Zeremonienmeister Burchard geht rasch auf den Herzog zu. Er nimmt ihm den Mantel ab und läßt ihn anschließend zu sich nach Hause bringen. Eine reiche Beute für Burchard, denn er schätzt den Wert des Mantels selbst auf 500 Dukaten. Der Papst legt seinem Sohn den Umhang des Gonfaloniere der Kirche um die Schultern und bedeckt sein Haupt mit dem karmesinroten Barett, beides Insignien seines neuen Amtes. Er übergibt Cesare zwei Banner. Das eine trägt das Wappen der Borgias, das andere die Schlüssel Petri. Dann reicht er ihm den Kommandostab. Cesare leistet seinen Gehorsamseid mit salbungsvollen Worten. Burchard berichtet: «Ich, Cesare Borgia von Frankreich, werde der heiligen römischen Kirche stets treu ergeben sein, niemals werde ich Hand an Eure Person legen, Heiligster Vater, oder an die Eurer Nachfolger, um Euch zu töten oder zu verletzen, was auch immer man mir widerfahren läßt. Niemals werde ich Eure Geheimnisse verraten!» Nachdem er seinen Schwur mit überkreuzten Händen auf das Evangelium abgelegt hat, wird ihm die geweihte goldene Rose übergeben: «Nimm hin», ruft der Papst aus, «diese Blume als Sinnbild der Wonne und der Krone der Heiligen, geliebtester Sohn, in dessen Person sich Kraft und grenzenlose Tugend mit dem Adel vereinen!»

Cesare ist zum französischen Fürsten aufgestiegen und nun durch Waffenglück auch zum italienischen. Zudem wurde ihm feierlich die weltliche Macht des Papsttums übertragen. Damit hat der Valentinus seinem verstorbenen Bruder Juan bereits den Rang abgelaufen. Seinen außergewöhnlichen Aufstieg verdankt Cesare dem unerschütterlichen Entschluß, die stille geistliche Laufbahn aufzugeben und dafür die abenteuerliche Karriere eines Eroberers einzuschlagen. Er wird sich zum vortrefflichsten Beispiel für alle bedeutenden Fürsten der Renaissance entwickeln. Mit 24 Jahren hat er alle Genüsse gekostet, alle Prüfungen bestanden und auch den Mord als Mittel zur Erlangung seiner politischen Ziele eingesetzt. Intelligent und verschlagen, ehrgeizig und vollkommen skrupellos, verfügt er über Standhaftigkeit und Mut, über große Kraft und Geschicklichkeit und stellt dies alles gerne zur Schau. Seine körperliche Erscheinung erregt Neid bei Männern und glühende Bewunderung bei Frauen. Als tapferer Stierkämpfer zieht er am Johannisfest in eine Arena ein, die man auf dem Petersplatz errichtet hat. Nacheinander kämpft er gegen fünf Stiere und tötet sie. Er versetzt seine Zuschauer in rasende Begeisterung, als er mit einem einzigen gewaltigen Schwerthieb einem Stier den Kopf abschlägt. Seine vielgerühmte Tapferkeit macht Cesare zu einem charismatischen Führer, dem die Gefolgsleute in Scharen zuströmen.

Während der Generalkapitän der Kirche am päpstlichen Hof durch Kraft und Mut auffällt, scheint sein alternder Vater immer schwächer zu werden. Bei den Feierlichkeiten im Heiligen Jahr erleidet der Papst immer häufiger Ohnmachtsanfälle. Beim Fronleichnamsfest am 18. Juni zwingt ihn ein Schwächeanfall, seine Mitra abzusetzen und während der ganzen Messe sitzen zu bleiben. Ein Astrologe rät dem Papst zu größter Vorsicht während des Jubeljahres. Es könne ihm zum Verhängnis werden. Als sich am 29. Juni ein schweres Unglück ereignet, scheinen sich die Voraussagen tatsächlich zu erfüllen. Bei einem heftigen Gewittersturm durchschlägt ein Kamin das Dach des Vatikanspalastes und stürzt in den Saal, in dem der Papst gerade auf seinem Thron Audienz hält. Unter den Trümmern finden drei Menschen den Tod. Ein Deckenbalken stürzt auf den Baldachin über dem Papstthron, bleibt dort jedoch zum Glück hängen und lenkt die nachstürzenden Trümmer ab. Der Papst wird bewußtlos unter einer Masse von Gipsbrocken und Schutt hervorgezogen. Er ist an zwei Stellen an der Stirn verwundet, hat jedoch keine allzu ernsten Verletzungen davongetragen. Als er wieder zu sich kommt, sind die Ärzte sicher, daß er den Unfall überleben wird.

Cesare ist von dem Ereignis zutiefst betroffen. Er unternimmt alles Notwendige, um sich abzusichern. Er hat sich eine außergewöhnliche Stellung geschaffen, die er auch nach einem plötzlichen Tod seines Vaters nicht verlieren möchte. Er läßt sich von Venedig und Frankreich versichern, daß sie ihn auch in Zukunft unterstützen werden. Die Aragonesen Neapels und die Spanier geben ihm jedoch nicht die gleichen Garantien. Beide Mächte sind in Rom sogar durch einen Menschen vertreten, der gegebenenfalls auch bereit wäre, sich gegen Cesare aufzulehnen. Cesares Widersacher ist Alfons von Aragón, der Herzog von Bisceglie, der Gatte seiner Schwester Lucrezia. Der Valentinus ist sich der Gefahr bewußt und rüstet sich gegen sie.

DIE ERMORDUNG ALFONS' VON ARAGÓN

Wie der florentinische Sekretär Francesco Capello berichtet, überquert Alfons am Mittwoch, dem 15. Juli, drei Stunden vor Sonnenuntergang den Petersplatz auf dem Weg zum Palazzo Sa. Maria in Portico, wo er wohnt. Eine kleine Gruppe Bewaffneter stellt sich ihm in den Weg. Alfons und die beiden Knappen, die ihn begleiten, flüchten vor der mordlustigen Bande und suchen Schutz unter der Loggia der Basilika. Nach einem kurzen Kampf bricht der junge Herzog, am Kopf, an Armen und Beinen schwer verwundet, zusammen. Die gedungenen Mörder glauben Alfons tot und ergreifen die Flucht. Am Ende der Treppen von Sankt Peter erwartet sie ein Reitertrupp von etwa vierzig Mann. Gemeinsam galoppieren die Flüchtigen in Richtung Porta Pertusa davon. Halbtot wird Herzog Alfons von seinen Dienern, die entkommen konnten, in den Vatikan geschafft. Er wird der Obhut Lucrezias übergeben, die sich mit Sancia und Jofré im päpstlichen Palast aufhielt, um den Pontifex zu pflegen. Tief erschüttert wachen Lucrezia und Sancia Tag und Nacht am Bett ihres Mannes und Bruders im Borgia-Turm. Beide Frauen sind vollkommen überzeugt, daß Cesare den Anschlag befohlen hat. Cesare hatte allen Grund, seinem Schwager mit Haß zu begegnen. Wie der venezianische Botschafter berichtete, waren Alfons und Cesare vor dem Attentat in heftigen Streit miteinander geraten, und Lucrezias Gatte hatte daraufhin mit einer Armbrust auf den Valentinus geschossen, als dieser in den vatikanischen Gärten spazierenging.

Um den Verdacht von sich abzulenken, läßt der Valentinus das Gerücht in Umlauf setzen, die Orsini hätten den Hinterhalt gelegt. In seiner Eigenschaft als Generalkapitän der Kirche verkündet er einen Erlaß, mit dem er das Tragen von Waffen in der Zone zwischen der Engelsburg und dem Vatikan verbietet. Aber Cesare überzeugt damit niemanden von seiner Unschuld, am allerwenigsten Lucrezia und Sancia, die Sicherheitsvorkehrungen treffen, um den Schwerverwundeten vor weiteren Anschlägen zu schützen. Die beiden Frauen lassen sich vom noch immer ans Bett gefesselten Papst eine Garde von 16 Mann stellen, die den Herzog ständig bewachen. Außerdem holen sie Ärzte aus Neapel, die ihn behandeln sollen. Da sie auch einen Giftanschlag fürchten, bereiten sie Alfons' Mahlzeiten schließlich sogar eigenhändig zu. Dank der sorgsamen und liebevollen Pflege seiner Frau kommt der Herzog von Bisceglie rasch wieder zu Kräften und sieht einer baldigen Genesung entgegen. Bald darauf erhält er Besuch von Cesare. Als wolle er Alfons etwas Versöhnliches mitteilen, neigt sich der Valentinus zu ihm ans Bett hinunter und flüstert ihm ins Ohr: «Was am Morgen nicht vollbracht wurde, soll am Abend geschehen.» Dem anwesenden venezianischen Botschafter sind Cesares seltsame Worte nicht entgangen. Er teilt sie sogleich dem Papst mit, denn er sieht in ihnen nicht nur Cesares Eingeständnis zum mißglückten Anschlag, sondern auch eine Drohung, die Tat bald zu wiederholen. Der Pontifex schenkt dem Hinweis des Venezianers keinerlei Beachtung: Cesare habe ihm versichert, daß er mit dem Anschlag nichts zu schaffen habe, und deshalb glaube er ihm auch. «Sollte er es unternommen haben», fügt der Papst allerdings hinzu, «seinen Schwager zu bestrafen, so hat Alfons es sehr wohl verdient!» Für Alexander kann das Recht nur auf Cesares Seite stehen. Der Papst kennt das rebellische Wesen und die üblen Streiche seines Schwiegersohnes, und er verurteilt ihn dafür ebenso streng wie Alfons' Schwester Sancia. Die Aragonesen Neapels werden ohnehin bald von den Franzosen aus ihrem Königreich vertrieben werden. Alexander betrachtet die beiden daher als politischen Ballast, der dem weiteren Aufstieg der Borgias hinderlich ist. Das Schicksal der Papstfamilie ist nunmehr eng mit dem Ludwigs XII. verknüpft. So kann Cesare fest auf Verständnis bei seinem Vater hoffen. Der Valentinus bereitet einen weiteren Anschlag vor, der diesmal gelingen wird.

Burchard vermerkt am Dienstag, dem 18. August, lakonisch, daß «Don Alfons, da er an seinen Wunden nicht sterben wollte, in seinem Bett erwürgt wurde». Die venezianischen und florentinischen Gesandten sind etwas gesprächiger. Ihre übereinstimmenden Berichte erschrecken den Leser. Der Valentinus dringt gegen Nachmittag in das Zimmer des Verwundeten ein. Er weist Lucrezia, Sancia, die Dienerschaft und alle Anwesenden aus dem Raum und befiehlt dem Anführer seiner Häscher, Michelotto Corella, den Herzog zu erdrosseln. Der gemeine Meuchelmörder wird später unter der Herrschaft von Julius II. gefoltert werden und gestehen, daß Alexander VI. die Ermordung von Alfons befohlen hat. Corellas Geständnis ist jedoch unglaubwürdig und dient lediglich der Entlastung Cesares. Denn als Lucrezia und Sancia in Alexanders Zimmer stürzten, schickte der Papst sofort seine Kämmerer los, um den Mord am Herzog zu verhindern. Als die Kämmerer dort eintrafen, war es bereits zu spät. Wie Burchard schreibt, «trug man die Leiche in die Peterskirche und bestattete sie dort in der Kapelle Sa. Maria delle Febbri. Der Erzbischof von Cosenza, Francesco Borgia, der Schatzmeister des Papstes, geleitete mit seinem Gefolge den Leichnam. Die Ärzte des Verstorbenen und ein Buckliger, der ihn gewöhnlich gepflegt hatte, wurden verhaftet und in die Engelsburg geführt. Man leitete eine Untersuchung gegen sie ein. Sie wurden später wieder freigelassen, da sie schuldlos waren, was denen, die den Haftbefehl erlassen hatten, sehr wohl bekannt war.»

Lucrezia trauerte maßlos um ihren Gatten. Sie war erst 24 Jahre alt, und Alfons von Aragón war tatsächlich ihre erste große Liebe gewesen. Der Papst und Cesare nahmen Anstoß an Lucrezias übergroßem Schmerz. Beide waren verärgert, wenn sie Lucrezia mit Tränen in den Augen und verbitterten Gesichtszügen im Vatikan antrafen. Da der Brauch zudem einer Witwe strenge Trauer abverlangte, stellte Alexander seiner Tochter 600 Berittene und ließ Lucrezia von dieser Eskorte nach Nepi bringen. Die Tochter des Papstes sollte sich für einige Zeit in die kargen etrurischen Berge zurückziehen. In Tränen aufgelöst, reist die Herzogin am 31. August ab. Burchard vermerkt skeptisch, es sei Anlaß dieser Reise gewesen, «etwas Trost oder Zerstreuung zu suchen, angesichts des Schmerzes und der Bestürzung, in die sie der kürzlich erfolgte Tod ihres erlauchtesten Gatten Alfons von Aragonien versetzt hatte». Sie blieb dort bis zum November. Immer noch trauernd, unterschrieb sie ihre Briefe mit dem Wort *La infelicissima*, die Unglücklichste.

Der Kreuzzug als willkommene Ablenkung

Die Trauer im Vatikan war so kurz, wie es gerade noch schicklich war. Alexander verbannte die Erinnerung an das schreckliche Verbrechen schnellstens aus seinem Gedächtnis. Eine willkommene Ablenkung fand er in den Vorbereitungen zu einem neuen Kreuzzug gegen die Türken. Der Papst hatte den christlichen Mächten die Pläne zu diesem Kreuzzug bereits zu Beginn des Heiligen Jahres unterbreitet. Der Venezianer Stefano Taleazzi, einer der päpstlichen Stiftsherren, hatte seit März sorgfältig eine Einschätzung der Streitkräfte des osmanischen Gegners vorgenommen und sie auf 150 000 Berittene und 50 000 Fußsoldaten veranschlagt. Nach Taleazzis Überlegungen würde das christliche Europa den Osmanen 80 000 Infanteristen und 50 000 Berittene entgegenstellen können. Diese Streitkräfte müßten in zwei Armeen aufgeteilt werden. Die eine Armee sollte durch Mitteleuropa, die andere durch die Balkanländer bis nach Istanbul vordringen. An alles war gedacht: an die Flotte, die Artillerie, die Versorgung, die Munition und selbst an einen Stab von Handwerkern, welche die Soldaten begleiten sollten. Bei einem Feldzug von einem Jahr würden sich die Ausgaben auf drei Millionen Dukaten belaufen. Nach einer im Juni veröffentlichten Bulle wollte man das Geld mit einer 10%igen Besteuerung auf die Einkommen von Christen und einer 20%igen auf die der Juden beschaffen.

Der Kreuzzug veranlaßte den Papst, die Kardinäle zu zwingen, ihre Einkünfte offenzulegen. Alexander wollte wissen, welche Summen aus der Besteuerung ihrer Einkünfte zu schlagen waren. Kardinal Ascanio Sforza gab 30 000 Dukaten als Einkommen an, Giuliano della Rovere 20 000, Kardinal Zeno 20 000, Este 14 000 und San Severino 13 000. Farnese behauptete, lediglich über eine Pension von 2000 Dukaten zu verfügen. Insgesamt würde die Besteuerung des Heiligen Kollegiums 30 000 Dukaten, die der Kurie 15 800 und die des Papstes selbst 16 000 Dukaten einbringen. Würde man der Summe die Steuern auf Einkünfte auswärtiger Benefiziaten hinzurechnen, so beliefen sich die Steuererträge von Würdenträgern des Vatikans insgesamt auf 76 000 Dukaten. Damit war man noch weit von den errechneten Millionen entfernt. Um mit gutem Beispiel voranzugehen, zahlte der Pontifex mit einem Schlag 50 000 Dukaten in die Kasse für den Kreuzzug. Zu dieser Schenkung wurde der Papst durch ein bedeutsames Ereignis veranlaßt: Am 9. September war die wichtige Stadt Modon im Peloponnes den Türken in die Hände gefallen. Als sich die Nachricht in Rom verbreitete, wurde die Aufmerksamkeit von Tausenden von Pilgern auf die Ereignisse im Osten gelenkt. Man vergaß alle Tragödien im Vatikan und richtete sein Augenmerk auf die moralischen Zurüstungen, mit denen das Papsttum den Kreuzzug vorbereitete. Alexander kannte das Geheimnis, spektakuläre Zeichen zu setzen. So dekretierte er im August, daß die Gläubigen jeden Tag mit mittäglichem Glockengeläut dazu aufgefordert werden sollen, das Pater Noster und das Ave Maria zu beten, um für den anstehenden Zug gegen die Türken Erfolg zu erflehen. Der Papst regte die Verehrung der heiligen Anna und der Heiligen Jungfrau an, indem er die Bulle von Sixtus VI. bestätigte, mit der das Fest der Unbefleckten Empfängnis Mariens eingeführt worden war. Wenn Alexander auch kein Verfahren zur Heiligsprechung einleitete, so ließ er doch Untersuchungen zum Leben frommer Persönlichkeiten anstellen, damit sie eines Tages von den Gläubigen verehrt werden konnten. Er wählte den unglücklichen König Heinrich VI. von England und die Witwe Francesca de Bussi, die spätere heilige Franziska von Rom, die der Welt entsagt hatte, um bußfertig zu leben – beide Gestalten vollkommene Gegenbilder der Familie Borgia.

Auf diese Weise verbrachte Alexander seine Zeit zwischen Konsistorien, Wallfahrten zu den Basiliken und den Träumen vom Kreuzzug. Cesares verbrecherische Tat im Vatikan geriet endgültig in Vergessenheit. Die Pilger glaubten ohnehin, Alexander könne ihn von seiner Sünde lossprechen, weil dem Papst vom heiligen Petrus die Macht, zu binden und zu lösen, übertragen worden sei. Der reichhaltige Ablaß, den man das Heilige Jahr über gewinnen konnte, schien unerschöpflich. Mit seiner Hilfe entrannen die Lebenden, aber auch die Toten den Flammen des Fegefeuers. Viele unter den Rom-Pilgern waren in die Stadt gekommen, um sich außergewöhnliche Sünden vergeben zu lassen, weil ihre gewöhnlichen Beichtväter sie von ihnen nicht absolvieren konnten. Burchard lauerte stets auf die Verfehlungen anderer und hatte sich deshalb von einem Pönitentiar in Sankt Peter eine Kostprobe der abgelegten Beichten geben lassen. Was er von den Beichten zu berichten weiß, steht den pikantesten Erzählungen seiner Epoche in nichts nach.

Burchard berichtet von Mönchen und Priestern, die zahlreiche Konkubinen unterhielten. Die Don Juans im geistlichen Stand haben zwei bis vier Frauen erobert und verkehren mit ihnen mitunter auch zur selben Zeit. Um sein Spiel besser zu verbergen, wechselt ein Straßburger Mönch den Orden und sein Kloster, wenn er seine Geliebte verläßt. Seine vierte Gespielin kommt ihm allerdings auf die Schliche und wird beim Kloster des Ordens der heiligen Maria der Teutonier vorstellig, in das der Mönch zuletzt eingetreten ist. Sie verlangt die Herausgabe des Treulosen, aber der Mönch kann vor der aufgebrachten Frau fliehen und gelangt sogar bis nach Rom.

Andere Bußfertige bezichtigen sich des Exhibitionismus, der Vergewaltigung oder des Inzestes. Ein Priester enthüllt, er halte seinen Gottesdienst, obwohl er den Mord an einem Kind auf dem Gewissen habe, das ihm seine Nichte geboren habe. Er habe das Kind jedoch getauft und christlich in seinem Stall bestattet.

Die Pilger in Rom kranken nicht nur an der Seele, sie haben auch körperlich zu leiden. Zu Geschlechtskrankheiten wie der Syphilis gesellt sich den Sommer über die Pest. Bei der drückenden Hitze in der Stadt verbreitet sich die Seuche rasch. Obwohl mehrere seiner Diener Opfer der Epidemie werden, weigert sich Alexander, die benachbarten Berge mit ihrer gesunden Luft aufzusuchen. Der Papst glaubt, er sei gefeit. Denn er hat, wie er sagt, in seiner Jugend bereits eine heftige Attacke der Krankheit überstanden. Außerdem habe er sich niemals wohler gefühlt als in diesem Jahre 1500. Der Botschafter Capello zeichnet ihn folgendermaßen: «Der Papst ist siebzig Jahre alt. Er wird von Tag zu Tag jünger. Alle Sorgen halten sich bei ihm niemals länger als 24 Stunden. Er hat ein heiteres Gemüt, strebt stets nach seinem Vorteil, und sein einziger Gedanke gilt dem Vorankommen seiner Kinder.»

Am 25. August begleitet Cesare den rüstigen Greis unter großem Pomp nach Sa. Maria del Popolo. Beide wohnen einem Dankgottesdienst zur Genesung des Heiligen Vaters bei. Alexander hatte während seiner Krankheit ein Gelübde abgelegt und bietet der Heiligen Jungfrau nun einen vergoldeten Kelch dar, der 300 Dukaten enthält. Der Kardinal von Siena schüttet die Münzen auf dem Altar aus, um die Gläubigen zu Zeugen der frommen Freigebigkeit zu machen. Die Schenkung des Pontifex mutet wie das Opfer an, das einst die Menschen der Antike ihrer Gottheit am Vortag ruhmreicher Unternehmungen darbrachten. Anscheinend haben die Borgias einen bedeutenden Schritt getan, einen Schritt in Richtung auf ihren erträumten Königsstatus. Mit der Niederlage Ludovico Moros in Novara und seiner Gefangennahme am 10. April durch die Franzosen ist die Macht der Sforza gebrochen. Mailand ist zu einer französischen Metropole geworden. Cesare, der Generalkapitän der heiligen römischen Kirche, von Frankreich zum Herzog ernannt und von Venedig in den Adelsstand erhoben, erscheint gleichsam als die Speerspitze eines Bündnisses dreier italienischer Mächte.

KAPITEL V

DER KÖNIGLICHE VORMARSCH

IM ZEICHEN JULIUS CÄSARS

Im September 1500, als Cesare 25 Jahre alt wird, nimmt er sich voll Hochmut seinen berühmten Namensvetter aus der Antike zum Vorbild – Julius Cäsar. Seine Heirat in Frankreich, sein Bündnis mit Ludwig XII. und Venedig, sein Feldzug gegen Imola und Forlì sowie seine Bestallung als Generalkapitän der Kirche sind nur Vorspiel zu einem gewaltigen Vorhaben. Cesare strebt nach der absoluten, in einer Person verkörperten Macht.

Auf seinem Degen ließ der Valentinus die Siege des römischen Imperators eingravieren und dabei auch die Szenen seines Triumphzugs im vorigen Frühjahr verewigen. Auf einer Seite des Degens ist die Überschreitung des Rubikon abgebildet, dann eine Szene, in der besiegte Feinde dem Stier der Borgias Geschenke darreichen. Die andere Seite schmücken ausschließlich friedliche Szenen. Bildhauer bearbeiten eine Säule, auf der der königliche Adler thront; unbewaffnete Bürger huldigen einem Bildnis, das die öffentliche Verständigung symbolisiert: Die Inschrift weist darauf hin, daß Redlichkeit vor den Waffen Vortritt hat. Zwei Genien umgeben das Emblem von Handel und Gewerbe. Schließlich ist Julius Cäsar dargestellt, der auf seinem Prachtwagen thront und unter dem Jubel des Volkes in Rom einzieht. Mit der allegorischen Szenenfolge veranschaulicht der Valentinus seinen Plan, ein Reich zu gründen, in dem sich in dauerhaftem Frieden der Wohlstand entfalten kann.

Der kurz zurückliegende Mord an Alfons von Bisceglie hat deutlich gemacht, daß Cesare erbarmungslos jeden beseitigt, der sich ihm und seinem Vorhaben in den Weg stellt. Um seine Absichten zu verwirklichen, verfügt der Valentinus über gefürchtete Waffen sowohl geistlicher Art – die Bullen, die abtrünnige Vasallen mit dem Kirchenbann belegen und das Interdikt über ihre Städte verhängen – als auch weltlicher Art. Alexander VI. knausert nicht und versieht den Gonfaloniere der Kirche üppig mit Geldmitteln. Namhafte Condottieri wiegt der Papst mit Gold auf, so Giampaolo Baglioni, den Herrn von Perugia, Vitellozzo Vitelli, den Herrn von Città di Castello, und Paolo (oder Pagolo) Orsini, einen römischen Baron. Ende September werden unter dem Befehl dieser kriegserfahrenen Generäle in der Nähe von Rom 700 Lanzenreiter zusammengezogen und zusätzlich mehr als 2000 Berittene und 4000 Infanteristen. Die Uniform des Fußvolkes besteht in einem Eisenhelm und dem roten und gelben Waffenrock mit Cesares Wappen. Die Soldaten werden bestens geführt, und es herrscht tadellose Disziplin unter ihnen, während in Söldnerhaufen sonst anarchische Zustände üblich sind. 21 schwere Geschütze begleiten das Heer. Der Chef des Generalstabs ist Vitellozzo Vitelli. Vitelli wird von jenen römischen Edelleuten unterstützt, die Cesare zu einem Großteil nach Frankreich begleitet hatten. Die Condottieri Dionigi di Naldo und Achille Tiberti hatten sich bereits im ersten Romagnafeldzug ausgezeichnet und gesellen sich nun mit ihren Kompanien zu Cesares neuer Armee. Auch eine Truppe von Exilbolognesen stößt zu ihr und hofft, sich an dem Tyrannen Giovanni Bentivoglio rächen zu können.

Steuern und Anleihen
Kardinalshüte gegen Bezahlung

Um die Soldaten zu bezahlen, greift Alexander VI. in die Spendenkassen der Gläubigen, die zum Heiligen Jahr nach Rom gekommen sind. Auch schöpft er aus der Kreuzzugssteuer auf die Einkommen der Geistlichen und der Juden. Der Papst zieht zudem Geld aus den beschlagnahmten Gütern römischer Barone, vor allem aus den Ländereien der Caetani. Er leiht sich 20 000 Dukaten vom genuesischen Bankier Agostino Chigi und verpachtet ihm die Alaunminen von La Tolfa gegen einen jährlichen Pachtzins von 15 000 Dukaten. Schließlich greift Alexander auf ein weiteres probates Mittel zurück, um rasch zu Geld zu kommen – er verteilt Kardinalshüte. Am 18. November gibt er im Geheimen Konsistorium bekannt, daß er einen ganzen Schub von Kirchenfürsten zu ernennen gedenkt. Zehn Tage später, am 28., veröffentlicht er eine Liste mit zwölf Namen. Jeder der Kardinäle hat für seine Ernennung eine Summe zwischen 4000 und 16 000 Dukaten zu entrichten. Der Papst hofft, zwischen 150 000 und 160 000 Dukaten einzunehmen. Zwei der neuen Kardinäle gehören der Familie Borgia an. Francesco, der Erzbischof von Cosenza, ist der natürliche Sohn Kalixts III. Als Generalschatzmeister des Heiligen Stuhls verfügt Francesco über ein beachtliches Einkommen und kann daher 12 000 Dukaten aufbringen. Alexanders Neffe Pier Luigi ist Ritter des Johanniterordens, hat das Armutsgelübde ablegt und verfügt so über keinerlei Einkünfte. Man glaubt zunächst, Pier Luigi von der Besteuerung befreien zu müssen. Aber nach dem Tod von Juan Borgia, dem Legaten in der Romagna, ist das steinreiche Erzbistum Valencia vakant geworden, und Alexander hat es ihm verliehen. So ist Pier Luigi doch solvent und zahlt, wie Burchard berichtet, 10 000 Dukaten für seine Ernennung.

Sechs der neuen Kardinäle halten sich in Rom auf. Sie werden sofort ins Konsistorium geladen, wo sie dem Papst in der *Camera del Pappagallo* mit Fuß- und Mundkuß die Ehren erweisen. Anschließend suchen sie Cesare ein Stockwerk höher in seiner Wohnung auf. Sie übergeben ihre Zwangsabgabe dem Gonfaloniere der Kirche und empfangen gegen Barzahlung ihre Purpurhüte. Der Valentinus lädt sie schließlich zum Abendessen ein. Die sechs Kardinäle sind alle Freunde und Vertraute des Papstes und seines Sohnes: Jaime Serra, der Erzbischof von Oristano auf Sardinien, muß bescheidene 5000 Dukaten zahlen; Pedro Isvalies, der Erzbischof von Reggio und Gouverneur von Rom, entrichtet 7000 Dukaten; Francesco Borgia, der Erzbischof von Cosenza und Vetter des Papstes, zahlt 12 000 Dukaten; Ludovico Podocatharo, Bischof von Capaccio und päpstlicher Sekretär, entrichtet 5000 Dukaten; Giovanni Vera, Erzbischof von Salerno, zahlt 4000 Dukaten; Giambattista Ferrari schließlich ist Bischof von Modena, Datarius und Vertrauensmann des Papstes und wird häufig herangezogen, um verwaiste Kirchengüter einzuziehen. Ferrari muß 22 000 Dukaten auf den Tisch zählen.

Die anderen neuen Kardinäle residieren im Ausland und vertreten die Mächte, denen Alexander VI. schmeicheln oder mit denen er es sich zumindest nicht verderben möchte: Die Spanier Pier Luigi Borgia und Diego Hurtado de Mendoza, der Erzbischof von Sevilla, müssen jeweils 25 000 Dukaten zahlen; der Ungar Thomas Bakocz, Erzbischof von Gran, 20 000 Dukaten; der Mailänder Antonio Trivulzio, Bischof von Como, 20 000 Dukaten; der Venezianer Marco Cornaro, ein apostolischer Protonotar, 20 000 Dukaten; und der Franzose Amanieu d'Albret, ebenfalls apostolischer Protonotar, muß schließlich 10 000 Dukaten entrichten, obwohl seine Erhebung zum Kardinal im Heiratskontrakt seines Schwagers Cesare bereits vorgesehen war – ein kleiner Beitrag, mit dem sich der Papst die gewaltige Summe rückerstatten läßt, die Alain d'Albret für Cesares Heirat verlangt hatte.

CESARES HOFSTAAT
PRIESTER UND POETEN

Nach dem florentinischen Sekretär Francesco Capello sollte sich die Armee des Herzogs Valentinus drei oder vier Tage nach den Kardinalsernennungen in Marsch setzen, «sobald ihm die Astrologen den günstigen Zeitpunkt nennen würden». An der Seite der Orsini und Baglioni reitet Vitelli der Armee voran. Cesare selbst verläßt Rom am 2. Oktober. Sein Rat und sein Hofstaat begleiten ihn vollzählig: sein Vetter Francisco Loriz, der Bischof von Elne, Francisco Florès, der Schatzmeister des Papstes, Juan de Castellar, der Bischof von Trani, Gaspare Torrella, der Bischof von Santa Giusta, sein Arzt, Agapito Gherardi di Amelia, der Privatsekretär des Herzogs, und sein Vertrauter Michelotto Corella, gewissermaßen seine rechte Hand. Auch Dichter befinden sich unter Cesares Gefolge. Der Johanniter Vincenzo Calmeta war zum Valentinus gestoßen, nachdem sein einstiger Dienstherr, Cesares Vetter Juan Borgia, kurz zuvor in Urbino gestorben war. Der Hofdichter Pier Francesco da Spoleto soll dem Herzog eine Chronik schreiben. In Latein besingt er Cesares Verdienste, «die Kraft seines Armes, seinen erhabenen, edlen Hals, der vom Ruhme kündet, seine mächtige, breite Brust, die marmornen Herkulesstatuen gleicht, und auch den Sternenglanz seiner Augen». Battista Orfino und Francesco Sperulo, außerordentliche Gesandte und Sekretäre Cesares, feiern gleichfalls seine ruhmreichen Taten. Piero Torrigiani, der Bildhauer, der dem jungen Michelangelo in Florenz die Nase eingeschlagen hat, hat sich inzwischen ebenfalls zu Cesare gesellt. Er kam aus Pisa und hatte dort unter dem Befehl der Baglioni gedient.

Die glänzenden Vertreter von Kunst und Literatur begleiten den Herzog von Valence während seines gesamten Feldzuges durch die Romagna und erwecken den Anschein, als handle es sich bei der militärischen Expedition um den friedlichen Durchzug eines Hofstaates. Einige dieser Dichter und Künstler werden später im berühmten *Libro del Cortegiano*, im Buch vom Hofmann Baldassare Castiglione, erwähnt werden.

Ein besonderes Volk sind die Liedersänger, die den Herzog bei seinen langen Rasten entzücken. Sie singen für ihn konventionelle Liebeslieder. Eines von Cesares Lieblingsliedern kündet vom traurigen Abschiednehmen:

«Ganz gegen meinen Willen,
muß ich, Herrin, von dir ziehn;
wie weit ich auch gezogen bin,
trag stets ich Liebe noch im Sinn.»

Serafino Cimino aus L'Aquila, der göttliche Aquilano genannt, begleitet
sich zu seinen Improvisationen auf der Laute. Cesare beauftragt ihn mit
einem Gedicht über die Hydra, und er bearbeitet das Motiv auf überra-
schende Weise:

«Sieben herrliche Gaben knechten den Geliebten:
ihr Blick, ihr Lächeln, ihre Stirn, ihre Füße, ihre Hände;
und Mund und Brust der Schönen.
Doch Schlangen sind's, der Hydra Häupter gleich,
die den Geliebten umwinden, beißen und verschlingen.
Die Glut der Leidenschaft, anstatt sie zu verbrennen,
haucht Leben diesen Reizen ein, mit allen ihren Leiden.
Ihr verhängnisvoller Sturm bringt Tod nur dem Geliebten.»

DIE EROBERUNG VON PESARO UND RIMINI

Im Reigen solcher Lieder, von seinen Narren mit Possen und von seinen
Höflingen mit Scherzen unterhalten, rückt Cesare langsam auf den Straßen
Umbriens voran. Anhaltender Regen verwandelt die Wege in schlammige
Flußbetten. Man macht fünf Tage halt in Diruta und wartet dort auf besse-
res Wetter, denn die Pferdegespanne versacken im Morast und können die
Geschütze kaum noch vorwärtsbewegen. Die Soldaten rächen sich an der
Bevölkerung für die Widrigkeiten des Wetters. Cesare muß persönlich ein-
schreiten, die Rädelsführer bestrafen und die Ordnung wieder herstellen.
Das ferne Ziel des Valentinus ist Rimini, wohin er von den Feinden des
Kleintyrannen Pandolfo Malatesta gerufen wurde. Zunächst möchte
Cesare jedoch Pesaro einnehmen, die Stadt seines einstigen Schwagers
Giovanni Sforza. Als die Bürger von Pesaro am 11. Oktober erfahren, daß
der Valentinus im Anmarsch ist, ziehen sie mit dem Ruf: «Der Herzog, der
Herzog!» durch die Straßen. Selbst wenn der Sforza sich in der *Rocca* verschanzen würde, könnte er sich nicht lange halten. Denn die Truppen, die
ihm der Markgraf von Mantua, Francesco Gonzaga, der Bruder seiner
ersten Frau Anna, zugesagt hat, sind nicht viel wert. Giovanni faßt so den
einzig vernünftigen Entschluß und flieht zunächst nach Bologna, dann
nach Mantua. Am 21. Oktober besetzt Cesares Heer Pesaro. Am 27. um

vier Uhr nachmittags hält der Herzog bei strömendem Regen seinen Einzug. Die Einwohner drängen sich in dichter Menge, um das Schauspiel zu bewundern. Der Valentinus trägt wie gewöhnlich sein schwarzes Wams über einem engmaschigen Kettenhemd. An der Hüfte trägt er sein goldenes Wehrgehänge mit dem Paradedegen, auf dem Kopf sein breites, mit einem weißen Federbusch verziertes Barett. Seine von Michelotto kommandierten Garden tragen enganliegende, bis zum Knie reichende Röcke und Überwürfe aus karmesinrotem Samt, die mit goldenen Blattornamenten bestickt sind. Auf den Stichblättern ihrer Degen sind Schlangenschuppen eingraviert. Das gleiche Ornament ziert auch das Degengehenk. Auf der Schnalle ihres Gürtels prangen das Wappen der Borgias mit dem Stier und sieben zum Himmel emporzüngelnde Schlangenhäupter.

Cesare richtet sich in dem einst von Lucrezia bewohnten Palast ein, der noch mit dem in vier Felder geteilten Wappen der Borgias und Sforza geschmückt ist. Er stattet der *Rocca* einen Besuch ab und stellt fest, daß sie mit ihrer Ausrüstung hätte gehalten werden können. Cesare findet in der Festung siebzig Geschütze. Während er die *Rocca* inspiziert, trifft ein Gesandter von Ercole d'Este in der Stadt ein: Pandolfo Collenuccio, den Giovanni Sforza vor zehn Jahren in die Verbannung geschickt hatte. Ramiro de Lorca, Cesares Statthalter, empfängt den berühmten Zeitgenossen. Collenuccio überbringt eine Freundschaftsbotschaft des Herzogs von Ferrara, der von den letzten Eroberungen des Valentinus sehr beeindruckt war. Cesare bietet ihm einen verwaisten Palast als Wohnstatt an und versorgt ihn mit dem Notwendigen für seinen Haushalt: ein Faß Wein, ein Hammel, acht Paar Hühner und Kapaune, zwei Paar große Harzfackeln, zwei Pakete Wachs und zwei Schachteln Konfekt sowie Gerste für seine Pferde.

Am 29. Oktober wird Collenuccio von Cesare empfangen. Der Valentinus entschuldigt sich, daß er ihn wegen seiner schlechten Gesundheit habe warten lassen. Tatsächlich leidet er an einem Geschwür, seinem Tribut an die «Franzosenkrankheit». Cesare ist zuweilen depressiv, und sein unsteter Lebenswandel verschlimmert seinen Gemütszustand: Er legt sich erst gegen vier oder fünf Uhr morgens schlafen und steht um acht Uhr abends auf, setzt sich anschließend an den Tisch, um sich dort in das Studium von Akten und Schlachtplänen zu vertiefen.

Collenuccio ist von seinem Gesprächspartner beeindruckt. «Er gilt als beherzter Mann, standhaft und freigebig. Man sagt, er baue auf tugendhafte Männer. Er ist unerbittlich in seiner Rache, das hörte ich von vielen, und ein Mann von hochfliegendem Geiste; nach Größe und Ruhm dürstend, scheint er mehr darauf bedacht, eilig Staaten zu erobern, als sie zu behalten und zu verwalten.» Der Herzog von Ferrara schätzt in seinem

Bericht die Lage richtig ein: er weiß, daß Cesare sich nicht mit der Eroberung Pesaros zufriedengeben wird.

Wie vorgesehen, zieht der Valentinus am 30. Oktober in Rimini ein. Pandolfo Malatesta hat seinen Untertanen gestattet, die Bedingungen der Übergabe der Stadt auszuhandeln. Mit einem am 10. Oktober unterzeichneten Vertrag wurden Cesare die Stadt Rimini mit ihrer Festung und weitere Burgen in der Nähe von Cesena ausgehändigt: Sarsina und Meldola. Pandolfo ließ sich für seine Kanonen und seine Munition 2900 Golddukaten geben und zog sich nach Ravenna zurück. Zwei Tage lang inspiziert Cesare die Verteidigungsanlagen und bemüht sich darum, den Frieden in der Stadt herzustellen. Nach der Eroberung Pesaros war auch die Einnahme Riminis ohne einen Schwertstreich geglückt. Die Bürgerschaften öffneten Cesare von selbst die Tore, als bringe er ihnen die Freiheit. Eine Stadt in den eroberten Gebieten widersteht ihm allerdings: Faenza. Es wäre gefährlich, diese Enklave bestehenzulassen. Faenza könnte all jenen als Operationsbasis dienen, die sich über Cesares herrliche Siege insgeheim ärgern. Also beschließt er, als nächstes Faenza anzugreifen.

Niederlage in Faenza

Faenza liegt von Forlì und Imola jeweils fünfzehn Kilometer entfernt. Die Festung kann die Verbindung zwischen den beiden Städten unterbrechen. Dennoch war Faenza während des ersten Romagnafeldzuges verschont geblieben. Als Cesare im Januar 1500 durch die Stadt zog, begnügte er sich damit, den jungen Stadtherrn Astorre Manfredi zu begrüßen. Mit seinen achtzehn Jahren hatte der junge Mann schon die Regierungsgewalt, inmitten einer Bürgerschaft, die an ihm sein heiteres, sanftmütiges Wesen, seine Höflichkeit, seinen Gleichmut und seine seltene Schönheit schätzte. Bei dem jungen Fürsten residierte Cristoforo Moro, der *proveditore* von Venedig, ein hoher Beamter der Republik. So vereitelte die venezianische Protektion jede Unternehmung gegen Faenza. Inzwischen hatte sich die Situation jedoch geändert.

Seit dem 18. Oktober steht Cesare im Goldenen Buch der venezianischen Adeligen. Nachdem der venezianische Senat ihm einen Palast in Venedig angeboten hat, gilt der Valentinus als einer der bevorzugten Verbündeten der Serenissima. Astorre ist sich bewußt, daß er nicht mehr auf die Unterstützung der Venezianer zählen kann, falls er angegriffen würde. Vorsichtshalber läßt er seine wertvollste Habe nach Ravenna und Ferrara bringen, um sie vor dem gefürchteten Überfall zu retten. Er ruft seinen Verwandten Giovanni Bentivoglio zu Hilfe. Bentivoglio, der Herr von

Bologna, schickt ihm tausend Soldaten. Verhandlungen kommen für Astorre damit nicht mehr in Frage. Cesare findet sich widerwillig mit der neuen Situation ab und belagert die Stadt. Am 10. November schließt er sie ein. Am 17. läßt er Faenza von seiner Artillerie beschießen, die verstärkt ist durch die Geschütze, die ihm in Pesaro in die Hände gefallen waren. Am 18. klafft in der Stadtmauer eine Bresche. Im Feuer der eigenen Artillerie gehen die Soldaten zum Sturm über. Das törichte Manöver endet in einem Blutbad. Unter den Gefallenen befindet sich Onorio Savelli, einer der besten Offiziere Cesares. Nach dieser Schlappe muß sich der Valentinus auf eine lange Belagerung einrichten.

Verfrüht bricht der Winter über die Ebene von Faenza herein, wo Cesares Soldaten im Schlamm und in der Kälte lagern. Das Heer verfügt weder über Brennholz noch über Vorräte, da die Faentiner ihr Gebiet verwüstet hatten, bevor sie sich hinter ihren Mauern verschanzten. Am 26. November beabsichtigt der Valentinus, seinen Feldzug zu unterbrechen und ins Winterlager zu ziehen. Sein Condottiere Baglioni ist bereits nach Perugia zurückgekehrt, ohne Cesare um Erlaubnis zu bitten. Bevor sich der Valentinus jedoch zurückzieht, schickt er Dionigi di Naldo aus. Naldo soll eine gütliche Einigung mit dem Ältestenrat von Faenza herbeiführen, hat aber keinen Erfolg. Die Faentiner antworten, sie würden bis zum letzten Mann kämpfen.

Sein Vater hat bereits mit einer Bulle das Interdikt über die Stadt verhängt, als Cesare am 3. Dezember kläglich den Rückzug antritt. Um die Blockade über Faenza aufrechtzuerhalten, plaziert er Garnisonen an verschiedenen Punkten der Straßen, die in die Stadt führen. Aber die Belagerten läßt dies völlig ungerührt, und es gelingt ihnen, Lebensmittel in großen Mengen nach Faenza zu bringen. Die Nachbarstaaten, vor allem Bologna und Urbino, haben ihre helle Freude an der schmählichen Niederlage der päpstlichen Truppen.

WINTERQUARTIER IN CESENA

Über Forlì marschiert der Herzog nach Cesena, der eigentlichen Hauptstadt seines Staates. Gekleidet in das Gewand eines Herzogs und mit dem Barett auf dem Kopf hält er dort am 15. Dezember Einzug. In Cesena wohnt er in dem prächtigen Palast, der einst von Matteo Nati für Sigismondo Malatestas jungen Bruder gebaut worden war. Das Volk wird in den Palast eingelassen und stattet Cesare dort einen Besuch ab. Der Valentinus hält die Insignien seiner Macht in der Hand und liegt auf einem Paradebett, während die Schaulustigen an ihrem Herrn vorüberdefilieren. Am

Weihnachtsfest und beim Karneval mischt sich Cesare unters Volk. Bei den Paradenmärschen und im Maskentreiben, bei Lanzenstechen und Turnieren findet sein feuriges Temperament allgemeine Bewunderung. Bei den Turnieren ist er der Erste. Aber ebenso gerne stellt er seine Kraft unter Beweis und fordert nach Landessitte die Wettstreiter der Romagna zum Kampf Mann gegen Mann heraus. Mit derselben Leichtigkeit, mit der es ihm seine vor Kraft strotzenden Gegner vormachen, zerbricht er eine Stange und ein Hufeisen. Ein festes Seil zerreißt er ebenfalls. Er gewinnt so ungeheure Popularität bei seinen Untertanen, für die er sich bei jeder Gelegenheit einsetzt. Wie der Dichter Francesco Umberti berichtet, verlangt er von einem Mitglied seines Generalstabs, er solle sein kostbares Brokatwams dem Bauern aushändigen, der ihn in einem mit bloßen Händen ausgetragenen Wettstreit besiegt hat.

Der Herzog bemüht sich in seinem neu entstehenden Staat um eine vernünftige Verwaltung. Am 4. Januar veröffentlicht er in Porto Cesenatico einen Erlaß, nach dem Exilanten nicht mehr in die Stadt zurückkehren dürfen. Cesare will verhindern, daß sie die öffentliche Ordnung stören. In Imola gründet er eine fromme Stiftung, die *Valentina,* die öffentliche karitative Maßnahmen fördert. Der Stadt Forlì gewährt er Aufschub für ihre Zahlungen an die herzogliche Kammer in der Romagna. Dabei verliert er jedoch Faenza nicht aus dem Blickfeld und bereitet für den 21. Januar einen Handstreich vor. Der Überraschungsangriff scheitert allerdings, die Angreifer werden zurückgeschlagen. An der Verteidigung Forlìs nehmen selbst die Frauen teil, darunter Diamante Jovelli, die sich mit besonderem Ruhm bedeckt.

Cesare muß mit großen Schwierigkeiten rechnen, wenn er Faenza erneut belagert. Alexander VI. bemüht sich, seinen Sohn auf diplomatischer Ebene zu unterstützen. Der Papst beklagt sich beim französischen König Ludwig XII. über Giovanni Bentivoglio, den Herrn von Bologna, weil er Faenza Hilfe leistet. Roms Beziehungen zum König von Frankreich sind ausgezeichnet. Alexander hatte bereits im August und September 1500 Kardinal d'Amboise mit den Vollmachten eines Legaten ausgestattet. D'Amboise sollte die Geistlichen in Mailand bestrafen, weil sie sich der französischen Herrschaft nicht unterwerfen wollten. Da sich Ludwig nun in den Eroberungskampf um Neapel stürzen will, bedarf er mehr denn je des Bündnisses mit dem Papst. Der königliche Botschafter, Baron von Trans, verlangt von Bentivoglio, daß der Marktflecken Castel Bolognese den französischen Truppen geöffnet wird, die zur Unterstützung Cesares entsandt wurden: 300 Lanzenreiter und 2000 Fußsoldaten rücken unter dem Kommando von Yves d'Alègre im Februar 1501 in die Romagna vor und verstärken die Belagerungsarmee von Faenza.

Cesare hatte niemals so sehr auf seine Stärke und auf seinen guten Stern vertraut. In seinen Hoffnungen mögen ihn die öffentlichen Lustbarkeiten bestärkt haben, an denen er teilnimmt, und der Rückhalt, den er dabei im Volk zu spüren bekommt. Trotz seines wachsenden Machtrausches kann sich Cesare meist beherrschen, doch mitunter läßt er sich auch zu sträflichen Exzessen hinreißen. So taucht er mit maskierten Begleitern unvermittelt in den Häusern unbescholtener Bürger auf, bewirft sie mit Schmutz und verwüstet den Putz ihrer Damen. Ein Skandal wird in der Chronik überliefert: Am 14. Februar 1501 wird zwischen Porto Cesenatico und Cervia Dorotea Caracciolo entführt, die Gattin Giovanni Battista Caracciolos, des Kapitäns der venezianischen Infanteristen. Die Entführung hatte auf den Ländereien des Valentinus stattgefunden; daher fällt der Verdacht sogleich auf ihn. Am 24. Februar begeben sich Yves d'Alègre und Baron von Trans mit dem venezianischen Gesandten Manenti zu Cesare, um im Namen des französischen Königs gegen den feigen Anschlag zu protestieren. Der Valentinus leugnet die Tat beharrlich und beschuldigt dagegen den spanischen Kapitän Diego Ramirez. Ramirez stand früher in den Diensten des Herzogs Guidobaldo von Urbino und hat sich inzwischen in Cesares Dienste begeben. Cesare habe gewußt, daß Dorotea die Geliebte von Ramirez gewesen sei, und er selbst habe vergeblich versucht, den Kapitän ausfindig zu machen, um die schöne Gefangene zu befreien. Cesares Beteuerungen überzeugen niemanden. Der venezianische Botschafter protestiert energisch im Vatikan. «Die Tat ist bösartig, entsetzlich und abscheulich», antwortet der Papst. «Ich kann mir keine Strafe vorstellen, die hart genug für jemanden wäre, der die Menschen durch eine solche Untat beleidigt. Sollte es der Herzog gewesen sein, so muß er den Verstand verloren haben. König Ludwig XII. reagiert auf die gleiche Weise: Wenn er zwei Söhne besäße, so erklärt er dem Vertreter Venedigs, und einer von ihnen dieses Verbrechen begangen hätte, so würde er ihn zum Tode verurteilen.

Und dennoch war der Valentinus der Schuldige. Offenkundig wurde dies erst im Dezember 1502, als Dorotea wieder auftauchte. Zusammen mit Cesare verließ sie Imola und begab sich nach Cesena. Der Valentinus hatte die junge Frau in der Zitadelle von Forlì versteckt gehalten und sie dort von einem Vertrauensmann, einem gewissen Zanetto aus Mantua, bewachen lassen. Sie war tatsächlich die Mätresse Ramirez' gewesen, aber Cesare hatte den Spanier gezwungen, sie ihm zu überlassen, um sich alleine mit ihr vergnügen zu können. Daß Dorotea so lange Zeit festgehalten und erst im

Januar 1504 auf Anweisung von Papst Julius II. wieder an ihren Gatten in Rom zurückgegeben wurde, deutete darauf hin, daß das Opfer in seine Entführung eingewilligt hatte. Jedenfalls ist das Ereignis für Cesares Temperament bezeichnend. Der Valentinus ist ein skrupelloser Verführer, leicht aufbrausend, aber dennoch berechnend. Er ist ein Meister der Verstellung, darauf bedacht, seine Macht und Herrschaft zu vergrößern. Er will es sich mit Venedig und Frankreich nicht verderben, aber auch auf keinen Lebensgenuß und keine Vergnügung verzichten.

DER FALL VON FAENZA

Cesare läßt seine weibliche Eroberung in Sicherheit zurück und rückt mit dem Gros seiner Truppen nach Faenza vor. In seinem Lager empfängt er Neuankömmlinge wie Leonardo da Vinci. Seitdem Ludovico Moro von Ludwig XII. gefangengesetzt wurde, hat Leonardo keinen Dienstherrn mehr. Florenz hat ihm keine Stellung angeboten. So trägt Leonardo Cesare seine Dienste an, und er wird bereitwillig aufgenommen. Während seines Aufenthaltes beim Valentinus ist er eifrig als Ingenieur tätig. Vor allem erstellt er einen Plan für einen Kanal, der Cesena mit Porto Cesenatico am Meer verbinden soll. In Faenza selbst ist er nur Beobachter der zweiten Belagerung.

Am 15. Mai wird auf die Stadt ein Generalangriff vorgetragen, der allerdings scheitert. Die Tapferkeit der Belagerten löst allgemeine Bewunderung aus. «Die Faentiner haben die Ehre Italiens gerettet», schreibt Isabella d'Este an ihren Gatten Francesco Gonzaga, den der Valentinus aufgefordert hatte, sich am Sturm auf Faenza zu beteiligen. Am 20. April fällt Cesares Soldaten ein vorgelagertes Festungswerk in die Hände. Sie schaffen ihre Geschütze dorthin, obwohl die Belagerten siedendes Pech auf sie schütten und sie mit Falkonetten beschießen. Am 21. April feuert die gesamte Artillerie des Valentinus sieben Stunden lang pausenlos auf einen Punkt in der Mauer. Bei dem Beschuß explodiert die größte Kanone, ein gewaltiges Geschütz für Steinkugeln. Der Kapitän Achille Tiberti aus Cesena und seine Kanoniere werden getötet. Inzwischen verläßt viele Faentiner der Mut. Ein Färber flieht aus der Stadt und verrät den Belagerern, daß in Faenza Lebensmittel und Munition knapp sind. Cesare läßt den Verräter aus berechnender Loyalität vor den Mauern der Stadt aufhängen und erwartet die Vorschläge des Ältestenrates. Sie werden ihm kurz darauf überbracht. Für die Übergabe ihrer Stadt stellt er die Einwohner unter seinen persönlichen Schutz. Obwohl ihn die Eroberung Faenzas teuer zu stehen kam und er allen Grund hätte, Strenge walten zu lassen, zeigt sich der

Valentinus wie gewöhnlich sanftmütig, um die Dankbarkeit seiner neuen Untertanen zu gewinnen. Nur die Festung soll besetzt werden. Michelotto Corella wird als Vollstrecker des edlen Werkes beauftragt, die Festung in Besitz zu nehmen. Dem schönen Astorre Manfredi und seinen Vettern wird zugesichert, daß sie mit all ihrer Habe gehen können, wohin es ihnen beliebt. Astorre täuscht sich in der wohlwollenden Haltung Cesares und bleibt bei ihm, anstatt bei seinen Freunden in Bologna oder Venedig Zuflucht zu suchen. Er begleitet den Valentinus sogar bis zu dessen Rückkehr nach Rom am 15. Juni. Astorre Manfredi wird am 26. Juni 1501 in der Engelsburg eingekerkert, am gleichen Tag, als Caterina Sforza, für die sich Yves d'Alègre eingesetzt hatte, entlassen wird. Ein Jahr später, am 9. Juni 1502, vermerkt Burchard, habe man Astorres Leiche, mit einer Kanonenkugel am Hals beschwert, aus dem Tiber gefischt.

Cesare war sich bis dahin klar darüber geworden, daß er sich in Faenza niemals würde halten können, solange der rechtmäßige Herr der Stadt noch am Leben war. Er konnte ihn nicht als Statthalter einsetzen, da die Beliebtheit des jungen Mannes im Volk seiner eigenen Popularität geschadet hätte. Wie Alfons von Bisceglie, Lucrezias Ehemann, war auch Astorre Manfredi ihm nicht mehr nützlich und konnte nun sogar gefährlich werden. Er mußte daher verschwinden. Etwas später wird der Valentinus an Astorres Stelle seinen einstigen Hauslehrer Giovanni Vera, den kürzlich zum Kardinal erhobenen Erzbischof von Salerno, zum Vizegouverneur von Faenza ernennen.

FAULER FRIEDE UND KOMPROMISS MIT BOLOGNA UND FLORENZ

Nachdem Cesare Faenza erobert hat, plant er als nächsten Schritt einen kühnen Angriff auf die beiden benachbarten Mächte, auf die Stadt Bologna und den Staat Florenz. Leider stehen beide Mächte unter dem Schutz Frankreichs, das es nicht gerne sieht, wenn Cesare seine Ländereien immer weiter ausdehnt. Allerdings gibt es eine Bologneser Enklave in der Romagna, und wenn der Valentinus sie sich einverleiben möchte, so kann sich Ludwig XII. dem nicht widersetzen: Castel Bolognese. Nachdem Vitellozzo Vitelli die Stadt eingeschlossen hat, übergibt sie Giovanni Bentivoglio, der Stadtherr von Bologna, durch Vertragsschluß am 30. April 1501 dem Valentinus. Bentivoglio stellt den Papstsohn sogar als Condottiere in seine Dienste und verpflichtet sich, ihm den Sold von hundert Lanzenrittern mit jeweils drei Knappen zu bezahlen – eine beträchtliche Summe für Cesare. Der Vertrag wird von den Condottieri Orsini und Vitelli unterzeichnet. Beide bürgen dafür, daß der Frieden eingehalten wird. Der Valentinus, der beim Vertragsabschluß selbst nicht anwesend ist, wird in der Urkunde erstmals mit dem Titel «Herzog der Romagna» bezeichnet. Sein Vater hatte ihm den Titel kurz zuvor verliehen.

Nach dem Abkommen mit Bologna treibt es Cesare dazu, Florenz anzugreifen. Vitellozzo Vitelli möchte sich an den Florentinern rächen, weil sie seinen Bruder Paolo hingerichtet haben. Paolo Orsini und sein Bruder Giulio drängen Cesare ebenso zu einem Schlag gegen die Stadt. Alle drei schlagen beim Valentinus in die gleiche Kerbe wie die verbannten Medici, Kardinal Giovanni und sein Bruder Piero, der Sohn von Lorenzo il Magnifico. Florenz ist durch die Kämpfe mit der aufrührerischen Stadt Pisa geschwächt, aber es ist mit Frankreich verbündet. So hoffen die Florentiner, daß es der Valentinus nicht wagen werde, die Stadt mit seinen von Frankreich gestellten Truppen anzugreifen: den 300 Lanzenreitern und 2000 Fußsoldaten Yves d'Alègres. Am 2. Mai wird das Kontingent vom König abberufen und soll sich dem Heer in der Lombardei anschließen, um nach Neapel vorzurücken. Florenz bleibt dennoch durch den Valentinus bedroht: Er hat es auf das kleine Fürstentum Piombino abgesehen, und um dorthin zu gelangen, muß er florentinisches Gebiet passieren. So unterzeichnen florentinische Kommissäre am 17. Mai in Forno dei Campi einen Vertrag mit Cesare. Sie sagen ihm eine *condotta* zu und stellen ihn somit auf drei Jahre als Condottiere in ihre Dienste. Für 30 000 Dukaten jährlich soll der Herzog von Valence ihnen 300 Lanzenreiter mit jeweils drei berittenen Knappen stellen. Dem Vertrag zufolge können die Truppen als Anteil an jenem Kontingent eingesetzt werden, das Florenz Ludwig XII. für seine Expedition gegen Neapel versprochen hatte.

DIE EROBERUNG VON PIOMBINO UND DER INSEL ELBA

Die Florentiner haben den Vertrag mit Cesare unterzeichnet, ohne im geringsten die Absicht zu haben, ihn einzuhalten. Sie wollten so schnell als möglich ihre schlimmsten Feinde loswerden – Vitellozzo und die Orsini mit ihrer furchterregenden Armee. Der Valentinus glaubt die Übermacht auf seiner Seite und versucht, die Situation auszunützen. Er verlangt im voraus ein Viertel seines Jahressoldes als Condottiere und die florentinischen Geschütze, damit er sie gegen Piombino einsetzen kann. Diesmal lehnen die Florentiner ab. Da Cesare schon genug Zeit verloren hat, macht er sich am 25. Mai auf den Marsch zu dem Küstenstrich und beschafft sich die notwendigen Belagerungsgeschütze in Pisa. Ab dem 28. Mai steht für ihn an der Küste eine päpstliche Flotte von sechs Galeeren, drei Brigantinen und sechs Galeoten bereit. Mit dieser Flotte erobert Cesare vom 1. bis zum 5. Juni die Inseln Elba und Pianosa. Anschließend eröffnet er die Belagerung von Piombino. Vergeblich zieht Piombinos unglücklicher Herr Giacomo Appiano nach Lyon, um König Ludwig XII. zu bitten, dem Papstsohn Einhalt zu gebieten. Zwei Monate wird die Belagerung von Piombino dauern, und als es schließlich kapituliert, ist Cesare bereits fort: Am 17. Juni kehrt er auf einer Galeere nach Rom zurück. Er schließt sich wieder den französischen Truppen an, die nach Neapel unterwegs sind. Nun muß Cesare dem König von Frankreich für die militärische und diplomatische Unterstützung dienen, die ihm zuvor Ludwig in der Romagna geleistet hat.

DER MARSCH AUF NEAPEL
DAS MASSAKER VON CAPUA
UND KÖNIG FEDERICOS ABDANKUNG

Ludwig XII. sicherte sich bestens ab und vermied den Fehler, aufgrund dessen die Aragonesen von Neapel Karl VIII. wieder aus ihrem Königreich hatten vertreiben können: Am 11. November 1500 schloß er mit dem Aragonesen König Ferdinand einen Bündnisvertrag und teilte sich mit dem spanischen Herrscher den neapolitanischen Staat auf. Nach dem Vertragstext soll Ludwig XII. die Terra del Lavoro, die Abruzzen sowie den Titel des Königs von Neapel erhalten, Ferdinand dagegen Apulien und Kalabrien mit dem Titel eines Herzogs. Als Lehensherr des Königreiches muß sich der Papst noch mit dieser Übereinkunft einverstanden erklären. Alexander VI. stimmt ihr am 25. Juni 1501 zu. Der Papst erklärt König Federico unter dem Vorwand, er mache mit dem Sultan gemeinsame Sache, für abgesetzt. Das Bündnis zwischen dem Heiligen Stuhl, Frankreich und Spanien wird am 29. Juni verkündet. Die französisch-spanische Expedition gilt als Auftakt zu einem Kreuzzug gegen den Türken, den Feind der Christenheit.

Yves d'Alègre, der Anführer der französischen Vorhut, und Stuart d'Aubigny, der kommandierende General der Armee Ludwigs XII., werden vom Pontifex in der *Camera del Pappagallo* empfangen. Alexander VI. begibt sich anschließend in die Engelsburg. Mit Cesare, dem Gonfaloniere der Kirche, sieht der Papst den Truppen bei ihrem Aufmarsch über die Brücke zu: 12 000 Fußsoldaten und 2000 Berittene überqueren in Reih und Glied den Tiber. Es folgen weitere 4000 Fußsoldaten, darunter viele Spanier, die Uniformen in den Farben Gelb und Rot tragen: Cesares Truppen.

Der Feldzug gegen Neapel wird mit enormer Geschwindigkeit geführt.

König Federico, von seinen verbündeten Baronen Colonna unterstützt, rechnet fest mit dem Widerstand der Festung Capua. Am 24. Juli werden die Tore der Stadt jedoch durch einen Verrat geöffnet. Furchtbare Plünderungen folgen. Mehr als 4000 Menschen werden niedergemetzelt. Frauen stürzen sich von den Mauern herab, um der Vergewaltigung zu entgehen. Nach dem Geschichtsschreiber Guiccardini, der lange nach den Ereignissen schrieb, brachte Cesare die schönsten Frauen vor der rasenden Soldateska nur deshalb in Sicherheit, um sie anschließend selbst notzüchtigen zu können. Guiccardini gibt jedoch sicher nur verleumderische Gerüchte gegen den Valentinus wieder und schiebt ihm die alleinige Schuld an dem Massaker zu, das in Wirklichkeit allein der Truppenkommandant San Severino verschuldet hatte.

Angesichts der schrecklichen Greueltaten verläßt Federico der Mut zum Widerstand. Von seinem spanischen Vetter verraten, nimmt der König das Angebot an, das ihm Ludwig XII. unterbreitet: Verzichtet er auf den Thron von Neapel, soll er eine Pension und den Titel «Herzog von Anjou» in Frankreich erhalten. Cesare seinerseits erhält eine reiche Belohnung aus Einkünften aus dem französisch-aragonesischen Königreich und vor allem den Titel «Herzog von Andria», der ihm von Federico von Aragón verliehen wird.

Der Ruin der Colonna
Lucrezia als Gouverneurin der Kirche

Die großen Verlierer des Feldzugs sind die Colonna, die Verbündeten Federicos von Aragón. Seit Beginn der Operationen im Königreich Neapel ist Papst Alexander VI. bereits gegen ihre römischen Burgen vorgegangen. Ihre Städte sind ihm alle in den Schoß gefallen. Ab dem 27. Juli besichtigt er für vier Tage seine neuen Besitzungen, begleitet von einer Eskorte von 50 Reitern und 100 Fußsoldaten. Er begibt sich nach Sermoneta und verweilt dann in Castel Gandolfo. Nach dem Mahl fährt der Papst in einer Barke auf dem Albanersee spazieren, während am Ufer die Rufe: «Borgia! Borgia!» widerhallen und Ehrensalven aus Stutzbüchsen abgefeuert werden. Für die Dauer seines Ausfluges hat Alexander die Leitung des Vatikans und die laufenden Amtsgeschäfte der Kirche Lucrezia übergeben. Die junge Frau bewohnt seine Gemächer. Sie öffnet die an den Heiligen Vater gerichteten Briefe und zieht einen Kurienkardinal zu Rate, bevor sie antwortet. Burchard schildert die Situation, als Lucrezia sich an den Kardinal von Lissabon wendet. Der Prälat beantwortet ihre Frage: «Wenn der Papst eine Angelegenheit im Konsistorium vorbringt, hält der Vizekanzler oder bei seiner Abwesenheit ein anderer Kardinal die vorgeschlagenen Lösungen schriftlich fest. Wir brauchen also jemanden, der sich unsere Unterhaltung notiert!» Lucrezia antwortet, sie verstehe sich sehr wohl aufs Schreiben, worauf sie vom Kardinal gefragt wird: «Wo ist Euer Federkiel?» *Ubi est penna vestra?* Die junge Frau versteht das anzügliche Wortspiel durchaus. *Penna* dient im Lateinischen auch als Bezeichnung für das männliche Geschlechtsteil. Sie lacht und mäßigt ihren Eifer. Bitter bemerkt der humorlose Burchard, er sei nicht befragt worden, wie Lucrezia ihre Aufgabe zu erfüllen habe. Lucrezia vertritt den Papst später noch zweimal, eine Woche im September und einige Tage im Oktober, als Alexander wieder Lehen besichtigt, die er den römischen Baronen entrissen hat. Die päpstlichen Vertrauten im Vatikan stoßen sich nicht an der merkwürdigen Situation, daß eine 21jährige Frau die Geschicke der Christenheit lenkt. Im päpstlichen Rom sind die Beobachter schließlich andere Absonderlichkeiten gewohnt: Burchard berichtet von einer Messeparodie, die Alexanders buckliger Narr Gabrieletto an Ostern zum besten gibt, oder von Priestern und Mönchen, die an Pfingsten in übertriebener Ehrerbietung bei ihrer Verbeugung vor dem Papst den Boden küssen wie die Türken.

FINANZIELLE SCHWIERIGKEITEN
LUCREZIAS EHE MIT ALFONSO D'ESTE

Alexander kümmert sich nicht weiter um die Parodien und grotesken Kotaus in Rom. Er richtet sein Augenmerk lieber auf Erbschaften und Konfiskationen, durch die er die päpstlichen Schatzkammern beträchtlich zu bereichern vermag. Im Juni 1501 schickt er den Gouverneur von Rom mit dem Auftrag in ein Kloster, dort die Güter von Ascanio Sforza zu beschlagnahmen. Ascanio hatte im Kloster namentlich die zwölf silbernen Apostelstatuen versteckt, die auf seinem Privataltar gestanden hatten. Wie Burchard vermerkt, brauchen die Kärrner vier Stunden, um die kostbaren Gegenstände in den Vatikan zu bringen. Im Mai 1501 bricht Alexander das Testament des Kardinals Zeno, der in Padua starb und Venedig für den Kreuzzug gegen die Türken mehr als 100 000 Dukaten vermacht hat. Als Venedig ihm die Herausgabe des Geldes verweigert, droht er der Stadt mit dem Interdikt. Der Papst kann zwar nur zwei Truhen in seinen Besitz bringen, aber immerhin enthält jede von ihnen 20 000 Dukaten. Beide hatte Kardinal Zeno außerhalb von venezianischem Gebiet in einem Kloster in Ancona versteckt.

Der Papst geht bei der Beschaffung von Geldmitteln immer skrupelloser vor, als er immer größere Beträge zur Unterstützung seiner Kinder aufbringen muß. Vor allem Cesare hat einen enormen Geldbedarf für seine kriegerischen Unternehmungen. Zudem steht eine neue fürstliche Vermählung Lucrezias an, die Alexander teuer zu stehen kommen wird. Cesare hat den Zukünftigen Lucrezias bereits ausgewählt. Der Valentinus hat sich inzwischen in der Romagna niedergelassen und braucht einen verläßlichen Nachbarn und potentiellen Bündnispartner, wenn er Venedig an einem Angriff auf seinen Staat hindern will. Zufällig ist der Erbfürst des Herzogtums Ferrara, Alfonso d'Este, der Sohn von Ercole I., gerade verwitwet. Alfonso ist 24 Jahre alt und kinderlos. Damit ist er eine ausgezeichnete Partie für die erst 21jährige Lucrezia. Die Papstfamilie tastet mit ihrem Heiratsangebot erstmals Anfang 1501 vor, aber Alfonso ist nicht interessiert. Er hat ein Auge auf Louise von Savoyen geworfen, auf die Witwe des Herzogs von Angoulême. Für Alfonsos Schwester Isabella d'Este, Markgräfin von Mantua und die Schwägerin von Louise, für Elisabetta Gonzaga, die Herzogin von Urbino, und für Ercole von Ferrara sind die Borgias Emporkömmlinge. Sie alle denken ebenfalls nicht im Traum daran, ihrem Verwandten die Zustimmung dazu zu geben, daß er in die Papstfamilie einheiratet. Alexander VI. ist dennoch fest entschlossen, mit Unterstützung des Kardinals Ferrari, des Bischofs von Modena, alle Hindernisse aus dem Wege zu räumen. Ludwig XII. steht den Heiratsplänen zunächst ablehnend gegenüber. Dann unterstützt er den Papst aber doch, nachdem sein wichtigster Minister und Günstling, Kardinal Georges d'Amboise, zum Legaten *a latere* im französischen Königreich ernannt wurde. Im April 1501 stattet der Papst d'Amboise mit beträchtlichen Machtbefugnissen aus. Sie ermöglichen dem Kardinal den Zugang zu allen kirchlichen Einrichtungen in Frankreich, die er gerne reformieren möchte. Befriedigt macht der französische König daraufhin seinen Einfluß bei Ercole geltend. Er rät ihm, die Mitgift in die Höhe zu treiben und dann einzulenken. So verlangt der Herzog statt der von Alexander vorgeschlagenen 100 000 Dukaten das Doppelte, die Aufhebung des Jahreszinses, den Ferrara an das Papsttum abführt, und etliche Benefizien für seine Verwandten und Freunde. Der Papst schreckt vor den Forderungen nicht zurück und erklärt zuversichtlich vor versammeltem Konsistorium im Mai 1501, die Ehe sei so gut wie geschlossen. Es dürfte ihm dennoch schwerfallen, den ferraresischen Tribut an den Heiligen Stuhl aufzuheben. Alexander muß fürchten, daß die Kardinäle sich dieser Veräußerung von kirchlichen Rechten zugunsten der Privatinteressen des Heiligen Vaters widersetzen und die Übereinkunft mit Ercole zu Fall bringen werden. Aber Lucrezia betrachtet ihre Heirat mit Alfonso als persönlichen Triumph und bewegt ihren Vater, die harten Bedingungen des Herzogs im Kardinalskollegium durchzusetzen. Der Papst erfüllt eine weitere Bedingung und verleiht Kardinal Ippolito d'Este, einem Bruder des Bräutigams, das einträgliche Amt des Erzpriesters von Sankt Peter im Vatikan. So wird am 26. August in Rom der Ehekontrakt unterzeichnet und die Heirat am 1. September in Ferrara durch Stellvertreter auf dem Schloß Belfiore geschlossen.

Als die Nachricht am 4. September zum Papst gelangt, hört man bis in die Nacht die Bombarden der Engelsburg donnern. Am 5. September begibt sich Lucrezia in die Kirche Sa. Maria del Popolo, um der Heiligen Jungfrau zu danken. Sie ist in ein prächtiges Gewand aus Goldbrokat gekleidet. Die französischen und spanischen Botschafter, vier Bischöfe und 300 Berittene geben Lucrezia das Geleit zur Kirche. Verkleidet begleiten sie auch ihre Narren. Aus Freude über den gelungenen Ehehandel gibt die Tochter des Papstes ihr Brokatgewand, das sie erst einmal getragen hat – Burchard schätzt seinen Wert auf 300 Dukaten –, einem ihrer Narren, der mit ihm bekleidet mit dem Ruf «Hoch die erlauchte Herzogin von Ferrara! Hoch Papst Alexander!» durch die Gassen zieht. Der Pontifex versammelt ein Konsistorium, in dem er die Forderungen des Hauses Este verteidigt. Er läßt die Engelsburg und die Straßen Roms festlich erleuchten. Die große Glocke auf dem Kapitol wird Sturm geläutet. Lucrezia wird von nun an das Essen auf Silbertellern gereicht, wie es ihr als verheirateter Frau zukommt. Sie weiß die Ehre zu schätzen, hatte sie als Witwe doch mit Fayencegeschirr vorlieb nehmen müssen.

AUSSCHWEIFUNGEN IM VATIKAN
DER KURTISANENBALL UND DIE BRÜNSTIGEN ZUCHTHENGSTE

Am 15. September werden die beiden ferraresischen Gesandten Gerardo Saraceni und Ettore Bellingeri, zwei erfahrene Juristen und Diplomaten, im Vatikan vorstellig, wo sie ihre zukünftige Herzogin begrüßen. Beide sollen Herzog Ercole von seiner zukünftigen Schwiegertochter berichten. Die Papsttochter erscheint ihnen abgespannt. In den Audienzen läßt sie sich häufig von Francesco Borgia, dem Kardinal von Cosenza, vertreten. Lucrezias Erschöpfung kommt nicht von ungefähr, denn in freudiger Erwartung ihrer Ehe bringt sie fast alle Nächte damit zu, in Gesellschaft ihres Bruders, des Herzogs der Romagna, bis in die frühen Morgenstunden zu tanzen. Die Vergnügungen, an denen Lucrezia teilnimmt, sind zuweilen ebenso pikant wie Boccaccios erotische Novellen.

Am 31. Oktober 1501 lädt Cesare den Papst und Lucrezia in seine vatikanischen Gemächer zu einem Fest, zu dem er fünfzig der berühmtesten Kurtisanen Roms kommen läßt. «Nach dem Mahl», schreibt Burchard, «tanzten die Kurtisanen mit den Dienern und anderen Anwesenden, zunächst bekleidet, dann nackt. Auch wurden nach dem Mahl die brennenden Kandelaber, die auf dem Tisch standen, auf den Boden gestellt, und Kastanien wurden ausgestreut, welche die Prostituierten, zwischen den Kerzen umherkriechend, aufsammeln mußten. Dann wurden Preise ausgelegt, Seidenmäntel, Stiefel, Mützen und andere Dinge, die denjenigen versprochen wurden, welche die Dirnen am öftesten zu lieben imstande waren. Die Preise wurden nach dem Schiedsspruch der Anwesenden an die Sieger verteilt.» Burchard hat die Orgie, von der er genüßlich berichtet, keineswegs erfunden. Auch andere Dokumente belegen, daß sich die Kurtisanen tatsächlich im Vatikan aufgehalten haben. Auch die anzüglichen Tänze haben stattgefunden. Anzweifelbar ist in Burchards Bericht lediglich die Behauptung, Lucrezia und der Papst seien während der nächtlichen Ausschweifungen bis zum Schluß dabeigewesen. Der ferraresische Hof war über jeden Schritt Lucrezias genauestens informiert; sie mußte damit rechnen, daß sie Ferrara empören würde, wenn sie an dem skandalträchtigen Treiben teilnähme. Und die Vertreter des Herzogs Ercole im Vatikan lobten an der Papsttochter stets ihre Zurückhaltung, ihre Frömmigkeit und ihr Ehrgefühl.

Da sich der Papst bei der Orgie erkältet hat, kann er am folgenden Tag, an Allerheiligen, die feierliche Messe in Sankt Peter nicht zelebrieren und auch den üblichen päpstlichen Ablaß für die Lebenden und die Toten nicht verkünden. So überträgt er dem Kardinal von Sa. Prassede diese Aufgabe und läßt ihn den Teilnehmern am Gottesdienst in Sankt Peter «für sieben Jahre und ebenso viele Fastenzeiten wirksamen Ablaß» verkünden.

Am folgenden Tag, dem 2. November, zu Allerseelen, kränkelt der Papst noch immer. Die Messe wird vom Kardinal von Agrigento zelebriert. Zehn Tage später ist Alexander jedoch wieder ganz auf den Beinen. Am 11. November bietet er Lucrezia ein amüsantes Schauspiel. Burchard berichtet: «Am 11. November zog ein Bauer durch das Obstgartentor in die Stadt und führte zwei mit Holz beladene Stuten hinter sich her. Als die Tiere auf dem Petersplatz ankamen, liefen die Diener des Papstes herbei, zerschnitten das Pferdegeschirr, warfen den Packsattel herab und führten die Stuten auf den kleinen Platz, der auf der Innenseite des Palastes nahe dem Tor liegt. Dann wurden vier Zuchthengste von Zügeln und Zaumzeug befreit und aus den Ställen des Palastes gelassen. Sie stürzten sich auf die Stuten, um die sie sofort laut und wild zu kämpfen begannen. Beim Versuch, sie zu besteigen, bissen und traten sie einander und schlugen den Stuten mit ihren Hufen schwere Wunden. Der Papst und Donna Lucrezia verfolgten beide aus einem Fenster über dem Palasttor das Schauspiel und lachten aus vollem Halse. Sie waren sichtlich befriedigt über alles, was geschah.»

Die Versorgung der Kinder Lucrezias
Das letzte Zugeständnis des Papstes
Die Garderobe der Braut

Wie das Schauspiel zeigt, gibt sich der Papst alle Mühe, Lucrezia vor ihrer
Hochzeit fröhlich und sorglos zu stimmen. Auch was ihre beiden kleinen
Kinder angeht, möchte Alexander seine Tochter jeder Sorge entheben. Den
Bastardsohn Giovanni, den «Infans Romanus», der vermutlich aus Lucrezias Liaison mit Perotto Caldès hervorgegangen war, hatte der Papst
bereits durch die Bulle *Illegitime genitos* vom 1. September 1501 legitimiert,
und zwar als natürlichen Sohn Cesares mit einer Frau, die «nicht ehelich
gebunden war», was damals auch auf Lucrezia zutraf. In der zweiten, am
gleichen Tag ausgestellten Bulle *Spes futurae*, die geheim bleiben sollte,
erkennt Alexander selbst die Vaterschaft an. Mit der Urkunde, die von
einigen Böswilligen als päpstliches Inzestgeständnis dargestellt wird, wollte
er in Wirklichkeit jedoch seinem Enkel das Erbe sichern, das er ihm zuge-
dacht hatte.

Am 23. November versorgt Alexander seine Enkel mit den Gütern, die er
den römischen Baronen abgenommen hat. Giovanni wird mit dem Herzogtum Nepi belehnt, und Rodrigo, der legitime Sohn Lucrezias mit Alfons
von Bisceglie, erhält das Herzogtum Sermoneta. Damit die Belehnungen
nicht angefochten werden können, setzt der Papst die Güter der Caetani,
die er unter dem Vorwand der Majestätsbeleidigung eingezogen hatte,
zum Kauf aus und läßt sie zum Schein von Lucrezia für 80 000 Pfund
erwerben. Das Geld für den Kauf hatte ihr der päpstliche Schatzmeister in
der apostolischen Kammer gegeben. Von Cesare, Jaime Serra, dem Kardinal von Oristano, und den beiden Kardinälen Borgia begleitet, begibt sich
der Papst nach dem Kaufakt zu einem Besuch auf die Ländereien seiner
Enkel. Am 25. September besucht er Nepi und am 10. Oktober die einstigen Lehensgüter der Colonna. In einem letzten Akt weiser Voraussicht
überträgt er die Vormundschaft über seine beiden Enkel den Kardinälen
von Alessandria und Cosenza und vier weiteren Prälaten.

Nun gilt es nur noch, die Abreise der zukünftigen Herzogin von Ferrara
vorzubereiten. Alexander VI. und die Gesandten von Ercole d'Este diskutieren lange über Lucrezias Brautgeleit.

Der Herzog würde den Reiterzug gerne von einem Kardinal anführen
lassen. Aber Alexander VI. möchte dies dem Heiligen Kollegium nicht
zumuten und macht einen Gegenvorschlag. Während Lucrezia die Romagna durchquert, soll der Kardinal von Salerno, der Legat in den Marken,
zu ihr stoßen und unterwegs die Hochzeitsmesse lesen. Der Papst möchte
die Zeremonie allerdings nicht ohne ein vorheriges Einverständnis von

Cesare veranstalten. Der Herzog hält sich zwar in Rom auf, aber er bemüht sich um nichts mehr, was mit den Feierlichkeiten zu tun hat. Cesare betrachtet die Heirat als abgeschlossen und verläßt zu keiner Tageszeit mehr seine Gemächer. Seine Haltung verärgert den Papst, da er alle organisatorischen Fragen alleine lösen muß. Den ferraresischen Gesandten vertraut Alexander an, im Gegensatz zu ihrem Bruder sei Lucrezia ein liebenswerter Mensch. Sie zeichne sich durch besonderes Taktgefühl aus, sei stets bereit, Audienzen zu gewähren, und zeige sich gefällig, wenn dies nötig sei. Lucrezia habe sich selbst in den Regierungsgeschäften für das Herzogtum Spoleto bewährt. Und er sei überzeugt, daß er stets unterliegen würde, hätte er mit Lucrezia Verhandlungen zu führen. Alexanders Komplimente sind für den ferraresischen Hof gedacht. Es gilt, Ercole und seinen Sohn für die künftige Schwiegertochter und Gattin günstig zu stimmen. Ercole wird inzwischen ungeduldig und läßt Alexander wissen, er werde Lucrezias Brautgeleit so lange nicht losschicken, bis Ferrara durch eine Bulle von den 4000 Dukaten Jahreszins an die apostolische Kammer entbunden sei. Der Papst hatte bereits am 17. September im Geheimen Konsistorium bekanntgegeben, er wolle den Lehenszins von Ferrara für drei Generationen auf eine symbolische Zahlung von 100 Dukaten senken. Vermutlich verzögerte sich jedoch die Ausstellung der Bulle, weil sich ihr einige Mitglieder im Heiligen Kollegium widersetzten. Mehr noch ist Ercole darüber verstimmt, daß auch die versprochene Mitgift von 100 000 Dukaten noch nicht ausbezahlt wurde. Während der Herzog darauf wartet, das Geld zählen zu können, beauftragt er seine Gesandten, die Aussteuer der Braut zu prüfen. Ercoles Forderungen entsprechend soll sie ebensoviel wert sein wie die Mitgift, also nochmals 100 000 Dukaten. So dürfen die Gesandten in Lucrezias Garderobe neben anderen Kostbarkeiten ein Kleid bewundern, das auf 15 000 Dukaten geschätzt wird, und 200 Hemden nach spanischer Mode. Einige von ihnen kosten 100 Dukaten das Stück und sind an den Ärmeln mit goldenen Fransen und kostbaren Stickereien besetzt. Abgesehen von diesen Luxusgewändern bringt Lucrezia prachtvolle Schmuckstücke, goldenes und silbernes Geschirr und kostbare Möbel mit in die Ehe. Befriedigt von ihrer Inspektion lassen sich die Ferraresen Versprechen des Papstes amtlich bestätigen: Die Städte Cento und Pieve di Cento, die der Diözese Bologna entzogen wurden, sollen Ferrara übergeben werden, Don Giulio, der schöne Bastard Ercoles, soll reiche kirchliche Benefizien erhalten, und der Toskaner Gianluca Castellini da Pontremoli, ein enger Ratgeber des Herzogs, der an den Heiratsverhandlungen unmittelbar teilnahm, soll einen Kardinalshut erhalten. Die Geldgier von Ercole, den der Papst «den Krämer aus Ferrara» nennt, kennt keine Grenzen. Doch Alexander muß sie befriedigen.

Am 9. Dezember verläßt ein Zug von 500 Menschen Ferrara, um Alfonsos Braut in Rom abzuholen. Das Brautgeleit wird von Kardinal Ippolito, dem jungen, 25jährigen Bruder des zukünftigen Gatten, und von Alfonsos beiden legitimen Brüdern, Don Ferrante und Don Sigismondo, angeführt. Zwei Bischöfe und bedeutende Lehensherren, Freunde der Este, die Signori da Correggio und della Mirandola, sowie Annibale Bentivoglio von Bologna ziehen mit einem prachtvollen Reiterzug ebenfalls mit. Der ferraresische Schatzmeister Francesco Bagnacavallo überbringt der Braut den Familienschmuck der Este, neun Stücke, darunter einige, die eigens für Lucrezia angefertigt wurden.

Wegen des schlechten Wetters kommt der Zug nur langsam voran. Man macht in Bologna, Florenz, Poggibonsi und Siena halt. Als man nach verregneten Tagen mit eisigem Wind schließlich an die Grenzen der römischen Campagna gelangt, verscheucht der Tramontana am 23. Dezember 1501 plötzlich die Wolken. Der Himmel klart sich auf, und am Horizont zeichnen sich die Stadtmauern Roms ab. Man legt eine Rast ein und bringt die Ausrüstung in Ordnung, die während der Reise gelitten hat. Jedermann zieht sein Festgewand an. Man legt Wert darauf, Eindruck zu machen. An der Porta del Popolo warten bereits neunzehn Kardinäle, römische Beamte und päpstliche Vertraute auf die Ferraresen. Der Herzog der Romagna ist mit einem Gefolge von achtzig Hellebardieren ebenfalls am Stadttor erschienen. Cesare ist prachtvoll mit Gold und Edelsteinen geschmückt. Er reitet auf einem Pferd, dessen mit Perlen und Edelsteinen besetztes Zaumzeug von dem Venezianer Sanudo auf 10 000 Dukaten geschätzt wird. Cesare hat in der Nähe des Ponte Molle viertausend Mann Fußvolk und Berittene mit ihren Uniformen in den päpstlichen Farben Aufstellung nehmen lassen.

Die Begrüßungsreden dauern mehr als zwei Stunden. Der Sohn des Papstes umarmt Kardinal Ippolito und führt ihn zum Vatikan. Bei der Überquerung der Engelsbrücke feuern die Geschütze der Burg ihre Ehrensalven ab. Unter dem Gedonner bäumen sich die Pferde auf und werfen ihre Reiter beinahe aus dem Sattel.

Wie gewöhnlich beobachtet der Papst die Ankunft des Reiterzugs aus einem Fenster des Vatikans. Er empfängt Kardinal Ippolito und die Fürsten Este und schickt sie dann zum Palast Sa. Maria in Portico, wo sie die Braut begrüßen sollen. Lucrezia erwartet sie auf der großen Freitreppe, gestützt auf den Arm eines älteren Kavaliers. Sie bietet den Besuchern Erfrischungen an und verteilt kleine goldene Geschenke, Kelche, Kannen und Silberplatten. Ein Verwandter von Niccolò da Correggio, der mit «Il Prete» zu unterzeichnen pflegt, informiert Alfonsos Schwester Isabella d'Este, die Markgräfin von Mantua, detailliert über Lucrezias Toilette und über ihre Freigebigkeit. So gewinnt Isabella bereits jetzt einen ersten Eindruck von ihrer Schwägerin und zukünftigen Rivalin. «Il Prete» bemerkt, die Augen des Kardinals Ippolito leuchteten vor Vergnügen angesichts dieser «reizenden und sehr anmutigen Dame». Wie Il Prete sie beschreibt, trägt Lucrezia ihr Haar schlicht, ohne jede Spange, und wie alle ihre Hofdamen ist sie nicht dekolletiert. Für diesen Tag hat sie ein braunes und violettes Brokatgewand und einen goldbestickten, zobelgefütterten Mantel angezogen. Ein Haarnetz aus grüner Seide, mit Edelsteinen besetzt, umhüllt ihr Haar, und eine große Kette von Perlen und Rubinen schmückt ihren Hals. Gianluca Castelli bestätigt, daß ihre «unbestreitbare Schönheit durch ihre Lebensart zusätzlich gewinnt und daß sie kurzum so lieblich erscheint, daß man sie keiner verderblichen Handlungen verdächtigen kann oder darf ... Eure Hoheit und Herr Don Alfonso werden mit ihr vollkommen zufrieden sein, da sie nicht nur in jeder Weise vollendet anmutig, sondern auch bescheiden, liebenswert und sittsam ist. Überdies ist sie eine fromme, gottesfürchtige Christin.»

NEUE HOCHZEITSFEIERLICHKEITEN IN ROM

Man feiert das Weihnachtsfest im familiären Rahmen. Der Papst zelebriert die nächtliche Messe, und die Fürsten Este ministrieren ihm dabei. Im Beisein von fünfzig edlen Damen, die *alla romanesca* ein Stofftuch flach auf ihrem Kopf tragen, gibt Lucrezia am folgenden Tag einen Empfang in ihrem Palast. Die Braut tanzt mit Don Ferrante d'Este. Einmal mehr fällt ihre strahlende Schönheit auf, ebenso wie jene Angelas, einer ihrer Cousinen. Angela ist damals kaum fünfzehn Jahre alt, jedoch bereits mit Francesco Maria della Rovere verlobt, mit dem Neffen des Kardinals Giuliano, dem Sohn des einstigen Präfekten von Rom.

Der Papst hat entschieden, daß auch das Volk an den Lustbarkeiten der Hochzeitsfeier teilnehmen darf. Vom 26. bis zum 30. Dezember werden zwischen dem Vizekanzlerpalast und dem Petersplatz täglich Wettkämpfe ausgetragen, an denen zwölfjährige Kinder, Juden, Greise, Büffelreiter ohne Sattel und Zaumzeug und selbst Kurtisanen teilnehmen. Am 30. Dezember findet die Trauung in der *Sala Palolina* des Vatikans im Beisein des Papstes und des Herzogs von Valence statt. Dreizehn Kardinäle nehmen teil. Stellvertretend für seinen Bruder übergibt Don Ferrante Lucrezia einen mit Edelsteinen besetzten Goldring. Kardinal Ippolito überreicht der jungen Frau daraufhin den Familienschmuck. Die Übergabe wird von einer kleinen Rede begleitet, die Pozzi, der Ratgeber des Herzogs Ercole, verfaßt hat. In der Rede wird diskret darauf hingewiesen, daß Ercole die Juwelen zurückverlangen kann, wenn Lucrezia in der Ehe untreu werden sollte. Vier Ringe, jeweils mit einem Diamanten, einem Rubin, einem Smaragd und einem Türkis besetzt, wurden eigens für die Braut angefertigt. Die anderen Juwelen stammen aus dem herzoglichen Schatz. Voller Bewunderung sieht Burchard den Kardinal der Kassette eine Art Haube oder einen Kopfschmuck mit sechzehn Diamanten, ebenso vielen Rubinen und hundertfünfzig Perlen entnehmen, anschließend vier Halsketten. Man schätzt den Schmuck insgesamt auf 8000 Dukaten. Kardinal Ippolito gibt bekannt, daß der Herzog der Vermählten bei ihrer Ankunft in Ferrara weitere Geschenke überreichen wird.

Am Nachmittag erstürmt Cesare auf dem Petersplatz eine hölzerne Festung; dann findet ein Ball in den päpstlichen Gemächern statt. Cesare und Lucrezia tanzen in der *Camera del Pappagallo* miteinander, unter den Augen ihres Vaters, der auf seinem Thron sitzt. Eine antike Komödie wird aufgeführt, und nachdem eine Ekloge gesungen wurde, setzen sich die Este und die Borgias zum gemeinsamen Festessen. Der Tag wird allen, ob Standesherren oder kleinen Bürgern, als Beispiel königlicher Verschwendungssucht in Erinnerung bleiben.

Am folgenden Tag, dem 31. Dezember 1501, überzeugt sich der Ratsherr Castellini davon, daß die Bullen mit den versprochenen Konzessionen in angemessener Form ausgestellt wurden. Man ist übereingekommen, Lucrezias Mitgift am nächsten Tag auszuzahlen – 100 000 Dukaten. So beginnt das Jahr 1502 mit dem Zählen aufgeschichteter Goldmünzen im Vatikan, während auf dem Petersplatz das Volksfest stattfindet. Dreizehn Prachtwagen versinnbildlichen die dreizehn Bezirke Roms: Kastor und Pollux stehen für das Quirinalviertel, Marc Aurel für das des Lateran, Herkules für das Kapitol. In allegorischer Manier wird die Größe Roms, Julius Cäsars und mithin auch die des Herzogs von Valence und der Romagna gefeiert. Wieder werden bukolische Gedichte vorgetragen, und am Abend wird in der *Camera del Pappagallo* und in der *Sala papale* ein Ball gegeben. Cesare führt dabei maskiert eine *moresca*, eine getanzte Pantomime, auf, und Lucrezia tanzt auf Bitten ihres Bruders in Gesellschaft eines jungen Mädchens aus Valence. Am 2. Januar nimmt es der Valentinus in einer Arena auf dem Petersplatz zu Pferde mit einem wütenden Stier auf. Er kämpft in Gesellschaft von vier mit Lanzen bewaffneten Spaniern. Seine Geschicklichkeit findet wie gewöhnlich Bewunderung. Der Valentinus stürzt sich auf den Stier und tötet ihn mit einem Hieb genau zwischen die Hörner. Weitere Stierkämpfe bestreitet Cesare zu Fuß. Zusammen mit zwölf mit Piken bewaffneten Spaniern streckt er einen weiteren Stier nieder. Insgesamt werden acht Stiere und zwei Büffel getötet. Bei dem Heldenstück kommt allerdings auch ein Stierkämpfer ums Leben.

Am Abend versammeln sich die geladenen Gäste zu einer Theateraufführung in den Gemächern des Papstes. Die *Menaechmi* von Plautus werden gegeben. Dem Stück geht ein allegorisches Pantomimenspiel voran, in dem Cesare und Ercole auftreten. Ercole und Cesare wird in dem Spiel von Juno eine glückliche Verbindung zwischen ihren Häusern versprochen. Dann streiten sich Rom und Ferrara um den Besitz von Lucrezia, bis Merkur – der Gott des Geldes – sie miteinander aussöhnt. Während der Darbietung zählen die Vertreter Ferraras und des Pontifex in einer abgelegenen Kammer des Vatikans immer noch die Mitgift, die in Münzen ausgezahlt wird. Am 2. Januar sind sie erst bei 25 000 Dukaten angelangt. Sie haben mehrere an den Kanten abgeschliffene Geldstücke entdeckt und lassen sie durch vollwertige ersetzen. Sie sind auch am 4. noch mit dem Zählen beschäftigt, bis Don Ferrante am 5. schließlich die verbleibenden Dukaten an sich nimmt und sich vorbehält, die Summe später in Ferrara zu überprüfen.

DIE MÄRCHENHAFTE ÜBERFAHRT LUCREZIAS

Die Abreise wurde auf den 6. Januar gelegt. Im starken Nordwind wirbeln Schneeflocken durch die Luft, ein für Rom seltenes Bild. Lucrezia hat sich in einen gefütterten Mantel warm eingehüllt. Kurz zuvor hat sie sich in der *Camera del Pappagallo* von ihrem Vater und Bruder Cesare verabschiedet. Auf dem Petersplatz erwartet sie ihre Eskorte, der vierundzwanzig Damen, Herren, Zwerge und Narren angehören. Lucrezia wird zudem von zweihundert Berittenen Cesares begleitet. Insgesamt besteht der Zug nach Ferrara aus mehr als tausend Personen. Drei Bischöfe, der treue Kardinal von Cosenza, Francesco Borgia, Kardinal Ippolito, die Fürsten Este und ihre Gefolgsleute geben der Sänfte der zukünftigen Herzogin von Ferrara das Geleit. Lucrezias Gepäck wird in Truhen auf Mauleseln befördert und in Karren, die mit Samtdecken in ihren Farben Braun und Gelb behangen sind.

Es ist nicht bekannt, welches die letzten Worte waren, die Alexander VI. mit Lucrezia gewechselt hat. Aber der Papst hat seine Untertanen fürsorglich angewiesen, seine Tochter auf ihrem Weg gut zu empfangen. Der Zug macht Zwischenstation in Nepi und Spoleto. In beiden Städten hat man Lucrezia in guter Erinnerung behalten. Am 18. Januar gelangt sie mit ihrer Eskorte nach Urbino, wo ihr der Herzog Guidobaldo di Montefeltre und seine Frau Elisabetta Gonzaga, die Schwägerin Isabellas von Mantua, ihren

Palast zur Verfügung stellen. Die Herzogin begleitet Lucrezia auf ihrem weiteren Weg durch die Berge nach Pesaro. Lucrezia zieht in die Stadt ein, deren Herrin sie während ihrer ersten Ehe war. Hundert Kinder, in Cesares Farben Rot und Gelb gekleidet, empfangen sie. Die Kinder winken mit Ölzweigen und rufen «Duca! Duca! Lucrezia! Lucrezia!». In Pesaro läßt die junge Frau ihre Gefolgsdamen mit den Einheimischen tanzen, darunter auch ihre beiden Cousinen Angela Borgia und Jeronima, die Frau Fabio Orsinis. Jeronima sucht bei den Vergnügungen Vergessen, denn seit sie weiß, daß sie von der «neapolitanischen Krankheit» infiziert ist, leidet sie unter Angstzuständen. In Pesaro zieht sich Lucrezia in den Palast zurück und wäscht sich das Haar, entweder aus gesundheitlichen Gründen – um einem Migräneanfall vorzubeugen – oder aus Eitelkeit, denn sie hält ihre Haare mit Hilfe von Färbemitteln goldblond.

In Rimini schickt ihr Ramiro Lorca, der das Amt des Statthalters der Romagna innehat, drei Kompanien von Armbrustschützen. Die Soldaten sollen ihren Zug vor Giambattista Caracciolo schützen. Der venezianische Kapitän macht Cesare für die Entführung seiner Frau Dorotea verantwortlich. Er macht die Gegend unsicher, und ein Racheakt an Lucrezia ist zu befürchten. Man drängt zur raschen Weiterfahrt: Cesena, Forlì und Faenza, die Städte des neuen Herzogtums von Cesare, bejubeln begeistert die Schwester ihres Landesherrn.

Die Kavalkade gelangt am 27. Januar nach Imola. Die Stadt ist mit Fahnen in Lucrezias Farben geschmückt. Wie offizielle Ehrenbezeigungen und Umzüge mit Prunkwagen bekunden, hat Lucrezia die einstige Herrin der Stadt, die *virago* Caterina Sforza, aus den Herzen ihrer Einwohner vertrieben. Die Papsttochter wäscht sich noch einmal das Haar. Lucrezia legt das gleiche Gewand an, das sie bei ihrem Einzug in Ferrara tragen wird. Am 28. Januar macht sie in Bologna halt, wo sie Giovanni Bentivoglio und seinen Söhnen ihre Aufwartung macht. Dort trifft sie auf Ginevra Sforza Bentivoglio, die Frau des Stadtherrn und die Tante Giovannis von Pesaro, ihres verstoßenen Gatten. Die beiden Damen begegnen einander mit Zurückhaltung und Takt. Man bereitet ihr einen prächtigen Empfang, ein Bankett und einen Ball.

Am 30. Januar trifft die zukünftige Herrin von Ferrara in Castel Bolognese ein, der Grenzstadt zum Herzogtum Ferrara. Unterdessen reitet ihr Alfonso maskiert entgegen. Er brennt vor Ungeduld auf das Treffen mit seiner Verlobten. Seine erste Frau Anna Sforza hat Alfonso noch in schlechter Erinnerung. Anna zeigte sich ihm gegenüber abweisend und hatte lesbische Neigungen. Ihre Nächte verbrachte sie mit einer kleinen schwarzen Sklavin, die ihre sexuellen Lüste befriedigen mußte. Dank der Berichte über Lucrezia, dem einstimmigen Lob ihrer Schönheit und der anzüglichen Abenteuer, die man ihr zuschreibt, umgibt seine zukünftige Gattin eine delikate Aura, die Alfonsos Begierde kitzelt. Lucrezia gewährt freundlich und respektvoll dem jungen Hünen mit dem dunklen Teint eine zweistündige Audienz. Alfonso verläßt sie vollauf zufrieden und kehrt vor ihr nach Ferrara zurück, wo er sie offiziell empfangen soll. Das kurze romanhafte Zusammentreffen, das für die höfischen Sitten der Renaissance durchaus ungewöhnlich ist, deutet bereits auf den zu erwartenden Verlauf der Ehe.

Von Bologna aus reist Lucrezia über die Kanäle weiter. Wie eine phantastische Erscheinung sieht die Bevölkerung im milchigen Februarnebel die fürstliche Barke nach Ferrara vorübergleiten. In ihr sitzt Lucrezia, gekleidet in ein Goldbrokatgewand mit karmesinroten Bändern und in einen weiten hermelingefütterten Seidenmantel gemummt; an ihrer Seite sitzt die Herzogin von Urbino. Elisabetta Gonzaga ist in einen Umhang aus schwarzem Samt mit aufgestickten Goldziffern und Tierkreiszeichen gehüllt. Beide Damen tragen an Hals und Kopf herrlich funkelnde Juwelen.

In Malalbergo, auf ferraresischem Gebiet, taucht aus dem Dunst das Boot Isabella d'Estes auf. Isabella kommt aus Mantua und soll ihre Schwägerin empfangen. Über ihr herrliches Gewand aus grünem Samt, mit glitzernden Juwelen geschmückt, hat sie einen Mantel aus schwarzem Samt geworfen, der mit einem besonders hellen Luchspelz gefüttert ist. Isabella und Lucrezia, zwei Rivalinnen an Schönheit und Pracht, mustern sich und vergleichen unter dem unparteiischen Blick von Elisabetta von Urbino ihre Reize. Das denkwürdige Zusammentreffen der drei bedeutendsten Frauen des Zeitalters ist auch der erste höfische Konkurrenzkampf, den sich die Damen im Verlaufe der anstehenden Hochzeitsfeierlichkeiten liefern werden.

Etwas weiter, in Torre della Fossa, erwartet Ercole d'Este seine Schwiegertochter. Fünfundsiebzig berittene Bogenschützen paradieren in ihren weißen und roten Waffenröcken unter grauem Himmel den Kanal entlang. Lucrezia verläßt die Barke, verbeugt sich vor ihrem Schwiegervater zum Handkuß und besteigt die breite, mit golddurchwirkten Tüchern behangene Prachtgaleere des Herzogs, die sie in ihre neue Hauptstadt bringen soll. Alfonso bleibt mit seinem Vater im hinteren Teil des Schiffes und lacht dort über Lucrezias Narren, die auf spanisch Streiche und Possen vorführen. Bald steigt die junge Frau aus dem Schiff und zieht sich im Borgo S. Luca in den Palast von Alberto d'Este, dem illegitimen Bruder Ercoles, zurück, um sich ein wenig Ruhe zu gönnen.

Die Hochzeitsfeierlichkeiten beginnen am nächsten Tag mit dem Einzug des Brautpaars in Ferrara. Die herzoglichen Bogenschützen eröffnen den Marsch, gefolgt von achtzig Trompetern, von denen sechs gewissermaßen Leihgabe des Herzogs der Romagna sind. Vierundzwanzig Dudelsackspieler und Trommler marschieren mit ihnen. Es folgen die ferraresischen Adeligen. Jeder von ihnen trägt eine goldene Halskette, die zwischen 500 und 1000 Dukaten wert ist. Der Bräutigam sitzt auf einem Braunen, der mit purpurnen und goldenen Decken geschmückt ist. Alfonso ist in Grau und Weiß gekleidet. Neben ihm reitet sein Schwager Annibale Bentivoglio. Römische und spanische Adelige, Gesandte und fünf Bischöfe schreiten der Braut voran, die unter einem Goldbaldachin auf ihrem rot-grau gescheckten Maultier reitet. Goldnägelchen schmücken das kostbare Zaumzeug des Reittieres. Lucrezias Garderobe erntet Bewunderung: ein gestreiftes Kleid aus Goldtuch und tiefdunkler Seide mit herabhängenden Ärmeln nach französischer Mode, ein golddurchwirkter, hermelingefütterter, an den Seiten geschlitzter Mantel. Lucrezias Hals ziert die mit Diamanten und Rubinen besetzte Kette der verstorbenen Frau von Ercole d'Este. Als Kopfputz trägt sie das mit Edelsteinen besetzte Häubchen der einstigen Herzogin. Sechs Edelleute ihres Gatten geben ihr das Geleit, der französische Gesandte reitet zu ihrer Rechten. Die Herzogin von Urbino und Herzog Ercole folgen ihr nach, dann Jeronima Borgia, die Frau Fabio Orsinis, und Adriana de Mila. Die prachtvolle Kavalkade zieht unter den blumengeschmückten Triumphbögen hindurch, auf denen allegorische Szenen abgebildet sind. In einer Szene tummeln sich mehrere Nymphen um ihre Königin, die auf einem roten Stier sitzt. Als der Troß in der Nähe des Palastes ankommt, lassen sich zwei Artisten auf einem Seil von der Turmspitze herab und bringen der Braut eine Huldigung da. Als Lucrezia von ihrem Reittier steigt, entsteht sofort eine Prügelei zwischen den Bogenschützen des Herzogs Ercole und denen Alfonsos: Nach dem Brauch werden ihnen der Baldachin und der Maulesel der Braut überlassen.

Die Papsttochter steigt die Marmortreppe empor. Oben erwartet sie ihre Schwägerin Isabella von Mantua, gekleidet in ein prunkvolles Gewand aus golddurchwirktem Tuch, auf das Musiknoten gestickt sind. Im großen Saal der Residenz wurden zwei Throne für die frisch Vermählten errichtet. Das Brautpaar nimmt auf ihnen Platz und lauscht den Komplimenten und den lateinischen Gedichten, die Lucrezias Schönheit und Alfonsos Tugenden feiern.

Pellegrino Prisciano, ein betagter Humanist, gerät über die Familie Borgia in Verzückung und vergleicht Alexander VI. mit dem heiligen Petrus:

«Petrus hatte in Petronella eine wunderschöne Tochter, Alexander hat Lucrezia, die in ihrer Schönheit und Tugend erstrahlt. Oh, grenzenlose Mysterien des allmächtigen Gottes! Oh, selige Menschen!»

Ludovico Ariosto, damals noch ein unbekannter Dichter von siebenundzwanzig Jahren, besingt in schönen Worten den neuen Stern am Himmel des Hofes von Ferrara. Da er jedoch dem Kardinal Ippolito d'Este verpflichtet ist, läßt er erst später die Verse drucken, in denen er Lucrezia huldigt. Ein Nachklang dieser Verse findet sich im dreizehnten Gesang des *Rasenden Roland:*

> Wie Zinn zum Silber, Kupferblech zum Golde,
> Die blasse Weide sich zum Lorbeer stellt;
> Wie Ackermohn zur duft'gen Rosendolde,
> Gefärbtes Glas sich zum Juwel verhält:
> So stellt dereinst sich neben diese Holde,
> Die ich verehr, eh sie betrat die Welt,
> Jedwede Frau, die man als schön und weise,
> Als ausgezeichnet und vollkommen preise.

Ariost ist nicht als einziger vom Charme der blonden Lucrezia entzückt. «Sie ist verführerisch und wahrhaft voller Anmut», hatte *Il Prete,* der Geheimsekretär von Isabella d'Este, in Rom geschrieben. Die Markgräfin von Cotrone, Isabellas Ehrendame, zeigt sich dagegen etwas kritischer und bemerkt trocken: «Wenn die Schönheit der Braut auch nicht gerade bemerkenswert ist, so hat sie doch einen sanften Gesichtsausdruck.» Lucrezia hat die Jugend auf ihrer Seite: Noch keine zweiundzwanzig Jahre alt, ist sie sechs Jahre jünger als ihre Schwägerin Isabella von Mantua. Zu ihren körperlichen Reizen kommt ihr Charme hinzu: «Sie ist voller Taktgefühl, bedachtsam, sehr klug, lebhaft, heiter und sehr liebenswert», schreibt der Chronist Zambotto, der Zeuge ihrer Ankunft war. «Ihr Geist folgt der allererersten Eingebung, und dies steht schon in ihren glänzenden Augen geschrieben.»

Am häufigsten wird Lucrezia als fröhlich gepriesen. Die beste überlieferte Beschreibung von ihr ist jene von Cagnolo, einem Bürger aus Parma: «Sie ist von mittlerer Größe und von zierlicher Gestalt; ihr Gesicht länglich, die Nase schön profiliert, die Haare goldhell, die Augen von graublauer Farbe; ihr Mund ist ein wenig groß, die Zähne blendend weiß; ihr Hals schlank und weiß, bedeutend und doch voll Maß. Ihr ganzes Wesen strahlt stets lachende Heiterkeit aus.» Das Geheimnis von Lucrezias Charme lag wie bei ihrem Vater und Bruder in ihrer Lebensfreude und

Ausgelassenheit. Ihr Gatte Alfonso d'Este, ein eher verschlossener Mensch, der Kanonen leidenschaftlich liebte, aber auch Musik und Keramiken, lebte häufig seine derben, mitunter niederen Bedürfnisse aus. Er erliegt alsbald dem Charme seiner liebenswerten und klugen jungen Frau.

Am Abend begibt sich Lucrezia in das Hochzeitsgemach. Unter der Leitung ihrer Vertrauten Adriana de Mila werden Lucrezia von ihren Hofdamen die goldenen Kleider abgenommen. Frauen, spanische Prälaten, Verwandte und Vertraute des Papstes warten im Vorzimmer und belauschen das junge Paar bei der Hochzeitsnacht. Am Morgen weiß man zu berichten, daß sich Alfonso als galanter und leidenschaftlicher Ehemann gezeigt habe, wenn auch seine Manneskraft – dreimal bewiesen – nur im Rahmen eines guten Durchschnitts blieb.

Am Morgen des 3. Februar flaniert die attraktive Jungvermählte noch müde durch ihr Gemach, zieht sich langsam an, nimmt ein leichtes Frühstück zu sich und unterhält sich auf spanisch mit ihren Cousinen Adriana de Mila, Angela und Jeronima Borgia. Gegen Mittag muß Lucrezia die Familie d'Este, die neugierige Isabella von Mantua und die Gesandten und Standesherren empfangen, die sich derzeit in Ferrara aufhalten. Die Festlichkeiten beginnen mit einem Ball, auf dem Lucrezia bewundert wird. Dann wird der *Epidicus* von Plautus aufgeführt. Die Komödie ist das erste von fünf Stücken, die im großen Saal des Palazzo della Raggione gespielt werden. Angeblich sollen auf den dreizehn Stufen des Amphitheaters im großen Saal mehrere tausend Ferraresen Platz finden. Die Moresken und allegorischen Aufmärsche in den Zwischenakten reißen das Publikum ebenso mit wie die eigentliche Handlung des Stückes. Die Lustbarkeiten werden mit jedem Tag ausgelassener. Am Sonntag finden sich schließlich alle Hochzeitsgäste im Dom ein. Der Erzbischof übergibt Alfonso ein Barett und einen Degen, beides von seinem Schwiegervater, dem Papst, geweiht. Ein Ball schließt sich an, bei dem Lucrezia in einem mit goldenen Fischschuppen besetzten violetten Gewand mit einer ihrer Ehrendamen einen französischen Tanz zum besten gibt. Der französische Botschafter überreicht die Geschenke seines Königs. Ercole und Alfonso erhalten jeder einen Schild mit einer Heiligendarstellung in Email, Lucrezia einen goldenen Rosenkranz, dessen Perlen mit stark riechendem Moschus gefüllt sind, damit ihr die Andacht Genuß bereiten möge.

Am Faschingsdienstag, dem 8. Februar, überbringen die Gesandten italienischer Staaten ihre Geschenke. Besonderen Eindruck machen die beiden weiten, hermelingefütterten Samtmäntel, die die Botschafter Venedigs zu Lucrezias Füßen ausbreiten. Am Abend findet dann eine letzte Theateraufführung statt. Im Zwischenakt gibt Alfonso bei einem Violenkonzert sein virtuoses Können zum besten. Später sieht man eine große goldene

Kugel in der Luft zerbersten. Vier Sänger, die als die Tugenden verkleidet sind, steigen heraus und stimmen einen Gesang an.

Am Aschermittwoch ist die Stunde der Abreise von Gesandten und Fürsten gekommen. Bis zuletzt hatte man auf Charlotte d'Albret, Cesare Borgias Frau, gewartet. Aber lediglich ihr Bruder, Kardinal Amanieu, war erschienen. Der Kardinal konnte das Fest nur zum Schluß miterleben. Die beiden Cousinen Borgia und ihr riesiges Gefolge von 450 Personen und 350 Pferden bleiben nach Abreise der Gesandten noch bis zum 14. Februar in Ferrara, bis fünf Tage nach Ende des Karnevals. Sie leben dort auf Kosten des Herzogs Ercole. Der nicht gerade großzügige Ercole beklagt sich bei seinem Gesandten in Rom darüber, daß er noch immer Geld für die Hochzeit ausgeben müsse. Sie habe ihn bereits 25 000 Dukaten gekostet. Die eben geschlossene Verbindung bereut er dennoch nicht. Aufrichtig schreibt er dem Papst: «Bevor die Erlauchte Herzogin, unsere gemeinsame Tochter, hierher kam, war es mein fester Vorsatz, sie mit gebührlicher Freundlichkeit aufzunehmen und zu lieben und zu ehren ... Nun, da Ihre Herrlichkeit angekommen ist, hat sie mich durch ihre Tugenden und würdigen Eigenschaften so sehr befriedigt, daß mein Wille und Wunsch aufs äußerste bestärkt wurden ... Ich erachte Ihre Herrlichkeit als das Teuerste, was ich auf dieser Welt besitze.»

Alexander nimmt Ercole sofort beim Wort und bittet ihn, Lucrezias Rente von 6000 Dukaten zu verdoppeln. Die junge Frau solle ihre Stellung als Fürstin würdig ausfüllen und sich ihren Ruf als eine der bestgekleideten Damen Italiens erhalten können. Alexander erhält jedoch zunächst nur 10 000 Dukaten für seine Tochter. Der Heilige Vater zeigt sich dem ferraresischen Gesandten gegenüber erfreut, daß der Herzog Alfonso jede Nacht bei der Herzogin zu schlafen pflege, anstatt sich wie alle jungen Leute tagsüber mit anderen Frauen zu vergnügen: «Diese Gepflogenheit», fügt er jedoch hinzu, «ist, wie man anerkennen muß, für sie beide gut!» Alexander erinnert sich an seine eigene Jugend und hat zudem das Beispiel Cesares vor Augen.

PAPSTBESUCH IN PIOMBINO

In Rom entschließt sich der Pontifex zu einem offiziellen Besuch der beiden zuletzt eroberten Gebiete des Herzogs der Romagna, Piombino und die Insel Elba. Alexander nimmt auf seiner Reise sämtliche Requisiten seiner Würde mit: die *sedia gestatoria*, den vergoldeten Baldachin, die Kantoren seiner Kapelle und einen Kollegen Burchards, der sich um den geregelten Ablauf der Zeremonien kümmern soll. Zudem begleiten sechs Kardinäle den Papst. Selbstverständlich nimmt auch der Herzog Valentinus an der Reise teil. Auf sechs Galeeren schiffen sich die Reisenden in Corneto ein. Am 21. Februar gehen sie in Piombino an Land und bleiben dort sechs Tage. Der Papst und sein Sohn fahren anschließend auf die Insel Elba, wo sie die Fortschritte beim Bau von zwei Festungsanlagen inspizieren. Mit dem Bau wurde Leonardo da Vinci beauftragt. Nach der Niederlage Ludovico Sforzas hat Leonardo da Vinci seinen Dienstherrn gewechselt und ist nun als Militäringenieur beim Herzog der Romagna tätig. Nachdem Alexander die Küste Elbas besichtigt hat, kehrt er nach Piombino zurück. Sein Sohn bietet ihm dort ein prachtvolles Bankett mit allerlei Darbietungen: Glänzende Tänzer und Tänzerinnen erweisen dem Papst mit golddurchwirkten Kostümen Ehren, wie sie einem Kaiser zukommen.

Am letzten Februartag besteigen der Pontifex, Cesare und das Gefolge wieder ihre Galeeren, um nach Rom zurückzukehren. Ein Sturm kommt auf. Fünf Tage lang werden die kleinen, zerbrechlichen Schiffe bedrohlich in der sturmgepeitschten See umhergeworfen. Außer Alexander leidet jeder an Bord der Schiffe an der Seekrankheit und wird von Todesangst ergriffen. Der Papst sitzt auf der Brücke und ruft bei jeder heranrollenden Riesenwelle «Jesus!» aus. Er klagt lediglich über Hunger und verlangt, man solle ihm Fisch braten! Als die Reisenden in Porto Ercole endlich wieder festen Boden unter den Füßen haben, weigern sich die Kardinäle, sofort nach Rom weiterzureisen. Alexander muß sie ausruhen lassen, bevor er sein päpstliches Gefolge in Civitavecchia wieder versammeln kann. Am 10. Februar ist der Papst wieder im Vatikan, ebenso seine Kardinäle, die noch blaß von den Schrecken der Überfahrt sind. Trotz seiner 71 Jahre hat der Papst die Schrecken der strapaziösen Fahrt gut überstanden. Wie der florentinische Sekretär Francesco Capello am 10. März schreibt, «ist er bei bester Gesundheit und fröhlich wie immer nach Rom zurückgekehrt».

Alexanders Zuversicht hat gute Gründe. Cesare ist inzwischen bestens gerüstet, um seinen Eroberungsfeldzug in der Toskana wiederaufzunehmen. Außerdem hat den Papst im Vatikan inzwischen die erfreuliche Neuigkeit erreicht, daß Lucrezia in Ferrara gesellschaftliche Triumphe feiert. In nur zwei Jahren sind Alexanders Kinder in politische Schlüsselpositionen aufgerückt. Frankreich und Venedig bezeigen der päpstlichen Familie höchstes Wohlwollen. Die jüngst unterworfenen Gebiete verhalten sich ruhig dank der Regimenter Michelotto Corellas in Piombino und Ramiro de Lorcas in der Romagna. Cesare Borgia, der weltliche Arm des Heiligen Stuhls, erscheint als Despot der Fürstentümer und Republiken Italiens.

Kapitel VI

Stelldichein mit dem Teufel

Ein Vorbild für Machiavelli

Alle Italiener richten gebannt ihre Blicke auf Cesare Borgia und beobachten sein Tun mit einer Mischung aus Furcht, Schrecken und Bewunderung. Gerade zu dieser Zeit, als Cesare alles glückt, führt ihn das Schicksal mit einem jungen Mann zusammen, der ihn zum Mythos erheben wird. Der Sekretär des Rates der Zehn in der Republik Florenz, Niccolò Machiavelli, wird den Valentinus als Vorbild für seinen idealen Fürsten wählen, der sich nur durch starken Willen selbst zum Herrscher erhebt. «Wer also lernen will, in seinem neu begründeten Fürstentum mit seinen Feinden fertig zu werden, sich Freunde zu verschaffen, durch Gewalt oder List den Sieg zu erringen, die Liebe und den Respekt seiner Untertanen, die Treue und Ergebenheit seiner Soldaten zu gewinnen, alle zu vernichten, die Macht oder Anlaß haben, ihm zu schaden, die alten Ordnungen umzuändern, streng und beliebt, großherzig und freigebig zu sein, ein treuloses Heer aufzulösen und ein neues zu schaffen, sich die Freundschaft von Königen und Fürsten zu erhalten, so daß sie ihm bereitwillig dienen oder doch ungern schaden – der kann keine geeigneteren Beispiele finden als die Taten Cesare Borgias.»

Die Aufrechterhaltung der Ordnung in der Romagna

Dem Beobachter fällt auf den ersten Blick auf, daß der Herzog eine äußerst wirksame Politik betreibt. Cesare delegiert geschickt seine Macht und behält sie dabei doch vollkommen in seinen Händen. Er bewahrt sich die Möglichkeit, die einmal aus der Hand gegebenen Zügel jederzeit wieder an sich zu nehmen. Ein anschauliches Beispiel für das politische Geschick des Herzogs ist die Art, wie er die Romagna regiert. Sein Militärgouverneur, der grausame und herrschsüchtige Ramiro de Lorca, schlägt in der Romagna erbarmungslos jeden Aufstand gegen den neuen Herrn nieder. Bei der Verfolgung von Verbrechern und Unruhestiftern mißachtet de Lorca selbst das traditionelle Asylrecht in Kirchen und an geweihten Orten. Am 29. Februar 1502 entrinnt ein Verbrecher wie durch ein Wunder dem Tod am Galgen, weil der Strick reißt. Mit Unterstützung der Menge findet der Übeltäter Unterschlupf in der Kirche des Serviten-Ordens. Ramiro erfährt davon und schreitet ein. Mit Gewalt zwingt er den Prior, den Mann herauszugeben. Der Unglückliche wird ein zweites Mal gehenkt, an einem Fenster des Palastes des Podestà. Lorca ist das Exempel nicht genug. Er macht die Bürger von Faenza für die Flucht des Gefangenen verantwortlich. Ohne sie anzuhören, zwingt er ihnen eine Geldstrafe von 10 000 Dukaten auf. Die Faentiner senden daraufhin eine Delegation nach Rom, die dem Papst und dem Herzog von Valence die Angelegenheit vorträgt. Cesare nutzt geschickt die Situation. Er rügt seinen Statthalter zwar nicht, hebt aber trotzdem die Geldstrafe auf. Damit steigt seine Popularität, und außerdem wird ihm von der Delegation versichert, daß sich die Faentiner in Zukunft den Weisungen seines Statthalters nicht mehr widersetzen werden.

Das Regiment in der Romagna ist vorbildlich für jedes Fürstentum der damaligen Zeit. Während vorher in der Provinz Banden ihr Unwesen trieben, gewalttätige Ausschreitungen und Verbrechen an der Tagesordnung waren und sich rivalisierende Familienklans befehdeten, kehrt nun Frieden und Ruhe in die Romagna ein. Der Fürst schützt Leben und Eigentum seiner Untertanen und fördert darüber hinaus die wirtschaftliche Entwicklung und den Wohlstand des Landes. Als Gönner Leonardo da Vincis, des genialen Baumeisters und Künstlers, zeigt sich der Valentinus an Innovationen sehr interessiert. Cesare gibt den Anstoß zu zahlreichen Bauwerken in den Städten und Häfen der Romagna.

DIE ÄUSSEREN BEDROHUNGEN
FLORENZ UND DER ANGRIFF
VON VITELLOZZO VITELLI AUF AREZZO

Will Cesare in seinem Staat Unruhen vermeiden, dann muß er die Enklaven im Inneren des Landes erobern. Denn die eingeschlossenen Gebiete bieten seinen Widersachern Unterschlupf und können als Operationsbasen gegen seine Herrschaft in der Romagna dienen. Cesare muß darüber hinaus seine

Nachbarstaaten im Zaum halten, die um ihre Unabhängigkeit fürchten und ihm deshalb feindlich gesinnt sind oder wie Florenz zuweilen sogar Ränke gegen ihn schmieden. Er kann jedoch nicht gegen seine Nachbarn vorgehen, solange seine wichtigsten Verbündeten, die Großmächte Frankreich und Venedig, nicht damit einverstanden sind.

Wie die Venezianer glaubt auch Ludwig XII., daß der Borgia, ihr Verbündeter, seine Macht weit genug ausgedehnt habe. Im Frühjahr 1502 schwächt jedoch eine unvorhergesehene Krise die Stellung Frankreichs in Italien. Dadurch ist Ludwig gezwungen, Cesare entgegenzukommen. Im Königreich Neapel kam es zu heftigen Spannungen zwischen Franzosen und Spaniern. Im Vertrag von Granada hatten die Verbündeten nicht sorgfältig festgelegt, welche Ländereien im Königreich sie jeweils bekommen sollten. Der schwelende Streit entzündet sich dann an der Frage, wer Anrecht auf den einträglichen Viehzoll von Foggia habe. Der französische Vizekönig in Neapel, Louis d'Armagnac, der Herzog von Nemours, geriet mit dem großen spanischen Kapitän Gonsalvo de Córdoba in Konflikt.

Cesare ist in dieser Situation versucht, sich an Florenz zu rächen. Die Florentiner hatten den Vertrag nicht respektiert, nach dem der Herzog einen Sold als Condottiere hätte erhalten sollen. Der Valentinus ist jedoch vorsichtig und agiert noch hinter den Kulissen. Zufällig kann er seinen Kapitän Vitellozzo Vitelli gegen die Florentiner aussenden. Cesare hielt Vitellozzo im Herbst 1501 gerade noch zurück, als er in florentinisches Gebiet vordringen wollte. Der Kapitän wollte den Tod seines Bruders Paolo Vitelli rächen, der wegen Verrates zum Tode verurteilt und hingerichtet worden war. Jetzt gestattet der Valentinus Vitellozzo, sich mit Piero de' Medici zu verschwören, um die Bevölkerung von Arezzo aufzuwiegeln.

Der Aufruhr wird entfacht wie geplant. Die kleine Stadt greift am 4. Juni unter den Rufen «Marzocco, Marzocco! Medici, Medici! zu den Waffen. Sie öffnet Vitelli die Stadttore. Bald darauf schließen sich Vitelli weitere Truppen an, geführt von seinem Bruder Giulio, dem Bischof von Città di Castello, und von Giampaolo Baglioni, dem Tyrannen von Perugia. Mit dieser Verstärkung besetzt Vitelli einige Tage später alle Festungen im Val di Chiana. Die Florentiner, überrumpelt von den starken Truppen und ihren raschen Manövern, schicken Gesandte nach Rom, um vom Papst eine Erklärung zu verlangen. Im gleichen Augenblick bieten die Pisaner, die erbitterten Feinde der Florentiner, Cesare die Signoria ihrer Stadt an. Am 10. Juni teilen sie ihm mit, daß sein Banner bereits über ihren Stadtmauern wehe.

Die Nachrichten erfüllen Cesare mit Zufriedenheit. Dennoch weiß er, daß es die Franzosen nicht zulassen würden, wenn er versuchte, seine Herrschaft auf die Toskana auszubreiten. Cesare ist daher einverstanden,

258

als der Papst den pisanischen Gesandten am 14. Juni antwortet, daß weder er noch sein Sohn ihr Angebot annehmen könnten. Den Gesandten aus Florenz versichert der Pontifex, sein Sohn trage an den Unternehmungen Vitellis keine Schuld. Tatsächlich liefert Cesare seinem Kapitän weder Soldaten noch Waffen, auch wenn er ihn gewähren läßt. Er benötigt alles verfügbare Material selbst für den geplanten Feldzug in der Romagna.

VORBEREITUNGEN ZUM DRITTEN FELDZUG
IN DER ROMAGNA
ASTORRE MANFREDIS HINRICHTUNG

Am 2. Juni, inmitten der Vorbereitungen für seinen neuen Feldzug, empfängt Cesare den Gesandten der Serenissima, Giustinian. Der Gesandte überbringt ihm freundschaftliche Briefe des Dogen. Nachdem die Republik von S. Marco dem Valentinus versichert hat, daß sie ihm gewogen ist, überprüft er diese Zusicherung sofort auf ihr politisches Gewicht. Er läßt Astorre Manfredi hinrichten, den einstigen Günstling Venedigs. Cesare hielt den jungen, abgesetzten Stadtherrn von Faenza noch immer in der Engelsburg gefangen.

Am 6. Juni meldet der Gesandte Giustinian, daß Astorre und sein Bruder zusammen mit ihrem Haushofmeister im Tiber ertränkt wurden. Es wird behauptet, man habe sich an den beiden jungen Männern widernatürlich vergangen, bevor man sie ermordete. Burchard vermerkt am 9. Juni in einer Tagebucheintragung, daß man ihre Leichen aus dem Fluß geborgen hat: «Man zog den Herrn von Faenza mit einer Ballistekugel am Hals aus dem Tiber, einen jungen Mann von etwa achtzehn Jahren, so schön an Aussehen und Gestalt, daß man unter tausend Altersgenossen kaum einen seinesgleichen hätte finden können; ferner zwei junge Leute, die an den Armen aneinandergebunden waren, einer von fünfzehn, der andere von etwa fünfundzwanzig Jahren. Auch die Leiche einer unbekannten Frau zog man heraus.»

Die rasche Hinrichtung Astorres ruft keine Proteste von venezianischer Seite hervor. Cesare kann daher sicher sein, daß die Serenissima sich nicht gegen seinen neuen Feldzug stellt. Mit der grausamen Strafe an Astorre hat Cesare zudem alle seine Gegner eingeschüchtert, so daß sich in der Provinz kein Widerstand mehr regt. In Spoleto hat der Valentinus bereits 6000 Fußsoldaten und 7000 Bewaffnete mit jeweils durchschnittlich drei Knappen zusammengezogen. Zu diesem Heer von ungefähr 10 000 Mann kommen noch die 2000 in der Romagna stationierten Soldaten hinzu. Tausend Männer stehen unter dem Befehl der beiden Grafen von Montevecchio und

San Lorenzo. Sie lagern zwischen Urbino und Senigallia. Tausend weitere, von Dionigi di Naldo befehligt, stehen in Verucchio, zwanzig Kilometer von Rimini an der Nordwestgrenze des damaligen Fürstentums San Marino. Cesare verläßt Rom am 12. Juni und trifft am 15. in Spoleto ein. Mit einem Edikt verpflichtet er jede Familie in der Romagna, ihm für seinen Feldzug einen Soldaten zu stellen. Aus diesen Soldaten bildet er seine Reservearmee.

DIE BELAGERUNG VON CAMERINO

Wie Cesare offiziell erklärt hat, will er Camerino erobern. Die kleine Stadt an den Ostausläufern des Apennin befindet sich in den Händen eines Tyrannen. Um die Macht an sich zu reißen, hat ihr Stadtherr Giulio Cesare Varano seinen Bruder ermordet. Varano ist ein Haudegen von siebzig Jahren und übt seine Schreckensherrschaft mit der Unterstützung seiner vier Söhne Venanzio, Annibale, Piero und Gianmaria aus. Er hat dem Heiligen Stuhl den Lehenszins verweigert und wurde von Alexander als abtrünniger Vasall mit einer Bulle exkommuniziert. Cesare hat bereits Francesco Orsini, den Herzog von Gravina, mit einer ersten Truppe nach Camerino geschickt. Die Truppe wird gleichzeitig von Oliverotto Eufreducci befehligt. Oliverotto hat seinerseits kürzlich die Signoria von Fermo an sich gerissen, wobei er seinen Onkel Giovanni Fogliano mitsamt seiner Familie einschließlich der Frauen und Kinder niedermetzeln ließ. Um Camerino zu umzingeln, brauchen der Herzog von Gravina und Oliverotto da Fermo Verstärkung. Varano, der über die Gefahr unterrichtet ist, hofft auf die Unterstützung von Guidobaldo di Montefeltre, dem Herzog von Urbino. Dies geht aus dem Geständnis des Schatzmeisters von Camerino hervor, den Cesares Leute in Foligno gefangengenommen hatten. Der Mann hatte zudem verraten, daß der Herzog von Urbino seine Männer bewaffnet und Sonderabgaben erhebt, damit er Camerino zu Hilfe eilen kann. Etwas später wird am Ortsausgang von Urbino ein Kurier abgefangen. Wie der Bote verrät, soll gegen Cesares Artillerie ein Handstreich geführt werden, wenn sie durch Gubbio zieht. Die Neuigkeiten liefern dem Valentinus den willkommenen Vorwand, Guidobaldo di Montefeltre anzugreifen. Schließlich hat Guidobaldo Varano Unterstützung zugesagt und damit den Heiligen Stuhl verraten!

260

ÜBERRASCHUNGSANGRIFF AUF URBINO UND EROBERUNG DES HERZOGTUMS

Mit teuflischem Geschick verschleiert Cesare seinen Plan. Er informiert Guidobaldo von seinem Marsch auf Camerino und schmeichelt ihm damit. Der Herzog von Urbino schöpft keinen Verdacht. Cesare gegenüber hegt er keine feindseligen Gefühle. Als friedliebender Fürst, als Mäzen von Künstlern und Literaten ist er das genaue Gegenteil der Kleintyrannen in der Romagna. Guidobaldo lebt in seinem Palast, inmitten freundlicher Untertanen und einer liebevollen Familie. Bei ihm lebt auch sein Adoptiverbe, sein dreizehnjähriger Neffe Francesco Maria della Rovere, der Herr von Senigallia.

Papst Alexander hat Francesco Maria den Titel des Gouverneurs von Rom verliehen, den bereits Francescos Vater getragen hatte, und er möchte ihn gerne mit seiner Nichte Angela Borgia verheiraten. Guidobaldo zeigte sich dem Heiligen Stuhl gegenüber stets loyal. Ehrerbietig legte der Herzog von Urbino sein Amt als Generalkapitän der Kirche nieder, als der Papst es von ihm verlangte. Guidobaldo und seine Frau Elisabetta Gonzaga nehmen Lucrezia sechs Monate zuvor äußerst liebenswürdig auf. Da er mit dem Heiligen Stuhl in so guter Beziehung steht, ist Guidobaldo nicht überrascht, daß Cesare ihn in seinen Schlachtplan einweiht und ihn bittet, ihn durch eine Lebensmittellieferung nach Gubbio zu unterstützen. Cesare erklärt ihm sogar, er wolle über Sassoferrato nach Camerino vorstoßen. Guidobaldo läßt die Straßen sichern und schickt dem Valentinus Ochsen, die seine Kanonen ziehen sollen. Cesare verlangt mehr und bittet den Herzog um tausend Männer, die er in der Toskana Vitelli übergeben möchte. Der Herzog von Urbino will sich jedoch nicht mit Ludwig XII. überwerfen und weigert sich deshalb, die Truppen zu schicken, solange ihn der Papst nicht mit einem Breve dazu anweist. Statt dessen schlägt Guidobaldo vor, Vitelli könne in seinem Herzogtum Truppen anwerben, und er wolle sich sogar an den Kosten der Aushebung mit einem Betrag bis zu 1000 Dukaten beteiligen. Man könnte nicht zuvorkommender sein. Guidobaldo liefert nicht nur die Lebensmittel, die er Cesares Vetter Francisco Loriz, dem Bischof von Elne, versprochen hat; als Geschenk schickt er dem Valentinus auch noch ein prächtiges Pferd. Während Cesare diese friedlichen Verhandlungen führt, geht seine Armee zum Angriff über. Er läßt sein gesamtes Gepäck in Nocera und führt seine Truppen in einem Eilmarsch nach Norden ins siebzig Kilometer entfernte Cagli, unter die Festung, die den Zugang zum Herzogtum Urbino beherrscht. Die überraschte Garnison von Cagli kapituliert am 20. Juni. Guidobaldo erhält die Nachricht noch am selben Abend beim Essen im Garten des Klosters der Zoccolanti, zwei Kilometer von seiner kleinen Hauptstadt entfernt. Er erfährt, daß sein Herzogtum von zwei weiteren Seiten her überrannt werden soll. Die beiden Grafen von Montevecchio und San Lorenzo rücken aus dem östlich gelegenen L'Isola di Fano auf Urbino vor, und Dionigi di Naldo marschiert von Verucchio aus durch das Marecchia-Tal. Drei Armeen des Valentinus konzentrieren sich somit auf die Hauptstadt des Herzogtums. Einen Augenblick denkt Guidobaldo daran, nach Nordwesten in seine Festung San Leo zu flüchten, aber die Straße ist abgeschnitten. Dann schickt er seinen jungen Neffen nach Bagno di Romagna und flieht selbst am 21. Juni als Bauer verkleidet trotz seines Gichtleidens durch die Berge bis nach Ravenna. Von dort gelangt er nach Mantua, wo seine Frau Elisabetta bei der Markgräfin Isabella auf Besuch weilt.

Wenige Stunden nachdem Guidobaldo die Stadt verlassen hat, zieht Cesare mit eingelegter Lanze als Eroberer in Urbino ein. Auf den Rat des Herzogs hin haben sich die Einwohner widerstandslos ergeben. So vermeiden sie die Verwüstung ihrer Stadt. Der Valentinus verbietet seinen Soldaten, Häuser zu plündern, und bezieht den Palast. Ohne einen Schwertstreich ist er Herr des Herzogtums Urbino geworden und damit Herrscher über einen bedeutenden Teil der Romagna und der Marken. Das neu erworbene Gebiet erstreckt sich von San Marino im Norden hundert Kilometer bis nach Gubbio im Süden und auf fünfzig bis sechzig Kilometern Breite zwischen der Luna-Gebirgskette im Westen nach Fossombrone im Osten. In der Stadt Urbino läßt Cesare die Kunstschätze der Montefeltre inventarisieren. Etliche Kunstwerke und die Bücher aus Guidobaldos Bibliothek läßt er in seine Residenz in Cesena bringen. Als Isabella von Mantua von Cesares Vorhaben erfährt, beteiligt sie sich an der Plünderung der Kunstsammlung des unglücklichen Guidobaldo, der sich damals gerade an ihrem Hof aufhält. Am 30. Juni schreibt Isabella ihrem Bruder, Kardinal Ippolito d'Este, er möge sich beim Valentinus dafür einsetzen, daß man ihr eine antike Venusstatue aus Marmor und einen Cupido aushändigte, einen Cupido, «den der Herzog der Romagna einst dem Herzog von Urbino geschenkt hatte». Cesare ist erfreut, daß er sich das Wohlwollen seiner Nachbarn zu einem solch günstigen Preis erkaufen kann, und schickt sogleich seinen Kämmerer mit den beiden Statuen zu Isabella. Allerdings macht der Valentinus die Markgräfin darauf aufmerksam, daß es sich bei dem Cupido nicht um ein antikes Kunstwerk handle, sondern um eine Statue Michelangelos.

Soderini und Machiavelli
als Unterhändler bei Cesare

Kaum in Urbino eingezogen, schlägt Cesare den Florentinern ein Abkommen vor. Florenz schickt ihm daraufhin Francesco Soderini, den Bischof von Volterra, zusammen mit dem gerissenen Unterhändler Niccolò Machiavelli. Machiavelli hat mit seinen 33 Jahren bereits mehrfach diplomatische Erfahrung gesammelt, namentlich am französischen Hof und bei Caterina Sforza, der Herrin von Imola und Forlì.

Am Abend des 24. Juni treffen beide Florentiner in Urbino ein. Cesare ist erst seit einem Tag in Urbino, scheint jedoch seit jeher dort zu regieren. Er empfängt die beiden Diplomaten kurz vor Mitternacht. Als sie zu ihm vorgelassen werden, studiert er gerade mit Ramiro de Lorca einen Schlachtplan. Der Valentinus deutet den florentinischen Unterhändlern lediglich an, daß er sich ihrer Republik gegenüber in einer Position der Stärke befinde. In der nächsten Nacht macht er ihnen seine Ansichten deutlich. Er verlangt von Florenz seinen Sold als Condottiere. Sollte man ihm die versprochene Summe von 40 000 Dukaten für seine *condotta* auf drei Jahre ausbezahlen, so werde er nichts gegen die Gebiete und das Eigentum der Republik unternehmen. Seine Absichten seien friedlicher Natur. Wie er Soderini und Machiavelli versichert, sei er nicht im geringsten für Vitellozzo Vitellis Verschwörung und die Erhebung in Arezzo verantwortlich. Allerdings zeige die Besetzung des Val di Chiana, wie gefährlich es sei, das Wort nicht zu halten, das man einem Kriegsherrn gegeben habe. Er selbst, so behauptet Cesare, wolle mit seinem Feldzug nicht das Land tyrannisieren, sondern die Tyrannen in ihm zugrunde richten – zu denen er die Florentiner selbstverständlich nicht rechne. Soderini und Machiavelli sind von der Entschlossenheit ihres Gesprächspartners beeindruckt. «Dieser Herr ist wahrhaft wunderbar und glänzend. Nach Ruhm und Ländern strebend, ruht er nie und kennt weder Müdigkeit noch Gefahr. Er kommt an einem Orte an, bevor man noch erfährt, daß er einen anderen verlassen hat. Er ist beliebt bei seinen Soldaten und hat die besten Männer Italiens um sich geschart. All dies macht ihn unbesiegbar und gefährlich, vor allem wenn sich beständiges Glück dazugesellt. Darüber hinaus ist er ein so meisterhafter Redner, daß man Stunden braucht, um in einer Diskussion etwas bei ihm zu erreichen. Auch weiß er sich der Drohung zu bedienen, um seinen Worten Nachdruck zu verleihen. ‹Trefft eure Entscheidung schnell›, sagt er den Diplomaten. ‹Ich kann meine Truppen nicht untätig in dieser Gebirgsregion stehenlassen. Zwischen euch und mir kann es keinen Mittelweg geben. Ihr seid entweder meine Freunde oder meine Feinde.›» Als Soderini daran erinnert, daß Florenz unter dem Schutz des Königs von

Frankreich stehe, antwortet Cesare, daß er von niemandem in Italien etwas über die Politik der Franzosen zu lernen brauche.

Er sieht, daß seine Gesprächspartner mit ihren Argumenten am Ende sind, und gibt ihnen vier Tage Zeit für eine Antwort. Machiavelli holt in Florenz Instruktionen ein. Aber die Signoria zögert und versucht Zeit zu gewinnen. Sie hofft auf den französischen König, der sich für Florenz einsetzen soll. Wie man sich erzählt, ist Ludwig XII. gerade mit 20 000 Männern ins Königreich Neapel unterwegs, um dort seine Streitigkeiten mit den Spaniern zu regeln. Tatsächlich trifft der französische Herrscher am 7. Juni in Asti ein. Er schickt dem Valentinus einen Kurier und warnt ihn vor einer Unternehmung gegen die florentinische Republik. Gleichzeitig bittet Kardinal d'Amboise jedoch die Signoria von Florenz, mit Cesare einen Kompromiß zu schließen. Soderini bittet die Signoria deshalb, dem Papstsohn den Sold für eine *condotta* von sechs Monaten anzubieten. Im Gegenzug soll Cesare Vitelli zum Abmarsch aus Arezzo und den anderen Orten zwingen, die er besetzt hält. Mißtrauisch erklärt der Valentinus, er werde gar nichts tun, solange kein Vertrag unterzeichnet sei. Dies ist sein Glück, denn die Signoria erfährt vom Durchzug der Franzosen durch Italien und weist Soderini daraufhin am 19. Juni an, die Verhandlungen mit Cesare abzubrechen. Der kaum ausgearbeitete Vertrag bleibt ein wertloser Fetzen Papier. Dennoch erfahren Vitellozzo Vitelli und Giampaolo vom Inhalt des Vertragsentwurfs. Die Kehrtwendung des Valentinus erregt bei seinen beiden Condottieri äußerstes Mißtrauen.

DIE ÜBERGABE CAMERINOS

Drei Wochen hat Cesare vergeblich mit Florenz verhandelt. Zumindest haben seine beiden anderen Condottieri, Francesco Orsini, der Herzog von Gravina, und Oliverotto da Fermo, die Zeit genutzt und Camerino belagert. Giulio Cesare Varano, der greise Tyrann von Camerino, schickte zwei seiner Söhne nach Venedig, um die Serenissima um Hilfe zu bitten. Während Giulio auf die erhoffte Unterstützung wartete, führte er mit seinen anderen Söhnen erfolgreich Ausfälle gegen die Belagerer. Der junge Patrizier Gianantonio Ferracioli, ein Feind der Varano, erhob sich mit seinen Freunden jedoch gegen den Tyrannen und öffnete den Truppen des Valentinus die Tore der Stadt. Am 19. Juli, am gleichen Tag, als die Verhandlungen zwischen Cesare und den Florentinern abgebrochen werden, kapituliert Camerino. Der alte Stadttyrann wird mit seinen beiden Söhnen ergriffen und in der Burg von Pergola gefangengesetzt. Wie der Historiker Guicciardini berichtet, läßt der Valentinus dort alle drei erdrosseln. Guilio

Cesares Söhne Venanzio und Annibale werden beide in der Festung von Cattolica zwischen Rimini und Pesaro eingekerkert.

Rom begeht feierlich die Eroberung Camerinos: Alle Glocken läuten, und die Stadt wird erleuchtet. Eine riesige Menge bejubelt Cesare mit dem Ruf: «Duca! Duca!» Drei Tage dauern die Festlichkeiten. Der Papst läßt es sich nicht nehmen, mit der Eroberung von Camerino auch die des Herzogtums von Urbino feiern zu lassen, obwohl der Handstreich stark nach Verrat riecht. Als Alexander den venezianischen Botschafter Giustinian zu einer Audienz empfängt, lobt er das Ehrgefühl des Herzogs Valentinus und wäscht ihn vom Verdacht der Heimtücke rein. Er versichert dem Gesandten mit Nachdruck, daß «niemals ein Mensch mit größerer Treue zu seinem Wort gestanden hat als der Valentinus. Der Herzog hat niemals ein Versprechen gebrochen.»

Gleichzeitig mit seinem Vater hatte Cesare auch Lucrezia über seinen Erfolg unterrichtet. Lucrezia lag damals sterbenskrank in ihrem Bett in Ferrara, nachdem sie eine Fehlgeburt erlitten hatte. Cesares Brief an sie ist aufmunternd und zärtlich: «Erlauchte und vortreffliche Dame, Unsere liebe Schwester, da Wir überzeugt sind, daß es kein wirkungsvolleres und heilsameres Mittel gegen die Unpäßlichkeit gibt, an der Ihr derzeit leidet, als gute und frohe Nachrichten, setzen Wir Euch in Kenntnis darüber, daß Wir soeben von der Einnahme Camerinos erfuhren. Wir bitten Euch, diese Botschaft mit Eurer baldigen Genesung zu ehren und Uns über diese in Kenntnis zu setzen, da Uns nichts, nicht einmal dieses glückliche Ereignis, Vergnügen bereiten kann, solange Wir Euch krank wissen.» Cesare beläßt es nicht bei den schönen Worten. Er schickt seiner Schwester seinen Leibarzt Gaspare Torella und den berühmten Arzt Niccolò Masini aus Cesena. Wenn seine Schwester sterben würde, so wäre dies für den Valentinus nicht nur ein harter seelischer Schlag, sondern auch eine politische Katastrophe, denn in diesem entscheidenden Moment benötigt er das Bündnis mit Ferrara mehr denn je. Um sich zu beruhigen, begibt er sich persönlich zu einem Krankenbesuch an den Hof von Ferrara. Von dort sucht er dann den französischen König in Mailand auf.

INTRIGEN UM DEN KÖNIG VON FRANKREICH
DIE REISE CESARES NACH FERRARA UND MAILAND

Cesare mißt seinem Besuch beim französischen Herrscher große Bedeutung bei. Der Valentinus war vom päpstlichen Sekretär Troches zuvor darauf hingewiesen worden, daß Ludwig XII. wegen der Unternehmungen von Vitelli und Baglioli gegen die Florentiner sehr verärgert sei. Mit Cesares Schwager Kardinal Amanieu d'Albret hatte Troches bereits im Juni Rom verlassen und dabei auch seine beiden hübschen Kurtisanen Tommasina und Maddalena mitgenommen. Die Reisegruppe hatte sich nach Savona zu Kardinal della Rovere und anschließend in die Lombardei zum König von Frankreich begeben. Auf seiner Reise hatte Troches alle politischen Vorgänge sorgfältig beobachtet.

Alarmiert gibt Cesare seinen beiden Kapitänen den Befehl, sich aus Arezzo und der Toskana zurückzuziehen. Er selbst macht sich sofort auf den Weg. Am 25. Juli verläßt er Urbino, seiner üblichen Taktik nach heimlich und überstürzt. Ein Gefolge von nur vier Mann begleitet Cesare. Der Valentinus reist als Ritter des Johanniterordens verkleidet und maskiert. Er rastet nur kurz in Forlì, um die Pferde zu wechseln, und trifft schon am 28. in Ferrara ein. Dort bleibt er gerade zwei Stunden zu einem Besuch bei Lucrezia. Zu seiner Freude findet er seine Schwester auf dem Wege der Besserung. Cesare bewegt seinen Schwager Alfonso, ihn nach Mailand zum König zu begleiten. Über Modena gelangen beide Fürsten auf dem schnellsten Weg in die lombardische Hauptstadt. In der Umgebung des Königs in Mailand sind alle versammelt, die dem Valentinus feindlich gesinnt sind. Man sieht dort Guidobaldo di Montefeltre, den abgesetzten Herzog von Urbino; Piero Varano, den Sohn des besiegten Tyrannen von Camerino; Giovanni Sforza von Pesaro und Francesco Gonzaga, den Herzog von Mantua, einen Verwandten und Freund der von Cesare beleidigten Herren. Allerdings ist Gonzaga wie seine Frau Isabella bereit, sein Fähnchen in den Wind zu hängen, wie es sich gerade ergibt. Ausgelöst durch Cesares jüngste Erfolge, erhebt sich in ganz Italien ein Sturm der Empörung über die Borgias. Ludwig XII. kann die zuweilen blutrünstigen Pamphlete nicht mehr unbeachtet lassen, die allerorts im Umlauf sind. Das bekannteste der Pamphlete ist der Brief an Silvio Savelli.

PROPAGANDAFELDZUG GEGEN DIE BORGIAS
DER BRIEF AN SILVIO SAVELLI

Der genaue Wortlaut dieses Savelli-Briefs ist durch Burchard überliefert. Nach dem Zeremonienmeister wurde er in Deutschland gedruckt und dem Papst vom Kardinal von Modena, Giambattista Ferrari, vorgelesen. Ferrari ist ein Vertrauter, der für Alexander durchs Feuer gegangen wäre. Der Zeremonienmeister nimmt den Brief Ende 1501 in sein Tagebuch auf. Tatsächlich trägt er das Datum vom 15. November 1501. Vermutlich wurde er in Tarent geschrieben. Gonsalvo de Córdoba hatte dort sein Lager aufgeschlagen. Adressat des Briefes sollte wahrscheinlich ein römischer Adeliger sein, der sich im Exil am Hof Kaiser Maximilians aufhielt. Einige Historiker vermuten, daß der Urheber des Pamphletes ein Mitglied der Familie Colonna ist. Der bissige Brief greift die meisten Anschuldigungen und Verleumdungen wieder auf, die schon seit Jahren in Rom kursieren. Sein Adressat Savelli hatte sich beim Papst um eine Wiedergutmachung für das Unrecht bemüht, das man ihm angetan hatte. Savelli wird in dem Brief nun aufgefordert, von seinem Vorhaben abzulassen. Es sei nutzlos, sich an einen Mann zu wenden, «der sein ganzes mit Unzucht und Raub beflecktes Leben mit dem Betrug von Menschen verbracht hat».

Der Urheber des Savelli-Briefs hält es für notwendig, Kaiser Maximilian über alle schrecklichen Verbrechen der Borgias zu unterrichten. Die Zeit des Antichristen sei angebrochen: «Man kann sich keinen offeneren Feind Gottes als den Papst vorstellen. Der schändliche Handel mit kirchlichen Gütern ist noch die läßlichste seiner Verfehlungen; unterstützt wird er dabei vom Kardinal von Modena, der wie Kerberos an der Pforte zur Unterwelt steht, alle anbellt, die Einlaß begehren, und sie schamlos fragt, ob sie Geld besitzen.» Alexander habe den Vatikan mit Blut besudelt, namentlich mit dem von Alfons von Aragón und dem des Kammerdieners Perotto Caldès. Der apostolische Palast sei Schauplatz von Unzucht, Blutschande, Ausschweifungen und ruchlosen Schändungen heranwachsender Mädchen. Der Verfasser des Savelli-Briefs berichtet vom Kurtisanenball und von dem Schauspiel mit den Hengsten. Zur Überraschung des Lesers nimmt er anschließend Bezug auf Lucrezias Abreise nach Ferrara, die erst einen Monat nach dem Datum des Briefs stattfand. Ebenso spricht er von Cesares jüngsten Feldzügen in der Romagna, von der Eroberung Urbinos und Camerinos. Camerino war erst am 19. Juli 1502 erobert worden. Der Verfasser des Briefs greift den Valentinus ebenso heftig an wie zuvor seinen Vater. «Er ist ebenso entartet, ebenso grausam.» Cesare wird vorgeworfen, er habe das Land in Schutt und Asche gelegt, habe in Strömen von Blut gebadet. Sein Vater sei mit allem einverstanden gewesen, weil er mit den beschlagnahmten Ländereien seine Kinder und Enkel aus Inzestverbindungen versorgt habe. «Nach Cesares Wink und Willen wird alles willkürlich geleitet; er versteckt sich nach Türkensitte unter seiner Hurenbande, und bewaffnete Soldaten bewachen ihn; auf seinen Befehl und Beschluß werden alle verwundet, vergiftet, ermordet, in den Tiber geworfen und ihres Vermögens beraubt. Diese Menschen stillen ihren Durst mit Menschenblut.» Der Brief schließt mit einem leidenschaftlichen Appell an Maximilian: «Wenn der Kaiser in dieser Situation keine Abhilfe schafft, wird Rom zur Wüste werden. Ein jeder wird fliehen müssen, um zu überleben. Mögen doch endlich die Fürsten der wankenden Religion zu Hilfe kommen und das schwankende Schifflein Petri mitten aus dem Sturm in den

Hafen zurücksteuern. Möchten sie der Stadt Rom Gerechtigkeit und Ruhe wiedergeben!»

Das Pamphlet gibt dem Leser einige Rätsel auf. Besonders frappierend ist die Tatsache, daß das Dokument mutmaßlich am 25. November 1501 abgeschickt wurde und von Ereignissen berichtet, die sich erst im Juli 1502 zugetragen haben. Burchard schreibt in seinem Tagebuch, er habe den Brief erst gelesen, nachdem ihn Ferrari, der Kardinal von Modena, dem Papst übergeben habe. Möglicherweise hat der Kardinal den Brief Burchard erst im November oder Dezember 1501 übergeben, keinesfalls jedoch im Juli 1502. Denn Burchard weist darauf hin, daß Ferrari am 3. Juli krank geworden und nach kurzzeitiger Besserung am 20. gestorben ist; Ferrari starb somit einen Tag nach der Eroberung von Camerino, von der im Savelli-Brief berichtet wurde!

Möglicherweise richtete sich ein erster Brief – der zur Tarnung vielleicht sogar in Italienisch geschrieben war – über Savelli an den Kaiser und die christlichen Fürsten und kursierte im Winter 1501 in Italien. Aber es handelt sich sicherlich nicht um den Brief, den Burchard in seinem Tagebuch wiedergibt. So wie er dort erscheint, waren dem ins Latein übertragenen Text zu Beginn des Sommers 1502 einige Elemente hinzugefügt worden.

Überraschenderweise wird auch Kardinal Ferrari heftig angegriffen und in dem Brief ebenso schimpflich behandelt wie in den 28 Epigrammen, die Burchard ebenfalls in sein Tagebuch aufgenommen hat. Daß sich Ferrari auf Kosten der Kirche bereicherte, war für niemanden ein Geheimnis. Alexander VI. schlug Kapital aus dem Tod des Kardinals. Er belegte das beträchtliche Vermögen des Verstorbenen mit Beschlag; nach dem venezianischen Botschafter Giustinian mindestens 14 000 Dukaten in bar. Alexander machte von seinem Recht Gebrauch und verfügte zudem über die einträglichen Benefizien, die der Kardinal hinterlassen hatte, namentlich das Erzbistum Capua und das Bistum Modena. Eine Reihe lukrativer Pfründen verlieh der Papst dem Sekretär und Günstling des Verstorbenen, Sebastiano Pinzon, einem Mann von zweideutigem Ruf, der unter Julius II. beschuldigt werden sollte, seinen Dienstherrn vergiftet zu haben.

Der Brief an Savelli, der den Kardinal von Modena angreift und ihn zum Komplizen des Papstes erklärt, ist nur ein Beispiel aus einer ganzen Flut von Pamphleten, die im Juni 1502 gegen den Pontifex und seine Umgebung zirkulierten.

In den Schmähschriften gegen die Borgias griff man stets auf die gleichen abgedroschenen Beschuldigungen zurück und dichtete einiges Weitere hinzu, um aktuell zu bleiben. Die Verfasser der Pamphlete waren durch keine Gewaltmaßnahme zum Schweigen zu bringen. Im Dezember 1501 durchstreifte ein maskierter Neapolitaner namens Mancioni ganz

Rom und verbreitete Schmähschriften gegen Cesare. Dieser ließ ihn verhaften. Anders als sein Vater reagierte Cesare auf beleidigende Angriffe sehr empfindlich. Er ließ dem Neapolitaner die Zunge abschneiden und die rechte Hand abhacken. Die Zunge wurde am kleinen Finger der Hand befestigt und an einem Kirchenfenster von Sa. Croce öffentlich ausgehängt.

Etwas später, im Januar 1502, wurde ein Venezianer verhaftet, weil er ein Pamphlet gegen den Papst und seinen Sohn aus dem Griechischen ins Lateinische übersetzt hatte. Obwohl der venezianische Botschafter für ihn eintrat, wurde er noch am selben Abend hingerichtet. Alexander vertraute dem ferraresischen Gesandten Costabili später an: «Der Herzog ist wohl gutherzig, aber er hat einfach noch nicht gelernt, Beleidigungen zu ertragen.»

DER EMPFANG VON CESARE IN MAILAND
DIE ERNEUERUNG SEINES BÜNDNISSES MIT LUDWIG XII.

Ludwig XII. ist sich durchaus bewußt, daß sich die Borgia verhaßt gemacht haben. Als der Valentinus am Morgen des 5. August in Mailand ankommt, reitet er ihm dennoch entgegen und empfängt ihn herzlich. Er begrüßt ihn mit den Titeln «mein Vetter» und «mein lieber Verwandter». Die beleidigten italienischen Herren beginnen zu bereuen, sich im Hinblick auf ihren Feind allzu offen ausgesprochen zu haben. Der König begleitet Cesare persönlich in die Gemächer, die er ihm im Mailänder Schloß hatte vorbereiten lassen. Ludwig XII. fordert den Valentinus auf, seine Gewänder und Pferde als seine eigenen zu betrachten. Am folgenden Tag bietet der König ihm ein Bankett und Lustbarkeiten, bei denen Cesare neben Ludwig sitzen darf. Der mächtige Kardinal Amboise behandelt Cesare ebenso herzlich wie sein Dienstherr. Der überfreundliche Empfang hat seine Gründe. Ludwig XII. benötigt die Unterstützung des Papstes und seines Sohnes für seinen Feldzug gegen Ferdinand den Katholischen. Und Georges d'Amboise rechnet mit Cesares Unterstützung in den Vorverhandlungen für das nächste Konklave. Der Valentinus soll alle mit den Borgias befreundeten Kardinäle bewegen, Amboise mit ihrer Stimme auf den päpstlichen Thron zu helfen.

In dieser Lage können sich weder die enteigneten Stadtherren mit ihren Klagen noch die Verfasser giftiger Pamphlete beim König Gehör verschaffen. In einer solchen Situation mußte ein Brief wie der an Savelli entstehen.

Ludwig XII. hatte mit Maximilian am 13. Oktober 1501 in Trient einen Vertrag geschlossen. Der Kaiser versprach Ludwig darin die Investitur für Neapel. Der Sohn des Kaisers Maximilian, Erzherzog Philipp von Österreich, fuhr mit seiner Gattin Johanna, der Tochter Ferdinands von Aragón und Isabellas von Kastilien, nach Blois. Das Erzherzogspaar versprach am 13. Dezember 1501, ihren Sohn und Erben – den späteren Karl V. – mit Claudia, der ältesten Tochter des französischen Königs, zu verheiraten. Am 5. April 1502 unterzeichnete das Erzherzogspaar einen Vertrag mit Ludwig, nach dem der französische König seine Besitzungen im Königreich Neapel Claudia vererben sollte. Ferdinand von Aragón und Isabella von Kastilien sollten ihrerseits ihre Gebiete in Neapel an ihren Enkel Karl abtreten.

Mit diesen vertraglichen Spielereien kann der Friede in Süditalien zumindest eine Zeitlang aufrechterhalten werden. Dennoch bricht im Frühjahr 1502 unvermutet eine Krise im Königreich Neapel aus und entzweit Ludwig und die katholischen Könige. Das Bündnis zwischen den beiden Herrscherdynastien gerät wieder ins Wanken. Der anonyme Verfasser des Briefes an Savelli schreibt aus Tarent aus dem Lager Gonsalvo de Córdobas, des Generals von Ferdinand, und setzt sich zum Ziel, das eben erst entstandene Einvernehmen zwischen Frankreich und dem österreichischen Kaiserhaus zu stören. Der Verfasser drängt Maximilian von Österreich, Alexander VI. und vor allem Cesare, den wichtigsten italienischen Bundesgenossen Ludwigs XII., zu verurteilen.

Der Savelli-Brief führt tatsächlich zum gewünschten Ergebnis, zusammen mit anderen Pamphleten voll ähnlich heftiger Angriffe auf die Papstfamilie. Die Österreicher gehen auf Distanz zu den Borgias und damit auch zu Frankreich, ihrem Verbündeten. Der Erzherzog Philipp hält weiterhin an der dynastischen Verbindung mit dem französischen Herrscher fest und versucht zwischen Ferdinand von Aragón und Ludwig XII. zu vermitteln. Seine Bemühungen, eine Auseinandersetzung im Königreich Neapel zu verhindern, sind allerdings vergeblich. Der Krieg steht unausweichlich bevor. Cesare soll an der Seite Frankreichs kämpfen. Obwohl die schrecklichsten Gerüchte über den Valentinus im Umlauf sind und Ludwig allen Grund hätte, unzufrieden mit ihm zu sein, zeigt er sich ihm gegenüber so freundlich wie sonst keinem seiner Gäste in Mailand. Die enteigneten Standesherren müssen sich zähneknirschend mit der Situation abfinden. Francesco Gonzaga schlägt sich auf die Gegenseite und macht dem Valentinus ein Angebot. Cesares Tochter Louise, die er mit Charlotte d'Albret gezeugt hat, soll sich mit Gonzagas Sohn verloben. Mantua ist eingeschlossen zwischen Gebieten, die Frankreich oder seine Bundesgenossen in Händen halten, also der Herzog von Valence oder Venedig. So ist die Heiratspolitik ein geeignetes Mittel, um für die Sicherheit der Markgrafschaft zu sorgen. Isabella d'Este wird von ihrem Mann über die Entscheidung unterrichtet. Sie schließt sich ihr an, wenn auch nicht ohne Hintergedanken. Sie hofft, es werde dem Landräuber in der Romagna nach dem Tod seines Vaters der Untergang bereitet, so daß man das Verlöbnis ihres Sohnes wieder auflösen könne. Cesare, des königlichen Wohlwollens gewiß, erneuert in Mailand sein Bündnis mit Ludwig XII. Er versichert, drei Jahre lang auf französischer Seite am Krieg teilzunehmen. Ludwig seinerseits will dem Valentinus 300 Lanzenreiter liefern. Die Lanzenreiter kann Cesare nach Belieben gegen die Bentivoglio von Bologna und gegen die Condottieri Baglioni, Orsini und Vitellozzo Vitelli einsetzen, sollten sie sich weigern, von ihren Unternehmungen gegen die Florentiner abzulassen.

Der Monarch bittet seinen Verbündeten nach Genua, wo er selbst am 26. August feierlichen Einzug hält. Cesare tritt von Genua aus mit dem König den Rückweg an und begleitet ihn bis nach Asti. Nachdem er sich verabschiedet hat, gibt ihm eine Eskorte aus der königlichen Garde das Ehrengeleit. Am 7. September kehrt er noch einmal nach Ferrara zurück, wo er seiner immer noch bettlägerigen Schwester einen Besuch abstattet. Noch einmal leistet er seinem Schwager Gesellschaft, der Lucrezia liebevoll umsorgt. Cesare hält den Fuß der Kranken, während sie zur Ader gelassen wird. Allerdings widmet Cesare nicht seine gesamte Zeit in Ferrara seiner kranken Schwester. Er erörtert mit Ercole d'Este und seinem Sohn, die wie er beide eng mit der französischen Krone verbündet sind, die nähere Zukunft für ihre Länder. Es gilt, Bologna zu unterwerfen.

DIE REVOLTE IN BOLOGNA UND DER AUFSTAND DER CONDOTTIERI DIE VERSAMMLUNG IN MAGIONE

Nachdem der Valentinus das Einverständnis von Ludwig XII. eingeholt hat, möchte er nach Bologna ziehen. In Bologna soll er die Rechte und die Autorität des Heiligen Stuhls wiederherstellen. Allerdings hat der französische Herrscher Cesare gebeten, die Interessen der Stadtherren, der Bentivoglio, nicht anzutasten. Er hat Claude de Seyssel zu Giovanni Bentivoglio geschickt und ihm seinen persönlichen Schutz zusichern lassen. Ludwig ist damit unangenehm deutlich geworden. Aber Rom hat ein Rechtsverfahren eingeleitet, und die Bentivoglio können daher nicht mehr auf eine gütliche Einigung hoffen.

Der Papst hat am 2. September ein Breve veröffentlicht, in dem er Bentivoglio und seine beiden Söhne auffordert, binnen zweier Wochen nach Rom zu kommen. Sie sollen in der heiligen Stadt über Möglichkeiten nachdenken, wie Bologna besser regiert werden könnte. Daß die Herren von

Bologna der Aufforderung nicht nachkommen werden, gilt als sicher. Die Bentivoglio wissen die Bolognesen in dieser Frage geschlossen hinter sich, seien sie nun ihre Freunde oder ihre Feinde.

Während die gesamte Stadt Partei gegen Rom ergreift, kehrt Cesare auf seine Gebiete nach Imola zurück und bereitet dort eine Strafexpedition gegen Bologna vor. In Imola wird Cesare von Kardinal Borgia, dem Bischof von Elne, und von Ramiro de Lorca empfangen. Beide haben für ihn inzwischen die Regierung geführt. Cesare trifft auch mit seinem «vortrefflichen und vielgeliebten Kriegsingenieur» Leonardo da Vinci zusammen. Leonardo hatte während Cesares Abwesenheit die Burgen in der Romagna inspiziert. Der Weg des hochbegabten und eifrigen Mannes ist bekannt. Am 30. Juli hält sich Leonardo in Urbino auf; am 1. August in Pesaro, wo er über neue Kriegsmaschinen nachdenkt und Entwürfe zeichnet. Am 8. August begibt er sich nach Rimini und vermerkt in einem seiner Notizbücher das harmonische Rauschen eines Brunnens. Am 11. hält sich Leonardo in Cesena auf, in der Hauptstadt des neuen Fürstentums Romagna. Er soll dort für Cesare einen Universitätspalast und ein Gerichtsgebäude, eine Rota, bauen. In der Rota soll ein «Präsident der Romagna» seinen Sitz nehmen, gleichzeitig als Verwaltungsvorstand und Vorsitzender der Gerichtsbarkeit. Für das Amt hat sich Cesare Antonio del Monte San Severino ausgesucht, einen sehr besonnenen Mann. Mit der Amtseinsetzung von San Severino sollen dem grausamen Ramiro de Lorca alle Prärogativen entzogen werden. Der neue Präsident wird am 24. Juni 1503 in sein Amt eingeführt – die Krönung einer beispielhaften staatlichen Organisation.

Der Erlaß, nach dem alle Familien in der Romagna dem Valentinus einen Soldaten stellen müssen, hat die Städte der Romagna zu bedeutenden Zentren für die Aushebung von Truppen gemacht. Fano bringt 1200 neue Soldaten zusammen. Imola stellt Cesare zwei Regimenter von jeweils 500 Mann. Cesare bewaffnet sie mit Piken und kleidet sie in seine Farben Rot und Gelb. Michele Corolla wird zum Führer des Milizheers ernannt. Diese Miliz soll dem Herzog das Geld sparen, das er ausgeben müßte, um Söldner und Condottieri anzuwerben.

Dennoch hat Cesare im September 1502 sein Ziel der militärischen Unabhängigkeit bei weitem nicht erreicht. Die Situation in Bologna macht dies überdeutlich. Am 17. September ist das päpstliche Ultimatum mit seiner zweiwöchigen Frist bereits abgelaufen, als das Breve vom 2. September ein zweites Mal im Palazzo del Regimento verlesen wird. Die Bolognesen haben inzwischen jedoch zu den Waffen gegriffen und weigern sich empört, Bentivoglio nach Rom ziehen zu lassen. Der Papst und sein Sohn müßten ihre Auflehnung eigentlich sofort mit Repressalien beantworten.

Aber Cesare kann nichts gegen Bologna unternehmen. Seine Condottieri sind weit fort, 150 Kilometer südlich, in der Nähe von Perugia. Als die Condottieri erfahren, was der Papst und der Herzog von Valence gegen Bentivoglio vorhaben, verweigern sie ihnen die Unterstützung. Ein militärischer Schlag gegen Bologna verletzt den Vertrag, den Cesare 1501 mit den Bentivoglio während der Kapitulation von Castel Bolognese abgeschlossen hatte. Vitellozzo Vitelli und die Orsini hatten sich für den Vertrag verbürgt und können an keiner Unternehmung gegen die Bentivoglio teilnehmen. Sollten sie es zulassen, daß Cesare die Herren in Bologna aus dem Sattel wirft – nach den Riario in Imola, den Malatesta in Rimini, den Sforza in Pesaro, den Manfredi in Faenza, den Appiano in Piombino, den Montefeltre in Urbino und den Varano in Camerino –, so laufen sie selbst Gefahr, daß man sie aus ihren Ländereien vertreibt und gar ausrottet.

Als erste lehnen sich die Condottieri Vitellozzo Vitelli und die beiden Baglioni von Perugia, Gentile und Giampaolo, gegen Cesare auf. Sie versammeln sich am 25. September in Todi und beschließen, den Befehl zu verweigern, sollten sie Bologna angreifen müssen. Sie appellieren an die anderen Condottieri des Valentinus. Fünf Tage später findet eine Versammlung in Magione statt, einer Stadt in der Nähe des Trasimenischen Sees. Das vierzig Kilometer westlich von Perugia gelegene Magione ist im Besitz des Kardinals Orsini. Die Orsini haben sich dem Aufstand angeschlossen, weil Ludwig XII. ihrem Kardinal in Mailand angeblich gesagt habe, der Papst wolle ihre Familie vernichten.

Zur Versammlung erscheinen etliche grimmig entschlossene Kriegsherren. Außer den Baglioni und den Vitelli – denen die «Franzosenkrankheit» so heftig zusetzt, daß sie in einer Sänfte getragen werden müssen –, sind auch die Orsini anwesend – Kardinal Giambattista, Francesco, der Herzog von Gravina, Paolo und Franciotto –, Pandolfo Petrucci aus Siena – den Cesare später als den Kopf der Verschwörung betrachtet – und der schreckliche Oliverotto da Fermo. Zu ihnen stößt Ermes Bentivoglio, der als Mörder verschrien ist, seitdem er Bologna von den Marescotti, den Feinden seiner Familie, gesäubert hat. All diese Herren beschließen, die Bentivoglio zu unterstützen, sollte Cesare weiterhin auf deren Sturz hinarbeiten. Sie werden dem Aggressor nicht tatenlos zusehen und verpflichten sich, noch vor Ankunft der französischen Lanzenreiter ein Heer von 600 Bewaffneten und 9000 Fußsoldaten auf die Beine zu stellen. Florenz und Venedig werden aufgefordert, sich den Verschworenen gegen Cesare anzuschließen. Aber nur Venedig wirft die Maske ab und tritt ihrem Bündnis bei. Die Republik beauftragt ihren Condottiere Bartolomeo Alviano, Guidobaldo di Montefeltre wieder in Urbino einzusetzen. Guidobaldo hält sich derzeit im Exil in der Lagunenstadt auf. Nach dem Operationsplan der

Bundesgenossen soll Bentivoglio auf Imola vorrücken, während seine Verbündeten Urbino und Pesaro erobern.

Der Valentinus sieht sich einer starken Bedrohung gegenüber, die ihm zum Verhängnis werden könnte. Er verfügt augenblicklich nur über 2500 Fußsoldaten und 400 Bewaffnete. Zu seinem Glück herrscht unter den Verschworenen gegenseitiges Mißtrauen. Kaum ist die Versammlung in Magione beendet, teilt Pandolfo Petrucci Cesare durch einen Boten mit, er werde nichts gegen ihn unternehmen. Die Orsini verhandeln mit dem Papst in Rom, und Paolo Orsini möchte den Valentinus in Imola aufsuchen und ihm zusichern, daß seine Familie ihm die Treue halte. Verschlagen versucht Giovanni Bentivoglio schließlich, über die Vermittlung von Ercole d'Este mit Cesare in Verhandlung zu treten.

MACHIAVELLIS ZWEITE MISSION
CESARE VERLIERT DAS HERZOGTUM URBINO

Die Republik Florenz fürchtet den Valentinus noch immer. Aber größere Furcht hat sie vor Vitellozzo Vitelli und vor den Orsini. Die Condottieri könnten die Republik stürzen und die Medici, ihre Verwandten, wieder an die Macht bringen. So wählen die Florentiner das kleinere Übel und beschließen, den Valentinus darüber zu informieren, was sich gegen ihn zusammenbraut. Sie wollen Cesare versichern, daß sie nie an einer Verschwörung gegen ihn teilnehmen würden, da ein Angriff auf ihn indirekt auch gegen den französischen König gerichtet wäre. Am 5. Oktober wird der Sekretär Niccolò Machiavelli mit der Mission betraut, dies dem Valentinus mitzuteilen.

Machiavelli wird nur kärglich mit Geld versehen, ist bei ziemlich schlechter Gesundheit und muß zu seinem Bedauern seine junge Frau verlassen, die er kurz zuvor geheiratet hat. Drei Monate lang wird der Sekretär im Kreis der Vertrauten des Valentinus leben, in den unbequemen Lagern in der Romagna. Machiavelli vergißt allerdings alle persönlichen Unannehmlichkeiten, als er den ungewöhnlichen Charakter des Papstsohnes näher kennenlernt und Zeuge der außergewöhnlichen Ereignisse wird, die sich im Verlaufe seines Aufenthaltes beim Valentinus abspielen. Seine Gesandtschaftsbriefe nehmen bald einen schwärmerischen Ton an, und später verarbeitet er seine bei Cesare gesammelten Erfahrungen zu einem unvergänglichen Werk.

Um schneller nach Imola zu gelangen, nimmt der Sekretär die Postverbindungen in Anspruch. Er kommt am 7. Oktober an und wird noch in Reisekleidern vor den Herzog geführt. Er dankt dem Valentinus, daß er

274

den florentinischen Händlern die Stoffe zurückgeben ließ, die in Urbino beschlagnahmt worden waren. Dann bringt er das Gespräch auf die Versammlung von Magione. Cesare versichert ihm, er habe die Unternehmungen der Condottieri Vitellozzo Vitelli und der Orsini gegen Florenz niemals gutgeheißen, und behauptet von sich, er sei stark genug, um mit der Revolte fertig zu werden. Er glaube nicht, daß das Bündnis der Condottieri von Dauer sei, und vertraut Machiavelli an, daß Petrucci und die Orsini sich ihm bereits wieder anzunähern versuchen. Sorgen mache ihm lediglich der ärgerliche Zwischenfall, der sich am selben Tag ereignet hat: Während die Burg San Leo instandgesetzt wurde, drangen Dorfbewohner, Parteigänger Guidobaldos von Urbino, in die Festung ein, deren Tor mit Bohlen versperrt gewesen war. Bei ihrem Handstreich, so fügt der Valentinus hinzu, hätten sie nach einigen Berichten den Namen San Marco, nach anderen den der Orsini oder der Vitelli gerufen.

Der Fall von San Leo, von alters her ein wichtiger Ort der Montefeltre-Dynastie, löst in der Tat eine Kettenreaktion aus. Die Nachricht, die sich von Berg zu Berg verbreitet, führt zu Erhebungen in allen Städten. In drei Tagen fällt das gesamte Herzogtum an seinen einstigen Herrn Guidobaldo zurück. Das Schloß von Urbino wird von Bauern erstürmt. Die Bürger unterstützen sie, bemächtigen sich der Kanonen auf dem Vorplatz und richten sie gegen das Schloß. Mit knapper Not kann der Gouverneur nach Forlì entkommen. Auf seiner Flucht nimmt er fünfzehn Maulesel mit, die mit den Schätzen Urbinos bepackt sind.

Cesare bleibt gelassen, obwohl die Erhebung in Urbino ein schwerer Schlag für ihn ist. Er zeigt Machiavelli eine Meldung aus Frankreich, die auf den 4. Oktober datiert ist: Der König und Kardinal d'Amboise haben Chaumont d'Amboise, den Gouverneur von Mailand, angewiesen, dem Valentinus unverzüglich 300 Lanzenreiter zu schicken. Diese sollen Cesare unterstützen, wenn er Bologna angreift. Gegebenenfalls wird der mailändische Gouverneur persönlich mit 300 weiteren Lanzenreitern bis nach Parma vorrücken. Und Cesare fügt dem hinzu: «Da die Franzosen sich so verhalten, wenn ich um Streitkräfte zum Angriff auf Bologna bitte, werden sie noch freundlicher reagieren, wenn ich um Streitkräfte gegen jene nachsuche, die größtenteils erklärte Feinde des Königs sind und schon immer versucht haben, ihm in Italien zu schaden... Ihre Pläne werden sich zu meinen Gunsten wenden. Um die Macht in meinen Staaten zu befestigen, hätte mir nichts Nützlicheres begegnen können. Ich werde meine Freunde von jenen zu scheiden wissen, vor denen ich auf der Hut sein muß. Wenn die Venezianer Partei für mich ergreifen, was ich nicht glaube, so lassen sie meine Wünsche und die Seiner Majestät vollkommen in Erfüllung gehen.» Die Audienz endet mit einem Appell an Florenz, ein Bündnis zu schließen.

Es bereitet der Signoria einiges Kopfzerbrechen, wie sie auf diesen Appell mit Machiavellis Hilfe reagieren soll.

DER BEWAFFNETE KAMPF ZWISCHEN CESARE UND DEN AUFSTÄNDISCHEN CONDOTTIERI

Seit seiner Ankunft bemüht sich der florentinische Gesandte, die Stärke von Cesares Truppen zu schätzen. Nach dem Fall von Urbino zog Michelotto Corella die Soldaten wieder in Rimini zusammen, während Ramiro de Lorca die Garnisonen in der Romagna verstärkte. Anfang Oktober verfügt Cesare über 2500 Fußsoldaten. Zu ihnen kommen 800 Männer, die im Val di Lamone angeworben werden, und 1000 Söldner, die Michelotto rekrutiert hat. Insgesamt verfügt Cesare damit über 4300 Fußsoldaten. Er läßt zusätzliche 1000 Söldner ausheben, Gascogner in der Lombardei und Schweizer. Die Interventionsarmee soll unterstützt werden von einem Reserveheer von 5000 Männern aus der Romagna. Den Grundstock der Kavallerie sollen Cesares Kompanie von 100 Lanzenreitern und die drei Kompanien von 50 Lanzenreitern bilden, die unter dem Befehl von drei spanischen Kapitänen stehen. Die leichte Reiterei stellen Italiener wie Ludovico della Mirandola und Gaspare San Severino, besser bekannt unter dem Namen Kapitän Fracassa.

Nach dem Gesandtschaftsbrief, in dem Machiavelli Florenz seine Einschätzung mitteilt, besteht das Heer des Valentinus Ende des Monats aus 5350 Infanteristen, darunter 600 Gascogner und Deutsche. Die Armee soll zusätzlich noch um 3000 Schweizer vergrößert werden. Das Heer umfaßt 340 Bewaffnete, 1300 wenn man die Schildknappen mitrechnet. Zählt man die französischen Kompanien von ungefähr 2000 Mann hinzu, die Ludwig XII. Cesare versprochen hat und die gerade auf Faentiner Gebiet eintreffen, stehen für ihn 840 Einheiten schwerer Reiterei mit 3300 Mann bereit. Die Einheiten der schweren Reiterei haben sich bereits gesammelt, und nach Machiavelli sollen zu ihnen mindestens 150 weitere Bewaffnete stoßen, die in der Lombardei ausgehoben wurden. Weitere Kavallerieeinheiten, ungefähr 500 leichte Reiter und ein besonderes Lanzenreiterkorps kommen hinzu. Cesares Artillerie ist ausgezeichnet. Machiavelli schätzt ihre Kampfkraft als ebensogroß ein wie die der Artillerie sämtlicher anderen italienischen Mächte zusammen.

Cesares Lage ist nicht so heikel, wie seine aufständischen Condottieri glauben. Er gerät jedoch in Bedrängnis durch einen unüberlegten Vorstoß von Michelotto Corella und Ugo de Moncada. Auf ihrem Weg nach Rimini unterstützen beide den Kommandanten der Festungen von Pergola und Fossombrone, die von den Bewohnern der Städte belagert werden. Als Vergeltungsmaßnahme metzeln die Condottieri die Bevölkerung nieder, ohne Frauen und Kinder zu schonen. Cesare findet zunächst Gefallen daran und erklärt Machiavelli: «In diesem Jahr scheinen die Aufständischen nicht unter einem günstigen Stern zu stehen.» Der Valentinus wird jedoch bald ernüchtert. Vitelli und die Orsini rücken auf Urbino vor, um Guidobaldo di Montefeltre zu unterstützen. Am 17. Oktober überfallen sie Corella und Moncada in Calmazzo bei Fossombrone. Obwohl Corella und Moncada über 100 Lanzenreiter und 200 Mann leichter Reiterei verfügen, werden sie geschlagen. Ugo de Moncada wird gefangengenommen. Noch am selben Tag ziehen die Aufständischen in einem Triumphzug in Urbino ein. Paolo Orsini schreibt dem Exilherzog nach Venedig, um ihm von seinem Sieg zu berichten. Guidobaldo macht sich auf den Weg in seine Hauptstadt. Das Volk jubelt begeistert, als er kurz darauf wieder in Urbino einzieht.

Vitellozzo Vitelli bietet Guidobaldo seine Dienste an, um die Städte in seinem Herzogtum zurückzuerobern. Oliverotto da Fermo und Gianmaria Varano schließen Camerino ein. Giampaolo rückt nach Fano vor und belagert dort Michelotto. Nach einigem Zögern läßt Giovanni Bentivoglio der feindseligen Stimmung der Bolognesen gegen die Borgias wieder freien Lauf. Daher ermahnen die Universitätsprofessoren des kanonischen Rechts die Bevölkerung in den Kirchen, sich nicht mehr um das Interdikt zu kümmern, das der Papst über die Stadt verhängt hat.

DIE FRONT DER VERSCHWÖRER BRÖCKELT

Venedig hatte die Aktionen der Bundesgenossen unterstützt, doch jetzt zieht es sich plötzlich zurück. Es hatte genügt, daß Ludwig XII. der Serenissima in einem Brief drohte, sie als seine Feindin zu betrachten, sollte sich Venedig der «Unternehmung der Kirche» widersetzen. Daß ihnen nun die Unterstützung Venedigs fehlt, gibt einigen Bundesgenossen zu denken. Pandolfo Petrucci schickt Cesare seinen Sekretär, um ein Abkommen auszuhandeln. Paolo Orsini begibt sich am 25. Oktober persönlich nach Imola und kommt am 29. von dort mit einem Vertrag zurück. Cesare verpflichtet sich darin, die Ländereien seiner Condottieri zu schützen, falls sie sich ihm wieder anschließen und ihm und der Kirche dienen. Über das Geschick der Bentivoglio von Bologna soll in einem kleinen Komitee beraten werden, das sich aus dem Valentinus, Kardinal Orsini und Pandolfo Petrucci zusammensetzt. Der Beschluß des Komitees muß von allen Parteien angenommen werden.

Machiavelli ist einen Augenblick lang überrascht über Cesares scheinbare Kapitulation. Dann verrät ihm Cesare, diese «Vereinigung von Bankrotteuren» sei ihm vollkommen gleichgültig. «Ich warte, bis ich am Zug bin», murmelt er.

Der Valentinus versteht es zuweilen, klug stillzuhalten und abzuwarten. Während seine Truppen lange Zeit zur Untätigkeit verurteilt sind, muß er bezahlen und kann ihnen nicht einmal wie üblich freie Hand lassen, die Städte zu plündern. Alexander VI. gibt bis Dezember 60 000 Dukaten aus, um den Soldaten seines Sohnes den Sold zu bezahlen. In den Konsistorien und während er Gesandte empfängt, beschwert sich der Papst über das Treiben der Condottieri und rühmt König Ludwig XII., weil er Cesare unterstützt. Um seine Feindschaft mit dem König von Aragón deutlich zu machen, der sich im Königreich Neapel gerade Gefechte mit Frankreich liefert, kerkert Alexander seine Schwiegertochter Sancia in der Engelsburg ein. Willkommener Vorwand dafür ist Sancias unbotmäßiges Betragen. Außerdem rechtfertigt Sancia zusätzlich ihre Gefangennahme, weil sie als Provokation von den Mauern der Engelsburg herab mit den Spaniern ihres Bekanntenkreises Gespräche anknüpft. Ihr junger Gemahl, der Herzog Jofré von Squillace, versagt kläglich. Als der Papst ihn bittet, eine Kompanie von hundert Bewaffneten zu inspizieren, zeigt er sich unfähig, die Soldaten auszurüsten! Trotz aller häuslichen Unannehmlichkeiten ist der Papst stets bemüht, den Mächten Florenz, Ferrara und Mantua zu schmeicheln, da sie Cesare unterstützen könnten. Francesco Gonzaga zahlt er 40 000 Dukaten für die Mitgift von Cesares Tochter – einem Kleinkind – und verspricht dem Bruder des Markgrafen einen Kardinalshut.

Die Zeit arbeitet gegen die Condottieri. Sie sind ebenso rücksichtslos grausam wie ihre Gegner und machen sich damit ebenso verhaßt. Als Oliverotto da Fermo mit Gianmaria Varano Camerino erobert, machen sie alle Spanier nieder, die sie finden. Auf das Massaker antwortet Corella mit gleicher Grausamkeit. Er hat noch den jungen Piero Varano in seiner Hand, der sich in Camerino ergeben hatte, und läßt ihn nun auf dem Marktplatz erdrosseln. Als der junge Delinquent in die nahe gelegene Kirche gebracht wird, kehrt er ins Leben zurück. Der spanische Mönch, der ihn bewacht, bemerkt es und ruft die Soldaten herbei, damit sie die Hinrichtung endgültig vollstrecken. Als der Mönch später in Cagli erkannt wird, reißt ihn die aufgebrachte Menge buchstäblich in Stücke.

Paolo Orsini ist mit dem Vertragsentwurf von Cesare zu seinen Bundesgenossen zurückgekehrt. Er versammelt seine Verbündeten in einer Kirche des kleinen Dorfes Cortocetto unweit von Fano. Wie er ihnen erklärt, können die Zusicherungen Cesares die Konflikte zwischen ihnen auf vernünftige Weise aus der Welt schaffen. Einige der Versammelten warnen jedoch davor, in Cesares Dienste zurückzukehren und damit alles Erreichte wieder zunichte zu machen. Sie lehnen es rundweg ab, Guidobaldo ein zweites Mal aus Urbino zu verjagen. Vitelli schützt vor, er wolle Guidobaldo nicht vertreiben, und lehnt daher den Vertrag ab, der ihm jede Möglichkeit nimmt, sich an Florenz zu rächen. Entschiedenster Gegner des Vertrages ist jedoch Baglioni. Er ist nicht bereit, über Cesares Bedingungen zu diskutieren. Für ihn käme dies Verhandlungen mit dem Leibhaftigen gleich. Sollten sie den Verstand nicht verloren haben, so müßten sie begreifen, daß ihre einzige Hoffnung in ihren Waffen liege. Aber Paolo Orsini ist ein geschickter Redner und zieht die Anwesenden auf seine Seite. Er macht ihnen deutlich, daß sie sich in eine bedenkliche Isolation begeben, wenn sie weiter mit Cesare Krieg führen. Cesare hatte sich Anfang November bereits gesondert mit den Orsini und Pandolfo Petrucci verständigt. Auf Anraten Ercole d'Estes empfing der Valentinus Antonio Galeazzo Bentivoglio, den sein Vater Giovanni als Unterhändler zu ihm geschickt hatte. Zusammen erstellten sie einen Vertrag, mit dem sich die Borgias und die Bentivoglio gegenseitig absicherten. Am 23. November wird dieser Vertrag im Vatikan unterzeichnet. Der französische König, Florenz und Ferrara übernehmen die Bürgschaft für die Übereinkunft. Bologna hat Cesare 100 Lanzenreiter und 200 Mann der leichten Reiterei für ein oder zwei Feldzüge pro Jahr zu liefern. Cesare verpflichtet sich, Bologna für fünf Jahre seine hundert Lanzenreiter zur Verfügung zu stellen, und soll dafür von der Stadt für die *condotta* 12 000 Dukaten bekommen. Das Bündnis der Borgias mit den Bentivoglio beseitigt alle Spannungen, die zur Rebellion der Condottieri geführt hatten. Die Condottieri können somit bedenkenlos ihre Unterschrift unter den Vertrag setzen und sich so mit Cesare aussöhnen.

Am 27. November bringt Paolo Orsini den Vertrag nach Imola zurück. Alle, einschließlich Vitellozzo Vitellis, haben ihn unterzeichnet. Um den Vertrag rechtswirksam zu machen, begibt sich Orsini am 29. mit dem Präsidenten der Romagna nach Urbino und nimmt das Herzogtum im Namen des Valentinus in Besitz. Die Untertanen des Herzogtums bieten Guidobaldo Schmuck, Gold und Silber und dringen in ihn, er solle Widerstand bis zum letzten Mann leisten. Aber Guidobaldo kennt seine Grenzen. Er willigt in seine Abdankung ein, nachdem ihm versprochen wurde, daß er fünf Festungen der Montefeltre behalten könne: San Leo, Majuolo, Sant'Agata, Feltria und San Marino. Die Tränen fließen in Strömen, als Guidobaldo seine kleine Hauptstadt verläßt. Er begibt sich zunächst nach Città di Castello zu seinem Freund, dem Bischof Vitelli. Città di Castello ist die erste Etappe auf seinem Weg ins Exil.

Cesare ist erneut Herzog von Urbino. Er beauftragt die Condottieri, mit denen er sich ausgesöhnt hat, einige kleinere Städte zurückzuerobern. Als erstes kommt Senigallia an die Reihe, das Giovanna di Montefeltre im Namen ihres jungen Sohnes Francesco Maria della Rovere, des Neffen von Guidobaldo von Urbino, regiert. Während die Condottieri auf die Stadt vorrücken, nimmt Cesare am 10. Dezember den Weg nach Cesena, in seine Hauptstadt. Seine Truppen teilt er unter den Garnisonen in der Romagna auf. Der Schritt soll die Städte entlasten, die für den Unterhalt der Soldaten aufkommen müssen, «was nichts daran ändert», schreibt Machiavelli, «daß das Land in diesem Jahr schwer zu leiden hat». Um Versorgungsengpässen zu begegnen, kauft der Herzog in Venedig 30 000 Scheffel Getreide, die jedoch rasch verbraucht sind. Man zieht daher das Getreide ein, das in den Privatspeichern Cesenas eingelagert ist. Die erheblichen Schwierigkeiten bei der Versorgung der Soldaten liefern Cesare einen Vorwand, am 20. Dezember drei französische Kompanien von Lanzenreitern zu entlassen. Die Franzosen kehren in die Lombardei zurück. Cesare behält lediglich zwei Kompanien mit jeweils fünfzig Mann bei sich.

Da die Truppen beim Herzog sichtlich reduziert sind, schwinden alle Befürchtungen, die Vitelli und die anderen verbündeten Condottieri ihm gegenüber noch gehabt haben. Von der geheimen Ankunft von tausend Schweizer Söldnern wissen sie nichts. Tatsächlich kann der Valentinus jederzeit eine Armee von 13 000 Mann aufmarschieren lassen. Den Spitzeln der Condottieri ist die gewaltige Zahl der Soldaten jedoch dank der Truppenverteilung auf die Garnisonen verborgen geblieben. Cesare befindet sich in der Lage, die einstigen Rebellen in eine Falle locken und vernichten zu können.

DIE HINRICHTUNG VON RAMIRO DE LORCA

Am 22. Dezember tanzt die Bevölkerung Cesenas auf den Straßen, weil die Franzosen abgezogen sind. Aber es wird noch ein weiteres, unerwartetes Ereignis gefeiert, nämlich die Verhaftung des grausamen Ramiro de Lorca. Ramiro wurde gefangengenommen, als er aus Pesaro zurückkehrte, wo er offiziell Getreide hätte beschaffen sollen. Nach dreitägiger Haft wird er wegen Veruntreuung zum Tode verurteilt – er war angeklagt worden, große Mengen des beschafften Getreides außer Landes gebracht zu haben. Zum Tode verurteilt wurde de Lorca allerdings wegen Verrates. Man warf ihm vor, er habe sich mit den Condottieri verschworen und Cesare in einen Hinterhalt locken wollen. Am 26. Dezember entdecken die Bürger von Cesena frühmorgens auf dem Platz vor der Festung die Leiche de Lorcas. Ramiro liegt enthauptet auf einer Schleife, noch prächtig mit seinem purpurnen Mantel bekleidet, an den Händen die Handschuhe. Auf einer Pike neben ihm ist sein schwarzbärtiger Kopf aufgespießt. Neben der Leiche hat der Henker den blutüberströmten Richtblock und sein Richtbeil zurückgelassen.

Die Hinrichtung von einem der treuesten Diener Cesares regt die Gemüter zu Spekulationen an. Machiavelli zieht aus dem Vorfall eine Lehre: «Der Grund seines Todes ist nicht genau bekannt, außer daß es eben dem Fürsten so gefiel, der zeigt, daß er die Menschen nach seinem Willen und ihrem Verdienst erheben und vernichten kann.» Später gibt der florentinische Sekretär in seiner Abhandlung *Der Fürst* eine weitere Erklärung ab: «Da er aber wußte, daß die bisherige Härte ihn bei manchen verhaßt gemacht hatte, beschloß er, um sich die Herzen der Bevölkerung ganz zu erobern, ihr zu zeigen, daß, wenn Grausamkeiten geschehen seien, sie nicht ihm, sondern dem gewalttätigen Charakter des Statthalters zuzuschreiben seien.»

DER HINTERHALT VON SENIGALLIA

Am Hinrichtungstag verläßt Cesare Cesena und läßt Ramiros verstümmelte Leiche auf dem Marktplatz zurück. Am 29. Dezember ist er in Fano und empfängt dort die Gesandten der Stadt Ancona, die ihm ihre Loyalität zusichern. Zuvor gab ein Bote Vitellozzo Vitellis dem Valentinus bekannt, daß Senigallia in die Hände der Condottieri gefallen sei und Giovanna di Montefeltre sich nach Venedig eingeschifft habe. Lediglich die vom Kastellan Andrea Doria gehaltene Zitadelle leistet noch Widerstand. Der Kastellan behauptet, sich nur Cesare persönlich ergeben zu wollen. Der Herzog kündigt an, er werde am nächsten Tag in Senigallia erscheinen. Er erfüllt damit die Wünsche der Condottieri. Sobald sich Cesare in der Stadt befindet, sitzt er in der Falle zwischen der Zitadelle und ihren Streitkräften, die um Senigallia herum lagern. Der Valentinus wiegt die Condottieri in Sicherheit und läßt ihnen mitteilen, er wolle in der Stadt wohnen. Vitelli bittet er, seine Truppen nach Senigallia zu verlagern. Oliverotto schlägt daraufhin sein Quartier in den Vororten auf, während Vitellozzo und die Orsini in die kleinen benachbarten Ortschaften ziehen. Die Condottieri sind überzeugt, Cesare militärisch überlegen zu sein, weil er nach dem Abzug der Franzosen anscheinend nur noch über eine verminderte Truppenstärke verfügt. Nach Machiavelli war der Valentinus jedoch tatsächlich mit 10 000 Fußsoldaten und 3000 Berittenen aus Cesena aufgebrochen. Das Heer hatte er in kleine Gruppen aufgeteilt und auf Schleichwegen nach Senigallia marschieren lassen. Cesare führte das riesige Truppenaufgebot deshalb mit sich, weil ihm Ramiro de Lorca die Verschwörung der Condottieri verraten hatte. So kann er die Condottieri in ihre eigene Falle locken. Was sich in Senigallia bald darauf abspielt, ist jener unübertreffliche Handstreich, den Paolo Giovio später den *bellissimo inganno*, den «schönsten Betrug», nennt.

Im Morgengrauen des 31. Dezember kommt Cesare in der Vorstadt von Senigallia an, die durch den Kanal des Flüßchens Misa von der Stadt abgetrennt ist. Wie der Valentinus feststellt, lagern dort lediglich Oliverottos Soldaten, 2000 Infanteristen und 150 Berittene. Die Soldaten empfangen ihn mit allen Ehren. Cesares Vorhut von 200 Lanzenreitern, die von Michelotto befehligt wird, postiert sich auf der Kanalbrücke. Sie ordnet sich in zwei Reihen, durch die die Infanterie und die Kavallerie des Herzogs hindurchziehen. Der Kontrollpunkt schneidet den Truppen der Condottieri die Verbindung zur Stadt ab. Statt seines gewohnten Wamses trägt Cesare eine Rüstung, die ihn vor Pfeilen schützt. Francesco Orsini, Herzog von Gravina, Paolo und sein Sohn treffen zuerst beim Valentinus ein und sind überrascht über seinen geharnischten Aufzug, der ganz und gar nicht zu ihrem Plan paßt. Dann folgt ihnen Vitellozzo Vitelli. Vitellozzo reitet auf einem Maulesel und trägt einen schwarzen, mit grünem Tuch gefütterten Umhang. Widerwillig hatte er sich zum Kommen entschlossen, als habe er Übles geahnt. Ihm blieb nicht einmal die Zeit, seine Rüstung anzulegen und sein Pferd satteln.

Cesare zeigt sich äußerst liebenswürdig und bittet die Condottieri, sich ihm anzuschließen. Oliverotto zieht an der Spitze eines Truppenkontingentes auf dem Marktplatz ein. Auf ein Zeichen Cesares bittet ihn Michelotto Corella jedoch, seine Truppen in ihr Standquartier zurückzuschicken und sich den Gefährten anzuschließen, die mit dem Herzog reiten.

Als Unterkunft für Cesare hatte Michelotto den Palazzo Bernardino herrichten lassen, der mit einer vorderen Tür an der Fassade und mit einer hinteren versehen ist. Cesare bittet seine Condottieri, ihn in seine Wohnstatt zu begleiten. Kaum sind sie dort eingetreten, werden sie von Soldaten festgenommen, die durch die hintere Tür eingedrungen waren. Der Valentinus verläßt den Palast und löst die Eskorte auf, die seine Gäste nun nicht mehr nötig haben. Er gibt Befehl, die Soldaten Vitellis und der Orsini in der Umgebung anzugreifen. Er läßt Jagd auf Oliverottos Soldaten im Vorort von Senigallia machen. Der Vorort wird verwüstet und geplündert. In derselben Nacht während des Debakels ihrer Truppen werden Oliverotto und Vitelli nach einem raschen Urteilsspruch von Michelotto im Palazzo Bernardino erdrosselt. Oliverotto hatte zuvor versucht, dem schändlichen Tod zu entgehen, indem er sich einen Langdolch ins Herz stieß. Vitellozzo hatte Cesare lediglich gebeten, beim Papst für sein Seelenheil vollkommenen Ablaß zu erwirken. Im Morgengrauen werden die Leichen zur nahe gelegenen Kirche des Hospitals Sa. Misericordia gebracht. Gegen die Orsini unternimmt Cesare solange nichts, bis er weiß, ob sein Vater, der Papst, in Rom Giulio Orsini und den Kardinal Giambattista verhaftet hat. Er legt sie in Ketten und führt sie in seinem Gefolge mit.

«EINE EDLE TAT, EINES RÖMERS WÜRDIG»

Cesare hat sich mit einem Schlag seiner einstigen Generäle entledigt, die zu seinen schlimmsten Feinden geworden waren. Er läßt Machiavelli kommen, damit dieser seine Freude am Schlag gegen die Condottieri teilen kann. Wie der Valentinus meint, «waren diese Männer auch erbitterte Feinde von Florenz». Am folgenden Tag, dem 1. Januar 1503, hat sich die Festung nach der Flucht des Kastellans Andrea Doria bereits ergeben. Der Valentinus schickt daraufhin Boten aus und läßt die verschiedenen Staaten über seinen Coup informieren. Cesare versichert ihnen, er sei mit seinem Schlag gegen die Condottieri einer niederträchtigen Verschwörung gegen ihn zuvorgekommen. Er fordert die Staaten auf, Gott zu danken, daß er mit seiner Tat allem Übel ein Ende gesetzt habe, das die Condottieri über Italien gebracht hätten.

Cesares Urteil über die Glücksritter ist sicherlich nicht aus der Luft gegriffen. Abgesehen von Vitellozzo, der zunächst nur bestrebt gewesen war, seinen Bruder zu rächen, waren die Condottieri nach allgemeinem Urteil rechte Galgenstricke gewesen. So überrascht es nicht, daß der Hinterhalt von Senigallia fast in ganz Italien und anderswo bewundert wird. Charlotte d'Albret in Frankreich ist zwar entsetzt über die Tat ihres Mannes, aber Ludwig XII. beurteilt sie als «eine edle Tat, die eines Römers würdig ist». Für ihren Erfolg wird gemeinhin Cesares außergewöhnliches Glück verantwortlich gemacht. Machiavelli dagegen, dessen Gesandtschaft ihrem Ende zugeht und der die vorigen Ereignisse aus nächster Nähe miterlebt hatte, zeigt in scharfsinnigen Betrachtungen zum Hinterhalt von Senigallia auf, daß Cesare den Schlag äußerst intelligent vorausberechnet und geplant hat. Die Tat trägt den Stempel des genialen Valentinus und seiner *Virtù*, eines Gemischs aus kalter Überlegung und Beherztheit, der kein menschliches Zaudern im Weg steht. Die Hinrichtung der Condottieri krönt den Werdegang Cesares, der das Verbrechen niemals ohne einen hochpolitischen Zweck und ein übergeordnetes Gut verübt hat. Als die Markgräfin Isabella von Mantua die Nachricht vom Valentinus erhält, antwortet sie ihm schon am 15. Januar mit einem Brief. Sie beglückwünscht ihn und fügt hinzu: «Da Wir glauben, daß Ihr nach all der Mühsal und den Anstrengungen in dieser ruhmreichen Unternehmung danach trachten werdet, Euch ein wenig Erholung zu gönnen, dachte Ich daran, Euch durch Meinen Boten Giovanni hundert Karnevalsmasken überbringen zu lassen.»

Die Ländereien der Rebellen werden besetzt

Cesare hat allerdings noch keine Zeit, sich auszuruhen. Nach der Beseitigung der Condottieri muß er noch ihre Besitztümer einziehen. Er nimmt die Straße nach Città di Castello und setzt dort die Herrschaft der römischen Kirche wieder ein. Dann stößt er nach Perugia vor, wo Giampaolo Baglioni Guidobaldo von Urbino, Fabio Orsini, Annibale und Venanzio Varano sowie die Neffen Vitellis versammelt hat. Als die Versammelten erfahren, daß der Herzog im Anmarsch ist, ergreifen sie alle die Flucht. Baglioni flieht nach Siena zu Pandolfo Petrucci. Perugia huldigt Cesare mit einem Treueeid. Dieser setzt seinen Sekretär als Vertreter in der Stadt ein, während ein anderer seiner Getreuen Fermo besetzt, die Stadt, in der Oliverottos Tyrannenherrschaft gestürzt ist.

In der Nähe von Perugia überfallen Cesares Soldaten Pantasilea Baglioni. Pantasilea ist die Gattin des venezianischen Condottiere Bartolomeo Alviano. Man schließt die Frau, ihre Kinder und ihr weibliches Gefolge in der Burg von Todi ein. Sie sollen gegebenenfalls als Geisel dienen. Der venezianische Botschafter protestiert beim Papst empört gegen die Entführung. Der Valentinus muß Pantasilea deshalb wieder auf freien Fuß setzen lassen. Die Entführung macht deutlich, daß Cesare in jeder Situation Risiken und Vorteile gegeneinander abzuwägen weiß. Er wartet stets auf den geeigneten Augenblick zum Handeln. Sein geduldiges Wesen zeigt sich auch daran, wie er mit den beiden in Senigallia gefangengenommenen Orsini verfährt. Cesare nimmt den Herzog von Gravina und Paolo Orsini mit sich, als er durch die Ländereien Perugias nach Siena zieht, um dort Pandolfo Petrucci zu vertreiben. Das Schicksal der beiden Gefangenen bereitet mehr Kopfzerbrechen als das von Oliverotto und Vitellozzo, die kurzerhand hingerichtet wurden. Die Orsini können solange nicht bestraft werden, als ihr Familienoberhaupt Kardinal Giambattista noch auf freiem Fuße ist. Und noch zögert der Papst, Hand an ihn zu legen.

284

Papst Alexander spielt seine Rolle bestens. Er läßt Kardinal Orsini zum Jahresende allen Lustbarkeiten beiwohnen: den Banketten in Gesellschaft schöner Damen und den Maskeraden, darunter einem Umzug, bei dem dreißig Verkleidete auf Eseln reiten. Die Masken haben «Nasen» «in Priapusform», Nachbildungen riesiger männlicher Glieder. Giambattista ist angesichts der wohlwollenden Haltung des Papstes unbesorgt über sein Schicksal. Er möchte den Pontifex im Vatikan zur Eroberung von Senigallia beglückwünschen. Als der Kardinal zur Audienz beim Papst in die *Camera del Pappagallo* tritt, wird er verhaftet und in die Engelsburg gebracht. Mit ihm werden Rinaldo Orsini, der Erzbischof von Florenz, und Bernardino Alviano, der Bruder des berühmten Condottiere Bartolomeo, gefangengenommen. Auch Giacomo Santa Croce, ein Freund der Orsini, wird verhaftet. Santa Croce wird aber kurz darauf gegen Kaution wieder freigelassen. Alle Güter von Kardinal Orsini werden mit Beschlag belegt. Seine Mutter, eine 80jährige Greisin, wird aus ihrem Palast auf dem Monte Giordano vertrieben. Mit nichts als ihren Kleidern auf dem Leib und in Begleitung von zwei Dienerinnen irrt sie durch die Straßen. Niemand wagt es, sie aufzunehmen. Die Verhaftungen lösen in Rom Panik aus. Der Bischof von Chiusi erliegt vor Entsetzen über Alexanders Vorgehen einer Herzattacke.

Sobald Cesare von der Verhaftung des Kardinals erfährt, läßt er Paolo Orsini und den Herzog von Gravina erwürgen. Die Hinrichtung findet am 18. Januar in Sartiano bei Castel della Pieve statt. Der Valentinus dringt anschließend in sienesisches Gebiet vor und verwüstet bei seinem Durchzug die Städtchen Pienza, Chiusi und San Quirico. Am 27. Januar richtet er an die Sienesen ein Ultimatum, in dem er ihnen vierundzwanzig Stunden Zeit gibt, Petrucci aus ihrer Stadt zu jagen. Die Sienesen erfüllen das Ultimatum. Cesare kehrt nach Rom zurück, durchquert Acquapendente, Montefiascone und Viterbo und gibt die Städte der Plünderung durch seine Soldaten preis. Es ist ihm wichtiger, seine Söldnerhaufen zufriedenzustellen und einer Meuterei vorzubeugen, als die Ländereien der heiligen römischen Kirche zu respektieren.

In Rom schickt Alexander VI. seinen Sohn Jofré aus, um die Güter der Orsini zu beschlagnahmen. Jofré erweist sich jedoch als unfähig, die Mission auszuführen. Daher soll Cesare die Güter beschlagnahmen und alle Mitglieder der mächtigen Familie Orsini umbringen. Auch ihre Bundesgenossen sollen ausgerottet werden, unter anderem die Savelli. Zu den Savelli gehört auch Silvio, der Empfänger des mysteriösen Pamphlets gegen die Borgia. Der mächtigste der Herren, denen der Ausrottungsfeldzug gilt, ist Giangiordano Orsini. Giangiordano hält sich in seiner Burg in Bracciano verschanzt und soll das erste Opfer werden. Aber Cesare widersetzt sich seinem Vater, da der Orsini ein Freund des Königs von Frankreich ist. Giangiordano gehört zudem wie Cesare dem St.-Michaels-Orden an. Der Valentinus beruft sich auf seinen Schwur, der es ihm verbietet, einen Ordensbruder anzugreifen. Er widersetzt sich ebenfalls, als Alexander von ihm verlangt, Pitigliano zu belagern. Pitigliano ist im Besitz des berühmten Condottiere Niccolò Orsini, des einstigen Generalkapitäns der Kirche und jetzigen Generals der Republik Venedig. Gezwungenermaßen ist der Valentinus vorsichtiger denn je. Der König von Frankreich hat eine Liga zwischen Siena, Luca, Florenz und Bologna ins Leben gerufen, die Cesares Expansionsbestrebungen Einhalt gebieten soll. So bescheidet er sich mit dem, was er für möglich hält, und belagert den Ort Ceri. Die Stadt liegt auf einem kleinen Hügel östlich von Cerveteri. Der Herr der Ortschaft ist Giovanni Orsini, aber verteidigt wird Ceri von Giulio Orsini, dem Bruder des Kardinals.

Das tragische Ende des Kardinals

Der Papst ist aufgebracht, daß Cesare zögert, und behandelt deshalb seinen Gefangenen, den Kardinal Giambattista Orsini, um so härter. Während noch die Karnevalsvergnügungen stattfinden, besucht die alte Mutter des eingekerkerten Kardinals den Papst. Sie bittet um Erlaubnis, ihrem kranken Sohn in der Engelsburg die Nahrung selbst zubereiten zu dürfen. Sie fürchtet, man könne ihn vergiften, hütet sich jedoch, ihre Angst offen auszusprechen. Die Mutter erkauft sich die gewünschte Erlaubnis vom Pontifex mit 2000 Dukaten und einer ungewöhnlich schönen Perle, die später eine Mätresse ihres Sohnes als Ritter verkleidet in den Vatikan bringt. Dennoch kommt für den Prälaten jede Hilfe zu spät. Er stirbt am 22. Februar. Um dem Gerücht zu begegnen, Orsini sei vergiftet worden, läßt Alexander seine Leiche am Bestattungsort in einem geöffneten Sarg ausstellen. Im zeitgenössischen Rom glaubt man, daß eine Leiche Hautflecken aufweisen müsse, wenn der Tote Opfer eines Giftanschlages geworden war. Aber weder die öffentliche Aufbahrung der Leiche noch die Versicherungen der Ärzte lassen die Gerüchte verstummen. Die Römer erinnern sich noch, daß der Kardinal zusammen mit Pandolfo Petrucci von den Borgias als Kopf der Verschwörung der Condottieri betrachtet wurde. Die Beseitigung des Kardinals Orsini erscheint somit als notwendiger politischer Akt. Burchard unterbricht sein Tagebuch mit dem tragischen Tod des Kardinals. Er führt sein Diarium erst Monate später, am 12. August, weiter. Vermutlich hatte der Zeremonienmeister eine Reise nach Straßburg unternommen. Die bedauerliche Lücke in seiner Chronik wird zum Glück durch Depeschen von Gesandten, die sich in Rom aufhalten, und durch andere Quellen ausgefüllt. Denn in der heiligen Stadt überschlagen sich die Ereignisse.

DIE LETZTEN ZUCKUNGEN DES AUFSTANDES DER CONDOTTIERI

Bei der Belagerung von Ceri hat Cesare Gelegenheit, neues Kriegsmaterial in Einsatz zu bringen. Leonardo da Vinci hatte ihm raffiniertes Kriegsgerät entworfen: Ballisten, Strohmänner, Katapulte und Belagerungsrampen, über die Soldaten gefahrlos auf die Umwallungen steigen können. Dank eines Kompromisses ergibt sich Ceri am 6. April nach einmonatiger Belagerung. Giulio Orsini erhält freies Geleit, um sich mit seinen Soldaten nach Pitigliano zurückzuziehen.

Im Norden Roms fallen den päpstlichen Truppen die Lehensgüter der Savelli in die Hände, namentlich Palombara, das auf einem einzelnen Hügel vor dem Monte Gennaro liegt und unweit der Grenzen zum Königreich Neapel den Zugang zum Sabinergebirge versperrt. Silvio kann damit keinen Schaden mehr anrichten. Um das Ende der Feindseligkeiten gegen die Orsini deutlich zu machen, zeigt sich Alexander großzügig: Mit allen Ehren empfängt er in Rom Giulio Orsini, der, vom Valentinus begleitet, in die Stadt kommt. Trotz des vergossenen Blutes versöhnt man sich im Interesse von Cesares Zukunft.

Während das Schicksal der Orsini und ihrer Verbündeten besiegelt wird, festigt der Papstsohn aus der Entfernung seine Macht in der Romagna, indem er in den Städten besondere Kommissäre ernennt. Das Herzogtum Urbino, in dem hie und da Aufstände ausbrechen, wird unter die strenge Autorität von Pedro Ramirez, einem spanischen Offizier, gestellt. Cesare nutzt die Unruhen und stellt die mit Guidobaldo geschlossene Übereinkunft wieder in Frage. Er läßt die Festungen angreifen, die er dem vertriebenen Herzog überlassen hatte. Ottaviano Fregoso und Palmerio Tiberti belagern Majuolo und San Leo, während Ugo de Moncada vor Cagli sein Lager aufschlägt. In Camerino wird hart durchgegriffen. Annibale und Veneziano Varano werden im Februar in Cattolica von einem Neffen Michelotto Corellas erwürgt. Sie hätten eines Tages fliehen und einen Versuch unternehmen können, die Herrschaft ihres Vaters wieder an sich zu reißen.

CESARES VORBEREITUNGEN AUF DEN
NEAPOLITANISCHEN KRIEG
DER MYSTERIÖSE TOD DES KARDINALS MICHIELI
NEUE KARDINALSERNENNUNGEN

Cesare hat seine Feinde vollständig besiegt. Damit ist er in der Lage, dem Appell seines Bundesgenossen König Ludwig zu folgen. Der französische König braucht Hilfe, weil er im Königreich Neapel schwere Rückschläge erleidet. Stuart d'Aubigny wurde in Kalabrien vernichtend geschlagen und von den Spaniern gefangengenommen. Der Herzog von Nemours, in Cerignola am 28. April geschlagen, schließt sich im neapolitanischen Castel Nuovo ein, das sich nach einer langen Belagerung am 12. Juni schließlich ergibt. Etwas weiter im Norden, in Gaeta, können sich die Franzosen jedoch besser halten. Ludwig XII. schickt den Markgrafen von Saluces ins Königreich Neapel, damit er dort die Städte freikämpft. Gleichzeitig bereitet er einen Angriff auf Fuenterrabía und selbst auf Barcelona und Valencia vor. Damit hat er die Unterstützung aller seiner Verbündeten in Italien nötig. Er bittet sie, sich der neuen Armee anzuschließen, die er unter der Führung von M. de La Trémouille nach Italien schickt. Florenz, Ferrara und Mantua willigen sofort ein. Alexander VI. und sein Sohn zögern jedoch, obwohl Cesare bestens gerüstet ist, um am neuen Feldzug in Neapel teilzunehmen. Der Papst hat an alles gedacht. Das notwendige Geld für Cesares Feldzug hat er sich mit den üblichen Mitteln verschafft. Im März schuf er acht neue Stellen für Würdenträger im Vatikan und verlangte von jedem Kandidaten 7600 Dukaten für seine Ernennung. Michelotto hat zudem eine gewisse Anzahl verdächtiger Marranen ausgemacht, die man mit schweren Geldstrafen belegen konnte. Als am 10. April der venezianische Kardinal Giovanni Michieli starb, ließ der Pontifex sein gesamtes Vermögen beschlagnahmen, insgesamt 150 000 Dukaten, dazu zahlreiche Wertgegenstände und ein sehr kostbares Tafelgeschirr aus Silber. Das Ableben des Kardinals hatte sofort Verdacht erregt, da er heftig erbrochen hatte und schon zwei Tage nach Ausbruch seiner Krankheit gestorben war.

Der venezianische Botschafter Giustinian schreibt über den Tod des Geistlichen an den Zehnerrat: «Der Papst treibt es immer so, daß er seine Kardinäle mästet, bevor er sie vergiftet, damit ihm ihre Habe zufällt.»

Mehr als bei den anderen plötzlichen Todesfällen, die dem Papst nützlich waren, drängt sich im Falle Michielis der Verdacht auf, daß der Kardinal vergiftet wurde. Unter Julius II. wird Michielis Sekretär Asquinio de Collorado 1504 zum Tode verurteilt, weil er gestanden hat, von Alexander und Cesare angestiftet, seinem Dienstherrn Gift gegeben zu haben. Allerdings wurde das Geständnis unter der Folter erpreßt oder mit falschen Versprechungen entlockt, so daß es mit Vorsicht zu genießen ist. Tatsächlich steckte die Kunst der Giftmischerei zu Alexanders Zeiten noch in den Kinderschuhen. Die Giftsubstanzen, die man in den Mixturen mischte, waren zumeist so lange mazeriert und zum Kochen gebracht worden, bis sie schließlich ihre schädlichen Wirkungen teilweise verloren hatten. Trotzdem ist nicht auszuschließen, daß die Borgias tatsächlich das grüne Kantharidinpulver, die *cantarella*, oder das weiße Arsenpulver verwandten. Die Gifte wurden ihren Opfern entweder in starker Dosis oder als langsam wirkendes Gift verabreicht. Allerdings dürften die Borgias, sollten sie tatsächlich Giftanschläge unternommen haben, nur in wenigen Fällen erfolgreich gewesen sein. Es war sicherer, die Person, die man zu beseitigen wünschte, erwürgen oder erdolchen zu lassen.

Da das Geld des venezianischen Kardinals dem Papst nicht genügt, erhebt er am 31. Mai neun weitere Kardinäle: seine Vertrauten, den Protonotar Juan Castellar, Bischof von Trani, den Gouverneur von Rom, Francisco Remolines, Giacomo Casanova, den Bischof von Sorrento und päpstlichen Sekretär und Kämmerer, sowie Francisco Loriz, den Bischof von Elne und künftigen Patriarchen von Konstantinopel. Die anderen Purpurträger gehören den mit den Borgias befreundeten Großmächten an: Francesco Soderini, Bischof von Volterra, Melchior von Meckau, Bischof von Brixen in Tirol, Niccolò Fiesco, Bischof von Fréjus in der Provence, Francisco de Sprats, Bischof von León in Spanien, der Protonotar Adriano Castellesi da Corneto, der Bischof von Hereford, Bath und Wells in England. Fünf der neuen Kardinäle sind Spanier und zwei Nepoten des Papstes. Der neue Kardinal Francisco Remolines ist ein Jugendfreund Cesares. Soderini, der Bischof von Volterra, der den Valentinus als Gesandter aufgesucht hat, ist der Bruder des florentinischen Gonfaloniere auf Lebenszeit. Schätzungen zufolge haben die neuen Kirchenfürsten für ihre Purpurhüte zwischen 120 000 und 130 000 Dukaten bezahlt. Mit diesem Geld konnte man allerhand tun. Man konnte neue Truppen ausheben und sie in rotgelbe Uniformen einkleiden, mit dem aufgestickten Namenszug Cesares auf Brust und Rücken. Und man konnte sie vor dem Papst aufmarschieren lassen, ein Schauspiel, das der Valentinus seinem Vater im April bietet. Unter dem Fenster des Papstes läßt er 500 Mann dieses Elitekorps vorbei-defilieren. Aber Cesare ist keineswegs gewillt, seine Männer auf der Seite der Franzosen in den Kampf zu schicken. Da Ludwigs XII. Stern im Sinken begriffen ist, führt Cesare Geheimverhandlungen mit Gonsalvo de Córdoba, um sich an Aragón anzunähern. Mitte Mai verläßt Francesco Troches, der Privatsekretär des Papstes, empört Rom, weil er nicht mit einem Kardinalshut bedacht wurde. Troches ist über die Geheimverhand-lungen mit Gonsalvo auf dem laufenden, und es liegt nahe, daß er die Geheimnisse an den König von Frankreich verrät. Er wird auf einem Schiff mit Kurs auf Korsika ergriffen und nach Rom zurückgebracht. Nachdem er sich in einem Gefängnis in Trastevere eine Stunde lang mit Cesare unter-halten hat, wird er heimlich erwürgt.

Cesares niederträchtiges Verhalten gegenüber dem französischen König wird dennoch ruchbar. Alexander setzt den Gerüchten jedoch das optimale Dementi entgegen, indem er am 28. Juli im Konsistorium verkündet, Cesare werde sich mit 500 Berittenen und 2000 Mann Fußvolk der franzö-sischen Armee in Neapel anschließen.

DAS ABENDESSEN AUF DEM WEINBERG
DES KARDINALS DA CORNETO
KRANKHEIT UND TOD DES PAPSTES

Am 5. August, am Abend vor Cesares Abreise nach Neapel, begeben sich der Papst und sein Sohn auf den Weinberg des Gelehrten Adriano Castel-lesi da Corneto, der jüngst zum Kardinal ernannt wurde. Sie bleiben lange, um die frische Nachtluft zu genießen, ein Leichtsinn angesichts der Malariaplage in Rom, die in der päpstlichen Umgebung bereits zahlreiche Opfer gefordert hat.

Rodrigo, der Großneffe des Pontifex und Kommandant der päpstlichen Garde, ein Mann von stattlicher Leibesfülle, ist dem Fieber bereits erlegen. Die Malaria hat auch Juan Borgia, den fettleibigen Erzbischof von Mon-reale, hinweggerafft. Alexander, der von seinem Fenster aus traurig die Lei-chenzüge hatte vorüberziehen sehen, vertraute dem Botschafter Antonio Giustinian an, daß «der Monat für Dicke verderblich» sei. Er bezog dies auch auf sich. Um die gleiche Zeit fiel ihm auch ein Kauz tot vor die Füße, der durchs Fenster in die Gemächer des Vatikans geflogen war. «Ein böses Omen, ein böses Omen!» hatte er ausgerufen, bevor er sich in seine Schlaf-stube zurückzog.

Das böse Vorzeichen sollte sich nach dem Bankett beim Kardinal da

Corneto erfüllen. In der Woche nach dem Gastmahl werden der Papst und sein Sohn von einem Unwohlsein befallen. Am 11. August, beim Dankgottesdienst zum Jubiläum seiner Wahl, fällt sämtlichen Botschaftern auf, daß der Papst ungewöhnlich nervös ist. Der Valentinus schiebt seine Abreise auf. Am 12. wird Alexander von heftigem Fieber befallen und speit Galle. Am 15. läßt man ihn zur Ader. Burchard vermerkt, daß man ihm dreizehn Unzen Blut abzapft, eine beachtliche Menge für einen Greis von 72 Jahren. Etwas erleichtert, bittet Alexander einige Kardinäle zum Kartenspielen an sein Bett. Sein treuer Leibarzt, der Bischof von Venosa, wacht Tag und Nacht bei ihm.

Cesare ist in seinen Gemächern ebenfalls ans Bett gefesselt und leidet unter Anfällen tertiärer Malaria. Er hat heftige Magenschmerzen und muß sich übergeben. Um das Fieber zu senken, tauchen ihn die Ärzte in einen tönernen Ölbehälter, der mit Eiswasser gefüllt ist. Durch den Kälteschock löst sich ihm die Haut am gesamten Körper ab. Cesare scheint wieder zu Kräften zu kommen, während sich der Zustand des Papstes verschlechtert. Am 18. August geben die Ärzte die Hoffnung auf, den Heiligen Vater retten zu können. Der Greis legt Pedro Gamboa, dem Bischof von Carinola, die Beichte ab. Gamboa ist ein Landsmann Alexanders aus Valence. Dann erhält der Papst die Letzte Ölung. Burchard vermerkt, er wünsche weder Cesare noch Lucrezia oder Jofré zu sehen. Es mag eine fromme Anwandlung oder die Angst vor dem Jüngsten Gericht sein, daß Alexander auf seinem Totenbett all jene aus seinen Gedanken verbannt, für die er sich leidenschaftlich einsetzte und deren Wohlergehen er über das Wohl der Christenheit stellte. Zur Stunde der Vesper tut Alexander den letzten Seufzer.

Sobald Cesare, immer noch bettlägerig, vom Tod seines Vaters erfährt, gibt er sofort die notwendigen Anweisungen an Michelotto Corella. Corella bedroht den Kardinalcamerlengo und zwingt ihn zur Herausgabe der Schlüssel zu den päpstlichen Schatztruhen. Er bringt 200 000 Dukaten in Silber und Schmuck an sich, zudem zwei Truhen mit 100 000 Golddukaten. Dem Brauch entsprechend, plündern die Palastdiener später die Privatgemächer des Papstes.

EIN TEUFLISCHES SCHAUSPIEL

Während der Pöbel die Gemächer plündert, kleidet Burchard den Leichnam ein und läßt ihn in der *Camera del Pappagallo* aufbahren. Es findet sich niemand, der die Totenwache hält oder das Totenamt liest. Am nächsten Tag wird die Leiche hinter der Abschrankung des Hochaltars von Sankt

Peter aufgebahrt. Alexanders Gesicht ist bereits schwärzlich verfärbt und aufgequollen. Die Zunge, deren Volumen sich verdoppelt hat, ragt aus dem Mund. «Es war ein entsetzliches Schauspiel», schreibt Burchard. «Er ist gräßlich entstellt und furchterregend, schwarz wie der Teufel», vermerkt Giustinian. In Rom werden Greuelmärchen verbreitet. Der Leibhaftige sei in Gestalt eines Affen in das Totenzimmer eingedrungen, um die Seele des Papstes zu holen.

Der Markgraf von Mantua, der die Truppen des französischen Königs befehligt, hält sich damals gerade in der Nähe von Viterbo auf. Von dort aus berichtet er am 22. September seiner Gattin Isabella die unglaublichsten Gerüchte: «Als der Papst krank darniederlag, begann er auf eine Art zu sprechen, die alle, die das Gesagte nicht verstanden, glauben ließ, er sei dem Wahn verfallen, obwohl er vollkommen bei Verstande war. Er schrie: ‹Ich komme schon, aber warte noch ein Weilchen!› Die, die in das Geheimnis eingeweiht sind, sagen, er habe im Konklave nach Innozenz' Tod einen Pakt mit dem Teufel geschlossen und den Stuhl Petri mit seiner Seele erkauft. Unter anderem sei vereinbart worden, daß er zwölf Jahre den Heiligen Stuhl innehaben sollte, was mit einem Zusatz von vier Tagen auch zutraf. Man behauptet, er habe kurz vor seinem Tod sieben Teufel in seiner Kammer gesehen. Als er starb, habe es im Inneren des Körpers zu brodeln begonnen und aus seinem Munde habe es geschäumt wie aus einem Kessel auf dem Feuer, so lange, bis er schließlich unter der Erde lag. Er sei so stark aufgequollen, daß er jede menschliche Form verloren und daß es am Leichnam keinen Unterschied mehr zwischen der Länge und der Breite gegeben habe.»

Die sterblichen Überreste des Papstes gehen in der Augusthitze rasch in Verwesung über. Am Abend des 19. August muß man den Toten vorübergehend in der Kapelle Sa. Maria delle Febbri beisetzen. Fünf Lastenträger überführen den Leichnam und bemühen sich mit zwei Tischlern, ihn in einen Sarg zu legen, der jedoch zu klein ist. Da die Tischler mit der Mitra nichts anzufangen wissen, werfen sie sie beiseite, bedecken die Leiche mit einem Teppich und zwängen sie mit Fauststößen in den Sarg. Keine Kerze wird entzündet, kein Priester wohnt dem barbarischen Begräbnis bei. Im Brief an seine Gattin bemerkt Francesco Gonzaga, daß man in Mantua der Zwergenfrau eines verkrüppelten Hinkenden eine würdigere Beisetzung bereitet habe!

Der Verlauf der Krankheit des Papstes und das Aussehen der Leiche deuten in gleicher Weise darauf hin, daß er vergiftet wurde, ein Gerücht, das sich sogleich in Rom verbreitet. Man bemerkt, daß Adriano da Corneto und seine anderen Gäste an seiner Tafel, darunter drei Kardinäle, ebenfalls erkrankt waren. Man schließt daraus, daß man auch ihnen Gift verabreicht hatte. Der Historiker und Geograph Pietro Martire d'Anghiera hielt sich zwar in Spanien auf, erzählt aber in allen Einzelheiten von dem Festmahl, als sei er an dem verhängnisvollen Abend selbst dabeigewesen. Er weiß auch von dem phantastischen Heilmittel zu berichten, das der Arzt Torella Cesare verordnet haben soll: ein Bad in den frischen, noch zuckenden Eingeweiden eines Maultiers! Auch Paolo Giovio berichtet von dem Bankett, aber er spricht lediglich von dem Eiswasserbad, das Cesare zu seiner Genesung verholfen haben soll. Guicciardini und nach ihm die meisten Historiker kolportieren das gleiche Gerücht: Im Einvernehmen mit dem Papst habe Cesare den Kardinal da Corneto vergiften lassen wollen. Aber der vergiftete Wein, der nur ihrem Wirt hätte gereicht werden sollen, sei durch ein Versehen des Kellermeisters allen eingeschenkt worden. Einer anderen Version zufolge soll Adriano da Corneto den Papst selbst vergiftet haben. Wegen dieses Verdachts wird ihm später der Kardinalspurpur durch Leo X. aberkannt.

Im 20. Jahrhundert bringt Portigliotti nochmals die These eines Giftmordes am Papst vor. Seine Überlegungen überraschen. Die *cantarella* sei für den Tod des Papstes verantwortlich gewesen. Portigliotti setzt das Gift mit Arsen gleich. Er übersieht allerdings, daß Arsen den Verwesungsprozeß verzögert. Der rasche Verfall von Alexanders Leiche würde in diesem Falle beweisen, daß es sich bei dem Gift, sofern Gift überhaupt im Spiele war, gerade nicht um das berüchtigte Borgia-Gift gehandelt haben konnte. Alexander fiel aller Wahrscheinlichkeit nach der Malaria zum Opfer, und die meisten Gäste des verhängnisvollen Banketts erkrankten wohl deshalb, weil ihnen das schlecht zubereitete Mahl Verdauungsschwierigkeiten bereitete.

Mit Alexanders Tod bricht über Cesare unvorhergesehen das Unglück herein. Ohne die päpstliche Unterstützung gegen seine Feinde, krank und unfähig zu handeln, schwinden alle seine Hoffnungen. Fortuna, die ihn in den Fürstenstand erhoben hat, führt ihn nun an den Rand des Abgrunds. Mehr denn je scheint sich seine hochmütige Devise *Aut Caesar, aut nihil* (Cäsar oder nichts) verhängnisvoll zu bewahrheiten.

3. TEIL

IM ABENDLICHT

Kapitel I

Der einsame Streiter

Unruhen in Rom

Der Herzog von Valence und der Romagna liegt todkrank im Vatikan in seinen Räumlichkeiten über den verlassenen Papstgemächern. Vom Fieber geschüttelt, befindet er sich in einer verzweifelten Situation. Unerwartet ist eine Katastrophe über ihn hereingebrochen. Nicht, daß er niemals daran gedacht hätte, was nach dem Tod seines Vaters geschehen würde. Cesare hatte sich sehr wohl Gedanken darüber gemacht und seine Zukunftspläne entsprechend ausgerichtet, wie er Machiavelli einen Monat später anvertraut. Aber er hatte nicht damit gerechnet, daß er zur selben Zeit wie sein Vater ebenfalls mit dem Tode ringen würde.

Über Cesares Pläne nach Alexanders Ableben ist wenig bekannt. Möglicherweise hatte er die Absicht, sich vom Heiligen Stuhl eine Art Statthalterschaft für einen Laien verleihen zu lassen, vielleicht sogar auf erblicher Grundlage, wie dies beim Königreich Neapel als Lehen der Fall war. Das Lehen hätte dann die Romagna, die Marken und das Herzogtum Urbino umfaßt, die Cesare jüngst erobert hatte. Aber diese Hoffnung war wirklichkeitsfremd. Der Valentinus war bei den enteigneten Standesherren verhaßt, die Großmächte Florenz, Venedig und Frankreich fürchteten ihn und hatten kein Interesse daran, daß die Macht des Emporkömmlings, des rastlosen und stets expansionsbestrebten Fürsten, dauerhaft blieb.

Als die Nachricht vom Tod Alexanders die Römer erreicht, bricht Aufruhr in der Stadt aus. Pamphlete und Schmähschriften werden verteilt, die den verstorbenen Papst und seine Familie beschimpfen. In den fernen Städten Città di Castellano, Perugia, Urbino, Camerino und Piombino erhebt sich die Bevölkerung gegen die Statthalter Cesares. Vor allem in der römischen Campagna werden die Gegner der Borgias gewalttätig. Die Orsini und Colonna stacheln sie auf. Von überall her eilen vertriebene Orsini herbei, um ihre Ländereien zurückzuerobern. Silvio Savelli zieht wieder in seinen römischen Palast ein. Er läßt die Gefängnisse öffnen und befreit die Gefangenen, die von den Borgias eingekerkert worden waren. Im Eilmarsch kehrt Prospero Colonna aus Neapel zurück.

Cesare bemüht sich, wieder Herr der Lage zu werden und seine Feinde an einem gemeinsamen Bündnis zu hindern. Auf Anraten seines Sekretärs Agapito erneuert er eine frühere Übereinkunft mit Prospero Colonna, mit der man unter anderem den kleinen Herzog von Sermoneta, Lucrezias Sohn Rodrigo Borgia, mit einer Colonna verheiraten wollte. Mit den Orsini, die das Volk aufwiegeln, ist dagegen keinerlei Einvernehmen möglich. Als Warnung läßt Michelotto daher ihren Palast auf dem Monte Giordano in Brand stecken. Als Generalkapitän der Kirche verfügt Cesare über eine Armee von 12 000 Mann im Borgo. Damit ist er nicht gerade ganz wehrlos. Aber andererseits ist mit der Sedisvakanz die Macht in Rom automatisch auf das Kardinalskollegium übergegangen. Einen Tag nach dem Tod des Papstes versammeln sich neunzehn Kardinäle in der Kirche Sa. Maria sopra Minerva, nachdem ihnen der Gouverneur der Engelsburg, der Bischof von Nicastro, Francisco de Roccamura, versichert hat, daß er sie schützen werde. Spanische Soldaten besetzen die Engelsbrücke. Der Spanier Roccamura läßt sie mit Kanonen beschießen und zwingt sie zur Räumung der Brücke. Die Kardinäle stehen jedoch mehrheitlich hinter Cesare. Am 22. August wird dieser in seinen Ämtern bestätigt. Er wird beauftragt, die öffentliche Ordnung aufrechtzuerhalten, bis ein neuer Papst gewählt ist. Die römischen Barone werden durch Boten dazu aufgefordert, sich wie üblich aus Rom fernzuhalten, bis das Konklave beendet ist. Aber die Ereignisse scheinen die Wahl des neuen Papstes zu erschweren. Prospero Colonna kehrt am gleichen Tag nach Rom zurück und bezieht wieder seinen Palast, den er seit langem nicht mehr betreten hatte. Am Abend wird das Kapitol von den Anhängern der Colonna festlich erleuchtet. In den Stadtvierteln, die traditionell von Colonna-Anhängern bewohnt werden, erschallt lauter Jubel. Die Orsini ziehen daraufhin sofort in den Stadtteil, wo ihre Parteigänger wohnen. Mit 2000 Mann besetzen sie die umliegenden Viertel an der Porta S. Pancrazio. Sie mißhandeln die dortigen Parteigänger der Borgias und stecken um die hundert Häuser von Spaniern in Brand.

Die beiden Faktionen haben vermutlich festgestellt, daß keine der anderen überlegen ist. Am 1. September kommen sie glücklicherweise der Aufforderung des Heiligen Kollegiums nach. Die bewaffneten Truppen ziehen sich zwanzig Kilometer weit aus Rom zurück. Die französische Armee, die nach Neapel unterwegs ist, verpflichtet sich, nicht von den Hügeln herabzusteigen, auf denen sie augenblicklich lagert.

CESARES RÜCKZUG
DAS ERSTE KONKLAVE 1503
DIE WAHL VON PIUS III.

Cesare schiebt seine schlechte Gesundheit vor, um während des Konklave in Rom bleiben zu können. Da er aber die Kardinäle nicht verstimmen möchte, verläßt er am 2. September schließlich doch die Stadt. Wie gewöhnlich geht sein Auszug mit aller Prachtentfaltung vonstatten. Auf dreizehn Karren werden seine Kanonen und Bombarden fortgeschafft. Hundert Wagen befördern sein Gepäck. Cesare wird von seiner Kavallerie eskortiert. Er liegt in einer geschlossenen Sänfte mit karmesinroten Damastvorhängen, die von zwölf Hellebardieren getragen wird. Geschwächt, abgezehrt und mit einem rötlich verfärbten, mit Pusteln übersäten Gesicht ist der schöne, kraftvolle Mann, der einst Stiere tötete und die Kämpfer der Romagna herausforderte, nicht mehr wiederzuerkennen. Geblieben ist ihm nur sein pompöses Auftreten. Hinter dem Valentinus führt ein Page sein Streitroß mit einer schwarz-goldenen Samtschabracke, auf ihr ist Cesares Wappen mit der Herzogskrone aufgestickt. Die Botschafter von Frankreich und Spanien geben ihm das Ehrengeleit. Seine Mutter Vannozza Cattanei und sein Bruder Jofré verlassen Rom gemeinsam mit ihm. Sancia wurde aus der Engelsburg entlassen und Prospero Colonna übergeben. Prospero soll sie ins Königreich Neapel bringen.

Nachdem Cesare Kardinal Cesarini arrogant eine Audienz am Stadttor von Rom verwehrt hat, begibt er sich nach Nepi, dem Lehen seiner Familie. Dort hält er sich genauestens über alles auf dem laufenden, was sich in der Ewigen Stadt ereignet. Von den spanischen Kardinälen hatte er sich schwören lassen, daß sie beim Konklave nur den Kandidaten wählen, den er ihnen bestimmt. Nach und nach treffen zwischen dem 30. August und dem 10. September die Kirchenfürsten in Rom ein, während neun Tage lang bis zum 13. feierlich das Papstbegräbnis begangen wird. Als letzte treffen am 10. September der Kardinal von Rouen, Georges d'Amboise, Ascanio Sforza und Ludwig von Aragón in Rom ein. Ascanio hatte Ludwig XII. für seine Freilassung versprechen müssen, im Konklave für d'Amboise zu stimmen. Ludwig von Aragón ist eng mit Ascanio Sforza befreundet. Der König von Frankreich hatte zudem am 1. September mit Cesare bereits einen Vertrag geschlossen. Der Valentinus ist verpflichtet, Ludwig XII. gegen jeden außer gegen die Kirche Gefolgschaft zu leisten und ihm als Vasall zu gehorchen. Ludwig ist durch den Vertrag gezwungen, Cesare bei der Rückeroberung aller Ländereien zu unterstützen, die er durch den Tod Alexanders VI. verlieren könnte. Daher sind sich die Franzosen sicher, daß die elf spanischen Kardinäle für sie stimmen werden. Aber ihnen stehen die

22 italienischen Kardinäle gegenüber, die bei 36 Stimmberechtigten im Konklave – die höchste Anzahl bei einer Papstwahl bisher – großes Gewicht haben. Fast einhellig wollen die Italiener nur einen ihrer Landsleute wählen. Dennoch sind sie in verschiedene Faktionen gespalten, zum Bedauern von Giuliano della Rovere, der nach zehnjährigem Exil nach Rom zurückgekehrt ist und nun nach der Tiara strebt, «zum Wohle der Religion und des Friedens in Italien», wie er dem venezianischen Botschafter anvertraut.

Da Cesare weit weg ist, lassen sich die spanischen Kardinäle von Kardinal Bernardino de Carvajal führen. Damit ist es unwahrscheinlich, daß sie für Kardinal d'Amboise stimmen werden. Beim ersten Wahlgang am 21. September wird dies offenkundig: Carvajal erhält 12 Stimmen, Amboise 13, Giuliano della Rovere immerhin 15, Carafa 14 und Riario 8. Georges d'Amboise begreift, daß er keine Aussicht hat, die Wahl zu gewinnen. Er versichert sich deshalb der Unterstützung der spanischen Kardinäle und schlägt am gleichen Abend mit Ascanio Sforza und den florentinischen Kardinälen Soderini und Medici den Kardinal Francesco Piccolomini-Todeschini vor, einen siechen Achtzigjährigen, der sicher nicht mehr lange zu leben hat. Mit Ausnahme einer Stimme, seiner eigenen nämlich, wird dieser Übergangspapst am 22. September einstimmig gewählt. Der Achtzigjährige möchte an seinen Onkel erinnern und nimmt den Namen Pius III. an.

EIN PONTIFIKAT VON SIEBENUNDZWANZIG TAGEN

Der neue Papst verdankt seine Wahl indirekt dem Valentinus. Zum Dank unterstützt Pius III. Cesare, dessen Besitzungen fast allerorts Angriffen ausgesetzt sind. Während Alexanders Begräbnis begangen wurde und das Konklave mit seinen Beratungen beschäftigt war, lieferten die Venezianer Guidobaldo von Montefeltre Truppen. Guidobaldo hat mit ihnen die Festung San Leo zurückerobert, und fast wäre es ihm gelungen, Cesares Statthalter Pedro Ramirez aus Urbino zu vertreiben. Mit Hilfe der Florentiner gelang es Giampaolo Baglioni, die Parteigänger des Valentinus aus Magione zu verjagen, und Giacomo Appiano konnte ebenfalls mit florentinischer Hilfe wieder nach Piombino zurückkehren. Mit dem letzten Überlebenden der Varano im Gefolge rückte Baglioni auf Camerino vor. Die Vitelli zogen wieder in Città di Castello ein und feierten ihre Rückkehr. In einem Triumphzug ließen sie ein goldenes Kalb durch die Straßen ziehen, ein Kalb, das den roten Stier der Borgias vergessen machen sollte. An der Adriaküste waren mit Bartolomeo Alvianos Hilfe Pandolfo Malatesta in

Rimini und Giovanni Sforza in Pesaro wieder an die Macht gelangt. Zum Glück konnte das stark befestigte Cesena gehalten werden, das von Dionigi di Naldo mit einer Armee von tausend Veteranen verteidigt wurde.

In dieser bedrückenden Lage bitten die spanischen Kardinäle Pius III., Cesare wieder nach Rom zurückkehren zu lassen. Pius willigt ein. Am 3. Oktober wird der Herzog von den Kardinälen d'Amboise, d'Albret, Sforza und San Severino empfangen. Der Valentinus wird nur von 500 Fußsoldaten und 150 Berittenen begleitet. Seine übrigen Soldaten hat er Ludwig XII. für den Feldzug im Königreich Neapel geschickt. Vom Fieber noch geschwächt, empfängt Cesare den venezianischen Botschafter Giustinian in seinem Palast S. Clemente. Trotz schlechter körperlicher Verfassung zeigt er sich zuversichtlicher denn je. Überheblich versichert er dem Venezianer, er werde bald alle seine Staaten wieder zurückerobern und seine Würden wiedererlangen. Wenig später, am 8. Oktober, bestätigt ihn eine Bulle tatsächlich als Statthalter und Gonfaloniere der Kirche. Am 12. legen ihm die einzelnen Städte in der Romagna erneut den Treueeid ab. Am 13. schickt Pius III. ein Breve nach Florenz. Der Papst verlangt freies Geleit für Cesare, damit er seine Strafexpedition gegen alle Tyrannen durchführen könne, die auf seinen Ländereien erneut Fuß gefaßt haben. Am 14. Oktober wendet sich das Glück jedoch gegen Cesare. Unter Trompetenschall verkündet Gonsalvo de Córdoba in Neapel ein Edikt, mit dem er spanischen Kapitänen verbietet, unter dem Banner Cesares Dienst zu tun. Die Kapitäne sind verpflichtet, sich Gonsalvo anzuschließen und den Marsch Ludwigs XII. auf Neapel aufzuhalten. Infolge des Appells verliert Cesare eine große Anzahl seiner Soldaten. Auch Ugo de Moncada, später einer der tüchtigsten Generäle Karls V., verläßt ihn. Spanien hatte zudem mit Alviano, Baglioni und den Orsini einen Geheimvertrag abgeschlossen. Man war übereingekommen, den Herzog zu ergreifen oder ihn «bis in den Tod» zu verfolgen. Cesare wird gewarnt und versucht am 15. Oktober aus Rom zu entfliehen. Zwei seiner Kompanien sind bereits desertiert. So stößt er mit nur siebzig Mann leichter Reiterei auf die Orsini, die die Porta dell'Orto bewachen. Die Orsini verfolgen ihn bis zum Vatikan. Da Cesare eine Belagerung droht, zieht er sich vom Vatikan aus durch den gedeckten Geheimgang in die Engelsburg zurück. Er nimmt die beiden «Infantes Romani», Rodrigo und Giovanni, und seine beiden eigenen illegitimen Kinder Girolamo und Camilla mit in die Burg. Die Orsini plündern mit Alviano seinen Palast. Cesare war vorsichtig genug, alle Wertgegenstände rechtzeitig in Sicherheit bringen zu lassen. Er vertraute sie Kardinal d'Este an, der sie nach Ferrara bringen sollte. Da Orsinis Truppen die Engelsburg umzingeln, ruft der Valentinus Michelotto Taddeo della Volpa zu Hilfe. Taddeo della Volpa ist der Führer der Truppen, die Cesare den Franzosen geschickt hatte. Tatsächlich gelingt es Taddeo, die Orsini zurückzudrängen und über die Engelsbrücke bis zu seinem Dienstherrn vorzustoßen. Scheinbar ist noch nichts verloren.

In diesem entscheidenden Augenblick war Cesare von seinem bedeutendsten Bundesgenossen bereits im Stich gelassen worden. Pius III. unterzog sich am 27. September einem chirurgischen Eingriff, der mißlang. Der Chirurg Ludovico di San Miniato schnitt in der schmerzhaften Operation zweimal das linke Bein des Pontifex an, ohne die wahren Ursachen seiner Beschwerden, ein Geschwür am linken Schienbein, zu erkennen. Der Papst bekam das Wundfieber, und sein Zustand verschlechterte sich rasch. Der greise Pius hatte in der Nacht vom 17. Oktober die Letzte Ölung erhalten und war am folgenden Tag nach einem Interregnum von 27 Tagen gestorben.

DAS ZWEITE KONKLAVE 1503
DIE WAHL JULIUS' II.

Kaum ist der Papst gestorben, beginnen die Verhandlungen aufs neue. Giuliano della Rovere ist diesmal fest entschlossen, die Tiara zu erringen. Für einen Augenblick glaubt Cesare, Giuliano daran hindern zu können. Am 26. Oktober empfängt der Valentinus Machiavelli in der Engelsburg. Machiavelli war als Lagebeobachter von der florentinischen Signoria zum Konklave nach Rom geschickt worden. Cesare erklärt ihm, er werde mit Hilfe der spanischen Stimmen Georges d'Amboise zum Papst wählen lassen. Cesare überschätzt jedoch seinen Einfluß. Wie Kardinal d'Amboise selbst bemerkt, stößt seine Kandidatur auf eine übermächtige Gegnerschaft unter den italienischen und spanischen Kardinälen. So schließt sich d'Amboise Giuliano della Rovere an. Da Giuliano unter Alexander VI. lange im Exil in Frankreich war, scheint er den Franzosen günstig gesinnt. Am 29. Oktober unterzeichnet Giuliano einen Vertrag mit Cesare und den spanischen Kardinälen. Sollte er zum Papst gewählt werden, will er den Valentinus in seinem Amt als Gonfaloniere und Generalkapitän der Kirche bestätigen, ihn unterstützen und ihm die eroberten Gebiete lassen. Cesare sollte ihm dafür vollkommen dienstbar sein. Bestürzt erfährt Machiavelli, daß der Valentinus Giuliano die Stimmen seiner Kardinalsfaktion zugesichert hat, und dies gegen einfache Versprechungen. Für Kardinal della Rovere ist die Wahl damit praktisch gewonnen.

Das Konklave wird am 31. Oktober eröffnet. Alle 38 Kardinäle schließen sich einer Wahlkapitulation an, nach der der Papst in allen wichtigen Angelegenheiten das Heilige Kollegium befragen muß und für einen Krieg eine

Zweidrittelmehrheit der Kardinäle braucht. Giuliano della Rovere hatte schon einen Tag vor dem Konklave dem venezianischen Botschafter verraten, was er von seinen erzwungenen Verpflichtungen hält: «Ihr seht den erbärmlichen Zustand, der uns mit der Leiche Alexanders VI. hinterblieben ist, bei dieser Anzahl von Kardinälen. Solange die Menschen von anderen abhängig sind, sind sie genötigt zu tun, was sie verabscheuen; sobald sie frei sind, handeln sie jedoch anders!» Guiliano will vor allem die Wahl gewinnen. So schwört der Kardinal von S. Pietro in Vincoli, was man von ihm verlangt, und verspricht reichlich Würden und Benefizien, wie es bereits sein Vorgänger getan hatte.

Zur ersten Nachtstunde suchen die meisten Kardinäle Giuliano della Rovere in seiner Kammer im Konklavesaal auf und begrüßen ihn als zukünftigen Papst. Der Zeremonienmeister Burchard zeigt bei dieser Gelegenheit, wie sehr er sich mit Giuliano della Rovere verbunden fühlte, und bringt ihm eine Huldigung dar. Im stillen hatte ihn Burchard schon immer gegen die Borgias unterstützt. Als Belohnung erhält er später das Bistum Orta, zudem einen Maulesel mit Geschirr, einen Umhang und ein Chorhemd, damit er seine Bischofswürde angemessen bekleiden kann! Die Wahl am 1. November ist nur noch eine Formalität. Der Kardinal von S. Pietro in Vincoli wird im ersten Wahlgang gewählt. Er nimmt den Namen Julius II. an, womit er eher Julius Cäsar huldigt als dem unbedeutenden Pontifex Julius I. Allem Anschein nach hat sich Julius II. schon länger auf sein Pontifikat eingerichtet. Kaum hat er den Thron Petri bestiegen, läßt er sich den päpstlichen Fischerring bringen, auf dem bereits sein Name eingraviert ist. Seine bereits fertiggestellten Wappen schmücken am nächsten Tag fast die ganze Stadt. Wie versprochen, verteilt er Gnaden und ernennt vier neue Kardinäle, die ihm ergeben sind. Zudem erfüllt er die Wunschträume des treuen Burchard. Neben dem Bistum von Orta verleiht er ihm das von Civita Castellana. Er beläßt ihm natürlich sein Amt und seine einträglichen Benefizien!

Mit seinen gerade sechzig Jahren – er ist 1443 geboren – hat Giuliano della Rovere bereits unter vielem gelitten – darunter auch an Anfällen der Gicht und der «Franzosenkrankheit». So ist er für Cesare ein hartgesottener Gegner, den man den «schrecklichen» Pontifex nennen wird.

Die Täuschungsmanöver Julius' II.
Annexion der Städte in der Romagna
Cesares Verhaftung

Nichts deutet auf einen Konflikt zwischen den beiden Männern hin. Cesare vertraut auf die Versprechungen des Papstes. Wie Machiavelli erstaunt bemerkt, glaubt er, «daß andere besser Wort halten als er selbst». Auf Bitten Julius' II. verläßt der Valentinus am 3. November die Engelsburg. Er bezieht die Wohnung über dem Audienzsaal im Vatikan, wo ihm der Papst neun Gemächer zur Verfügung gestellt hat. Nach Gerüchten verbringen der Herzog und der Pontifex ihre Abende gemeinsam mit freundschaftlichem Geplauder. Sie beabsichtigen eine Familienunion. Anstatt den Sohn des Markgrafen von Mantua soll Cesares Tochter Louise den Papstnepoten Francesco Maria della Rovere heiraten, den jungen Herrn von Senigallia. Angesichts dieser freundschaftlichen Geste glaubt der Valentinus an die Aufrichtigkeit des Heiligen Vaters. Denn Julius II. liebt seinen Neffen über alles, da ihm von seinen unehelichen Kindern nur ein Mädchen, Felicia della Rovere, geblieben ist. Raffaele, der letzte seiner Jungen, war ein Jahr zuvor gestorben.

Damit sich der Valentinus sicher fühlt, hat ihm der Papst Ostia überlassen. Im Hafen der Stadt liegen Cesares gerüstete Schiffe vor Anker. Der Herzog möchte sich nach Genua einschiffen, aber er wartet noch auf seine Ernennung zum Gonfaloniere des Heiligen Stuhls. In Genua möchte er ein Kapital von 200 000 Dukaten abholen, das Bankiers für ihn verwahren. Die Summe soll dazu dienen, in der Lombardei Söldner anzuwerben. Mit ihnen will er seine Herrschaft im Herzogtum Romagna wiederherstellen.

Die internationale Lage begünstigt Cesares Pläne. Franzosen und Spanier tragen am Garigliano Kämpfe miteinander aus und lassen dem Valentinus somit freie Hand, die Venezianer in der Romagna am Vordringen zu hindern. Am 3. November veröffentlicht der Pontifex Breven an die Städte in Cesares Herzogtum und befiehlt ihnen, ihrem Herrn wieder zu gehorchen. Von den Florentinern verlangt Julius freies Geleit durch die Toskana für den Herzog und seine Armee. Allem Anschein nach hält der Papst seine Versprechen und scheint den Valentinus wieder in seine Besitzungen einsetzen zu wollen. Aber die Wirklichkeit sieht anders aus. Machiavelli gegenüber gesteht der Papst ohne Umschweife seine Pläne. Julius möchte die Venezianer vernichten, aber er besitzt weder Geld noch Truppen und ist daher auf Cesares Soldaten angewiesen. Sobald der Valentinus die Gebiete von den Venezianern befreit hat, wird er sich seiner entledigen und in der Romagna wieder die alleinige Herrschaft des Heiligen Stuhls errichten. Machiavelli kennt nun Julius' Absichten und rät der florentinischen

Signoria, dem Valentinus das freie Geleit vorerst nicht zu bewilligen. Der Papst gab zudem zu verstehen, er wolle wenn möglich Dionigi di Naldo, Cesares Kapitän in der Romagna, in seine Dienste nehmen.

Am 10. November teilt der Pontifex seine Pläne auch dem venezianischen Botschafter Giustinian mit. Er wolle die Serenissima nur deshalb dazu bewegen, sich aus der Romagna zurückzuziehen, weil er dort die römische Herrschaft und nicht etwa die des Valentinus wiederherstellen möchte. Julius macht Giustinian deutlich, was er mit Cesare vorhat. «Wenn Wir ihm auch einiges versprochen haben, so soll sich Unser Versprechen nur auf die Sicherheit seines Lebens, seines Vermögens und der Dinge erstrecken, die er gestohlen hat und die ihm zumeist schon verlorengegangen sind. Wir beabsichtigen, die Staaten in den Besitz der Kirche zurückzuführen, und wünschen Uns zu Unserer Ehre, daß Wir alles von Unseren Vorgängern unrechtmäßig Veräußerte wieder zurückgewinnen können.»

Aber die Serenissima interessiert sich nicht für Julius' Pläne. Ihre Truppen rücken weiter auf Faenza vor, und Machiavelli legt dem Papst erschreckt dar, daß er in die undankbare Rolle des «Almosengebers der Venezianer» gedrängt werde, wenn er noch länger untätig bleiben sollte. Julius II. nutzt die politische Lage geschickt, um Cesare zu verunsichern. Der Papst hüllt sich in Schweigen, während sich die Situation in der Romagna verschlechtert. Zur Untätigkeit verurteilt, wartet der Valentinus voller Angst auf das Zeichen des Papstes, das nicht kommen will. Der für gewöhnlich so entschlossene Cesare scheint darüber den gesunden Menschenverstand zu verlieren. «Er weiß nicht mehr, was er will», bemerkt sein Vetter, der Kardinalbischof von Elne. Der florentinische Kardinal Soderini findet ihn «launisch, zaghaft und mißtrauisch, unfähig, einen Entschluß zu fassen». Cesares Verunsicherung rührt daher, daß er anders als unter der Herrschaft seines Vaters nicht mehr weiß, was gespielt wird. Der neue Papst strebt tatsächlich danach, den tatkräftigen Valentinus ins Leere laufen zu lassen, seinen moralischen Widerstand zu brechen und ihn bei alldem öffentlich mit Gnaden und Zuneigungsbekundungen zu überschütten: In zwei Breven legt Julius den Bürgern der Städte in der Romagna nahe, Cesare treu zu bleiben und ihn zu lieben, wie er, der Papst, dies wegen «seiner vortrefflichen Tugenden und seiner außerordentlichen Verdienste» tue.

Als die Florentiner ihm das freie Geleit verweigern, verliert Cesare trotz aller Bemühungen schließlich doch die Geduld. Er vertraut Julius II. noch immer und bittet ihn am 13. November, aus Rom abziehen zu dürfen. Er rechnet damit, daß ihn in Ostia fünf Galeeren erwarten. Die Schiffe sollen ihn und seinen Generalstab nach Genua bringen. Von dort aus will er anschließend über Ferrara in die Romagna gelangen. Er verläßt Rom am

19. November, ohne zu wissen, daß Julius II. inzwischen eine Serie von Breven in die Romagna geschickt hat, die sich von jenen vom 3. November stark unterscheiden. Der Papst zeigt in ihnen sein wahres Gesicht und mißbilligt offen, daß Alexander VI. seinem Sohn das päpstliche Vikariat anvertraut hat. Er ermahnt die Bevölkerung, sich unter dem Banner der Kirche zu sammeln.

Als sich Cesare am 22. November gerade in Ostia einschiffen will, holen ihn die Kardinäle Remolines und Soderini ein. Sie verlangen im Auftrag des Papstes von ihm das Losungswort für seine Festungen in der Romagna. Der Papst gibt vor, er müsse den Widerstand gegen die Venezianer organisieren, noch bevor der Herzog in der Romagna eintreffen würde. Cesare empört sich über die Forderung des Papstes und lehnt ab, da sie seine Expedition von vornherein zum Scheitern verurteilt. Der Kapitän der päpstlichen Flotte nimmt ihn auf eine geheime Order von Julius II. daraufhin sofort fest. Der Papst bricht sämtliche Verpflichtungen aus seinem Vertrag mit Cesare. Am 24. November ernennt er einen zuverlässigen Statthalter in der Romagna, Giovanni Sacchi, den Erzbischof von Ragusa. Mit diesem Schritt ist dem unabhängigen Herzogtum der Romagna das Ende bereitet. Die Bürgerschaft von Cesena täuscht sich darüber nicht hinweg. Als ihnen Antonio del Monte die Bestallungsurkunde vorliest, geraten die Bürger der Stadt in Aufruhr und verlangen empört ihren Herzog zurück.

DIE GEFANGENSCHAFT CESARES IN ROM

Der Valentinus wird am 29. November als Gefangener nach Rom gebracht. Noch immer weigert er sich, das Losungswort für die Festungen herauszugeben. Cesare wird im Vatikan in den Gemächern des Kardinals d'Amboise unter Arrest gestellt. Nachdem sich der Papst dafür eingesetzt hat, werden am selben Tag Michelotto Corella, Taddeo della Volpe und die anderen Offiziere des Herzogs in der Toskana verhaftet. Ihre Truppen werden entwaffnet. Julius II. überantwortet Michelotto der Folter, «um alle Grausamkeiten, Räubereien, Morde, Sakrilegien und andere Verbrechen aufzudecken, die während der letzten zehn Jahre in Rom verübt wurden». Cesares Vertrauensmann stellt in dieser Situation eine außergewöhnliche Kaltblütigkeit unter Beweis. Da man kein brauchbares Geständnis aus Michelotto herauspressen kann, wird er lediglich zu Gefängnis verurteilt. 1506 wird er aus dem Kerker Torre di Nona wieder entlassen. Auf Empfehlung Machiavellis wird er später von Florenz angeworben, wo er nach dem Vorbild der Romagna der Stadt ein Milizheer aufbauen soll.

Als Cesare erfährt, daß sein Vertrauter dem peinlichen Verhör unterzogen wurde, wird ihm bewußt, daß er verraten und alles verloren ist. Er schickt sich ins Unvermeidliche und teilt dem Papst das verlangte Losungs-wort mit. Sein Diener Pedro de Oviedo begleitet den Geheimkämmerer Carlo de Moncalieri in die Romagna. Sie sollen dort die Festungen für den Heiligen Stuhl in Besitz nehmen. Forlì fürchtet eine Rückkehr der Riario und weigert sich, die Kuriere zu empfangen. Im strengen Winter gelangen die Kuriere nur mühsam durch den tiefen Schnee nach Cesena. Pedro Ramirez, der Gouverneur der dortigen *rocca*, läßt Oviedo gefangenneh-men. Man hängt ihn als Verräter und treulosen Diener an den Zinnen der Burg auf, ohne ihm zuvor eine letzte Beichte gewährt zu haben.

Der Papst ist über die Neuigkeit maßlos empört. Er befiehlt Giorgio Costa, dem Kardinal von Lissabon, und San Giorgio, dem Kardinal von Alexandrien, Cesare zu ergreifen und ihn in ein Verlies in der Engelsburg zu sperren. Eine Delegation der spanischen Kardinäle, die in aller Eile unterrichtet wurde, tritt vor den Papst und setzt durch, daß der Valentinus in den Borgia-Turm des Vatikans gebracht wird. Cesare wird in die beiden Zimmer eingeschlossen, in denen er den Grafen von Bisceglie erwürgen ließ. Der Botschafter Cattano berichtet, Cesare habe Tränen vergossen, als man ihn dorthin führte.

Die Kardinäle Francisco Remolines de Llerda und Pier Luigi Borgia, der Erzbischof von Valencia, fliehen mit den beiden «Infantes Romani» und den natürlichen Kindern des Valentinus nach Neapel. Dort bitten die Kar-dinäle Gonsalvo de Córdoba im Namen des katholischen Königs um ver-brieftes freies Geleit für Cesare. Zur gleichen Zeit beschlagnahmt Julius II. alle seine Güter. Der Papst behauptet, er wolle mit den Gütern all jene ent-schädigen, die Cesare beleidigt habe. Guidobaldo verlangt eine Entschädi-gung von 200 000 Dukaten, Florenz die gleiche Summe und die Riario, die Papstnepoten, 50 000 Dukaten. Cesares finanzieller Ruin scheint damit besiegelt. Der Herzog von Urbino möchte als leidenschaftlicher Sammler vor allem seine schöne Bibliothek wiederhaben und begibt sich deshalb nach Rom. Von der päpstlichen Garde bewacht, wird der Valentinus vor den Herzog geführt. Er bittet sein Opfer inständig um Verzeihung. Nach dem Zeugnis von Ugolini «führt er zwei tiefe Kniefälle aus und entschul-digt sich für seinen Angriff auf Urbino mit seiner Jugend und den üblen Ratschlägen seiner Umgebung. Er beklagt sich über die schlimmen Taten seines Vaters, über dessen entarteten Charakter und über all jene, die ihn zu der Unternehmung getrieben hätten. Er verdammt das Andenken an sei-nen Vater. Er verspricht Urbino das gesamte Beutegut zurückzugeben, abgesehen von den berühmten Tapisserien mit der *Geschichte Trojas,* die er dem Kardinal von Rouen geschenkt hat.» Das Schauspiel befremdet all jene, die den dünkelhaften und stolzen Cesare in den Zeiten seines Ruhmes gekannt haben. Aber man erinnere sich nur an das schmeichlerische Wesen und die Skrupellosigkeit des Valentinus. Cesare schmiedet Zukunftspläne und glaubt, das Blatt könne sich wieder zu seinen Gunsten wenden und er könne wieder an die Macht gelangen, vielleicht sogar mit Hilfe seines einstigen Opfers. Aber diesmal täuscht er sich und erntet nichts als Spott.

In Urbino wird kurz darauf die Geschichte der Borgias als Schauspiel dargeboten, vermutlich von einem Beobachter der demütigenden Aussöhnungsszene im Vatikan. Die Aufführung – eine regelrechte Schau zeitgenössischen Geschehens – verherrlicht Guidobaldo und findet am darauffolgenden 19. Februar im Palast von Urbino statt. Nach Ugolinis Chronik zeigen die aufgeführten Szenen die Eroberung des Herzogtums von Urbino, den freundlichen Empfang Lucrezias auf ihrem Weg nach Ferrara, Guidobaldos Überrumpelung und seine Flucht ins Exil. Auf einer schwarzen Tafel wird zudem die Hinrichtung der Condottieri in Senigallia dargestellt und schließlich auch die Nemesis: Alexanders Tod und Guidobaldos triumphale Rückkehr in sein Herzogtum. In dieser sarkastischen Tragikomödie findet die schwarze Borgia-Legende erstmals einen literarischen Niederschlag. Sie schließt sich an die böswilligen Pamphletkampagnen an, die während des Pontifikates von Alexander VI. aufeinander folgten. Bei all diesen heftigen Angriffen geht es darum, den Papst und seine Familie auf immer zu diskreditieren.

Bei allem Unglück stehen Cesare jedoch treue Freunde zur Seite. Als Machiavelli ihn im Borgia-Turm besucht, liegt er auf seinem Bett und sieht schweigend seinen Gefolgsleuten beim Schachspielen zu – wie Alexander auf seinem Totenbett den Kardinälen beim Kartenspiel zugesehen hatte. Von Zeit zu Zeit kommt irgendein spanischer Kardinal vorbei, um sich mit ihm zu unterhalten. Giovanni Vera, sein einstiger Hauslehrer, ist einer der häufigsten Besucher. Cesare kommentiert die Tagesereignisse, macht sich mit beißendem Spott über seine Feinde lustig und lacht über alle Überängstlichen, die ihn fürchten, obwohl er krank und handlungsunfähig ist. Auch in der Ferne bleiben Cesare seine Anhänger zumeist treu. Sein Kapitän Taddeo della Volpe, der in Florenz im Gefängnis sitzt, schlägt das Angebot aus, gegen seine Freilassung in die Dienste der Republik zu treten. Sein Schatzmeister Alessandro Francio wacht über die 300 000 Dukaten, die auf florentinischen und genuesischen Banken für Cesare bereitliegen. Daß der einst so tatkräftige Herzog sich weder frei bewegen noch mit der Außenwelt in Kontakt treten kann, zehrt an seinen Kräften. «Schritt um Schritt nähert er sich seinem Grab», schreibt Machiavelli der florentinischen Signoria, nachdem er dem Valentinus einen letzten Besuch abgestattet hat.

Fortuna hat ihr letztes Wort noch nicht gesprochen. Am 3. Januar 1504 erreicht den Vatikan die Nachricht von einem großen Sieg Gonsalvo de Córdobas. Der Spanier hatte die Franzosen am 28. Dezember an der Mündung des Garigliano zum Rückzug gezwungen. Am 1. Januar 1504 kapitulierte Gaeta, wo Ludwigs Soldaten Zuflucht gefunden hatten. Die Neuigkeit gelangt am 4. Januar nach Rom. Man erfährt auch, daß die Spanier die Franzosen in einem heillosen Durcheinander in die Flucht geschlagen hatten und Piero de' Medici bei der Überquerung des Grenzflusses ertrunken war. Nach dieser Schlacht ist für die katholischen Könige die Macht über Neapel gesichert, und die spanische Partei in Rom erhält Auftrieb. Der spanische Botschafter Diego de Mendoza tritt für den gefangenen Herzog ein. Am 19. Januar wird ein Kompromiß getroffen. Wenn Cesare auf seine Ansprüche im Herzogtum Romagna verzichtet, soll er in Freiheit gesetzt werden. Der Valentinus muß innerhalb von zwei Wochen alle Festungen ausliefern, die seine Kapitäne in der Romagna noch für ihn halten. Der Papst unterzeichnet den Vertrag am 29. Januar. Am 14. Februar läßt er den Herzog nach Ostia abziehen. Der Valentinus soll dort solange bleiben, bis der Vertrag erfüllt ist. Carvajal, der Kardinal von Sa. Croce, wacht darüber, daß alle Bedingungen erfüllt werden. Lediglich Gonsalvo de Miramonte, der Kommandant der Festung von Forlì, macht noch Schwierigkeiten und verlangt vom Papst eine Entschädigung von 15 000 Dukaten für die Übergabe der Stadt. Am 6. April verpflichtet sich Cesare, die verlangte Summe selbst zu bezahlen. Der Valentinus verlangt daraufhin seine Freilassung. Man soll ihn mit den päpstlichen Galeeren am Kai von Ostia nach Frankreich abreisen lassen. Aber der Befehl aus Rom kommt nicht. Carvajal fürchtet deshalb, der Papst führe etwas gegen Cesare im Schilde. So nimmt der Kardinal die Verantwortung auf sich und setzt ihn am 26. April auf freien Fuß. Zuvor läßt er den Valentinus eine Erklärung unterzeichnen, daß er seine Waffen niemals gegen Julius II. erheben werde.

CESARE IN NEAPEL
WEITERE GEFANGENSCHAFT IM CASTEL NUOVO

Gonsalvo de Córdoba schickt drei Galeeren und eine Fuste, ein Schiff mit leichten Rudern, nach Ostia. Er sichert dem Valentinus zudem freies Geleit im Königreich Neapel zu. Cesare zögert nicht. Er besteigt eines der Schiffe und wird rasch nach Ardea gebracht. Während er seine Pferde an Land bringen läßt, begibt er sich am Meeresufer entlang nach Neapel. Am

28. April empfangen ihn seine Freunde und Verwandten mit offenen Armen. Die Kardinäle Borgia und Loriz, Jofré von Squillace und seine Frau Sancia stehen bereit – Sancia bewohnt dort einen Palast ohne ihren Gatten, und Cesare bemüht sich später vergeblich, seine Schwägerin mit ihrem Mann auszusöhnen. Gonsalvo empfängt Cesare im Castel Nuovo. Er weiht ihn in seine Päne gegen Florenz ein, die er mit dem verstorbenen Piero de' Medici erstellt hat. Cesare soll sich an der Unternehmung gegen Florenz beteiligen, indem er seine Freundschaften und seinen Einfluß in Pisa, Siena und Piombino geltend macht. Der Valentinus stimmt den Plänen gerne zu. Er ist sich inzwischen bewußt geworden, daß ihn die Florentiner ständig hintergangen haben, und nun bietet sich ihm Gelegenheit zur Rache. Cesare möchte ein kleines Heer zusammenstellen und schickt seinen Kapitän Baldassare da Scipione nach Rom. Scipione soll dort Bewaffnete anwerben. Der Valentinus möchte von der Toskana aus anschließend in die Romagna ziehen. Um den Schwur, den er Kardinal de Carvajal in Ostia gegeben hat, kümmert er sich nicht mehr. Aber Julius II. ist wachsam. Als er von Cesares Vorhaben erfährt, wendet er sich an den katholischen König und beschuldigt den Valentinus des Vertragsbruches, weil sich die Festung von Forlì noch nicht ergeben habe. König Ferdinand von Aragón will sich die Freundschaft des Papstes erhalten und gibt Gonsalvo daraufhin den Befehl, Cesare, Gonsalvos offiziellen Gast, gefangenzunehmen.

Der *Gran Capitano* gerät damit in das Dilemma, entweder sein Wort brechen zu müssen – er hatte Cesare freies Geleit zugesichert – oder seinem König den Gehorsam zu verweigern. Gonsalvo entscheidet sich für seine Pflicht. Am Abend des 26. Mai, einen Tag bevor er gegen Florenz zieht – die Heere stehen bereit, die Schlachtpläne sind ausgearbeitet und die Bombarden auf die Galeeren verladen –, verabschiedet sich der Valentinus von Gonsalvo de Córdoba im Castel Nuovo. Er kehrt anschließend in sein Quartier zurück und schickt seinen Adjutanten Pedro de Navarro fort. Der Edelmann erwidert ihm: «Ich bin jedoch hier, Herr, um Ihnen in dieser Nacht Gesellschaft zu leisten, und ich habe kein Recht zum Schlafen!» Als er plötzlich begreift, daß er unter Bewachung steht, ruft Cesare entsetzt: «Santa Maria, ich bin verraten! Wie grausam hat mein Herr Gonsalvo an mir gehandelt!» Nuñez de Ocampo, der Burgvogt der Festung, verlangt seinen Degen und stellt eine Wache vor seine Tür. Wieder ist Cesare Gefangener. In der Gesellschaftsschicht, in der Rittertraditionen hochgehalten werden, empört man sich heftig. Der Kapitän Baldassare da Scipione, dem Cesare seinen Geleitbrief zur Aufbewahrung gegeben hatte, fordert jeden zum Duell, der leugnet, daß König Ferdinand von Aragón und Königin Isabella von Kastilien einen Verrat begangen haben. Allerdings nimmt niemand Scipiones Herausforderung an. Cesare wird mit gleicher Münze heimgezahlt, was er anderen angetan hat. Gut bewacht im *forno*, im «Bratofen», einer Gefängniszelle mit zweifach vergitterten Fenstern, mag sich Cesare bitter an seine eigene Maxime erinnnern: «Es macht Freude, diejenigen zu täuschen, die selbst Meister der Niedertracht sind.»

Drei Monate lang übt man jeden erdenklichen Druck auf ihn aus, damit er seine letzten Anhänger zum Aufgeben bewegt. Noch immer halten sie eisern für ihn Städte in der Romagna. Gonsalvo de Miramonte widersetzt sich in Forlì nach wie vor der Übergabe. Erst am 10. August, nachdem man ihm Geiseln gestellt und die verlangten 15 000 Dukaten auf einer venezianischen Bank für ihn hinterlegt hat, zieht er mit eingelegter Lanze aus der Festung aus, hinter ihm 200 Bogenschützen in voller Rüstung. In der Stadt flattert Cesares Banner im Wind. Überall erschallt der Ruf: «Duca! Duca!» Der päpstliche Gouverneur und ein Adeliger, von Lucrezia geschickt, wohnen der Übergabezeremonie bei. Mit ihr endet Cesares Herrschaft über die Romagna. Grausame Racheakte sind nun an der Tagesordnung, vor allem in Camerino und Pesaro. Cesares Anhänger werden niedergemetzelt. Machtlos erfährt der Herzog von den Neuigkeiten. Mit 29 Jahren scheint seine Laufbahn unwiderruflich zu Ende.

CESARE UND DIE KATHOLISCHEN KÖNIGE

Über Cesares weiteres Schicksal können nun die Katholischen Könige bestimmen. Beide sind ihm äußerst feindlich gesinnt. Nach wie vor betrachten sie ihn als Freund ihres Widersachers, des Königs von Frankreich. Zudem wollen sie sich das Wohlwollen des Papstes sichern, der Cesare verabscheut. Kaum war Cesare nach Neapel geflohen, hatten sie ihren Botschaftern in Rom eine Weisung geschickt: «Wir betrachten die Ankunft des Herzogs in Neapel mit äußerstem Mißfallen, und dies nicht nur aus politischen Gründen. Denn wie Ihr wißt, verabscheuen Wir ihn als einen Schwerverbrecher und wünschen nicht, daß man einen Mann von solchem Ruf als in Unseren Diensten stehend betrachtet, selbst wenn er Uns Festungen, Soldaten und Geld anböte. Wir haben Gonsalvo de Córdoba, dem Herzog von Terranova, geschrieben, er solle Uns den Herzog nach Spanien ausliefern. Wir haben ihm für die Überfahrt zwei Galeeren bereitgestellt, so daß er nicht entkommen kann; Gonsalvo könnte ihn natürlich auch zum König der Römer schicken oder nach Frankreich zu seiner Frau. Wollt Ihr Seiner Heiligkeit bitte erklären, daß Wir äußerst betrübt wären, wenn der Herzog Valentinus in Neapel Aufnahme fände und Seine Heiligkeit dadurch beleidigt würde. Versichert Seine Heiligkeit bitte, daß man ihn in Neapel nicht aufnimmt und ihn auch nicht in andere Provinzen weiterziehen läßt, in denen er Schaden stiften und Seiner Heiligkeit den Frieden rauben könnte.»

Daß Gonsalvo sein Wort bricht und Cesare verhaften läßt, obwohl er ihm freies Geleit zugesichert hatte, rechtfertigten die spanischen Majestäten damit, daß der Valentinus dem Papst noch immer nicht alle Städte in der Romagna übergeben hatte. Als die Bedingung des Vertrages jedoch eingelöst wird, suchen sie nach einem neuen Grund, um den Herzog gefangenzuhalten. Diesmal finden sie ihn in ihrem eigenen Königreich. Die Herzogin von Gandia, die Witwe von Don Juan, strengt einen Rechtsstreit gegen ihren Schwager an. Sie beschuldigt Cesare, er habe ihren Mann und den Herzog von Bisceglie ermordet. In Spanien soll dem Valentinus der Prozeß gemacht werden. Am 20. August wird er vom Castel Nuovo nach Ischia gebracht. Bewacht von seinem Erzfeind Prospero Colonna, schleppt man ihn auf eine Galeere, die ihn nach Spanien bringen soll. Eine ganze Flottille begleitet das Schiff, um jeden Fluchtversuch zu vereiteln.

In Rom atmet man auf. Aber in Frankreich empört man sich. Es war schließlich vereinbart gewesen, daß Cesare auf freien Fuß gesetzt werden sollte, sobald Forlì in päpstlicher Hand war. «Das Wort des Königs von Spanien ist genauso wertlos wie der karthagische Glaube!» ruft Ludwig XII. aus. Aber seine Worte verhallen ungehört.

DAS GEFÄNGNIS VON CHINCHILLA

Im September 1504 läuft Cesare den *Grao*, den Hafen von Valencia, an, jenen Hafen, in dem sich 75 Jahre zuvor Alonso Borja, der Begründer des Ruhmes der Familie, eingeschifft hatte. Cesare, der ehemalige Kardinal von Valencia, ist in seiner einstigen Bischofsstadt nur Durchreisender. Er wird in die Burg von Chinchilla gebracht. Die Festung liegt auf einem Berg zwanzig Kilometer südöstlich von Albacete. Cesares Anwesenheit wird zunächst geheimgehalten. Mußte er anfänglich mit einem einzigen Diener auskommen, so erhält Cesare später auf königlichen Befehl acht Bedienstete, da man sich von vielen Seiten her für ihn verwendet. Die spanischen Kardinäle setzen sich für Cesare bei Julius II. ein, der ihre Bitten an König Ferdinand weiterleitet. Auch König Johann von Navarra interveniert zu Cesares Gunsten, weil ihn seine Schwester Charlotte d'Albret, die Gattin des Valentinus, dazu bewog. Vor allem aber bemüht sich Lucrezia von Ferrara aus unablässig um ihren Bruder. Sie schreibt dem Papst und ihrem Schwager, dem Markgrafen von Mantua, Francesco Gonzaga, damit sie beim katholischen König um eine Freilassung des Gefangenen nachsuchen.

Der Tod von Isabella von Kastilien am 26. November 1504 mag dafür verantwortlich sein, daß die Voruntersuchungen zu Cesares Prozeß verschleppt werden. Isabella war die treibende Kraft, als es darum ging, die Herzogin von Gandia in ihrer Rache an Cesare zu unterstützen. Acht Monate vergehen. Als dem Valentinus im Mai 1505 das Geld knapp wird, läßt er seinen Schwager Johann von Navarra die 100 000 Dukaten Mitgift einfordern, die Ludwig XII. für Charlotte d'Albret versprochen, aber nie ausbezahlt hatte. Aber der König ist auf Cesare nicht mehr gut zu sprechen, und anstatt die Mitgift zu bezahlen, entzieht er ihm wieder sämtliche Güter, die er ihm in seinem Königreich verliehen hatte! Obwohl sich von allen Seiten die Perspektiven verdüstern, läßt Cesare angesichts seines widrigen Schicksals den Mut nicht sinken. In seiner Gefangenschaft hat er sämtliche Folgen seiner langen Krankheit überwunden und verfügt wieder über seine vollen Kräfte. So beschließt er zu fliehen.

Der Valentinus ist in der obersten Kammer der *Torre de Homenaje,* des höchsten Turms der Burg, untergebracht und hat von dort aus Ausblick auf die Dächer des Städtchens Chinchilla. Unter einem Vorwand lockt er Gabriel Guzman zu sich, den Kommandanten der Festung. Auf der Plattform des Turmes bittet er diesen, ihm die Gebäude in der Tiefe zu benennen. Guzman dreht ihm den Rücken zu und lehnt sich zwischen den Zinnen durch. Cesare wirft sich auf ihn, schlägt ihn zu Boden und versucht ihn die Mauer hinabzustürzen. Guzmann erweist sich jedoch als der Stärkere, behält im Kampf die Oberhand und kann sich aus der Umklammerung befreien. Cesare rechtfertigt sich später damit, er habe lediglich seine Kräfte prüfen wollen, wie er es früher im Zweikampf mit den Bauern der Romagna zu tun pflegte. Mit seiner Erklärung vermag er allerdings niemanden zu überzeugen. Man überführt Cesare nach Kastilien in die Burg von Medina del Campo, die *Mota.* Die Burg von Medina del Campo ist nicht nur eine Festung, sondern derzeit auch die königliche Residenz.

LANGE GEFANGENSCHAFT UND FLUCHT AUS MEDINA DEL CAMPO

Unter merkwürdigen Umständen lebt in der *Mota* die Titularkönigin von Kastilien. Johanna *La Loca,* die Wahnsinnige, war seit langem der Schwermut anheimgefallen und verbringt seither ihre Tage in einem Saal der unteren Stockwerke, wo sie ihr Kamineck nie verläßt. Johannas Mutter Isabella von Kastilien hatte für den Fall vorgesorgt, daß ihre Erbtochter bis zu ihrem Tod den Verstand nicht wiedererlangt haben sollte. Sie hatte Ferdinand von Aragón zum Regenten über Kastilien eingesetzt, ihm dabei allerdings die Bedingung auferlegt, sich nicht wieder zu verheiraten. Der

54jährige Ferdinand liebäugelt nun jedoch mit Frankreich und beschließt, die achtzehn Jahre alte Prinzessin Germaine de Foix zu heiraten, die Nichte des französischen Königs. Germaine bringt als Mitgift die Hälfte des Königreichs von Neapel mit in die Ehe, jene Hälfte, die Spanien im Vertrag von Granada Frankreich überlassen hatte. Der französische Herrscher verpflichtet sich zudem, Ferdinand bei der Eroberung des Königreiches Navarra zu unterstützen. Nach Ferdinands Tod soll das Gebiet dann an Gaston de Foix, den Bruder der Verlobten, übergehen. Der Ehekontrakt wird am 12. Oktober 1505 in Blois unterzeichnet. Am 18. März 1506 feiert man in Dueñas bei Valladolid die Hochzeit. Aber noch vor den Festlichkeiten wird die Frage der Regentschaft über Kastilien erneut aufgeworfen. Die Cortes – oder Generalstände – von Kastilien, die sich in Toro versammelt haben, erkennen mehrheitlich Ferdinand die Regentschaft zu. Eine starke Minderheit jedoch, an ihrer Spitze Rodrigo Alonso Pimentel, der Graf von Benavente, entscheidet sich für den Erzherzog von Österreich, Philipp den Schönen, als Regenten. Philipp ist der Gatte von Johanna der Wahnsinnigen. Der Prinz verläßt Flandern, um mit Unterstützung seines Vaters Kaiser Maximilian die Regentschaft in Kastilien auszuüben, wie es Isabella die Katholische in ihrem Testament vorgesehen hatte.

Der gefangene Valentinus verfolgt die Ereignisse mit lebhaftestem Interesse. Tatsächlich spielt auch er in ihnen eine Rolle und findet vielleicht sogar Gelegenheit, wieder eine erfolgreiche Laufbahn beginnen zu können. Nachdem Ferdinand von Aragón im Oktober 1505 seine neue französische Gattin in Saragossa empfangen hat, muß er nach Neapel abreisen. Gonsalvo de Córdoba ist ihm inzwischen verdächtig. Er möchte den *Gran Capitano* durch seinen Sohn Alonso von Aragón, den Bischof von Saragossa, ersetzen, aber Gonsalvo tut alles, um die Machtübergabe hinauszuzögern. Ferdinand beschließt, mit Waffengewalt gegen ihn vorzugehen, und denkt dabei daran, Cesare Borgia gegen den Rebellen einzusetzen. Don Pedro de Ayala wird von Ferdinand beauftragt, sich Cesare von Philipp dem Schönen ausliefern zu lassen. Aber Philipp möchte Cesare seinerseits gegen seinen Schwiegervater Ferdinand einsetzen, falls er seine Ansprüche auf die Regentschaft in Kastilien nicht anerkennen sollte. So redet sich Philipp damit heraus, die Cortes von Kastilien sollten klären, ob Cesare Gefangener des Königs Ferdinand oder der Königin Johanna der Wahnsinnigen sei. Cesare sollte jedenfalls in Kastilien bleiben und dort auf den Richterspruch zur Klage der Herzogin von Gandia warten. Das weitere Schicksal des Valentinus ist noch in der Schwebe, als der erst achtundzwanzigjährige Herzog Philipp am 25. September 1506 völlig unerwartet stirbt. Don Bernardino de Cardeñas, der Kommandant der Festung von Medina del Campo, gerät mit Philipps Tod in eine heikle Situation. König

Ferdinand von Aragón könnte aus Neapel zurückkehren, die Regentschaft Kastiliens wieder an sich reißen und sich an ihm rächen wollen. Denn als Kommandant der Festung hatte Cadeñas sich in Philipps Namen geweigert, Cesare an Ferdinand auszuliefern. Cadeñas schlägt daher dem Botschafter Ferdinands vor, ihm den Valentinus auszuliefern.

Cesare wird vom Kommandanten benachrichtigt, daß er ausgeliefert werden soll. Da er Ferdinands Willkür entgehen möchte, nutzt der Valentinus die gelockerte Bewachung und flieht am 25. Oktober 1506 auf spektakuläre Weise. Wie in Chinchilla war er auch diesmal wieder in der obersten Kammer des Wachturmes eingesperrt; unterhalb des Fensters lag ein tiefer Burggraben. Der Hauskaplan des Valentinus hatte die Verbindung zur Außenwelt aufrechterhalten, während der Graf von Benavente, der Führer der Opposition in den Cortes, den Fluchtplan erstellte. Ein Diener des Kerkermeisters schmuggelte Seile in den Wachturm. Noch zu Zeiten Brantômes war das Fenster sichtbar, von dem sie herabgelassen wurden. Das Fenster befand sich in schwindelerregender Höhe. Cesares Diener ließ sich als erster am Seil herab. Es erwies sich als zu kurz. Beim Sprung in die Tiefe brach er sich mehrere Knochen. Er blieb an Ort und Stelle liegen, so daß ihn der Gouverneur Don Gabriel de Tapia später festnehmen und hinrichten lassen konnte. Cesare hatte trotz allem mehr Glück. Als er sich herabließ, hatte man bereits Alarm geschlagen. Man schnitt ihm von oben das Seil ab, worauf er nach einem schweren Sturz ebenfalls im Graben liegen blieb. Unten erwarteten ihn drei Männer, der Hauskaplan, sein Kammerherr und sein Helfershelfer Don Jaime. Trotz seiner Verletzungen gelang es ihm, mit blutenden Händen ein gesatteltes Pferd zu besteigen. Im Galopp ritt er bis nach Villalón, das auf den Ländereien des Grafen von Benavente lag.

DIE FLUCHT NACH NAVARRA

Ein Monat vergeht, ehe sich Cesare von seinen Verletzungen erholt hat. Seine Freunde verstecken ihn sorgsam, denn inzwischen hatte man sich allerhand einfallen lassen, um den Valentinus wieder in Gewahrsam zu nehmen. Königin Johanna die Wahnsinnige hatte in einem Erlaß 100 000 Dukaten auf seinen Kopf ausgesetzt. Mit zwei Führern schlägt Cesare den Weg nach Norden ein. Die drei Männer geben sich als Getreidehändler aus, die nach einer Besorgung aus Medina del Campo zurückkehren. Wenn sie bei Rasten gefragt werden, behaupten sie, in Medina Geld in Empfang genommen zu haben, mit dem sie nun an der Küste eine ankommende Schiffsladung Getreide bezahlen wollen. Die Geschichte hatten sie sich zusammen mit Benavente ausgedacht. Sie sollte erklären, warum sie so viel Geld mit sich führten. Cesare möchte so schnell als möglich an den Hof seines Schwagers König Johann von Navarra in Pamplona gelangen. Aber er hütet sich, den direkten Weg über Burgos zu nehmen. Da man fast überall fieberhaft nach ihm sucht, wendet er sich nach Santander. Mit zu Schanden gerittenen Pferden kommen die drei Gefährten am 29. November in dem Hafenstädtchen an.

Während sie sich das Abendessen zubereiten lassen, sieht sich Cesare nach einem Boot um, das er mieten könnte. Mit dem Boot möchte er nach Bernico fahren und von dort aus über den Landweg nach Navarra reiten. Er erklärt dem Bootsvermieter, in dem kleinen Hafen erwarte ihn ein Schiff mit der Getreideladung aus Frankreich. Da ihm die Reisenden einen überhöhten Preis bieten, wird der Seemann mißtrauisch. Er zeigt sie beim *corregidor* an, der die Fremden daraufhin von einem Leutnant ins Verhör nehmen läßt. Im amtlichen Bericht ist jede Einzelheit vermerkt: Die drei Männer hätten jeder ein ganzes Huhn und dazu ein großes Stück Fleisch gegessen. Cesare und seine Begleiter werden einzeln vernommen, verwickeln sich jedoch nicht in Widersprüche. Sie erzählen alle die gleiche Geschichte von ihrem Getreideschiff, das in Bernico auf sie warte. Da sie eine Kaution von fünfzig Goldtalern und sogar einen von ihnen als Geisel anbieten, läßt sie der Leutnant des *corregidor* ziehen. Alle Einzelheiten der Untersuchung und selbst die Zeugenaussagen werden später in einem schriftlichen Bericht niedergelegt, und zwar von dem *corregidor* Cristobal Vasquez de Acuña, dem Richter der Grafschaft Biscaya, der die Flucht des Herzogs von Valence zu untersuchen hatte. Ein Einwohner von Castres sah drei Männer von ihren Pferden steigen. Einen von ihnen beschreibt er «mit äußerst breiten Schultern, einem sehr häßlichen Gesicht, großer Nase und dunkler Gesichtsfarbe». Einem Wirt fiel dagegen auf, daß einer der drei einen Umhang trug und kein Wort sprach. Es sei ein stämmiger Mann von mittlerer Größe gewesen, mit großen Nasenlöchern und großen Augen. Da er verletzt gewesen sei, habe er einen Verband an der Hand getragen. Die knappen Beschreibungen Cesares sind gerade deshalb so interessant, weil sie von einfachen Leuten stammen, die nicht wegen seines Standes befangen waren.

Als die Vernehmung abgeschlossen ist, beenden die Reisenden eilig ihr Mahl und verständigen sich mit Francisco Gonzalez, dem Besitzer der Barke. Den Preis handeln sie von 50 auf 26 Dukaten herunter. Da Sturm aufkommt und die Überfahrt unruhig ist, sind die drei Männer gezwungen, in dem abseits gelegenen Ort Castro Urdiales an Land zu gehen, der normalerweise nur auf dem Seeweg zu erreichen ist. Zwei Tage müssen sie dort mit einer *posada* vorliebnehmen, bevor sie schließlich im nahegelegenen Kloster Sa. Clara Maultiere auftreiben können. Sie setzen ihre abenteuerliche Reise fort – die der *corregidor,* der alle Zeugen aufspürt, später in seinem Bericht nachzeichnet. Die Reise verläuft über Durango, wo die Gefährten ihre Reittiere wechseln, bis in die hintersten Städte von Guipùzcoa. An der Grenze erwartet den Valentinus ein Mann, der ihn durch Navarra bis nach Pamplona führt, wo er am 3. Dezember ankommt.

Die Finanzgrundlage für eine neue Karriere

Für Cesare scheint eine neue Laufbahn zu beginnen. Offenbar war er mit Benavente übereingekommen, daß er von Navarra aus nach Flandern ziehen sollte, um sich dort Kaiser Maximilian anzuschließen. Noch im Freudentaumel über die gelungene Flucht schreibt der Valentinus Briefe an seine Familie, an Lucrezia und Alfonso d'Este. Mit dem Markgrafen von Mantua unterhält er einen besonders regen Briefwechsel. Am 7. Januar schickt er ihm ein Schreiben, das er mit dem doppelten Wappen von Frankreich und dem der Borgias versiegelt und mit «Cesare Borgia von Frankreich, Herzog der Romagna» unterschreibt. In einem weiteren Brief an Kardinal Ippolito d'Este erkundigt sich Cesare über den Verbleib seiner beweglichen Habe. Nachdem er im Dezember 1503 vernichtende Rückschläge erlitten hatte, vertraute der Valentinus dem Prälaten die Waffen, Edelsteine und Kunstgegenstände aus seinem Palast an. Die Reichtümer waren bei ihrem Transport jedoch den Florentinern in die Hände gefallen, die sie erst im Sommer 1504 gegen ein stattliches Lösegeld wieder zurückgaben. Giovanni Bentivoglio hatte zudem anschließend einen Teil der Gegenstände beschlagnahmt, als sie nach Ferrara weitergeschickt wurden. Es handelte sich dabei sicher um jene Goldarbeiten, die sich Michelotto Corella vom Kardinal Casanova hatte aushändigen lassen, als Alexander VI. gestorben war. Denn Julius II. forderte Bentivoglio auf, die «der Kirche gestohlenen Güter» zurückzugeben. Cesare konnte auch nicht darauf hoffen, über die Orientteppiche, Gobelins aus Flandern, Möbel und Statuen zu verfügen, die er in den Palast des Kardinals Remolines hatte bringen lassen. Die 12 Truhen und 84 Ballen, in die sie verpackt waren, wurden nach dem Tod des Kardinals im Mai 1507 von Julius II. beschlagnahmt.

Als Cesare seinen Sekretär Federigo im Dezember 1506 mit seinen Briefen nach Italien schickte, beauftragte er ihn gleichzeitig, die politische Lage auf der Apenninhalbinsel zu beobachten. Der Markgraf von Mantua hatte in päpstlichen Diensten gerade Bentivoglios Herrschaft in Bologna gestürzt. Die Bürger der Romagna hatten ihren Herzog sicherlich noch nicht vergessen, und so boten sich Cesare dort vielleicht bessere Möglichkeiten, wieder politisch und militärisch in Aktion zu treten, als in Flandern. Der Valentinus sollte sich darüber jedoch nie ein Bild machen können, da der Papst Federigo in Bologna gefangennehmen ließ.

Da Cesare weder über seine bewegliche Habe noch über seine riesigen Bankguthaben in Genua verfügen kann – Julius II. hatte sie beschlagnahmt –, möchte er zumindest als französischer Fürst, als Herzog von Valence und Herr von Issoudun, zu seinem Recht kommen. Die jährliche Rente aus seinen Lehensgütern steht noch aus, und seine Forderung vom Mai 1507, ihm die Mitgift seiner Frau auszuzahlen, ist bisher unbeantwortet geblieben. Im Januar 1507 schickt Cesare deshalb seinen Majordomus Requesens zu Ludwig XII., um sein Recht zu verlangen und den König zu bitten, an seinen Hof zurückkehren und ihm noch einmal dienen zu dürfen. Der König denkt nicht im Traum daran, Cesares Bitte zu entsprechen. Statt dessen entzieht er ihm in Bourges mit Patenterlassen am 18. Februar die Herrschaft über Issoudun und die Rechte auf die zugehörigen Salzlager. Ludwig rächt sich damit an Cesare, weil er angeblich seinen Bundesgenossen Florenz bedroht, die Schutzherrschaft von Pisa übernommen und seinen Günstling Giovanni Bentivoglio aus Bologna zu vertreiben versucht habe. Vor allem aber wirft der König Cesare vor, er habe sich nicht an der Rückeroberung des Königreichs Neapel beteiligt und statt dessen sogar seine Gegner unterstützt. Wegen dieses «üblen Streichs» und der «großen Undankbarkeit» verfügt Ludwig, daß alle verliehenen Gewinne und Einkünfte von nun an der Krone zufließen sollen, die er Cesare einst verliehen hatte. Ludwig hat dem Valentinus eine deutliche Abfuhr erteilt und rigoros mit ihm abgerechnet. Kurz vor seinem 31. Lebensjahr ist Cesare so kampfeslustig wie ehedem. Er verfügt wieder über das volle Maß seiner jugendlichen Kräfte und möchte sich nun an allen rächen, die ihm geschadet haben, am Katholischen König, an Julius II. und schließlich an Ludwig XII., der nicht mehr anerkennen will, wieviel er ihm schuldet. Gegen all diese Feinde findet der Valentinus am kleinen Hof seines Schwiegervaters einen vorzüglichen Wirkungskreis. Navarra wird von Spanien durch Ferdinand den Katholischen bedroht und von Frankreich durch Ludwig XII. Die Bedrängnis des kleinen Königreiches erwächst aus erbitterten Streitigkeiten um die Erbfolge, bei der die Familien von Aragón und de Foix einander befehden. Jean d'Albret, König Johann von Navarra, hat die Nachfolge von François Phoebus de Foix angetreten und muß sich nun gegen eine starke Opposition behaupten. Anführer dieser Opposition ist Luis de Beaumont, der Graf von Lerin und Connétable von Navarra. De Beaumont kämpft dafür, daß das Königreich Navarra in den Besitz von Ferdinand von Aragón übergeht.

König Johann von Navarra ernennt Cesare zum Generalkapitän seiner Armeen und schickt ihn in den Kampf gegen den Grafen de Beaumont. Der Graf ist ein gefürchteter Gegner. Obzwar klein, rühmt man ihn wegen seiner wilden Entschlossenheit im Kampfgetümmel. Im Kloster von Veruola erinnert noch eine Grabinschrift an ihn: «Niemals sah man in einem solch kleinen Körper solche Kraft.» De Beaumont schreckt vor nichts zurück. Ehrgeizig bricht er in der Folgezeit nacheinander drei Kriege in Navarra vom Zaun und läßt sich auch nicht von einem Appell aus dem Ausland aufhalten. Später wird er in Abwesenheit wegen Majestätsbeleidigung zum Tode verurteilt. Augenblicklich hält sein ältester Sohn Luis die Festung von Viana besetzt, und König Johann will ihn aus der Burg vertreiben. Gemeinsam mit Cesare zieht der König von Navarra vor die Stadt. Mit der Unterstützung der treugebliebenen Einwohner Vianas eröffnen sie die Belagerung der Burg, die außerhalb der Stadt in der zerklüfteten und versteppten Landschaft liegt.

Dem Befehl des Valentinus unterstehen 1000 Berittene, 200 Bewaffnete und 5000 Fußsoldaten mit Belagerungs- und Feldgeschützen. Cesare läßt die Burg umzingeln, in der die Vorräte bereits knapp sind. Der Graf de Beaumont selbst hat in einiger Entfernung in Mendavia auf der Straße nach Logroño sein Lager aufgeschlagen. Er verfügt dort über eine Entsatzarmee von 200 Lanzenreitern und 600 Fußsoldaten, die den Belagerern zu schaffen machen sollen. In einem hefiger Gewittersturm, der Cesares Wachen auseinandertreibt, gelingt es de Beaumont, einen Zug von sechzig mit Mehl beladenen Lasttieren durch einen Hohlweg bis in die Nähe des Kastells zu führen. Durch die Tür, die man von da an *Puerta de Socorro* nennen wird, läßt er die Lebensmittel in die Festung schaffen. Unbemerkt gelangt der Versorgungszug zweimal zur Burg und wieder zurück. Als er im Morgengrauen, von einer starken Eskorte beleitet, auf dem Rückweg ist, stößt er auf eine Truppe von Kastilianern, die von der Straße von Logroño her naht. Der Herzog von Najera, ein Freund des Grafen Benavente, hatte die Truppe als Verstärkung zum König von Navarra geschickt. Die Soldaten schlagen in der Stadt Alarm. Im Schlaf überrascht, wirft sich Cesare in seine Rüstung und springt auf sein Pferd, ohne auf sein Gefolge zu warten.

Schimpfend und fluchend reitet Cesare durch das rasch geöffnete Tor, die *Puerta de la Solana*, aus der Stadt. Er galoppiert geradewegs auf den Feind zu, stößt auf die Nachhut und tötet im folgenden Nahkampf drei Mann. De Beaumont dreht sich um und bemerkt den Rasenden, der vollkommen allein wie ein wildes Tier um sich schlägt. Beaumont hetzt eine Gruppe von Reitern auf ihn. Eine kleine Truppe von zwanzig Mann mit Luis Garcia de Agredo und Pedro de Allo an der Spitze reitet dem Valentinus entgegen. Sie locken ihn in eine Schlucht, außerhalb der Sichtweite der Garnison von Viana und der Truppen Beaumonts. Völlig allein wird der Valentinus in einen heldenhaften Kampf mit seinen Gegnern verwickelt. Unter der Achsel getroffen, steigt er aus dem Sattel und kämpft weiter, bis er schließlich, an mehreren Stellen durchbohrt, blutüberströmt zusammenbricht. Die Angreifer nehmen ihm seine Waffen und seine prächtige Rüstung ab. Bevor sie mit seinem Pferd ihrem Dienstherrn nachreiten, decken sie den nackten Leichnam mit einem Stein zu.

Als de Beaumont die prächtige Rüstung in den Händen seiner Männer sieht, begreift er sofort, daß es sich bei dem Getöteten um einen bedeutenden Fürsten gehandelt haben mußte. De Beaumont läßt den Leichnam holen und in sein Zelt nach Mendavia bringen. Aber noch bevor seine Reiter am Schauplatz des Kampfes eintreffen, hören sie den Lärm der Leute des Königs von Navarra. Beaumonts Männer ziehen sich rasch zurück. Unterwegs nehmen sie einen jungen Stallburschen mit, der völlig verzweifelt auf der Ebene umhergeirrt war. Als sie den Burschen Beaumont vorführen und ihm dort die glänzende Rüstung zeigen, bricht er in Tränen aus. Er habe sie am selben Morgen seinem Dienstherrn angelegt, dem Herrn Cesare Borgia von Frankreich, dem Herzog der Romagna.

Unterdessen hat König Johann von Navarra die völlig entkleidete und blutüberströmte Leiche seines Schwagers entdeckt. Er läßt sie mit einem Mantel bedecken und nach Viana bringen. Cesares sterbliche Überreste werden mit einem prachtvollen Leichenbegängnis in der Pfarrkirche Santa Maria beigesetzt. Noch im gleichen Jahr 1507 wird in der Kirche eine monumentale Grabstätte errichtet. Sie wird mit marmornen Flachreliefs ausgestattet, auf denen die Heiligen Drei Könige den Tod des Valentinus beweinen. Der Dichter Soria verfaßte die pompöse Grabschrift, die später in die kastilische, 1511 veröffentlichte Volksliedersammlung *Romancero español* Eingang finden wird. Die klangvollen Verse erinnern an den berühmten Sohn des Papstes Alexander VI.

Aquì yace en poca tierra
El que toda le temía,
El que la paz y la guerra
En la su mano tenía,
O tu, que vas a buscar
Cosas dignas de loar,
Si tu loas lo más digno
Aquì pare tu camino;
No cures de más andar.

In wenig Erde ruhet hier,
Er ließ die Welt erbeben,
Der den Frieden und den Krieg
In seinen Händen hielt.
Bist du, Besucher, auf der Suche
Nach würd'gen Dingen, die man rühmt,
Und willst das Rühmlichste wohl sehn,
Bist schon hier am rechten Ort,
Brauchst weiter nicht zu gehn.

Die Pfarrkirche von Viana steht heute leer. Ende des 17. Jahrhunderts ließ
der Bischof von Calahorra das Grabmal zerstören, um die Erinnerung an
Cesare auszulöschen. Seit sich um die Borgias die schlimmsten Legenden
rankten, war auch Cesare mit einer finsteren Aura umgeben. Die Grab-
schändung scheint gleichsam ein Racheakt für jene Untat, die zweihundert
Jahre zuvor am unglücklichen Pedro de Aranda begangen wurde, an jenem
Bischof von Calahorra, der 1489 in der Engelsburg eingekerkert wurde und
dort bis zu seinem Tode schmachten mußte. Cesares Gebeine wurden unter
den Kirchenstufen vergraben. Aus seinem Grabmal wurden zwei Pilaster
mit anmutigen Renaissance-Arabesken in den Hauptaltar der Kirche einge-
fügt. Dies sind die wenigen auf spanischem Boden verbliebenen Überreste
eines Mannes, der jahrelang die Welt erzittern ließ.

KAPITEL II

DIE SCHÖNE DAME VON FERRARA

Gegenüber dem abenteuerlichen Geschick Cesares nimmt sich Lucrezias Dasein geradezu still und bescheiden aus. Dennoch erscheint auch ihr Leben durchaus der Betrachtung wert. Verglichen mit Cesares Glücksrittertum mutet es gleichsam als der ruhige Satz einer stürmischen Sinfonie an.

DIE MÄNNER DER FAMILIE D'ESTE

Als Lucrezia 1502 Alfonso d'Este heiratet und daraufhin nach Ferrara übersiedelt, bleibt die enge Verbindung zwischen dem Hof von Ferrara, dem Vatikan und dem Generalstab des Valentinus bestehen. Dies beweist der häufige Austausch von Briefen und Boten. Im übrigen berichtet Ercole d'Estes Botschafter Beltrando Costabili dem Papst täglich von allen Ereignissen, die sich im Haushalt der Jungvermählten zutragen. Als Costabili nach Ferrara zurückkehrt, soll er Ercole allerdings auch Bericht ablegen, ob der Papst alle finanziellen Versprechen eingelöst hat, die er bei Lucrezias Eheschließung gegeben hat.

Die materiellen Interessen belasten das Verhältnis zwischen Ferrara und dem Heiligen Stuhl. Offenkundig wird dies Mitte Februar, als die Edelleute des Herzogs von Valence, die Lucrezia begleitet hatten, verärgert nach Rom zurückkehren. Sie waren kurzerhand entlassen worden, weil sie zu teuer wurden.

Die Este leben in einem düsteren Schloß, das mit seinen dicken Mauern über tiefen Burggräben mit stehendem Wasser aufragt. Kaum sind die rauschenden Hochzeitsfeierlichkeiten vorüber, kehrt man an diesem Hof zum gewohnten knauserigen Lebensstil zurück. Lucrezia wird von ihrem

Schwiegervater Herzog Ercole dennoch liebenswürdig behandelt. Er schenkt ihr den Schmuck seiner verstorbenen Gattin Eleonore von Aragón. Auch ihr Gatte Alfonso behandelt sie gut. Alfonso erinnert Lucrezia in vielerlei Hinsicht an ihren Bruder Cesare. Der Mann ist dunkelhäutig und ziemlich breitschulterig, hat gleichzeitig sanfte und streng dreinblickende Augen und einen sinnlichen Mund. Alfonso begeistert sich für Kanonen, Pferde, Hunde und Turniere. Er spielt Violine und modelliert und bemalt gerne Fayencen. Damit ist seine Liebe zur Kunst jedoch bereits erschöpft. Von den Este und seinem Großvater, dem schrecklichen Ferrante, hat er sonderbare Marotten und eine Neigung zur Grausamkeit geerbt. Vor dem Tod seiner ersten Frau sah man ihn zur großen Empörung seiner Untertanen nackt durch Ferrara spazieren. Bei anderer Gelegenheit ließ er auf dem Domplatz, inmitten einer Menschenmenge, einen wilden Stier frei. Er hetzte seine Hunde auf ihn und sah von seinem Palastbalkon aus vergnügt dabei zu, wie das Tier mehrere Menschen zu Tode trampelte. Sein Bruder, der für seine Liebesabenteuer berühmte Kardinal Ippolito d'Este, ist trotz seines geistlichen Gewandes nicht minder grausam als Alfonso. Lucrezia lernt den Kardinal Este jedoch kaum näher kennen. Er residiert in Rom, wo er mit der flatterhaften Prinzessin Sancia von Aragón ein kleines Liebesabenteuer hat. Sancia ist unehelich geboren und eine Cousine des Kardinals «von linker Seite». Ihr Vater, König Alfons von Aragón, war ein Bruder von Ippolitos Mutter Eleonore von Aragón. Die anderen Kinder von Ercole d'Este, der Fürst Sigismondo, Ferrante und der Bastard Giulio, sind nicht weniger hitzig als ihre Brüder.

In diese Familie hat Lucrezia eingeheiratet. Verglichen mit den Fürsten und Geistlichen, mit denen sie es in ihren verschiedenen Lebensstationen in Rom zu tun hatte, haben ihre neuen Verwandten nichts Ungewöhnliches an sich. Dennoch macht sich bei Lucrezia in ihrer neuen Umgebung ein gewisser Überdruß breit. Sie ist vor allem verstimmt über den schamlosen Geiz des Herzogs Ercole, der es bei ihrer Jahrespension von 10 000 Dukaten belassen und ihr keinesfalls mehr geben möchte. Lediglich einigen Mitgliedern des Adels steht Lucrezia nach wie vor mit größtem Wohlwollen gegenüber, weil sie sich ebenfalls für schöngeistige Literatur begeistern. Lucrezia selbst hat sich aus Rom eine kleine Privatbibliothek mitgebracht, in der sich neben den Evangelien und den Briefen der heiligen Katharina von Siena auch die Werke Dantes und Petrarcas finden. Die ersten Günstlinge, die sie in ihrer kleinen Privatwohnung empfängt – in den drei in Himmelblau und Gold austapezierten Räumen, die Ausblick auf ein romantisches Gärtchen haben –, hatte sie Isabella d'Este ausgespannt, ihrer Schwägerin, der Frau Francesco Gonzagas, des Markgrafen von Mantua.

Der illegitime Neffe von Ercole d'Este, Niccolò da Correggio, war für Isabella d'Este stets der Maßstab literarischen Geschmacks gewesen. Da Correggio ist mit der Tochter des berühmten venezianischen Condottiere Bartolomeo Colleoni verheiratet. Correggio wird bis zu seinem Tod 1508 als Dichter, Liedertexter und als Dramaturg bei Lucrezia schöpferisch tätig bleiben. Auch sein Sohn huldigt in seiner letzten Gedichtsammlung der Tochter des Papstes. Tito Vaspasiano Strozzi, der einer Nebenlinie des berühmten Geschlechtes der Strozzi entstammt, ist im Herzogtum Ferrara ein hoch verehrter Greis. Er ist ein bedeutender Würdenträger, Mitglied des obersten Gerichtshofs der «Zwölf Richter», aber auch einer der berühmtesten lateinischen Dichter Ferraras. Sein Sohn Ercole, von Geburt an gehbehindert, macht sein Gebrechen durch ein elegantes und von Schwermut getränktes poetisches Werk wett, das bei den Damen großen Anklang findet. Zum Dank für seine Verse überreicht ihm Lucrezia eine Rose, die sie geküßt hat. Aus dem Stegreif schmiedet der junge Strozzi daraufhin einen Vierzeiler, der zu Berühmtheit gelangt:

> Rose, dem Boden der Freuden entsprossen, vom Finger gepflückte,
> Warum scheinet als sonst schöner dein farbiger Glanz?
> Färbt' dich Venus aufs neue? Hat eher Lucrezias Lippe
> Dir im Kusse so hold schimmernden Purpur verliehn?

Strozzis Kühnheit fordert Alfonsos Eifersucht heraus. Noch stärker verärgert ist Alfonso, als er erfährt, daß Lucrezia Strozzi nach Venedig schickt, wo der Dichter ihr auf Kredit kostbare Stoffe kaufen soll – weiße, beige, fahlrote, türkise und tiefrote Seidenstoffe, Goldbrokate, Samt und Musselin. Strozzi bestellt in Venedig zudem bei Messer Bernardino, einem venezianischen Ziseleur, eine Wiege für Lucrezias erwartetes Neugeborenes!

Ein weiteres Mitglied des kleinen Kreises, der Lucrezia am ferraresischen Hof umgibt, ist der einstige Hofdichter der Markgräfin von Mantua, Antonio Tebaldeo. Tebaldeo ist Universalgelehrter und hatte an der Universität von Bologna Medizin studiert, bevor er Isabellas Verse korrigierte und die Sonette verfaßte, die der Markgraf mit seinem Namen zu unterzeichnen pflegte. Es fiel Lucrezia nicht schwer, den Verseschmied in ihren Kreis zu ziehen. Der Dichter, der sich darüber beklagte, man habe ihm in Mantua verdorbenes Fleisch und ungenießbaren Wein vorgesetzt und ihn auch sonst miserabel behandelt, war bereits in die Dienste des Kardinals Ippolito getreten. Als Ippolito nach Rom abgereist war, hatte er Tebaldeo seiner Schwägerin überlassen.

Lucrezia gibt sich ebensosehr den leiblichen wie den geistigen Vergnügungen hin. In der Nacht ist sie mit dem Hausherrn Alfonso zusammen, der seinen ehelichen Pflichten stets nachkommt. Am Tage, nachdem sie sich Gedichte vorlesen ließ oder an einer Jagdpartie teilgenommen hat, nimmt Lucrezia ihr zeremonielles Bad. Bernardino Prosperi schildert der Markgräfin Isabella d'Este die intime Szene. Isabella hatte Prosperi eigens damit beauftragt, ihr vom Tun und Treiben ihrer Schwägerin zu berichten.

Die Hofkammerfrau Lucia heizt den Baderaum mit dem Kohlenbecken und legt für Lucrezia Puder, goldene Haarnetze und maurische Kämme zurecht, während das parfümierte Wasser erhitzt wird. Sobald das Bad bereitet ist, steigen Lucrezia und ihre Favoritin Nicola in das große Holzfaß, in das Lucia ständig heißes Wasser nachgießt. Sie lachen und scherzen, genießen lange das Bad und legen sich anschließend auf Kissen nieder, nur mit ihren farbigen Badegewändern bekleidet. Das volle Haar der Frauen wird von kostbaren Netzen zusammengehalten. Während des gesamten Baderituals verströmen Räucherpfannen ihren Duft im Raum. Mit ihrer Sinnlichkeit und ihrem erlesenen Lebensstil erobert Lucrezia schließlich ihren derben Ehemann. Alfonso, anfänglich nur auf die pünktliche Verrichtung ehelicher Pflichten bedacht, bringt seiner Frau schließlich aufrichtige Zuneigung und Liebe entgegen. Mit seiner Haltung straft er alle kleingeistigen Spötter Lügen, die seine Beziehung zur Tochter des Papstes verleumden.

Eines Abends provoziert Lucrezia gewollt alle ihre Neider. Sie lädt die gesamte Familie d'Este zu einem Gastmahl in ihre Wohnstatt und stellt bei diesem Anlaß ihren gesamten kostbaren Hausstand zur Schau: ein silbernes Tafelgeschirr, das ihr Kardinal Ascanio Sforza zu ihrer ersten Ehe mit dem Herrn von Pesaro geschenkt hatte, Flakons, eine große goldene Schüssel, ein Kästchen mit reliefartigen Blattornamenten und ein feingearbeitetes Salzfäßchen mit dem Wappen der Borgias. Andere Gebrauchsgegenstände zeigen den Bären der Orsini oder das Wappen von Francisco Gacet, dem Domherrn von Toledo. Lucrezias Vater hatte ihr Gacet als Haushofmeister nach Ferrara mitgegeben. Auf Lucrezias Silber prangt das Wappen der Borgias. In allen Größen ist der Stier der Borgias zu sehen, als Gravur, Relief oder Statuette auf Henkeln und Deckeln des Geschirrs; neben dem Stier stets die Inschrift: *Alexander Sextus Pontifex Maximus.*

Mit solcherlei prunkvollen Zurschaustellungen beabsichtigt Lucrezia, den Geiz des Herzogs von Ferrara bloßzustellen. Sie betrachtet es als Skandal, daß sie als Fürstin eine solche Ausstattung mit in die Ehe brachte und sich mit einer Pension von 10 000 Dukaten zufrieden geben muß. Sie stößt mit allen Forderungen bei Ercole auf taube Ohren. Im Juni gelingt es Lucrezia allerdings, sich in einer anderen Frage durchzusetzen. Da sie inzwischen schwanger ist, erlaubt ihr Ercole, nach Belriguardo, dem schönsten Sommersitz des Hauses Este, zu übersiedeln. In Belriguardo erfährt Lucrezia, daß ihr Bruder am 24. Juni Urbino erobert hat und Guidobaldo von Montefeltre geflohen ist. Da sie sich nunmehr als Mitglied der Familie d'Este fühlt, eines ebenso reichen Geschlechts wie der Montefeltre, das ebenso leicht ihrem eroberungslustigen Bruder zum Opfer fallen könnte, ist Lucrezia ernstlich über die politische Lage besorgt. Sie schämt sich zudem für die Eroberung von Urbino, weil sie von Guidobaldos Frau Elisabetta vor kurzem erst herzlichst empfangen worden war. Ihren Vertrauten versichert sie, sie gäbe gerne 25 000 Dukaten dafür hin, wenn sie die Herzogin niemals kennengelernt hätte. Als sie von der rücksichtslosen Ausplünderung des Palastes von Urbino erfährt, ist sie zutiefst bestürzt. Die Eroberung von Camerino betrachtet Lucrezia als unheilvollen politischen Mißgriff, da sich Venedig nun veranlaßt fühlen könnte, seinerseits militärisch einzugreifen. Ohnehin bemühen sich die beleidigten Standesherren in Mailand bereits gemeinsam um die Unterstützung von Ludwig XII. von Frankreich gegen den Valentinus. Alfonso und sein Schwager Francesco Gonzaga zögern, sich in dem Konflikt für eine der Parteien zu entscheiden. Sie sollten zunächst nach Mailand reisen, um dort die Ansicht des französischen Königs in Erfahrung zu bringen. Isabella d'Este drängt Gonzaga dazu, sich hinter Guidobaldo von Montefeltre zu stellen. Guidobaldo hat Gonzaga in Mantua um Zuflucht gebeten, wo sich bereits seine Frau Elisabetta, die Schwester des Markgrafen, aufhält.

Die politischen Interessen sind eng mit familiären verflochten. Lucrezia könnte sich in diesem entscheidenden Augenblick dafür einsetzen, daß ihr Gatte Alfonso und ihr Schwiegervater Ercole an Cesares Seite bleiben, der nach wie vor einer der engsten Verbündeten des französischen Königs ist. Aber Lucrezia wird durch ihren Gesundheitszustand daran gehindert, sich für ihren Bruder zu verwenden. Sie steht vor einer schwierigen Entbindung. Als Lucrezia Mitte Juli nach Ferrara zurückkehrt, wird sie zudem von einer Krankheit befallen, die sich epidemieartig in der ganzen Stadt ausgebreitet hat. Cesare schickt ihr die beiden Ärzte Gaspare Torella, Bischof von Santa Giusta, und Niccolò Martini. Auch Alexander sendet seinen Leibarzt Bernardino Bongiovanni, Bischof von Venosa, zu Lucrezia. Fünf ferraresische Ärzte, darunter Ludovico Bonacciolo, ein Frauenarzt, behandeln die Kranke. Alfonso d'Este wollte Ferrara gerade verlassen, um sich zu König Ludwig zu begeben. Nun bleibt er bei seiner Frau am Krankenbett.

Eines Nachts erscheint Cesare unerwartet in Ferrara und besucht seine Schwester. In valencianischem Dialekt unterhält er sich lange mit ihr. Er verspricht ihr, den geheimnisvollen «Infans Romanus» mit dem jüngst eroberten Camerino zu belehnen, jenen Giovanni Borgia, der augenblicklich noch als Cesares Sohn gilt, tatsächlich jedoch Lucrezias uneheliches Kind ist. Bei seinem zweitägigen Aufenthalt in Ferrara bewegt der Valentinus seinen Schwager Alfonso, ihn nach Mailand zum König von Frankreich zu begleiten. Während der Abwesenheit beider sind die meisten Hofdamen Lucrezias wegen der Epidemie gezwungen, das Bett zu hüten, so auch ihre Cousine Angela Borgia und ihre schwarze Dienerin Caterinella. Die Krankheit rafft die Hofdame Ceccarella, eine Neapolitanerin, und Corri, den ältesten der ferraresischen Ärzte, hinweg. Anfang September geht es Lucrezia sehr schlecht. Am Abend des 5. September bringt sie schließlich, von Krämpfen geschüttelt und unter heftigen Schmerzen, ein Siebenmonatskind zur Welt. Das kleine Mädchen wird tot geboren. Kindbettfieber stellt sich ein. Lucrezia ringt mit dem Tod. Als die beunruhigenden Nachrichten Alfonso und Cesare in Mailand erreichen, beschleunigen sie ihre Rückkehr nach Ferrara. Im übrigen war ihre Reise an den Hof des französischen Königs erfolgreich. Der Valentinus konnte sein Bündnis mit dem französischen Herrscher erneuern. Am 7. September treffen Alfonso, Cesare und sein Schwager Kardinal d'Albret im Schloß von Ferrara ein. Der Valentinus muntert seine kranke Schwester auf und kann sie sogar zum Lachen bringen, während er ihr beim ärztlich verordneten Aderlaß das Bein hält. Zur Beruhigung Cesares bessert sich Lucrezias Zustand leicht, so daß er sie am 8. September eilig verläßt. In Urbino waren Unruhen ausgebrochen. Dennoch erholt sich die Kranke nur langsam. Sie ruft ihren Sekretär, einen Vertrauensmann des Valentinus, und acht Mönche zu sich und versieht ihr Testament mit einem Zusatz. Lucrezia hatte ihren Letzten Willen bereits schriftlich niedergelegt, als sie aus Rom abgereist war. Wie Ercole d'Estes Spione in Erfahrung bringen können, betrifft der Zusatz ihren Sohn Rodrigo von Bisceglie. Zu der Testamentsänderung hatte sich Lucrezia in jener Nacht entschlossen, in der sie mit ihrem Bruder über Giovanni Borgia gesprochen hatte. Sie zeigt sich mit dem Schritt als treusorgende Mutter, die sich auch fern von ihren Kindern um deren Wohlergehen kümmert. Lucrezia ist sicher nicht die leichtsinnige und kaltherzige Frau, die einige in ihr sehen wollten, weil sie sich angeblich so schnell über den dramatischen Bruch ihrer beiden früheren Ehen hinweggetröstet hat.

Am 20. September ist Lucrezia schließlich außer Lebensgefahr. Der Papst ist über ihre Genesung erfreut und begrüßt die von ihr und Alfonso einvernehmlich getroffene Entscheidung, bis zu ihrer endgültigen Genesung voneinander getrennt zu leben. Am 9. Oktober begibt sich Lucrezia in einer von zwei Schimmeln getragenen Sänfte ins Klarissinnenkloster *Corpus Domini*, fern von den finsteren Mauern des Schlosses von Ferrara. Ihr Gatte Alfonso unternimmt am selben Tag eine Wallfahrt zur Madonna von Loreto. Er löst damit ein Gelübde ein, das er während der Krankheit seiner Gemahlin abgelegt hatte. Während im Hause von Alfonso und Lucrezia und dem der Este Ruhe herrscht, ist Cesare in einer äußerst schwierigen Lage. Er wird von seinen Condottieri bedroht, die gegen ihn soeben die Liga von Magione ins Leben gerufen haben. Als der Herbst zu Ende geht und Cesare den Hinterhalt von Senigallia vorbereitet, kehrt das ferraresische Herrscherpaar in seine Hauptstadt zurück. Laura Gonzaga berichtet der stets wißbegierigen Isabella von Mantua am 18. Dezember von einem Besuch, den sie bei Lucrezia gemacht hatte. Die Herzogin trug eine schöne Perlenkette, ihre gewohnte Frisur, einen prachtvollen Smaragd auf der Stirn und ein grünes Häubchen, als sie Laura empfing. Lucrezia wolle, so schreibt sie Isabella, «von Euren Kleidern und besonders von der Art erfahren, womit Ihr Euch das Haupt schmückt». Sie biete der Markgräfin für die gewünschten Auskünfte einige ihrer spanischen Blusen an. Laura Gonzaga fügt allerdings hinzu, Lucrezia befasse sich auch mit ernsthafteren Dingen und sei lebhaft an dem Abkommen von Cesare mit dem Markgrafen von Mantua interessiert. Der Valentinus war mit den Gonzaga übereingekommen, daß sein Töchterchen Louise den Erben der Markgrafschaft heiraten sollte.

GELDSCHWIERIGKEITEN

Tatsächlich beschäftigt sich Lucrezia stark mit den Angelegenheiten ihres Bruders. Sie bemüht sich um Geld, damit er seine Soldaten besolden kann. Die Finanzmittel aus Rom allein reichen nicht aus, um Cesares Ausgaben zu decken, und ebensowenig die Schätze aus den Truhen, die der Valentinus vom blutrünstigen Ramiro de Lorca beschlagnahmt hatte – Juwelen, allerlei kostbare Gerätschaften, golddurchwirkte Meßgewänder und selbst die edelsteinbesetzte Mitra des Bischofs von Fossombrone. So nimmt Cesare die Anleihen von seiner Schwester dankend an. Sie läßt ihm 1500 Dukaten zukommen, die sie von Gianluca Castellani erhalten hatte, und später weitere 1000 Dukaten. Lucrezia kann sich augenblicklich freigebig zeigen. Nach ihrer gefährlichen Krankheit setzte ihr Schwiegervater Ercole ihre Pension von 10 000 auf 12 000 Dukaten herauf. Mißtrauisch zahlt er jedoch nur die Hälfte als Bargeld aus und versorgt mit der anderen Hälfte den kleinen Hofstaat der Schwiegertochter mit Naturalien. Trotz ihres geizigen Schwiegervaters weiß Lucrezia das Leben zu genießen. Im Januar 1503 bittet sie ihren Günstling Ercole Strozzi, in ihrem Palast in Ferrara eine Ballettaufführung vorzubereiten. Während des glanzvollen Abends, dem auch noch ein Ball und ein prachtvolles Bankett folgen, tritt die gesamte jüngere Generation des Hauses Este in Erscheinung. Lucrezia, Alfonso, Ferrante, Giulio und selbst der ansonsten eher ungesellige Fürst Sigismondo nehmen an den Festlichkeiten teil. Der alte Herzog Ercole verschmäht die Vergnügungen und begibt sich zu Schiff nach Belriguardo. Er nimmt die Akten der Staatsabrechnungen mit, um sie einer Überprüfung zu unterziehen!

DIE ZEIT MIT BEMBO: EINE GEFÄHRLICHE LEIDENSCHAFT

In Strozzis Wohnung trifft Lucrezia auf den Venezianer Pietro Bembo. Nachdem Bembo 1497 seinen Vater, einen hohen Magistraten der Republik Venedig, nach Ferrara begleitet hatte, schloß er sich Ercole Strozzi an. Im Alter von 27 Jahren spielt er bereits eine bedeutende Rolle als Gelehrter und ist Vorbild für die Humanisten. Studiert hatte er in Venedig und Messina. Sein Lehrmeister war der berühmte Constantino Lascari. Bembo war von der Universität von Ferrara gefeiert worden, und er hatte dort Verbindungen mit einigen jungen Leuten geknüpft, die später zu größter Bedeutung in Literatur und Wissenschaft gelangen sollten: die Strozzi, der Cicerone Sadolet, der Dichter Ludovico Ariosto, Celio Calcagnini und Antonio Tebaldeo.

Auf Einladung der befreundeten Strozzi bezieht Bembo Mitte Oktober 1502 deren schöne Villa Ostellato. Der Garten der Villa reicht bis zum Ufer der Lagune hinab. Da Bembo sich auf einen langen Aufenthalt eingerichtet hat, läßt er aus Venedig in einem großen Frachtkahn seine kostbare Bibliothek nachkommen, die mit Werken antiker Philosophen und Dichter, Griechen wie Römer, bestens bestückt ist. Ostellato kommt als ein Ort in Mode, an dem Oratoren und Dichter Wettstreite austragen. Sämtliche Schöngeister Ferraras sind in Ostellato häufige Gäste.

Bembo ist Neuplatoniker, ein Anhänger jener philosophischen Schule, die sich auf den eben erst wiederentdeckten Platon zurückbesinnt. Platon glaubte an das beständige Wirken eines den Menschen wohlgesinnten Gottes in der Welt, und Bembo bringt eben diesen Optimismus in seinem

Leben wie in seinem Werk zum Ausdruck. Als Petrarkist, ein Dichter, der die Lyrik Petrarcas nachahmt, besingt Bembo die Natur und die Liebe in schwermütigen lateinischen und italienischen Versen, mit denen er sein weibliches Publikum zu Tränen rührt. Auch Lucrezia soll dem Zauber seiner Dichtungen bald erliegen. Zum hohen Ansehen Bembos fügt sich die körperliche Schönheit des Dichters. Mit seinen 32 Jahren macht der freigebige und galante Bembo auf die junge Herzogin Eindruck durch seine Ungezwungenheit und sein fröhliches, liebenswürdiges Wesen, das besonders im gesellschaftlichen Umgang zur Geltung kommt. Bembo gehört zu den unentbehrlichen Charmeurs bei den Festen, die in Ferrara damals in rauschendem Wirbel aufeinander folgen.

Kaum hatte Ercole Strozzi einen Ball gegeben, wurde ein weiterer von Bernardino Riccio, einem Günstling Alfonsos, ausgerichtet. Es folgte ein Ball im Palast von Diana d'Este, dann ein weiterer in großem Stil bei Ercole Strozzi. Allem Geiz zum Trotz hatte sich auch Herzog Ercole d'Este an diesen Vergnügungen beteiligen müssen. Als er aus Belriguardo zurückgekehrt war, hatte er wie gewöhnlich antike Komödien aufführen lassen, die *Menaechmi* und den *Eunuchen*. Lucrezia ist inzwischen treibende Kraft und Mittelpunkt des gesellschaftlichen Lebens geworden. Im April 1503 organisiert sie selbständig den Empfang für Isabella d'Este, die aus Mantua zu einem Familienbesuch kommt. Lucrezia führt sie durch die Stadt, entwirft für sie spanische Tänze zu den Klängen des Tamburins und organisiert musikalische Wettstreite zwischen Komponisten aus Modena und Ferrara. Sie gibt für den Empfang Isabellas so viel Geld aus, daß sie ihren Schmuck verpfänden muß. Kurzzeitig bittet Lucrezia ihren Vater um die Einkünfte des seit einem Jahr vakanten Bistums von Ferrara, gewissermaßen als Ersatz für ihre Auslagen! Mit der Zeit haben die Borgias im Kirchenstaat anscheinend gewirtschaftet, als sei er ihr persönlicher Besitz und ihr Königreich geworden. Und Lucrezia sieht nichts Verwerfliches darin, das Leben in vollen Zügen zu genießen. Mit Bembo unterhält sie einen feinsinnigen Briefwechsel. Die Ambrosiana, die berühmte Bibliothek Mailands, bewahrt bis heute sieben italienische und zwei spanische Briefe Lucrezias mit einer wunderschönen blonden Haarlocke von ihr auf. Einer ihrer Briefe wurde im 19. Jahrhundert von einem französischen Besucher entwendet und wird heute sorgsam im Handschriftensaal der *Bibliothèque Nationale* in Paris verwahrt. Der Franzose eiferte gewissermaßen dem englischen Dichter Lord Byron nach. Als Byron nach Italien reiste, um sich Einblick in Lucrezias galanten Briefwechsel zu verschaffen, eignete er sich ein Haar aus der Locke an, als ob sie eine Reliquie sei. Lucrezias Haar war für Byron «das schönste und blondeste, das man sich vorstellen kann».

Lucrezias Locke war vermutlich einem Brief beigefügt, den Bembo am

14. Juli 1503 beantwortete: «Ich bin entzückt, daß Ihr täglich ein neues Mittel findet, um meine Liebesflamme auflodern zu lassen. So tatet Ihr es heute mit dem Kleinod, das einst Eure strahlende Stirn schmückte.»

Die Zuneigung beider war in einem Reifeprozeß langsam herangewachsen, bevor Lucrezia ihrem Dichter ein derartiges Liebespfand zu schicken wagte. Zunächst besingt Bembo in einem konventionellen Gedicht in lateinischen Versen nur das schöne schlangenförmige Armband, das Lucrezia an ihrem zierlichen Handgelenk trägt. In einer späteren Spielerei schmieden Lucrezia und Bembo Verse, die davon handeln, was sie in einer Kristallkugel sehen. Bembo legt seine ganze Leidenschaft in die Verse; seine Kugel sei ihm mehr wert als alle Perlen des Indischen Ozeans, weil sich ihm in ihr das Gesicht seiner Liebsten gezeigt habe. In einem Trauergesang vergleicht er Lucrezia mit der schönen Helena, die vom troischen Königssohn Paris aus Sparta nach Troia entführt wird. Aber da Lucrezia ebenso geistreich wie schön sei, ist sie für Bembo Helena überlegen.

> «Sprichst du Verse in Italiens Sprache,
> Scheinst du, Schöne, in Italien geboren.
> Entströmen Verse deiner Feder,
> Sind sie schöner als der Musen Werk.
> Zupft deine Hand von Elfenbein Harfe oder Zither,
> Erweckst du wieder Thebens Töne.
> Besingst den Po du, seine nahen Fluten,
> Strömt der Strom zum Zauber deiner Klänge.
> Gefällt es dir, mit behendem Bein zu tanzen,
> So fürcht ich, es möge ein Gott mit eifersücht'gem Auge
> Dich betrachten, deinem Schloß entreißen
> Und dich in erhabnem, leichtem Fluge durch die Lüfte tragen,
> Und dich zur Göttin weihn auf einem neu geschaffnen Stern.»

Am 3. Juni schickt Bembo Lucrezia ein Gedicht. Er beschreibt darin, wie er an einem Fenster sitzt, dichtet und auf den Garten der Villa Ostellato hinabsieht: «Ich weiß nichts Neues zu berichten», schreibt er. «Ich könnte allerhöchstens mein friedvolles Leben beschreiben, die Einsamkeit, den Schatten der Bäume, die Stille; Dinge, die ich einst liebte und die mir heute wie verblaßt und weniger schön erscheinen. Was hat dies zu bedeuten? Ist es der Beginn einer Krankheit? Ich hätte gerne, daß Eure Hoheit zu Eurem Büchlein greift, um herauszufinden, ob Eure Gefühle den meinen entsprechen . . .» Bei dem genannten «Büchlein» handelt es sich wahrscheinlich um eine Sammlung von Sentenzen und Prophezeiungen, die nach Art von Traumdeutungen den Sinn poetischer Visionen entschlüsseln.

Nach einigen Monaten gibt es keinerlei Zweifel mehr, daß sich die höfische und platonische Liebe von Lucrezia und Bembo zur Leidenschaft gewandelt hat. Im Juni vergißt Lucrezia alle Besonnenheit und antwortet dem Dichter mit unzweideutigen Versen. Das Gedicht stammt von dem Spanier Lope de Stúñiga:

> Yo pienso si me muriese
> Y con mis males finase
> Desear,
> Tan grande amor fenesciese
> Que todo el mundo quedase
> sin amar.

> Ich denke, wenn ich stürbe
> und mit meinem Leide
> das Verlangen,
> verschwände eine so gewalt'ge Liebe,
> daß die ganze Erde
> ohne Liebe bliebe.

Nachdem Lucrezia Bembo mit diesem Gedicht ihre Liebe eingestanden hat, schickt sie ihm im Juli die Haarlocke. Sie übergibt sie zwei Hofdamen, zu denen sie volles Vertrauen hat: ihrer jungen Cousine Angela Borgia und Polissena Malvezzi. Die Freundinnen halten es für angebracht, daß Lucrezia ihre Korrespondenz verschlüsselt und mit einem Erkennungszeichen versieht. So unterschreibt Lucrezia ihre Briefe mit der Abkürzung F. F. Außer ihnen ist lediglich Ercole Strozzi von der Affäre unterrichtet. Sich vor dem eifersüchtigen Alfonso und dem mißtrauischen Herzog Ercole in acht zu nehmen ist durchaus ratsam. In Ferrara erinnert man sich noch genau, daß sich gerade in der Familie Este betrogene Ehemänner grausam rächten. Bembo selbst richtet seine Briefe an eine der Hofdamen Lucrezias namens Lisabetta. Der Dichter beugt sich dem Ritual. Er wendet viel Zeit an seine Briefe, während er gleichzeitig seine berühmten Dialoge über die Liebe, *Gli Asolani*, verfaßt. Anfang April erkrankt er ernsthaft im Hause Ercole Strozzis. Unvorsichtig begibt sich Lucrezia am 11. August ans Bett des Dichters. Am nächsten Tag erklärt der Kranke, er sei auf diesen heilsamen Besuch hin wieder völlig gesundet. «Ganz plötzlich», so schreibt er, «habe ich die Gesundheit wiedergefunden, als hätte ich von einem göttlichen Elixier getrunken. Dieser Wohltat habt Ihr die lieben und süßen Worte hinzugefügt, die voller Liebe, Freude und Trost waren und mir die Lebenskraft zurückgaben ... Ich küsse diese Hand, die sanfteste, die unter

Menschen je geküßt wurde. Die schönste sage ich nicht, denn etwas Schöneres als Eure Herrlichkeit ward nie geboren!»

Lucrezia kann allerdings nicht bei «Messer Pietro» in Ferrara bleiben, da in der Stadt inzwischen die Pest ausgebrochen ist. Sie reist nach Belriguardo, ganz in die Nähe von Ostellato. Die Damen und Herren ihres lebenslustigen Hofstaats ziehen in Medelana ein. Der schöne Bastard Don Giulio macht dort Angela Borgia eifrig den Hof.

DER TOD ALEXANDERS VI.
LUCREZIA UND CESARE IN UNRUHE

Während sich Lucrezia im angenehmen Medelana aufhält, erreicht sie am 19. August die erschütternde Nachricht, daß ihr Vater gestorben ist. Kardinal Ippolito, der trotz der großen Hitze von Ferrara nach Medelana geritten ist, überbringt ihr die Kunde vom Tod des Papstes. Lucrezia vergießt bittere Tränen. Die junge Frau hat einen Menschen zu beklagen, der sie alleine von Kind an umsorgt und ihr den Stand einer Fürstin verschafft hat. Über ihrer Trauer vergißt sie alle ihre Schrecken und Demütigungen im Vatikan, die der Papst mit verursacht hatte, weil er sich gegen Cesare nicht hatte durchsetzen können. Lucrezias Zuneigung als Tochter überwiegt. Sie legt Trauer an und verschließt sich in ihrem Schmerz, an dem keiner aus der Familie ihres Mannes Anteil nimmt.

Don Alfonso, ein Mann mit prosaischem Gemüt ohne Einfühlungsvermögen, besucht seine Gemahlin und verläßt sie fluchtartig wieder, weil ihm Tränen und Kummer zuwider sind. Herzog Ercole ist von dem Todesfall kaum berührt. Er war ohnehin kurz davor, mit dem Papst zu brechen, denn Alexander hatte seinen Günstling Gianluca Castellini bei den neuen Kardinalserhebungen nicht bedacht. Ercole sagt seinem Gesandten in Rom ganz offen, er sei über den Verlust nicht traurig, im Gegenteil: «Zur Ehre Gottes und dem allgemeinen Wohle der Christenheit haben Wir Uns schon mehrfach gewünscht, die göttliche Güte und die Vorsehung möge Uns einen guten und mustergültigen Hirten geben und all die Schmach von seiner Kirche nehmen!»

Für Kardinal Ippolito bedeutet der Tod des Papstes, daß ein Konklave bevorsteht, aus dem er Nutzen ziehen kann. Vor Alexanders Tod hatte er zuletzt noch eine Gnade erhalten. Der Papst hatte ihm das Erzbistum Ferrara verliehen, allerdings unter der Bedingung, die Einkünfte des Erzbistums zwei Jahre lang Lucrezia zukommen zu lassen. Lucrezia hatte ihren Vater darum gebeten. Und wenn sich Ippolito seiner Schwägerin – und ihren Hofdamen, vor allem der schönen Angela – gegenüber auch nach wie vor ungemein galant zeigt, so war die Bedingung für die Verleihung des Erzbistums doch eine böse Überraschung für ihn gewesen.

Am aufrichtigsten von Lucrezias Freunden erweist sich Pietro Bembo. Er ist der beste Tröster. Obwohl Bembo noch krank ist, besucht er Lucrezia. Da er zunächst nicht die richtigen Worte findet, um ihr seine tiefe Anteilnahme auszudrücken, schreibt er ihr:

«Ich kam gestern zu Eurer Hoheit, um Euch zu sagen, wieviel Anteil ich an Eurem Unglück nehme, und um Euch nach meinen Kräften zu trösten. Ich vermochte weder das eine noch das andere. Denn als ich Euch in diesem schwarzen Kleid in Eurer abgedunkelten Kammer liegen sah, in Tränen aufgelöst, da gab mir das einen so tiefen Stich ins Herz. So blieb ich, zu keinem Worte fähig, stehen und wußte nichts zu sagen. Obwohl ich doch gekommen war, um Trost zu spenden, bedurfte ich nun selbst des Trostes. Ich ging mit erschütterter Seele über diesen erbarmungswürdigen Anblick fort, halb stumm, halb stammelnd, wie Ihr vielleicht bemerkt habt oder hättet bemerken können ...

Nehmt meine Ergebenheit und Treue zur Kenntnis, Ihr wißt, daß Euer Schmerz auch der meine sein muß. Aus Eurer grenzenlosen Weisheit werdet Ihr allen notwendigen Trost ziehen, den Euch die anderen nicht geben können.»

In späteren Briefen wird Lucrezia von ihrem Freund Bembo aufgefordert, sich auf ihn und seine Zuneigung zu stützen: «All das Unglück vermag weder meine beständigen innigen Gedanken zu erschüttern oder gar verklingen zu lassen; es bestärkt mich lediglich darin, Euch täglich mit noch größerer Leidenschaft zu dienen.» Die Beharrlichkeit des Dichters wird schließlich belohnt. Lucrezia gesteht ihm ihre Liebe. Bembo ist außer sich vor Freude. Am 5. Oktober schreibt er ihr, er hätte alle Schätze der Welt geopfert, um eben dies Liebesgeständnis zu hören, das Lucrezia ihm am Vortag gemacht habe. Das Feuer, so fährt er fort, das F. F. mit ihrem Schicksal in ihm gelegt hätte, brenne mit der heißesten und reinsten Flamme, die jemals im Herzen eines Geliebten entzündet worden sei. Wenn er sich gleichwohl bemühe, diese Flamme im Innersten seiner Brust zu ersticken, so hoffe er dennoch, daß auch die junge Frau von ihm verzehrt werde. In einem weiteren Brief gerät Bembo förmlich in Verzückung: «Meine einzige Hoffnung besteht darin, noch einmal jenen geliebten Teil meiner selbst zu betrachten, ohne den ich unvollkommen, ja vollständig vernichtet bin.»

Der allzu rege Briefwechsel läßt in Alfonso einen Verdacht keimen. Am 7. Oktober gibt er bekannt, er wolle in Ostellato auf die Jagd gehen. Er benötigt die Villa der Strozzi, um sein Gefolge unterzubringen. So muß Bembo den Ort in der Nähe von Medelana verlassen. Lucrezia hält sich noch immer in Medelana auf, weil in Ferrara nach wie vor die Pest wütet. Im Dezember wird der Dichter nach Venedig gerufen. Sein jüngerer Bruder Carlo ist ernstlich erkrankt. Als Bembo in Venedig eintrifft, ist Carlo bereits tot. In seinem Schmerz wendet sich Bembo trostsuchend an die geliebte Lucrezia: «Seid versichert, daß ich in meiner Trauer wie in meiner Freude stets der treue Sonnenanbeter und Ihr stets meine Sonne seid.» Kurz darauf schickt er ihr ein Agnus Dei, eine geweihte Wachsmedaille, die er auf seiner Brust getragen hatte. Bembo bittet Lucrezia um den Gefallen, es nachts am Hals zu tragen, damit es «auf dem Ruheplatz ihres Herzens» seine Gegenwart verkörpere. Er schwört ihr, nach Ostern zu ihr zurückzukehren. Bembo kommt jedoch nicht. Beide schicken sich keine weiteren Liebesbriefe mehr, sondern tauschen nur noch offizielle Schreiben miteinander aus. Für den Umschwung im Verhältnis von Bembo und Lucrezia mag ein Wandel in ihren Gefühlen verantwortlich sein oder Alfonsos Eifersucht, die allzu bedrohlich wurde. Das letzte Zeugnis seiner Liebe verschickt der Dichter Bembo erst sehr viel später. Im Februar 1505 läßt er Lucrezia durch seinen Drucker Aldus Manutius ein Exemplar der *Asolani* überreichen, seiner Dialoge über die Liebe. Bembo hatte sie mit einer prächtigen Widmung für die schöne Dame von Ferrara versehen.

Durch die Romanze mit Bembo hatte sich Lucrezia eine bedeutende Stellung im kulturellen Leben ihrer Zeit gesichert. Von den Ereignissen in Rom wird sie allerdings daran erinnert, daß die Ereignisse auf der politischen Bühne nicht von der Kultur, sondern von der Gewalt bestimmt werden. Die jüngsten Ereignisse in Rom wirken stark auf ihren Bruder Cesare, der nun nicht mehr den Lauf der Geschichte bestimmt. Seit dem Tod Alexanders VI., dem äußerst kurzen Pontifikat von Pius III. und der bedrohlichen Herrschaft Julius' II. gerät der Valentinus zusehends in die Isolation. Inzwischen muß er den Angriffen der Herren standhalten, die er aus der Romagna vertrieben hatte. Cesare kann nicht einmal auf die Hilfe Ludwigs XII. von Frankreich hoffen. Ludwig hatte sich inzwischen gegen die Borgias gewandt. Der König macht seinem Verbündeten, dem Herzog von Ferrara, deutlich, was er von den Borgias hält. Er rät Ercole, Lucrezia zu verstoßen, weil sie seinem Sohn noch keinen Erben geboren habe! Es fehle Alfonso nicht an Gründen, sich von Lucrezia zu trennen, man könne sich sogar darauf berufen, die Heirat sei unter Zwang geschlossen worden. Aber weder Ercole noch sein Sohn kommen Ludwigs freundlichem Rat nach. Sie haben Lucrezia nicht nur aufrichtig liebgewonnen, ihnen ist auch der Skandal einer Scheidung unangenehm. Zudem schreckt sie der Gedanke, die gewaltige Mitgift der jungen Frau zurückzahlen zu müssen.

Trotz der feindseligen Stimmung gegen sie ergreift Lucrezia Partei für ihren Bruder. Das von Cesare eroberte Herzogtum Romagna ist alles, was vom einstigen Ruhm der Borgias übriggeblieben ist. Lucrezia hat daher großes Interesse daran, daß Cesare seine Herrschaft im Herzogtum aufrechterhält. Inzwischen greift Venedig auf der Apenninhalbinsel ein und unterstützt die einstigen Fürsten bei der Rückeroberung ihrer Ländereien. Da Cesare selbst nur über wenig Geld verfügt, hebt Lucrezia 1000 Fußsoldaten und 150 Bogenschützen für ihren Bruder aus und schickt sie Pedro Ramirez. Weil Cesena und Imola außerhalb venezianischer Reichweite liegen, wirkt diese militärische Unterstützung Wunder. Dennoch kann Cesares treuer Statthalter nicht verhindern, daß Giovanni Sforza wieder in Pesaro einzieht. Lucrezia erfährt empört, daß ihr früherer Ehemann grausame Rache nimmt. Giovanni Sforza läßt selbst den Humanisten Pandolfo Collenuccio hinrichten. Collenuccio hatte einst als Mittelsmann bei den Bündnisverhandlungen zwischen Cesare und Ercole d'Este gedient.

Während sich die militärische Situation in der Romagna zusehends verschlechtert und Julius II. Drohungen und Überredungskünste einsetzt, damit man ihm die Festungen aushändigt, ermutigt Lucrezia deren Kommandanten zum Widerstand gegen Rom. Möglicherweise war es sogar Lucrezia, die dem Kastellan von Forlì dazu riet, eine völlig überhöhte Entschädigung von dem schrecklichen Pontifex für die Übergabe zu verlangen. Jedenfalls ist die Herrin von Ferrara vertreten, als sich die Garnison wenigstens ehrenvoll aus Forlì zurückzieht. Julius II. gerät in rasenden Zorn, daß man die Heerführer unterstützt, die er als Rebellen betrachtet. Als der neue Papst sich in Ferrara über die Sendungen von Hilfstruppen beschwert, versichert Ercole, er habe mit ihnen nichts zu tun. Seine Schwiegertochter habe sie bezahlt. Dennoch läßt der Herzog Lucrezia gewähren, ja er unterstützt sie insgeheim. Er sieht die Romagna lieber in der Hand kleiner Stadtherren, seien sie nun Freunde oder Feinde des Valentinus, als in der Hand des Papstes oder des gefährlichen Nachbarn von Ferrara, der Republik Venedig. Wenn Lucrezia ihren Bruder unterstützt, arbeitet sie so auch für die Interessen ihres Schwiegervaters und Ferraras.

DAS SCHICKSAL DER KLEINEN RÖMISCHEN HERZÖGE

Nicht nur aus Interesse an Cesare versucht Lucrezia zu retten, was von den einstigen Besitzungen der Borgias übrigblieb. Lucrezia möchte auch die Zukunft ihrer Kinder sichern. Nach dem Tod ihres Großvaters Alexander VI. ist ungewiß, ob Lucrezias Söhne, die beiden römischen Herzöge Giovanni und Rodrigo, ihre Lehen behalten können. Bevor das erste Konklave 1504 eröffnet wird, nimmt Cesare die beiden Kinder mit in die

Engelsburg. Ihr Vormund Francesco Borgia, der Kardinal von Cosenza, soll sie nach Ferrara bringen, sobald die Straßen wieder sicher sind. Augenblicklich werden sie von den Truppen blockiert, die sich wegen des Konklaves aus Rom zurückgezogen hatten. Als es schließlich soweit ist, leiden Rodrigo und vermutlich auch die anderen Kinder in der Festung, die natürlichen Kinder Cesares, an der Malaria. Die Krankheit hatte sich in der Stadt inzwischen epidemieartig ausgebreitet. Nicht nur das Fieber hindert die Herzöge Rodrigo und Giovanni daran, nach Ferrara zu reisen. Ercole d'Este hält es seit der Wahl des neuen Papstes nicht mehr für klug, sie an seinen Hof kommen zu lassen. Vorteilhafter sei es, alle ihre Besitzungen in Italien zu verkaufen und die beiden Herzöge zu ihrer Ausbildung an ausländische Höfe zu schicken. Ercole denkt zum Beispiel an den Hof von Spanien, das Herkunftsland ihrer Vorfahren. Anschließend könnten sich Giovanni und Rodrigo endgültig in Italien oder in Spanien niederlassen. Dieser Gedanke liegt vor allem bei Lucrezias legitimem Sohn Rodrigo von Bisceglie nahe, denn Rodrigo ist durch seinen Vater mit dem aragonesischen Königshaus verwandt. Aber bei Ercoles Überlegungen schwingt noch etwas anderes mit. Lucrezia hat mit Alfonso d'Este noch keinen Erben. Deshalb fürchtet Ercole, der junge Herzog von Bisceglie könnte Ansprüche auf die Herzogswürde erheben, wenn er in Ferrara aufwächst.

Lucrezia ist zum Nachgeben gezwungen. Nach der Wahl von Julius II. muß sie Cesares Untergang zusehen. Sie engagiert sich für das Herzogtum Romagna. Camerino, das Cesare ihrem kleinen Giovanni von Nepi verliehen hatte, kann sie jedoch nicht retten. Sie läßt den Kardinal von Cosenza die Kinder nach Neapel bringen. Der Valentinus folgt ihnen im April 1504 mit Gonsalvo de Córdobas Geleitbrief nach Neapel. Dort werden die Kinder Sancia von Aragón anvertraut, der Tante des jungen Rodrigo. Sancia lebt getrennt von ihrem Gatten Jofré, besitzt jedoch einen schönen Palast und lebt wie eine Fürstin. Sie ist Gonsalvo de Córdobas Ratgeberin geworden und steht bei ihm in großer Gunst. Cesare selbst kann sich nicht um Rodrigo und Giovanni kümmern, da er die Rückeroberung der Romagna vorbereitet. Als Gonsalvo den Valentinus im Mai festnehmen und im folgenden August auf einem Schiff in die spanische Gefangenschaft bringen läßt, werden zusammen mit Lucrezia neue Überlegungen angestellt, wo die beiden Kinder untergebracht und erzogen werden sollen. Man schickt sie nach Bari zu Isabella von Aragón, zur Witwe des einstigen mailändischen Herzogs Gian Galeazzo Sforza. Die Fürstin kümmert sich fortan um ihre Erziehung.

Lucrezia sollte Rodrigo nie wieder sehen. Das Kind stirbt im August 1512 mit dreizehn Jahren an einer Krankheit. Es ist bekannt, daß Lucrezia über den Verlust von Rodrigo zutiefst erschüttert war. Als sie am 7. September die Todesnachricht erhielt, zog sie sich sofort ins Kloster S. Bernardino zurück. Sie hatte jahrelang von ihrem Sohn getrennt gelebt, sich aber stets fürsorglich um ihn gekümmert. Von Ferrara aus ernannte sie Verwalter für das Herzogtum Bisceglie. Sie überwachte deren Amtsführung streng und setzte sie auch wieder ab, wenn es ihr notwendig erschien. In zehn Jahren folgten vier Verwalter aufeinander. Die Verwalter legten ihren Amtseid zunächst in die Hände von Gonsalvo de Córdoba ab, in späteren Zeiten in die von Kardinal Pier Luigi Borgia. Aus Lucrezias Rechnungsbüchern geht hervor, wie sie sich gegenüber den Personen erkenntlich zeigte, die sich um ihren kleinen Fürsten kümmerten: Ihrer Erzieherin schenkte sie bestickte Hemden, den Pagen kleine vergoldete Holzschwerter, dem Kardinal Pier Luigi Borgia sechs Geschirre für seine Windhunde, der Herzogin von Bari Karnevalsmasken und deren Tochter eine Puppe mit verschiedenen Kleidern, einer Miniaturausgabe von Lucrezias Garderobe. Als Rodrigo das neunte Lebensjahr erreicht, ernennt seine Mutter einvernehmlich mit Isabella von Aragón Baldassare Bonfiglio zu seinem Hauslehrer. Bonfiglio schickt sie eine passende gestreifte Tracht aus Samtstoffen und schwarzer Seide. Sie schenkt ihm zudem einige Koffer, die mit neuen Büchern gefüllt sind. Mehrmals hofft Lucrezia, Rodrigo nach Ferrara kommen lassen zu können. Für Ende August hat sie eine Pilgerreise nach Loreto vorgesehen. Lucrezia möchte auf der Reise mit der Herzogin von Bari und dem kleinen Herzog zusammentreffen. Anschließend soll man gemeinsam nach Ferrara zurückkehren. Die Pilgerfahrt wird jedoch aufgeschoben, als in Ferrara eine Verschwörung gegen Alfonso aufgedeckt wird. Don Giulio hatte sie angezettelt.

Nach Rodrigos Tod sieht sich Lucrezia gezwungen, den kleinen Hofstaat des jungen Herzogs aufzulösen. Dazu schickt sie zwei Beauftragte ins Königreich Neapel. Da die päpstlichen Gebiete gewissermaßen Feindesland sind, müssen die beiden Beauftragten auf ihrem Weg einen Bogen schlagen und benötigen daher vier Monate, bis sie schließlich nach Bari gelangen: Sie zahlen dem Hauslehrer Bonfiglio, dem Pagen Ferrante, dem Haushofmeister Onofrio, dem Kammerdiener Pedro und zwei Stallburschen eine gute Abfindung. Die Beauftragten inventarisieren die Wandteppiche, die Kleider Rodrigos, das Silberzeug und die Pferde im Stall. Die Pferde schicken sie nach Ferrara. Bevor sie zurückreisen, lassen sie in der Basilika S. Nicola eine Totenmesse lesen.

Lucrezia hatte sich jahrelang vergeblich um Rodrigo bemüht. Zum Glück ist dem «Infans Romanus» ein besseres Schicksal beschieden. Er verdankt dies der Tatsache, daß Ercole d'Este am 25. Januar 1505 stirbt und Lucrezia regierende Fürstin von Ferrara wird. Die Herzogin überzeugt Alfonso davon, daß es für das Kind besser ist, in der Nähe seiner Mutter aufzuwachsen. Im Juni kommt Giovanni Borgia endlich nach Ferrara. Lucrezia bringt ihren Sohn bei Alberto Pio von Carpi unter, dem Neffen und Schüler des bedeutenden Gelehrten Pico della Mirandola, einem Vasallen des Herzogtums Ferrara. Alberto Pio möchte sich vergeben lassen, daß er einen Hauskaplan von Don Giulio d'Este beherbergte, den Kardinal Ippolito wegen irgendeines Vergehens hinausgeworfen hatte. So willigt er gerne ein, in Carpi den angeblichen «Sohn des Herzogs von Valence» aufzunehmen. Das Kind wächst bei Pio in einer humanistisch gebildeten Umgebung auf. Als gutaussehender junger Mann wird Giovanni später, im Jahre 1517, am Hof von Ferrara aufgenommen. Man gibt ihn dort als Lucrezias Bruder aus, da der Valentinus inzwischen übel beleumdet ist. Zum Glück gibt es die unzweifelhaft echte Bulle, in der sich Alexander VI. als Giovannis Vater bezeichnet.

Nachdem die Herzogin von Ferrara für Giovannis Unterhalt und Erziehung gesorgt hat, zieht sie sich zurück. Lucrezia bereitet sich auf eine weitere Niederkunft vor und hofft, daß sie glücklicher verläuft als die vorangegangenen. Ihre Erwartungen gehen vollständig in Erfüllung. Am 19. September bringt sie einen Knaben zur Welt, einen Erben der Herzogskrone von Ferrara. Man gibt ihm den Papstnamen Alexander. Aber das kränkliche Neugeborene verweigert die Nahrung und stirbt schon fünfundzwanzig Tage später. Der frühe Tod des Kindes war auf mehrere Fehlgeburten gefolgt, unter denen Lucrezia sehr gelitten hatte. Am ferraresischen Hof zweifelt man an Lucrezias Fähigkeit, die Nachfolge zu sichern. Aber allen Zweifeln zum Trotz schenkt sie ihrem Mann später eine beachtliche Anzahl von Kindern.

CESARES KINDER

Lucrezia kümmert sich nicht nur um ihren eigenen Nachwuchs, sondern auch um den ihres Bruders. Mit Louise, Charlotte d'Albrets Tochter, unterhält sie einen regen Briefwechsel. Als 1514 auch die Mutter des jungen Mädchens stirbt, wird Louise an den französischen Hof gebracht. Ihre Vormundschaft übernimmt Louise von Savoyen, die Mutter Franz' I. Cesares Tochter Louise war noch in der Wiege mit Federigo, dem Sohn des Markgrafen von Mantua, verlobt worden. Als der inzwischen erwachsene Fürst 1516 in Frankreich seine Zukünftige sehen will, begegnet er dort einem kleinen, häßlichen Mädchen mit einer unansehnlichen Nase und einem unschönen Mal auf der Stirn. Unter dem Vorwand, ihre Mitgift sei unzureichend, verzichtet Federigo auf die Hand von Cesares Tochter. Obwohl Louise häßlich ist, macht sie dennoch zwei gute Partien. 1517 heiratet sie zunächst Louis de La Trémoille. Als ihr erster Mann in der Schlacht von Pavia fällt, heiratet sie in zweiter Ehe Philippe von Bourbon, den Baron von Busset, einen entfernten Verwandten der königlichen Familie.

Cesare hatte auch seine illegitimen Kinder mit nach Neapel genommen, um sie vor einem Racheakt des neuen Papstes Julius II. zu schützen. Später wurden sie zusammen mit dem «Infans Romanus», Giovanni von Nepi, nach Ferrara gebracht. Großzügig versucht Lucrezia auch ihnen eine Zukunft zu sichern, die ihrem Rang angemessen ist. Durch ihre Vermittlung heiratet Cesares Sohn Girolamo in eine ferraresische Adelsfamilie ein. Nach dem Tod seiner ersten Frau geht Girolamo eine zweite Ehe mit Isabella Pio ein, mit der Tochter des Herrn von Carpi. Seine beiden Töchter nennt er Ippolita und Lucrezia, zu Ehren des Herzogshauses von Ferrara. Wie sein Vater hat Girolamo ein sehr heftiges Temperament. Camilla, die natürliche Tochter Cesares, ist dagegen sanftmütig und fromm und wird wegen ihres völlig anders gearteten Wesens von ihrer Tante ins Kloster S. Bernardino gegeben. Lucrezia hat das Kloster in Ferrara selbst gegründet. Camilla nimmt den Namen Sor Lucrezia an und führt bis zu ihrem Tod ein stets mustergültiges, tugendhaftes Leben. Lucrezia nimmt sich noch eines weiteren Bastards der Borgias an. Unter dem Namen Rodrigo tritt er erst in Erscheinung, als ihn 1515 mit dreizehn Jahren Papst Leo X. durch eine Bulle legitimiert. Leo bezeichnet ihn als «vom römischen Pontifex mit einer ledigen Mutter gezeugt». Das angebliche Kind Alexanders VI. könnte ein Sohn von Francesco Borgia sein, ein Kind des 1511 verstorbenen Erzbischofs von Cosenza. Lucrezia kümmert sich vielleicht um die Erziehung Rodrigos aus Dankbarkeit gegenüber ihrem toten Cousin, denn Francesco Borgia hatte die Vormundschaft des kleinen Herzogs von Bisceglie übernommen und sich sorgsam um das Kind bemüht. Mit einem bescheidenen Benefizium versehen, starb der geheimnisvolle Rodrigo im Jahre 1527.

LUCREZIA WIRD HERZOGIN
IHRE LIAISON MIT FRANCESCO GONZAGA

Während sich Lucrezia um das Schicksal von Kindern und Jugendlichen kümmert, erfüllt sie gleichzeitig sorgfältig ihre Amtspflichten. Kurz nachdem der alte Herzog Ercole am 23. Januar 1505 gestorben war, zeigte sie sich erstmals als Herzogin auf dem Balkon ihres Palastes und hinterließ durch ihre glanzvolle, majestätische Erscheinung bei ihren Untertanen einen tiefen Eindruck. In der *Sala del Grande Camino* übergab der alte Tito

Lucrezia Borgia als Herzogin von Ferrara
*(Stich von Corneille van Dalen nach Guerchino,
Cabinet des Estampes, Bibliothèque Nationale,
Paris; Bild: Tallandier)*

Strozzi Alfonso d'Este die Insignien der Macht, das Schwert und das Zepter. Strozzi war Dekan der Zehn Richter. Anschließend zog Alfonso auf einem prachtvollen Schimmel durch die Stadt zum Dom, wo ihm die Herzogskrone aufs Haupt gesetzt wurde. Lucrezia wohnte der Zeremonie auf der Kirchenempore bei, nachdem sie den Ehrengruß der bedeutendsten Damen des Adels entgegengenommen hatte. Sie war in ein Brokatkleid in Karmesinrot und Gold gekleidet, darüber trug sie einen hermelingefütterten Mantel aus Moiré. Im Haar, auf der Stirn und auf der Brust trug sie den funkelnden Familienschmuck der Este. Nach dem Empfang und dem darauffolgenden Bankett wurde Ercoles Begräbnis begangen. Der Hof legte Trauer an. Für Alfonso begann ein neues Leben, dem er sofort seinen Stempel aufprägte. Er war mitunter krankhaft mißtrauisch und neigte zur Pedanterie. Die Spanier, die bei Lucrezia geblieben waren, versuchte er aus der Nähe der Herzogin zu verbannen. Er schob vor, es diene dem geregelten Familienleben, als er im Palast einen Gang durchbrechen ließ, durch den er jederzeit von den offiziellen Räumlichkeiten in Lucrezias Privatgemächer gelangen konnte. Der Herzogin standen drei Zimmer zur Verfügung, in denen sie sich zuvor vollkommen hatte zurückziehen können.

Als Herzogin muß Lucrezia ständig repräsentative Pflichten erfüllen. Sie eignet sich bestens für diese neue Rolle. Trost und Rat findet sie zu dieser Zeit bei ihrem Schwager Francesco Gonzaga, dem Markgrafen von Mantua. Der Markgraf war 1504 nach Ferrara gereist und hatte sich lange mit Lucrezia über das Schicksal des unglücklichen Cesare Borgia unterhalten. Gonzaga hatte sich als Mittelsmann angeboten, damit Lucrezia die Verbindungen zum Valentinus aufrechterhalten konnte. Während der langen Gefangenschaft des Herzogs in Spanien leistete er tatsächlich unentbehrliche Dienste. Da sich Lucrezia nun über Gonzagas Vermittlung für ihren Bruder einsetzt, zeigt sich Alfonso verständnisvoll, daß seine Frau ausgezeichnete Beziehungen zu dem Markgrafen unterhält, obwohl das Verhältnis zwischen Mantua und Ferrara gespannt ist. Nach dem Tod ihres Neugeborenen, des kleinen Alexander, verläßt Lucrezia noch seelisch erschüttert Mitte Oktober 1505 Reggio. Auf ihrer Reise nimmt sie in der Burg von Borgoforte Francesco Gonzagas Gastfreundschaft in Anspruch. Zwei Tage lebt sie in nächster Nähe mit ihrem Schwager zusammen. Der Mann, den sie früher als einen glanzvollen, erfolgreichen Heerführer und etwas prahlerischen Kriegshelden kennengelernt hatte, offenbart sich ihr nun als feinsinniger, einfühlsamer Gastgeber. In Borgoforte schreibt er mit Lucrezia gemeinsam einen Brief an den König von Spanien. Sie bitten noch einmal um Cesares Freilassung. Lucrezia begleitet Francesco nach Mantua zurück. Ein leichter Nieselregen geht nieder, als Lucrezia Gonzagas Palast erreicht. Seine Residenz erhebt sich über einigen Stauseen. Im Palast wird Lucrezia von Isabella empfangen. Isabella führt Lucrezia durch sämtliche Säle. Sie zeigt ihre Sammlungen bedeutender Statuen, Medaillen und Gemälde und führt sie durch die prächtige Bibliothek. Zwei Tage lang präsentiert sie der Herzogin von Ferrara alles, was sie an Kunstschätzen zu bieten hat. Isabella legt Wert darauf, sich als überlegen darzustellen. Ganz anders als seine Frau zeigt sich der Markgraf seinem weiblichen Gast gegenüber höchst liebenswürdig und offenherzig. Am 31. Oktober trennen sich die beiden Frauen, ohne Freundschaft geschlossen zu haben. Weil Lucrezia den kurzen Aufenthalt nicht in schlechter Erinnerung behalten soll, läßt Gonzaga sie mit seinem schnellsten Boot nach Belriguardo zurückbringen, Lucrezias derzeitigem Aufenthaltsort.

DIE SCHRECKLICHE RACHE DES KARDINALS IPPOLITO
DAS KOMPLOTT VON DON GIULIO UND DON FERRANTE

Als Lucrezia nach Belriguardo in ihre prachtvolle Residenz zurückkehrt, ereignet sich in ihrem Hofstaat ein furchtbares Eifersuchtsdrama. Die Akteure des Dramas sind allerdings nicht Alfonso und seine Gattin. Alfonso ist wohl durch seine Spione auf dem laufenden über Lucrezias freundschaftliches Verhältnis mit Gonzaga, aber man hat ihm versichert, er habe nichts zu befürchten. Denn so anziehend sein vermeintlicher Rivale auch erscheinen möge, so habe er doch der «Franzosenkrankheit» wegen seine Manneskraft verloren! Bei Ercoles Bastard Don Giulio ist dies nicht der Fall. Seit langem ist er in Lucrezias Cousine Angela Borgia verliebt. Er hat das achtzehnjährige Mädchen gerade in diesem Herbst 1505 geschwängert. Kardinal Ippolito macht der Schönen ebenfalls den Hof, doch er bekommt nun einen Korb. Kühn behauptet Angela, allein Giulios schöne Augen seien wertvoller als die gesamte Person des Kardinals. Der Geistliche rächt sich grausam. Am 1. November läßt er Don Giulio auflauern und ihm mit einem Langdolch die Augen ausstechen.

Lucrezia war gerade aus Mantua zurückgekehrt, als man Giulio blutüberströmt nach Belriguardo bringt und ihn dort medizinisch versorgt. Am 6. November läßt Alfonso seinen Bruder nach Ferrara bringen. Don Giulios linker Augapfel ist stark angeschwollen – man konnte ihn retten –, sein rechter ist dagegen vollkommen zerstört. Die leere Augenhöhle ist ein grauenhafter Anblick. Man erwartet allgemein, daß der Kardinal auf exemplarische Weise bestraft wird. Aber die Bestrafung von Kirchenfürsten ist dem Heiligen Stuhl vorbehalten, und wenn man Kardinal Ippolito der geistlichen Gerichtsbarkeit überantworten wollte, hätte Julius II. Gelegenheit, sich in die inneren Angelegenheiten des Hauses Este einzumischen. So begnügt sich Alfonso damit, daß der Kardinal sich bei Don Giulio offiziell entschuldigt.

Der entstellte Bastard fühlt sich durch die allzu milde Behandlung des Kardinals verhöhnt und sinnt auf angemessene Rache; um so eher, als er nach dem Skandal seine Geliebte verliert. Da Don Giulio Angela schwängerte, hat er nun auch noch die Familie gegen sich. Im Dezember kommt das junge Mädchen auf einem Boot nieder, als es mit Lucrezia von Belriguardo aus nach Ferrara zurückkehrt. Angelas Kind wird einer unbekannten Amme übergeben und verschwindet von der Bühne der Geschichte. Man tröstet die junge Mutter, indem man sie mit zahlreichen Gütern als Mitgift ausstattet und sie mit Alessandro Pio verheiratet, einem kleinen Adeligen aus Sassuolo im modenesischen Apennin. Lucrezia, die ihrer Cousine noch immer Zuneigung entgegenbringt, verleiht den Hochzeitsfeierlichkeiten besonderen Glanz. Angela schenkt sie ein herrliches Brautgewand aus goldenem Tuch. Ganz Ferrara wird zu den Bällen und Theateraufführungen geladen. Man gibt deftige Komödien, die Boccaccios Novellen nachempfunden sind. Die Hochzeit fällt mit dem Karneval 1506 zusammen.

Während die Stadt feiert, brütet der einäugige Don Giulio über seiner Rache an Kardinal Ippolito und an Herzog Alfonso, der mit ihm anscheinend unter einer Decke steckt. Giulios Bruder Don Ferrante haßt seine älteren Brüder ebenso und macht sich zum Mitstreiter seines Kampfes. In Ferrara fehlt es weder an Unzufriedenen noch an Schergen, die gegen Entgelt zu jeder Tat bereit sind. Unter ihnen befindet sich ein blonder Hüne gascognischer Abstammung, der ein Kirchenamt bekleidet und «Giovanni der Kantor» genannt wird. Giovanni steht in der Gunst von Ippolito und Alfonso, weil er ihnen Kupplerdienste leistet. Eines Tages läßt sich der Herzog bei einem ausschweifenden Abenteuer von dem Gascogner nackt auf das Bett einer Kurtisane fesseln. Alfonso in dieser Situation zu erwürgen wäre ein leichtes, aber die Verschwörer wollen auf das unauffälligere Gift zurückgreifen. Ihre allzu große Vorsicht wird ihnen zum Verhängnis. Kardinal Ippolito erfährt, daß ein Komplott gegen ihn und Alfonso vorbereitet wird. Ippolito ruft die Verschwörer am 3. Januar überraschend zusammen und läßt sie verhaften. Unter der Folter gestehen sie, die Ermordung des Herzogs geplant zu haben. Sie werden kurz darauf enthauptet und auf dem Marktplatz von Ferrara geviertelt. Lediglich Giulio und Ferrante werden von ihrem Bruder auf dem Schafott zu lebenslanger Haft begnadigt. Beide verbringen ihr Dasein während der Herrschaft zweier Generationen von Herzögen Este in einem Burgverlies in Einzelhaft. 1540 stirbt Don Ferrante 63jährig nach 43 Jahren im Kerker. 1550, also zehn Jahre darauf, wird Don Giulio im Alter von 72 Jahren freigelassen. Es ist kaum anzunehmen, daß er alle Unglücksfälle, Kriegswirren, Attentate und Racheakte überlebt hätte, denen er in Freiheit ausgesetzt gewesen wäre. So mag ihm das Gefängnis das Leben verlängert haben. Er stirbt 1561 im Alter von 83 Jahren und schlägt damit an Langlebigkeit alle Rekorde in damaligen Fürstengeschlechtern.

ERCOLE STROZZI, BOTSCHAFTER DER LIEBE

Es war für Lucrezia ein heilsamer Schock, als Don Giulios Komplott aufgedeckt und im Sommer 1506 grausam geahndet wurde. Von Natur aus vorsichtig, bemüht sie sich, so gut es geht, ihre Geistesverwandtschaft mit ihrem Schwager Gonzaga zu verheimlichen. Um ihren Briefwechsel zu kaschieren, bemüht sie noch einmal Ercole Strozzi als Vermittler. Der Dichter schreibt an ihrer Stelle dem Herzog unter dem Pseudonym Zilio. Alle in den Briefen erscheinenden Namen werden abgeändert: Gonzaga wird zu Guido, Lucrezia zu Barbara, Herzog Alfonso zu Camillo, Kardinal Ippolito zu Tigrino und Isabella d'Este zu Lena. Strozzi beteiligt sich gerne an diesem Spiel, weil er auf Lucrezias Gatten nicht gut zu sprechen ist. Als Ercoles Vater Tito Vespasiano Strozzi starb, zwang ihn Alfonso, ihm die Ländereien zurückzugeben, die der alte Richter von Herzog Ercole I. als Entlöhnung für seine Dienste bekommen hatte.

Im Karneval 1507 folgt auf den geheimen Briefwechsel ein trauriges Ereignis, als Gonzaga dem ferraresischen Hof einen Besuch abstattet. Es obliegt der Herzogin, Gonzaga ehrenvoll zu empfangen. Auf dem Ball gewährt sie ihm den ersten Tanz und ist mit solchem Schwung dabei, daß sie am folgenden Abend eine Fehlgeburt erleidet. Über dem Vergnügen, den Markgrafen wiedergesehen zu haben, erholt sie sich jedoch so rasch, daß es die gesamte Hofgesellschaft in Erstaunen setzt. Schon kurz nach dem Unglück sieht man, wie sie in ihrem Palast fünf junge Kardinäle empfängt, die der Belagerung von Bologna durch Julius II. entkommen sind. Nun wollen sie an einem Maskenball teilnehmen, den Kardinal Ippolito organisiert hat. Am 22. Februar ist die Herzogin wieder voll bei Kräften und kann dem Ball und dem abendlichen Gastmahl im Herzogspalast vorstehen. Anschließend versammelt sie ihre Vertrauten im engeren Kreis. An der heiteren Gesellschaft nehmen ihre Favoritin Nicola und deren Gatte Bighino Trotti teil, aber auch Ercole Strozzis Geliebte Barbara Torelli, Giovanna da Rimini und die schöne Angela Borgia.

Einen Monat nach den denkwürdigen Festlichkeiten in Ferrara trifft am 20. April ein Reiter aus Spanien, erschöpft und beschmutzt vom Straßenstaub, im Schloß ein. Da sich der Herzog gerade auf Reisen befindet, empfängt seine Gattin den Kurier. Es ist Juanito Garcia, der Page des Herzogs von Valence. Als Augenzeuge teilt er Lucrezia mit, daß sein Dienstherr vor Viana gefallen ist.

Die Herzogin ist angesichts der schrecklichen Nachricht wie erstarrt vor Schmerz. Sie faßt sich jedoch schnell. Noch am gleichen Tag empfängt sie wieder die ferraresischen Bittsteller, die ihrem Herzog Gesuche überreichen wollen. Nachdem sie ihre Aufgaben als Herrscherin erfüllt hat, zieht sich Lucrezia ins Kloster *Corpus Domini* zurück. Während sie die Totenglocken in Ferrara läuten läßt, sinnt sie über das tragische Ende ihres Bruders nach. Sie hatte Cesare ihr ganzes Leben lang gleichsam als Werkzeug des Schicksals angesehen. Ihm, seiner Tapferkeit, aber auch seinen Verbrechen hatte sie den ferraresischen Herzogsthron zu verdanken. Sie hatte zwar unter ihm gelitten und sich mitunter gegen ihn aufgelehnt, hatte sich ihm letztlich aber stets doch gebeugt, war gefügig seinen Entschlüssen nachgekommen, deren übergeordneten Zweck sie anerkannte: den Ruhm der Sippe, das Glück der Borgias. Lucrezia hatte sich in ihr Schicksal gefügt. Als ihr Vater tot war und ihr Bruder alle Macht verloren hatte, nahm sie die Herausforderung an und versuchte das Erbe in der Romagna zu retten. Sie machte all ihren Einfluß geltend, um Cesare zu befreien – und dies war ihr gelungen! Der Fürst konnte einen neuen Aufstieg in Angriff nehmen. Er plante bereits seine Rückkehr, ein Bündnis mit dem Kaiser war im Entstehen, und Navarra bot sich als Sprungbrett für eine neue ruhmreiche Laufbahn an. Leider war mit Cesares Tod der Schicksalsfaden zerschnitten, an den sie ihre Zukunft und das des Herzogtums Ferrara zu knüpfen gehofft hatte, eine Zukunft, in der Cesare Borgia die italienischen Fürsten hätte einigen, die Städte von den Lokaltyranneien befreien und die Bedrohung durch das Ausland hätte abwenden sollen.

Lucrezia hatte allerlei schmerzhafte Erfahrungen machen müssen und war dabei gereift. Sie mußte grausame Opfer bringen und sich den Interessen anderer beugen. Ihre politischen Meinungen zu äußern, wie dies ihr Bruder Cesare Machiavelli gegenüber tat, dazu hatte sie nie Gelegenheit. Lucrezia war durchaus keine leichtlebige und stumpfe Person, eine oberflächliche und allzu willfährige Geliebte, wie ihr dies zuweilen unterstellt wird. Nicht umsonst wurde sie von ihrem Vater so sehr geschätzt, daß er ihr wiederholt die Regierungsgeschäfte anvertraute. Lucrezia war auch höherer Betrachtungen fähig. Als ihr Bruder starb, stellte sie dies unter

Beweis, indem sie bei Strozzi einen passenden Trauergesang in Auftrag gab. Der Valentinus wird darin als Held gezeichnet, dazu ausersehen, Italien zu einigen und den Glanz des antiken Rom wieder aufleben zu lassen. Strozzis Rede ist das Schönste, was zu Ehren des verruchten Cesare hatte gesagt werden können.

Die Geburt des Erbfürsten von Ferrara

Das Glück wendet sich Julius II. zu. Der Papst hat den Sturz der Bentivoglio in Bologna beschlossen und erreicht ihn am 10. November 1507. Alfonso d'Este und Francesco Gonzaga sind im Strudel der Ereignisse gezwungen, sich dem schrecklichen Pontifex anzuschließen. Als der Markgraf Mitte August in den Krieg zieht, begegnet er Lucrezia ein weiteres Mal. Kurz darauf erfährt man in Ferrara, daß die Herzogin wieder schwanger ist. Lucrezia ist über ihre Schwangerschaft hocherfreut und bereitet schon bald alles Notwendige für die Niederkunft vor: die Wiege, das Wickelzeug, ein bunt gestreiftes Zelt, das das Neugeborene vor Zug schützen soll, und ein Wochenbett mit einem Baldachin aus silbernem Tuch. Lucrezia soll in einem Zimmer niederkommen, das über einem schmalen, roten Gesims mit braunem und goldenem Stoff prachtvoll austapeziert ist. Strozzi alias Zilio hält Francesco Gonzaga über alle Vorbereitungen auf dem laufenden. Strozzi schreibt dem Markgrafen oft und erstattet ihm in Mantua auch persönlich Bericht. Alfonso wird von den Spionen der Markgräfin Isabella über die Verbindung zwischen Strozzi und Gonzaga unterrichtet. Als er von ihr erfährt, gerät Alfonso in Wut. Am 2. April, als sich bei seiner Frau bereits die ersten Wehen einstellen, reist er plötzlich nach Venedig ab. Als plausiblen Grund schiebt er vor, er wolle nicht Zeuge einer weiteren demütigenden Fehlgeburt werden. Am Morgen des 4. April bringt Lucrezia jedoch einen vollkommen gesunden Knaben zur Welt. Man nennt ihn nach seinem Großvater Ercole. Später wird er Herzog Ercole II. werden. Alfonso kehrt unverzüglich nach Ferrara zurück. Der Knabe hat eine kleine, allzu flache Nase, wie man Alfonso bereits berichtet hat. Er findet das Kind nicht gerade schön, aber es ist gesund und kräftig. Damit sich die Gesandten davon überzeugen können, zeigt er ihnen das nackte Kind, als sie ihn besuchen, um ihn zu beglückwünschen. Der stolze Vater Alfonso wendet sich jedoch gleich wieder der hohen Politik zu. Er reist diesmal nach Frankreich. Lucrezia ist über seine Abwesenheit nicht traurig, im Gegenteil.

Strozzi besucht die Herzogin und liest ihr seine ersten Huldigungsverse auf den neugeborenen Erbfürsten vor. Außerdem überbringt er Nachrichten von Francesco Gonzaga. Der Markgraf ist gekränkt, daß er nicht offiziell von der Geburt des kleinen Ercole benachrichtigt wurde. Lediglich seine Frau Isabella habe einen Brief von ihren Brüdern Alfonso und Ippolito erhalten. Unter solchen Umständen könne er keinesfalls nach Ferrara kommen. Der getreue Strozzi-Zilio besteht jedoch nachdrücklich darauf, um Lucrezia die Kränkung zu ersparen: «Wenn Ihr kämt, so hätte sie mehr Freude daran, als wenn man ihr 25 000 Dukaten schenkte. Ich kann Euch gar nicht sagen, wie große Sehnsucht sie nach Euch hat.» Ein weiterer Brief verrät, daß Barbara alias Lucrezia Gonzaga gerne eigenhändig geschrieben hätte. Noch geschwächt von der Niederkunft, könne sie jedoch nicht selbst zur Feder greifen. Gerne sähe sie es, wenn sich Gonzaga mit Alfonso aussöhnen würde, damit sie den Markgrafen besuchen könne. Zweifellos hatte sich jemand Einblick in den Brief verschafft, denn im März 1508 sucht ein Unbekannter, der in Zilios Briefwechsel mit der Abkürzung M... bezeichnet wird, Lucrezia auf. Er bietet sich als Vermittler an, um in Mantua mit Gonzaga Näheres über die Aussöhnung mit Alfonso zu besprechen. Tatsächlich erscheint der Unbekannte in Mantua und schenkt dem Markgrafen ein kleines Porträt von Lucrezia. Aber Lucrezia hatte ihn anscheinend nicht damit beauftragt. Offensichtlich möchte man Gonzaga nach Ferrara locken, ihn demütigen und als heimlichen Geliebten Lucrezias überführen. Der Spion – denn das war dieser Mann ohne Zweifel – war möglicherweise Masino del Forno, ein Vertrauter des Kardinals Ippolito. Strozzi, Lucrezia und Gonzaga werden nach dem Zwischenfall noch vorsichtiger als bisher. Sie verbrennen ihre Briefe, sobald sie sie gelesen haben. Aber ihr heimlicher Briefkontakt ist inzwischen bekannt, und man weiß auch, daß Isabella ihrem Bruder Herzog Alfonso von Lucrezias Beziehungen zu Gonzaga berichtet hat. Alle Beteiligten sind schließlich so tief in die Intrige verstrickt und die Gemüter so sehr erhitzt, daß eine Tragödie der Leidenschaft unvermeidbar scheint.

DER MORD AN ERCOLE STROZZI

Im Morgengrauen des 6. Juni 1508 wird an einer Straßenecke Ferraras in der Nähe der Befestigungsmauern des Palazzo Romei Ercole Strozzi tot aufgefunden. Seine Leiche weist 22 Einstiche von einem Dolch auf. Neben Strozzis Körper liegt sein Spazierstock, an seinen Schuhen trägt er noch seine Sporen. Da auf dem Boden keine Blutspuren sichtbar sind, kann er nicht im Kampf getötet worden sein. Die Tat war zweifelsfrei ein kaltblütig verübter Mord. Man hatte Strozzi wie bei einer Hinrichtung getötet und seinen Leichnam an den Ort geschafft, an dem er aufgefunden wurde.

In Ferrara erwartet man, daß der Herzog eine Untersuchung einleitet. Strozzi gehörte zu einer der bedeutendsten Familien in der Stadt. Daß er ein Günstling der Herzogin war, ist allgemein bekannt. Zudem war er Mitglied des Rates der Zehn. Zwar hatte sich Herzog Alfonso von ihm einige Güter zurückgeben lassen, die Strozzis Vater zugefallen waren, aber deshalb hatte er sich mit dem Dichter nicht völlig überworfen. Doch im Palast geschieht nichts. Bei Strozzis pompöser Beisetzung sind zwar alle Intellektuellen Ferraras im Dom versammelt, aber kein Vertreter des herzoglichen Hofes. Lucrezia bleibt in ihrem Palast, ohne ihrem Freund die letzte Ehre zu erweisen. Alles spricht dafür, daß Lucrezia Angst hat. Lediglich Strozzis Freunde verlangen empört Gerechtigkeit. Am erbittertsten fordert Barbara Torelli, Strozzis Lebensgefährtin, die Bestrafung der Schuldigen. Sie hatte dreizehn Tage zuvor ein kleines Mädchen zur Welt gebracht. Da ihr Lucrezia die Unterstützung versagt, hofft Barbara auf die Hilfe von Francesco Gonzaga. Ercole Strozzis Brüder schreiben dem Markgrafen persönlich. Gonzaga soll helfen, das schreckliche Verbrechen zu sühnen. Er setzt eine Belohnung von 500 Dukaten für Hinweise auf Strozzis Mörder aus. Aber trotz der lockenden Prämie bricht niemand das Schweigen, so daß der Mord unaufgeklärt bleibt. Um Barbara zu trösten, übernimmt der Markgraf die Patenschaft für ihr kleines Töchterchen. Stellvertreter halten es für ihn über den Taufstein – ein armseliger Trost. Tatsächlich geht in ganz Ferrara die Angst um. Die entsetzte Barbara verläßt schließlich die Stadt.

Der mysteriöse Mord gerät lange nicht in Vergessenheit. Man verdächtigt alle möglichen Personen. Alfonso d'Este hatte den Mord an Strozzi sicherlich nicht veranlaßt, wenn er auch nicht ganz unschuldig an ihm sein dürfte. Sehr wahrscheinlich war Barbara Torellis früherer Ehemann Ercole Bentivoglio der Mörder Strozzis. Bentivoglio, ein gewalttätiger Mensch, war von Barbara verlassen worden. Er verlor damit ihre Mitgift und die Güter, die später seine Kinder hätten erben sollen. Wie vermutet wurde, habe Bentivoglio Gian Galeazzo Sforza, den Gatten einer seiner Töchter, dazu angestiftet, sich mit an Barbara zu rächen, indem sie gemeinsam ihren Geliebten ermorden ließen. Den gedungenen Mörder hatte ihnen vermutlich Alessandro Pio verschafft, der Gatte Angela Borgias. Pio hatte Kontakt zu Masino del Forno, dem Spion, der kurz zuvor Gonzaga in eine Falle zu locken versucht hatte. Möglicherweise war sogar Masino del Forno der Mörder Strozzis. Gegen Masino Anklage zu erheben war deshalb unmöglich, weil damit auch seine Dienste als Spion für Alfonso ans Tageslicht gekommen wären. Alfonso mußte von Bentivoglios und Sforzas Racheplan erfahren haben. Und mit dem Mord an dem Dichter konnte er nur einverstanden sein. Mit Strozzis Tod war für den Herzog von Ferrara auch ein

Spion des Markgrafen von Mantua beseitigt. Und da es keinen Mittler mehr gab, war scheinbar auch dem Briefwechsel zwischen Lucrezia und Francesco Gonzaga ein Ende gesetzt. Paolo Giovio sollte einige Jahre später schreiben: «Niemand nannte den Urheber des Mordes, denn der Prätor schwieg.» Die Angst hatte ihm Stillschweigen auferlegt.

FERRARA UND MANTUA IN DEN KRIEGSWIRREN
DAS SPIEL PAPST JULIUS' II.

Lucrezia ist über den Mord an ihrem Vertrauten Strozzi zwar entsetzt, aber sie erholt sich rasch von dem Schlag. Beherzt nimmt sie die Beziehung zu Gonzaga wieder auf. Als Überbringer ihrer Briefe dient ihr diesmal Lorenzo, einer der Brüder Ercole Strozzis. Wieder verschlüsseln beide ihre Briefe: «Falke» soll «Liebe» bedeuten, «Falkner» «Lucrezia». Die Herzogin findet von ihrem Kummer Ablenkung, indem sie herumreist. Zur Sommerfrische begibt sie sich nach Reggio, wo sie mit dem Dichter Bernardo Accolti, auch Unico Aretino genannt, zusammentrifft. Früher, zu Zeiten des Herzogs von Bisceglie, war Lucrezia in Rom Gönnerin des Dichters gewesen. Im September kehrt sie nach Ferrara zurück, ohne Gonzaga wiedergesehen zu haben. Wie sein Schwager Alfonso ist auch der Markgraf in die kriegerische Auseinandersetzung verwickelt worden. Am 10. Dezember 1508 wurde die Liga von Cambrai geschlossen, in der sich Frankreich, England und Kaiser Maximilian gegen die Republik Venedig verbündeten. Julius II. tritt der Liga am 23. März 1509 bei, weil die Venezianer seit Cesares Tod einige Städte in der Romagna besetzt halten und dem Papst die Übergabe verweigern. Alfonso d'Este ist der Liga von Cambrai bereits zuvor beigetreten. Er hofft Polesine, die Region um Rovigo, die Ferrara für sich beansprucht, den Venezianern abzunehmen. Francesco Gonzaga ist dem Bündnis gegen Venedig ebenfalls beigetreten. Er erhebt Anspruch auf Gebiete um den Gardasee, die er der Republik Venedig wieder entreißen möchte.

Der Feldzug scheint unter den besten Vorzeichen zu stehen. Die ferraresische Artillerie ist die beste von ganz Italien, und da Julius II. sie für sich einsetzen will, ernennt er Alfonso d'Este zum Gonfaloniere der Kirche. Während ihr Gatte in den Krieg zieht, übernimmt Lucrezia die Regierung, die sie mit einem Rat von zehn Bürgern teilt. Mit leidenschaftlichem Interesse verfolgt sie alle Bewegungen der Truppen. Die gewaltigen venezianischen Streitkräfte – 50 000 Mann – werden nach viertägiger Schlacht am 14. Mai 1509 bei Agnadel geschlagen. Francesco Gonzaga besetzt nach dem Sieg venezianisches Territorium, wird jedoch am 9. August gefangengenommen, in Ketten gelegt und nach Venedig gebracht. Schreiend verhöhnt ihn die Menge: «Die Ratte ist im Käfig! Der Türke – das Feldgeschrei der Gonzaga-Truppen – ist gefangen! Henkt den Verräter!»

Lucrezia ist schockiert über Gonzagas Gefangennahme. Obwohl sie ihrer erneuten Schwangerschaft wegen geschwächt ist, steht sie dem Gefangenen, so gut sie kann, bei und läßt ihm Hilfe zukommen.

Die folgenden Monate sind erfreulicher. Am 25. August bringt die Herzogin ein hübsches Kind zur Welt, den späteren Kardinal Ippolito II. d'Este. Im September halten ihr Ehemann und ihr Schwager Kardinal Ippolito auf dem Po eine venezianische Flotte auf, die den Fluß hinauffährt und dabei beiderseits das Land verheert. Gleich achtzehn Galeeren und fünf weitere Schiffe mit 28 schweren und 140 leichten Geschützen fallen den Siegern in die Hände. Der militärische Erfolg fördert Isabellas Verhandlungen mit Venedig, so daß es der Markgräfin von Mantua tatsächlich gelingt, ihren Gatten freizubekommen. Allerdings muß Isabella ihren Sohn Federigo dem Papst als Geisel ausliefern. Julius II. will sich versichern, daß sich der Markgraf nicht gegen ihn wendet, wenn er freigelassen wird.

Durch Julius II., einen Mann von eisernem Willen, geraten die beiden verschwägerten Herzogtümer Ferrara und Mantua bald in eine nie dagewesene Situation. Der Papst hält eine vernichtende Niederlage Venedigs in Italien plötzlich für politisch ungünstig, kündigt das alte Bündnis auf und ruft die Heilige Liga ins Leben. Nicht mehr Venedig ist nun der Feind, sondern Frankreich, das es aus Italien zu vertreiben gilt. Alfonso d'Este lehnt es ab, Ludwig XII. zu verraten, und wird deshalb seines Amtes als Gonfaloniere der Kirche enthoben. Der Papst setzt für ihn seinen Schwager Francesco Gonzaga ein! Darüber hinaus wird der Markgraf von Mantua wieder mit dem Amt des Generalkapitäns der venezianischen Streitkräfte betraut. Gonzaga hatte das Amt bereits seinerzeit bei der Schlacht von Fornovo gegen Karl VIII. innegehabt.

Julius II. verhängt das Interdikt über Ferrara und schleudert den Bannfluch gegen Herzog Alfonso. Lucrezia, die an der Regierung im Herzogtum noch immer teilhat, erfährt mit Entsetzen, daß Francesco Gonzaga in päpstlichem Auftrag ihre Stadt belagern soll. Aber der Markgraf täuscht einvernehmlich mit seiner Gattin, einer Este, eine schwere Krankheit vor, um nicht gegen Ferrara marschieren zu müssen. Herzog Alfonso verteidigt sich tapfer, unterstützt vom französischen Truppenkontingent, dem der Ritter Bayard angehört. Julius II. erleidet bei La Bastida am 11. Februar 1511 eine schwere Niederlage, und Ferrara ist vorerst gerettet.

Alfonso und Lucrezia haben gemeinsam harte Schicksalsschläge erlitten und söhnen sich miteinander aus. Die Herzogin empfängt Bayard und seine Truppen, ihre siegreichen Verteidiger, mit allen Ehren, mit Festen und Banketten. «Sie war schön und gut, sanft und liebenswürdig zu allen Menschen», schreibt der Loyal Serviteur, der Biograph des heldenhaften Bayard. Er fügt hinzu: «Und nichts ist so sicher als dies, daß, wenn ihr Gemahl auch ein noch so kluger und kühner Fürst war, diese genannte Dame ihm durch ihre Liebenswürdigkeit gute und große Dienste geleistet hat.»

Noch vor acht Jahren hatte Ludwig XII. dem Gesandten Ferraras erklärt, daß «Madonna Lucrezia nicht die Frau ist, die zu Alfonso paßt». Nun sieht er ein, daß er sich getäuscht hat. Lucrezia gehöre zu jener Art von Fürstinnen, die würdig seien, mit der Königin von Frankreich zu wetteifern. Während der Abwesenheit ihres Gatten hat sie ihn nicht nur bei der Regierung des Staates vertreten, sondern dabei auch getreulich ihre familiären und mütterlichen Pflichten erfüllt.

Lucrezia muß sich gerade in dieser Zeit streitbarer zeigen denn je, um ihren beiden ältesten Söhnen, den kleinen römischen Herzögen, die noch verbliebenen Güter zu erhalten. Julius II. haßt die Borgias und hat alle Besitzungen der beiden Kinder beschlagnahmt. Den alten Kardinal von Cosenza, Francesco Borgia, läßt Papst Julius ins Gefängnis werfen, weil er Lucrezia vor der Konfiskation ihrer Güter gewarnt hat. Der Kardinal kann jedoch entkommen. Gemeinsam mit Bernardino Lopez de Carvajal, dem Kardinalbischof von Sabina, und Guillaume Briçonnet, dem Kardinalbischof von Palestrina, flieht Francesco Borgia nach Pisa. Die Kirchenfürsten treffen dort mit Kardinal René de Prie zusammen und berufen gemeinsam ein Konzil ein. Sie laden Julius II. vor das Konzil und klagen ihn der Simonie und anderer Frevel an. Der Pontifex schleudert daraufhin den päpstlichen Bannfluch gegen die schismatische Versammlung, exkommuniziert die abtrünnigen Kardinäle und entkleidet sie mit zwei Bullen vom Juli und Oktober 1511 aller ihrer Würden.

Der Tod eilt dem schrecklichen Papst zu Hilfe. Bevor Francesco Borgia das zweite Urteil erfährt, erliegt er in Pisa einem Schlaganfall. Kurz darauf erfährt Julius II. 1512 mit Genugtuung vom Tod zweier weiterer Borgias, an denen Lucrezia besonders gehangen hatte: Kardinal Pier Luigi und der kleine Herzog von Bisceglie sterben kurz nacheinander. Der Kardinal hatte im Königreich Neapel residiert und sich dort um die Belange des kleinen Rodrigo gekümmert. Er starb nach einem Sturz vom Maulesel, kurz bevor seinem Mündel eine Krankheit zum Verhängnis wurde.

Mit der Niederlage von La Bastida beginnen jedoch die Rückschläge von Julius II. Die Bentivoglio kehren nach Bologna zurück. Das Volk zertrümmert die bronzene Kolossalstatue des Papstes, ein Werk Michelangelos, das vor der Fassade des Doms aufgestellt war. Aus den Bruchstücken läßt Alfonso d'Este eine Kanone gießen, die er stolz *La Giulia* nennt. Erfreut erfährt Lucrezia von der Rückeroberung Modenas und anderer Städte, die ihrem Herzogtum entrissen worden waren. Ostern 1512 scheint der militärische Erfolg endgültig: Gaston de Foix, der 22jährige Neffe des französischen Königs, siegt in Ravenna über die Spanier und die Päpstlichen. Der Sieg wird jedoch teuer mit Menschenleben erkauft. Zehntausend Gefallene sind zu beklagen, darunter auch der junge Gaston de Foix selbst.

Lucrezia wird in Ferrara immer häufiger mit den Regierungsgeschäften betraut. Anfang 1513 muß sie zudem die Verteidigung der Stadt übernehmen, als sich Alfonso nach Rom begibt. Nach einer Mission des Dichters Ludovico Ariosto und durch die Vermittlung der Colonna hofft Alfonso, daß Julius den Kirchenbann wieder aufheben wird, den er über ihn verhängt hat. Aber Julius II. hat Alfonso in die Falle gelockt. Der Papst stellt harte Bedingungen für die Aufhebung des Bannfluchs: Alfonso soll als Herrscher Ferraras abdanken, alle seine Rechte und die Rechte der Kinder Lucrezias an den Heiligen Stuhl abtreten und bis zu seinem Tode im Städtchen Asti in der Lombardei im Exil bleiben. Bis zu seiner Antwort soll Alfonso Julius' Gefangener bleiben. Fabrizio Colonna hatte Alfonso sein Ehrenwort gegeben, daß er unbeschadet nach Rom kommen könne. Deshalb verhilft er ihm zur Flucht aus dem Gefängnis. Verkleidet als Prospero Colonnas Koch, schlägt sich Alfonso durch das feindliche päpstliche Territorium und kehrt schleunigst nach Ferrara zurück. Als er dort eintrifft, ist seine Hauptstadt vom Feind umzingelt. Dem gesamten ferraresischen Territorium droht die Besetzung durch venezianische Truppen. Lucrezia hält in der Stadt die Ordnung aufrecht und stärkt die Kampfmoral. Aber die Bedrohung wird leicht abgewendet, weil sich Alfonso mit den Venezianern aussöhnt.

Ferrara hat das große Glück, daß Julius II. am 21. Februar 1513 stirbt. Das Herzogspaar, mehr denn je durch gemeinsame schlimme Erfahrungen geeint, läßt in den Kirchen Dankgottesdienste halten. Papst Leo X. versöhnt sich mit Ferrara und Mantua. Als Privatsekretär steht Pietro Bembo, Lucrezias früherer Freund, in Rom in Leos Diensten. Gerüchten zufolge soll Bembo bald die Macht eines Vizekönigs verliehen werden. Er wird zum Kardinal ernannt, was ihn allerdings nicht hindert, weiterhin der Venus zu opfern. Nachdem Bembo zu Damen mit poetischen Namen wie Aurora und Topas Liebesbeziehungen unterhalten hatte, wird er die Genueserin Morosina heiraten, die ihm drei Söhne schenkt.

Nach vier harten Jahren kehrt wieder Frieden in Ferrara ein. Lucrezia hatte in der schlimmen Zeit tapfer für ihr Herzogtum gekämpft. Vielleicht lächelte sie über die erfreulichen Neuigkeiten aus Rom und erinnerte sich an die einstige Leidenschaft des venezianischen Dichters. Sie selbst hat sich stark verändert. Durch die schlimmen Erfahrungen gereift, beginnt sie ein gottgefälliges Leben zu führen. Unter ihren bestickten Blusen trägt sie das Büßerhemd und verzichtet auf dekolletierte Kleider. Während der Mahlzeiten läßt sie sich aus geistlichen Werken vorlesen, und sie besucht regelmäßig die Kirchen Ferraras. Sie wurde in den dritten Orden des heiligen Franziskus aufgenommen und hat auch die Markgräfin von Mantua dazu bewogen, ihm beizutreten. In regelmäßigen Abständen trägt Lucrezia dennoch weiterhin Kinder aus. 1516 ist sie 36 Jahre alt. In vierzehn Ehejahren hat sie Herzog Alfonso vier Knaben und ein Mädchen geboren, wobei einer der Knaben sehr früh starb. Sie erwartet bereits das fünfte Kind. Außerdem hatte sie zahlreiche Fehlgeburten erlitten. Trotz aller Erschöpfung hat ihre Schönheit nicht gelitten, wenn man der Lobrede glauben darf, die Ludovico Ariosto in seinen 1515 veröffentlichten *Rasenden Roland* einfügt: «Mit ihrer einzigartigen Schönheit, mit ihrer großen Klugheit übertrifft sie jede Vollkommenheit.»

Lucrezia führt nun ein zufriedenes Leben. Dazu tragen auch die jüngsten außenpolitischen Erfolge Ferraras bei. König Franz I., der Sieger von Marignan, beschützt ihr Herzogtum bestens gegen Angriffe. Als Papst Leo X. 1518 die Este aus Ferrara vertreiben will, genügt es, daß sich Herzog Alfonso nach Paris begibt, um die Gefahr zu bannen. Abgesehen davon behandelt der Pontifex Lucrezias Mutter Vannozza Cattanei, die noch immer in Rom lebt, mit großem Respekt.

Vannozza Cattaneis Tod

Die einstige Mätresse Alexanders VI. ist inzwischen 77 Jahre alt und mehrt noch immer ihre Besitztümer in der heiligen Stadt. Die Vermietung ihrer zahlreichen Häuser, die Erträge aus ihren drei Herbergen – *Der Löwe, Die Kuh* und *Der Adler* – im Zentrum Roms und die Einkünfte aus ihren Schafherden, die in der nahegelegenen Campagna weiden, verschaffen ihr ein bequemes Auskommen. Mit ihren Kindern steht sie noch in engem Kontakt, natürlich mit Lucrezia, aber auch mit Jofré, der sich nach dem Tod Sancias 1506 in Neapel mit Maria de Mila von Aragón, einer seiner Cousinen, wieder verheiratet hat. Da Vannozza nicht schreiben kann, diktiert sie ihre Briefe einem Sekretär, der eher ein Krämer als ein Diplomat ist; der trockene und spröde Stil seiner Sendschreiben macht dies deutlich. Die meisten Briefe Vannozzas sind allerdings Bittschriften. So bittet die alte Dame Lucrezia, Kardinal Ippolito möge dem Nachkommen von Agapito Gerardi, dem einstigen Sekretär des Valentinus, Benefizien in seiner Diözese Capua verleihen. Zum Dank schickt sie dem Kardinal zwei antike Statuen, die auf einem ihrer römischen Weinberge ausgegraben wurden. Sie wendet sich ein weiteres Mal an Lucrezia und bittet darum, daß Herzog Alfonso sich beim Herzog von Mailand dafür einsetzen soll, einen gewissen Paolo zum Schweigen zu bringen, der Vannozza schmäht und verleumdet.

Vannozza stirbt als hoch verehrte Frau am 26. November 1518. Ihre Güter vermacht sie frommen Stiftungen, dem Hospital S. Salvatore Laterano und bedürftigen Kindern. Sie wird in der Kirche Sa. Maria del Popolo feierlich beigesetzt. Leo X. läßt ihr Ehrungen zuteil werden, die sonst Kardinälen vorbehalten sind.

LUCREZIAS ENDE

Lucrezia kann nicht an der Beisetzung ihrer Mutter in Rom teilnehmen. Ihre Kinder halten sie in Ferrara zurück. Alfonso ist nach Paris abgereist und hat den «Infans Romanus» Giovanni, den Herzog von Nepi, dorthin mitgenommen. Wie Lucrezia den Tod ihrer Mutter aufgenommen hat, ist nicht bekannt; vermutlich abgeklärt und gleichmütig. Am 29. März 1519, nur kurze Zeit nach Vannozza, stirbt auch Francesco Gonzaga. Die Syphilis hatte ihn schließlich aufgezehrt. Lucrezia kondoliert Isabella d'Este mit einem teilnahmsvollen Brief. Sie empfiehlt ihr den Glauben als Heilmittel für den furchtbaren Verlust: «Es hat Gott gefallen, es so kommen zu lassen. Es ist unsere Pflicht, uns in seinen Ratschluß zu fügen.»

Im Frühjahr 1519 kehrt Alfonso nach Ferrara zurück und findet seine Frau in sehr schlechter Verfassung vor. Lucrezia ist eine verbrauchte Frau, ihr Gesicht ist blaß, und ihre Augen sind umrändert. An der Schwelle zu ihrem vierzigsten Lebensjahr ist sie wieder schwanger, zum elftenmal, die Fehlgeburten mitgerechnet. Es gibt Komplikationen. Um Lucrezia aufzumuntern, berichtet ihr Alfonso, was man am französischen Hof über sie redet. Den Franzosen zufolge verfüge die Herzogin von Ferrara über allerlei Qualitäten, mit denen die hochmütige Markgräfin von Mantua nicht mithalten könne! Aber die Kranke ist zu keinem Lächeln zu bewegen. Sie hütet fast den ganzen Tag das Bett. Die Ärzte Palmarino und Bonaciolo wollen die Geburt vorzeitig einleiten, damit Lucrezia nicht unnötig lange leidet. Bald stellen sich die Wehen ein. Am 14. Juni wird ein schwächliches Mädchen geboren. Es bleibt kaum die Zeit, es auf den Namen Isabella-

Maria zu taufen. Es stirbt am Tag der Geburt. Lucrezia bekommt Kindbettfieber. Nach tagelangen Bemühungen geben die Ärzte alle Hoffnung auf. Im Verlauf der letzten beiden Jahre führte Lucrezia ein demütiges Leben, legte täglich die Beichte ab und empfing drei- bis viermal im Monat die Kommunion. Für ihr Seelenheil läßt sie Papst Leo X. um vollkommenen Ablaß bitten. Ihre Todeserwartung kommt in dem Brief zum Ausdruck, den die herzogliche Kanzlei in ihrem Namen nach Rom schickt: «Ich muß der Natur ihren Tribut leisten. Durch eine große Gunst des gnädigsten Schöpfers weiß ich, daß mein Lebensende nahe ist und daß ich in einigen Stunden erlöst sein werde.» Die Herzogin stirbt in der Nacht vom 24. Juni, nachdem sie demütig die Letzte Ölung empfangen hat. Alfonso wacht an ihrem Sterbebett. Angsterfüllt hält er ihr die Hand und zeigt sich nach siebzehn häufig turbulenten Ehejahren als vom Kummer gebeugter Ehemann. Er vertraut sich seinem Neffen, dem jungen Markgrafen von Mantua, an: «Es hat unserem Herrgott gefallen, die Seele der erlauchtesten Herzogin, unserer geliebten Gattin, zu sich zu rufen ... Ich vermag diese Zeilen nicht zu schreiben, ohne dabei Tränen zu vergießen, so leidvoll ist mir die Trennung von meiner so teuren wie lieben Gefährtin; denn sie war mir teuer und lieb ob ihrer Tugend und Zärtlichkeit, in der wir innig miteinander verbunden waren.»

Alfonso führt den Trauerzug in die Kirche *Corpus Domini* an, wo Lucrezia in der Herzogsgruft neben Eleonora, der Frau Ercoles I., beigesetzt wird. Der körperlich kräftige Herzog findet sich jedoch nicht mit einem einsamen Leben ab. Kaum ist das Grab geschlossen, findet er Trost in den Armen seiner Mätresse, der schönen Laura Dianti. Laura ist die Tochter eines ferraresischen Wollhändlers.

Lucrezia gerät mit der Zeit in Vergessenheit. In ihren Kindern lebt dennoch etwas von ihr fort. Herzog Ercole II. ist mit Renée von Frankreich, der Tochter Ludwigs XII., verheiratet. Seine Tochter Anna d'Este wird Ahnherrin des Herzogs Heinrich von Guise. Guise, der Fürst der Liga, entreißt sechzig Jahre später Heinrich III. beinahe den Thron von Frankreich. Kardinal Ippolito II., der Erbauer der berühmten Villa d'Este in Tivoli, einem Meisterwerk unter den italienischen Palästen, ist einer der glanzvollsten Kunstförderer der Renaissance. Ercole und Ippolito kennzeichnet nicht nur der dünkelhafte Stolz der Este, sie sind auch stets den Schönheiten der Welt zugetan. So verhelfen sie nach dem Vorbild der berühmten Lucrezia und ihrer Vorfahren, den Borgias, ihrer Familie zu Glanz.

KAPITEL III

EIN TRIUMPH IM HIMMEL

In Italien führen Lucrezias Kinder unter dem Namen Este von Ferrara die Tradition mondänen Glanzes der Borgias fort. Dagegen wird der spanische Zweig des Geschlechtes durch eine wundersame Wendung gleichsam zum Vorbild christlicher Tugenden. Aber die Geschichte der spanischen Borgias (oder Borjas) ist auch ein musterhaftes Beispiel für eine führende Adelsfamilie in der beginnenden Neuzeit.

DAS ANDENKEN AN DEN ERMORDETEN HERZOG

Die Witwe des ermordeten Herzogs von Gandia, Doña Maria Enriquez, eine vollbürtige Cousine des Königs Ferdinand von Aragón, führte nach dem Tod ihres Mannes ein gottgefälliges Leben. Auf ihre Bitte hin erhob der Papst, ihr Schwiegervater, die große Kirche unterhalb ihres Herzogsschlosses zur Stiftskirche. Zwischen 1499, als die Erhebungsbulle ausgestellt wurde, und 1507 verwandelte die Herzogin das Gotteshaus in ein christliches Mausoleum für die Borgias. Dem Mittelschiff, das bereits fünf Joche lang war, ließ Doña Maria fünf weitere anfügen, in denen der Chor für die Stiftsherren untergebracht wurde. Den Türsturz an der Fassadenseite schmückte das Wappen der Borgias und der Enriquez. Auch im Inneren der Kirche prangte auf Friesen und den Schlußsteinen der Gewölbe der Stier der Borgias und die Doppelkrone mit den fünf Strahlen, identisch mit jenen in den vatikanischen Gemächern. Über dem Wappen Alexanders VI. schwebte die Tiara.

Der Papst ließ die Stiftskirche mit einer stattlichen Anzahl von Reliquien ausstatten. Die erlesensten wurden in einer kostbaren Monstranz verwahrt, einem silbernen, mit Vergoldungen und Emailmalereien versehenen kunstvollen Schrein, auf dem sich Putten, musizierende Kinder und Delphine tummelten: In einer Kristallscheibe lag ein Dorn der Krone Christi zwischen einem Stück Gewand des Heilands und einigen Fasern seines Leichentuchs. Man mochte darin eine leise Anspielung auf den tragischen Tod des Herzogs von Gandia sehen, wie auch in einem weiteren kostbaren Reliquienschrein, der ein Stück des Kreuzes enthielt. Als weitere Reliquien wurden in der Kirche eine versilberte Hand der heiligen Anna und eine der heiligen Martina verwahrt, ein Daumen des heiligen Erasmus, ein büstenförmiges Reliquiar des heiligen Sebastian und schließlich ein vergoldetes Silberdiptychon mit 22 Fächern, gefüllt mit Reliquien verschiedener Seliger.

Abgesehen von den Reliquien, die der Papst dieser Kirche vermacht hatte, ließ sie Doña Maria mit einem prächtigen Altarretabel für den Chor ausstatten. Das Retabel bestand aus sieben um eine Madonnenstatue angeordneten Einzelgemälden, Darstellungen der sieben Freuden Mariä. Die Darstellung der letzten und größten Freude, der des Todes, der Einlaß ins Paradies gewährt, erhob sich direkt über dem Marienstandbild. Zehn große Statuen schmücken den Altar. Johannes der Täufer und Johannes der Evangelist ähnelten dem ermordeten Herzog Juan und seinem Sohn. Der heilige Sebastian, einer der Schutzheiligen der Borgias, und der heilige Calixtus hielten das Andenken des ersten Papstes in der Familie hoch. Die Herzogin hatte die besten Künstler engagiert – den valencianischen Bildhauer Damian Forment und den Maler Paolo da San Leocadio, der aus einem Dorf in der Nachbarschaft von Reggio nell'Emilia stammte. Doña Maria hatte sich das Altarretabel einiges kosten lassen. Allein für die Arbeiten des Malers gab sie die beachtliche Summe von 60 000 valencianischen Sueldos aus. 1507 gab Doña Maria beim selben Maler zwei weitere Retabel in Auftrag. Sie waren für die Klosterkirche der Armen Klarissen bestimmt. Die Herzogin wollte sich in späteren Jahren in das Kloster zurückziehen.

Auch für das Oratorium in ihrem Schloß ließ Doña Maria Bilder mit frommen Motiven anfertigen. Vermutlich gehörte zu ihnen auch jenes Gemälde, das heute im Kolleg des Patriarchen in Valencia hängt und Marias Fürsprache für das Opfer eines Attentates darstellt: Umgeben vom heiligen Dominikus und der heiligen Katharina von Siena, überragt die Madonna die drei Borgia-Brüder: Herzog Juan, Cesare und Jofré. Die Herzogin mag das Werk in Auftrag gegeben haben, als Cesare Borgia bereits in Gefangenschaft war und sie seine Verurteilung für den Mord an seinem Bruder anstrengte.

Vermutlich ist der Herzog von Gandia der mit Rosen zum Auserwählten Gekrönte, der die rote Märtyrerrose der Heiligen Jungfrau reicht. Hinter ihm holt sein Mörder mit entschlossener, wilder Miene mit einem langen Dolch zum Stoß aus. Auf dem Boden neben Juan liegt sein Herzogsbarett. Ein jugendlicher, aber doch reifer Mann mit Bart ist gegenüber von Juan im Profil dargestellt. Seine Gesichtszüge ähneln stark denen auf Cesares Porträt in der Illustration der *Eloge des hommes illustres,* der französischen Ausgabe der «Elogen» von Paolo Giovio. Der Bärtige hält seinen Degen gesenkt, gleichsam die Geste der Reue über einen Mord, den er veranlaßt hat. Der junge Mann hinter ihm – Jofré – symbolisiert vermutlich einen Zeugen der Anklage. Möglicherweise war das Gemälde bereits fertiggestellt, als der Valentinus aus seiner Gefangenschaft flüchtete. Die Herzogin führte den bedeutungslosen Prozeß gegen Cesare nicht weiter und zog sich statt dessen schon im Alter von 28 Jahren von der Welt zurück. Sie verließ ihr Schloß in Gandia selten, in jener Stadt, die wie die Hauptstadt zu einer Art Königreich zwischen der Sierra und dem Meer anmutete. Die italienischen Güter ihres Gatten hatte Doña Maria allesamt verkauft und, wie behauptet wird, 82 000 Golddukaten dafür bekommen. Über ihr Vermögen, zu dem noch die beträchtlichen Einkünfte aus ihren durch maurische Bauern bestens kultivierten Ländereien hinzukamen, konnte fast vollständig ihr Sohn verfügen. Tatsächlich nahm Doña Maria wie vorgesehen bei der Hochzeit Juans den Schleier. Sie zog sich ins Kloster der Armen Klarissen von Gandia zurück, wo sie 1537 unter dem Namen Maria Gabriele starb. Ihre Tochter Isabella hatte den Schleier bereits vor ihr genommen. Im Alter von achtzehn Jahren war sie dem Herzog von Segovia versprochen worden, hatte ihr Verlöbnis jedoch aufgelöst und die Ordensgelübde unter dem Namen Schwester Francisca de Jesús abgelegt.

JUAN II., DER DRITTE HERZOG VON GANDIA

Auch der Herzog von Gandia, der dritte inzwischen, war streng gläubig. Er verehrte das Altarsakrament so sehr, daß er jedem Priester folgte, den er einem Kranken die Eucharistie bringen sah. Er nahm dann an der Kommunion des Kranken teil und spendete ihm Trost. Juan fühlte sich zudem verpflichtet, auf seinen Ländereien missionarisch tätig zu werden. Seine Gebiete waren mit Bauern bevölkert, die nach wie vor am Islam festhielten und die es von der Überlegenheit des christlichen Glaubens zu überzeugen galt. Aber Juans missionarische Bemühungen entsprangen seiner aufrichtigen Überzeugung. Als er vierzehn Jahre alt war, hatte ihn König Ferdinand mit Doña Juana von Aragón verheiratet, um damit zu verhindern, daß er dem weltlichen Leben entsagte und sein Herzogtum verließ. Doña Juana war die Tochter von Ferdinands natürlichem Sohn Alonso. Diesem war vom König das Erzbistum Saragossa verliehen worden. Als Prälat von geringem Glaubenseifer hatte er nur ein einziges Mal, am Tag seiner Priesterweihe, die Messe gelesen. Wie die Bischöfe aus dem Hause Borgia gab er sich weltlichen Vergnügungen hin und war um die Zukunft seiner Kinder besorgt. Seine Söhne hatte er in den geistlichen Stand eintreten lassen: Zwei von ihnen, zunächst Juan und dann Ferdinando, sollten ihm auf den Bischofssitz von Saragossa folgen.

Aus der Ehe von Juan von Gandia und der Bastardtochter des Erzbischofs – der natürlichen Enkelin König Ferdinands – gingen zahlreiche Kinder hervor. Ein Jahr nach der Hochzeit, am 28. Oktober 1510, wurde ihr erstes Kind geboren. Da seine Mutter zur Linderung der Schmerzen bei der Geburt Franz von Assisi angerufen hatte, taufte das Ehepaar das Kind dem Heiligen zu Ehren Francisco. Sechs weitere Geschwister folgten so rasch aufeinander, daß die junge Mutter bald darauf starb. Juan von Gandia heiratete gleich darauf eine Großadelige, Doña Francisca de Castro y Piños. Francisca gebar dem Herzog von Gandia sieben weitere Kinder. Der fromme Juan II. mußte schließlich die Kirche bitten, sich eines Teiles seiner Sprößlinge anzunehmen. Während der älteste seiner Söhne die Herzogskrone erben, ein anderer Vizekönig von Katalonien werden und ein dritter früh sterben sollte, schlugen fünf seiner Söhne erfolgreich die geistliche Laufbahn ein: zwei als Kardinäle, einer als Abt und ein weiterer als Erzbischof von Saragossa, womit sie ihrem Großvater und ihren beiden Onkeln mütterlicherseits nachfolgten. Ein weiterer Sohn schließlich wurde Großmeister des Ritterordens Santa Maria de Montesa. Vier von Juans Töchtern heirateten spanische Granden, zwei wurden Äbtissinnen, eine in Madrid im «königlichen Kloster» der Unbeschuhten Karmeliterinnen, die andere in Gandia, im Kloster der Armen Klarissen, in das sich ihre Großmutter und ihre Tante zurückgezogen hatten.

DIE FROMME JUGEND DES FRANCISCO VON GANDIA

Francisco, der Erbe des Herzogtums, legte schon sehr früh einen so überschwenglichen Glaubenseifer an den Tag, daß er selbst seinen frommen Eltern damit Kummer bereitete. Wie sein Vater klagte, der ihm doch beispielhaft vorangegangen war, verhielt sich Francisco eher wie ein Priester als wie ein *caballero*. Seine Mutter, die Tochter des Erzbischofs, tadelte ihn sogar für seine religiöse Inbrunst. Sie hielt ihm ständig vor, sie habe den Himmel um einen Herzog und nicht um einen Mönch gebeten. Francisco war noch keine zehn Jahre alt, als seine Mutter starb. Herzog Juan war über den Tod seiner Frau verzweifelt, denn er hielt ihn für die Strafe Gottes. Er zog sich in seine Kammer zurück und tat Buße, indem er sich geißelte.

Kurz darauf setzten die politischen Ereignisse dem beschaulichen Leben im Schloß von Gandia ein Ende. Erzherzog Karl, der Sohn Johannas der Wahnsinnigen und des verstorbenen Philipp von Österreich, war zum König von Kastilien proklamiert worden, der Form halber zusammen mit seiner Mutter, und war daraufhin seinem Großvater Ferdinand von Aragón auf den spanischen Thron gefolgt. Ferdinand war 1516 gestorben. Um sich 1519 unter dem Namen Karl V. zum Kaiser wählen zu lassen, mußte Karl nach Deutschland reisen. Er überließ das Land seinen flämischen Ministern, gegen die sich die Spanier in den berühmten Revolten der *Comuneros* in Kastilien und der *Germanias* im Königreich Valencia auflehnten. In der Gegend um Gandia und Játiva wurden heftige Gefechte ausgetragen. Herzog Juan mußte sein Schloß verlassen und sich mit seiner Familie nach Peñiscola flüchten. Von dort aus floh er zu Pferd nach Saragossa zu seinem Schwager Juan. Sein Schwager war dort nach seinem Vater Alonso Erzbischof geworden.

Der verwitwete Herzog wollte ein weiteres Mal heiraten und beauftragte den Erzbischof, sich um die Erziehung seines ältesten Sohnes zu kümmern. Drei Jahre lang wurde Francisco humanistisch und militärisch ausgebildet. Das Kind lebte in einer fürstlichen Residenz mit zahlreichen Dienern in der aragonesischen Hauptstadt, wie es seinem Rang als Cousin des Herrschers entsprach. Um noch deutlicher zu machen, daß Francisco mit dem Königshaus verwandt war, schickte man ihn zu seiner Urgroßmutter Maria de Luna, der Witwe von Enrique Enriquez, dem Kommandanten von León. Die alte Dame lebte zurückgezogen weit im Süden, in der reichen Stadt Baeza im Königreich Granada. In ihrem Palast hatte sie etliche Nonnen aus ihrer Familie aufgenommen, die Gandia wegen der Unruhen vorübergehend verlassen hatten. Schon kurz nach seiner Ankunft wurde Francisco schwer krank. Während der sechs Monate, die er ans Bett gefesselt war, wurde die Gegend von einer Reihe von Erdstößen erschüttert. Francisco wurde aus der Stadt gebracht und mußte vier Tage in einer Sänfte auf den Feldern schlafen. So hatte er Gelegenheit, über die Hinfälligkeit des menschlichen Daseins nachzudenken. Aber Francisco war inzwischen dreizehn Jahre alt, und es entsprach nicht den Sitten der Zeit, ihn in diesem Alter als Erben eines Herzogtums lange studieren oder zurückgezogen leben zu lassen. So schickte man ihn an den königlichen Hof, wo er als Page Dienst tun sollte. Francisco siedelte nach Tordesillas über, wo sich Johanna die Wahnsinnige in ihrem Schloß mit den sterblichen Überresten ihres Gatten eingeschlossen hatte. Der Pagendienst in Tordesillas brachte entgegen allem Anschein keine Entbehrungen mit sich. Man entfaltete am

Hofe der Herrscherin nach wie vor allen königlichen Prunk. Das politische Geschehen und die Intrigen waren allerdings nur als Abglanz in Tordesillas zu Hause, da in Wirklichkeit Karl V., der Sohn der Herrscherin, regierte.

Der ruhige Palast war noch wie der in Gandia mit den bunten Ornamenten der Mauren geschmückt, und inmitten seiner rauschenden Fontänen und blühenden Patios wurde Francisco nur mit der Schwermut der umnachteten Königin und der Sorglosigkeit ihrer Tochter Katharina konfrontiert. Für zwei Jahre konnte Francisco so alle familiären Sorgen vergessen. In Gesellschaft der jungen Prinzessin überwand er ein Gutteil seiner religiösen Überspanntheit. 1525 mußte Katharina jedoch das Königreich verlassen, als sie den portugiesischen König Johann III. heiratete. Der fünfzehnjährige Page Francisco durfte seiner Herrin nicht folgen. Sein Vater verbot ihm, spanischen Boden zu verlassen. 1520 hatte Karl V. den Herzog von Gandia in die Liste der zwanzig ersten Granden seines Landes eingetragen. Diese Ehre war mit dem großen Privileg verbunden, vor dem König den Hut nicht abnehmen zu müssen und sich mit ihm wie mit einem nahen Verwandten unterhalten zu dürfen. Herzog Juan wollte seinen ältesten Sohn nach dem kurzen Intermezzo in Tordesillas, das er als eine Art Ferienaufenthalt ansah, wieder studieren lassen. Später sollte Francisco ein gehobenes Amt im Staat ausüben. So wurde er von seinem Vater gezwungen, zu seinem Vormund, dem Erzbischof, nach Saragossa zurückzukehren. Francisco blieb dort bis zu seinem siebzehnten Lebensjahr und studierte Rhetorik und Philosophie.

FRANCISCO VON GANDIA AM HOF
ERSTE BEGEGNUNG MIT LOYOLA

Aus dem jungen Francisco war inzwischen ein vollendeter Hofmann geworden. Er war ein vorzüglicher Reiter, ein geübter Jäger und ein erfolgreicher Kämpfer in den Turnieren geworden, der zudem besser als jeder andere in der Arena beim Stierkampf glänzte. Von seinen Altersgenossen unterschied sich Francisco nur durch seine ungewöhnliche Bescheidenheit, seine Zurückhaltung gegenüber den Frauen und seinen Abscheu vor leichtlebigen Liebschaften und Glücksspielen.

Franciscos – für einen Borgia merkwürdiges – Verhalten ging zum einen sicherlich auf die frömmelnde Erziehung in früher Kindheit zurück, zum anderen aber auch darauf, daß man ihm vom lasterhaften Hofleben in Rom erzählt hatte. Sein Dienstherr Karl V. lag damals gerade im Krieg mit Papst Klemens VII., und es gehörte zum guten Ton, die Zügellosigkeit der Römer anzuklagen und dabei an die Zeiten Alexanders VI. zu erinnern.

Francisco von Gandia war erschreckt, als er erfuhr, daß sein König an der Ewigen Stadt gewissermaßen göttliche Rache übte. In Jahre 1527 hatten die Soldaten Karls V. Rom gestürmt. Viele von ihnen hatten sich der neuen Glaubenslehre Luthers angeschlossen und straften nun den als Antichristen betrachteten Papst. Im sogenannten *Sacco di Roma* wurden Kirchen geplündert, Priester ermordet und Nonnen vergewaltigt. Der Pontifex konnte sich nur retten, indem er sich rasch hinter die dicken Mauern der Engelsburg zurückzog. Die Ausschreitungen, ebenso schrecklich für die Opfer wie für den Täter – Kaiser Karl V., der die Christenheit eigentlich verteidigen sollte –, machte den jungen Francisco von Gandia zutiefst betroffen. Er gelangte im Innersten zur Überzeugung, die Verwerflichkeit der Welt und vor allem das Sündenregister seiner Familie hätten den *Sacco di Roma* verschuldet. Zufällig begegnete er dem Menschen, der ihm den entscheidenden Anstoß gab, sich später mit dem Himmel auszusöhnen.

In Begleitung junger Edelleute ritt Francisco durch Alcalá de Henarés, als er auf einen Mann aufmerksam wurde, der von den Schergen der Inquisition ins Gefängnis geschleppt wurde. Francisco hielt sein Pferd an, weil er sich den Mann näher ansehen wollte. Der Gesichtsausdruck des Mannes schien ihm wie erleuchtet. Er ließ sich seine Lebensgeschichte erzählen.

Ignatius von Loyola, ein baskischer Edelmann, war 1521 verwundet worden, als die Franzosen Pamplona belagerten. Eine schmerzhafte Operation an den Beinen hatte ihn zum Krüppel gemacht. Da er seinem König keine Dienste mehr leisten konnte, wollte er Gott dienen. Er lebte lange zurückgezogen in Manresa in Katalonien und schrieb dort eine Sammlung von Andachtsübungen, dank deren die Menschen durch Seelenschau und Selbstanalyse ihre Verfehlungen erkennen sollten. Die Sünder sollten mit Hilfe des Exerzitienbuches zur Gottesliebe vorstoßen. Zu seinen Andachtsübungen versammelte Loyola junge Studenten aus Alcalá. Aber wegen seiner Schrift und seinen Glaubenspraktiken – unter anderem einem Marienkult, der samstags gepflegt wurde und so verhängnisvollerweise an den jüdischen Sabbat erinnerte – war Loyola von der Inquisition verhaftet worden. Loyola hatte sich zudem verdächtig gemacht, weil Luther und zahlreiche Nachahmer in Spanien, die gegen die katholische Kirche aufbegehrten, ebenfalls den direkten Dialog des Menschen mit seinem Schöpfer vertraten.

Der Grund für die Verhaftung Loyolas mußte Francisco ergriffen haben. Die schreckliche Plünderung der Ewigen Stadt ließ ihn stets bei allem aufhorchen, das im entferntesten mit dem deutschen Glaubensreformator zu tun hatte. Anhänger Luthers hatten in Rom dem Kaiser gedient, als sie Rache am Papst genommen hatten.

Da er im höfischen Dienst stets beschäftigt war, vergaß der junge Francisco bald seine Verunsicherung in Glaubensdingen. Den seltsamen Eremiten verlor er bald aus den Augen. Ignatius von Loyola wurde in Salamanca von der Inquisition wieder freigelassen. Er zog sich bald nach Frankreich zurück und gründete dort eine religiöse Gruppe – die Keimzelle des mächtigen Jesuitenordens.

KAISERLICHE GNADE FÜR DAS JUNGE PAAR VON LOMBAY

Der spanische Hof hatte inzwischen eine neue Herrscherin. 1526 hatte Karl V. in Sevilla Prinzessin Isabella von Portugal geheiratet. Zur Zeit des *Sacco di Roma* kam in Valladolid Philipp zur Welt, der Erstgeborene des Paares. Karl ließ seinen Sohn in Madrid und dann in Monzon zum Thronerben der Königreiche Kastilien und Aragón proklamieren. Francisco von Gandia zog stets mit dem Hof mit und war dort wegen seiner glänzenden Erscheinung Eleonore de Castro aufgefallen. Eleonore stammte aus einer großen portugiesischen Adelsfamilie. Das junge Mädchen war eine der Hofdamen der Kaiserin-Königin und betreute in dieser Eigenschaft die Garderobe der Herrscherin. Als am 29. Juni 1529 zwischen dem Kaiser und dem Heiligen Stuhl mit dem Vertrag von Barcelona wieder Frieden geschlossen wurde, verabschiedete sich Karl von seiner Gattin Isabella, um sich in Bologna von Klemens VII. zum Kaiser krönen zu lassen. Anschließend wollte er nach Deutschland reisen, um dort den Glaubenskonflikt zu lösen. Vor seiner Abreise schlug die Kaiserin-Königin Karl vor, den jungen Borgia mit ihrer Hofdame Eleonore zu verheiraten. Man überging die Vorbehalte von Franciscos Vater, der seinen Sohn keiner Ausländerin zum Mann geben wollte. Aufrichtig in Eleonore von Castro verliebt, rät Francisco Karl V., den alten bärbeißigen und frömmelnden Herzog an seinen Hof zu beordern. Mit dieser Taktik sollte dem Herzog die Zustimmung zu der Ehe abgerungen werden. Franciscos Vater hätte sich zu allem bereit erklärt, wenn er sein Leben nur nicht wieder unter den Höflingen zubringen mußte. Juan II. willigte nach der Aufforderung des Kaisers unverzüglich in die Heirat ein.

Der Kaiser stattete die Braut persönlich mit einer Mitgift aus. Er erhob den zukünftigen Gatten zum Markgrafen von Lombay und ernannte ihn zum Oberjägermeister. Von der Kaiserin wurde Francisco zudem zum kaiserlichen Oberstallmeister berufen. Damit begann eine glückliche Ehe, aus der in acht Jahren fünf Söhne und drei Töchter hervorgingen. Die Jungvermählten wurden zu den engsten Vertrauten des Kaiserpaares. Isabella hatte vor der Markgräfin und ihrem Gatten keinerlei Geheimnisse. Vermutlich zog sie beide sogar zu Rate, als ihr Mann abwesend war und sie von den erbärmlichen Bedingungen erfuhr, unter denen die kleinen französischen Prinzen, der Dauphin und sein Bruder Henri, gefangen gehalten wurden. Franz I. hatte beide Karl V. als Geiseln ausliefern müssen. Isabella entnahm ihrer Privatschatulle die beträchtliche Summe von 2000 Dukaten und schickte sie dem Kastellan der Festung Pedrazza de la Sierra, um das Los der beiden Geiseln zu erleichtern.

Damit der Markgraf von Lombay seinen Obliegenheiten leichter nachkommen konnte, hatte ihm Karl V. zu jeder Tages- und Nachtzeit Zutritt zu den königlichen Privatgemächern gewährt. Francisco zog sich nach seiner Heirat nicht ins Familienleben zurück. Er folgte seinem Dienstherrn in den Krieg und schlug sich tapfer. 1535 nahm er an der Eroberung von Tunis und La Goulette teil, wo er lange Zeit an Quartanfieber litt und bettlägerig war. Im Juli zog Francisco mit Karl in der Provence gegen die Franzosen. Die Unternehmung wurde zum Desaster. Nach zwei Monaten mußten die Kaiserlichen den Rückzug antreten. Heldenmütig setzte Francisco sein Leben aufs Spiel, um den Dichter Garcilaso de La Vega in Sicherheit zu bringen. Garcilaso erlag jedoch den Wunden, die er beim Sturm auf die Festung May bei Fréjus erlitten hatte.

Während der zahllosen Visiten Karls V. in seinen Staaten leisteten der Markgraf von Lombay und seine Frau der Kaiserin-Königin Gesellschaft. Als begeisterter Musikliebhaber komponierte Francisco allerlei Stücke, darunter Motetten, die später durchaus zu Anerkennung gelangen und in Kirchen aufgeführt werden sollten. Als Oberjägermeister beschäftigte er sich mit Vogelstellen und konnte seine Kenntnisse in der Falknerei zur Geltung bringen. Trotz allem fand er noch Zeit, seinen Studien nachzugehen. Karl V. hatte während seiner Feldzüge entdeckt, wie notwendig Mathematik, Astronomie und Kosmographie waren. So bat er den berühmten Alonso de Santa Cruz, ihn in diesen Fächern und in der Uhrmacherkunst zu unterrichten, in der dieser Gelehrte besonders bewandert war. Aber da der Kaiser kaum Freizeit hatte, bekam Francisco von Lombay an seiner Stelle Unterricht und gab das erworbene Wissen an seinen Dienstherrn weiter. Der Markgraf gab sich den Studien vollkommen hin. Die geistige Anspannung forderte schließlich ihren Tribut. Er überarbeitete sich so sehr, daß er für einige Zeit nicht einmal mehr sprechen konnte. Während Francisco kränkelte, starb im Kloster der Armen Klarissen von Gandia seine Großmutter, Schwester Maria Gabriele, kurz bevor sein Bruder Rodrigo zum Kardinal ernannt wurde. Erneut wurde Don Franciscos weltliches Glück durch leidvolle Erfahrungen getrübt, die ihm als Wink des Himmels erschienen.

Nach dem Waffenstillstand von Nizza mit Papst Paul III. und der kurzen Begegnung zwischen Aigues-Mortes mit Franz I. schien das Schreckgespenst eines europäischen Krieges vorerst gebannt. Karl V. versammelte die Cortes in Toledo, um sich Subsidien zu verschaffen. Das Leben am Hof von Kastilien war glanzvoller denn je. In der Stadt am Tajo wetteiferten Adelige und Prälaten miteinander bei der Prachtentfaltung ihrer Höfe. Von Oktober 1538 bis Februar 1539 waren festliche Einzüge spanischer Granden und Empfänge an der Tagesordnung. Kaiserin Isabella, durch ihre fünfte Schwangerschaft inzwischen stark geschwächt, nahm an den Festlichkeiten teil, obwohl es ihr täglich schlechter ging. Eleonore und ihr Gatte bemühten sich vergeblich um die leidende Kaiserin. Isabella starb am 1. Mai nach einer Fehlgeburt.

Karl V. war durch den Tod seiner Gemahlin tief erschüttert und zog sich in die Einsamkeit des Hieronymitenklosters Sisla zurück. Zuvor hatte er seine Befehle erteilt. Der Markgraf von Lombay sollte mit seiner Frau den Leichnam Isabellas nach Granada überführen und ihn dort in der Königskapelle beisetzen lassen. Nach der Reconquista hatten die katholischen Könige die Kapelle zur Familiengruft bestimmt. Am 2. Mai wurde die sterbliche Hülle von einer Eskorte von Adeligen aus der Stadt geleitet. Man hatte den Leichnam rasch hergerichtet, bevor man ihn in einem Bleisarg einschloß. Die Markgräfin hatte ihrer toten Dienstherrin eigenhändig Festkleider angezogen. Der Leichenzug kam langsam voran, weil entlang der fünfhundert Kilometer langen Wegstrecke immer wieder Andachten gehalten wurden. Nach einem Monat gelangte der Zug schließlich nach Granada. Die Begleiter erwartete dort noch eine Formalität. Bevor der Klerus von Granada den Sarg in die Gruft hinabsenken konnte, mußten alle vor dem offenen Sarg bezeugen, daß es sich bei der Toten tatsächlich um die verstorbene Kaiserin handelte. Man öffnete ihn vor den städtischen Notaren, die eigens zusammengerufen worden waren. Aber inzwischen hatte bei der Toten die Verwesung eingesetzt, so daß ihre einst anmutigen Züge nicht mehr wiederzuerkennen waren. Den Betrachtern bot sich das grausige Bild einer unförmigen Masse, die bestialischen Gestank verströmte. So vermochte niemand im Trauerzug zu beschwören, daß es sich bei dem entstellten Leichnam tatsächlich um die Kaiserin handelte, die man zeitlebens ihres hübschen Gesichtes wegen bewundert hatte. Bezeugen konnte es lediglich Francisco. Auch er erkannte Isabella nicht wieder, hatte aber während der ganzen Reise den Sarg keinen Augenblick aus den Augen gelassen.

Beim grauenhaften Anblick des Todes faßte der Herzog einen festen

Entschluß. Da niemand auf der Welt diesem furchtbaren Ende entgehen konnte, wollte er sich von nun an in seinem Dasein auf das Jenseits vorbereiten, indem er dem einzigen Herrn diente, den ihm der Tod nicht entreißen konnte – dem Allmächtigen. Er legte deshalb einen Schwur ab: *Nunca mas servir a señor que se me pueda morir.* Einen Tag nach der Beisetzung wurde in der Kathedrale eine feierliche Leichenrede zum Begräbnis gehalten, die Francisco in seinem Entschluß noch bestärkte. Die Predigt hielt der Mystiker Juan d'Avila, der den Beinamen «Apostel von Andalusien» trug. D'Avila führte Isabellas Beispiel vor Augen, um die Eitelkeit höfischen Glanzes anzuprangern und alle Verirrten, die das Ziel irdischen Daseins aus den Augen verloren.

Francisco war jedoch zu realistisch und sich seiner familiären Pflichten zu sehr bewußt, als daß er sich sofort in ein Kloster zurückgezogen hätte. Als er in Toledo eintraf, bat er Karl V. lediglich, wieder nach Gandia zurückkehren zu dürfen. Aber der Kaiser hatte anderes mit ihm vor. Er zeigte Francisco seine Wertschätzung, indem er ihn zum Vizekönig von Katalonien ernannte.

VIZEKÖNIG VON KATALONIEN

Der gerade 29jährige Markgraf von Lombay wurde so in ein heikles Regierungsamt erhoben. Vier Jahre lang übte er es klug und tatkräftig aus, wie es sein Dienstherr von ihm erwartete. Karl V. hatte gerade jetzt dringend verläßliche Leute an der Spitze seiner Staaten nötig. Nachdem er sich mit Franz I. ausgesöhnt hatte, bat er den König um die Genehmigung, durch Frankreich nach Flandern ziehen zu können. Er wollte eine Strafexpedition gegen die Einwohner von Gent führen. Sie hatten sich gegen Maria von Ungarn, die Regentin der Niederlande, aufgelehnt und den ihnen auferlegten Jahrestribut verweigert. Am 7. Oktober 1539 schickte der französische König Karl eine offizielle Einladung nach Toledo. Als Karl sie erhielt, übertrug er dem damals zwölfjährigen Prinzen Philipp – dem zukünftigen Philipp II. – die Regentschaft über seine Königreiche. Francisco von Borgia übernahm die Regierungsgewalt in Katalonien.

Mit der Abreise des Kaisers war die Aufgabe des neuen Vizekönigs keineswegs leichter geworden. In der Provinz trieben zahllose Banden ihr Unwesen. Die Briganten warteten nur auf das Machtvakuum, um richtig loszuschlagen. Gegen sie mußte eine Art Guerillakrieg geführt werden. Als geeignetes Machtmittel unterstellte Karl Francisco von Borgia eine Komturei des Jakobsordens, des Militärordens *Santiago de la Espada*, und ernannte ihn zum Mitglied des Ordensrates. Der Rat bestand aus dreizehn

Hauptkommandeuren. Der Markgraf betrachtete sich ebenso als Diener Gottes wie als Diener des Kaisers. Seine Mission verstand er als eine Art Kreuzzug. Francisco verfolgte die Banditen bis in ihre Schlupfwinkel und ließ sie mit unerbittlicher Härte bestrafen – mit dem Tod oder den Galeeren. «Das Land», schrieb er an Karl, «braucht eher Züchtigung als Gnade.» Und in einem anderen Brief: «Die berüchtigtsten sechs habe ich gleich aufknüpfen lassen. Bei den anderen geht das Verfahren seinen gewohnten Gang: Wer besonders glimpflich davonkommt, verbringt den Rest seines Lebens auf den Galeeren!» Aber vor jeder Hinrichtung gab er den Verurteilten einen Geistlichen zum Beistand. Nach ihrem Tod ließ er dreißig Seelenmessen für sie lesen. Er ging mit ähnlich unerbittlicher Härte vor wie die Inquisition, als sie die Ketzerei in Spanien auszurotten versuchte.

In seinem Privatleben verzichtete der Vizekönig auf das prunkvolle Dekor seines Amtes. Seinen Tagesablauf begann er mit dem Gebet, einmal die Woche nahm er die Kommunion und wandte sich nach vollendetem Tagwerk dem zu, was ihm die Regeln des *Ordens de Santiago* vorschrieben: Er zog sich zum Gebet zurück und meditierte über das theologische Geheimnis des Rosenkranzes. Mehrere Stunden der Nacht verbrachte er auf Knien und erlegte sich Buße auf. Namentlich aß er niemals zu Abend – was man allerdings auch als Diät betrachten konnte, denn Francisco war inzwischen krankhaft fettleibig geworden. Sein Körpergewicht machte ihm schwer zu schaffen, wenn er Briganten zu Pferde verfolgte. Er spottete über sich selbst und spielte auf seine schwere Rüstung an, als er Karl schrieb: «Eure Majestät können sich vorstellen, was so ein dicker Wanst wiegt!» Er zeigte sich fromm und unbestechlich, ob er Verfolgungen durchführte oder wohltätige Werke verrichtete. Stets war er bereit, den Armen und Kranken zu helfen. Er sorgte streng für Ordnung, als die Truppen durch Barcelona zogen, um sich nach Flandern oder Italien einzuschiffen. In der Provinz sicherte er die Versorgung und befestigte die Städte, als die Franzosen Roussillon bedrohten. In dieser stürmischen Zeit brachte er der Bevölkerung die Sicherheit, die sie am nötigsten gebraucht hatte.

DER AUFSTIEG DER NEUEN GESELLSCHAFT JESU

Mit der Entschlossenheit eines streitbaren Mönchs stellte Francisco von Borgia als Laie die öffentliche Ordnung wieder her und wachte über die geistlichen und materiellen Belange seiner Untertanen. Unterdessen hatte Loyola, einst Gefangener der Inquisition von Alcalá, am 15. August 1534 seine bescheidene Gesellschaft in einer unterirdischen Kapelle von Montmartre gegründet und die offizielle Anerkennung erlangt. Papst Paul III.

hatte ihm am 27. September 1540 die Gründungsbulle für den Orden ausgestellt. Mit ihrer Organisation, die der einer Miliz glich und einem Ordensgeneral unterstand, zeichnete sich die *Societas Jesu* gegenüber früheren religiösen Orden durch ihre kämpferische Zielsetzung aus. Sie sollte die Seelen zurückerobern, die sich dem aufstrebenden, neuen reformierten Glauben angeschlossen hatten. Eine komplizierte Regelung sollte gewährleisten, daß es den Mitgliedern mit dem Orden ernst war. Sie mußten nicht nur drei Gelübde ablegen, das der Keuschheit, der Armut und des Gehorsams, sie hatten zudem weitere harte Bedingungen zu erfüllen, bevor sie dem Papst den Gehorsamseid ablegen durften. Der Pontifex verfügte mit den neuen Ordensbrüdern über eine Armee, die ihm treuer ergeben war als jede weltliche. Damit begann der Vormarsch der Jesuiten in der Welt.

Am Ostersonntag, dem 17. April 1541, wurde Ignatius von Loyola von seinen Ordensgenossen zum General gewählt. Loyola beauftragte die ersten Mitglieder seiner Gesellschaft, überall für die Kirche tätig zu werden. Eines Tages kam ein gewisser Pater Antonio Araoz mit dem Schiff in Barcelona an. Er führte ein Gespräch mit Francisco von Borgia und konnte ihn mühelos von den Zielen seines Ordens überzeugen. Ohnehin intensivierte die Familie Borgia ihre Beziehungen zum Heiligen Stuhl. Denn 1539 war Enrique, der Bruder des Vizekönigs, zum Kardinal ernannt worden. Enrique nahm den Platz seines Bruders Rodrigo ein, der 1537 gestorben war, ein Jahr nach seiner Ernennung zum Kardinal. Paul III., kein anderer als Kardinal Farnese, der Bruder der schönen Giulia, verdankte seine Laufbahn Alexander VI. Aber diesmal verband er sich nicht mit den Borgias, weil er auf irdische Reichtümer hoffte, sondern weil auch er um das Seelenheil der Menschen besorgt war.

Der Vizekönig ließ sich regelmäßig darüber unterrichten, wie es mit der Gesellschaft voranging. König Johann III. von Portugal, Kaiserin Isabellas Bruder, leistete den Jesuiten entscheidende Unterstützung. Mit der Gründung des Jesuitenkollegs in Coimbra, mit den spektakulären Missionen des Paters Franz Xaver nach Indien, später nach Japan und China, eröffneten sich den Christen ungeahnte Möglichkeiten. Und in Deutschland, wo Luthers Glaubenslehre bereits weit verbreitet war, und in der Schweiz, in der Zwinglis und dann Calvins Gedankengut auf dem Vormarsch war, fanden die Jesuiten wie in Frankreich das Feld, auf dem sie gegen die inzwischen als Ketzer betrachteten Reformierten kämpfen sollten. Die Jesuiten waren bereits überall in den deutschen Reichstagen, den freien Reichsstädten und an den Universitäten vertreten, bevor sie als Fürsprecher des Papsttums am ökumenischen Konzil von Trient teilnahmen.

Für seinen Glaubenseifer und seine unbestreitbaren Erfolge bei der Regierung von Katalonien sprach Karl V. Francisco Zufriedenheit und

Anerkennung aus, als sich 1542 die Cortes von Aragón in Monzon versammelten. Enttäuscht und müde geworden, vertraute sich der Kaiser Francisco sogar persönlich an. Karl wollte sich von der Welt zurückziehen, aber bis dahin noch einige politische Aufgaben erfüllen. Zuerst reiste er mit seinem Sohn Don Philipp nach Saragossa, Barcelona und schließlich nach Valencia, um ihn dort als Thronerben vorzustellen. Karl hatte Philipp bereits in Valladolid zu seinem Erben proklamiert. Der Prinz sollte als rechtmäßig anerkannter Nachfolger die Königreiche regieren, solange sein kaiserlicher Vater durch Italien und Deutschland ziehen würde, um dort die Glaubenskonflikte zu lösen.

Francisco von Borgia wird Herzog von Gandia

Im April 1543 kehrte Karl nach Barcelona zurück, um sich dort nach Italien einzuschiffen. Sein Freund, der Vizekönig, war inzwischen Herzog von Gandia geworden. Franciscos Vater war am 17. Dezember 1542 gestorben, aber der Herzog wurde von seinen Amtspflichten zurückgehalten und konnte seine Lehensgüter nicht in Besitz nehmen. Als der Kaiser wegen eines Sturms in Barcelona festsaß, unterhielt sich Francisco lange mit seinem Dienstherrn. Wieder sprachen beide von der Hinfälligkeit irdischer Dinge. Karl nahm auf seiner Reise ein Porträt seiner «engelsgleichen Gemahlin» mit. Der berühmte Tizian in Italien sollte ihm von dem Porträt lebensgroße Repliken anfertigen, mit denen sich der Kaiser umgeben wollte.

Francisco nutzte die besinnliche Stimmung seines Dienstherrn und bat ihn, aus seinem Amt als Vizekönig zurücktreten zu dürfen. Sein Rücktrittsgesuch begründete er damit, daß er sich in Gandia dringend um seine familiären Angelegenheiten kümmern müsse. Er habe noch das Testament seines Vaters zu erfüllen und dessen Vasallen und Diener auszuzahlen. Karl V. nahm das Rücktrittsgesuch an. Francisco sollte allerdings wieder an den Hof zurückkehren, sobald er seine Angelegenheiten in Ordnung gebracht habe. Um sich abzusichern, ernannte der Kaiser ihn zum Oberhofmeister der Prinzessin Maria von Portugal, der Verlobten des zukünftigen Philipp II. Gleichzeitig ernannte er die Herzogin von Gandia, Eleonore de Castro, mit einem Gnadenbrief zur Oberhofdame. Zwei ihrer Töchter ernannte er zu Palastdamen der Infantin.

Die Ankunft von Doña Maria ließ bis Ende 1543 auf sich warten. Sie wurde dann vom spanischen Prinzen in Salamanca empfangen und vollzog dort mit ihm die Ehe, die bisher nur durch Stellvertreter geschlossen worden war. Das Herzogspaar von Gandia wurde jedoch aus mehreren Gründen von ihrem unliebsamen Hofdienst befreit. Zunächst war die Infantin verspätet nach Spanien gekommen, dann war die portugiesische Königin nicht mit der Ernennung der Herzogin einverstanden gewesen, weil sie sie nicht mochte, und schließlich starb Maria von Portugal nach der Geburt des Infanten Don Carlos am 12. Juli 1554.

Francisco und Eleonore waren froh, auf ihre Ländereien zurückreisen zu können. Sie nahmen ihre beiden Kinder mit. Ihnen war daran gelegen, die Kinder fern vom höfischen Intrigenspiel und vom Einfluß korrupter Höflinge selbst zu erziehen.

Drei Jahre lang übte Francisco eine geruhsame, patriarchalische Herrschaft über das Herzogtum Gandia und die Markgrafschaft Lombay aus. Nachdem er die einstigen Diener seines Vaters großzügig entlohnt hatte, baute der Herzog das Hospital von Gandia wieder auf und stattete es mit neuen Möbeln aus. Er befestigte die Küste gegen die feindlichen Überfälle von Kommandos aus den Barbareskenstaaten. Die Korsaren gingen auf Sklavenfang und wurden heimlich von den Morisken, den nur zum Schein bekehrten Mauren, unterstützt, die das Land bebauten. Da Francisco um die wirkliche Bekehrung der maurischen Bauern bemüht war, hatte er mit dem Pater Araoz vereinbart, auf seinen Ländereien eine Jesuitenmission einzurichten. Während er auf die Glaubensbrüder wartete, gründete er in Lombay ein Dominikanerkloster, in dem seine Untertanen den Gottesdienst besuchen konnten. Wie sein Vater begleitete auch Francisco Priester, wenn sie Kranken das Viatikum brachten.

DER TOD DER HERZOGIN
DER HERZOG WIRD HEIMLICH JESUIT

Die Herzogin unterstützte ihren Gatten nach Kräften in seinem wohltätigen Tun, ohne dabei ihre weltlichen Pflichten zu vernachlässigen. Auf Festen und öffentlichen Empfängen in dem kleinen Herzogtum sah man sie stets voll Anmut an der Seite ihres Mannes. Das Schloß war ausgebaut und das Lehen durch den Zukauf von Anrechten und benachbarten Gebieten vergrößert worden. Über Francisco, der eine von weltlichen und religiösen Sorgen bestimmte Existenz führte, brach schließlich die Katastrophe herein. Die Herzogin wurde schwer krank. Da die Ärzte kein Heilmittel wußten, versuchte der Herzog, seine Gattin durch das Gebet zu retten.

Als Francisco eines Tages besonders inbrünstig vor dem Kruzifix zu Christus betete, er möge Eleonore heilen, sah er das Gesicht des Gekreuzigten zum Leben erwachen. Francisco vernahm deutlich die Worte, von denen später während des Prozesses zu seiner Heiligsprechung berichtet wurde: *si tu quieres que te deje a la Duquesa mas tiempo en esta vida, yo lo dejo en tu mano. Pero te aviso que a ti no te conviene esto.* «Wenn ich dir deine Herzogin länger am Leben halten soll, überlasse ich dir die Entscheidung über ihr Leben. Aber ich warne dich, daß dir dies nicht zukommt.»

Der Herzog rief Gott in einem leidenschaftlichen Gebet an: «Oh, Herr, um auf Deine unendliche und gnädige Güte zu antworten, ist es das mindeste, daß ich Dir das Leben meiner Frau und meiner Kinder und auch das meine anbiete, und alles, was ich auf der Welt besitze. Aus Deiner Hand habe ich alles empfangen. Ich gebe Dir alles zurück und bitte Dich inständig, nach Gutdünken darüber zu verfügen.»

Francisco berichtete seinem Beichtvater von seiner Vision. Er war überzeugt, daß die Herzogin nach ihrem Tod das ewige Leben finden würde. So stand er auch seiner Gattin in ihren letzten Stunden gefaßt bei und wiederholte den Schwur, den er bereits in Granada vor dem geöffneten Sarg der Kaiserin-Königin abgelegt hatte.

Die Herzogin starb am 27. Mai 1546. Mit 33 Jahren hatte der Herzog noch eine Familie zu versorgen. Er konnte sich nicht aus der Welt zurückziehen, bevor er nicht die Zukunft seiner fünf Söhne und drei Töchter geregelt hatte. Er wandte sich direkt an den Ordensgeneral Ignatius von Loyola, mit dem er seit der kurzen Begegnung mit Pater Antonio Araoz in freundschaftlicher Beziehung stand. Ignatius' Antwort überrascht. Er ließ Francisco vorerst heimlich der Gesellschaft Jesu beitreten. Loyola hatte den Herzog sofort beitreten lassen, weil ihm die Bitte des Herzogs geschmeichelt hatte. Was den Zeitpunkt und die Art und Weise anging, in der der neue Jesuit öffentlich in die Societas Jesu aufgenommen werden sollte, hatte Loyola die Sache Gott empfohlen und meinte:

«Es scheint mir gut, damit sich alle Verpflichtungen um so besser erfüllen lassen, Eure Standesänderung müsse langsam und mit sorgfältiger Überlegung vor sich gehen, zur größeren Ehre Gottes, unseres Herrn. Dann werden sich die Dinge dort schon so ordnen lassen, daß Ihr Euch in kurzer Zeit frei seht zu dem, wonach Euer Verlangen Euch zieht, ohne daß unterdessen irgendein Laie etwas von Eurem Entschluß erfährt.

Um mich noch mehr im einzelnen zu erkären, meine ich folgendes: Da Eurer Durchlaucht Töchter schon im heiratsfähigen Alter sind, werden Eure Durchlaucht sie ehrenvoll ihrem Stand entsprechend verheiraten müssen. Bei guter Gelegenheit sollte auch der Markgraf sich verheiraten. Die übrigen Söhne mögt Ihr nicht einfach der Obhut und dem Schutz des Ältesten überlassen, an den das Herzogtum übergeht, sondern Ihr solltet ihnen einen ausreichenden Vermögensanteil zuweisen, womit sie standesgemäß an einer der bedeutendsten Universitäten ihre Studien fortsetzen können, in denen sie schon so gute Anfänge gemacht haben. Es läßt sich ja auch hoffen, wenn sie sind, was sie sein sollen (und ich hoffe es von ihnen), daß ihnen Seine Majestät, der Kaiser, die Gunst erzeigen wird, die Eurer Durchlaucht Verdienste erwarten lassen, zumal in Anbetracht der Liebe, die er immer zu Euch gehabt hat.

Ferner muß man den Bauarbeiten, die Ihr begonnen habt, alle Sorgfalt angedeihen lassen. Denn ich wünsche, daß alles fertig sei, bis Eure Standes-änderung bekanntgegeben wird. Bis dahin würde ich mich sehr freuen, und Gott würde damit gewiß sehr gedient sein, wenn Eure Durchlaucht fach-mäßig Theologie studierten. Wenn möglich, schiene es mir wünschenswert, daß Ihr den Doktorgrad an der dortigen Universität Gandia erwerbet; aber ganz im geheimen einstweilen! Denn so gewaltigen Knall können die Ohren der Welt nicht vertragen. Es wird sich schon die Gelegenheit finden, in der wir mit Gottes Hilfe vollständig freie Hand haben.»

Der Herzog, der am 2. Juni 1546 heimlich die Gelübde der Keuschheit, des Gehorsams und die besonderen der Gesellschaft Jesu abgelegt hatte, machte sich sofort ans Werk. Die Schwester seiner Gattin, Doña Juana de Menesses, kümmerte sich um die jüngsten seiner Kinder. 1548 heiratete Don Carlos, der achtzehnjährige Markgraf von Lombay, Doña Magdalena de Centellas y Cardona, die Gräfin von Oliva. 1549 verheiratete sich Isa-bella, die älteste Tochter, mit Don Francisco de Sandoval y Rojas, dem Markgrafen von Denia und Grafen von Lerma. Die anderen Kinder sollten ebenfalls gehobene Ränge in der Welt innehaben: Juan als Vizekönig von Portugal, Alvaro als Botschafter am Heiligen Stuhl, Fernando als Ritter des Ordens von Calatrava und Alonso als kaiserlicher Kammerherr. Unterdes-sen sollte sich Franciscos zweite Tochter Juana mit Juan Enriquez de Ala-mansa, dem Markgrafen von Alcanices, verheiraten und die Jüngste, Doro-thea, den Schleier im Kloster der Armen Klarissen in Gandia nehmen.

Während der Herzog für die Zukunft seiner Kinder sorgte, baute er ungehindert ein Kolleg auf. Loyola bezeichnete es als Universität, und Francisco gliederte ihm sein eigenes Schloß an. Francisco versah arme Stu-denten am Kolleg mit Stipendien und stellte ihnen Wohnraum zur Verfü-gung. Vor allem die Kinder der Morisken und Marranen hoffte er damit zu streng gläubigen Katholiken zu bekehren. Pater Pierre Fèvre half dem Her-zog beim Aufbau der Stiftung. Fèvre hatte zusammen mit Ignatius von Loyola die Gesellschaft Jesu gegründet. Erster Oberer des Kollegs wurde Pater Andrés de Oviedo, der sich in Gandia niederließ. Oviedo wurde von fünf Jesuiten in seinem Amt unterstützt.

Während alle Projekte gut gediehen, legte der Herzog am 1. Februar 1548 in der Gesellschaft Jesu feierlich sein Ordensgelübde ab. Dennoch trug er noch nicht das Ordensgewand und änderte nichts an seiner äußeren Lebensführung. Nur seine Zeit teilte er anders ein. Er verbrachte mehr Stunden mit dem Studium der Theologie als mit der Verwaltung seiner Ländereien.

1550 reiste Francisco mit dreißig Dienern nach Rom, um zusammen mit seinem 27jährigen zweiten Sohn Juan den Jubiläumsablaß zu gewinnen. Der Reiterzug mutete wie eine christliche Prozession an. Patres der Gesellschaft Jesu begleiteten den Zug. Der Herzog beichtete und kommunizierte täglich. Schwierigkeiten bereitete es ihm lediglich, wenn er sich in den Fremdenzimmern körperlich kasteien wollte. Seine Begleiter schliefen vor der Tür seiner Kammer und hörten daher, wenn er mit der Büßerpeitsche auf sich einschlug. Seine Reisebegleiter zählten täglich mehr als 500 Hiebe.

Unterwegs wich Francisco stets den Ehren aus, die man ihm zuteil werden lassen wollte. Als er jedoch durch Ferrara kam, konnte er die Einladung seines Cousins Ercole II., Lucrezias Sohn, nicht ausschlagen. Ercole wartete ihm vier Tage lang mit allen weltlichen und geistlichen Festlichkeiten auf. Auch bei Cosimo de' Medici in Florenz mußte er diese Ehrungen über sich ergehen lassen. Bei seiner Ankunft in Rom wurde Francisco vom kaiserlichen Botschafter, vom Fürsten Fabrizio Colonna, von mehreren Kardinälen und ehemaligen Dienern der Familie Borgia am Stadttor empfangen. Sie wollten Francisco einen triumphalen Einzug bereiten. Der Herzog hatte Ignatius von Loyola gebeten, nachts in die Stadt einziehen zu dürfen. Aber Loyola, der damals im Hause der Patres der Gesellschaft wohnte, hatte es ihm untersagt. So war der bußfertige Herzog auch dort gezwungen, die Ehrungen der Welt entgegenzunehmen. Er wurde dafür entschädigt, als er am Haus der Jesuiten ankam. Am Eingang erwartete ihn Ignatius. Francisco warf sich ihm zu Füßen und küßte demütig seine Hand.

Papst Julius III. war kurz zuvor Paul III. Farnese gefolgt. Vergeblich bot der neue Papst dem Nachfahren Alexanders VI. eine Residenz in seinem Palast an. Der Herzog lehnte das Angebot ab und bat den Heiligen Vater, ihn bei seinen Ordensbrüdern wohnen zu lassen. Franciscos Bescheidenheit wusch gleichsam die gesamte Familie Borgia vom früheren Laster der Hochmut rein. Wenn man sich in Rom an seine Vorfahren erinnerte, erschien Francisco in noch glanzvollerem Licht. Sein viermonatiger Aufenthalt in der Ewigen Stadt war für die Gesellschaft Jesu von nicht geringer Bedeutung. Als dem Orden eine so hervorragende Persönlichkeit wie der

Herzog von Gandia beitrat, überzeugte dies auch die kurialen Skeptiker, daß die Zukunft des Katholizismus maßgeblich von dieser Gesellschaft abhing, denn sie wußte sich in der Laienwelt starken Einfluß zu bewahren. Der Herzog trug zudem zur Vergrößerung des Ordens bei, indem er großzügig Finanzmittel zur Verfügung stellte, als man ein jesuitisches Zentralkolleg, das *Collegio Romano*, gründete. Das Kolleg konnte mehrere hundert Studenten aufnehmen und sollte den Nachwuchs der Elitetruppen der Societas Jesu sichern.

Als Francisco am 15. Januar 1551 wieder aus Rom abreiste, bat er Kaiser Karl V. brieflich, alle seine Ämter ablegen und offiziell Mönch werden zu können. Ohne auf eine Antwort zu warten, kehrte Francisco nach Spanien zurück und stattete Loyolas Schloß im Baskenland einen Besuch ab. In Loyolas Geburtszimmer verrichtete er eine Andacht. Besser konnte er seinen neu erwählten Herrn nicht auszeichnen. Kurz darauf erhielt Francisco in Oñate den Brief Karls V. Der Kaiser war mit seinem Entschluß einverstanden. «Es ist nicht klug», schrieb Karl, «daß ich meinen Diener meinem obersten Herrn streitig mache, dem er sich so leidenschaftlich hinzugeben wünscht.» Karl stellte Francisco aus dem höfischen Dienst frei und gestattete ihm, alle seine Titel an seinen ältesten Sohn weiterzugeben. Francisco begann sein neues Leben mit der gleichen Entschlossenheit, mit der er einst seine militärischen Kampagnen als Vizekönig geführt hatte. Aber diesmal handelte es sich darum, die Welt auf geistlichem Gebiet zurückzuerobern.

Am 23. Mai 1551 erhielt Francisco in Oñate die Priesterweihe. Zuvor hatte er bei einem Notar eine formelle Verzichtserklärung unterschrieben, seinen Degen abgelegt und sich die Tonsur schneiden lassen. Der Herzog von Gandia war zum Pater Franz von Borgia geworden. An seine Vergangenheit als Herzog sollte er zukünftig nur noch bei seltener Gelegenheit erinnern. Er tat es, als die Gesellschaft einem Novizen, der ihm würdig schien, die Aufnahme verweigert hatte. Als er davon erfuhr, erklärte er öffentlich: «Ich danke Gott im Grunde meines Herzens, daß er mich zum Herzog gemacht hat. Denn gewiß ist nichts anderes an mir, das meine Obern bewogen hat, sich meiner anzunehmen!» Dies belegt, daß er zumindest seinen einstigen Humor nicht verlor, als er das schwarze Gewand anlegte.

Francisco legte Wert darauf, seine erste Messe am 1. August 1551 in der Kapelle des Schlosses von Loyola zu lesen. Dort reichte er seinem Sohn Juan die Kommunion. Seit der Pilgerreise nach Rom hatte Juan seinen Vater nicht verlassen und ein einfaches Mittel gefunden, stets in seiner Nähe bleiben zu können: Er heiratete Lorenza Oñaz von Loyola, eine Verwandte des heiligen Generals der Jesuiten.

Seine zweite Messe mußte Pater Franz vor der Öffentlichkeit lesen. Das

Ereignis wurde schon lange vorher bekannt. Papst Julius III. hatte vollkommenen Ablaß für jeden verkündet, der an der Messe des «heiligen Herzogs» teilnehmen würde. Man wählte das Städtchen Vergara aus und legte die Messe auf den 15. November 1551 fest. Als der Tag schließlich gekommen war, strömten so viele Gläubige herbei, daß man einen Altar unter freiem Himmel errichten mußte. Die Messe fand in der Nähe der Einsiedelei Sant'Anna statt. Der Gottesdienst begann um neun Uhr morgens und endete wegen der riesigen Anzahl der Abendmahlsgänger erst zwischen zwei und drei Uhr nachmittags. Schließlich schien noch ein Wunder zu geschehen. Pater Franz predigte in Kastilisch vor der Menge, die zumeist nur Baskisch verstand. Dennoch bemerkte man, daß auch jene Anwesenden ergriffen weinten, die am weitesten vom Altar entfernt standen und weder sehen noch hören konnten. Man fragte sie, warum sie so ergriffen seien. Sie antworteten, sie hörten im Innersten die göttliche Stimme und verstünden dadurch die Worte des Predigers, obwohl sie ihn nicht direkt hören konnten.

FRANZ VON BORGIA IN KÖNIGLICHEN MISSIONEN

Nachdem er wider Willen sein Priesteramt glanzvoll begonnen hatte, lebte Franz einige Zeit in einer ärmlichen Einsiedelei in Oñate, wo er die niederen Arbeiten eines Novizen verrichten mußte. Aber die Welt hatte ihn nicht vergessen. Etliche seiner einstigen Freunde am Hof baten ihn um Fürbitten und geistliche Ratschläge. Viele meinten, sein Platz sei in Rom. Um Karl V. zu gefallen, hielt Papst Julius III. für Pater Franz einen Kardinalshut bereit. Es war kaum vorstellbar, daß ein weltlicher Fürst und zudem ein Borgia auf eine übergeordnete Stellung verzichtete, wenn er das Ordensgelübde ablegte. Aber Francisco schlug den Kardinalshut aus. Lediglich Profeß wollte er werden und wurde es, als er am 22. August 1554 ewige Bindung durch das Ordensgelübde ablegte. Von da an hielt er sich bereit, unter dem Befehl des Ordensgenerals Loyola an allen Fronten zu dienen, an die man ihn zum Lehren oder Predigen schickte, sei es vor dem Volk oder am Hof.

Im April 1554 und im März 1555 unternahm er zwei Missionsreisen nach Tordesillas zu Königin Johanna, die dem Wahn immer stärker verfiel. Er stand der greisen Herrscherin an ihrem Totenbett bei, und bevor die Unglückliche am 12. April verschied, bescherte er ihr durch seine Anwesenheit noch einige kurze lichte Augenblicke. Während seines Aufenthaltes in Tordesillas erfuhr Pater Franz, daß er zum Kommissar der Gesellschaft Jesu in den Provinzen von Spanien und Portugal ernannt worden war.

Seine Aktivitäten steigerten sich ungeheuer. 1555 eröffnete er das erste Novizenhaus in Simancas. In Spanien schuf er zehn Kollegs, nachdem ihn die wichtigsten Standesherren und Städte dazu aufgefordert hatten. Auch nach Portugal wurde er gerufen. In Lissabon wurde Franz von Borgia als Hofprediger von König Johann III. und Königin Katharina empfangen, deren Page er noch in Tordesillas gewesen war.

Der Welt stand ein großer Wandel bevor. Kaiser Karl V. war enttäuscht über das armselige Ergebnis seiner Unternehmungen gegen die Reformierten in Deutschland und gegen den französischen König. Zudem hatte er körperlich zu leiden. Ständig wurde er von Gicht- und Asthmaanfällen geplagt und litt unter Hämorrhoiden. Mit seinen 54 Jahren war er vorzeitig zum Greis geworden. So entschloß sich Karl zur Abdankung zugunsten seines Sohnes Philipp. Er faßte seinen Entschluß in Brüssel in den letzten Tagen des Jahres 1553. Philipp erfuhr die Neuigkeit im Januar 1554, zur gleichen Zeit, als er sich wieder verheiratete. Als Witwer von Maria von Portugal sollte er Mary Tudor, Maria die Katholische, heiraten. Maria war die Tochter Heinrichs VIII. von England und Königin des Landes.

Philipp von Spanien erwies sich Pater Franz von Borgia gegenüber als sehr zuvorkommend. Wie sein Vater vor ihm suchte er in Rom um ein Kardinalsamt für ihn nach. Als der Prinz nach England reiste, überließ er die Regierung seiner Schwester, der Infantin Johanna, der Witwe des Thronerben von Portugal. Die Prinzessin ging bei Pater Borgia zur Beichte: Auf ihre Bitte hin hatte er in Tordesillas ihrer Großmutter, Johanna der Wahnsinnigen, Beistand geleistet. Von dieser Zeit an blieb der Pater jahrelang der Seelenführer der königlichen Geschwister. Die Aufgabe war heikel, da die Politik zwangsläufig hineinspielte. Besonders schwierig wurde sie, als Paul VI. Carafa, dem die Jesuiten als ihrem Papst vollkommenen Gehorsam schuldeten, die Vorherrschaft des österreichischen Kaiserhauses zu bekämpfen begann. Während der Kaiser seine Abdankung und seinen Rückzug ins Kloster vorbereitete, hatte Paul ihn und seinen Sohn Philipp heftig angegriffen. Den Kaiser hatte der Papst als Wahnsinnigen und Philipp als Mißgeburt bezeichnet, beide exkommuniziert und ihnen im Sommer 1556 den Krieg erklärt.

Für die Gesellschaft Jesu wurde die Lage damit kritisch, denn sie bestand mehrheitlich aus Untertanen Karls V. Als am 31. Juli 1556 Ignatius Loyola starb, konnte die Kongregation, die seinen Nachfolger wählen sollte, nicht in Rom zusammentreten. Deshalb konnte Loyolas Nachfolger, Generalvikar Diego Laynez, erst am 2. Juli 1558 gewählt werden.

Obwohl er sich mit dem Papst vollkommen überworfen hatte, ließ der Kaiser nicht von seinem Vorhaben ab, über das er mit seinem Freund Borgia dreizehn Jahre zuvor gesprochen hatte. Nach seiner Abdankung wollte Karl der Welt entsagen und sich ins Kloster San Jeronimo de Yuste in Estremadura zurückziehen. Das Kloster gehörte dem Orden der Hieronymiten, bei dem der Kaiser für gewöhnlich seine Andacht verrichtete. Er hatte Prinz Philipp beauftragt, nach seinen Weisungen eine große Villa innerhalb der Klostermauern bauen zu lassen.

Am 25. Oktober 1555 legte Karl V. in Brüssel alle seine Besitzungen in den Niederlanden und am 16. Januar 1556 seine Königreiche Kastilien, Aragón und Sizilien in die Hände seines Sohnes. Dank des Waffenstillstandes von Vaucelles mit Heinrich II. konnte Karl seinem Sohn auch die Freigrafschaft Burgund übergeben. Mitte September 1556 schiffte sich Karl schließlich nach Spanien ein und ging am 28. in Laredo an Land. Nachdem er in Burgos und Valladolid Zwischenstation gemacht hatte, erreichte er am 11. November das unweit von Yuste gelegene Jarandilla. Dort wartete er darauf, daß die Bauarbeiten an seinem Haus im Kloster beendet wurden. Bis dahin nahm er die Gastfreundschaft von Garcia Alvarez de Toledo, dem Grafen von Oropesa, in Anspruch.

Der Palast von Jarandilla, der sich über dem Tajo-Becken erhob, wurde durch die Sierra de Gredos vom Nordwind geschützt und war eine liebliche, an schönen Herbsttagen sonnendurchflutete Residenz. Von den Gemächern und vom Garten aus sah man auf den benachbarten Erhebungen das Kloster San Jeronimo de Yuste. Häufig verlor sich das Kloster in der Ferne, wenn leichter Dunst die Berghänge umhüllte. Der Kaiser hatte den Ort gewählt, weil er recht nah an Neukastilien und am berühmten Wallfahrtsort Unserer Lieben Frau von Guadalupe lag.

Am 25. November 1556 begab sich Karl auf die Baustelle und überzeugte sich, wie es mit den Arbeiten an seinem Haus voranging. Einem einfachen Plan folgend, bestand das Gebäude aus vier großen, sehr lichten Räumen im Erdgeschoß und im ersten Stock. Das Zimmer des Kaisers war durch einen mit bunten Fayencen ausgeschmückten Durchgang mit dem Chor der Klosterkirche verbunden. In der geräumigen Küche fanden um die fünfzig Diener Platz, die den Herrscher tagsüber versorgten und nachts im nahegelegenen Dorf Quacos oder in Jarandilla unterkamen. Herrliche Ruhe, fließende Gewässer, ein Garten mit Orangen- und Feigenbäumen, durch ein Wäldchen vom benachbarten Land abgeschlossen – nach all seiner Drangsal fand der Kaiser hier einen Vorgeschmack auf das Paradies, nach dem er strebte.

Um Weihnachten 1556 residierte Karl noch immer in Jarandilla und lud Francisco von Gandia zu sich ein. Karl hatte die langen Gespräche mit ihm nicht vergessen. Er wollte den einstigen Herzog dazu bewegen, die Gesellschaft Jesu zu verlassen und sich ihm als Seelenführer anzuschließen. Mit seiner Hilfe wollte der Kaiser das ewige Heil erringen. Er schlug Pater Franz vor, entweder in den Orden der Hieronymiten oder in den der Kartäuser einzutreten. Da Francisco bereits durch seine Zeit mit der Regentin Johanna vorgewarnt war, konnte er sich und seine Gesellschaft bestens verteidigen. Nach zweitägigem Gespräch hatte er seinen einstigen Dienstherrn schließlich davon überzeugt, daß die Ordensregel der Jesuiten besser als die der anderen sei. Alle Mitglieder der Gesellschaft seien ausschließlich darum bemüht, den Ruhm Gottes zu verbreiten, und man dürfe sie nicht einfach deshalb kritisieren, weil sie neu gegründet sei. Als Francisco wieder abreiste, war der Kaiser überzeugt. Francisco war von Karl mit außergewöhnlichen Ehren empfangen worden. Er hatte im Nebenzimmer des Herrschers geschlafen und in seiner Gegenwart den Hut nicht abnehmen müssen, das Vorrecht spanischer Granden. Solche kaiserlichen Ehrungen genügten, um die Gegner der Jesuiten in hohen Regierungskreisen zu entwaffnen. Vor allem ihre guten Beziehungen zur römischen Kurie wurden den Jesuiten vorgehalten. Nun begann Don Juan de la Vega, der Präsident des kastilischen Rates, die Gesellschaft aktiv zu verteidigen.

FRANCISCO VON BORGIAS REISEN NACH YUSTE
MISSION NACH PORTUGAL
TOD DES KAISERS

Karl V. bezog seine Wohnung in San Jeronimo de Yuste am 5. Februar 1557. Er empfing dort nur den Besuch von wenigen Vertrauten. Zu ihnen gehörte Francisco von Borgia. Im September beauftragte Karl den Pater mit einer diplomatischen Reise nach Portugal. Francisco sollte Karls Schwester Katharina kondolieren, da sie am 11. Juni 1557 ihren Mann König Johann III. von Portugal verloren hatte.

Pater Franz wurde von der Königinwitwe liebenswürdig aufgenommen und blieb im Oktober lange bei ihr. Er sollte sie in geheimer Mission zu einem Vorschlag des Königs überreden. Der portugiesische König Sebastian war erst drei Jahre alt. Für den Fall, daß Sebastian kinderlos sterben würde, wollte Karl V., daß die Krone von Portugal an seinen Enkel Don Carlos weitergegeben würde. Carlos war 1545 aus der Ehe des Prinzen Philipp, des späteren Philipp II., mit der Infantin Maria von Portugal hervorgegangen. Obwohl sich die Granden gegen Karls Absichten stellten, erklärte sich die Königin dem Pater Borgia gegenüber mit ihnen einverstanden.

Franciscos Mission an den Hof von Portugal hatte bedeutende Folgen für die Gesellschaft Jesu und für das Land. Der Pater überzeugte die Königinwitwe, den Thronerben von der Gesellschaft Jesu erziehen zu lassen. Pater Laynez beauftragte den portugiesischen Pater Gonzalvez da Cámara, sich des jungen Prinzen als Mentor anzunehmen. Der Einfluß des Mönchs auf das schwache Gemüt des absonderlichen und launenhaften Kindes sollte verhängnisvoll sein. Unter dem Einfluß des Mönchs stürzte sich der spätere junge König in einen wahnwitzigen Kreuzzug in Nordafrika. Er kam dort 1578 in der Schlacht von Alcazarquivir ums Leben. Sebastians Tod führte zu einer tragischen Krise in der Thronfolge, so daß Spanien schließlich auf Portugal übergreifen konnte. Die fatalen Folgen der jesuitischen Erziehung Sebastians waren zunächst nicht vorhersehbar gewesen. Das allergläubigste Königreich, reich geworden durch den Handel mit Gewürzen und Kolonialgütern, schickte seine Expeditionen über das Meer, und die in Coimbra und anderswo ausgebildeten Jesuiten nahmen an den abenteuerlichen Unternehmen teil. In der Tat schien die Gesellschaft Jesu ihren geistlichen Eroberungsfeldzug gerade von Portugal aus besonders erfolgreich führen zu können.

Nachdem Pater Borgia die reichen Kollegien und Ordenshäuser Portugals besichtigt hatte, kehrte er mit großen Hoffnungen nach Spanien zurück. Aber dort hatte er mit religiösen Neuerern zu kämpfen, vor allem in Sevilla und Valladolid. Man hatte auch noch die Jesuiten beim Großinquisitor Fernando de Valdés, dem Erzbischof von Sevilla, beschuldigt, mit den Ketzern zu paktieren. Die Neuigkeiten verbitterten den alten Kaiser in seinem Rückzugsort San Yuste. Ende Sommer 1588 rief er noch einmal seinen alten Freund herbei. Karl hatte sich morgens dem Zug ausgesetzt und sich dabei erkältet. Zudem streckte ihn ein heftiger Gichtanfall nieder. In der Vorahnung seines baldigen Endes ließ er mit großem Pomp eine Totenmesse für seinen Vater und seine Großeltern lesen. Anschließend unterhielt er sich lange mit Pater Borgia über das ewige Leben. Er ernannte ihn zu seinem Testamentsvollstrecker, eine Funktion, die er zusammen mit dem zukünftigen König Philipp und anderen bedeutenden Würdenträgern ausfüllen sollte.

Nachdem der Pater den Kaiser aufgeheitert hatte, machte er sich auf den Weg nach Valladolid. Kaum dort angekommen, erfuhr er von Karls Tod am 21. September. Bartolomeo Carranza, der fromme Erzbischof von Toledo, hatte dem Kaiser in seiner Todesstunde beigestanden. Carranza war ein Freund von Francisco Borgia und wurde wie er vom Inquisitor Valdès der Ketzerei verdächtigt. Karl wurde in der Chorkrypta von San Jeronimo unter dem Hochaltar beigesetzt. Siebzehn Jahre sollte er dort bleiben. Dann wurde er in die Königsgruft überführt, die der neue König Philipp II. im Escorial hatte einrichten lassen. Über dem Grab wurde Tizians Gemälde *La Gloria* angebracht. Auf dem Gemälde sind der Kaiser und die Kaiserin am Eingang des Paradieses dargestellt, entsprechend Franciscos und Karls Überzeugung mit heiterem und triumphierendem Gesichtsausdruck, bereit, den irdischen Tod hinter sich zu lassen und ins ewige Leben zu treten.

BEGINN DER HERRSCHAFT PHILIPPS II. DIE VERFOLGUNG FRANCISCO VON BORGIAS DURCH DIE INQUISITION VERFOLGUNGEN SEINER GLAUBENSBRÜDER

Vor versammeltem Hof sprach Pater Franz die Leichenrede auf den Kaiser, der ihm ein Freund gewesen war. Sofort nach seiner Rede brach er zu einer Rundreise durch Spanien auf. Er besuchte jesuitische Niederlassungen vor allem in Granada, wo die Bekehrung der muselmanischen Bevölkerung noch immer Sorgen bereitete. Seine Reise zu jenem Ort, an dem er erstmals den Ruf des Himmels vernommen hatte, schien der Beginn zu neuen Erfolgen. Auf seinem Weg begegnete der Pater Adeligen und Leuten aus dem Volk, die ihn um Rat fragten. Er galt inzwischen als wundertätig. Die heilige Theresa von Avila, die große Mystikerin, war über Don Francisco von Salcedo mit Francisco von Borgia in Kontakt gekommen. Sie ließ sich nun von ihm als Seelenführer beraten. Da Pater Franz von vielen innigen Freunden protegiert wurde, blieben die Angriffe auf die Gesellschaft Jesu wirkungslos. Während der neuen Herrschaft Philipps schien Francisco in der gleichen Gunst zu stehen wie unter Karl V. Philipp II. beauftragte ihn am 5. Mai 1559 sogar mit einer Abhandlung darüber, welche Personen die Ämter im Staate am besten auszufüllen vermochten.

Plötzlich verdunkelte sich der Himmel. Im August 1556 veröffentlichte der Inquisitor Valdès einen Katalog von Büchern, die auf den Index gesetzt worden waren. Auf der Liste fand sich neben den Werken bedeutender Prediger wie Juan de Avila und Luis de Granada ein Buch mit dem Titel *Obras del Cristiano*. Als Verfasser des Werkes wurde Francisco von Borgia, der Herzog von Gandia, genannt. In Wirklichkeit handelte es sich um eine Sammlung frommer Abhandlungen, die 1550 veröffentlicht worden war. Die Sammlung enthielt eine kleine Schrift zur Andachtsübung, die der Herzog von Gandia im Jahre 1548 veröffentlicht hatte. Die Inquisition verbot damals nicht nur unerbittlich Bücher, sie verfolgte auch grausam jeden, der als Ketzer verdächtig war. Am 21. Mai und 8. Oktober 1559 fanden in

Valladolid zwei große Ketzergerichte statt. Niemand war vor der Verfolgung durch die Inquisition sicher, welchen Rang er auch bekleiden mochte. Bald sollte sie sogar den Erzbischof von Toledo, Bartolomeo Carranza, festnehmen. Carranza wurde lange und unerbittlich der Prozeß gemacht, weil er «Erklärungen über den christlichen Katechismus» verfaßt hatte, die die mystischen Beziehungen zwischen dem Menschen und seinem Schöpfer über den Ritus zu stellen schienen.

Da sein Ruf gelitten hatte und Pater Franz der Inquisition in die Hände zu fallen fürchtete, wie einst Ignatius von Loyola, floh er ins portugiesische Evora. Er wurde dort schwer krank. Fast zwei Jahre blieb er im Königreich Portugal. Kaum hatte er sich etwas erholt, predigte er erneut. Auch seinen Aufgaben als Visitator kam er wieder nach. Bei Philipp II. war er in Ungnade gefallen. Pater Franz war nicht nur als Ketzer verdächtig, er wurde auch für das unliebsame Benehmen seiner Brüder verantwortlich gemacht. Franciscos Halbbruder Pedro Luis Galceran de Borgia, der Großmeister des Montesa-Ordens, hatte sich von seinem Gelübde der Ehelosigkeit dispensieren lassen und 1558 geheiratet. Da er dennoch die Güter des Ordens behielt, hatte er sich den Haß des Königs zugezogen. Seine beiden Brüder Diego und Felipe waren für den Mord an Don Diego von Aragón zum Tode verurteilt worden. Don Diego war der Sohn des Herzogs von Segovia, des Vizekönigs von Katalonien. Beide Brüder konnten zunächst den Häschern entkommen. Nachdem Pater Franz nach Portugal geflohen war, hielt sich Don Diego in einem Kloster in Madrid versteckt, wurde trotz des Schutzes dem Henker überliefert und 1562 in Játiva enthauptet. Don Felipe wurde ebenfalls gefaßt, konnte jedoch nach Afrika entkommen. Der König war härter gegen die Brüder vorgegangen, nachdem Francisco nach langem, leidigem Exil Portugal verlassen hatte. Der Jesuitengeneral Laynez ließ seinen Ordensgenossen durch Papst Pius IV. mit zwei Breven nach Rom beordern. Pater Franz kam der päpstlichen Aufforderung nach, ohne Philipp um die Ausreisegenehmigung zu bitten. Franz berief sich auf sein Gelübde, nachdem er dem Pontifex uneingeschränkten Gehorsam schuldete. Der katholische König war nicht der Mann, einen solchen Affront ungestraft hinzunehmen. So hatte er sich an den Brüdern von Pater Franz gerächt.

Franz von Borgia als Generalvikar
und späterer General der Gesellschaft Jesu
Gewaltige missionarische Anstrengungen

Als Pater Franz im September 1561 in Rom eintraf, war General Laynez nicht mehr in der Stadt. Zusammen mit Kardinal Ippolito II. d'Este, dem Cousin des Paters von Borgia, nahm Laynez am Religionsgespräch von Poissy teil. In Frankreich übte Katharina de' Medici die Regentschaft für ihren Sohn Karl IX. aus. Sie wollte die Calvinisten mit den Katholiken aussöhnen. Aber ihre Bemühungen mißlangen. Gegenüber den Vertretern der Reformierten predigte Laynez unnachgiebig die katholische Orthodoxie. Er wollte die Gesellschaft Jesu auch in Frankreich etablieren, aber sein Versuch scheiterte an der gallikanischen Tradition. Unverrichteter Dinge reiste Laynez nach Trient weiter, wo das Konzil inzwischen seine letzte Tagungsperiode eröffnet hatte. Das Konzil sollte der katholischen Kirche eine feste Lehre geben, die sie den Protestanten entgegensetzen konnte.

Während der Abwesenheit des Generals hatte der Orden mehr denn je einen Führer nötig, denn in allen Staaten mehrten sich die Angriffe gegen den traditionellen Katholizismus. Pater Franz von Borgia war nacheinander Generalvikar, Kommissar für Italien und dann Assistent für Spanien und Portugal gewesen. Er war nun der Führer, der sich gegen alle Angriffe zur Wehr setzen konnte. Bei jeder Gelegenheit vertrat er die Interessen der Kirche und gab dabei niemals nach. Unbestechlich verweigerte er sogar seinem eigenen Sohn, dem 27jährigen Alvaro, die Ehe. Alvaro, Botschafter in Rom, wollte seine vierzehnjährige Nichte heiraten, die Tochter seiner Schwester Juana. So mußte er Papst Pius IV. selbst um die Dispens bitten. Pius gab sie ihm und rügte die allzu strenge Haltung des Paters Franz.

Die Strenge und das autoritäre Verhalten Franz Borgias waren die Tugenden, die man damals zur Führung der Gesellschaft Jesu benötigte. Am 19. Januar 1565 stand Franz Pater Laynez in der Todesstunde bei. Der Sterbende, der nicht mehr sprechen konnte, warf auf Pater Franz einen bedeutsamen Blick, der als Designation aufgefaßt wurde. Daher wählte man Franz zum Generalvikar. Die anschließend einberufene Generalkongregation ernannte ihn am 2. Juli 1556 zum General der Gesellschaft.

Die Regierung von Pater Borgia als dritter General der Jesuiten fiel zeitlich fast genau mit dem Pontifikat von Pius V. zusammen. Pius regierte von Januar 1566 bis Mai 1572 und wurde später heiliggesprochen. Der einstige Dominikanerkardinal Ghislieri, ein Fanatiker des reinen Glaubens, war Großinquisitor gewesen. Aber anders als die spanische Inquisition wußte sich der Papst der Jesuiten mit bemerkenswertem Geschick zu bedienen. Er gab ihnen neue Ordensregeln, die den Bestrebungen von Pater Franz von

Borgia entsprachen. Das tägliche Gebet sollte nun eine Stunde dauern und von den Mönchen gemeinsam verrichtet werden.

Große Anstrengungen wurden unternommen, um den Unterricht in den Kollegien auf eine solide Basis zu stellen. In der ersten und zweiten Unterrichtsstufe wurden die Lehrfächer genau festgelegt. Der General verschaffte dem *Collegio Romano* einen neuen Sitz. Er gab der Gesellschaft das notwendige Geld, damit sie ein Grundstück aufkaufen konnte. Dort ließ Kardinal Alessandro Farnese, der Enkel Pauls III., für die Gesellschaft die große römische Kirche *Il Gesù* erbauen. Gleichzeitig wurde in jeder Ordensprovinz ein Noviziat eröffnet. Das bekannteste wurde Sant'Andrea al Quirinale in Rom. Aus Sant'Andrea gingen äußerst glaubenseifrige Jünger hervor. Gab es unter Ignatius von Loyola noch 1000 Jesuiten und 2800 unter Pater Laynez, so stieg ihre Zahl unter Pater Borgia auf 4000 Mönche. Untergebracht waren sie in 130 Ordenshäusern in 18 Provinzen.

Der einstige Herzog von Gandia gab den Anstoß dazu, daß sich dieses gewaltige Heer von Anhängern über die gesamte Welt ausbreitete. Die Jesuiten kämpften dafür, dem römischen Katholizismus überall zum Triumph zu verhelfen. Sie waren überall beispielgebend präsent. Sie waren stets bereit, auch über die Gemeindearbeit hinaus Seelsorge zu leisten. In Rom wurden sie beauftragt, als päpstliche Pönitentiare in der Basilika Sankt Peter in allen Sprachen die Beichte abzunehmen. Sie pflegten Kranke, gaben ihnen Beistand und brachten den Sterbenden die Sakramente. Sie begleiteten die Soldaten als Feldgeistliche und die Entdeckungsreisenden als Missionare: Von 1566 bis 1572 stachen von Spanien aus drei Expeditionen nach Florida in See. Sie sollten den Eingeborenen das Evangelium bringen. Aber die Jesuiten, die an den Expeditionen teilnahmen, wurden von den Indianern niedergemacht. Drei weitere Expeditionen brachen zwischen 1560 und 1572 mit mehr Glück nach Peru auf. Glücklich verlief auch die erste Mission von Jesuiten nach Neu-Spanien. Sie kamen kurz vor Pater Borgias Tod in Mexiko an.

HEFTIGE ANGRIFFE AUF DIE JESUITEN
DER SKANDAL VON MÜNCHEN

Der Pater General liebte es, die Verbreitung des christlichen Glaubens in fernen Ländern voranzutreiben, wenn die Soldaten Gottes dort auch häufig auf Leiden und Tod stießen. Mitunter kam es auch zu erbärmlichen Streitereien unter den einzelnen Orden, die alle missionarischen Anstrengungen zunichte machten.

Die Jesuiten wurden tatsächlich von allen Seiten her angegriffen, obwohl sie von Pius V. protegiert wurden. Im Kaiserreich wurden sie am heftigsten in München angegriffen. Die Lutheraner hatten es darauf abgesehen, den frommen Ruf der Lehrmeister und Schüler in den Jesuitenkollegien zu zerstören. Da sich deren Ruf auf ihre Keuschheit gründete, verbreiteten die Lutheraner 1565 das Gerücht, die jungen Schüler würden kastriert. Die Beschuldigung wurde erhoben, als der Jesuitenprovinzial Petrus Canisius Legat im Reich war. Herzog Albert von Bayern leitete sofort eine öffentliche Untersuchung ein. Kläger war der vierzehnjährige Schüler Johannes Kessel. Kessel war seines unbotmäßigen Benehmens wegen vom Kolleg verwiesen worden. Nackt ließ er sich von den protokollführenden Ärzten und Chirurgen untersuchen. Sie stellten tatsächlich fest, daß dem Schüler die Hoden fehlten, vermißten aber die Narbe als sichtbares Zeichen der Verstümmelung. Der Herzogliche Chirurg wußte die Erklärung. Die Hoden hatten sich in den Unterleib des Jugendlichen zurückgezogen, und durch mehrmaliges tiefes Einatmen und Drücken auf den Unterleib kamen sie schließlich wieder zum Vorschein! Selbstverständlich war damit die Klage hinfällig, aber etwas von der Verleumdungskampagne blieb am Orden haften, und die Protestanten verbreiteten das Gerücht ungehindert weiter.

Canisius hatte an allen Fronten zu kämpfen: In Prag fiel der Rektor des Jesuitenkollegs ab. In Magdeburg wurde eine Streitschrift von gewaltigem Umfang gegen den Heiligen Stuhl veröffentlicht, die *Magdeburger Centurien*. Die Schrift war unter der Leitung von Mathias Flach Francovitch, Illiricus genannt, verfaßt worden. Zudem wurde das Gerücht verbreitet, Canisius sei Lutheraner geworden. Auf die Angriffe konnten die Jesuiten nur antworten, indem sie neue Kollegien gründeten – wie sie es im Tiroler Hall mit Hilfe der Tochter Kaiser Ferdinands und in Polen und Siebenbürgen taten. Außerdem wurde ein historisches Werk über das glanzvolle Wirken der Kirche veröffentlicht: die berühmten *Annales ecclesiastici*.

DER GROSSE ZUSAMMENSTOSS VON TÜRKEN UND CHRISTEN 1571
DIE MISSION VON KARDINAL ALESSANDRINO UND FRANZ VON BORGIA NACH SPANIEN UND PORTUGAL

Der Augenblick nahte, an dem die gesamte Christenheit bedroht wurde. 1570 hatte der neue Sultan Selim II. einen Vernichtungsfeldzug gegen die Christen begonnen. Papst Pius V. begegnete der Gefahr mit ebenso fester Entschlossenheit wie seine Vorgänger im vorigen Jahrhundert. Er wollte alle katholischen Monarchen unter dem Banner der Kirche vereinigen. Er ernannte Kardinal Commendone zum Legaten *a latere* und schickte ihn mit dem Jesuiten Francisco Tolet nach Deutschland und Polen. Kardinal Alessandrino, der Neffe des Papstes Michele Bonelli, sollte nach Spanien, Portugal und Frankreich reisen. Kardinal Alessandrino bat seinen Onkel darum, daß ihn Franz von Borgia auf seiner Gesandtschaftsreise begleite. Als Pater General war Franz mit seinen Aufgaben in der Gesellschaft überlastet. Zudem war er bereits krank. So war er sich durchaus bewußt, daß er mit seiner Abreise sein Todesurteil fällte. Aber er hatte dem Heiligen Vater unbedingten Gehorsam geschworen und verließ Rom am 30. Juni 1571 im prächtigen Zug des Kardinals Alessandrino.

Im Süden Spaniens, im einstigen Königreich Granada, war die Situation aufs äußerste gespannt. In regelmäßigen Abständen erhoben sich die nur formell bekehrten Morisken gegen die Beamten des katholischen Königs. 1569 hatte die königliche Repression ihren Höhepunkt erreicht. Philipp II. ließ türkische Bäder niederreißen und verbot den Morisken auch in privatem Kreis, arabisch zu sprechen oder traditionelle maurische Gewänder zu tragen. Die Reaktion der Morisken war furchtbar. Sie griffen Granada und Almeria an, schändeten überall im Land die Kirchen und metzelten Priester und Mönche nieder. Der Bruder des Königs, Don Juan d'Austria, führte eine riesige Armee gegen die Aufständischen. Der Admiral von Kastilien, Don Juan, blockierte mit seiner Flotte die Küste, um Hilfstruppen aus Afrika am Landen zu hindern. 1571 schlug der Herzog von Arcos die Morisken schließlich vernichtend, und Philipp II. ließ die Überlebenden mit ihren Familien über das ganze Königreich verschleppen. Vom Elend und schrecklichen Seuchen heimgesucht, fanden die Unglücklichen nur bei den Jesuitenpatres Pflege. Seit der Gründung ihres Ordens hatten es sich die Jesuiten zur Pflicht gemacht, sich den «Neuchristen» islamischer oder jüdischer Abstammung barmherzig zu zeigen. Francisco von Borgia fand ein zerrissenes Land vor, in dem willkürliche Glaubensverfolgungen an der Tagesordnung waren – ein Land, galvanisiert durch den ständigen Kampf gegen innere und äußere Feinde der Religion.

Als der Kardinal Alessandrino und Pater Franz am 30. August 1571 in Barcelona ankamen, wurden sie von den Katalanen jubelnd empfangen. Man erinnerte sich in Barcelona noch gut der kriegerischen und politischen Fähigkeiten des einstigen Vizekönigs. Auch die Inquisition ehrte Pater Franz als rechtgläubig, indem sie gerade jene seiner Schriften veröffentlichte, die sie vormals verboten hatte.

In Valencia wurde Pater Franz von seinen Kindern erwartet. In der Stadt lebten seine Söhne Don Carlos und sein Bruder Alonso, sein Enkel Francisco, Markgraf von Lombay, und der Schwager von Franz, der Markgraf von Denia. Mit großer Mühe entzog sich Francisco dem Fest, das man für ihn vorbereitet hatte. Möglichst rasch zog Pater Franz nach Madrid weiter. Dort hatte er mit Kardinal Alessandrino eine rein formale Mission zu erfüllen. Beide sollten Spanien die offizielle Führung für den anstehenden Kreuzzug übertragen.

Don Juan d'Austria befand sich in Messina, wo unter dem Banner des heiligen Petrus eine gewaltige Flotte zusammengezogen wurde. Die Geschwader wurden von den bedeutendsten Seefahrern der Zeit befehligt: vom Genuesen Andrea Doria, vom Römer Marcantonio Colonna, vom Venezianer Barbarigo und vom kastilischen Markgrafen von Santa Cruz. Am 7. Oktober 1571 errang die christliche Flotte bei Lepanto den entscheidenden Seesieg über den Islam. Als geistlichen Beistand hatten die Seeleute Jesuiten und Kapuziner mit an Bord der Schiffe.

Mit dem großen Erfolg des Kreuzzuges war die Gesandtschaft von Kardinal Alessandrino und Francisco von Borgia keineswegs zu Ende. In Portugal blieb ihnen noch ein heikles Problem zu lösen. Sie sollten mit für den Fortbestand der portugiesischen Dynastie sorgen. Der junge König Sebastian stand mit siebzehn Jahren vollkommen unter dem Einfluß seines jesuitischen Erziehers Gonsalvez da Cámara. Der Geistliche hatte seinen Bruder Martim de Cámara beim König eingeschleust. Martim wurde sein Günstling und Minister. Als Sebastian 1568 mit vierzehn Jahren volljährig wurde, kam der jesuitische Einfluß auf den König voll zum Tragen. So hatten die Adelsfamilien alle Güter an die Militärorden zurückzugeben, die sie ihnen entrissen hatten. Vor allem aber war der junge König vom Gedanken besessen, Eroberungsfeldzüge gegen die Ungläubigen in Afrika zu führen. Seine geistlichen Ratgeber hielten es jedoch für angezeigt, daß Sebastian zunächst die dynastische Nachfolge sicherte. Sein Beichtvater riet ihm dringend zu einer Heirat, wenn der König auch ledig bleiben mochte. Sebastians Glaubenseifer und seine körperliche Verfassung standen einer Ehe im Wege.

Sebastians Großmutter Katharina wollte ihn mit einer ihrer beiden Nichten verheiraten. Beide waren Töchter der allerkatholischsten Majestät Kaiser Maximilian II. Mit der Ehe wäre die portugiesische Krone mit dem Hause Habsburg verbunden geblieben. Aber die eine Prinzessin heiratete Philipp II., die andere Karl IX. Als angemessene fürstliche Partie für Sebastian blieb einzig Margarete von Valois, Tochter Katharina de' Medicis und Schwester von Karl IX. Pater Borgia riet dem jungen Herrscher zur Ehe mit der Valois, weil auch Papst Pius V. die Heirat gerne sähe. Mit ihr würde Frankreich näher an das katholische Lager herangezogen. Aus christlicher Demut willigte Sebastian schließlich ein.

Im tiefsten Winter konnten die diplomatischen Verhandlungen, die in Portugal begonnen hatten, schließlich in Frankreich fortgeführt werden. Francisco Borgia sah Schwierigkeiten für den päpstlichen Legaten in Frankreich voraus, denn es hieß, die Prinzessin sei mit einem Protestanten aus Navarra verlobt. Der spanische König hatte Pater Franz ein Schiff gestellt, damit er nach Italien zurückreisen konnte. Aber Kardinal Alessandrino wurde aus Rom angewiesen, seine Mission fortzuführen. Er reiste am 2. Januar 1572 nach Frankreich und befahl dem Jesuitengeneral Borgia, ihm nachzufolgen. So durchquerte der leidende Francisco auf Schleichwegen die Pyrenäen. Pater Franz schlug einen Bogen um die Gebiete der ketzerischen Jeanne d'Albret, der Königin von Navarra, und traf zwei Tage nach dem Kardinallegaten in Blois ein. Der junge König Karl IX. ritt ihm entgegen, um ihn ehrenvoll zu empfangen. Die römische Gesandtschaft kam allerdings in jeder Hinsicht zu spät. Am 8. August 1570 war mit den Protestanten der Frieden von Saint-Germain-en-Laye geschlossen worden. Nach einer Geheimklausel des Vertrages wollten Katharina de' Medici und ihr Sohn Karl Prinzessin Margarete mit Heinrich von Béarn, dem späteren Heinrich IV., verheiraten. Heinrich war König von Navarra und Führer der Protestanten. Es war nicht zu erwarten, daß die Heiratsverhandlungen abgebrochen wurden, um Margarete mit König Sebastian zu verheiraten. Frankreich würde auch nicht der Liga gegen den Sultan beitreten, da es seit Franz I. mit den Türken verbündet war. Der Beitritt der Franzosen war seit dem Seesieg von Lepanto allerdings auch überflüssig. Das Konzil von Trient wollte man schon gar nicht in Frankreich aufnehmen. So wurden die römischen Gesandten bei der königlichen Audienz am 8. Februar auch tief enttäuscht.

Katharina de' Medici erhob Erbansprüche auf das Königreich Portugal und versuchte zudem einen Handel mit dem Meistbietenden. Noch in Lissabon hatte Pater Franz einen Brief von der Königin erhalten. Jeanne hatte durchblicken lassen, sie wolle König Sebastian die Hand ihrer Tochter Margot geben, wenn man ihr eine spanische Infantin als Gattin für ihren Sohn, den Herzog von Anjou und späteren Heinrich III., anbot. Aber da sie bis jetzt kein derartiges Angebot erhalten hatte, ließ sie den Kardinallegaten und den Jesuitengeneral in Blois zurück und reiste nach Chenonceaux. Die Königin von Navarra war dort bereits eingetroffen. Am 14. Februar verhandelten die beiden Damen in der letzten Runde über die Heirat ihrer Kinder. Zehn Tage später erfuhr man in Blois von den Ergebnissen dieser Verhandlungen, die keinen Zweifel ließen: Trotz der harten

Forderungen von Jeanne d'Albret galt die Ehe zwischen dem jungen Ketzer und der Prinzessin als geschlossen. Die römische Kurie war entsetzt.

Am 24. Februar verabschiedeten sich die Gesandten des Heiligen Stuhls von den Herrschern. Würdevoll zog sich Alessandrino mit dem päpstlichen Nuntius Bischof Antonio Maria Salviati zurück. Alessandrino schlug die goldenen und silbernen Vasen aus, die er als königliches Geschenk hätte erhalten sollen. Als Pater Franz gerade gehen wollte, hielt ihn Katharina zurück und bat ihn als Gunst um den bescheidenen Rosenkranz, der von seinem Gürtel herabhing. Als die päpstlichen Vertreter schließlich gingen, waren sie äußerst verwirrt. Obwohl sie eine höfliche Abfuhr hatten hinnehmen müssen, war ihnen doch nicht verborgen geblieben, daß die Königin und einige ihrer Ratgeber den Protestanten mißtrauten. Vielleicht würden sich die Dinge in Frankreich bald ändern . . .

DER TOD AM ENDE DES WEGES

Der Kardinallegat und der Jesuitengeneral trennten sich in Lyon. Alessandrino wurde dringend in den Vatikan zurückgerufen, weil sein Onkel Papst Pius V. im Sterben lag. Pater Franz konnte nicht sofort zurückkehren. Er hatte sich in Blois damit aufgehalten, in einer geschändeten Kirche die Messe zu Mariä Reinigung zu lesen. Dort hatte er sich dem eisigen Zug ausgesetzt und Brustfellentzündung bekommen. Da sich Pater Franz nicht behandeln ließ, verschlimmerte sich die Krankheit. Er war inzwischen 61 Jahre alt und durch die Strapazen der Reise und seine Selbstkasteiungen geschwächt. In Saint-Jean-de-Maurienne wurde er schließlich bettlägerig. Als der Herzog von Savoyen erfuhr, daß Pater Borgia schwer krank war, ließ er ihn mit einer Sänfte nach Turin holen. Der Herzog hatte einen feierlichen Empfang für seinen Gast vorbereitet, aber Francisco hatte nicht die Kraft, an ihm teilzunehmen. Er ließ sich auf eine Barke auf dem Po bringen und verbrachte die Karwoche und das Osterfest zwei Meilen von der piemontesischen Hauptstadt entfernt. Dann fuhr er den Fluß hinab, entlang der gleichen Wegstrecke, die einst Lucrezia Borgia genommen hatte. Vier Tage später gelangte er nach Ferrara. Sein Cousin zweiten Grades, Herzog Alfonso II., hatte Francisco eine prächtige Brigantine entgegengeschickt, als er ins Herzogtum einfuhr. Der Pater bestieg das Schiff. In Ferrara ließ er sich zum Jesuitenkolleg bringen. Aber die notdürftige ärztliche Versorgung dort war unzureichend. Alfonso quartierte ihn deshalb in einem seiner Lusthäuser ein, ließ ihn von den fähigsten Ärzten behandeln und in allen Kirchen der Stadt vor dem Altarsakrament Fürbitten für ihn halten.

Die ersten Sommermonate vergingen ohne jede Besserung für Pater

Franz. Auf seinem Krankenlager erfuhr er von der schrecklichen Bartholo-
mäus-Nacht in Frankreich. Die Katholiken hatten allein in Paris dreitau-
send Hugenotten niedergemetzelt, weil sie fürchteten, sie würden nach der
Heirat von Heinrich von Navarra und Margarete von Valois die Macht an
sich reißen. Vermutlich hatte Katharina de' Medici dem Blutbad Vorschub
geleistet, und der König hatte es schließlich gerechtfertigt. Die Bluthoch-
zeit vom 24. August 1572 hätte sich kaum ereignet, wäre es Pater Franz
gelungen, den Jesuitenzögling König Sebastian mit Prinzessin Margarete
zu verheiraten. Aber Spekulationen über diesseitige Politik lagen dem
Schwerkranken inzwischen fern.

Francisco wußte sich dem Tod nahe und bereitete sich aufs Jenseits vor.
In einer Sänfte ließ er sich nach Loreto zum Haus Unserer Lieben Frau tragen, das nach dem Volksglauben die himmlischen Heerscharen dorthin
getragen hatten. Dann kehrte er nach Rom zurück, wo Gregor XIII.
inzwischen den Thron Petri bestiegen hatte. Sterbend brachte man ihn ins
Profeßhaus der Ewigen Stadt. Zwei Tage lang rang er mit dem Tod und
verstarb schließlich am 30. September 1572 um Mitternacht. Seine Ordens-
brüder und sein Bruder Thomas, der spätere Erzbischof von Saragossa,
standen ihm bei. Pater Franz hatte durch Demut und Bescheidenheit einen
Einfluß auf seine Mitmenschen gewonnen, wie ihn keiner seiner Vorfahren
je besessen hatte. Er war bei den bedeutendsten Herrschern der Welt in
höchster Gunst gestanden. Als er starb, wurde er bereits als Heiliger verehrt.

DER BEGINN DES RUHMES

Pater Borgia stand erst am Anfang seines Ruhms. Bei seinem Begräbnis am
1. Oktober defilierte ganz Rom am Profeßhaus vorbei: Kardinäle, Prälaten, Standesherren und Leute aus dem einfachen Volk. 1617 wurden Franciscos sterbliche Überreste in die Kirche *Il Gesù* überführt. Sie blieben dort
nicht lange. Bald darauf wurde der Leichnam nach Madrid verbracht.
Lediglich einen Armknochen behielt man in *Il Gesù* zurück. Die Überführung geschah auf Wunsch des Kardinalherzogs von Lerma. Der Kardinalherzog war erster Minister König Philipps III. von Spanien und ein Enkel
von Pater Franz. Auch der spanische Botschafter Kardinal Gaspar von Borgia hatte sich für die Überführung eingesetzt.

Pater Franz wurde am 21. November 1624 von Urban VIII. seliggespro-
chen. Die Reliquien des Seligen waren damals in einer Kirche in Madrid
ausgestellt, die sein Enkel, der Kardinalherzog, hatte erbauen lassen.
Anläßlich der Seligsprechung wurden die Reliquien acht Tage lang feierlich

in einer Prozession von Kirche zu Kirche überführt. Der kostbare Schrein, in dem die sterblichen Überreste ruhten, wurde von vierzehn spanischen Granden getragen, darunter die Herzöge von Osuna, von Sessa, von Penaranda, von Villa-Hermosa, von Lerma und von Hijar, der Fürst von Squillace und der Markgraf von Castel Rodrigo. Weitere Standesherren hoben den goldenen Baldachin über den Schrein, andere trugen seine Bänder. Sie alle waren Nachkommen des seligen Franz, insgesamt 46 Edelmänner aus dem spanischen Hochadel. Pater Franz war ihr Großvater, Urgroßvater und Ururgroßvater gewesen. Die Ritter des Ordens von Santiago, der Rat der dreizehn Kommandeure, alle Räte des Königs, die Magistrate und das Volk nahmen an der Prozession teil. Man feierte Borgias Triumph im Himmel, aber auch den Triumph seiner Sippe, in der sich das überaus stolze, sensible und katholische Spanien wiedererkannte.

Aber noch hatte die Verehrung von Pater Franz ihren Gipfelpunkt nicht erreicht. 47 Jahre später fand sich ein Heer von Zeugen, die den Seligen angerufen hatten und nun von seinen Wundertaten berichteten. So sprach ihn der damals regierende Papst Klemens X. am 11. April 1671 heilig. Sein Fest wurde auf den 10. Oktober gelegt. Das *Martyrologium Romanum* begeht es mit den Worten: «In Rom das Gedächtnis des heiligen Franz von Borgia, General der Gesellschaft Jesu, ausgezeichnet durch Strenge des Lebens, Gabe des Gebets, Verzicht auf die Ehren der Welt und Ablehnung kirchlicher Würde.»

DAS WESEN DER BORGIAS: GRÖSSE UND LEIDENSCHAFT

Der heilige Franz war sein Leben lang ein Gegenbild seines Ahns Alexander VI. gewesen. Aber gleichsam wie bei einem buntschillernden Stück Stoff, auf dessen beiden Seiten dieselben eingewirkten Fäden zu sehen sind, kamen im Leben aller Borgias letztlich doch die gleichen Leidenschaften zum Vorschein. In der Gegenwart wirken, dem Willen und den Neigungen freien Lauf lassen, alles dem Ideal opfern, dies bestimmte das Handeln aller Mitglieder der Familie. Der Unterschied lag nur in ihrem Ziel – Gott oder die Menschen. Sie gehorchten einer gebieterischen, ja despotischen inneren Stimme, die sie drängte, die Grenzen des Mittelmäßigen zu sprengen. Mit der gleichen Unbeirrbarkeit verfolgten sie ihren dornigen Lebensweg, vorgegeben vom Streben nach dem Genuß oder der Enthaltsamkeit. Die Borgias waren Entdeckungsreisende im Unmöglichen: Francisco strebte nach einem Reich Gottes auf Erden, Cesare nach einem italienischen Königreich.

Als Vorbild wie als abschreckendes Beispiel kam ihnen das Privileg zu, den Zeitgenossen den rechten Weg zu signalisieren oder als Warnung vor den Klippen zu dienen, die es zu umschiffen galt. Als Quintessenz der Gesellschaft bildeten sie das Element, in dem sich der Zeitgeist kristallisierte. Die Borgias hielten ihren Mitmenschen den Spiegel von Tugend und Laster vor, zeigten scharf konturiert das Gesicht, das die Masse aus Scheu vor dem Urteil der Welt an sich wegzuheucheln suchte. So überschritten die Borgias die Grenzen des Menschlichen.

Sie traten ins Übermenschliche. Nach ihrer himmlischen Apotheose sank ihre Sonne mit prachtvoll verglimmendem Licht. Das Geschlecht des ermordeten Herzogs von Gandia trug noch einige Zeit die Blüten hoher weltlicher und geistlicher Würden. Vizekönigtümer und Kardinalate liegen auf dem Weg einer langen Reihe spanischer Granden, die bis zu Don Mariano Tellez-Giron führte. Don Mariano starb am 2. Juni 1882 ohne Nachkommen. Der vornehme, großadelige Standesherr hatte drei Fürstentümer, acht Herzogtümer, zehn Markgrafschaften, sechzehn Grafschaften, eine Vizegrafschaft und etliche Ritterorden zusammengetragen. Er war zehnfacher spanischer Grande erster Klasse.

Einige Patrizier mit dem Namen Borgia, Abkömmlinge von Seitenlinien, leben noch heute in Italien. Ihnen liegt die gleiche Vitalität im Blut wie einst den kühnen Abenteurern, die vor sechshundert Jahren aus Valencia aufgebrochen waren und in der Welt mit ungewöhnlicher Tatkraft Furore machten.

DIE BORGIAS IM LAUFE DER ZEIT

Die geschichtliche Bedeutung der Borgias ist mit dem Namen Niccolò Machiavelli verknüpft. Wahrhaft unsterblich wurden die Borgias erst durch Machiavellis Abhandlung *De principatibus,* «von den Fürstentümern». Die kurze Abhandlung in 27 Kapiteln wurde in den paar Monaten zwischen Juli und Dezember 1513 abgefaßt und möchte ein Ratgeber für politische Führungspersönlichkeiten sein. Ihr Gegenstand sind die Taten herausragender Akteure auf der Bühne der Geschichte. Die meistgenannte Person neben Alexander VI. ist in der Tat Cesare Borgia: Ihm zu Ehren sollte die Nachwelt den Titel des Werkes ändern und es *Der Fürst* nennen.

Machiavellis scharfsinnig und geistreich konzipierte Abhandlung bildet von jeher die Bettlektüre aller Ehrgeizigen, die ihre Mitmenschen beherrschen wollen, das Rüstzeug, mit dem sie die Macht an sich reißen und behalten können. Machiavelli rät ihnen, moralische Vorschriften, Gesetze und sittliche Normen zu umgehen, um ihren Willen durchzusetzen. Als lebendes Beispiel wird ihnen dieser bedeutende Mann aus dem Geschlecht der Borgias vorgeführt, erhöht zu übermenschlicher Größe. Von seiner Geburtsstunde an hätte man den «Machiavellismus» einen «Borgiarismus» nennen können.

Was an Machiavellis Bericht von Cesares und Alexanders Taten zuweilen unglaubhaft anmutet, wurde jedoch belegt durch einen Text, ein Tagebuch, das sogenannte *Liber notarum* oder *Diarium* des päpstlichen Zeremonienmeisters Johannes Burchard. Nachdem sein Verfasser 1506 gestorben war, verwahrten die Archivare des Vatikans das Werk sorgsam, weil es ihnen in ihrem Alltag nutzte. Das Tagebuch gab ihnen minutiös die Rituale am römischen Hof an, den jeweiligen Platz der Würdenträger bei der Messe, die Aufstellungen in den Prozessionen, die benötigten Sakralgegenstände und den päpstlichen Schmuck, der je nach anstehender liturgischer Feierlichkeit bereitzustellen war. Alle Einzelheiten standen genauestens in diesem «Sakristanführer». Aber Burchard beschrieb nicht nur die Zeremonien, sondern berichtete verschmitzt auch von den Exzessen und Skandalen, von den Gerüchten, die im Vatikan kursierten, und von den Pamphleten, die Rom während der Herrschaft Alexanders VI. geradezu überschwemmten.

Eine solche Informationsquelle kann nicht lange im verborgenen ruhen. Sie ist eine zu wertvolle Ergänzung zu den zeitgenössischen Chroniken. Bald wird das Material denn auch von Historikern aufgearbeitet. Das Tagebuch dient als Quelle für die Papstviten *Historia de vitis pontificum Romanorum*, die als Fortsetzung des Werkes von Bartolomeo Sacchi, genannt Battista Platina, ab 1505 veröffentlicht werden. Platina befruchtet das kritische Denken jener bedeutenden Schriftsteller, die sich bald für die Geschichte der Borgias zu interessieren beginnen. Zwischen 1537 und 1540 schreibt Francesco Guicciardini seine *Storia d'Italia* und macht in ihr hauptsächlich Cesare und seinen Vater für das Elend auf der Apenninhalbinsel verantwortlich, weil sie die ausländischen Truppen ins Land gerufen hätten. So hebt er in seinem historischen Bericht denn auch die «unglaubliche Freude» der Römer hervor, als sie Alexanders Leiche in Sankt Peter betrachteten: «Sie konnten sich nicht sattsehen, als sie die Schlange tot vor sich liegen sahen, die mit ihrem maßlosen Ehrgeiz, ihrer diabolischen Niedertracht, mit jeder erdenklichen Grausamkeit, ungeheurer Wollust und außerordentlichem Geiz unterschiedslos heilige und profane Güter verschachert und mit all dem die ganze Welt angesteckt hatte. Und dennoch hatte man ihn gefeiert, hatte er in seltenem und fast beständigem Wohlstand gelebt, von der frühen Jugend bis zum letzten Atemzug. Stets war er begierig nach mehr und erhielt es auch. Sein Beispiel widerlegt alle, die da meinen, man könne mit einfachen menschlichen Augen den verborgenen göttlichen Ratschluß erkennen, und ebenso jene, die behaupten, alles, was den Menschen an Gutem oder Schlechtem widerfährt, entspringe ihrem Verdienst oder ihren Fehlern.» Eine ernüchternde Erkenntnis: Wirkliche Strafe und Belohnung gibt es für die Menschen wohl doch erst im Jenseits.

Ein anderer bedeutender Historiker, Paolo Giovio oder Paulus Jovius, der Bischof von Nocera, veröffentlicht ab 1550 sein Geschichtswerk *Delle Istorie del suo tempo* und *Gli elogi vite brevemente scritte d'hvomini illvstri*... Giovio erzählt die skandalösesten Geschichten, ohne über die Borgias den Stab zu brechen, ebenso wie Onofrio Panvinio, als er 1557 die *Historia de vitis pontificum romanorum* ein weiteres Mal herausgibt. Gerónimo Zurita y Castre, der Verfasser der *Anales de la corona de Aragón* (1590), widmet einen Band seines Werkes Ferdinand dem Katholischen und behandelt auch einige der Ereignisse, die mit den Borgias zu tun haben. Aber Zurita nimmt an den Borgias keinen Anstoß: Die Nachkommen des Herzogs von Gandia zeigen gerade damals beispielhaft, wie weltlicher Erfolg mit vollkommener Sittlichkeit zu vereinbaren ist.

In der Welt der schuldbewußteren Gegenreformation, die sich am Beispiel Francisco Borgias schult, wird der Glaube gelehrt, daß die Exzesse einer liederlichen Generation durch die Buße einer späteren gesühnt werden können. Einige Schriften sind in diesem Geist verfaßt. Sie stellen die düsteren Aspekte im Leben der Borgias allzusehr heraus. Dies ist der Fall bei der *Vita del duca Valentino* von Tommaso Tomasi, die erst 1655, ein Jahrhundert nach ihrer Entstehung, veröffentlicht wird. 1670 erscheint sie ein weiteres Mal abenteuerlich verfälscht, eine Ausgabe, die Gregorio Leti zu verdanken ist.

Gerade zu dieser Zeit kommt Burchards Tagebuch bei den Gelehrten groß in Mode. Man fertigt zahlreiche Abschriften an, da der Zeremonienmeister, wenn man Onofrio Panvinio glauben darf, als die wichtigste zeitgenössische Quelle angesehen wird. Der Gelehrte Etienne Baluze beschafft ein Exemplar für Colberts Handschriftensammlung, wie es die Mönche der Kongregation Saint-Maur für die Bibliothek ihres Klosters Saint-Germain-des-Prés tun. 1649 veröffentlicht der Gelehrte Denys Godefroy seine *Mémoires des Commines.* Neben anderen Belegen erscheinen darin einige Auszüge aus dem *Diarium,* die sich auf Savonarola beziehen. Godefroys Sohn Théodore zitiert 1684 in seiner Dokumentation *Histoire de Charles VIII.* einige Stellen zum Verhältnis zwischen Alexander VI. und dem französischen König Karl VIII.

Von da an wird nichts mehr über die Borgias und ihre Zeit geschrieben, das nicht das Tagebuch des päpstlichen Zeremonienmeisters wie die Bibel benützte. Der Oratorianer Odorico Rinaldini führt die große Kirchengeschichte fort, die bereits im 16. Jahrhundert unter dem Titel *Annales ecclesiastici* vom päpstlichen Bibliothekar Kardinal Cesare Baronio begonnen worden und bis zur Renaissance fortgediehen war. Rinaldini beruft sich in vielem auf das Tagebuch von Burchard (1646-1677), unterschlägt jedoch die allzu skandalösen Exzesse in der Geschichte der Borgias.

Im *Grand Siècle,* dem französischen Klassizismus, stößt man sich scheinbar nicht an den freizügigen Sitten der Gesellschaft zur Zeit Alexanders VI. Religiosität, Frömmigkeit und Exzesse jeder Art waren miteinander verbunden. Als 1685 Ludwig XIV. das Edikt von Nantes widerruft, ändert sich dies jedoch. Nach dem Ereignis findet ein Umdenken in der Wissenschaft statt. Der große Universalgelehrte Gottfried Wilhelm Leibniz, gleichzeitig Mathematiker, Jurist, Philosoph und Historiker, hatte vergebens an eine Aussöhnung von Katholiken und Protestanten geglaubt. In seiner Enttäuschung flüchtet er sich in die Polemik. Als Bibliothekar beim Herzog von Hannover-Braunschweig besitzt er in seiner Wolfenbütteler Sammlung auch eine Nachschrift von Burchards Tagebuch. 1696 veröffentlicht er in Hannover einige der pikantesten Auszüge unter dem Titel *Specimen Historiae Arcanae, sive anecdotae de vita Alexandri VI Papae.* Der Erfolg des Werkes ist so außerordentlich, daß es sogleich ein zweites Mal aufgelegt wird. In seinem Kommentar hebt der Gelehrte hervor, daß man «niemals einen Hof gesehen hat, der schlimmer mit Verbrechen besudelt war als der Alexanders VI., an dem Schamlosigkeit, Niedertracht und Grausamkeit herrschten, drei der schlimmsten Laster, alle drei gekrönt mit Schurkerei und verhüllt mit dem heiligen Schleier der Religion». Rom ist die Schule der Unmoral.

Der Engländer Alexander Gordon schlägt in die gleiche Kerbe wie Leibniz. 1729 veröffentlicht er in London *The lives of Pope Alexander VI. and his Son Caesar Borgia.* 1732 und 1771 erscheinen dann französische Ausgaben: ein weiterer großer Bucherfolg. Der Herausgeber Pierre Mortier erklärt in einem «Vorwort an den Leser», was ihn zur Herausgabe veranlaßt habe. Der Bericht des Verbrechens, sagt er, sei dem Menschen nützlich, weil er ihn die Tugend lieben und das Laster verabscheuen lehre. Und die Abscheu sei um so größer, als derjenige, der diese Exzesse begangen habe, sich als das Oberhaupt der Kirche Jesu Christi bezeichnete. «Daß der Mensch durch Mißbrauch seiner Verstandeskräfte in die Liederlichkeit gerät, ergibt sich als notwendige Folge aus der Beschaffenheit der menschlichen Natur. Aber daß der Geist Gottes einen Schurken zum Lenker seiner Kirche erwählt, dies läßt einen zweifelsohne in Versuchung geraten, welchen Glaubens man auch sei, mit dem Apostel auszurufen: *oh altitudo Divitiarum!* ... Wenn die Katholiken uns Protestanten beschuldigen, die Schändlichkeiten und das Verbrechertum der Päpste gerne zu veröffentlichen, antworten wir ihnen, daß wir nicht an die Päpste als auserwählte Stellvertreter Christi auf Erden glauben und daß es angesichts ihrer Handlungsweisen in der Geschichte um so gerechtfertigter erscheint, daß wir uns ihrer Herrschaft entzogen haben.»

Der Verfasser Gordon selbst geht in seinem «Vorwort» mit den Betreffenden hart ins Gericht. «In der Geschichte der Borgias», schreibt er, «erschafft der Oberhirte der Herde Christi das Reich der Finsternis und errichtet das Reich des Satans; Lucrezia, die Tochter Alexanders, ist ebenso berühmt für ihre Ausschweifungen, wie es die römische Lucretia für ihre Keuschheit war; nicht weniger berühmt ist Cesare seines doppelten Brudermordes wegen und eines Inzestes, begangen mit seiner Schwester ... Der Sohn zeigte sich seines Vaters würdig durch Meineid, Gift und Mord, die er zum gänzlichen Verderben seiner Feinde einsetzte. Aber schließlich erlebte die Welt als denkwürdiges Beispiel, was ihm der schlechte Ruf eintrug, den er sich mit seinen Verbrechen zugezogen hatte. Vor seinem Tod wurde er aus dem Land gejagt, fiel der öffentlichen Rache anheim, überall wurde seine Tyrannei gestürzt, die man nicht genug verabscheuen kann, was auch immer Machiavelli darüber denkt. So erfüllte sich an seiner Person, was die Alten in ihren Tragödien ersannen, gerade so, als habe die Vorsehung selbst ein Exempel statuieren wollen.» Gordon glaubt im Gegensatz zu Guicciardini, in der Tragödie der Borgias habe sich die weltimmanente Gerechtigkeit gezeigt.

Als ernstzunehmender Historiker zitiert Gordon seine Quellen, aber er stellt Burchard und Machiavelli, Guicciardini und Tommaso Tomasi, Onofrio Panvinio und Pietro Bembo auf eine Stufe, selbst Bembo, der Kardinal wurde und der ein Geschichtswerk, die *rerum venetarum historiae libri*, schrieb. Aber da Gordon nichts Genaues über das Privatleben und die Liebschaften des Papstes weiß, greift er unkritisch auf eine Quelle zurück, auf «eine authentische Abschrift eines Manuskriptes, angefertigt nach einem Original in Rom, das sich in der Vatikanischen Bibliothek befinden soll».

Von diesen etwas zweifelhaft anmutenden Quellen abgesehen, sind die anderen verwendeten Dokumente, von denen einige im Anhang vollständig veröffentlicht wurden – dreiundzwanzig insgesamt –, durchaus glaubwürdig. Man findet darunter Zitate aus Machiavellis *Fürst*, einen Artikel aus dem Wörterbuch von Moreri über die Genealogie der Borgias, einige Passagen von Guicciardini, unter anderem den Bericht vom Tod Alexanders VI., und zahlreiche Auszüge aus Burchards Tagebuch: die öffentlichen Bekanntmachungen von Karl VIII. und Kardinal Péraud, die schriftliche Übereinkunft zwischen Alexander VI. und dem König, die Briefe des Sultans Bajazet an Alexander VI., die päpstlichen Anweisungen an Giorgio Buzardo, Cesares Flucht nach Velletri, der Mord am Herzog von Gandia, Alexanders Beziehungen zu Savonarola, Cesares Verzicht auf das Kardinalat, der Deckeneinsturz im Vatikan und der Brief an Silvio Savelli. Gordons Werk ist die erste Studie über die Borgias mit Quellenangaben.

Der französische Publizist Pierre Bayle nimmt in seinem *Dictionnaire historique et critique* die gleiche verurteilende Haltung ein wie Gordon. Der *Dictionnaire* wurde 1697 veröffentlicht und 1702 in einer weiteren Auflage herausgegeben. Auch Bayle zitiert sorgfältig seine Quellen. Jacques-Georges de Chaufepié bringt 1758 eine Ausgabe heraus, die er *Supplément* oder *Continuation* nennt. Die Ausgabe gibt zusätzliche Quellen an und zitiert unter anderem auch Gordon, aber auch ältere Gewährsmänner wie Tommasi, der noch immer als glaubhafte Autorität in der Borgia-Forschung gilt. Ebenso geht auch Luigi Antonio Muratori in seinen zwischen 1744 und

1749 veröffentlichten *Annali d'Italia* vor. Muratori ist ein bedeutender Archivar des Herzogs von Modena.

Wird auch Wert auf Objektivität der Quellen gelegt, so ist der Bericht stilistisch stets leidenschaftlich gefärbt: In der Tat möchten im Zeitalter der Aufklärung alle Autoren die Verbrechen der Borgias und ihre Verachtung für die private und öffentliche Moral anprangern.

Voltaire in seinem *Essai sur les mœurs* (1756) unterzieht Alexander VI. einer geistreichen Betrachtung: Er zieht den Giftmord des Pontifex in Zweifel, ja er bestreitet, daß die Borgia überhaupt Gift verwendet haben. Unkritisch wiederholt allerdings auch er die Anschuldigungen, Lucrezia habe Inzest getrieben und Cesare Verbrechen begangen. Voltaire anerkennt die positiven geschichtlichen Auswirkungen gewisser Handlungsweisen des Borgia-Papstes, an denen die Zeitgenossen noch keinen Anstoß nahmen. «Alexander VI. hinterließ der europäischen Nachwelt ein schrecklicheres Andenken als die Neros und Caligulas, weil er sich in seiner geheiligten Stellung und seinem Amt schuldiger gemacht hatte. Und dennoch verdankte ihm Rom seine weltliche Größe ... Sein Sohn verlor alle Früchte seiner Verbrechen, Früchte, die die Kirche erntete ... Überraschenderweise wurde diese Religion damals nicht angegriffen: Da die meisten Fürsten, Minister und Kriegsherren keinen Nutzen aus ihr ziehen konnten, beunruhigten sie die Verbrechen des Papstes nicht ... Das abgestumpfte Volk ging auf Pilgerreise. Die Großen mordeten und plünderten. So sahen sie in Alexander nur ihresgleichen, und dabei wurde der Name des Heiligen Stuhls gleichbedeutend mit dem Hort des Verbrechens.»

Friedrich II. von Preußen sollte sich ebenso geschickt und skrupellos zeigen wie die Fürsten der Renaissance. Noch vor seiner Thronbesteigung 1740 schreibt er einen Anti-Machiavell und verwirft in ihm moralisch standhaft die Ratschläge, die der florentinische Sekretär, vom Beispiel Cesare Borgias ausgehend, erteilt.

Jean-Jacques Rousseau, der Theoretiker des *Contrat social*, des «Gesellschaftsvertrags», geißelt wohl die Ausbeutung des Menschen durch seinen Nächsten, findet Machiavellis Bericht von Cesares Untaten jedoch nützlich: Das Volk könne sich bei Machiavelli informieren, welchen Exzessen sich die Großen hingeben, und sich so vor seinen Unterdrückern schützen. Die Geschichte der Borgias diene dem Bürger zur Warnung.

Es überrascht nicht, daß man die gleichen Ansichten bei den Historikern und Publizisten während der Französischen Revolution wiederfindet. Nach einem ersten Schockerlebnis kommt das Nachdenken über Machiavellis Werk in Mode. Im Vorwort zur großen Pariser Machiavelli-Ausgabe im Jahre VII der Großen Revolution äußert der Herausgeber Guiraudet Vorbehalte gegenüber einem Autor, der «den Despoten Unterricht erteilt, wie man das Volk knechtet, sie die Kunst lehrt, wie man seine Fesseln strafft». Aber beim genaueren Lesen sei er ein Schriftsteller, der durchdrungen sei von einer «ebenso aufgeklärten wie glühenden Vaterlandsliebe». Der Florentiner Machiavelli hatte in seinem Livius-Kommentar, den *Discorsi sopra la prima deca di Tito Livio,* die verschiedenen Regierungsformen untersucht und das Ineinandergreifen von Religion und Macht verworfen, wie es im damaligen Kirchenstaat üblich gewesen war: «In diesem Rom, das einst der Mittelpunkt eines Staates war, der mit seiner Macht und seinem Ruhm die Welt bedeckte, folgten alte, gewählte Monarchen aufeinander, von denen keiner einen respektablen Staat zu bilden vermochte ... Man urteile über die Macht eines Herrschers, der gleichzeitig als Stellvertreter Gottes, als Priester, König, heiliger Gesetzgeber und Prophet über Leben und Tod entschied und die Völker und Individuen mit den unauflöslichen Banden verknüpfte, von denen alleine er das Recht und die Macht besaß, sie nach seinem Gutdünken aufzulösen; darüber, daß man auf seinem Haupt eine dreifache Krone sah, einen Gott in seiner Hand, Fürsten und Kaiser zu seinen Füßen, daß er seine Hand und seine Macht beinahe auf den gesamten Erdball erstreckte und an dies oder jenes Volk die neuen Länder verteilte, die man entdecken konnte, und dabei noch mächtiger war als jene Römer, in deren Stadt er saß, die noch einmal zur Hauptstadt der Welt werden sollte.»

Machiavelli hatte es gewagt, Macht und Verbrechen des «römischen Tyrannen» anzugreifen, und wurde deshalb vom internationalen Klerus im Dienste des Papsttums gebrandmarkt. Die Französische Republik sollte ihn rächen. Sie vernichtete die päpstliche Macht und verteidigte damit auch die Interessen Italiens, indem sie ausführte, was Machiavelli gewollt hatte. Denn Machiavelli strebte nach Guiraudet nur das Wohl seines Vaterlandes an, da er die nationalen Tyrannen und die ausländischen Unterdrücker ausmerzen wollte. Die Französische Republik hatte sich Machiavelli zum Vorbild genommen. Die notwendige äußere Sicherheit «war für uns zwingend mit dem Bedürfnis verbunden», fährt Guiraudet fort, «uns als Grenze nach und nach den Rhein von seinem Ursprung bis zur Mündung anzueignen und uns mit Holland und der Schweiz zu verbünden, und mit dieser Liga von Republiken von Basel bis nach Neapel ...»

Im Lichte solcher Erwägungen überdenken die Franzosen natürlich ihre Vorurteile gegenüber Machiavelli und dem Herzog Valentinus. Wie der Florentiner bedauern auch sie «den vorzeitigen Tod einiger Schurken, denen das Glück zur Seite stand, und das ebenfalls unvorhergesehene Ableben Alexanders und seines schrecklichen Sohnes». Hatte Cesare nicht der Tyrannei den Untergang bereiten wollen, damit ein Laienstaat entstehen und sich in ihm später die Freiheit entfalten könnte?

Dies war die Geburtsstunde der wertvollen Einsicht, daß geschichtliche Perspektiven relativ sind. Man begreift Machiavellis Absichten und auch Cesare Borgias Abenteuer dadurch besser: Man ist ein großes Stück abgerückt von dem althergebrachten Bild von der schrecklichen Familie der Borgias.

Daß in der Geschichte der Borgias auch Freiheitsbestrebungen enthalten seien, diesem Schluß begegnet das französische Kaiserreich und die Restauration hingegen mit Mißtrauen. Man denkt weniger über die politischen Absichten der Borgias nach, als daß man wieder Kritik an ihren Sitten vorbringt. Man tut dies allerdings zurückhaltender, denn der Skandal soll nicht auf Kirche und Papsttum zurückfallen, auf die Institutionen, die sich nach den revolutionären Ereignissen wieder etablieren konnten. Der Heilige Stuhl hat seine Territorien zurückgewonnen und zeigt sich nun wieder als engstirnige und reaktionäre Monarchie. Nur allzu leicht könnte man sie ihrer Mißstände wegen angreifen, indem man die Laster der Borgias beschreibt. Die Dichter der Avantgarde werden dies zur Genüge tun.

Alexander VI. und seine Kinder erreichen eine neue Phase ihres Ruhmes, schon deshalb, weil die Renaissance mehr denn je in Mode gekommen ist. Nachdem Victor Hugo bereits die Leichtlebigkeit am Hofe Franz' I. in seinem Werk *Le Roi s'amuse* heftig gegeißelt hatte, macht er Lucrezia Borgia zur Heldin eines Dramas, das im Pariser Theater Porte-Saint-Martin im Februar 1833 aufgeführt wird.

Das Vorwort des Stückes ist bemerkenswert: «Was ist Lucrezia Borgia? Nehmen Sie die abscheulichste, widerwärtigste und abgründigste moralische Mißbildung und stecken Sie sie dorthin, wo sie am stärksten hervorsticht, nämlich ins Herz einer Frau, die mit körperlicher Schönheit und königlicher Größe ausgestattet ist; eine Frau, die alle Bedingungen erfüllt, unter denen das Verbrechen besonders auffällt; und nun mischen Sie dieser mißgebildeten Seele ein aufrichtiges Gefühl bei, das aufrichtigste, das eine Frau zu empfinden vermag, nämlich die Mutterliebe; pflanzen Sie eine Mutter in unser Ungeheuer, und das Ungeheuer wird Interesse finden, zu Tränen rühren. Das Geschöpf, das Furcht erregte, wird Mitleid erzeugen, und die mißgestaltete Seele wird in Ihren Augen fast schön werden . . .»

Victor Hugos Stück ist eine fiktive «Anti-Lucrezia», die ihr Autor als solche zu rechtfertigen sucht: «Angesichts der Kritik wird der Autor schweigen . . . Sicherlich könnte er auf mehr als auf einen der Einwände antworten . . . Denen, die ihm vorwerfen, er habe Lucrezias Verbrechen übertrieben, könnte er sagen: Lesen Sie Tommasi, lesen Sie Guicciardini, lesen Sie vor allem das *Diarium*. Denen, die ihn beschuldigen, er habe beim Tod von Lucrezias Gatten Anleihen beim volkstümlichen, halb erlogenen Gerede gemacht, würde er antworten, daß die Gerüchte im Volk häufig die

Wahrheit der Dichter sind.» Eine gelungene Ausflucht, mit der Hugo pedantischen Historikern eine lange Nase dreht. Schließlich schätzt sich der Dichter glücklich, der monströsen Lucrezia menschliche Eingeweide eingepflanzt zu haben. Möge ihm sein Werk ein ruhiges Gewissen und ein heiteres Gemüt bescheren!

Fantastisch ausgeschmückt durchdringen Verbrechen sein ganzes Stück: «Ich sah Lucrezia Borgia nur von weitem (...), wie ein furchtbares Gespenst, das sich über ganz Italien erhebt, wie zum Schreckbild aller», ruft Gennaro, der heimliche Sohn Lucrezias. Und natürlich spielt auch das Gift der Borgias eine wesentliche Rolle: «Ein gefährliches Gift», sagt Lucrezia, «ein Gift, bei dessen alleinigem Gedanken jeder Italiener erbleicht, wenn ihm die Ereignisse der letzten zwanzig Jahre bekannt sind ... Niemand auf der Welt kennt das Gegengift zu dieser schrecklichen Mixtur, niemand außer dem Papst, dem Herrn Valentinus und mir.»

Gift und Dolch spielen auch im Werk Alexandre Dumas' eine wichtige Rolle. Dumas räumt den Borgias einen vorrangigen Platz im ersten Band seiner Serie *Les Crimes célèbres* ein, in jenem Buch, das zwischen 1839 und 1893 ständig neu aufgelegt wird. Der berühmte Jakob Burckhardt, der Verfasser der *Cultur der Renaissance in Italien,* hält noch unerschütterlich am Glauben an das «gnadenlose Gift» fest: «Wem aber die Borgias mit offener Gewalt nicht beikamen, der unterlag ihrem Gift.» In *La Renaissance* vertritt Jules Michelet dieselbe Ansicht: «Wenn sie Geld benötigten, pflegten Vater und Sohn kurzen Prozeß mit einem Kardinal zu machen.» Aber man findet bald heraus, daß so viel Blut nicht geflossen sein kann. Gründliche Historiker überprüfen die Beweisstücke der Anklage und führen geduldig Recherchen in Archiven und Bibliotheken. So entstehen in philologischer Kleinstarbeit neue Textausgaben der Dokumente, in denen sich die stark veränderte Sehweise einer Epoche widerspiegelt.

Ermutigt von der neuen Stimmung, glauben gewisse fromme Adepten, für sie sei die Stunde gekommen, die Borgias endlich voll zu rehabilitieren. 1858, 1870 und 1880 veröffentlichen nacheinander ein gewisser Cerri, ein Abbé Ollivier und ein Pater Andrea Leonetti regelrechte Hagiographien über Alexander VI. Alles zuvor über den Papst Veröffentlichte sollte nun falsch sein. Der Papst habe nie Kinder gehabt. Die Nachkommen, die man ihm andichtete, seien seine Neffen gewesen, die Söhne eines unbekannten Bruders ... oder er habe geheiratet, bevor er in den geistlichen Stand getreten sei. Graf Henri de L'Epinois, ein vorzüglicher Gelehrter und frommer Katholik, greift 1881 zur Feder und widerlegt in der *Revue des questions historiques* das verzerrte Borgia-Bild. Bereits 1873 hatte Pater Matagne in der gleichen Zeitschrift den Abbé Ollivier widerlegt, was auch die Jesuitenpatres in der *Civiltà Cattolica* getan hatten. L'Epinois sprach im

Namen der historischen Wissenschaft, gehorchte jedoch, wie er sagte, vor allem «dem starken Drang seines Geistes, die Wahrheit, und zwar die ganze Wahrheit, zu sagen, auch unter der Gefahr, einen Papst und eine Epoche zu verdammen, die für die Kirche eine der größten Prüfungen waren».

Während des Rehabilitierungsstreites bemüht man sich stark darum, neues Dokumentationsmaterial über die Borgias ausfindig zu machen. 1866 widmet Giuseppe Campori Lucrezia eine Studie mit dem bezeichnenden Titel *Una vittima della Storia* (Ein Opfer der Geschichtsschreibung). Campori verarbeitet in seiner Studie zahlreiches Material, das er in den Archiven der Este in Modena entdeckt hatte. Der deutsche Gelehrte Gregorovius, ein ausgezeichneter Kenner römischer Geschichte, wartet mit weiteren 65 grundlegenden Dokumenten auf, von denen er mehrere in Rom, aber auch in Modena und Mantua ausgegraben hatte. Gregorovius' umfangreiche Biographie *Lucrezia Borgia* wird 1874 in Stuttgart veröffentlicht, 1876 ins Französische und ins Italienische übersetzt. Die Biographie war für die wissenschaftliche Betrachtung der Geschichte der Borgias tatsächlich von entscheidender Bedeutung.

Kurz nach der Enstehung von Gregorovius' Werk schreibt der brillante Gelehrte Ludwig von Pastor die *Geschichte der Päpste seit dem Ausgang des Mittelalters,* ein grundlegendes wissenschaftliches Werk. Denn dreihundert Jahre lang waren die vatikanischen Geheimarchive den Forschern nicht zugänglich gewesen. 1888 hatte sie Papst Leo XIII. schließlich geöffnet und Pastor Einblick in die Archive für Konsistorialsachen gewährt. Auch zu den 113 Bänden der Bullen und Breven Alexanders VI. in der päpstlichen Kanzlei hatte Pastor Zugang. Der Gelehrte vergleicht das Material mit einer Menge anderer Dokumente, die bisher kaum oder gar nicht bekannt waren und aus fast achtzig europäischen, vornehmlich italienischen Bibliotheken und Archiven stammten. Der dritte Band von Pastors Papstgeschichte, der sich mit Alexander VI. befaßt, wird 1895 veröffentlicht und 1898 ins Französische übertragen. Er wird mehrfach neu aufgelegt und mit Zusätzen versehen, bis 1951 schließlich eine letzte, italienische Ausgabe von Angelo Mercati und Pio Cenci herausgegeben wird. Pastor, der sich in seinem Werk um Objektivität und Aufrichtigkeit bemüht, verhehlt nicht die Verfehlungen Alexanders VI. Bei der Erklärung für das mitunter korrupte Verhalten des Papstes zieht Pastor verschiedene, zum Teil widersprüchliche Dokumente heran. Die Dokumente entnimmt er den Textausgaben, die zu jener Zeit gleichzeitig mit zusammenfassenden Werken herausgegeben werden; so zum Beispiel die *Diarii,* eine Art tagebuchhafter Berichterstattung über das Tagesgeschehen, geschrieben zwischen 1496 und 1523 von dem Venezianer Marino Sanudo. Seine Tagebücher in

58 großen Bänden werden zwischen 1879 und 1902 in Venedig veröffentlicht. Zwischen 1912 und 1937 werden die Tagebücher von Priuli veröffentlicht, die zwischen 1494 und 1512 geschrieben worden waren. Der flämische Gelehrte Peter De Roo kompiliert eine beachtliche Anzahl von Quellen zu den Borgias, die meisten sind allerdings bereits bekannt. Sein fünfbändiges Werk *Material for a History of Pope Alexander VI.* erscheint 1924 in Brügge und New York und wird 1952 erneut in Spanien aufgelegt.

Zu Beginn des 20. Jahrhunderts sind die meisten Zeugnisse über die Borgias bereits veröffentlicht oder mit einer Teilausgabe bedacht. Als Zeugen der Zeit dienen Diplomaten oder Auskunftsbeamte wie der Venezianer Giustinian, der Bischof von Modena, Gianandrea Bocciaccio, der Ferrarese Beltrando Costabili, Gerardo Saraceni und Ettore Bellingeri. Von geringerer Bedeutung sind Bernardino di Prosperi, der Priester da Correggio, Informant Isabella d'Estes, oder die Chronisten der verschiedenen italienischen Städte, die von Neuigkeiten über die Borgias berichteten. Da die beiden Borgia-Päpste aus Spanien stammten, befaßten sich vor allem spanische Gelehrte mit ihnen. Es sei nur das Werk von Sachis Sivera *El obispo de Valencia Don Alfonso de Borja (Calixto III), 1429-1458*, angeführt, das 1926 in Madrid erschienen ist; oder die erst kürzlich erschienenen Studien des Katalanen Miquel Batllori, vor allem *La correspondencia d'Alexandre VI ambels seus familiars y ambels Reis catòlicos*.

Gleichzeitig mit diesen tiefergehenden Studien entstehen zahlreiche Werke über die Borgias, in denen sich die geschichtswissenschaftlichen Methoden und die Vorurteile ihrer Entstehungszeit widerspiegeln.

Frederick William Rolfe veröffentlicht 1901 unter dem Pseudonym Baron Corvo seine *Chronicles of the House of Borgia*, ein in überschwenglichem Stil geschriebenes Werk, das 1984 noch ins Französische übersetzt wurde. Das vornehmlich leidenschaftliche, wenig kritische Werk ist in jener Strömung anzusiedeln, mit der die Borgias rehabilitiert werden sollten. Sein Autor versucht sich in einer historischen Psychologie, wie sie auch Emile Gebhart in *Les Borgia*, in seiner Essaysammlung *Moines et Papes*, Paris, 1907, betreibt. Gebharts Arbeit kennzeichnet ein Relativitätsbegriff, der sich bei Louis Gastine wiederfindet. Gastine ist der Verfasser eines historischen Romans über Lucrezia und einer späteren Geschichtsstudie über Cesare Borgia, die 1911 in Paris erscheint. Rüstzeug für die Arbeit ist für den Verfasser «psychologisches Einfühlungsvermögen» und «Überprüfung und Selektion, wie sie sich aus der vergleichenden Geschichtswissenschaft ergeben». Gastine betrachtet Cesare rein als Produkt seiner Umwelt. Etwas später analysiert der mailändische Arzt Giuseppe Portigliotti in *I Borgia* (Mailand, 1921) als Psychiater die Charaktere und das Verhalten der Familie. In seinem umsichtig geschriebenen und fruchtbar wirkenden Buch nimmt er die aufsehenerregendsten und skandalösesten Hypothesen als durchaus wahrscheinlich an. Aber er stellt dabei die verschiedenen Thesen vor, anders als die «Romanciers», denen es vornehmlich um eine farbige und dramatische Rekonstruktion der Ereignisse geht wie Michel Zévaco. Zévaco hat die vor Ausschmückungen überquellenden, 1907 in Bukarest erschienenen *Borgia* verfaßt. Er läßt seiner Phantasie völlig freien Lauf. Das Buch kann daher nicht als ernsthaftes historisches Werk bestehen.

In neuerer Zeit fehlt es nicht an gelungenen historischen Essays: Frantz Funck-Brentano (1932), Rafaele Sabatini (1937), Fred Berence (1927), Gonzague Truc (1939), J. Lucas-Dubreton (1952), Marcel Brion (1979), um nur einige der bekannten Namen zu nennen. Viele reden einer Rehabilitierung der Borgias das Wort, wobei einige den Mittelweg beschreiten, wie Giovanni Soranzo (Mailand, 1950), während andere die Borgias auf überzogene Weise zu verteidigen suchen; so Oreste Ferrara 1938 in seinem *El Papa Borgia.* Das Buch erschien 1957 in deutscher Übersetzung unter dem Titel *Alexander VI. Borgia.*

Von den Studien, die sich bestimmten Mitgliedern der Familie widmen, versuchen die meisten, Licht in die Persönlichkeit von Cesare Borgia zu bringen. Alvisi (1878) untersucht Cesare als Herzog der Romagna, Yriarte (1889) verfolgt sein Leben bis zum Tod in Navarra, und Woodward (1913) zeichnet genau Cesares Feldzüge nach. Nach Gregorovius stammt die beste Lucrezia-Biographie von Maria Bellonci, deren zwischen 1939 und 1970 ständig neu aufgelegtes Werk das breiteste Publikum erreicht hat. Die Familie Borgia in ihrer Gesamtheit wird von L. Collison-Morley in seiner *Story of the Borgias* (London, 1934) behandelt, ihre politischen Intrigen von Gabriele Pepe mit *La politica dei Borgia* (Neapel, 1945) und ihre Umgebung von Emmanuel Rodocanachi in seinem Buch *Histoire de Rome. Une cour princière au Vatican pendant la Renaissance, Sixte IV, Innocent VIII, Alexandre VI Borgia, 1471-1503* (Paris, 1925).

Man hatte die Vorgaben an schriftlichen Dokumenten und wissenschaftlichen Ergebnissen von vier Jahrhunderten bearbeitet und dabei nach Objektivität gestrebt. Es blieb noch zu zeigen, wie die Borgias geduldig in einer Kette von Ereignissen aufgestiegen waren. Ans Tageslicht zu fördern war auch das Zusammenwirken individueller Schicksale zur Erlangung eines kollektiven Ziels, das von allen Mitgliedern der Gruppe akzeptiert wurde. Es erwies sich als nützlich, die Entwicklung der individuellen Verhaltensweisen und Haltungen angesichts von Schicksalsschlägen herauszuarbeiten und dabei die Wechselwirkung zwischen privater Leidenschaft und dem tiefen Wandel in der Gesellschaft hervorzuheben.

Als Sippe betrachtet, bilden die Borgias ein Musterbild vollkommener sozialer Verbundenheit. Sind sie auch auf verschiedene Nationalitäten verteilt, so stellen sie doch ein Probestück für bemerkenswerte menschliche Solidarität dar. Als ein Ganzes unter die Lupe genommen, bieten die Borgias besser als in einer Studie über eine Einzelperson den Schlüssel zum Verständnis einer Welt, die mit individuellen und kollektiven Werten schwanger geht, mit Werten, die Werte des modernen Menschen werden sollen.

Heutzutage erscheinen dem privilegierten Zeitgenossen die Borgias nicht mehr in jener finsteren Aura, die sich im Laufe der Jahrhunderte um sie gebildet hatte. Aber nach wie vor ist der Betrachter auf sein Vorstellungsvermögen angewiesen.

Auch heute sind wir vorbelastet, wenn wir uns den Borgias nähern. Wir müssen dies einsehen und Nutzen aus der Einsicht ziehen. Mögen die Borgias, deren Mythen und deren Realität, anstatt in Vergessenheit zu geraten, sich im Laufe der Zeit wieder belebt haben, uns gestern wie heute nachdenklich stimmen und anregen zum Denken und Träumen!

ANHANG

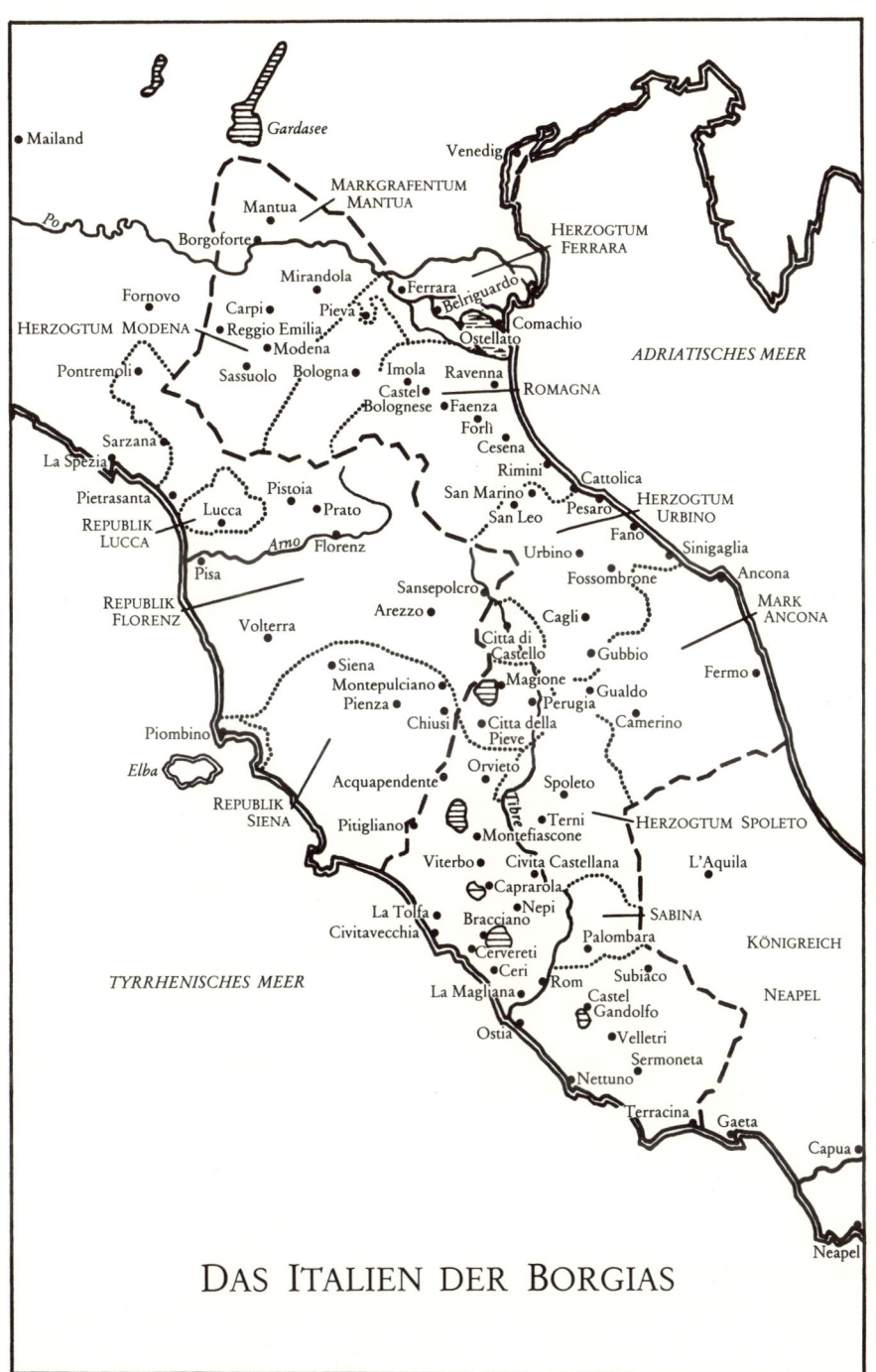

Mailand

Gardasee

Venedig

MARKGRAFENTUM
MANTUA

Mantua

Po

Borgoforte

HERZOGTUM
FERRARA

Mirandola

Fornovo

Carpi

Pieva

Ferrara

Belriguardo

Comachio

HERZOGTUM MODENA

Reggio Emilia

Modena

Ostellato

ADRIATISCHES MEER

Pontremoli

Sassuolo

Bologna

Imola

Ravenna

Castel
Bolognese

Faenza

ROMAGNA

Sarzana

Forlì

La Spezia

Cesena

Pietrasanta

Pistoia

Rimini

San Marino

Cattolica

REPUBLIK
LUCCA

Lucca

Prato

Arno

San Leo

Pesaro

HERZOGTUM
URBINO

Fano

Pisa

Florenz

Urbino

Sinigaglia

Ancona

REPUBLIK
FLORENZ

Sansepolcro

Fossombrone

MARK
ANCONA

Volterra

Arezzo

Cagli

Gubbio

Citta di
Castello

Fermo

Siena

Magione

Montepulciano

Perugia

Gualdo

Pienza

Chiusi

Citta della
Pieve

Camerino

Piombino

Elba

REPUBLIK
SIENA

Acquapendente

Orvieto

Spoleto

Tiber

Terni

HERZOGTUM SPOLETO

Pitigliano

Montefiascone

Viterbo

Civita Castellana

L'Aquila

Caprarola

La Tolfa

Bracciano

Nepi

SABINA

Civitavecchia

Cervereti

Palombara

KÖNIGREICH

Ceri

TYRRHENISCHES MEER

La Magliana

Rom

Subiaco

NEAPEL

Castel
Gandolfo

Ostia

Velletri

Sermoneta

Nettuno

Terracina

Gaeta

Capua

Neapel

DAS ITALIEN DER BORGIAS

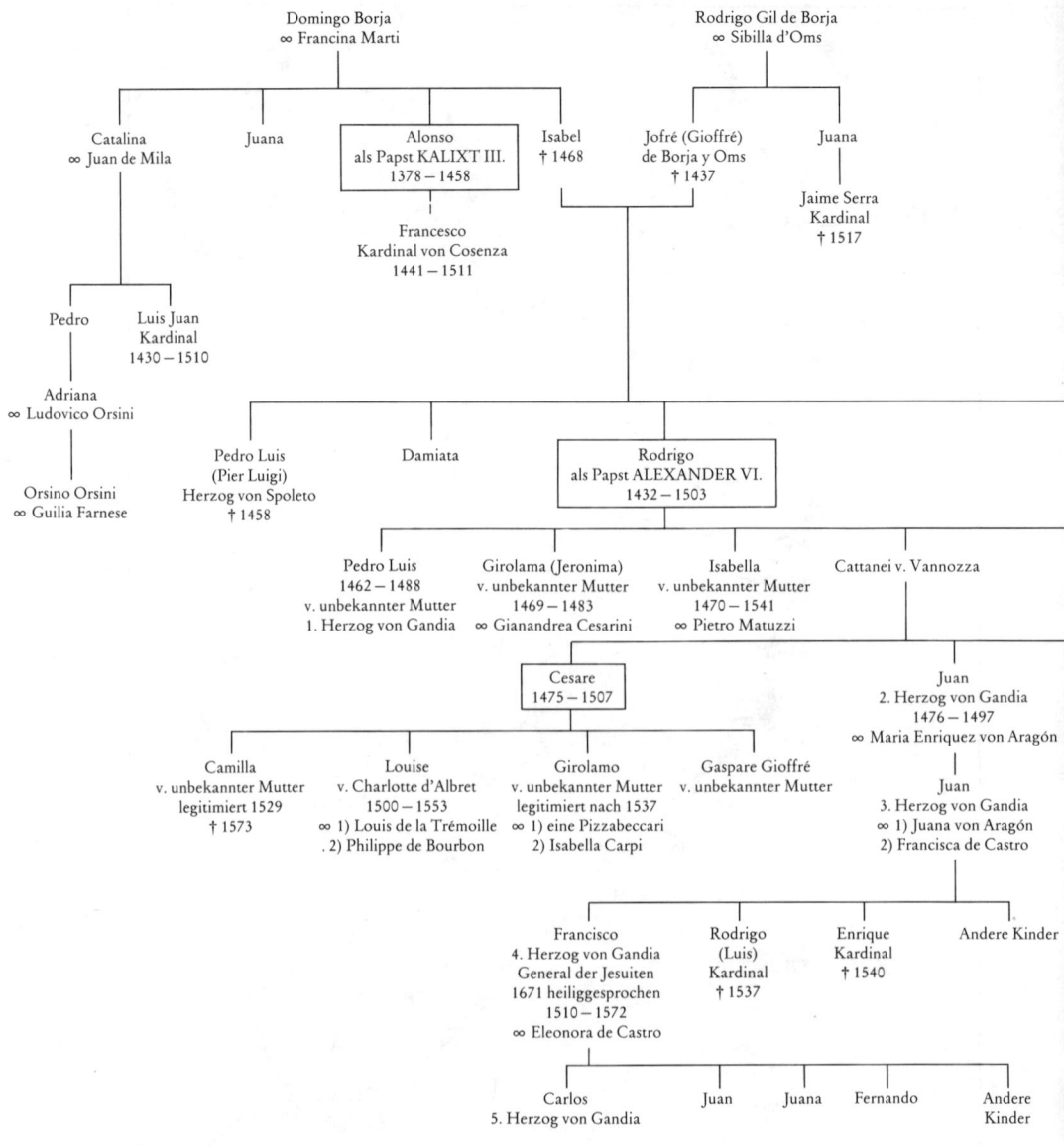

Domingo Borja
∞ Francina Marti

Rodrigo Gil de Borja
∞ Sibilla d'Oms

Catalina
∞ Juan de Mila

Juana

Alonso
als Papst KALIXT III.
1378 — 1458

Isabel
† 1468

Jofré (Gioffré)
de Borja y Oms
† 1437

Juana

Jaime Serra
Kardinal
† 1517

Francesco
Kardinal von Cosenza
1441 — 1511

Pedro

Luis Juan
Kardinal
1430 — 1510

Adriana
∞ Ludovico Orsini

Orsino Orsini
∞ Guilia Farnese

Pedro Luis
(Pier Luigi)
Herzog von Spoleto
† 1458

Damiata

Rodrigo
als Papst ALEXANDER VI.
1432 — 1503

Pedro Luis
1462 — 1488
v. unbekannter Mutter
1. Herzog von Gandia

Girolama (Jeronima)
v. unbekannter Mutter
1469 — 1483
∞ Gianandrea Cesarini

Isabella
v. unbekannter Mutter
1470 — 1541
∞ Pietro Matuzzi

Cattanei v. Vannozza

Cesare
1475 — 1507

Juan
2. Herzog von Gandia
1476 — 1497
∞ Maria Enriquez von Aragón

Camilla
v. unbekannter Mutter
legitimiert 1529
† 1573

Louise
v. Charlotte d'Albret
1500 — 1553
∞ 1) Louis de la Trémoille
. 2) Philippe de Bourbon

Girolamo
v. unbekannter Mutter
legitimiert nach 1537
∞ 1) eine Pizzabeccari
2) Isabella Carpi

Gaspare Gioffré
v. unbekannter Mutter

Juan
3. Herzog von Gandia
∞ 1) Juana von Aragón
2) Francisca de Castro

Francisco
4. Herzog von Gandia
General der Jesuiten
1671 heiliggesprochen
1510 — 1572
∞ Eleonora de Castro

Rodrigo
(Luis)
Kardinal
† 1537

Enrique
Kardinal
† 1540

Andere Kinder

Carlos
5. Herzog von Gandia

Juan

Juana

Fernando

Andere
Kinder

STAMMTAFEL DER BORGIAS

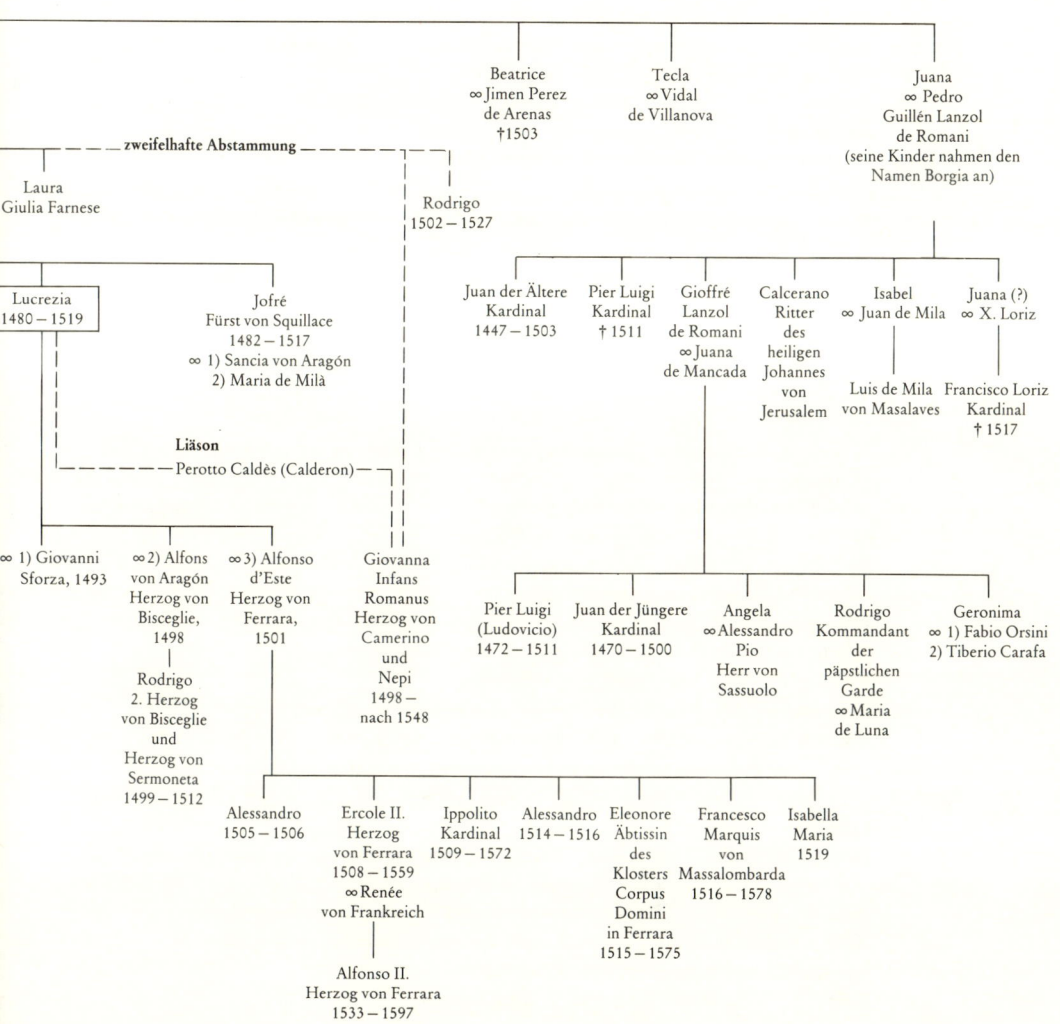

Beatrice
∞ Jimen Perez
de Arenas
†1503

Tecla
∞ Vidal
de Villanova

Juana
∞ Pedro
Guillén Lanzol
de Romani
(seine Kinder nahmen den
Namen Borgia an)

zweifelhafte Abstammung — — — — — —

Laura
, Giulia Farnese

Rodrigo
1502 – 1527

Lucrezia
1480 – 1519

Jofré
Fürst von Squillace
1482 – 1517
∞ 1) Sancia von Aragón
2) Maria de Milà

Juan der Ältere
Kardinal
1447 – 1503

Pier Luigi
Kardinal
† 1511

Gioffré
Lanzol
de Romani
∞ Juana
de Mancada

Calcerano
Ritter
des
heiligen
Johannes
von
Jerusalem

Isabel
∞ Juan de Mila

Juana (?)
∞ X. Loriz

Luis de Mila
von Masalaves

Francisco Loriz
Kardinal
† 1517

Liäson

— — — Perotto Caldès (Calderon) — — —

∞ 1) Giovanni
Sforza, 1493

∞ 2) Alfons
von Aragón
Herzog von
Bisceglie,
1498

Rodrigo
2. Herzog
von Bisceglie
und
Herzog von
Sermoneta
1499 – 1512

∞ 3) Alfonso
d'Este
Herzog von
Ferrara,
1501

Giovanna
Infans
Romanus
Herzog von
Camerino
und
Nepi
1498 –
nach 1548

Pier Luigi
(Ludovicio)
1472 – 1511

Juan der Jüngere
Kardinal
1470 – 1500

Angela
∞ Alessandro
Pio
Herr von
Sassuolo

Rodrigo
Kommandant
der
päpstlichen
Garde
∞ Maria
de Luna

Geronima
∞ 1) Fabio Orsini
2) Tiberio Carafa

Alessandro
1505 – 1506

Ercole II.
Herzog
von Ferrara
1508 – 1559
∞ Renée
von Frankreich

Ippolito
Kardinal
1509 – 1572

Alessandro
1514 – 1516

Eleonore
Äbtissin
des
Klosters
Corpus
Domini
in Ferrara
1515 – 1575

Francesco
Marquis
von
Massalombarda
1516 – 1578

Isabella
Maria
1519

Alfonso II.
Herzog von Ferrara
1533 – 1597

1377 Papst Gregor XI. verläßt Avignon und kehrt nach Rom zurück.

1378 Gregor XI. stirbt. Neben Papst Urban VI. wird Klemens VII. als Gegenpapst gewählt. Beginn des großen abendländischen Schismas.
Geburt von Alonso de Borja in Játiva.
Vincente Ferrer beginnt im Königreich Valencia zu predigen.

1379 Klemens VII. läßt sich in Avignon nieder.

1380 Karl V. von Frankreich stirbt. Karl VI. besteigt den Thron. Klemens VII. läßt Ludwig von Anjou durch Königin Johanna I. von Neapel adoptieren.

1381 Karl von Durazzo, ein Verfechter Urbans VI., reißt Neapel an sich.

1386 Karl von Durazzo stirbt. Ladislaus wird König von Neapel.

1387 Ludwig von Orléans, ein Bruder von Karl VI., vermählt sich mit Valentina Visconti von Mailand.

1392 Der französische König Karl VI. verfällt dem Wahn.
Alonso de Borja studiert in Lérida.

1394 Die Pariser Universität interveniert, um das Schisma zu beenden. Klemens VII. stirbt. Pedro de Luna wird zum Avignon-Papst Benedikt XIII. gewählt.

1398 Die christlichen Länder verständigen sich und verweigern beiden Päpsten die Obedienz.
Alonso de Borja unterstützt mit Vincente Ferrer Benedikt XIII.

1403 Benedikt XIII. flieht aus Avignon. Frankreich erneuert den Obedienzeid gegenüber dem Papst.

1404 Innozenz VII. folgt in Rom Papst Bonifaz IX.
Philipp der Kühne, Herzog von Burgund, stirbt: Johann ohne Furcht folgt ihm auf den französischen Thron.
Beginn der Bauarbeiten zur Kartause von Pavia. Ghiberti beginnt seine Arbeiten zu den Bronzetüren des Baptisteriums in Florenz.
Venedig besetzt Padua, Verona und Vicenza.

1406 Gregor XII. folgt Innozenz VII. in Rom.
Florenz besetzt Pisa.

1407 Johann ohne Furcht läßt Herzog Ludwig von Orléans ermorden.
Johann Hus verbreitet seine Lehre in Böhmen.

1408 Zum zweiten Mal wird beiden Päpsten die Obedienz entzogen.
Die Parteigänger Benedikts XIII. versammeln sich zum Konzil in Perpignan.

1409 Das Konzil von Pisa setzt beide Päpste ab. Papst Alexander V. wird gewählt.

1410 Alexander V. stirbt. Johannes XXIII. wird gewählt. Die Hussiten in Böhmen erheben sich.
König Martin von Aragón stirbt; nach zweijährigem Interregnum wird Ferdinand, der Sohn seiner Schwester Eleonore, zum Thronfolger designiert.
Benedikt XIII., der in Barcelona residiert, greift in die Wahl des neuen aragonesischen Königs Martin ein. Alonso de Borja erhält königliche Gnaden.
Sigismund von Ungarn wird König der Römer.
Benedikt XIII. läßt sich erstmals in Peñiscola nieder.

1413   Johannes XXIII., von Ladislaus von Neapel aus Rom vertrieben, verhandelt mit Kaiser
        Sigismund und beruft das Konzil von Konstanz ein.
1414   Das Konzil von Konstanz wird eröffnet. Johann Hus wird verhaftet und auf dem Kon-
        zil verurteilt.
1415   Johannes XXIII. wird abgesetzt. Gregor XII. dankt ab.
        Sigismund und der König von Aragón kommen überein, Benedikt XIII. abzusetzen.
        Niederlage von Azincourt der Franzosen gegen die Engländer. In Böhmen schließen
        sich die Hussiten zusammen. Johann Hus wird verbrannt. Sein Schüler Hieronymus
        von Prag widerruft die Lehre.
        Die Portugiesen nehmen Ceuta in Afrika ein.
1416   Ferdinand I. von Aragón stirbt. Alfons V. steigt auf den Thron.
        Alonso de Borja wird Ratgeber Alfons' V.
1417   Benedikt XIII. wird abgesetzt. Martin V. wird vom Konzil zum Papst gewählt.
1418   Massaker an den Armagnacs – den Parteigängern der Familie von Orléans – durch die
        Burgunder.
        Der englische König Heinrich V. besetzt die Normandie.
        Unter der Führung von Heinrich dem Seefahrer landen die Portugiesen in Madeira.
1419   Die Hussiten bringen Prag in ihre Gewalt. Ende des Konstanzer Konzils.
        Benedikt XIII. zieht sich endgültig nach Peñiscola zurück.
        Johann ohne Furcht wird auf der Seinebrücke zu Montereau ermordet. Sein Sohn
        Philipp der Gute, Herzog von Burgund, verbündet sich mit Heinrich V.
        Vincente Ferrer stirbt.
1420   Vertrag von Troyes: Heinrich V. von England wird zum Regenten des Königreiches
        und zum Erben der Krone Frankreichs erklärt.
        Martin V. predigt den Kreuzzug gegen die Hussiten.
        Johanna II. von Neapel bestimmt Alfonso V., König von Sizilien und Aragón, zu ihrem
        Erben und bittet um Hilfe gegen Ludwig von Anjou.
1422   Heinrich V. von England und Karl VI. von Frankreich sterben. Heinrich VI. und
        Karl VII. steigen auf den Thron.
        Benedikt XIII. erhebt zum letzten Mal Kardinäle.
1423   Erste Belagerung Konstantinopels durch die Türken (Sultan Murad II.).
        Benedikt XIII. stirbt.
        Gil Sanchez Muños wird zum Gegenpapst Klemens VIII. gewählt.
1426   *Klemens VIII. läßt sich in Peñiscola krönen.*
1429   Klemens VIII. dankt ab. *Mission von Alonso de Borja nach Peñiscola.*
        Alonso de Borja wird zum Bischof von Valencia ernannt.
        Jeanne d'Arc befreit Orléans.
        Salbung Karls VII.
1430   Murad II. erobert Saloniki und Janina.
        Das Konzil von Basel wird einberufen.
        Martin V. stirbt. Eugen IV. wird gewählt.
        Heinrich der Seefahrer besetzt die Azoren.
        Alonso de Borja wird Erzieher von Ferrante, dem Bastardsohn Alfons' V.
1432   *Rodrigo Borja, der Neffe Alonsos, wird in Játiva geboren.*
1433   Kaiser Sigismund wird in Rom von Eugen IV. gekrönt. Er erhebt Mantua zur Mark-
        grafschaft.
1434   Ludwig III. von Anjou, der Erbe Neapels, stirbt. Johanna II. setzt René von Anjou, sei-
        nen Bruder, zum neapolitanischen Thronerben ein.
1435   Johanna II. von Neapel stirbt. Alfons V. von Aragón macht gegenüber von René von

Anjou Ansprüche auf die neapolitanische Krone geltend. Friede von Arras zwischen Philipp dem Guten, dem Herzog von Burgund, und Karl VII.

Johannes Corvinus Hunyadi, der Woiwode von Siebenbürgen, verteidigt Belgrad und bringt Murad II. eine Niederlage bei.

1436   Karl VII. verjagt die Engländer aus Paris.

1439   Verlegung des Konzils von Basel nach Ferrara, später nach Florenz. Union der West- mit der Ostkirche.

Die in Basel verbliebenen Patres setzen Eugen IV. ab und wählen an seiner Stelle Amadeus, den Herzog von Savoyen, als Felix V. zum Papst.

1440   Friedrich von Österreich wird Kaiser Friedrich III. Der Buchdruck wird erfunden.

1442   Alfons V. eignet sich Neapel an.
Alonso de Borja nimmt an der Staatsorganisation von Neapel teil.

1443   *Alonso de Borja schließt für Alfons V. mit Papst Eugen IV. ein Bündnis.*

1444   Die Christen werden vor Warna vernichtend von den Türken geschlagen. Der Ungarnkönig Wladislaw III. stirbt.
Alonso de Borja wird Kardinal.

1447   Der mailändische Herzog Filippo Maria Visconti stirbt. Sein Schwiegersohn Francesco Sforza übernimmt die Macht. Rom und Neapel verbünden sich gegen Mailand. Eugen IV. stirbt. Nikolaus V. wird gewählt.

1452   *Kaiser Friedrich III. wird in Rom gekrönt und begibt sich anschließend nach Neapel.*

1453   In Rom scheitert die Porcaro-Verschwörung. Konstantinopel fällt Mohammed II. in die Hände.

1454   Friede von Lodi; Mailand und Venedig verbünden sich.

1455   In England beginnt der «Rosenkrieg». Heinrich VI. wird abgesetzt.
Nikolaus V. stirbt. Alonso de Borja wird zum Papst Kalixt III. gewählt und organisiert den Kreuzzug gegen die Türken.

1456   Jeanne d'Arc wird rehabilitiert. *Kalixt III. setzt erstmals Verwandte in wichtige kuriale Ämter ein.*
Rodrigo Borgia wird Kardinal.
Johannes Hunyadi zwingt Mohammed II., die Belagerung von Belgrad aufzuheben.

1458   Matthias Corvinus, Hunyadis Sohn, wird zum König von Ungarn ernannt. Georg Podiebrad wird zum König von Böhmen proklamiert.
Alfons V. stirbt. Sein Sohn Johann II. folgt ihm in Aragón auf den Thron, sein Bastard Ferrante in Neapel.
Tod Kalixts III. Wahl Pius' II.

1459   Kongreß von Mantua zur Wiederaufnahme des Kreuzzuges.

1461   Tod Karls VII. von Frankreich.
Ludwig XI. besteigt den Thron.
Die Alaunminen in La Tolfa werden entdeckt.

1464   *Tod Pius' II. Wahl Pauls II.*

1465   Entstehung der «Ligue du Bien publique». In der Schlacht bei Montlhéry kämpfen aufständische Lehensherren gegen Ludwig XI.

1467   Karl der Kühne wird Herzog von Burgund.

1468   Der kastilische Adel setzt Isabella als Nachfolgerin ihres Bruders Heinrich IV. von Trastamara ein. Vertrag von Péronne zwischen Ludwig XI. und Karl dem Kühnen, der Lüttich einnimmt und niederbrennen läßt.

1469   Isabella von Kastilien heiratet Ferdinand von Aragón. Lorenzo il Magnifico übernimmt die Herrschaft in Florenz.

1471 *Tod Pauls II. Sixtus IV. wird Papst.* Georg Podiebrad, der König von Böhmen, stirbt. Heinrich VI. von England erleidet eine Niederlage gegen Eduard IV. von York.

1472 Krieg zwischen Karl dem Kühnen und Ludwig XI. *Rodrigo Borgia reist als Legat a latere nach Spanien.*

1475 *Cesare Borgia wird als ältestes Kind des Kardinals Rodrigo mit Vannozza Cattanei geboren.*

1476 Karl der Kühne wird bei Grandson und Murten geschlagen.

1477 Karl der Kühne stirbt. Seine Tochter Maria heiratet Maximilian von Österreich, den Sohn Friedrichs III. *Legation Rodrigo Borgias nach Neapel.*

1478 Pazzi-Verschwörung in Florenz. Sixtus IV. exkommuniziert Lorenzo il Magnifico und erklärt ihm den Krieg.

1479 Ferdinand der Katholische steigt auf den Thron von Aragón. Ludovico Moro reißt in Mailand die Macht an sich.

1481 Karl, Herzog von Maine, der letzte Anjou-Anwärter auf die Krone von Neapel, stirbt. Sturm der Kastilier auf das letzte Maurenreich Granada. Die Türken werden aus Otranto verjagt. Die spanische Inquisition wird eingerichtet.

1483 Ludwig XI. stirbt. Karl VIII. tritt die Herrschaft an.

1484 Papst Sixtus IV. stirbt. Wahl Innozenz' VIII. Ferrante, König von Neapel, verweigert ihm die Obedienz.

1486 Massaker an den neapolitanischen Baronen. Savonarola verkündet erstmals seine Prophezeiungen in Florenz.

1489 Innozenz VIII. läßt sich vom Großmeister der Johanniter, Pierre d'Aubusson, den türkischen Prinzen Dschem (Zizim) ausliefern.
Venedig besetzt Zypern.

1491 Karl VIII. heiratet Anna von Bretagne. Ferdinand von Aragón und Isabella von Kastilien belagern Granada.

1492 Granada wird erobert. Lorenzo il Magnifico stirbt. *Tod Innozenz' VIII. Rodrigo Borgia wird zum Papst Alexander VI. gewählt.* Christoph Kolumbus überquert den Atlantik und entdeckt Amerika (die Antillen).

1493 *Lucrezia Borgia heiratet Giovanni Sforza.* Alexander VI. teilt die Neue Welt zwischen Spanien und Portugal auf. Vertreibung der spanischen Juden. *Juan de Borgia nimmt das Herzogtum Gandia in Spanien in Besitz.*
Die Ehe zwischen Jofré Borgia und Sancia von Aragón wird ausgehandelt.
Cesare Borgia wird zum Kardinal ernannt.

1494 Karl VIII. fällt in Italien ein. Sturz der Herrschaft der Medici.
Mit dem Vertrag von Tordesillas wird die Aufteilung der Neuen Welt zwischen Spanien und Portugal festgeschrieben. *Pinturicchio malt die päpstlichen Privatgemächer aus.*

1495 *Karl VIII. zieht durch Rom. Dschem wird an den König ausgeliefert und stirbt kurz darauf.*
Die Franzosen erobern Neapel. Schlacht bei Fornovo.

1496 *Feldzug von Juan von Gandia und Guidobaldo von Urbino gegen die Orsini. Gonsalvo de Córdoba nimmt Ostia ein.*
Gilbert de Montpensier, französischer Vizekönig von Neapel, kapituliert in Atella.
Giovanni Sforza flieht aus dem Vatikan.

1497 *Juan von Gandia wird ermordet.*
Leonardo da Vinci malt in Mailand das «Abendmahl». Vasco da Gama bricht zur Weltumsegelung auf.
Die Ehe von Lucrezia Borgia mit Giovanni Sforza wird aufgelöst.

1498 Karl VIII. stirbt. Ludwig XII. wird König von Frankreich.

Perotto Caldès wird im Vatikan ermordet. Geburt des «Infans Romanus» Giovanni Borgia; seine Herkunft ist ungeklärt. Savonarola wird abgeurteilt und hingerichtet. Lucrezia Borgia heiratet Alfons von Aragón, den Herzog von Bisceglie. Cesare Borgia kehrt in den Laienstand zurück und wird Herzog von Valence. Ludwig XII. wird geschieden.

1499 Ludwig XII. heiratet Anna von Bretagne, Cesare Borgia Charlotte d'Albret. Ludwig XII. führt seinen Italienfeldzug. Mailand und Genua werden erobert. *Alfons von Aragón flieht aus Rom. Lucrezia wird zur Gouverneurin von Spoleto ernannt. Rodrigo von Aragón wird geboren. Alexander VI. zieht gegen die Caetani zu Felde; Sermoneta wird eingenommen.*

Cesares erster Feldzug in der Romagna; er erobert Imola und Forlì.

1500 *Heiliges Jahr in Rom.*

Cesare wird Gonfaloniere der Kirche. Alfons von Aragón wird ermordet. Cesares zweiter Feldzug in der Romagna; er erobert Pesaro und Rimini, erleidet jedoch eine Niederlage in Faenza.

Karl von Spanien wird in Gent geboren.

Die Portugiesen entdecken Brasilien.

1501 *Cesare erobert Faenza, Piombino und die Insel Elba. Teilnahme am Feldzug der Franzosen in Neapel; Gaeta wird geplündert. Alexander beschlagnahmt die Lehen der Colonna. Lucrezia heiratet Alfonso d'Este.*

1502 *Cesares dritter Feldzug in der Romagna; Eroberung des Herzogtums Urbino. Camerino wird eingenommen. Cesare erneuert sein Bündnis mit Ludwig XII. Lucrezia begegnet Pietro Bembo. Verschwörung der Condottieri, der Hinterhalt von Senigallia.*

Beginn der Auseinandersetzungen zwischen Franzosen und Spaniern im Königreich Neapel.

1503 Französische Niederlagen bei Seminara und Cerignola in Süditalien. Die Franzosen verlieren die Stadt Neapel. *Alexander VI. Borgia stirbt.* Wahl Pius' III., später Julius' II.

1504 Frankreich kapituliert in Gaeta.

Venedig dringt in der Romagna vor. Cesare Borgia wird in Ostia, dann in Neapel gefangengenommen und nach Spanien gebracht. Gefangenschaft in Cincilla. Isabella die Katholische stirbt.

1505 *Lucrezia wird Herzogin von Ferrara. Cesare wird nach Medina del Campo verbracht.* Ludwig XII. erhält die kaiserliche Investitur für das Herzogtum Mailand.

1506 Aufstand in Genua gegen Ludwig XII.

Verschwörung von Giulio d'Este in Ferrara. Tod von Philipp dem Schönen, dem Erzherzog von Österreich und Gatten Johannas der Wahnsinnigen, der Königin von Kastilien.

Cesare flieht aus Medina del Campo.

1507 *Cesare Borgia kommt bei der Belagerung von Viana im Königreich Navarra ums Leben.* Ludwig XII. erobert Genua zurück. Julius II. nimmt Bologna ein.

1508 *Geburt des ferraresischen Erbfolgers Ercole als Sohn von Lucrezia Borgia und Alfonso d'Este. Ercole Strozzi wird ermordet.*

1509 Französisch-päpstliche Liga. *Alfonso d'Este wird Gonfaloniere der Kirche.* Sieg Agnadels über Venedig. *Francesco Gonzaga gerät in Gefangenschaft.* Julius II. besetzt erneut die Romagna.

1510 Bündnis Julius' II. mit Venedig. *Francesco Gonzaga wird Generalkapitän der Venezianer. Alfonso d'Este wird exkommuniziert. Lucrezia regiert Ferrara. Geburt von Francisco de Borgia in Spanien.*

1511 Konzil von Pisa gegen Julius II. *Die abtrünnigen Kardinäle werden exkommuniziert.*

416

1512	Gaston de Foix siegt bei Ravenna über die Spanischen und Päpstlichen. Die Heilige Liga wird erweitert. Die Franzosen ziehen sich aus Italien zurück.
1513	*Julius II. stellt dem Herzog von Ferrara ein Ultimatum. Tod Julius' II. Leo X. wird Papst.* Die Franzosen werden in Novara geschlagen und verlassen das mailändische Gebiet.
1515	Franz I. tritt die Herrschaft an. Sieg von Marignan; Mailand wird zurückerobert.
1516	Ferdinand der Katholische stirbt. Konkordat von Bologna zwischen dem Heiligen Stuhl und Frankreich.
1517	Im Ablaßstreit schlägt Martin Luther seine Thesen an die Schloßkirche zu Wittenberg.
1519	*Tod Lucrezia Borgias.* Karl von Spanien wird zum Kaiser Karl V. gewählt.
1520	Leo X. verhängt über Luther den Kirchenbann. *Aufstände in Spanien gegen die flämischen Minister Karls V.*
1521	Fernando Cortez erobert Mexiko.
1522	Die Spanier eignen sich das Herzogtum Mailand an.
1525	Französische Niederlage bei Pavia. Franz I. wird in Madrid gefangengehalten.
1526	Nach dem Vertrag von Madrid werden die Söhne Franz' I. in Spanien gefangengehalten. *Karl V. heiratet Isabella von Portugal. Francisco de Borgia, der Markgraf von Lombay, wird enger Vertrauter des Kaiserpaares.*
1527	*Sacco di Roma* durch die Truppen Karls V.
1530	Karl V. wird in Bologna gekrönt. Die Markgrafschaft von Mantua wird zum Herzogtum erhoben.
1534	*Ignatius von Loyola gründet in Paris die Gesellschaft Jesu.*
1535	Genf wird zu einer reformierten Republik. *Karl V. zieht gegen Tunis. Francisco de Borgia nimmt an dem Feldzug teil.*
1536	*Karl V. fällt in die Provence ein. Francisco de Borgia zeichnet sich durch Heldentaten aus.*
1538	Waffenstillstand von Nizza und kurze Begegnung in Aigues-Mortes zwischen Karl V. und Franz I.
1539	*Tod der Kaiserin Isabella von Portugal, Gattin Karls V. Karl V. ernennt Francisco de Borgia zum Vizekönig von Katalonien.* Karl zieht durch Frankreich, um den Aufstand von Gent niederzuwerfen.
1540	Anerkennung der Gesellschaft Jesu durch Papst Paul III. *Erste Kontakte von Francisco de Borgia zum Orden.*
1542	Erste Handelsverbindungen von Portugal nach Japan. *Francisco de Borgia nimmt an den Cortes von Aragón in Monzon teil. Er wird Herzog von Gandia.*
1545	Der Jesuit Franz Xaver erreicht den Fernen Osten. *Francisco de Borgia zieht sich nach Gandia zurück.* Das Konzil von Trient wird eröffnet.
1546	*Tod der Herzogin von Gandia; Francisco de Borgia entschließt sich zum Eintritt in den Jesuitenorden.* Luther stirbt. Jesuiten landen in Brasilien.
1547	Tod von Heinrich VIII. von England und Franz I. In Frankreich steigt Heinrich II. auf den Thron. Sieg Karls V. bei Mühlberg über den Smalkaldischen Bund.
1548	*Herzog Francisco Borgia tritt der Gesellschaft Jesu bei.* Jesuiten landen in Marokko und im Kongo.
1550	*Francisco de Borgia reist nach Italien; Aufenthalt in Rom.* Friedensschluß zwischen Frankreich und England. Heinrich II. kauft Boulogne zurück. Ronsard veröffentlicht seine Oden.
1551	*Francisco de Borgia wird Priester.*
1552	Heinrich II. von Frankreich hält die Drei Bistümer Lothringens (Metz, Toul und Verdun) besetzt.

1555 *Francisco de Borgia besucht Johanna die Wahnsinnige auf ihrem Totenbett.* Papst Paul IV. Carafa, ein Feind Karls V., wird gewählt.

1556 *Karl V. dankt ab und zieht sich nach San Yuste zurück.* Ignatius von Loyola stirbt. Eröffnung von Jesuitenkollegs in Deutschland, Böhmen und den Niederlanden.

1558 Sebastian von Portugal besteigt den Thron. *Seine Erziehung wird den Jesuiten* übertragen.

1559 *Francisco de Borgia wird in Spanien von der Inquisition verfolgt.*
Tod Heinrichs II. von Frankreich.

1561 *Francisco de Borgia zieht sich nach Rom zurück.* Auf Veranlassung von Katharina de' Medici findet das Religionsgespräch von Poissy statt.

1565 Tod des Jesuitengenerals Pater Laynez. *Francisco de Borgia wird Jesuitengeneral.*

1566 Wahl Pius' V. zum Papst. Süleyman der Prächtige stirbt. Die heilige Theresa von Avila schreibt ihre mystischen Werke. Revolte der Geusen in den Niederlanden. *Schwierigkeiten der Jesuiten in Deutschland.*

1570 Friede von Saint-Germain in Frankreich zwischen Katholiken und Protestanten. Selim II. greift die Christenheit an. *Francisco de Borgia nimmt an der Legation a latere des Kardinals Alessandrino in Spanien, Portugal und Frankreich teil.*

1571 Die Christen erringen bei Lepanto einen Seesieg über die Türken.
Francisco de Borgia führt Heiratsverhandlungen für Sebastian von Portugal.

1572 *Francisco de Borgia hält sich am französischen Königshof auf; letzte Unterredung mit Katharina de' Medici. Rückkehr nach Rom und Tod.* In der Bartholomäusnacht werden Tausende von Protestanten niedergemetzelt.

BIBLIOGRAPHIE

ADINOLFI, P., *La Portica di S. Pietro ossia Borgo nell'età di mezzo. Nuovo saggio topografico dato sopra pubblici e privati documenti*, Rom, 1859.

— *Roma nell'età di mezzo*, 2 Bde., Rom, 1881.

ALVISI, E., *Cesare Borgia, duca di Romagna*, Imola, 1878.

AMETLLER VIÑAS, J., *Alfonso V. de Aragón en Italia y la crisis religiosa del siglo XV*, 3 Bde., Gerona, 1903.

ARCO, C., d', *«Notizie su Isabella Estense con documenti»*, Archivio storico italiano, app. 2a, 1845.

ARIOSTO, Ludovico, *Der Rasende Roland*, übers. von Johann Diederich Gries, Bd. I, Gesänge 1-25, München, 1980.

ASTRAIN, A., *Historia de la Compañía de Jesús en la Asistencia de España, Bd. II., Laínez-Borja, Madrid, 1905.*

BACCHELLI, R., *La congiura di don Giulio d'Este*, Mailand, 1958.

BAGLION, Comte L. de la DUFFERIE, *Les Baglioni de Pérouse*, Poitiers, 1907.

BALLESTER JULBE, Constantino, *La Germania de Játiva. Cronicas del siglo XVI*, Murcia, 1920-1930.

BATTLORI, Miquel, «La correspondencia d'Alexandre VI amb els seus familiars i amb els Reis Catolicos», in: *Actes du Cinquième congrès d'Histoire de la Couronne d'Aragòn*, Bd. 2, S. 307-313.

BELLONCI, Maria, *Lucrezia Borgia. Nicht Teufel, nicht Engel, nur Weib*. Übers. von Richard Hofmann, Berlin, Zsolnay, 1941.

— «La mamma ordina un corredo per Rodrigo», *L'Europeo*, 10. Januar 1954.

BEMBO, Pietro, *Gli Asolani*, Venedig, 1505.

— *Lettere giovanili di Messer Pietro Bembo*, Mailand, 1558.

— *Opera historica*, Basel, 1567.

BENEDEI, *Lettera al pontefice Alessandro VI per gli sponsali di Lucrezia Borgia con Alfonso d'Este*, Ferrara, 1889.

BÉRENCE, Fred, *Lucrezia Borgia*, Paris, 1937.

BERLINER, A., *Geschichte der Juden in Rom von den ältesten Zeiten bis zur Gegenwart*, 2 Bde., Frankfurt a. M., 1893.

BERNALDEZ, A., *Historia de los Reyes Católicos don Fernando y doña Isabel*, 2 Bde., Sevilla, 1870-1875.

BERTAUX, F., *Les Borgia dans le royaume de Valence*, Paris, 1911.

BERTONI, G., *La Biblioteca estense e la cultura ferrarese al tempo di Ercole d'Este I*, Turin, 1903.

BETHENCOURT, de, *Historia genealógica y heráldica de la Monarquia Española, Casa Real y Grandes de España*, Bd. IV., Gandia, Madrid, 1902.

BLANCO, P. G., *El virreinato di san Francisco de Borja en Cataluña*, Barcelona, 1921.

BOITEUX, M., «Les Juifs dans le Carnaval de la Rome moderne, XVe-XVIIIe siècle», in: *Mélanges d'archéologie et d'histoire, Ecole française de Rome*, 1976.

BORGATTI, M., *Castel Sant'Angelo in Roma. Storia e descrizione*, Rom, 1890.

BOSCHI, G., *Lucrezia Borgia*, Bologna, 1923.

BRADFORD, Sarah, *Cesare Borgia: ein Leben in der Renaissance;* Deutsch von Joachim A. Frank, Hamburg, 1979.

BRAUDEL, F., *La Méditerranée et le monde méditerranéen à l'époque de Philippe II.,* 2. Aufl., Paris, 1966.

BRION, M., *«Lucrèce Borgia, telle qu'elle fut»,* Revue de Paris, 1954.

— *Les Borgia,* Paris, 1979.

BURCKHARDT, Jakob, *Die Cultur der Renaissance in Italien,* 3. Aufl., 2 Bde., Leipzig, 1877-1878.

CABANÉS, A., *Le journal des couches de Lucrèce Borgia,* Paris, 1929 (Dans les coulisses de l'Histoire, 1re série).

CABANÉS, Dr./NASS, Dr. L., *Poisons et sortilèges. Les Césars, envoûteurs et sorciers, les Borgia,* Paris, 1903.

CAMPORI, G., *«Una vittima della storia: Lucrezia Borgia»,* Nuova Antologia, Bd. II, 1866.

CAPPELLETTI, L., *Lucrezia Borgia e la Storia,* Pisa, 1876.

CARTWRIGHT, J., *Isabella d'Este, marchioness of Mantua, 1474-1539,* 2 Bde., London, 1903.

CATALANO, M., *Lucrezia Borgia, duchessa di Ferrara. Con nuovi documenti,* Ferrara, ohne Zeitangabe.

CÉLIER, L., *«Alexandre VI et ses enfants en 1493»,* Ecole française de Rome. Mélanges d'archéologie et d'histoire, 1906.

CERRI, D., *Borgia, ossia Alessandro VI papa, e i suoi contemporanei,* Turin, 1858.

CHABAS, Rodrigo, *«Alejandro VI y el duque de Gandia»,* El Archivo, VII, Valencia, 1893.

— *«Don Jofré de Borja y Doña Sancha de Aragón»,* Revue hispanique, IX, 1902.

CHERRIER, C. de, *Histoire de Charles VIII, roi de France,* 2 Bde., Paris, 1868.

CIAN, V., *Un decennio della vita di Pietro Bembo,* Turin, 1885.

— *Caterina Sforza, a proposito della Caterina Sforza di Pier Desiderio Pasolini,* Turin, 1893.

CIPOLLA, C., *Storia delle signorie italiane dal 1313 al 1530,* Mailand, 1881.

CITTADELLA, Luigi Napoleone, *Notizie amministrative, storiche, artistiche di Ferrara,* Ferrara, 1868.

— *Saggio di albero genealogico e di memorie sulla famiglia Borgia, specialmente in relazione a Ferrara,* Turin, 1872.

CLOULAS, Ivan, *Charles VIII et le mirage italien,* Paris, 1986.

— *«Aux origines des guerres d'Italie: les malheurs du prince Zizim»,* in: Historama, Nr. 30 (August 1986).

CLÉMONT, Abbé, *Les Borgia. Histoire du pape Alexandre VI, de César et de Lucrèce Borgia,* Paris, 1882.

COLLISON-MORLEY, L., *Histoire des Borgia,* Paris, 1934; neue Aufl.: 1981.

COMPANY, Ximo, *Pintura del Renaiximent al Ducat de Gandia,* Valencia, 1985.

CORVO, Frederick Baron (Pseud. für Rolfe), *Chronicles of the House of Borgia,* London, 1901.

COULET, N., *«La place des Juifs dans les cérémonies d'entrées solennelles au Moyen Age»,* in: Annales, sociétés, civilisations, 1979.

CROCE, Benedetto, *Versi spagnoli in lode di Lucrezia Borgia, duchessa di Ferrara e delle sue damigelle,* Neapel, 1884.

— *La Spagna nella vita italiana durante la Rinascenza,* Bari, 1922.

DAVIDSOHN, R., *«Lucrezia Borgia, suora di penitenza»,* Archivio storico italiano, 1901.

DELABORDE, H. F., *L'expédition de Charles VIII en Italie,* Paris, 1888.

DUHR, B., *Geschichte der Gesellschaft Jesu in den Ländern deutscher Zunge,* Bd. I, Freiburg i. Br., 1907.

EHRELE, F./STEVENSON E., *Gli affreschi del Pinturicchio nell'Appartamento Borgia,* Rom, 1897.

420

ESCOLANO, G., *Decadas de la Historia del Reino de Valencia . . . aumentada y continuada por D. Juan B. Perales*, Valencia, 1878.

FEDELE, P., *«I gioielli di Vannozza»*, in: Archivio della Società Romana di Storia Patria, 1905.

FELICIANGELI, B., *Il matrimonio di Lucrezia Borgia con Giovanni Sforza, signore di Pesaro*, Turin, 1901.

FERRARA, Orestes, *Alexander VI. Borgia*, dt. von A. K. Debrunner, Zürich u. Stuttgart, 1957.

FORGEOT, H., *Jean Balue, cardinal d'Angers*, Paris, 1895.

FOUQUERAY, H., *Histoire de la Compagnie de Jésus en France, des origines à la suppression (1582-1762)*, Bd. I, Paris, 1910.

FRIZZI, A., *Memorie per la storia di Ferrara, 5 Bde., 1791-1809.*

FUMI, L., *Alessandro VI e il Valentino in Orvieto*, Siena, 1877.

FUNCK-BRENTANO, F., *Lucrezia Borgia*, Paris, 1932.

GAGNIRE, A., *«Le journal des médecins de Lucrèce Borgia»*, in: La Nouvelle Revue, 54, 1888.

GALLIER, A. de, *César Borgia, duc de Valentinois, et documents inédits sur son séjour en France*, Paris, 1895.

GARNER, J. L., *Caesar Borgia. A study of the Renaissance*, London, 1912.

GASTINE, L., *César Borgia*, Paris, 1911.

GEIGER, Ludwig, *Alexander VI. und sein Hof – Nach dem Tagebuch seines Zeremonienmeisters Burcardus*, Hrsg. Ludwig Geiger, 1. Aufl. Stuttgart, 1912.

GEBHART, F., *«Un problème de morale et d'histoire. Les Borgia»*, Revue des Deux-Mondes, Paris, 1888-1889, nachgedruckt in: Moines et papes. Essais de psychologie historique, Paris, 1907.

GHIRARDACCI, C., *Historia di Bologna*, Città di Castello, 1915.

GIANNONE, Pietro, *Peters Giannone Bürgerliche Geschichte des Königreichs Neapel.* I, II, Übers. von O. C. von Lohenschiold, Ulm, Frankfurt, Leipzig, 1778, 1762.

— *Historia civile del regno di Napoli*, Bd. III, Venedig, 1766.

GILBERT, William, *Lucrezia Borgia, Herzogin von Ferrara*, dt. Ausgabe von Friedrich Steger, Leipzig, 1870.

GNOLI, U., *Alberghi ed Osterie in Roma nel Rinascimento*, Rom, 1942.

GORDON, A., *The Lives of Pope Alexander VI and Caesar Borgia*, London, 1729.

GORI, F., *«Fortificazioni dei Borgia nella Rocca di Subiaco»*, in: Archivio storico . . . della città e provincia di Roma, Bd. IV, Rom, Spoleto, 1876-1883.

GOZZADINI, G., *Memorie per la vita di Giovanni II Bentivoglio*, Bologna, 1839.

GREGOROVIUS, Ferdinand, *Lucrezia Borgia nach Urkunden und Correspondenzen*, Stuttgart, 1874, Neubearbeitung: *Lucrezia Borgia, mit einem Nachwort von Heinrich Lutz*, München, 1982.

— *Geschichte der Stadt Rom im Mittelalter*, Bde. 6-8, Stuttgart, 1867-72.

GRIMALDI, N., *Reggio, Lucrezia Borgia e un romanzo d'amore della duchessa di Ferrara*, Reggio Emilia, 1926.

GUERDAN, R., *César Borgia: «Le Prince» de Machiavel*, Paris, 1974.

GUGLIELMOTTI, A., *Storia della Marina pontificia*, Rom, 1886.

GUIRAUD, J., *L'État pontifical après le Grand Schisme*, Paris, 1896.

HAYWARD, F., *L'énigme des Borgia*, Paris, 1956 (Visages de l'Église, 6).

HEERS, J., *Machiavel*, Paris, 1985.

— *La vie quotidienne à la cour pontificale au temps des Borgia et des Médicis (1420-1520)*, Paris, 1986.

HERMANIN, F., *L'Appartamento Borgia in Vaticano*, Danesi, 1934.

HOEFLER, V. von, *Don Rodrigo de Borja und seine Söhne*, Wien, 1889.

JAGOT, Dr., *Le poison des Borgia*, Angers, 1909.

KARRER, Otto, *Der heilige Franz von Borgia. General der Gesellschaft Jesu, 1510-1572,* Freiburg i. Br., 1921.

LABANDE-MAILFERT, Y., *Charles VIII et son milieu (1470-1498). La jeunesse au pouvoir,* Paris, 1975.

LAURENCIN, Marquis de, *Relación de los festines que se celebraron en el Vaticano con motivo de las bodas de Lucrecia Borja con don Alonso de Aragón,* Madrid, 1916.

LEONETTI, A., *Papa Alessandro VI secondo documenti e carteggi del tempo,* 3 Bde., Bologna, 1880.

L'EPINOIS, H. de, *«Le pape Alexandre VI»,* in: Revue des questions historiques, 29, 1881.

LETAROUILLY, P., *Le Vatican et la basilique de Saint-Pierre de Rome,* 3 Bde., Paris, 1882.

LITTA, Pompeo, *Famiglie celebri italiane,* 10 Bde., Mailand, 1819-1874; Fortsetzung, Turin, 1875-1886.

LUCAS-DUBRETON, J., *Les Borgia,* Paris, 1952.

LUZIO, A., *Federigo Gonzaga, ostaggio alla corte di Giulio II.,* Rom, 1887.

— *Isabella d'Este e i Borgia,* Mailand, 1916.

— *«Isabella d'Este nelle tragedie della sua casa»,* in: Atti e Memorie della R. Accademia Virgiliana di Mantova, nuova serie, V, 1912.

LUZIO, G./RENIER, R., *Mantova e Urbino. Isabella d'Este ed Elisabetta Gonzaga nelle relazioni famigliari e nelle vicende politiche,* Turin, Rom, 1893.

MANCINI, F., *«Lucrezia Borgia governatrice di Spoleto»,* in: Archivio storico italiano, 1957.

MARICOURT, R. de, *Le procès des Borgia consideré au point de vue de l'histoire naturelle et sociale,* Poitiers, Paris, 1883.

MATAGNE, H., *«Une réhabilitation d'Alexandre VI»,* Revue des questions historiques, 11, S. 466 ff., 1870, 13, S. 180 ff., 1872.

MAUGAIN, G., *Mœurs italiennes de la Renaissance. La Vengeance,* Paris, 1935.

MAULDE LA CLAVIRE, R. de, *La diplomatie au temps de Machiavel,* 3 Bde., Paris, 1892-1893.

— *«Alexandre VI et le divorce de Louis XII»,* in: Bibliothèque de l'Ecole des Chartes, 1896.

MENOTTI, M., *I Borgia. Storia ed iconografia,* Rom, 1917.

— *I Borgia. Documenti inediti sulla famiglia e la corte di Alessandro VI,* Rom, 1917.

MOLLAT, G., *Les papes d'Avignon (1305-1378),* Paris, 1964.

MORSOLIN, B., *«Pietro Bembo e Lucrezia Borgia»,* in: Nuova Antologia, 52, 1885.

MÜNTZ, E., *Les arts à la Cour des papes Innocent VIII, Alexandre VI, Pie III (1484-1503),* Paris, 1898.

NARBONNE, B., *La vie privée de Lucrèce Borgia,* Paris, 1953.

NAVENNE, F., *Rome, le Palais Farnèse et les Farnèse,* Paris, 1914.

NEGRI, P., *«Le missioni di Pandolfo Collenuccio a papa Alessandro VI (1494-1498)»,* in: Archiv. Soc. Rom. di Storia Patria, Bd. 33.

OLIVER Y HURTADO, Manuel, *«Don Rodrigo de Borgia: sus hijos y descendientes»,* in: Boletin de la Real Academia de la Historia, Dez. 1886, Madrid.

OLLIVIER, M. J. H., *Le pape Alexandre VI et les Borgia,* Paris, 1870.

OLMOS Y CANALDA, E., *Reivindicación de Alejandro VI, el papa Borja,* Valencia, 1954.

ORTIZ FELIPE, Francisco Javier, *Cesar Borgia y Navarra,* Pamplona, 1983.

PALANQUE, J. R./CHELINI, J., *Petite histoire des grands conciles,* Brügge, 1962.

PASCHINI, P., *Roma nel Rinascimento,* Bologna, 1940.

PASCUAL Y BELTRAN, Buenaventura, *El gran papa español Alejandro VI en sus relaciones con los Reyes Católicos,* Valencia, 1941.

PASINI FRASSONI, *«I Borgia in Ferrara»,*Giornale Araldico Genealogico Diplomatico, Rom, Jan./Febr. 1880.

PASOLINI, P. D., *Caterina Sforza,* 2. Aufl., Bologna, 1897.

PASTOR, Juan, *Borja espíritu universal. Breve biografía de san Francisco de Borja*, Bilbao, 1970.

PASTOR, Ludwig von, *Geschichte der Päpste seit dem Ausgang des Mittelalters*, Freiburg i. Br., Bd. I (bis Pius II., 1464), 1901; Bd. II (1464-1484), 1904; Bd. III. (1484-1513), 1899; Bd. VIII (Pius V. 1566-1572), 1920.

PELISSIER, L. G., *Louis XII et Ludovico Sforza*, 2 Bde., Paris, 1896.

PEPE, G., *La politica dei Borgia*, Neapel, 1940.

PERRENS, F. T., *Histoire de Florence depuis la domination des Médici jusqu'à la chute de la République (1434-1531)*, Bde. I-III., Paris, 1888-1890.

PICOTTI, G. B., *La jeunesse de Léon X*, Paris, 1931.

— *«Ancora sul Borgia»*, Rivista di Storia della Chiesa in Italia, VIII, Nr. 3, Sept.-Dez. 1954.

— *«Nuovi studi e documenti intorno a papa Alessandro VI»*, ibid. V, Nr. 2, 1951.

PISTOFILO BONAVENTURA, *Vita di Alfonso d'Este*, Modena, 1865.

PODESTA, B., *«Intorno alle due statue erette in Bologna a Giulio II»*, in: Atti e Memorie Deputaz. storia patria, Bd. VII, Bologna, 1808.

PORTIGLIOTTI, Giuseppe, *Die Familie Borgia. Alexander VI., Cäsar, Lukrezia.* Übers. von Nina Knoblich, Stuttgart, 1923.

— *«Un ritratto tizianesco di Lucrezia Borgia», in: Rivista d'Italia, X, 1915.*

PORZIO, C., *La congiura de' Baroni del Regno di Napoli*, Florenz, 1884.

QUILLIET, B., *Louis XII*, Paris, 1986.

RAJNA, P., *«I versi spagnoli di mano di Pietro Bembo e di Lucrezia Borgia, serbati in un codice ambrosiano»*, Homenaje ofrecido a Menendez Pidal, Bd. II, Madrid, 1925.

RENOUARD, Y., *La Papauté d'Avignon*, Paris, 1962.

RIBADENEYRA, P., *Vita del Padre Francisco de Borja*, Madrid, 1592.

RICCI, Corrado, *Pinturicchio*, Perugia, 1915.

— *Il figlio di Cesare Borgia (Girolamo)*, Mailand, 1918.

RODOCANACHI, Emmanuel, *Histoire de Rome de 1354 à 1471. L'antagonisme entre les Romains et le Saint-Siège*, Paris, 1921.

— *Histoire de Rome. Une cour princière au Vatican pendant la Renaissance. Sixte IV. Innocent VIII. Alexandre VI Borgia (1471-1503)*, Paris, 1925.

RODRIGUES, F., *História da Companhia de Jesús na Assisténcia de Portugal*, II, 1560-1615, Porto, 1938.

ROLFE, Frederick William siehe CORVO, Frederick Baron.

RYDER, Alan, *The Kingdom of Neaples under Alfonso the Magnanimous. The Making of a Modern State*, Oxford, 1976.

SABATINI, Rafael, *Das Leben Cäsar Borgias, Herzogs von Valentinois und der Romagna, Fürsten von Andria und Venari, Grafen von Dyois, Herrn von Piombino, Camerino und Urbino, Bannerträgers und Feldhauptmanns der Kirche*, aus dem Englischen von Nina Knoblich, Stuttgart, 1925.

SANCHIZ Y SILVERA, José, *El cardenal Rodrigo de Borja en Valencia*, Madrid, 1924.

— *El obispo de Valencia Don Alfonso de Borja (Calixto III) (1429-1458)*, Madrid, 1926.

SARTHOU CARRES, Carlos, *Datos para la historia de Játiva*, 2. Aufl., 1976.

SCHÜLLER-PIROLI, Susanne, *Borgia — Die Zerstörung einer Legende. Die Geschichte einer Dynastie*, Freiburg i. Br., 1963.

— *Die Borgia-Päpste Kalixt III. und Alexander VI.*, München, 1980.

— *Die Borgia-Dynastie: Legende und Geschichte*, München 1985.

SIZERANNE, R. de La, *César Borgia et le duc d'Urbino*, Paris, 1924.

SORANZO, G., *Studi intorno a papa Alessandro VI Borgia*, Mailand, 1950.

SUAU, P., *Histoire de S. François de Borja*, Paris, 1910.

THUASNE, Louis, *Djem Sultan*, Paris, 1892.

TOMASI, Tommaso, *La vita del duca Valentino,* Montechiaro, 1655.

TOMMASINI, O., *La vita e gli scritti di N. Machiavelli nelle loro relazioni col Machiavellismo. Storia ed esame critico,* Turin, 1883.

TONINI, L., *Rimini nella signoria de' Malatesti,* Rimini, 1882.

TRUC, G., *Rome et les Borgia,* Paris, 1939.

UGHELLI, F., *Italia sacra, sive de episcopis Italiae,* Hrsg.: N. Coletus, 10 Bde., Venedig, 1770-1722.

UGOLINI, Filippo, *Storia dei conti e duchi d'Urbino,* Florenz, 1859.

VILA MORENO, Alfonso, *Calixto III: un papa valenciano,* Saragossa, 1979.

VILAR, Pierre, *La Catalogne dans l'Espagne moderne,* 3 Bde., Paris, 1962.

VILLARI, Pasquale, *Niccolò Machiavelli und seine Zeit.* Übers. von B. Mangold und M. Heusler, Rudolstadt 1877-83.

— *Geschichte Girolamo Savonarola's und seiner Zeit.* Übers. von Moritz Berduschek, Leipzig, 1868.

— *Nuovi studi sui Borgia,* ohne Erscheinungsjahr.

— *Jérome Savonarole et son temps,* Paris, 1874.

WIRTS, M., *«Ercole Strozzi poeta ferrarese»,* in: Atti e Memorie della Deputazione ferrarese di storia patria, XVI, 1906.

WOODWARD, W. H., *Cesare Borgia. A Biography with Documents and Illustrations,* London, 1913.

XAVIER, Adro, *El duque de Gandia. El noble santo del Primer Imperio,* 2. Aufl., Madrid, 1943.

YRIARTE, Ch., *César Borgia. Sa vie, sa captivité, sa mort,* 2 Bde., Paris, 1889.

— *Autour des Borgia,* Paris, 1891.